中外哲學典籍大全

總主編　李鐵映　王偉光

中國哲學典籍卷

經部易類

周易内傳校注（下）

〔清〕王夫之　著

谷繼明　孟澤宇　校注

中國社会科学出版社

周易内傳卷四上

䷰ 革 離下兑上

革。巳日乃孚，元亨利貞，悔亡。巳，讀如辰巳之巳。〔一〕

「革」者，治皮之事，漬諸澤而加之火上，内去其膜，外治其毛，使堅韌而成用。此卦内離外兑，既有其義。離之中虛，有鑪竈之象；四、五二陽，皮之堅韌者也，覆於竈

〔一〕嶽麓本無音注。今按：當有音注。稗疏「巳日乃孚」條曰：「辰巳之巳與已止之已，字畫無異；皆音詳里反，亦無異音。俗寫辰巳字屈下畫使短，不鉤向上，及以已止之已音羊里反，而辰巳之音自，皆塾師之謬也。已之轉訓爲止爲既者，以陽氣至巳而盡出，至午則陰生矣。故許慎曰：『陽氣已出，陰氣已盡。』」説文廣義「巳」字下：「巳爲蛇，故篆象蛇形，孟夏之月辰在巳，陽氣無餘，成功者退，故爲已止之義。」

上，而陽爲文、陰爲質；上六減其文而昭其質；皆革象也。其義爲改也，變也。獸之有皮，已成乎固然之文質，而當其既殺而皮欲敝壞，乃治之而變其故，質雖存而文異，物之不用其已然而以改革爲用者也。故曰「革故」也。

卦自離而變，明至再而已衰，故離五有泣涕戚嗟之憂。革陽自外而易主於中，以剛健勝欲息之明，五陰出而居外，寄於無位以作賓，故殷、周革命有其象焉。然惟其在下也，有文明順正之德；〔一〕而剛之來爲主也，陽道相孚，故卒成乎兑，而天下悦之。商、周之革命也，非但易位而已，文質之損益俱不相沿，天之正朔、人之典禮、物之聲色臭味，皆懲其敝而易其用，俾可久而成數百年之大法；若其大本之昭垂者，百王同道，則亦皮雖治而仍其故之理，所易者外，而内無改也。革者，非常之事，一代之必廢，而後一代以興；前王之法已敝，而後更爲制作。非其德之夙明者，不敢革也，故難言其孚，而悔未易亡也。道之大明，待將盛之時以升中，於時爲巳。日在禺中而將午，前明方盛，天下乃仰望其光輝而深信之，六二當之。故三陽協合，以戴九五於

〔一〕下卦爲離。

天位，而受命擯[一]陰，改其典物，故曰「巳日乃孚」；非如日之加巳，未足以孚，言時之難也。[二]

「元亨利貞」，乾之四德。自三至五，乾道以[三]成，然後虎變而小人莫不悦順，悔乃可亡，德之難也。有其德，乘其時，以居其位，而後可革。非大明於内，衆正相孚，德合於天，而欲遽革，王莽篡而亂舊章，衆叛親離，雖悔何及乎？先言「悔」而後言「亡」，固有悔而能亡之，亦所謂有慙德也。

彖曰：革，水火相息。二女同居，其志不相得，曰革。

變澤言「水」者，澤非能息火，澤中之水乃息之也。然兩間固有之水火，日流行而不

[一]「擯」，嶽麓本作「賓」。

[二]此句意爲，所謂「巳日乃孚」者，若未至巳時，則不能有孚，此言革命之不易，必得時而後行。

[三]「以」，嶽麓本作「已」。

相悖害。惟澤之所瀦，⿱艹斞[一]之以息火；而火之所熯乾[二]之水，亦人所挹於澤之水也。二女之志不同，與睽同。但睽止相背，革則相爭，以少加長，故不但睽而必爭。「不相得」者，爭也。爭則有不兩存之勢，非但桀、紂之惎湯、武，逢、比欲存夏、殷而伊、呂欲亡之，亦不相得之甚矣。有道者勝焉，則革。

「已日乃孚」，革而信之。

天下信之，惟其大明之德已盛於內也。

文明以說，大亨以正。革而當，其悔乃亡。 說，弋雪反。

「文明」者，其德也。「說」者，人信而說之，時可革也。「大亨以正」，不言利者，正而固者必合義之利，故彖傳每統利於正。備天地[三]之全，道可革也。如是而革，則當矣。「乃」者，「其難」之辭。[四]

[一] ⿱艹斞，即斞（jū）之異體，經傳常用斞。說文：「斞，挹也。」段注：「挹亦抒也。詩箋、禮注皆用斞，皆謂挹酒於尊中也。」船山下文「亦人所挹於澤之水」可證。

[二] 乾，讀爲乾燥之乾。

[三] 「地」，嶽麓本作「德」。

[四] 「其難」，即尚書「其難其慎」之義。

天地革而四時成。湯武革命，順乎天而應乎人。革之時大矣哉！

四時之將改，則必有疾風大雨居其間，而後寒暑温涼之候定。元亨利貞，化之相禪者然也。湯武體天之道，盡長人、合禮、利物、貞幹之道以順天，文明著而人皆説以應乎人，乃革前王之命。當革之時，行革之事，非甚盛德，誰能當此乎！

象曰：澤中有火，革。君子以治歷明時。〔一〕

「澤」，因自然之高下，濬治其條理，而後疏通不滯。「火」，以燭乎幽暗者也。澤通而火照之，知其敝而改之，不恃成法也。治歷者因歷元而下推，若川之就下，理四時之軌度，幽微未易測者，而顯著其定候。天之有歲差，七政之有疾徐盈縮，不百年而必改，此不可不革者，非妄亂舊章以强天從己也。君子當治平之代，非創制之時，而可用革者，惟此。

〔一〕嶽麓本小注作「歷與曆同，古無曆字。」其校記云：「此八字註，守遺經書屋本作『歷與歷同，古無歷字』，於後二『歷』字旁作小圈，以示爲『曆』字之諱改。金陵本則無此八字，或係徑删之誤。」

初九，鞏用黄牛之革。

「鞏」，固守也，固守其素而不革也。「黄」，中色；「牛」，順物；離之德也，六二以之。初九之德未著，且宜固守「爲下不悖[一]」之義，以堅貞定志，待六二順天應人之道，文明已著，而後革之。其「鞏」也，乃所以革也。有文王之服事，而後武王可興。修德以俟命，無容心焉。

象曰：「鞏用黄牛」，不可以有爲也。

時未可爲，雖盛德，能亟於求革乎？

六二，巳日乃革之，征吉无咎。

二爲離明之主，雖未登乎天位，而已宅中當位，此正所謂禺中之日也。「乃革之」，統

〔一〕「悖」，嶽麓本作「倍」。今按：中庸原文作「倍」。

其後而言之。既爲巳日，光耀[一]昭著，而方升乎中，從此而革，其往必吉，吉斯无咎矣。革之美，必備四德，而以明爲本。知之明，然後行之備善，所謂「大明終始，然後利貞」也。[二]故湯曰「懋昭」，文王曰「克明」。[三]有天錫之智，然後有日躋之聖，乃可以順天應人而行非常之事，得无咎焉。

象曰：「巳日革之」，行有嘉也。

大明乎理，而後天下皆嘉尚之。

九三，征凶貞厲，革言三就，有孚。

「就」，成也。革之不可輕試也。以九三剛而當位，大明已徹；然且不可自謂知天人之理數而亟往以革，征則必凶，道雖正而猶危也。所謂「巳日可革」者，言乎知已明而行必盡善。乾德之成，自三而四而五，三爻純就，四德皆備，仁義中正交協乎天人，然後可

[一] 「耀」，嶽麓本作「輝」。
[二] 乾彖傳：「大明終始，六位時成，時乘六龍以御天，保合大和，乃利貞。」
[三] 尚書仲虺之誥「王懋昭大德，建中於民」，孔傳：「欲王自勉明大德。」尚書康誥：「惟乃丕顯考文王，克明德慎罰。」

以爲孚於下土，而人説從之。今此方爲乾道之始，雖從其終而言之，可就可孚，而固未也。九三以剛居剛，而爲進爻，故先戒以凶危，而後許其有成，以使知徐待焉。

象曰：「革言三就」，又何之矣？

「之」，往也。革以言乎三就之後，則當三陽未就之初，又何可輕往乎！

九四，悔亡有孚，改命吉。

九四當文明已著之後，而於三陽爲得中，雖不當位，而剛柔相劑，道足以孚信天下。兩陽夾輔於上下，成大有爲之業，於時即未遑製作，而燮伐以改命，[二]天與人歸，宜其功成而吉。

象曰：改命之吉，信志也。

「改命」者，聖人不得已之事，於天下爲變。當澤、火相接之際，不能無争，非吉道

[二] 詩大雅大明：「篤生武王，保右命爾，燮伐大商。」毛傳：「篤，厚；右，助；燮，和也。」孔疏：「遂命汝武王，使汝協和其伐大商之事，當靖以待時，天道協會而後伐之，言其伐又爲天助也。」船山以殷周革命説此革卦諸爻。

也。惟自志足信其剛健無私，而天下皆信之，則順天者本乎應人，而宜其吉矣。

九五，大人虎變，未占有孚。

此則革命而且改制矣。自離而變者，陽自上而來，正天中之位，承天之佑，而爲建極之「大人」矣。「虎變」，亦於革取象。治虎皮者，振刷其文而宣昭之。陽爲文，文敷於天下矣。「變」則損益前制而救其敝也。「未占」者，不待此爻之既驗乎占，自九三以來，知明行美，乾德已純，内信諸己，外信諸人，本身徵民，則裁成百王，更無疑也。若此類爻動應占，非人之所可用；[一]筮而遇此，爲世道文明、禮樂將興之象，占者決于從王可也。

象曰：「大人虎變」，其文炳也。

「炳」者，光煇盛著，人所共覩，所謂考三王、俟百世而成一代之美也。

上六，君子豹變，小人革面，征凶，居貞吉。

〔一〕謂占者遇此，占者不得爲大人，乃占者當從大人也；與占遇乾之九五同例。

陰自五而遷於上，時已革矣。其君子雖修先代之事守，而其文物非時王之所尚，不足以爲法於天下。豹之爲獸，隱於霧以濡其毛，其文較虎爲闇。二王之後，所以雖善而無徵也。[一]若其在下之小人，則已改面異嚮，而從虎變之大人，不可使復遵故國之典物矣。爲君子者於此而不安於已廢，欲有所行則凶，武庚之所以終殄；惟知時而自守其作賓之正，則微子之所以存商也。

象曰：「君子豹變」，其文蔚也。「小人革面」，順以從君也。蔚，紆勿反。

「蔚」，盛而不舒也，與鬱同義。[二]「君」謂九五。變離而兑，君子之文抑而不宣，小人之情從時而悦，不可以征，而惟宜居貞，明矣。「君子」「小人」以位言，然此僅爲商、周之際言也。韓亡而張良必報，莽篡而翟義致死，豈以居貞爲吉哉！[三]

[一] 時王，周也，九五當之；二王者，夏、商也，上六當之。中庸「上焉者雖善無徵，無徵不信，不信民弗從。」朱子集注曰：「上焉者，謂時王以前，如夏、商之禮，雖善而皆不可考。」此段中凡言「君子」，謂前朝之在上者；凡言「小人」，謂前朝之民衆。

[二] 外傳革卦自注亦謂：「蔚，入聲，不舒也。」

[三] 張良家五世相韓，韓國滅，張良與壯士椎秦始皇於博浪沙中。翟義，丞相翟方進之子。王莽攝政，翟義舉兵討伐。漢書翟義傳載：「莽日抱孺子會群臣而稱曰：『昔成王幼，周公攝政，而管、蔡挾禄父以畔，今翟義亦挾劉信而作亂。自古大聖猶懼此，況臣莽之斗筲！』群臣皆曰：『不遭此變，不章聖德。』莽於是依周書作大誥。」

䷱ 鼎 巽下離上

鼎。元吉亨。

鼎以卦畫取象，則初爲足，二、三、四爲腹，五爲耳，上爲鉉；以巽、離二體言之，則木下火上，爲烹飪以登於鼎之象，而義因以立焉。陰之德主養，柔居五而以養道撫群陽；初陰在下，效所養以奉主，五資之以養陽。君之所以養聖賢、享上帝者，固無不取之於民。民非能事天養賢者，從君而養也。其所致養者，有得有失。而卦之諸爻，惟三爲得位，則揀别所宜養而不失者，恃離明在上之舉錯得宜。五柔爲離主，而不自用，則資於上之陽剛外發以達其聰明，故五麗之而不濫於所施；如鼎之有鉉，舉而升之，以登堂載俎而致養者，其功大矣。卦以柔居尊而撫剛，與大有略同，故彖辭亦同。特鼎得初六之柔，承上意而效其養，於事爲順，故加「吉」焉。

卦以陰爲主，而二陰皆失其位；自巽變者，柔離其本位而登於尊，二、四、上皆非位而不安，爲天下未寧、君臣易位之象。時未可以剛道莅[一]物而息其争，故養之所以安之，而取新凝命之義存焉矣。然柔道行，而抑必資於剛，乃克有定，則卦德之美，在陽之元，而以上之剛以節柔爲亨，亦與大有上九之祐同也。

象曰：鼎，象也。以木巽火，亨飪也。亨與烹同。

爲足，爲腹，爲耳，爲鉉，其象也。巽，入也。火然而益以木，烹乃熟。備此二義，故兼言之。

聖人亨以享上帝，而大亨以養聖賢。養，去聲。[二]

郊用特牛，故不言大。亨[三]賓之禮，牛羊豕具焉，故曰大。言「聖人」者，惟德位俱隆，乃可以享帝；而養賢以定陰陽失位之世，非聖人莫能。君子以名世自期，不可以食愛虚拘也。六五上養上九，享帝之象；下養三陽，養賢之象。

[一]「莅」，嶽麓本作「涖」。
[二] 嶽麓本無音注。
[三]「亨」，嶽麓本作「饗」。

巽而耳目聰明，

巽以入人之情而達之。目明耳聰，達夫人之情，〔二〕雖君子亦豈能違養乎？此釋内卦。

柔進而上行，得中而應乎剛，

巽敵應而不相與，變而柔進居中，以與剛相應，志通而養道行矣。此釋外卦。

是以元亨。

具上二義，故陽之元德伸而吉；剛柔相應，則志通而亨。不言吉者，文略爾。

象曰：木上有火，鼎。君子以正位凝命。

火者，兩間固有之化，而遇木則聚。木在下而火然於上，火聚而得其炎上之位也。巽爲命令，位正則命凝矣。正位凝命，以柔道綏天下，而静以安之。不言大人，不言后，而言「君子」者，天下初定，弭失位之亂而大定之，以文明巽順爲君國子民之道也。此類專

〔二〕「耳」，底本原作「而」，非是，今從嶽麓本改。「目明耳聰，達夫人之情」：嶽麓本作：「目明而耳聰，達矣。人之情」。其校記云：「『目明而耳聰，達矣。人之情』：守遺經書屋本、金陵本均作『目明而耳聰達夫人之情』。王孝魚金陵本點校稿作一句讀，義頗晦，蓋訛脱致然。」今按：似守遺經書屋本、金陵本於義更勝：惟其目明耳聰，故能達夫人之情；人情既如此，雖君子，豈能違乎？

以貞悔二卦相配取象，義不繫於卦名，不必强爲之説。

初六，鼎顛趾，利出否。得妾以其子，无咎。否，部鄙反。[一]

「顛」，覆也。「顛趾」，倒持其足而傾之也。「否」，實之積於内者也。「以[二]其」，相助也。初六卑柔居下，爲民致養於上之象。顛趾而盡出其所積以奉上，爲養賢之具。民貧而吝，其中固有否塞不樂輸之情，而能捐私竭力以致養，如妾之賤而能佐主以輔助其子，誰得以其卑屈也而咎之！

象曰：「鼎顛趾」，未悖也。「利出否」，以從貴也。

下奉上，力竭而義不悖也。「從貴」，從九五養賢之志也。言從貴，則「得妾以子」之義亦明矣。在下而柔，令無不從，故五樂得之以從己之用。

[一] 嶽麓本音注最後多「下同」二字。
[二] 「以」訓爲「與」，亦有助義。

九二，鼎有實，我仇有疾，不我能即，吉。

二以剛中之德，六[一]五應之，五擇其賢而輸誠以享之，「鼎有實」也。怨耦曰「仇」。[二]四與二均爲陽之同類，而四比附於五，擅爲己寵，與二相拒，乃以折足致凶，則爲「有疾」，而不能就我以争，二可安受五之鼎實矣，故吉。

象曰：「鼎有實」，慎所之也。「我仇有疾」，終无[三]尤也。

「之」，往也；往而授人也。五之有鼎實，必慎所授，四安能與二争哉？二固可安享而無尤。

九三，鼎耳革，其行塞，雉膏不食，方雨虧悔，終吉。

卦惟此爻爲得位，剛正之才，可以有爲，而受上之禮享者也。三爲進爻，則固有進而受享之意。乃以卦變言之，柔自四進而居五，改革巽體，爲鼎耳，陰陽不相比，而志不相

[一]「六」，嶽麓本作「九」，誤。
[二]左傳桓公二年：「嘉耦曰妃，怨耦曰仇，古之命也。」
[三]「无」，底本作「無」，今從嶽麓本改。

通，四又怙貪以間阻之，則五烹「雉膏」以待士，而三不得與。時易世遷，剛正道塞，而君側有媢疾之臣，賈生所以困於絳、灌也。但三與上爲應，而上以剛柔有節爲道，則釋疑忌而伸三之直，其悔可虧，故終獲其吉。「雉」，離之禽也。[一]禮，陪鼎有雉腒。既雨者，陰陽之和；上以剛居柔，故曰「方雨」。

象曰：「鼎耳革」，失其義也。

三剛正，本恃義以自居，而鼎耳既革，則不與時遇而義不伸，故終言「虧悔」。特虧之耳，未能無悔也。[二]

九四，鼎折足，覆公餗。其形渥，凶。覆，芳服反。

「覆」，傾也。「公餗」，上之所儲於民以足國者。「渥」，霑濡汙穢之貌。四下應於初，而忘其上，取養於貧弱之民，民不堪命，折其足矣。病民者，病國者也。民貧而貪不止，

[一] 説卦「離爲雉」。
[二] 虧，猶少也。其悔能虧欠減少，然未能全無也。

汙穢露著，所謂「害于而國，凶于而家」者也。〔一〕占者遇此，當速遠言利之人，以免於禍。

象曰：「覆公餗」，信如何也！

「信」，果然之辭。小人之使爲國家也，以利爲利，菑害並至，無如之何矣。言當遠之於早。

六五，鼎黃耳，金鉉，利貞。

五爲耳。「黃」，中色。「黃耳」，以黃金飾耳也。「金鉉」謂上九。於上言玉，而此言金者，自五之柔視上之剛，則金之堅而勝舉鼎之任者也。五惟中正而柔，以虛中待賢，故得九二〔二〕之大賢以力任國事，於義合而情亦正。具此二德，吉可知矣。

象曰：「鼎黃耳」，中以爲實也。

陰本虛也，得中位而虛以待陽，則出於誠而實矣。信賢而篤任之，故金鉉之利貞，皆

〔一〕尚書洪範：「臣之有作威作福玉食，害於而家，凶於而國。」

〔二〕「九二」疑當作「上九」。此爻與上九爻俱言「力任國事」可證。

其利貞也。

上九，鼎玉鉉，大吉无不利。

文明外發，力任國事，而成君之美；貴重華美，師保之德，宜受大烹之養，吉矣。利於國，利於民，无不利也。

象曰：玉鉉在上，剛柔節也。

以其剛節六[一]五之柔，乃能舉大器而成其美，君所敬養而在上，宜矣哉！

䷲ 震 震下震上

震。亨，震來虩虩，笑言啞啞。震驚百里，不喪匕鬯。啞，烏客反。喪，息浪反。[二]

[一]「六」，底本作「九」，今從嶽麓本改。

[二]嶽麓本音注作「啞，烏客反。喪，息浪反。虩，□□反。俱下同。」其校記云：「『虩，□□反』，各印本無此句。鈔本於『□□』處係並未填字之空格。」

震，雷聲也。雷之用在聲，聲動而振起乎物也。陰性凝滯而居其所，喜於斂而憚於發，非有心于錮陽，而得其類以凝聚，則遏陽而不受施。于時爲春氣方萌之際，陽欲起而陰閟於其上；陽不能散見，則聚於一而奮以求出，乃以無所待而驟發。陰愈凝，則陽愈聚以出，故雷恒發於陰雲寒雨之下，而將霽，則出之和而不震。其出而有聲也，非陽氣之聲也。兩間之見爲空虛者，人目力窮於微渺而覺其虛耳，其實則絪緼之和氣，充塞而無間。陽氣既聚而鋭以出，則劃破空中絪緼之氣。氣與氣相排盪，以裂而散，於是乎有震之聲。凡聲，皆氣之爲也。故雷始從地出，地中無聲，而地上有聲。陽之鋭氣，既劃裂空中絪緼之氣而散之，於是陰陽之怙黨以相持者，失其黨而相和以施，故動植之物受之以發生而興起焉。陰曀之日，非無陽也；而近乎地之上，則陰之凝結也爲甚；陽出而未及散，因急聚而成形，故或得物如斧如椎者焉；[一]陰急受陽施而成於俄頃者也。萬物之生，無不以俄頃之化而成者，人特未之覺爾。故或驚以爲異，而不知震體之固然也。

[一] 謂雷電如斧如椎也。

其或震而[一]殺人物者，當其出之衝也，出不擇地，而人之正而吉者，若或祐之而不與相值，此抑天理之自然。[二]陰之受震，和則爲祥，乖則戾也。

此卦二陰凝聚於上，亢而怠於資生。陽之專氣，自下達上，破陰而直徹于其藏，以揮散停凝之氣，動陰而使不即于康。陰愈聚則陽愈專，陽愈孤則出愈裂，乃造化生物之大權，以威爲恩者也，故其象爲雷。而凡氣運之初撥于亂，人心之始動以興，治道之立本定而趨時急者，皆肖其德焉。凡此，皆亨道也。不待詳其所以亨，而但震動以興，則陰受震而必懼，陰知戒，則陽亨矣。然陰方積而在上，其勢不易動也。雖剛直鋭往之氣無所阻撓，而抑豈恣睢自任者之足以震之哉！固必有竦[三]惕而惟恐不勝之情，則震之來，陰虩虩也。物無不虩虩也，陽亦未嘗不虩虩也，乃陽之震陰，非傷陰也，作其惰歸，使散蔽固以受交，成資生之用也，則陽之志得，陰之功成，物之生以榮，而「笑言啞啞」，二陰之所以安於上而無憂也。

[一]「震而」，嶽麓本作「驚」。
[二]此處不用報應之説。
[三]「竦」，嶽麓本本作「悚」。

凡雷聲之所至，其氣必摇蕩，而物之有心知者必驚。雷之砉然而永者，則聞於百里；其殷殷而短者，不能百里。卦重二震，内卦迅起，外卦繼之以永，故百里皆驚焉，震道之盛者也。「匕」，以升肉於鼎而載之俎。「鬯」，秬黍釀酒以和鬱而灌者。天子、諸侯祭則親執匕載牲而奠鬯。「不喪」者，一陽初起，承乾而繼祚，首出以爲神人之主，受天命以奠宗社也。其德則震動恪共生於心，而以振起臣民怠滯之情，交於鬼神，洽於民物，莫不奮興以共贊敉寧也。震之爲象，德本於此。

以筮者言之，則時方不寧，而得主以不亂，雖驚懼而必暢遂，當勿憂其可懼之形聲，而但自勉于振作。以學易者言之，震、巽者，天地大用之幾也，君子以之致用；艮、兑者，天地自然融結之定體也，君子以之立體。人莫悲於心死，則非其能動，萬善不生，而惡積於不自知。欲相暱，利相困，習氣相襲以安，皆重陰凝滯之氣，閉人之生理者也。而[一]或以因而任之，恬而安之，謂之爲静，以制其心之動，而不使出與物感，則拘守幽暧而喪其神明，偷安以自怡，始於笑言而卒於恐懼。甚哉，致虚守静之説，以害人心至烈

[一]「而」，嶽麓本作「物」。

也！初動之幾〔一〕，惻隱之心，介然發於未有思、未有爲之中，則怠與欲劃然分裂，而漸散以退。繇是而羞惡、恭敬、是非之心，怵惕交集，而無一念之敢康，雞鳴而起，孳孳以集萬善，而若將不逮。其情虩虩也，則其福笑言也，其及者遠也，則其守者定也。王道盡於無逸，聖學審於研幾。震之爲用，賢智所以日進於高明，愚不肖所以救牿亡而違禽獸，非艮之徒勞而僅免於咎者所可匹矣。

彖曰：震亨。

本義云「震有亨道」，是也。天下之能亨者，未有不自震得；而不震，則必不足以自亨也。

「震來虩虩」，恐致福也。「笑言啞啞」，後有則也。

「恐」者，非有畏於物；使人恐者，亦非威以懾之。但專氣以出，惟恐理不勝欲，義

〔一〕「初動之幾」，嶽麓本作「初幾之動」。

不勝利，敬不勝怠，發憤内省，志壹氣動，而物自震其德威，致福〔一〕之道也。「有則」者，如其震動恪共之初幾以行之，自不違於天則。

「震驚百里」，驚遠而懼邇也。

所驚者及遠，而非務遠也。惟恐懼之心，不忘于几席户牖之間，自足以震動天下。

出可以守宗廟社稷，以爲祭主也。

此釋「不喪匕鬯」之義。程傳云「有脱文」。〔二〕「出」，言其動而不括也。凡人之情，怠荒退縮，則心之神明閉而不發，自謂能保守其身以保家保國，不知心一閉塞，則萬物交亂於前，利欲乘之，而日以偷窳。惟使此心之幾，震動以出，而與民物之理，相爲酬酢而不寧，然後中之所主，御萬變而所守常定。孟子之以知言養氣而不動其心者如此。嗣子定阼〔三〕，而孽邪之黨自戢，乃保其國而爲人神〔四〕之主，亦此道也。卦一陽上承二陰，故有主

〔一〕「致福」二字底本無，從嶽麓本補。其校記云：「『而物自震其德威，致福之道也』：守遺經書屋本、金陵本脱『致福』二字。王孝魚金陵本點校稿遂點爲『而物自震其德，威之道也』，義不可通。」

〔二〕程傳曰：「彖文脱『不喪匕鬯』一句。」

〔三〕「阼」，嶽麓本作「祚」。

〔四〕「人神」，嶽麓本作「神人」。

祭之象。

象曰：洊雷震，君子以恐懼修省。

「洊」，頻仍也。君子之震，非立威以加物，亦非張皇紛擾而不寧，乃臨深履薄，不忘於心，復時加克治之功，以内省其或失，震於内，非震於外也。内卦始念之憂惕爲恐懼，外卦後念之加警爲修省，象洊雷之疊至。

初九，震來虩虩，後笑言啞啞，吉。

初九爲震之主，故象占同彖。言「後」者，非此爻有笑言之喜，通二、三言之，而初已裕其理也。變亨言「吉」者，此但具吉理，待成卦而後亨通也。

震初與四同，而初「吉」，四「泥」，艮三與上同，而三「厲」，上「吉」。蓋人心初動之幾，天性見端之良能，而動於後者，感物之餘，將流於妄。若遏欲閑邪之道，天理原不舍人欲而别爲體，則當其始而遽爲禁抑，則且絶人情而未得天理之正，必有非所止而强止之患；逮乎陰柔得中之後，内邪息而外未能純，乃堅守以止幾微之過，乃吉。此震、艮之所以異用也。

象曰：「震來虩虩」，恐致福也。「笑言啞啞」，後有則也。

「後有則」，亦通二、三言之；後之則，初定之矣。

六二，震來厲，億喪貝，躋於九陵，勿逐，七日得。喪，息浪反。

初言震來者，言其震而來也。二言[一]震來者，言初之來震乎己也。初與四之震，自震也。四陰之震，爲陽所震也。始出之動幾甚鋭，「厲」，言其嚴威之相迫也。十萬曰「億」，大也。陰主利，故曰「貝」。陽剛之來，甚鋭以嚴，使陰大喪其所積，而無寧處，遠躋于至高之地，以避其鋭。以雷言之，出於地上，而驅迫陰氣之絪縕者，直上而達於青霄，勢

〔一〕底本分別作「六」「三」，從嶽麓本改。其校記云：「二言字：鈔本依次作『六』及『三』，守遺經書屋本、金陵本同。惟太平洋書店本『六』作『九』，『三』亦同。王孝魚金陵本點校稿註云：『「初六震來」，當作「初言震來」。「二三震來」，當作「二言震來」。六字、三字，以言之草書形似而誤。』按『六』『三』致誤之因雖不必如所云，而二『言』字則確不可易。今據改。太平洋書店本之『九』字，疑無文獻依據，且亦未爲佳也。」

所激也；其在人心，一動於有爲，而前此之懷來藴積者，一旦盡忘而不知其何往，亦此幾也。乃以雷言之，既震之餘，陽氣漸彌漫散入于寥廓，與陰相協，則絪緼之氣仍歸其所；其在人心，震動之後，天理仍與人情而相得，則日用飲食、聲色臭味還得其所欲，而非終於枵寂，以遠乎人情。乃若天下治亂之幾，當戡亂之始，武威乍用，人民物産必有凋喪，而亂之已戡，則財固可阜，流散者可還復其所，皆「勿逐自得」之象也。逐之，則逆理數之自然，而反喪矣。「七日」，與復同。震、復皆陽生之卦。

象曰：「震來厲」，乘剛也。

二居剛柔之衝，首受震焉，故見初之威嚴，而不無自危之心，然而無庸也。

六三，震蘇蘇，震行无眚

「蘇」，柔草也。「蘇蘇」，荏苒緩柔之貌。三去初遠，情漸懈散，雖受震而猶蘇蘇，柔而不可驅策也。但所居之位，本剛而居進，則固可以「震行」者。若因震以行，則「无眚」矣。蓋震之忽來，在怠緩者見爲意外之眚，而有與震俱動之情，則見其本非眚而勉於行，所謂聞雷霆而不驚也。

象曰：「震蘇蘇」，位不當也。

位剛而反柔，非能因震而動者也。

九四，震遂泥。泥，乃計反。[一]

「泥」，滯弱[二]而不能行也。迅雷之出也甚厲，後漸蘇蘇以緩，乃當將散之際，又有爆然之聲，而漸以息，不能及遠矣。九四，震後復震之象也。不出於地，而震於空，其震既妄，故不能動物而將衰，人心一動，而忽又再動，是私意起而徒使心之不寧。其于事，則漢高帝之困于平城，唐太宗之敗於高麗也。

象曰：「震遂泥」，未光也。

動不以誠，私意妄作，而志不光。

[一] 嶽麓本音注最後多「下同」二字。
[二] 「弱」，嶽麓本作「濁」。

六五，震往來厲，億无喪，有事。

前震已往，後震復來，雖若嚴厲，而威已黷，不能撓散乎陰，而陰可安於尊位，大[一]无喪也。乃六五居中，非無能爲者，必有所興作，以盡陰之才，而致於用以見功。不言吉者，視其事之得失而未定也。

象曰：「震往來厲」，危行也。其事在中，大无喪也。

震而不已，雖无喪而行猶危，居中盡道，而有爲以應之，則陰不待喪其積，而自居成物之功矣。

上六，震索索，視矍矍，征凶。震不于其躬，于其鄰，无咎。婚媾有言。

「震索索」，受震而神氣消沮也。[二]「矍矍」，驚視貌。上六陰居散位[三]，不能有爲，受震

[一] 六二爻，「億」訓大。
[二] 程傳：「索索，消索不存之狀。」
[三] 散位，即散地，見師卦初六注。

而欲妄行，必失措而凶。顧其所受震者，抑有辨矣。上與四合，爲外卦之體，躬之震也，初九則其鄰也。四之震乃無端之怒，可勿以爲驚懼；初之震則君子之德威，不容不竦[一]惕者。能不爲四所摇而凛承乎初，則无咎矣。柔而得位，故可不至於「征凶」，而免於咎。四與上，陰陽合體，又有夫婦之象，故曰「婚媾」。不爲四動而爲初動，故四有相責之言，雖然，可弗恤也。

象曰：「震索索」，中未得也。雖凶无咎，畏鄰戒也。

遠于陽而無興起之情，受震而自失，心不能自得矣。「戒」者，君子之以名義相警責，初九嚴厲，震以其道之謂也。

䷳ 艮 艮下艮上

艮其背句，**不獲其身**句。**行其庭，不見其人**句。**无咎。**

[一]「竦」，嶽麓本作「悚」。

「艮」者，堅確限[一]阻之謂。四陰已長，居中乘權而日進，陽乃止於其上以遏之，使不得遂焉，以是爲守之堅，而阻其氾濫之勢，爲頽流之砥柱也，是之謂艮。夫天地之化機，陰資陽以榮，陽得陰而實，於相與並行之中即有相制之用，無有陰氣方行，忽亟遏之之理。故五行、四序、六氣、百物，皆無艮道，而惟已成之形象有之，則山是已。水之嚮背、雲日之陰晴、草木之異態、風俗之殊情，每於山畫爲兩區，限之而不踰於其域。人之用心有如是者，不爲俗遷，不爲物引，克伐怨欲，制而不行，同室〔三〕鄉鄰，均之閉户，亦可謂自守之堅、救過之彊，忍而有力矣。故曰「艮其背，不獲其身，行其庭不見其人，无咎」也。

「艮其背」者，卦以内嚮者爲面，外嚮者爲背。背者，具以成生人之體，而非所用者也。卦之初爻，幾之動也；其中爻，道之主也；三與上在外，以成乎卦體而無用。陽峙乎上，僅以防陰之溢，而陽成乎外見，故其卦曰「艮其背」。艮非必於背也，此卦則艮背

〔二〕艮，限也。説文：「限，阻也。」
〔三〕「室」，嶽麓本作「堂」。

之艮也。

夫處於陰盛之餘，而欲力遏之以使之止，是以無用而制有情，則必耳不悦聲，目不取色，口絶乎味，體廢其安，有身而若無身；抑必一家非之而不顧，一國非之而不顧，夐然立於物表，有人而若無人，而後果艮也，果艮其背也，則不見可欲，使心不動，而後可以无咎矣。艮之善，止於此矣。

雖然，既有身矣，撼一髮而頭爲之動，何容「不獲」？既行其庭矣，吾非斯人之徒與而誰與，則何容「不見」？吾恐「不獲」者之且獲，而「不見」者之終見也，則以免咎也難，而况進此之德業乎！故震、坎、巽、離、兑，皆分有乾之四德，而艮獨無。〔一〕夫子以原思爲難，而不許其仁，蓋此意也。後世老莊之徒，喪我喪耦，逃物以止邪，而邪益甚，則甚哉！艮而无咎以自免於邪，而君子爲之懼焉。

彖曰：艮，止也。時止則止，時行則行，動静不失其時，其道光明。

〔一〕震、坎卦辭皆有「亨」，巽有「小亨」，離「利貞亨」，兑「亨利貞」。

此通論行止之道，以見艮之一於止而未適於時也。身世之有行藏，酬酢之有應違，事功之有作輟，用物之有豐儉，學問之有博約，心意之有存察，皆繇乎心之一動一静；而爲行爲止，行而不爽其止之正，止而不塞其行之幾。則當所必止，一念不移於旁雜，而天下無能相誘；當其必行，天下惟吾所利用，而吾心無所或吝，行止無適，莫之私意，而天下皆見其心。非獨據止以爲藏身之固，而忘己絶人，以爲姑免于咎之善術矣。

艮其止，止其所也。上下敵應，不相與也。是以「不獲其身，行其庭不見其人，无咎」也。

此言「艮其背」非時行時止之道，必内不得已，外不見人，而後僅以无咎也。凡言「无咎」，皆有咎而免者爾。背止體，故變背言「止」。「止其所」者，據背以爲可止之地而止之，以止爲其所安也。乾坤六子，皆敵應之卦，獨此言「敵應」者，以其止而又相敵，則終不相應也。夫行止各因時以爲道，而動静相函，静以養動之才，則動不失静之體，故聖人之心萬感皆應，而保合太和，陰陽各協於一。今以止爲其所，而與物相拒以不相入，則惟喪我喪耦，守之不移，而後成乎其止而无咎。嗚乎，難矣！萬緣息而一念不興，專氣凝而守静以篤，異端固有用是道者，而不能无咎，惟不知動之不可已，而陰之用爲陽之體，善止者之即行而止也。

象曰：兼山，艮。君子以思不出其位。

崇山相疊，而終古有定在，「其位」也。山以藴釀靈氣，積之固而發生無窮，在人則爲心之有思。然思此理，則即此理而窮之，而義乃精；思此事，則即此事而研之，而道始定；不馳騖於他端以相假借，君子體艮以盡心者如此，非絶物遺事，以頹然如委土也。

初六，艮其趾，无咎，利永貞。

初與二，爲三所止者也，而初在下爲「趾」。陰之初生而不得其位，故止之於早，則妄動之失免矣。「利永貞」者，戒之之辭。止邪於始易，而保其終也難。未見[一]異物，則意不遷，恐其既感於外則且變，得位以行則自恣。常若此受止而不妄，乃永貞而利。

象曰：「艮其趾」，未失正也。

〔一〕「見」，嶽麓本作「着」。

三雖止不以道，而當方動之初，勸之進不如沮之止，固可峙躇[一]審慮，以得行止之正。

六二，艮其腓，不拯其隨，其心不快。

「腓」居下體之中，隨股以動而不躁，順乎行止之常者也。六二陰當位而得中，比於九三，固願隨陽以行，而得剛柔之節；三不拯恤[二]其情而固止之，失所望而不快，必矣。人之有情有欲，亦莫非天理之宜然者，苟得其中正之節，則被袗鼓琴，日與萬物相取與，而適以順乎天理。不擇其善不善而止之，則矯拂人情，雖被裁抑而聽其强禁，安能無懟心哉！甚矣，三之違物而逞私意也。

象曰：「不拯其隨」，未退聽也。

本志隨三而順理以行，不拯而止之，勢必不能安心退聽。騏驥豈終困于鹽車哉！[三]

[一]「峙躇」，嶽麓本作「躊躇」。
[二]拯訓爲救、止，船山引申爲恤。
[三]唐胡曾詠史詩虞阪：「未省孫陽身没後，幾多騏驥困鹽車。」

九三，艮其限，列其夤，厲薰心。

「限」，居上下分界之所，謂腰也。「列」，橫陳於中。「夤」，脊也。九三居四陰之中，隔絶上下，橫列其間，爲腰不能屈伸而脊亦受制之象。「厲」，危也。欲止邪者，必立身於事外，耳目清而心志定，乃察其貞淫，而動靜取舍惟吾所裁，而不爲邪所困。今乃置身于陰濁繁雜之中，橫施裁抑，抑之太甚而上下交逼，則危其身；所見所聞無非柔暗，孤立不能而將爲所移，則危其心。危心之害，甚于危身。一尺之練，受無窮之煙塵，欲以不喪其潔也，不亦難乎！

象曰：「艮其限」，危薰心也。

所止非其時地，如人腰脊之氣梗塞，其病曰關格。許衡、姚樞講性學於元，受薰而爲道之賊，似此。〔一〕

〔一〕嶽麓本此句作：「許衡、姚樞講性學非其時，受薰而爲道之賊，似此。」其校記云：「本句，守遺經書屋本作：『□□□□講性學於□□，受薰而爲□之□，似此。』金陵本作：『許衡姚樞講性學於□元，受薰而爲□之□，似此。』」

六四，艮其身，无咎。

四與五，受上止者也。自腰以上爲身；身者，心之舍，所繇以發五官之靈、制言行之樞者也。有所受制，而静以馭動，異乎腓足之職司動而被錮者。柔而當位，樂聽裁抑，上以其道止之，慎於自持，則繇是以行焉，可无咎矣。

象曰：「艮其身」，止諸躬也。

身之自任也曰「躬」。反求自盡，躬行君子之道，知止我者之以善吾行，無不快之心也。四于咸爲心，於艮爲身，一也。艮以止外誘之私，則曰身；咸以應群動之變，則曰心。

六五，艮其輔，言有序，悔亡。

「輔」，口輔也。言則輔動。五位在上，而爲外卦之樞機，言所自出也。言剛厲則簡而當。柔則爲甘言，爲巧説；上亟止之，則所言者皆當乎事之序，而悔亡。五本有悔，上止之乃亡。咸上爲輔，艮以五當之者，陽爲德性，陰爲形體，故艮之取象於身，極於五，而上乃止德也。

象曰：「艮其輔」，以中正也。

本義云：「『正』字羡文。」[一]六五不當位，非正故也。中虚而受止，故有慎言之德。艮止之道，莫善於言。惟口興戎，言之不怍則難於行。老子曰：「多言數窮，不如守中。」艮道於此宜矣。

上九，敦艮，吉。

凡止之道，能終於止者，必其當止而可終不行者也，然而難矣。無静而不動，無退而不進，天之理數、人心自有[二]之幾也。故必熟嘗乎變化之途，而審其或行或止之幾，以得夫必不可行之至理，而後其止也歷厲變而不遷。上九立乎四陰之上，物情事理，皆有以察其貞淫而力遏，非幾於毫釐之得失，則其確然而不移也；止於至善之定静，而非强爲遏

[一] 朱子本義：「『正』字羡文，叶韵可見。」程子則以爲，能得中則正，「不失中，乃得正也」。

[二] 「自有」，嶽麓本作「自然」。

制者也。於是而止，純乎正而无妄矣，以修己治人而莫不吉矣。故克己之學，惟顏子而後可告以「四勿」之剛決，而非初學之所可與。止之急，則必不能敦。異端之所以無定守，而爲陸王之學者終於無忌憚，皆未歷乎變而遽求止也。

象曰：敦艮之吉，以厚終也。

成德者，加謹之功也。

䷴ 漸 艮下巽上

漸。女歸吉，利貞。

水所潤漬曰「漸」，相近而密相入，循次以相浹之謂也。卦因否卦之變而立義。否陽上陰下，各據其所而不交。漸則坤上之陰，上乎四以相入；乾下之陽，下乎三而止焉。陰陽於是乎得交以消否塞，而陰之進、陽之退，以其密邇者潛移於中，易相就而徐相浹，故其卦爲漸。漸以消否，而剛柔交，化凶爲吉矣。然交道之大正者，近不必比，遠不必乖，尤必居尊而爲主者，以誠相感，迹若疏而情自深。今此就近潛移，以情相洽而互相受，二之陰、五之陽，居中自如，無相就之志，則其道惟「女歸」爲得而吉焉。陽下於三，男下女也；陰上於四，婦人以外爲歸也。婚姻之事，地相鄰，爵相等，族相若，年相均，知聞已夙，而後媒妁以通，其事在内而不及於外。女外歸，男下達，各得其正，以漸而吉也。吉止於女歸者，君以漸道而交臣，則浸潤之小人承寵；士以漸而交友，則沈溺之損友相狎；皆非吉也。

「女歸」，先言女而後言歸，女往而歸男，嫁娶之謂也；異于歸妹之先言歸而後言妹，爲男反歸女之辭。故漸吉而歸妹凶。

卦中四爻，陰陽各當其位，貞也；而功在四往者，消之位也。陰之爲性，安於内而難於出外，四往而後三來，[一]四放道以抑情而順其正，雖離群外出而不恤，二五乃以各奠其中

[一]「功在四往者」「四往而後三來」，謂否卦六三爻往於四，九四爻來於三也；「功在四」，即功在否之六三、漸之六四。所以者：凡爻之内曰來，之外爲往，此其一；此卦彖傳下船山曰「陰進而後陽下之」「必陰先往，而後剛柔各得其位，消否之功，在陰之往也」，二處不容相違，則此處四往，即六四之往，即陰之往，即否六三往於六四，此其二；此卦初六爻船山曰「三自外而内」「四自内而外」「四陰上」，則四爻、三爻即就漸卦而言，此其三；外傳於此卦曰「四之往也，矯拂恒經以聽命於不相求之陽」，亦以四往爲六四，此其四。

位而無不正，則合義而利，永固其貞矣。故近而相親，未免於嫌，而要歸於善終，異于歸妹之瀆亂遠矣。

彖曰：漸之進也，女歸吉也。進得位，往有功也。進以正，可以正邦也。

「進」，陰進，謂六四也。漸之進，惟女歸爲吉，有不可他用之意焉。陽上陰下，各怙其所安，陰進而後陽下之，故有女歸之義而吉。蓋雖有男下女之道，而陽剛終無先自卑屈之情，必陰先往，而後剛柔各得其位，消否之功，在陰之往也。雖僅爲女歸之吉，而陽不亢，陰不賊，宜家之化，施於有國，亦治平之要、王化之基矣。

其位，剛得中也。

「其位」，猶言以位言之。九五雖以六四上進而乾道損，然不失其中，則位固正也，所以利貞。

止而巽，動不窮也。

以二體之卦德言之，有艮止之德，而後巽以入焉。居安資深而左右逢原也，漸之所以利也。世之爲學者不知此義，滅裂躐等，而鄙盈科之進爲不足學。自異端有直指人心、見性之説，〔一〕而陸子静、王伯安附之，〔二〕陷而必窮，動之不善，宜矣。

象曰：山上有木，漸。君子以居賢德善俗。

别言「木」者，山上之風，動物而長養之，驗於木也。艮止以「居德」，巽風以「善俗」，止而不遽〔三〕，入而不迫，君子體德於身，居之安而自得〔四〕，敷教於俗，養以善而自化，皆繇浸漸而深。漸者，學、誨之善術也。世豈有一言之悟而足爲聖之徒、俄頃之化而令物皆善哉！異端之頓教所以惑世而誣民也。本義云：「『賢』字疑衍。」〔五〕

〔一〕釋惟白續傳燈録卷五：「久參溈潭，潭因問：『禪師西來單傳心印直指人心，見性成佛，子作麽生會？』師曰：『某甲不會。』」

〔二〕陸九淵、王陽明之學，雖有躐等之嫌，然以立志入門，實亦孔門遺法，船山雖常貶斥陸、王，其實主要是對陸、王之支流而言。

〔三〕「遽」，嶽麓本作「遷」。

〔四〕「自得」，嶽麓本作「善俗」。今按：當作「自得」。孟子離婁下：「君子深造之以道，欲其自得之也。自得之，則居之安；居之安，則資之深；資之深，則取之左右逢其源。」「居之安而自得」解「居德」，下句「敷教於俗」乃對「善俗」。

〔五〕大象解小注同。按本義原文云：「疑『賢』字衍，或『善』下有脱字。」

初六，鴻漸于干，小子厲，有言，无咎。

卦之諸爻，皆取象於「鴻」者，鴻飛以漸，不迫而不息也。卦爻之位，外高而内下，内陽南而外陰北。鴻自北而南曰陽鳥，禹貢所謂「陽鳥攸居」也。[一]三自外而内，[二]漸下嚮於南，鴻之來賓也，於秋冬也；四自内而外，漸上往於北，鴻之北鄉也。三陽下，則五與上有且來之勢；四陰上，則初與二有且往之勢；而固未來未往也，近者先移焉，故曰漸也。曰「干」，曰「磐」，曰「陸」，皆下也，南方之地，水石平曠之地也，陸則近於北者也。曰「木」，曰「陵」，曰「逵」，皆高也，北方水涸風高之地也。陽則漸以下，陰則漸以上，而來南之時寒，下二陰方沍之象；往北之時暑，上三陽方炎之象。其飛也密移，其來往也陰陽均，故於鴻而得天化物情漸進之理焉。暑則北，寒則南，常得中和之氣，漸之所以貞而利也。「干」，水之涯也，[三]南方水草之地，鴻之所安。進而於此，有徘徊不欲更進之情。初六柔而居下，故有其象。而柔弱爲小子，時方進而遲回不敏，群將孤矣，故

[一] 尚書禹貢：「彭蠡既豬，陽鳥攸居。」孔傳：「隨陽之鳥，鴻雁之屬，冬月所居於此澤。」

[二] 謂否九四自外而來於内，爲漸之九三也。

[三] 干，釋文引毛傳曰「涯也」；本義從之，曰「水涯也」，程傳曰「水湄」。

「厲」。四，其同群而相應者。四往而初止，四不能不相責也，故「有言」。然漸之爲道，以不迫爲美，則時尚未至，姑止而待焉。安安而後能遷，[一]故无咎。

象曰：小子之厲，義无咎也。

「小子」者，未可急於行者也。則雖以不敏而危，自循其分義。

六二，鴻漸於磐，飲食衎衎，吉。

「磐」，大石平而固者。[二]鴻漸進而止於此，尤可以安矣。二柔當位而中，故有此象。「衎衎」，和樂貌。[三]居之安則自得也，故吉。漸卦陰陽之交，近而相比，非交道之盛，故皆以止而不躁爲吉。

象曰：「飲食衎衎」，不素飽也。

飲食而吉者，豈以安居宴樂爲宜乎？必有中正柔順之德，以靖共於位，則雖不急於

[一] 禮記曲禮文。

[二] 磐，程傳曰「石之安平者」，本義謂「大石也」。

[三] 程傳「和樂衎衎」，本義「衎衎，和樂意」。

進，而非無事而食也。以學問言之，則造以道而居安自得，非遽望有成於坐獲。

九三，鴻漸于陸，夫征不復，婦孕不育，凶，利禦寇。

初、二、四，鴻之漸而往也。三則其漸而來也。「陸」，中原平曠之地。鴻之南征，近南者先焉，而早至于中原矣。雖漸也，而實遽也。三，男下女；四，女外適；故爲「夫婦」。陰方上交，而陽相背以下，無反顧之情，「征不復」也。「婦」雖孕，而無與恤之，「不育」也。遷之遽，交之淺，則其情不固，所以凶。卦德雖爲漸進，而三、四動見於占，則未能漸。凡此類，以蓍策九、六之動而言，故與卦之全體有異，所謂惟其時也。三既下，無可復上之理，則與初、二合而止於內，以「禦寇」而消否，捐其生，不恤其家可也。剛當其位，故得有此利。

象曰：「夫征不復」，離群醜也。「婦孕不育」，失其道也。「利用禦寇」，順相保也。

「醜」，類也。[一]五、上與三，同類之陽也。二陽安居，未有行志；而三遽下移，獨往

[一] 孔疏「醜，類也」，船山從之；程傳曰「可醜」，則以爲醜惡之醜。

不反，則雖四陰上交，而不能相聚以成生化之美，惟退而與六二相比，而二樂得之以相保，則利。

六四，鴻漸于木，或得其桷，无咎。

「桷」，橫枝平出如椽者。〔一〕鴻趾有幕，不可木棲，惟得桷則可暫安。〔二〕四就近而進，无所擇而輒往，與三同其邃動，故有此象。以其當位也，故「或得其桷」。「或」者，不必得之辭，而亦理之可得者也。陰進而往外，以順承乎五、上之剛，變而不失其正，故賢於三而无咎。

象曰：「或得其桷」，順以巽也。

柔順以巽入於二陽之下，雖離群孤往而可安。

〔一〕桷，釋文：「翟云：『方曰桷，桷，椽也。』馬、陸云：『桷，榱也。』說文云：『秦曰榱，周謂之椽，齊魯謂之桷。』」

〔二〕幕，即蹼也，鴻雁趾間有蹼。此從程傳：「鴻趾連不能握枝，故不木棲。桷，橫平之柯，惟平柯之上乃能安處。」

九五，鴻漸於陵，婦三歲不孕，終莫之勝吉。勝，音升。[一]

鴻之南也，經鴈門之塞，所謂「陵」也。前者已至於陸，而後者尚集于陵，居高而不遽下，得漸之正者也。九五居尊而得位，故有此象。「婦」謂四也。四出歸於外，五爲之主，其正配也。四欲上進，五遠引而不相狎，有不即相交而「不孕」之象。不孕，不相接也。然四之情既篤，五安能終拒之哉？惟不聽其遽於求好，而漸乃相接，則象傳所謂「進以正，可以正邦」者也，故不勝其吉。

象曰：「終莫之勝吉」，得所願也。

連吉爲文，謂不勝其吉也。「得所願」者，陰之外適，固樂得君子而事之。謔浪笑傲，莊姜不得其願，[二]知狎暱之不可恃也。

上九，鴻漸于陸，其羽可用爲儀，吉。陸，讀如逵。

[一] 嶽麓本音注最後多「下同」二字。
[二] 詩終風，朱子集傳曰：「莊公之爲人狂蕩暴疾，莊姜蓋不忍斥言之，故但以終風且暴爲比。」

「陸」，舊説以爲「逵」字之訛，韻與義皆通，謂雲路也。〔二〕上處至高之位，而乘巽風之上，乃翺翔雲際而不欲下之象。「羽」，所以飛者。「儀」，法也。三、四交移，以密邇之情爲進退，上去之遠，止於最高而不下。蓋鴻之南也，違寒就暝，適水草稻粱之鄉，有希榮之情焉。翔雲路而不屑，君子愛身以愛道，楊雄所謂「鴻飛冥冥，弋者何慕〔三〕」也。砭頑起懦，可以爲百世師矣。

象曰：「其羽可用爲儀吉」，不可亂也。

志不降，身不辱，孰得而亂之？急於消否者，志士之情，三、四所以爲女歸之吉；安於下而不妄者，貞人之守，初之所以雖危而免咎；尊德樂義而不輕於動者，大人之操，

〔二〕所謂「舊説」者，胡安定、程子、朱子之説也。安定先生周易口義：「按諸家之説，以謂上九、九三皆處一卦之上，故皆言陸。陸者，高之頂也。徧觀經文，又無高頂曰陸之文。且陸者，地之高平者也；陵者，大阜也，又安有地而反高於山阜者哉？子夏之説亦然，其義未通。陸氏之説，言高過即反下，故上九處至極之地，反爲陸也。按漸卦自下而漸於上，自微而至於高大，且陵者未爲極高之地，豈有反下之義哉？今考於經文，陸字當爲逵字，蓋典籍傳文，字體相類而録之誤也。逵者，雲路也。言鴻之飛，高至於雲路，其羽翎毛質可以爲表儀。亦猶賢人君子自下位而登公輔之列，功業隆盛崇高遠大，可以爲天下之儀表，故獲吉也。按輔嗣之意，亦解爲雲路之義。言雖進處高潔，不累於職，莪莪清遠。若止在高平之陸，安得有高潔莪莪清遠之象哉？以此推之，是傳録之際，誤書此逵爲陸字也明矣。」本義：「胡氏、程氏皆云陸當作逵，謂雲路也，今以韻讀之，良是。」船山則以爲，陸固爲逵、雲路之義，然二字自可假借而通，不必斷爲形譌。

〔三〕「幕」，底本作「篡」，今從嶽麓本改。其校記云：「『慕』：守遺經書屋本、金陵本作『篡』。王孝魚金陵本點校稿註云：『「篡」當作「慕」，見楊雄法言問明卷第六「或問君子在治」條。』按鈔本正作『慕』。」

上九所以爲法於天下；可進可退而不失其正者，君子之度，二、五所以和樂而得願。六爻異用，而各有其道，漸之所以利貞，而上九其尤矣。

䷵ 歸妹 兑下震上

歸妹，征凶，无攸利。

往[一]而即之以爲家曰「歸」。「女歸」者，女外適而以夫家爲歸也。「歸妹」者，男舍其家，出而就女以爲歸也。卦自泰變。陰陽本有定交，而乾上之陽，出而依陰；坤下之陰，反入而爲主於内，就近狎交，不當其位。男已長，女方少，相説而動以從之，卦德之凶甚矣。故無所取象，無所取德，而直就其占言「凶」、言「无攸利」，與剥卦同而尤凶。[二]但舉卦名，已知爲不祥之至，勿待更推其所以凶也。「征凶」者，

[一]「往」，底本作「征」，今從嶽麓本改。其校記云：「『往』：守遺經書屋本、金陵本作『征』。馬宗霍校記云：『鈔本「征」作「往」，是。』」

[二]剥卦辭：「不利有攸往」。

以往而凶。陽不往，則陰不入而干陽。婦之不順，皆夫輕就之情導之也。既言「凶」，又言「无攸利」者，往歸之意，以爲利存焉，而不知適以貽害。君子之屈於小人，中國之折于夷狄，皆見爲利，而自罹於害。失其位，而利可徼乎？然惟征斯凶，則初之得位而安於下，二、五之居中而不動，固可以免。所以彖凶，而爻或有吉存焉。不征，則不凶矣。

彖曰：歸妹，天地之大義也。天地不交，而萬物不興。歸妹，人之終始也。説以動，所歸妹也。説，弋雪反。

上古之世，男女無別。黄帝始制婚姻，而匹偶定。然或女出適男家，或男就女室，初無定制。故子、姒、姬、姜，皆以女爲姓。迨乎夏、殷，雖天子諸侯且有就女而昏者，易兩言「帝乙歸妹」是已。周之興，懲南國之淫亂，始爲畫一之婚禮，自納采以至親迎，略放古者陽就求陰之意，而必「女歸」，而無「歸妹」之事，然後氏族正，家道立，而陽不爲陰屈，天經地義，垂之萬世。孔子曰「周監於二代，吾從周」，此周道宜從之大經大法也。故施及秦、漢，等贅壻于罪人，有謫戍之法焉。[一]後世非貧賤無賴之野人，未有以妹爲歸者矣。此傳緣其始而言之，當匹耦未定，典禮未定之先，亦未大拂乎天地之大義。蓋陰之情與，然内樂於與而外吝於與，抑以存其恥心，故必陽往而動之，然後悦而生化興焉，則男就女以爲家亦可矣。然人道之正[二]，正於始，始於此則終於此。陽一屈而就陰，則陰入而爲主於内，陽反賓焉，終其身受制而不能自拔。故先王於此，慎其始以防之。乃如此卦之象，所以爲「歸妹」者，不恤禮制之既定，苟且便安，規小利，説焉而動者也。始不正而終爲人道之大患，自非帝乙，鮮有不喪國亡家而陷於惡者，所以凶而无攸利也。

「征凶」，位不當也。

三、四失位，二、五因之。

「无攸利」，柔乘剛也。

[一] 史記秦始皇本紀：「三十三年，發諸嘗逋亡人、贅婿、賈人略取陸梁地，爲桂林、象郡、南海。」漢書文帝紀，文帝「貴廉潔，賤貪污，賈人、贅婿及吏坐贓者皆禁錮不得爲吏」。史記武帝紀載：「天漢四年，發天下七科謫出朔方」，正義引張晏云：「吏有罪一，亡命二，贅婿三，賈人四，故有市籍五，父母有市籍六，大父母有籍七，凡七科也。」船山論七科，又見讀通鑑論漢武帝二十七。

[二] 「正」，嶽麓本作「至」。

外卦二陰乘一陽，内卦一陰乘二陽。陽妄動而爲陰所乘，則敗於家、凶於國，惟陰之制而莫如之何。隋文帝之剛，爲獨孤所乘，而身殺國亡，[一]况唐高、宋光之未能剛者乎！

象曰：澤上有雷，歸妹。君子以永終知敝。

澤流下，雷終奮出而不衰止。男已長，女方少，不憂其不偕老而説從之。推此志也，貧賤、夷狄、患難，皆可以永焉者也。天下無不可終之交，無不可成之事。君子明知事會之有敝，而必保其終，情不爲變，志不爲遷，蓋象此[二]以爲德。庸人不知敝而妄覬其終之利，智士知其敝而爲可進可退之圖以自全。孔子曰：「道之不行，已知之矣。」文信國曰：「父母病，雖知不起，無不藥之理。」[三]聖人之仁所以深，君子之志所以不可奪也。大象此類皆與彖殊指，不可强合者也。

[一] 獨孤皇后性妒悍，因不滿太子楊勇寵愛美妾，促使隋文帝廢楊勇而立楊廣。後楊廣弑父。
[二] 「象此」，嶽麓本作「體此象」。其校記云：「馬宗霍校記：『按，鈔本勝』。」
[三] 元許有壬文丞相傳序：「『父母有疾，雖不可爲，無不用藥之理。』公之語，公之心也。」

初九，歸妹以娣，跛能履，征吉。

「歸妹以娣」，謂當歸妹以娣之世也。此句統下九二言之。「娣」，少女，謂三也。「跛能履」「眇能視」分言之，而固相聯以成文，二爻之德相肖也。〔一〕陽之往出而歸陰，得其娣以歸，而爲主於内，亂道也。初九剛而居下，不隨四以行，跛象也。惟守正而不妄動，則如跛者之行，畏仆而必慎。以此道而正四之不正，往而吉矣。

履與歸妹，内卦皆兑，而上承乾、震之剛，故皆有跛、眇之象。而履孤陰妄進，故自謂能而非其能；歸妹四輕往而過不在三，則初與二能保其正，而與履之「素履往，坦坦幽貞」，德固相若，皆處濁世而有孤行之操者也。易之文簡，故詞同而意異。

象曰：「歸妹以娣」，以恒也。「跛能履吉」，相承也。

此與九二象傳，文皆相承。當「歸妹以娣」之時，世已變，而初能守其恒，故跛而能履；上承九二之剛，足以知敝，與同道而免於污，故吉。陽以不歸陰爲恒理。

〔一〕謂初九與九二。

九二，眇能視，利幽人之貞。

二剛非其位，而上爲六三之陰柔所揜，有眇象焉。然天下貞邪治亂之辨本易曉了，而柔不自振者，誘之以動則迷。二以剛中之德，無欲而清，則五之爲君、三之爲娣，從違自審，而弗復[一]如四之失所歸。此乃柏舟之婦、麥秀之老，理明而義自正也。[二]

象曰：「利幽人之貞」，未變常也。

以其近三，而爲兑説之體，疑於變，故言「未變」。「常」亦恒也，謂陰陽之正理。

六三，歸妹以須，反歸以娣。

〔一〕「復」，嶽麓本無。

〔二〕詩邶風柏舟乃婦爲群妾所乘，心懷憂憤之作。麥秀，殷遺老箕子作。史記宋微子世家：「其後箕子朝周，過故殷虛，感宫室毀壞，生禾黍，箕子傷之，欲哭則不可，欲泣爲其近婦人，乃作麥秀之詩以歌詠之。其詩曰：『麥秀漸漸兮，禾黍油油。彼狡僮兮，不與我好兮！』所謂狡童者，紂也。殷民聞之，皆爲流涕。」索隱：「漸漸，麥芒之狀。油油者，禾黍之苗光悦貌。」

「須」，給使之人，女之賤者也。〔一〕古者天子諸侯媵用姪娣，姪貴而娣賤。〔二〕陽舍其位，離其類以外歸，志行之卑賤，適足與須女相配而已。「反歸」，謂旋歸〔三〕於夫家，陰來就陽，六之來三也。六五中正，不輕就匪人而與相說，惟坤下之陰，卑賤而就之，先得其寵。內治〔四〕不修，自此始矣。干君而僅得合於權佞之臣，亦此象也。進不以正，則不正者應之。

象曰：「歸妹以須」，未當也。

〔一〕虞翻、陸德明、王弼、程傳皆訓須爲待，釋文引鄭玄則曰「有才智之稱」。惟集解又曰：「荀、陸作嬬，陸云妾也。」李富孫易經異文釋卷二：「賁如須如，晁氏易云『須，今文作嬬，賤妾也』。」李氏自注：「歸妹『歸妹以須』晁氏易云『子夏傳、孟、京作「嬬」，云「媵之妾」也。古文作「須」。一行云：「須，亦賤女也。」』」資治通鑑晉紀三十「有長星見自須女」，胡注：「須，賤妾之稱。」船山蓋從大全之說。朱子本義曰「或曰：須，女之賤者。」又大全引朱震曰：「天官書『須女四星，賤妾之稱。織女三星，天女也。』陸震云：『天文，織女貴，須女賤。』則『須，賤女』可知。」

〔二〕「姪貴而娣賤」，蓋船山誤記，依禮，當「娣貴姪賤」。儀禮士昏禮：「婦徹于房中，媵御餕，姑酳之。雖無娣，媵先。」鄭注：「古者嫁女，必姪娣從，謂之媵。姪，兄之子。娣，女弟也。娣尊姪卑。」賈疏：「媵有二種：若諸侯有二媵外，別有侄娣。是以莊公十九年經書：『秋，公子結媵陳人之婦於鄄。』公羊傳曰：『媵者何？諸侯娶一國，則二國往媵之，以姪娣從。姪者何？兄之子也。娣者何？弟也。』諸侯夫人自有姪娣，並二媵各有姪娣，則九女是媵，與姪娣別也。若大夫、士無二媵，即以姪娣爲媵。鄭云『古者嫁女必姪娣從，謂之媵』，是據大夫、士言也。云『姪，兄之子。娣，女弟也。娣尊侄卑』者，解經云『雖無娣，媵先』之義，以其若有娣，乃先，媵即姪也。」

〔三〕「旋歸」，嶽麓本作「還反」。

〔四〕「治」，底本原作「志」，今從嶽麓本改。

「當」謂當位。四失其位，三因失焉。言「未」者，過不在三也。

九四，歸妹愆期，遲歸有時。

此正「征凶无攸利」之爻。不再言占者〔一〕，象已決言之，於此原其致妄之繇，而設戒以導之於正。聖人不輕絶人之情，抑以上古舊有此禮〔二〕，雖足致亂，而固可教以正也。不待女之歸，而男反歸女者，以三十而娶，不可過期。乾三之陽已老，坤四之陰方稚，六五中正，待禮成而後行，故陽屈己而往從之，不以賤辱爲恥。乃爲之戒曰：雖其歸之遲，而自有時，何至卑屈失身，以召柔之乘己哉！詞之婉，諷之切，周公當婚禮初定之時，曲體人情而救之以正，故其辭温厚而動人。若後世淫色吝財之夫，則固不足與言也。

象曰：愆期之志，有待而行也。

待年待禮，陰之志本正，而未嘗不欲行。九四急於往，而不姑爲待，何也？男擇配，

〔一〕謂此處不再言占辭「征凶无攸利」。

〔二〕「禮」，底本作「理」，今從嶽麓本改。其校記云：「『禮』：守遺經書屋本、金陵本作『理』。馬宗霍校記：『鈔本「理」作「禮」，是。』」

臣擇君，士擇友，豈有定期哉！急於立身，緩於逢時，則已不枉[一]而物可正。推而上之，聖人之養晦以受命，待賈而沽玉，亦此而已矣。

六五，帝乙歸妹，其君之袂，不如其娣之袂良。月幾望，吉。

「帝乙歸妹」，歸而逢其吉者，故此爻當之。「君」，女君，帝乙所歸之妹，謂五；「娣」，謂三也。三陰穉，而以色悦人，陽所狎也。言「袂良」者，君子辭爾。六五柔順得中而應以正，貴德而不以色爲良，陰德之盛者也，故曰「月幾望」。五惟有待而行，不與四俱亂，故帝乙歸之，雖失正而可宜家。然惟有帝乙之德，而遇恭儉自持之賢配，乃能獲吉。使其爲悍煽之妻，而自不免於狎溺，則征凶而无攸利也，必矣。

象曰：「帝乙歸妹」，不如其娣之袂良也，其位在中，以貴行也。

以色言之，不如娣矣。德稱其位，故貴爲天下之母，而帝乙亦蒙其吉，所遇之幸也。

[一]「枉」，底本作「往」，今從嶽麓本改。

婁敬不遇漢高帝，馬周不遇唐太宗，則與蘇秦同其車裂矣。〔一〕

上六，女承筐无實，士刲羊无血，无攸利。

「女」，謂上六。「士」，九四也。「筐」，禮所謂笲。「實」，榛栗棗脯以見舅姑者。〔二〕「刲羊無血」，自斃之羊也。吝于六禮，苟簡以成事，〔三〕故女不歸士而士歸女。包死麕以誘女，末俗之惡，吝而已矣。〔四〕士吝則女愈驕，乃以無實之筐，見舅姑而不怍，上六之陰亢，九四自貽之辱也。

象曰：上六无實，承虛筐也。

「承虛筐」者，不以禮意相接也。夫四之屈辱往歸，豈無覬利之心哉？乃此以吝往，

〔一〕婁敬、馬周見履卦初九。

〔二〕禮記昏義引禮經曰：「夙興，婦沐浴以俟見。質明，贊見婦于舅姑，執笲，棗栗段修以見。」儀禮士昏禮：「質明，贊見婦于舅姑……婦執笲棗栗，自門入，升自西階，進拜，奠于席。」鄭注：「笲，竹器而衣者。」

〔三〕六禮，謂納采、問名、納吉、納徵、請期、親迎。自納采至請期，必用鴈爲質；及取之日，則士家升豚、魚、腊三鼎。而卦中之士，則僅刲死羊以爲質，是其苟簡矣。

〔四〕詩召南野有死麕：「野有死麕，白茅包之。有女懷春，吉士誘之。」死麕與死羊皆苟簡之物。

彼以驕報，所必然者。故先王之用財也儉，而獨於賓嘉之禮，重費而不恤，所以平天下之情，而使相勸於君子之道，其意深矣。夷風亂華〔二〕，人趨苟簡，而倫常以斁，可不鑒哉！

䷶ 豐 離下震上

豐。亨，王假之，勿憂，宜日中。假，古伯反。〔三〕

「豐」者，盛物于器，滿而溢於上之謂。此卦一陽載一陰於下，二陽載二陰於上。陰，有形質者也，得中而加于陽上，盛滿而溢於所載，故謂之豐。以其自泰之變言之，陰入而爲主於二，其明乃盛；陽出而動於外，動以滿盈，亦豐象也。

而豐於外者蔽其中，豐於上者蔽其下。在二體，則陽雖動於外，而陰留不去，尚揜其離明。以卦畫言之，則陽受蔽于陰，爲重疊覆障之象。在陰則勢處其盛，在陽則載陰而大

〔二〕「夷風亂華」，底本作白框，從嶽麓本補。蓋避諱也。

〔三〕嶽麓本無音注。

有事焉，非易處之卦也。以其陽雖受蔽，而爲方生之爻，明之發而動之始也，故亨。然而非有其位，非有其德者，未易亨也。惟王者撫有天下而載萬民，富貴福澤，過量相益而不必辭；處於深宮，而臣民之情僞相積以相蒙覆，皆其所容受以待治，則固不能離彼而炫其孤清。故至於豐，而不當以爲憂，而必拒之撤〔二〕之，以自礙其有容之度。夫王者既有其位矣，而抑必有其德。惟大明麗中，盡察於物情之微曖，則可任其叢雜相掩而不爲之亂。若非王者之位，則一受習俗柔暗之蔽，百鍊之剛且化爲繞指之柔。若非日中之德，則肘腋之下，蒙蔽所積，而況四海之遥，兆民之衆，一葉蔽目，不見泰岱矣。故豐者，憂危之卦也，非德位兼隆，固當以爲憂也。

彖曰：豐，大也。明以動，故豐〔三〕。

〔二〕撤，去除。下文曰「撤蔽」。

〔三〕「豐」，底本原作「亨」，今從嶽麓本改。其校記云：「『豐』：守遺經書屋本、金陵本作『亨』。按商務印書館四部叢刊所收上海涵芬樓景宋刊本周易作『豐』。」今按：船山未必見景宋經注本周易，故此引四部叢刊本周易以證「豐」字，亦可不必。船山内傳版本據大全，有異文或改動則于注文中辨之。此「豐」字諸本皆同，而船山稗疏、考異、内傳皆未言其有異，則此自當作「豐」。二刻本或據注文而改。

陰盛而陽皆載之，故曰「大」。蔽盛則不得通，然而亨者，六二陰得其位，而陽相與麗以發其明；二陰積上，而九四震起以動之，使勿怙其柔暗，故亨。明之所以不揜者，皆九四之能拔出於外，導宣其幽滯，而明乃上行。非然，則明夷矣，何易言亨〔二〕乎！

「王假之」，尚大也。

惟王者之道，以廣大而徧載天下之繁雜爲尚，下此者不能也。

「勿憂宜日中」，宜照天下也。

能如日之中，徧照天下，無幽不徹，乃可勿以豐蔽爲憂。

日中則昃，月盈則食，天地盈虛，與時消息，而況於人乎！況於鬼神乎！

此言陰盛之不足憂，而惟「日中」之不易得也。「日中則昃」，「明以動」而猶恐其失也。「月盈則食」，陰雖中而固有其可虧者也。人則有邪正之消長，鬼神則有禍福之倚伏，邪可使悔而之正，禍固爲福之所倚，而何憂乎！而不能以明照天下，則吉且召凶，善且

〔二〕「亨」：嶽麓本作「震」。其校記云：「『震』：守遺經書屋本、金陵本作『亨』。按鈔本不誤。明夷，豐，豐九四震起以動積上之二陰，明夷爲六四，故『何易言震乎！』」今按：嶽麓本校記非是，此一段注文言所以能亨者，在於九四之能起；承其文勢，則若九四不能震起而爲明夷，則不能亨，即亨之不易，即「何易言亨」也。鈔本作「震」，誤。

流而之惡；消息盈虚，聽乎時而不審其變，人且熒之，鬼神且傷之，而何易言「勿憂」乎！苟非堯、舜、禹之相繼以治天下，則共、驩頑讒之覆蔽以成陰暗者自相乘以亂。苟非文王之不遑暇食、衛武之耄而好學，〔二〕則方其明而若或障之，方其動而若或掣之矣。故曰：豐，憂危之卦也。

象曰：雷電皆至，豐。君子以折獄致刑。

電始出而雷即發，其雷必迅，所謂「雷電皆至」也。惟重陰覆蔽，故陽之出也必怒。「致」，致之於市與甸人，行辟也。〔三〕折獄既明，刑即決焉，姦人無可容其規避，雷電迅疾之象。噬嗑之「明罰敕法」，已斷而必更察之，立法之慎，先王詳刑之典，君道也。豐之「折獄致刑」，已明則斷，君子用法之嚴，吏治也。「君子」，謂守法之嗣君與聽獄之卿士。

〔二〕衛風淇奥，毛傳等認爲讚美衛武公，其中「如切如磋，如琢如磨」，大學解釋爲「好學也」。

〔三〕禮記王制：「刑人于市，與衆棄之。」周礼秋官掌戮：「凡殺人者，踣諸市，肆之三日。刑盜於市。凡罪之麗於灋者，亦如之。惟王之同族與有爵者，殺之于甸師氏。」賈疏：「踣者，陳屍使人見之。既刑於隱處，故不踣之。」禮記文王世子：「公族其有死罪，則磬於甸人。」鄭注：「不於市朝者，隱之也。甸人，掌郊野之官，縣縊殺之曰磬。」船山禮記章句曰：「甸人，掌郊野之官，署在郊外，刑殺即之，隱其惡也。」由是，則王族致於甸師刑之，其餘則致於市而刑之，故船山曰「致之於市與甸人」。嶽麓本點校爲「致之於市，與甸人行辟也」，錯會文義也。

初九，遇其配主，雖旬无咎，往有尚。

「配主」謂四，自下匹上謂之配。「主」者，卦以下畫爲基，初爲離主，四爲震主。十日曰「旬」，春秋傳曰「天有十日」，自甲至癸，旬數也。〔二〕九四當離體已成之後，日之數已盈，而遇之者以其大明，生其善動，雖有「日中則昃」之憂，而自可无咎。「往」，則爲四之所嘉尚矣。陰盛，非剛不能致察；初與四相資以成日中之治，所以善處豐也。初不言豐者，二雖蔽初，而柔得其位，居中以爲明主，無相蔽之情也。

象曰：「雖旬无咎」，過旬災也。

「雖旬无咎」，言即至於旬而尚无咎，則其不可過可知。初與四遇，當離之已成，則兩剛相得；過此則五、上之陰且蔽之矣。五能蔽四，不能蔽初，以其遠也。

六二，豐其蔀，日中見斗，往得疑疾，有孚發若，吉。

「蔀」，編艸爲藩蔽。「日中見斗」，日食而星見也。六二上應五，而五以陰揜陽，故爲

〔二〕左傳昭公七年：「天有十日，人有十等。下所以事上，上所以共神也。」杜注：「甲至癸。」

豐於障蔽，爲日食晝晦之象。二不容不疑其蔽己之明，疑甚而疾矣。乃二以柔中當位，虚中而信物，以與五相孚，則五且感發而與之同志，棄暗求明，吉矣。豐非剛不能撤蔽，而二以柔能感五者，麗於剛以爲明也。

象曰：「有孚發若」，信以發志也。

能信諸己，則足以發人之志也。陽實陰虚，以實之謂信。而易每于陰言孚者，人之懷疑，必先有成見於中，窒而不通，則遇物皆見其乖異；虚以受之，自能擇善而篤其信。實以言信之用，虚以言信之體也。

九三，豐其沛，日中見沬，折其右肱，无咎。

「沛」，舊説以爲旛幔。〔一〕「沬」，小星也。「日中見沬」，日食既〔二〕而晝晦極矣。「右肱」謂四，九三之所以資動者也。九三處明之終，「日中而昃」矣，而上應上六

〔一〕王弼、陸德明、程傳、本義俱以爲幡幔。船山作旛，幡即旛之俗字。
〔二〕食既，食盡也。左傳桓公三年：「秋七月壬辰朔，日有食之，既。」杜注：「既，盡也。」

之極幽極暗，故爲幔障天而日晝晦之象。上之蔽也厚，三與應而受其蔽，雖有九四之剛，可資其動以撤蔽，而弗能用也。漢元受石顯之蔽，而蕭望之不能抒其誠；唐德宗受盧杞之蔽，而陸贄不能效其忠；[一]蓋此象也。言「无咎」者未詳，程子以爲「无所歸咎」，亦通。[二]

象曰：「豐其沛」，不可大事也。「折其右肱」，終不可用也。

豐惟王假之，必將大有所爲。受蔽於上，不足以照天下，而何大事之可爲！「終不可」者，奸蔽賢，則賢終不爲之用也。

九四，豐其蔀，日中見斗，遇其夷主，吉。

「夷」，等夷也。在上而交下曰夷。[三]四雖不應五，而與五相比，故與二同象，而受蔽更

〔一〕陸贄初入翰林，甚爲德宗倚重。而爲盧杞所阻，不得盡忠；繼而爲裴延齡所讒，被貶謫而死。

〔二〕程子以上六爲右肱，爲九三所賴；今上六既闇，若人所賴之右肱被折，其無功亦不當咎之。朱子從之。

〔三〕訓夷爲等夷，本程傳、本義。初九上配於九四，故曰「遇其配主」；九四下等於初九，則曰「遇其夷主」。配則下配上，故船山曰「自下四上謂之配」；夷之訓爲平，猶高者夷而爲平，故船山曰「在上而交下曰夷」。

切焉。賴其下與初應，兩剛相得，明以濟動，而陰弗能終掩之，故吉。

象曰：「豐其蔀」，位不當也。「日中見斗」，幽不明也。「遇其夷主吉」句，**行也。**

象雖與二同，而受蔽更深，故於此發「不當」「不明」之義。四雖爲震主，而以剛居柔，與五相比，則所處之地危矣。非離體，則明不足以燭幽；獨陽，不足以勝衆陰。必行而下就乎初以相輔，乃得吉焉。豐之所以能「明以動」者，功在四，而四又資初。當昏昧之世，求賢自輔爲善動之要術。四之吉，惟其爲退爻，而不自恃其剛以輕試於障蔽之中也。

六五，來章，有慶譽，吉。

五以陰暗居尊位，力足以障蔽乎陽，本無吉道。惟其得中，爲六二之所仰而求乎者；而陰尚未盈，能下受之，故二來而施之以明，彌縫其不善而著其善，乃「有慶譽」而吉。「有」者，本非所有而有之辭。「慶」，福自外來也。「譽」，名自外成也。

象曰：六五之吉，有慶也。

本非吉，以得二「來章」之吉，而慶。[一]

上六，豐其屋，蔀其家，闚其户，闃其无人，三歲不覿，凶。[二]

上恃二、五之陰皆得中，而已又居於其上，驕盈而重蔽陽剛，其德凶矣。蔽人者先以自蔽，陽剛方「明以動」，安能蔽之？徒重屋厚障，不能見遠而已。明之所不照，處於幽暗之室，有人若无，而人亦終無欲見之者，見絶於有道而凶矣。占此者，遇如此闇傲之人，絶之可也。五可孚，而上不可化也。

象曰：「豐其屋」，天際翔也。「闚其户，闃其无人」，自藏也。

豐滿盈溢，亢而自驕，高居而絶物，明者不施以照，終於自藏而已。其愚若此，不足以爲日中之憂。

[一] 此句嶽麓本作「以二得『來章』之慶，故吉」。

[二] 嶽麓本音注作「闃，苦具切，音臭，寂静也。」今按：「臭」當爲誤字。闃字，集韻苦昊切（中華書局影印北圖藏宋本及四部備要本作「苦臭切」，臭字當誤，明州本不誤），同音有瞁字。集韻闃字後有昊字，然一爲溪母，一爲見母，音自不同，故作「音昊」亦非。

䷷ 旅 艮下離上

旅。小亨，旅貞吉。

相從而行曰「旅」。古者卿行旅從，故曰行旅。〔一〕以二體之象言之，火在山上，野燒也，前燄後燄，相踵競進而不留，若行者之在途，相攝而遄征。以卦畫言之，三陽皆在陰上，往也；陽爲客，陰爲主，陽之旅也。自否變者，五陽去位而止於三，雖止而非其居；三固進爻也，則亦姑寓而欲行者也。旅者陽也，乃陽倡則陰必隨，陰无陽以立其不易之基於下，則雖得中而非其安居，陽旅而陰從之以旅矣。一陽往而一陰從之，二陽往而二陰從之，陰隨陽行，若卿行之有旅從，陰亦旅矣。六五居中，非其位也，雖有文明之德，而艮

〔一〕說文：「旅，軍之五百人爲旅。」船山說文廣義曰：「借爲行旅字者，卿行旅從，惟君行必有頓舍，卿以下皆寄宿也。易言『資斧』，所以伐木斷地，爲營舍也。士庶商賈在外通稱曰旅，僭辭也。」左傳定公四年：「於是乎出竟。若嘉好之事，君行師從，卿行旅從。」杜注「旅」曰「五百人」。

止阻之以不下，逮陽已往而明王不作，己亦不得安於上位，故先儒謂仲尼爲旅人。〔二〕「小亨」，小者陰也；陰得二中，故亨。「旅貞吉」者，旅之貞，旅之吉也。上不當位而下止〔三〕，本非正而不吉；乃時當其止，道不足以行，而文明不息，以明道爲己任，隨所寓而安焉，爲旅之正，而樂天安土，得其吉矣。

彖曰：「旅小亨」，柔得中乎外而順乎剛，止而麗乎明，是以「小亨，旅貞吉」也。

「得中乎外」，不能得其正位，而在事之外也。陰下陽爲「順乎剛」，雖柔而放道以行也。止矣，而必麗乎明以不息，故即此而志無不通、道無不正、居無不吉也。陽君陰臣，陽見陰隱，雖德備文明若仲尼，亦但謂之「小」，以位言也。夫子之志，於彖傳自道之。

旅之時義大矣哉！

〔二〕周易外傳旅：「故曰以仲尼爲旅人，非仲尼其孰足以當之！」讀四書大全説卷三中庸第二十章：「傳易者以孔子爲旅人。」船山所謂「先儒」「傳易者」，蓋王弼也。王弼注「時舍也」曰：「以爻爲人，以位爲時，人不妄動，則時皆可知也。文王明夷，則主可知矣；仲尼旅人，則國可知矣。」孔疏未詳言輔嗣何本。考京氏易傳於旅卦下謂：「仲尼爲旅人，固可知矣。」此蓋漢儒舊説。

〔三〕上卦三爻皆不當位，下卦爲艮止。

非其人，則失正而不能亨。因其時，合其義，居不安而道不廢，隘與不恭，俱不足以當之，故極歎其大。

象曰：山上有火，旅。君子以明慎用刑，而不留獄。

離火，明也；艮止，慎也。既明且慎，則速斷之，而不淹滯以滋擾，如山上之火，過而不居。君子之於民，教之治之，皆遲久而不迫，惟用刑則非君子之本心，不得已而寄焉耳。留之則證佐待理而久淹，枝葉旁生而蔓引，胥吏售〔二〕姦而迭爲舞易，其殃民也大，而姦人得以規避，故以「不留」爲貴。〔三〕

初六，旅瑣瑣，斯其所取災。

彖傳取六五立義，爻則各以其得失言之。旅之時義雖大，然非六五文明之德，則其得

〔二〕「吏」，嶽麓本作「史」，非也。「售」，底本原作「讎」，非是，今據嶽麓本改。

〔三〕又見讀通鑒論漢武帝二十四。

失亦微，[一]所謂「苟非其人道不虚行」也。「瑣瑣」，細小貌。初六卑柔無遠志，而隨陽爲旅，則鄙屑而爲裹糧結屨之謀。[二]災之至，若出意外，而不知務小忘大，正其所自取也。[三]

象曰：「旅瑣瑣」，志窮災也。

「窮」者，自窘於微細之中也。

六二，旅即次，懷其資，得童僕，貞。

二柔得中位，旅得所安之次舍矣。陰爲資糧。「童僕」謂初也。瑣瑣在旅人則取災，在童僕則爲正。以柔懷童僕而使效其貞[四]，小之亨也。旅初與二所取象占皆小節爾，而易猶爲告之。苟非不義，亦日用之常，聖人詳著之以前民用，而學易者慎微之道在焉。

象曰：「得童僕貞」，終无尤也。

[一] 言其格局規模狹隘微末，不足道也。

[二] 裹糧結屨，人於行伍而從征也。

[三] 内傳於乾卦文言曰：「難自外生，非所宜得者曰『災』。」初六得災禍，自以爲非所當得也；乃不知此正其務小忘大所致也。

[四] 「貞」，嶽麓本作「忠」。

「懷其資」，未免非尤，惟得「童僕貞」，則免於咎。懷資而失童僕之心，斯寡助而塗窮矣。

九三，旅焚其次，喪其童僕，貞厲。喪，息浪反。[一]

陰爻之旅，皆從人以旅者也。陽爻之旅，則自欲旅者也。旅者行而不留，君子之仕止久速，因時制義，無悻悻窮日之心。九三以剛居剛，不中而爲進爻，急於去而不留，無反顧之情。「焚其次」，誓不復反；徒衆解散，不可復收，雖使其去合於正，而亦危矣。

象曰：「旅焚其次」，亦以傷矣。以旅與下，其義喪也。

「傷」，謂傷于君子不輕絶人之義。「以旅與下」，謂既悻悻以去，使初、二之心解體，導之離散，不能復合，介然之義，其終必窮。好勇而不知所裁，[二]將與鳥獸同群乎！

[一] 嶽麓本音注最後多「下同」二字。
[二] 孔子謂子路：「由也好勇過我，無所取裁。」

九四，旅於處，得其資斧，我心不快。

「處」，羈旅所處之國也。「斧」者，行而攜以備樵采椓杙之用者。三去而迫於去，四則剛失位而居退爻，義未可留而姑留者也。留則得其資斧，而四志本剛，非以資斧爲念者也，故心不快。

象曰：「旅于處」，未得位也。「得其資斧」，心未快也。

四非陽剛宜居之位，故雖得資斧而不快，若孟子於齊、梁是也。〔一〕

六五，射雉，一矢亡，終以譽命。

「雉」，文明之禽。六五，離之主，欲麗乎陽以發其光輝，而得中於外，不能乘權以有爲，則不得雉，而並其所以射者亡之，所謂「道之將喪」也。然雖爲旅人，而道賴以明，則人之所與，天之所篤，又豈能去之哉！止而麗乎明，此爻當之。

〔一〕齊、梁之王甚倚重孟子，所饋金亦多。孟子公孫丑下陳臻問孟子：「前日於齊，王饋兼金一百而不受；於宋，饋七十鎰而受。」孟子厚葬母，亦因得資斧益多也。

象曰：「終以譽命」，上逮也。

上無明王，則天人之所宗仰者在己也。周公心儀其人，而孔子自當之。

上九，鳥焚其巢，旅人先笑後號咷，喪牛于易，凶。易，與埸通。〔一〕

上九居離體之終，陽已亢極，火炎於山上而不息，鳥有巢而被焚之象。蓋時有災危，去以避害者也。免於禍則笑，而貪生倖免，爲人所不禮，無可再棲之枝，將號咷而悲思其故處矣。「牛」，順物。「易」，疆埸也。居其國，有其家，則無可去之理，順道也，子思所以遇寇而守也。〔二〕喪其貞順於國，而越疆外出，道失而身必危，故凶。〔三〕

〔一〕嶽麓本音注最後多「下同」二字。

〔二〕孟子離婁下：「曾子居武城，有越寇。或曰：「寇至，盍去諸？」曰：「無寓人於我室，毀傷其薪木。」寇退，則曰：「修我牆屋，我將反。」寇退，曾子反。左右曰：「待先生如此其忠且敬也。寇至則先去以爲民望，寇退則反，殆於不可。」沈猶行曰：「是非汝所知也。昔沈猶有負芻之禍，從先生者七十人，未有與焉。」子思居於衛，有齊寇。或曰：「寇至，盍去諸？」子思曰：「如伋去，君誰與守？」孟子曰：「曾子、子思同道。曾子，師也，父兄也；子思，臣也，微也。曾子、子思易地則皆然。」

〔三〕此蓋隱指永曆帝入緬之事乎？亦表亡國遺民自處之志也。

象曰：以旅在上，其義焚也。「喪牛于易」，終莫之聞也。聞，亡運反。

「聞」，名譽也。既居高位，則義在同其災患，而以旅道自處，違其義矣。不終不順，人皆賤之，雖有陽剛之才，無德而稱焉。

周易内傳卷四上終

周易内傳卷四下

䷸ 巽 巽下巽上

巽。小亨，利有攸往，利見大人。

巽陰潛起于陽下，與姤、遯同。兑陽盛于中而陰外，與大壯、夬同。而姤爲陰干陽，遯爲陽避陰，巽則以入爲德；大壯戒陽之壯，夬獎陽以决陰，兑則以説爲道。何也？巽、兑本三畫卦之名，重而爲六，不失其象。風有于喁之相因，[二]澤有左右之並流，皆無異道，

[二] 齊物論論地籟「前者唱于而隨者唱喁」，釋文引李云：「于喁，聲之相和也。」

則重而爲六，猶然三畫之象也。三畫之卦，天之理，物之體，形象之自然者也。相雜而六畫生，則物之變，人之用，得失之或然而不得不然者也。六畫不異於三，則用而仍如其體；姤、遯、大壯、夬之重而有異也，則體異而用亦異也。夫天之理，物之體，陰陽柔剛，參伍以成形象，一惟其自然。陰本不以干陽而潛起，陽亦不畏偪而欲避，陽雖盛而非恃其壯以決去乎陰，〔二〕則體天體之無不善者，以肖其德而嘉與之，故巽以入爲利，兑以説爲貞。若夫陰遇陽而迫陽以避，陽壯而決絶乎陰，固非天地絪緼、互相屈伸以成化之道，故姤、遯無相入之美，壯、夬無相説之情也。

然則震之陽起而動陰，與復、臨義略相通；艮之陽上以止陰，與剥、觀道略相似。震恐以致福，喪貝而七日得，復之理也；艮敦而吉，「大觀在上」，「君子得輿」之象也。而巽異於巽、兑之别於姤、遯、壯、夬，又何也？震初陽起而動地下之陰，四陽出地而動地上之陰，乃以出入無疾，而相感以臨。艮三止陰而不能止，二陰又乘其上，剥之所以「剥牀以膚」，止之又止而後止焉；觀之所以必「觀我」「觀民」而恐志之未平，天人體用之義均

〔二〕前二句指巽，後一句指兑。

也。若夫姤、遯，陰干陽而逼之，陰皆進而陽皆退；巽則六四居陰以順乎陽，而陽未相率以之於外。大壯、夬陽連類以擯陰，亢而且消；兑則陽納陰於三，相説而不相拒。巽、兑之與姤、遯、壯、夬，其象異，其德異，固不可以震、艮例求也。此讀易者之當知變通也。巽者，選具而進之謂。能慎於進則相入，故爲入也。柔順修謹，欲依陽而求相入以成化，巽之德也。陽且樂而受之，是以「小亨」。陰雖入，而剛不失其中，剛柔相濟，往斯利矣。「大人」，謂二五剛中，德位並隆者也。選慎以入而相見，見斯利矣，陰之亨利者也。程子曰：「兑柔在外，用柔也；巽柔在内，性柔也。兑，陽之爲也；巽，陰之爲也。兑則亨，巽所以小亨也。」[一]然陰固兩儀自然之體而萬物資生之用，得其正而亨而且利，亦孰非天道之正，人事之善者乎！

象曰：重巽以申命。重，直龍反。

[一] 程傳曰：「兑則亨，巽乃小亨者：兑，陽之爲也；巽，陰之爲也。兑柔在外，用柔也；巽柔在内，性柔也。」此數句，皆係船山引程子語，特較程傳原文語序稍異。嶽麓本引號但至「性柔也」，非是。

巽有二義，自陰而言之，則自下而柔順以入合於陽；自陽而言之，則剛得[一]中而以柔道下施，入物而相勸勉。此以九五剛中君德爲主，而六四下入起義。六四非上入，而下施者也。「重巽」者，初以[二]柔施，而四又申之也。承剛中之道，柔以下逮，愚賤不可卒喻，申命而後能入民之隱。

剛巽乎中正而志行，柔皆順乎剛，是以「小亨，利有攸往，利見大人」。

「巽乎中正」者，不以當位得中，遂剛以臨下；而柔巽以入民，則志可喻於物，而物遵以行，故「利有攸往」。此以自上施下者言也。「柔皆順乎剛」者，慎以進而不敢干，陰道得而就正於剛中者，其益大矣，故「小亨」而「利見大人」。此以自下順上者言也。内卦三爻皆取下順上之義，外三爻皆取上施下之義。彖錯言之，明其用異而道同也。

[一]「得」，嶽麓本作「德」。今按：依文義，仍當作「得」爲是，下文亦云「當位得中」。
[二]「以」，嶽麓本作「已」。

象曰：隨風巽，君子以申命行事。

巽之爲風者，動氣者陽氣也。陽氣聚于外，薄陰在内，陽不得入，而陰弱不相激，則陽乘動幾，往復飄聚，而鼓盪以行焉。聚而行於此，則彼虛，陰乃乘之以入，莊周所謂「厲風濟則爲虛」也。虛而陰入矣，入而和，則晴雨平、物彙昌矣。「隨風」者，前風往而後風復興之謂。飄風則不相繼，故不能終朝。相隨以不息，風之柔和者也。故莊周曰：「泠風則大和。」君子之將欲興民以有事，命之，又申命；其始不迫，其繼不厭，期於入民而事以集；如風之相隨，則草皆順偃，而寒暄以漸而成。取法於此，斯無不教、不戒、慢令之三惡矣。[一]但言「行事」，爲政言也，明非言教也。若教則不憤而啟，不悱而發，喋喋然徒勞而无益也。

初六，進退，利武人之貞。

陰起而入陽，進也；在下而柔，退也。初六陰欲入而未果，故爲進退不決之象。陽爲

[一] 論語堯曰，孔子曰：「不教而殺謂之虐，不戒視成謂之暴，慢令致期謂之賊。猶之與人也，出納之吝謂之有司。」

文，陰爲武，陰上臨陽而欲進，故此與履六三皆言「武人」。武人，勇於進者；「貞」則慎于進而不妄，故得進退之宜而利。

象曰：「進退」，志疑也。「利武人之貞」，志治也。

「志治」者，陰屈下以求入于陽，所以受陽之裁成而成化。武人不怙其勇而望治，慎於進以就正，故利，此所謂「利見大人」也。

九二，巽在牀下，用史巫紛若，吉，无咎。

「巽在牀下」，謂初也。「史」，撰辭告神者。陰有鬼神之道焉，故用史巫。凡敵應之卦，既不相應，則以相比者爲應求。陰陽相比而相求則和，遠則乖矣。故巽二、五吉，而三、上凶吝。初六進退維疑，在牀下而不能起應乎剛。二以剛居柔，篤志下求，紛若不已，則陰可入而陽得其耦，故吉。不當位，疑有咎也，而不失其剛中之德，則无咎。

象曰：紛若之吉，得中也。

「用史巫紛若」，則疑於太屈，而剛固得中，雖求陰而不自失。

九三，頻巽，吝。

「頻」與顰通。[一]三以剛居剛而不中，見陰之巽入而顰蹙以受之，不能止陰使不入，徒「吝」而已。

象曰：頻巽之吝，志窮也。

不通之謂「窮」。異端以人倫物理爲火宅，而欲絶之，[二]終不能而祇以自窮，蓋若此。

六四，悔亡，田獲三品。

此所謂「利有攸往」也。「三品」：乾豆、賓客、充君之庖。上殺、中殺、下殺皆獲

[一] 程傳、本義以爲頻繁之頻；王弼曰：「頻，頻蹙不樂而窮不得已之謂也。」船山從之。其以頻爲顰之借字，詳復卦六三「頻復」下。

[二] 法華經譬喻品：「三界無安，猶如火宅。衆苦充滿，甚可怖畏。常有生老病死憂患，如是等火，熾然不息。」

焉，是大獲也。[一]四在上卦之下，乃施命以入下而使行事者也。國之大事，在祀與戎，而巽非征伐之卦，田獵以供賓祭，役民率作，故取象焉。柔以申命，下順聽之，故田而多獲。「悔亡」者，本無悔也。

象曰：「田獲三品」，有功也。

申命以得人之情，則行事而有功。

九五，貞吉悔亡，无不利，无初有終。先庚三日，後庚三日，吉。先，息荐反。後，胡豆反。

九五居尊，爲申命之主。禮樂征伐自上出，其正也，吉道也。「悔亡」，蓋下「无初有終」之義。「无初」，疑於悔；「有終」，則悔亡矣。「无不利」者，於位爲宜，於德爲稱，四之功，蓋五之利也。民不可與慮始，五以剛中之道率民以

[一] 三品，先儒多如此説。三品所對，即上殺、中殺、下殺。禮記王制：「天子諸侯無事，則歲三田，一爲乾豆，二爲賓客，三爲充君之庖。」鄭玄注：「乾豆，謂腊之以爲祭祀豆實也。庖，今之廚也。」賈疏：「『一爲乾豆』者，謂乾之以爲豆實。豆實非脯，而云乾者，謂作醢及臡，先乾其肉，故云乾豆，是上殺者也。二爲賓客，中殺者也。三爲充君之庖，下殺者也。故穀梁桓四年，范寧云：『上殺中心，死速，乾之以爲豆實。次殺射髀骼，死差遲，故爲賓客。下殺中腸汙泡，死最遲，故充庖廚。』」

有爲，民將疑憚，故「无初」；而終於有功，則「有終」而无不利。「庚」者，更新行事之義。〔一〕故外事用剛日，而以庚爲吉。〔二〕「先庚三日」而告之，初六始出令也。「後庚三日」而復警以其不逮，六四申命也。於是而命無不行，事無不立矣。故備諸美辭以贊其盛。

象曰：九五之吉，位正中也。

得其位，乃能行其命。

上九，巽在牀下，喪其資斧，貞凶。〔三〕

「巽在牀下」，亦謂初也。「資斧」，所以行之具也。初求入而上與之絕遠，陰陽之情既已隔絕而不通，所恃以入民之隱而勸之行者，四之申命；而命自五出，非上所制，上又

〔一〕周易稗疏「先甲後甲附先庚後庚」條：「甲者事之始，庚者事之變。先者先事而告戒，後者後事而申飭，皆巽風申命之謂。蠱風始出山，當事之始，言創建功於事未起而先命之，事已行而又戒之也。」

〔二〕禮記曲禮上：「外事以剛日，內事以柔日。」孔疏：「外事，郊外之事也。剛，奇日也。十日有五奇、五偶，甲、丙、戊、庚、壬五奇爲剛也。外事剛義，故用剛日也。」

〔三〕嶽麓本音注作「喪，息浪反，下同。」

亢而無下逮之情，喪其所以行者。權失而益之以驕，詩所謂「上帝甚蹈，勿自瘵焉」者也。〔二〕

象曰：「巽在牀下」，上窮也。「喪其資斧」，正乎凶也。

巽既在牀下，而高處乎上，則不相通甚矣。又不比乎四，而無恃以行，則凶者其情理之應得，而非意外之變也。此言「貞凶」，別爲一義。然上九亦無不正之失，特以過恃其剛正而凶，遂爲應得之禍爾。

䷹ 兌 兌下兌上

兌。亨，利貞。

〔二〕此小雅菀柳第二章文。第一章曰「有菀者柳，不尚息焉。上帝甚蹈，無自暱焉。」朱子集传曰：「王者暴虐，諸侯不朝，而作此詩。上帝，指王也。蹈，當作神，言威靈可畏也。王甚威神，使人畏之而不敢近。瘵，病也。」此卦上九，即猶彼暴虐之王也。

「兑」爲「欣説」之説，又爲「言説」之説，而義固相通。言説者，非徒言也，稱引詳婉，善爲辭而使人樂聽之，以移其情。饋人千金之璧而辭不善，則反以致怒，故言説者所以説人。而人之有心，不能言則鬱，稱引而詳言之則暢，故説者所以自説而説人也。此卦剛居内而得中，柔見於外。外者所以宣其中之藏使不鬱，而交乎人以相得者也。柔見於外，憤盈之氣消，而爲物之所喜，故從其用而言，謂之爲兑。

兑有三德，而特无元。元者，陽剛資始之德，外發以施化。兑卦陽德不著見而隱於中，未足以始也。説者，事成而居之安，乃以人己交暢。若以説始，則是務相隨順，而道先自枉。其爲言説，則先以言者，事必不成，故兑於元德不足焉。其「亨利貞」者，説則物我之志咸通，説而物我胥勸以相益，説之以道，本無不正也。具此三德，自無不亨，而利者皆正，正自利矣。

兑有二義，一爲下順乎正，以事上而獲上，則下亨而上利，内卦以之。一爲上得其正，以勸下而得民，則上亨而下利，外卦以之。要其以剛中之貞爲本，則一也。

彖曰：兑，説也。剛中而柔外，説以利貞。[一]

「柔外」，故説。「剛中」，則合義以利物，而非以膏粱致人之疢疾；守正以永固，而非誘物邀歡而後遂渝。故兑卦之德，惟在剛中。非此，則小人之説，不利不貞，而不足以亨。不釋亨者，説自能亨也。

是以順乎天而應乎人。説以先民，民忘其勞；説以犯難，民忘其死。説之大，民勸矣哉！

先，蘇佃反。難，奴案反。

推廣説之爲用，爲王道之美利，而皆剛中柔外之德成之也。剛中則順乎天之正，柔外則應乎人之所利。天順而人應，則上以之先民，興事赴功，而民忘其勞，上説下而下自貞也。民之既説，則踴躍以從王，雖使之犯難以死而不恤，下説上而上自利也。惟其外雖柔而中固剛，則是秉元后父母之常經，以通四海之志，而非小惠之苟説以干譽；下亦率其親上死長之義，以合天下而同心，而非宵小之面諛以取容；所以爲説之大，而民無不

[一] 嶽麓本音注作「説，弋雪反，下同。」

勸也。

六子皆天地自然之化，而艮、兑專以人事言者，山[一]澤爲陰陽已成之體，非摩盪之幾；乾道成男而爲艮，坤道成女而爲兑，成乎人，而性情功效皆惟人之自成，而天下不復與也。

象曰：麗澤兑，君子以朋友講習。

「澤」者，川流之地體，所謂河身也。兑之卦畫，上虚下實，坎水塞其下流，隄而壅之，瀦水灌注以潤物，其象也。故上輸所積以惠下，謂之恩澤。澤雖曲折遷流，而固一澤，故重兑之卦，不可以上下言，而取象於兩澤之左右並行者，爲麗澤焉。兩澤並流，有若將不及而相競以勸於行之象。然其歸也，則同注於大川以至[二]於海。君子之道，學之者一以聖人爲歸，而博約文質、本末後先之異趣，各以其質之所近而通焉。乃恐其專己而成

[一]「山」，嶽麓本作「川」，非是。艮兑爲山澤。
[二]「至」，嶽麓本作「致」。

乎私意，則取益于同門同志之學者，相與講習，各盡其説以競相辨證。當其論難之時，若争先求勝而不相讓，而辨之已通，則皆至於聖人之道，如麗澤之不相後而務相合也。游、夏、曾、有同游於孔子之門，而禮記所載，互相争於得失，用此道也。君子之用兑，用之於此而已。苟非朋友講習，而務以口説相競，流而不及，則淳于髠、公孫龍之永爲佞人，〔一〕又奚取焉！

初九，和兑，吉。

兑體之成，雖以三上之陰爲主，而剛中柔外，相因以説，則六爻皆有兑之德焉，異于巽之陰入陽而陽受其入，震、艮之陽動止乎陰，而陰爲其所動所止也。「和兑」者，以和而説也。初潛而在下，而陽剛得位，未嘗與天下相感，率其素履，與物無競，殆有月到天心、風來水面、〔二〕無求而自得之意焉，君子之吉也。

〔一〕皆辯士。禦人以口給，屢憎于人，孔子所鄙。

〔二〕邵雍清夜吟：「月到天心處，風來水面時；一般清意味，料得少人知。」

象曰：和兑之吉，行未疑也。

君子之行，素位而居易者也。富貴、貧賤、夷狄、患難，無入而不自得，自説其説，非待説于物，何疑之有！其不然者，處順則得非所據而疑其不安，處逆則妄有欣羡而疑其可徼，惟無剛正之德故也。

九二，孚兑，吉，悔亡。

下[一]孚於初九，以合德於剛中，則不爲妄説；以剛上承乎柔而不亢，抑可以獲上而吉[二]，雖不當位，悔亦以亡。

象曰：孚兑之吉，信志也。

志正，則可以信友而獲上。

[一]「下」，嶽麓本作「二」，疑「下」爲誤。今按：作「下」者，謂二下孚於初，義亦通，不可遽斷爲誤。

[二]「吉」，嶽麓本作「亨」。今按：此解爻辭「吉」，故當作「吉」。

六三，來兑，凶。

「來」者，招致之謂。六三居四陽之中，而以不正之柔，上諂而下諛，待物之來説而相與説，小人之道也，故凶。兑之亨利，自三成之，而爻凶異於彖者，兑體已成，則剛中之德外雖柔而自非容悦；三獨發動，則柔以躁進，而爲小人之媚世。此類從筮者占其所動而言，别爲一例，抑以兑本非君子之守，故非全體陰陽之合，則必流爲邪佞也。

象曰：來兑之凶，位不當也。

宜剛而柔，無所不柔矣，而况雜乎四陽之中以躁進乎！

九四，商兑未寧，介疾有喜。

四與三比，而居上卦之下，近乎民者也。以剛居柔，不欲受小人之媚，而抑不欲咈人之欲，酌量于寬嚴之中，不能得咸宜之道，所以未寧。然説民之道，莫先于遠邪佞之小人。姦佞不讎，則雖未有惠澤及人之事，而天下已説服之。九四介於「來兑」之間，[一]能以

〔一〕介、間，隔也。

説己者爲疾，三進而已退，靜以止躁，不期民之説而民自説矣。

象曰：九四之喜，有慶也。

己方以未寧爲患，而天下説之，外至之喜也。

九五，孚，于剥，有厲。

「剥」，喪亂也。「厲」，威嚴也，而有危意。九五剛中之德已至，而與[一]九四剛靜疾邪之君子相孚，則雖喪亂卒起，而以之犯難，人心既説，且忘其死，履危地而德威自立，説之大者，不在呴呴之恩施於小人也。

象曰：「孚于剥」，位正當也。

德位相稱，賢者説從，民爲之用，雖處剥喪，不相離叛矣。

上六，引兑。

〔一〕「與」，嶽麓本作「獨與」。

居高而以柔待物，所以引民之說者也；異於九五之民自勸而忘其死，故不言吉。然以上說下，柔當其位，巽于三之屈節以招上而說之，故不言凶。〔一〕殆霸者驩虞之治乎？〔二〕

象曰：「上六引兌」，未光也。

有干譽於民之心焉，則德不光。民之說，民自說也，非可引者也。

䷺ 渙 坎下巽上

渙。亨，王假有廟，利涉大川，利貞。〔三〕

「渙」，水散貌。風動水飄，水浮木泛，皆渙象也。卦自否變者，渙散其否也。乾下之陽，下而居二；坤中之陰，上而居四。陽爲主於內，則陰不得怙黨以相亢；陰順承於外，

〔一〕程傳、本義亦言其所以不言吉凶之由。

〔二〕孟子盡心下孟子曰：「霸者之民驩虞如也，王者之民皞皞如也。殺之而不怨，利之而不庸，民日遷善而不知爲之者。夫君子所過者化，所存者神，上下與天地同流，豈曰小補之哉？」

〔三〕嶽麓本音注作「假，古白反，下同。」

則陽受其入而不驕。否、泰之變屢矣，而獨此爲得。陽之退，雖不當位而得中；陰之進，雖失其中而得位。物之固執而不解者，授之以所安，則樂於散，而懲相拒之迷。否塞之情改，而上下通，嘉會而亨矣，故六爻皆吉。

蓋嘗論之：人之情有所凝滯而不達者，皆以己所懷安之土，爲情之所便，因據爲道之所宜。既執之以爲道，則精[一]力志慮一聚於此，此外雖有甚安之位，甚遠之圖，皆爲智所不及、意所不願之境。一旦豁然悟其所據之非，風拂水流，盡破拘畫之藩離，乃知昔所爲崇高者，非崇高也，退抑乃以止物之忌，而中和可以宰物；昔之所爲安處者，非安處也，上達而得其所通，而順理乃以達情。拓散其分據之心於俄頃之間，已如撤重圍而遊曠宇。繇此而推行之，破一鄉之見，而善以天下；離一時之俗，而游於千古。則在下不吝，在上不驕，涣之爲功于進德修業也，亦大矣哉！詩云：「泮奂爾游矣，優游爾休矣」，[二]言拘攣之日散也，是以涣之六爻皆吉也。

[一]「精」，嶽麓本作「情」。

[二]詩大雅卷阿文。朱子集傳曰：「伴奂、優游，閑暇之意。」

「王假有廟」者，陽自四而下居於二，率三陰以事上也。當其在廟，則爲臣爲子，而要不失其居中之位，二之以退爲尊也。「利涉大川」者，陽來入險而不憂也。可以事鬼神，則天下無不可通之志；可以涉險阻，則天下無不可安之遇；斯以於物皆利，而變焉而不失其正也。

彖曰：渙亨，剛來而不窮，柔得位乎外而上同。

剛聚於上，則且消而窮矣；來而居二，則以入險而得通，柔在二在四，皆得位也。不吝其中位之尊，出而之外，乃以上交而同乎陽。[一]二者皆亨通，而柔之爲功大矣，以其舍黨去尊而順上也。

「王假有廟」，王乃在中也。

「乃」云者，謂雖離群退處，而乃得其中也。故修臣子之節，而不失其王之尊。

「利涉大川」，乘木有功也。

〔一〕六二是中位之尊，上交於四。

木浮水上，行舟之象。二以剛中能載，而涉險之功立矣。巽一爲風，乘風而浮於水，亦利涉之象。古者舟未有帆，故象傳不言乘風。後人以帆使風而行於水，蓋亦取法於涣。制器者尚其象，但精其義，皆可創制。古人所未盡，以俟後哲，若此類者衆矣。

象曰：風行水上，涣。先王以享于帝立廟。

涣與節，相綜之卦。節儉而聚；涣散而豐。風行水上，無所吝止，極文章之觀。先王享帝立廟，以事天祖，於財無所惜，於力無所吝，於己不患其無餘，於民不惜[一]其難給，乃至薪蒸芻藁，皆廣取而輕用之，與節之不以勞民傷財者異道，所謂「菲飲食而致孝乎鬼神」也。言「先王」者，郊廟之禮，開創者定之。

初六，用拯馬壯，吉。

「馬」，行地者，故坤之象馬。陰純在下，馬之壯也。馬壯，則有奔馳蹶齧之傷。二來

〔一〕「惜」，嶽麓本作「恤」。

主陰而制之，初承二而奉之爲主，以制馬而使之馴，以免於咎。拯之者，二也；利用其拯者，初也，而吉在初矣。

象曰：初六之吉，順也。

順陽而下之也。

九二，渙奔其机〔二〕**，悔亡。**

出疆外適曰「奔」。「机」，程傳謂即左傳「投之以机」之机，亦通，謂所憑以安也。

〔二〕「机」：底本作「机」，今據嶽麓本改。下段傳文「程傳」二字前之「机」，「象曰：『渙奔其机』」之「机」，六四傳文「得二以爲机而止」之「机」，嶽麓本均作「机」。「或作『机』者」，嶽麓本作「舊音兀者」。嶽麓本校記云：「船山周易稗疏有『渙奔其机』一條，亦以經文爲『机』字，而疏釋其較『机』字爲勝，與此處一致，而與守、金本相異。」周易稗疏條，劉毓崧以爲船山作「机」，「似所據者即朱子本義，然本義亦作『机』。其或作『机』者，乃坊刻之誤」。而嶽麓本校記則曰「作机不作机者，尚有蘇軾易傳、俞氏集説等，與程朱同屬宋代，似未可遽謂之『坊刻之誤』也。」今按：劉氏以爲船山所據乃本義之坊刻本，非也。船山所據，當爲周易傳義大全。此船山解釋周易首要參考之書，我已經不厭其煩地加以説明過。知道這一點，對於了解船山詮釋時的針對性，非常重要。又嶽麓本校記舉蘇氏、俞氏爲例，實亦不足據也。俞氏周易集説，四庫本雖作「机」，而據其注文「尊者所憑之物」，則當作「机」（通志堂經解本即作「机」）。船山所謂「舊音」，蓋謂周易大全所載音義，實即吕祖謙周易音。按至正本易程傳所附東萊音義，作「机音几」，四庫本周易大全所載同；而永樂本周易傳義大全作「机音几」。蓋船山所見俗本大全作「兀」。

或作「杌」者，伐木而留其本也。〔二〕在險中而可以止奔，於義尤合。陽舍上位，越三而來二，以散陰之黨，若將不及，曰「奔」。來而得中以止，若奔者之遇杌而息焉。雖不當位，疑於有悔，而居中以主陰，使順而散，則悔亡矣。

象曰：「渙奔其机」，得願也。

二陰樂奉之以爲主，故散而不怙其群。

六三，渙其躬，无悔。

陰陽以類聚，則合而成體。三與初同類，而二來居間以散之，陰之體不純成矣，非徒二之能散之也。三爲進爻而位剛，本欲上行以應乎剛，是能公爾忘私者，雖不當位，而遂其就陽之素心，固无悔矣。

象曰：「渙其躬」，志在外也。

「外」謂外卦。進從六四之陰，以順陽而應上九，不恤陰之同體，是以无悔。

〔二〕杌，類篇「刑餘木」。

六四，涣其群，元吉。涣有丘，匪夷所思。

陰之自二而往四，既以散陰凝不解之群，抑以散陽亢不交之群；群散而大同，本然之吉，無所待也。二與四皆涣群者，而功歸於四。蓋舍内而出外，去中而居下，非情之所可願。使陰吝而不往，則陽亦無從得二以爲杌〔一〕而止焉。虚中位以召陽爲主，而已爲陽下，非消釋其鄙吝之情者不能也。「涣有丘」，涣而至於丘也。丘卑於山而高於地，可依以止者，謂四涣而固高以安也。「夷」，等類也。陰方相聚於内，同類且相倚以爲群，忽舍之而外適，非初與三思慮之所及。拔流俗以奮出，而巽入以依乎陽剛中正之主，惟豪傑之士能之，非凡民所測，而卒使皆免於晦蒙否塞之中，所謂非常之人成非常之功也。

象曰：「涣其群元吉」，光大也。

阿私結黨，則卑暗而鄙陋。六四自我涣群，光明正大，何吉不臻乎！

〔一〕「杌」，底本作机，據嶽麓本改。

九五，涣汗其大號，涣王居，无咎。

「汗」者，陽出而散陰者也。「號」，命令也。五，剛中得天位，而與巽爲體，下同於四。四爲巽主，申命以誥下者。五不怙陽之群，而資四以播教令於下，宣其大公無畛之德意，而險側皆順焉。雖王者之居，宜積盛大以爲鞏固，一陽虧而失其聚，而天位自定，命令自行，固无咎也。古者天子之畿，剖邑以賜諸侯，爲湯沐之邑，其「涣王居」之義乎？

象曰：「王居无咎」，正位也。

雖涣而王者之居固无咎者，剛中正位，不以一陽之去就爲損益也。

上九，涣其血去，逖出，无咎。〔二〕

「血」者，戰争之事。「逖」，遠也。陰凝於下，陽亢於上，否則必争，而上當之，未免於傷。乃既涣散其群，則陰巽入乎陽，而陽爲主於陰，争息而血去矣，可以遠處事外矣。時平而志静，故无咎。

〔二〕嶽麓本音注作「去，如字；舊讀上聲，非是。」所謂「舊讀上聲」者，周易大全「去，起吕反」。

象曰：「渙其血」，遠害也。遠，於願反。

以渙，故能遠交争之害，而超然逖出。

節兑下坎上

節。亨，苦節不可貞。

「節」，竹節也，有度以限之而不踰也。卦畫一陰間以一陽，二陰間以二陽，陽實陰虛，虛者在上，陽實在下，以爲之節。下二陽，近根之促節也，陽之節陰也。陽有餘而陰不足，[一]以不足節有餘而相通焉，陰之節陽也。以二體之象言之，兩間之水無窮，而澤之所容有準，不漏不溢，有節度也。二水相沓，而實其下以使不洩，故有慎密之象焉。

節而亨矣，爲陽之節陰者言也。陽亨，而復云「苦節不可貞」者，爲陰之節陽言也。有餘者，物之所甘；不足者，物之所苦。陽道方亨，而必裁之以不過；則自居約，而處

[一] 船山以陽畫一而函三，陰畫闕其中而爲二，故陽有餘而陰不足，陽實而陰虛。

物亦吝，固將自以爲廉於用物而得貞。乃自居之約，可謂之貞；處物之吝，强人情以所不甘，則不順天理之正，不可以爲貞矣。以其實，節其虛，則虛者恃以保固，忠謹之所以通天下之志。畏其有餘，節以不足，則儉而固，不給萬物之用，而無以成天下之務。彖兩設之，使學易者擇焉；而占者得之，雖以儉而不困於行，而終不合於道，非君子寡過永譽之宜也。

彖曰：「節亨」，剛柔分而剛得中。

此明亨之爲陽言也。「剛柔分」，言其相間，各成乎畛而不相亂。得中乃可以爲陰之節，而陰恃以不傾；中有主，則通乎物，而不隨物以流也。

「苦節不可貞」，其道窮也。

此明陰之節陽爲已過也。道不足以濟天下，則窮而非正矣。

説以行險，當位以節，中正以通。説，弋雪反。

「説以行險」，不以憂懼失度也。「當位以節」，謂九五以篤實之剛，爲陰虛之節也。五以中正節乎二陰之中，上下皆可通矣。言能行險而説、節而甘者，惟九五當位中正，以爲陰之節，則無過不及之差，而於物皆通；以見節之亨在剛中，而陰之過爲裁抑者非貞，而抑未可亨也。

天地節而四時成。節以制度，不傷財，不害民。

天地之化，寒暑温涼，莫之節而自中其節，惟無過也，抑無不及也。王道之裁成民物，非故爲損抑以崇儉陋。制度立而財不傷，民不害，所以志説而用亨。如九五者，斯與天地四時合其節矣。

象曰：澤上有水，節。君子以制數度，議德行。行，下孟反。

多寡曰數，長短曰度，如禮器所謂「以多」「以寡」「以高」「以下」之類是也。〔一〕「德行」，德之施於物者，厚薄剛柔之則也。澤之受水也有限，而水爲澤之所有，自足給灌注

〔一〕禮記曲禮「禮，有以多爲貴者」「有以少爲貴者」「有以大爲貴者」「有以小爲貴者」「有以高爲貴者」「有以下爲貴者」。

之用。君子以此道通志成務，其節也，非無水而以自困困民〔一〕也，道本有餘，而酌其施受之宜也。若陳仲子之流，以無水爲節，則徒苦而人道廢矣。〔二〕

初九，不出户庭，无咎。

初居卦下，爲澤之底，苟非堅實，必致下漏，困之所以无水而窮也。户，室户；庭，其外楹間也。〔三〕時方在室内而未行，道宜縝密。陽剛下實，防陰之流，慎之於内而不使出，涵其有餘以待不足，雖過於慎，而自无咎。

〔一〕「民」，嶽麓本作「人」。

〔二〕孟子滕文公下：「仲子，齊之世家也。兄戴，蓋禄萬鍾。以兄之禄爲不義之禄而不食也，以兄之室爲不義之室而不居也，辟兄離母，處於於陵。他日歸，則有饋其兄生鵝者，己頻顣曰：『惡用是鶃鶃者爲哉？』他日，其母殺是鵝也，與之食之。其兄自外至，曰：『是鶃鶃之肉也。』出而哇之。以母則不食，以妻則食之；以兄之室則弗居，以於陵則居之——是尚爲能充其類也乎？若仲子者，蚓而後充其操者也。」

〔三〕古之宫室，以柱承梁。自南至北，共五列；每列柱二，分立於東西。自南第一列柱至第四列之間謂之堂，堂之東西兩側曰序；第四列至第五列爲室，室之兩側曰房。室之東南有户，西南有牖。其第一列柱，又謂之兩楹。楹前下則爲雙階。程傳、本義以此二爻分别爲户外之庭、門内之庭。船山相發明之，則户庭爲兩楹間之庭，門庭則爲自階至門之庭。今按庭有二，一爲堂上之庭，一爲堂下之庭。説文「庭，宫中也」（段玉裁謂當作「中宫」），段注曰：「廴部曰：『廷，中朝也。』朝不屋，故不从广。宫者，室也。室之中曰庭。詩曰『殖殖其庭』，曰『子有廷内』，曰『洒埽庭内』，檀弓『孔子哭子路於中庭』，注曰：『寢中庭也』。凡經有謂堂下爲庭者，如『三分庭一在南』，正當作廷。爲義相近。」然則户庭即堂上之庭，門庭即自階至門之庭。説文句讀：「易節卦『不出户庭』，按户者房户也。連户言庭，則庭在户外，是堂上也……凡此皆謂庭爲宫中也。」

象曰：「不出户庭」，知通塞也。

當藏於内而未見於外之始，必剛决慎持以防其放佚，塞之所以求通也。「知」者，知時宜也。若二，則知塞而不知通矣。

九二，不出門庭，凶。

門，大門；庭，其廡也〔一〕。既審慎於内而出於外矣，則行焉可矣，又從而節之，慎而無禮者也。剛非其位，知塞而不知通，故凶。

象曰：「不出門庭凶」，失時極也。

「極」，至也。時至事起而吝於出，則事敗而物怨之。

六三，不節若，則嗟若，无咎。

〔一〕「其廡也」，諸本同。今按：疑「廡」下脱「間」字。所以者，上文「户，室户；庭，其外楹間也」亦有「間」字；又，説文「堂下周屋」爲廡，則廡不得謂之庭，東西廡之間乃謂之庭。

二陽已積，則有堅剛〔二〕太過之憂。三當其上，急欲節之，而柔失其位，力有未逮，故不能節也，而憂之急。其迫切欲節之心，雖若已甚，而實不容已也，故无咎。

象曰：不節之嗟，又誰咎也？

謂誰得而咎之也。剛過而折，通人所戒，楚父老之于龔生是已。是或一道也，不得謂之爲非。〔三〕

六四，安節，亨。

與三同道，以節陽之過，而柔當其位，且上承九五而受其節，在節而安，無所嗟歎，剛柔均而通塞適其宜，故亨。

象曰：安節之亨，承上道也。

〔二〕「剛」，底本作「光」，從嶽麓本改。

〔三〕龔生，即龔勝。不受王莽徵辟，絶食而死。漢書本傳載其喪，有老人來吊，嗟歎曰：「薰以香自燒，膏以明自銷。龔生竟夭天年，非吾徒也。」顏注：「薰，芳草。」龔生的作爲，船山不僅不批評，而且還很稱贊，所以外傳兑卦説「夫莫壽于龔生，而膏蘭非夭」，此處也説「不得謂之爲非」，爲其敢於義而死也。

方以柔節剛，而上有九五剛中之主以節己；四能承之，則陰陽正均，而行之亨矣。

九五，甘節，吉，往有尚。

自四以下，剛柔既分而有節，九五以剛健中正之主，議道自己，而節陰之不足，以制爲中道，合乎理，順乎情，物之所甘也。以此而往，宜爲天下之所尊信矣。

象曰：甘節之吉，居位中也。

以中道而居天位，創制立法，而天下悦服。

上六，苦節，貞凶，悔亡。

五以中道爲節，而物情甘之，不可損也。上猶以爲過，而裁抑之以人情之所不堪，雖無淫佚之過，可謂貞矣；而違物以行其儉固之志，凶道也。然而「悔亡」者，天下之悔皆生於侈汰，自處約，則雖凶而無恥辱。

象曰：「苦節貞凶」，其道窮也。

節之爲道，惟賢者可就，不肖者可企及，則亨。儉過則吝，物所不順，故窮。

䷼ 中孚 兌下巽上

中孚。豚魚吉。利涉大川，利貞。

「中」，内也。「孚」，信也，感也。卦畫二陰在内，不得中，而三爲躁爻，四爲疑地，相聚而異志，既有不相信之勢，而失中無權，志且不平；然而安處於内，静順以不與陽争，則其信陽也至，而陽之感之者深也。三順乎二而説，四承乎五而相入，皆虚以聽命乎陽，而無疑無競，是二陰之孚於中。孚者，陰也；孚之者，得中之陽也。夫欲感異類者，必同類之相信。己志未定，同道不親，則無望異己者之相洽以化。二撫初，五承上，相與成純而不雜，邇悦則遠安，是以至實之德，内感三、四，而起其敬信以説，故謂之中孚，言陽之能孚陰於中也，而陰之在中者孚矣。「豚魚」，陰物，謂三、四也。二、五以中正之德施信於三、四，而三、四相感以和順於内，受其吉矣。「利涉大川」，彖傳之釋備矣。

「利貞」者，施信以感物，物蒙其利，剛中以孚陰於内而不自失，則貞。有其利貞之德，故涉險能利，而所孚者皆受其吉也。

彖曰：中孚，柔在内而剛得中，説而巽，孚乃化邦也。説，弋雪反。

成乎巽者六三，成乎兑者六四；[一]陰效説而順以入，陰化而和矣。惟二、五剛中，以道相孚，故陰樂受其化。陰爲國土、爲民，故曰「邦」。孚，信也，而謂之化者，朱子謂如鳥孚乳之象，[二]誠篤以覆翼，則如期而化生。

「豚魚吉」，信及豚魚也。

「及」，相逮也。信足以及之，而豚魚皆信。感以實，則以實應。

「利涉大川」，乘木舟虚也。

〔一〕「成乎巽者六三，成乎兑者六四」：據前文「三順乎二而説，四承乎五而相入」，及文義、卦象，此句似當作「成乎兑者六三，成乎巽者六四」。

〔二〕大全摘語類：「或問孚字與信字恐亦有别，朱子曰：『伊川云存於中爲孚，見於事爲信，説得極好。因舉字説孚字從爪從子，如鳥抱子之象，今之乳字也。一邊從孚，蓋中所抱者實有物也。』」

「乘木」，澤載木也。「舟虛」者，外實中虛，有刳木爲舟之象焉。舟之利於涉以中虛，而非外之實以爲之閑，則不能成中虛之用。惟四陽在外，左右相均而無隙，故中得以有其虛而受物之載，以經險而利於行。二、五能函二陰，故二陰虛以受感而不窒，亦以明二、五剛中之德，足以致陰之孚也。

中孚以利貞，乃應乎天也。

「天」謂陽也。陽孚之以利物貞固之德，故陰應之。誠者天之道，至誠而不動者，未之有也。

象曰：澤上有風，中孚。君子以議獄緩死。

兑爲言説，以詳論而酌其當；巽風和緩，以俟議之平允。巽命以施澤於下，寬道也。然緩之以詳議，使無冤而已，非縱有罪以虧法也。緩之，議之，信諸心而後殺之，則雖死不怨矣。大象之言刑獄者五，聖人愼罰之情至矣，學易者可不謹哉！

初九，虞吉，有他不燕。

「虞」，度也，安也。陰之連類以居於内，非初所可遽感者。初潛處於下，内度之己，惟守其剛正，以與二相孚而安，故吉。「他」謂四。「燕」亦安也。言雖有相應之四，亦非其所安，而獨與二合德也。中孚以純而不雜爲美，然惟初静處而無欲感之情，則吉；上已亢而不相感，則又過矣。初承二而上乘五，故初孚二，而上不能孚五。

象曰：「初九虞吉」，志未變也。

雖無感陰之情，而亦無乖違之志，審度以求安，而聽二之來感；不求速合者，不至於離，故吉。

九二，鳴鶴在陰，其子和之。我有好爵，吾與尔靡之。和，胡卧反。靡與縻通，忙皮反。好，去聲[一]。

「鶴」，高潔之鳥，陽之象也。「陰」，林陰之下。二雖居中，而在下卦，故爲陰。

〔一〕「去聲」，嶽麓本音注作「呼報反」。

「子」謂初九。兩俱陽，而初承二，故爲「子」。「好爵」，相[一]好之爵，謂六三與二相比，而奉二爲主以尊貴之。「吾」，二自謂。「爾」，謂初也。「靡」，繫屬之也。二剛中，而欲以誠感六三，聯爲兑體，以相和好，得同道之初九與相倡和，乃勸之偕和[二]於三，以靡繫而聯屬之，使相孚化。蓋惟其爲鶴之鳴，故能下合乎初而上感乎三。不然，初之不輕燕，三之無定情，豈易孚者乎！

象曰：「其子和之」，中心願也。

以誠感者，故以誠應。但釋初之和，不釋三之靡，三柔易感而初剛難燕也。

六三，得敵，或鼓或罷，或泣或歌。

陰之爲性，雖同類而必疑。四與三比，本無相敵之情，而三爲躁進之爻，與四異體而不親，見爲敵也，甫相得而即相猜。「鼓」，進而攻之；四不與競，乃「罷」。既詘於四而

[一]「相」，嶽麓本作「可」。
[二]「和」，嶽麓本作「合」。

不得進，則「泣」。已而爲二、五之剛，以正相感，則抑洽比於四，而悦以「歌」。無恒之情不易孚，殆豚魚耳。而終爲剛中所縻繫而保其信，無恒者且孚焉。九二之德盛矣哉！

象曰：「或鼓或罷」，位不當也。

柔居剛位，躁而不寧，無定情而不易感也。

六四，月幾望，馬匹亡，无咎。

月以受日之施爲明，陰陽相感之正者也。六四承五之孚而順受之，柔得其位，「月幾望」之象。陰爲陽所孚，至矣。兩馬爲「匹」，〔一〕謂四匹三也。陰黨盛則與陽亢。四柔退而不與三同其躁忌，「馬匹亡」矣。陰孚於内，中孚之道也。與三異尚，疑於有咎，而正以消三之猜很，使久而自化，復何咎乎！

象曰：「馬匹亡」，絶類，上也。

「類」謂三；「上」謂上孚於五。絶三以孚於五，破小群而惇大信，感應之正，故

〔一〕四丈爲匹，四丈爲兩卷，故匹有兩義，船山取此。即讀爲「匹配」之「匹」。

无咎。

九五，有孚攣如，无咎。

五剛中居尊，可以爲上之主，而孚於同，以感於異者也。雖上亢而不受其孚，而五之誠信已至，足以攣繫乎四而使之安，故无咎。三、四非乘權之中位，陰之情豈能晏然處之而不争哉？二靡〔一〕之，五攣之，乃以感異類而説以巽。乃二得初之承，而五不能平上之亢，則二易而五難。孚異尚易，而孚同愈難。伊川不能得之于蘇氏，趙鼎不能得之于張浚，〔二〕亦自處於无咎而可爾。

象曰：「有孚攣如」，位正當也。

惟其位之正當，故上不能不與之孚，而四有「攣如」之固結也。

〔一〕「靡」，嶽麓本作「縻」。

〔二〕趙鼎、張浚同爲南宋開國重臣。始，趙鼎、張浚互爲應援；及僞齊欲南下滅宋，二人生隙。

上九，翰音登於天，貞凶。

雞曰「翰音」，以其鳴有信也。上九剛德，非無信者。然亢而居高，自信而不下比於五，以孚於陰，則不自量其剛之不中，尚小信而抗志絶物。雞之高飛，能幾何哉？以其剛而不靡也，可謂之貞。然亦匹夫匹婦之諒爾，凶必及之。

象曰：「翰音登于天」，何可長也！

飛甫起而即墜矣。遠於陰則不足以孚，又不能下順乎五，是絶物也。一試而顛越，〔一〕所必然矣。

䷽ 小過 艮下震上

小過。亨，利貞。可小事，不可大事。飛鳥遺之音，不宜上，宜下，大吉。遺，惟季反。

二、五者，中位而爲卦之主也。小過之卦畫，陰皆據之，又得初、上二陰以爲羽翼；

〔一〕書盤庚：「乃有不吉不迪，顛越不恭，暫遇奸宄，我乃劓殄滅之。」孔傳：「顛，隕。越，墜也。」

而以三、四進退危疑之地處陽，而錮之於内。陰之踰其涯量者甚矣，故曰小過。乃過之爲辭，非惡也，非罪也，則與否、剥之消陽者異。蓋陽雖勢微失中，而猶處乎内，未嘗如剥之削而孤、否之擯而之外也。柔得中，未嘗溢也；自上覆之，自下承之，將謂護陽而保之，而勢極於盛，遂軼其常度，非其罪也，故可以亨。陽在内，而陰函之，以柔道行焉，亦可以利物而不失其正。然陰之爲道，柔弱曲謹，而不能勝大任，故可小而不可大。

乃聖人於此，寓扶陽抑陰之深意，故申之曰「飛鳥遺之音，不宜上」也，「宜下」則「大吉」也。鳥飛則翼竦上而軀垂下，翼憑虚而軀載實。翼載軀以飛，軀其本也。四陰，兩翼之象；三、四，其軀也。「遺之音」者，軀之能事也。陽體靈而用達於遠。音者，鳥之靈而以宣其意者也。音下則聲聞於人間，上則無聞焉。鳥翼竦而上，音與俱上；軀睥睨而視下，音與俱下。「不宜上」者，軀爲翼用也，陰恃其過以挾陽而上也；「宜下」者，翼隨軀降也，陽雖不及，能斂陰以趨乎實也。三、四雖失中而處内，一止一動，皆其所主；陰雖過，可使戢其飛揚之志，以順剛而行，則大吉矣。夫失中之剛，豈能遽戢陰之拚飛〔一〕哉！而聖人曰陽固有可藉之資，猶有可爲之時，小雖過，何嘗不可大吉乎！人欲行，不足以害天，則好貨好色而可以王。〔二〕君子存，猶足以制小人，故汲黯在廷而淮南憚，裴度得用而承宗服。〔三〕「大吉」者，終在陽而不在陰，陰之過未足以爲陽憂也。嗚呼！此聖人扶抑陰陽之微權也。抑惟陰非固惡，陽猶足以大吉，而異於否、剥之必凶也。

彖曰：小過，小者過而亨也。過以利貞，與時行也。

夫陰固不足以匹陽之德，然亦孰非造化必有之實、太和固有之撰，可以通萬物之志，與之利而得其定體之正哉！時而乘權，則秋冬有敷榮〔四〕之草木，陰雨有中節之正候，不妨於過，而未嘗不亨以利貞也，惟其時而已矣。含陽於内，載之以行，則當過之時而道存

〔一〕詩周頌小毖「拚飛維鳥」，朱子集傳曰：「拚，飛貌。」
〔二〕齊宣王問孟子好貨、好色何可以王之事。
〔三〕史記汲鄭列傳：「淮南王謀反，憚黯，曰：『好直諫，守節死義，難惑以非。至如説丞相弘，如發蒙振落耳。』」資治通鑒唐紀五十六載裴度上書：「淮西盪定，河北底寧。承宗斂手削地，韓弘輿疾討賊，豈朝廷之力能制其命哉？直以處置得宜，能服其心耳。」
〔四〕嵇康琴賦：「衆葩敷榮曜春風」，敷榮即開花。

焉，可有此三德，特不足者元爾。

柔得中，是以小事吉也。剛失位而不中，是以不可大事也。

柔可以勝小，而大事非剛不能任。失位不中，雖剛不能有爲矣。

有飛鳥之象焉。「飛鳥遺之音，不宜上，宜下大吉」，上逆而下順也。

三、四象鳥軀；四陰在旁，其翼也。軀從翼以上，陽爲陰所挾而從之往，陰亢而不順陽，逆也，初、上以之。翼從軀以下，陰不挾陽而從陽，陽居内以制外，順也，二、五比於三、四以之。然九三有「或戕之凶」，以九三妄動，不能居重以御輕也。

象曰：山上有雷，小過。君子以行過乎恭，喪過乎哀，用過乎儉。行，下孟反。

雷在山上，不能擊動地中，而上入乎空，則陰氣凝聚而盛矣。小過，陰之過也。陽亢陰恭，陽樂陰哀，陽豐陰儉。君子之道有過用夫陰者，惟此三者耳。不溺於怠惰，不靡於嗜欲，不流於慘殺，則皆陽以勝陰而不使〔二〕過也。

〔二〕「使」，嶽麓本作「失」。今按：作「使」是。

初六，飛鳥以凶。

初、上在外，張翼欲飛之象。陰盛而偕二、五以翔，逆理而行，害及天下，故凶。「以」者，謂以飛故凶。

象曰：「飛鳥以凶」，不可如何也。

明非飛鳥之凶，而遇之者凶也。妻挾夫，臣挾君，夷狄挾中國，不可復制，示占者宜早爲之防。

六二，過其祖，遇其妣；不及其君，遇其臣，无咎。

五、上以陰居天位，有鬼神之道焉，故爲「祖」「妣」。上，祖也；五，妣也。「過其祖」，六二柔當位得中，較上爲勝；〔一〕與五同道，「遇其妣」也。陽爲君，陰爲臣。二非剛中，於君道爲「不及」；而柔順當位，於臣道爲得，「遇其臣」也。小過以陰過爲咎，惟

〔一〕六二勝過於上六，上六爲祖，故六二「過其祖」也。

二以柔自靖，爲可以无[一]咎。

象曰：「不及其君」，臣不可過也。

臣不可以君道自居，安於不及而柔順，則當過之世而无咎。

九三，弗過防之，從或戕之，凶。

陰過則陽不及矣，故曰「弗過」。以其不能過也，而爲二陰所迫，乃欲防而止之，志大而力不足，陰受其止，從而戕之矣。萇弘之所以死於晋也。言「或」者，二柔順而初逆，禍自遠發也。

象曰：「從或戕之」，凶如何也！

道不足而志可矜，故重爲之歎。

九四，无咎。弗過遇之，往厲必戒句，**勿用**句，**永貞。**

〔一〕「无」，嶽麓本作「免」。

當陰過於盛之世，陽宜静[一]處於内以待其定。三剛而躁進，以與陰相持，故「或戕之」。四以剛居柔，守正而不争，故无咎。以其不能過也，而上承六五以與之遇，庶幾撫之使順。然五且居尊擁盛，而未即合，則往且危而不容不戒，能戒則免于危矣。戒而後免于危，抑豈可以輕試圖功乎！「勿用」焉，乃以永保其正。蓋求勝不能，求合不易，自守以免咎。處於不足之勢者，其道然也。

象曰：「弗過遇之」，位不當也。「往厲必戒」，終不可長也。

陽失其位而屈於陰下，不得已而遇，非其情也。陰已過而不相下，雖與之遇，交終不固，故惟勿用爲正。

六五，密雲不雨，自我西郊。公弋取彼在穴。

以陰暗居天位，凝而不散，四雖欲與遇，終不可得而和也。陰陽和則雨；陰亢而不受交於陽，雲雖密，不能雨也。四近尊位，其象爲三公。六五據位深處，在穴之象。四欲遇

[一]「静」，底本原作「盡」，今據嶽麓本改。

五，而不能得，如弋本以射飛鳥，而施之於穴，固不能入，蓋終無如之何也。陰邪盛而志士徒勞，故爲四重歎之。

象曰：「密雲不雨」，已上也。

陰已據上位，任其蔽塞重昏而無如之何。

上六，弗遇過之，飛鳥離之，凶，是謂災眚。

「離」，麗也，當也。水旱曰「災」，薄蝕日「眚」。〔一〕「弗遇」，終絶陽而不相下也。「過之」，勢已過而又自驕亢以求勝也。此則鳥飛而上，逆之極也。遇之者，其凶甚矣，「是謂災眚」，言其爲害之徧，自天降災，無可避也。

象曰：「弗遇過之」，已亢也。

翺翔天位之上，肆志以逞，故害及天下。

〔一〕詳復卦上六「有災眚」注。

䷾ 既濟 離下坎上

既濟。亨，小利貞，初吉終亂。

「既」者，已然之迹也。「濟」者，成也；如人涉水，已涉而事乃成也。周易乾坤並建，以統全易；陰陽之至足，健順之至純，太極本然之體也，而用行乎其間矣。乾以易而知險，坤以簡而知阻，陰陽不雜，自絪緼以成化；天下之物、天下之事、天下之情，得失吉凶，賅而存焉，而不憂物變事機之或軼乎其外。乃就一時一事而言之，大化無心，而聽其適然之遇。遇之適然者，在天皆可成象，在地皆可成形，在物皆有其理，在人皆有其情，多寡盈虚、進退衰王迭相乘而卦象以昭，物理以定。故自屯、蒙以降，錯之綜之，物之所必有也，占之所必遇也。君子觀象以達化，而學術、事功、出處，所可得而學也。然而造化之妙，以不測爲神；陰陽之用，以雜而不離乎純者爲正。故象雖詭異，而道以不限於方所者爲無窮之大用。其曰「一陰一陽之謂道」者，陰陽十二皆備，惟其所用之謂也；非一陰而即間以一陽，一陽而即雜以一陰，一受其成型，終古而不易之謂也。〔一〕經之緯之，升之降之，合之離之，而陰陽之不以相間相雜，畫井分疆，爲已然之成迹，則乾坤易簡之至德，固非人事排比位置之所能與矣。

以化象言之，乾坤六子之性情功效，所殊異而交争者，莫水火若也。乃當二儀函五行以絪緼於兩間，則固不可以迹求，不可以情辨，不可以用分，不可以名紀。迨其已成，而水與火遂判爲兩物而不相得，然其中自有互相入而不相害之精理存焉。其終也，火息水暵，而仍歸於太和。若其一炎一寒、一潤一燥、一上一下者，皆形而下之器，滯於用而將消者也。繇此言之，則既濟、未濟爲人事已謝之陳迹，而非乾元乘龍、坤元行地之變化，明矣。自不知道者言之，〔二〕則曰爻有奇偶之定位，而剛柔各當其位，貞悔各奠其中，初與四，二與五，上與三，各應以正，乾坤之變化，至此而大定，而不知此有形之剛柔同異，不足與於不測之神也。

〔一〕上「非」字至此。既濟的卦象便是「一陰而即間以一陽，一陽而即雜以一陰，一受其成型」，而天地自然的妙道並非如此機械。

〔二〕漢易特重當位，則既濟卦最爲重要。如虞翻之學，乾坤等六十三卦各自改變自己不當位之爻，最終成爲既濟；荀爽的乾升坤降説，也是爲了成既濟。王弼的解易體例，也重視當位和比應等。

且夫一陰也而即授以一陽，一陽也而即授以一陰，志無定主，道無適從，執中而無權，賢姦各據其安，理欲交戰於内，生殺不適有常，以詭合於情事之苟安而謝其愆，以迹相倡和而情相乖忤，雜而不倫，主輔體用之不立，以斯爲道，天可以人之智能限之，人可以己之成法處之，而惡能不終乎〔一〕亂哉！無已，則陰之懷土而自私者，與陽分權而利得其所，以行焉而自遂，則「亨」者，「小」之亨焉爾，若陽則固不利有此相參相伍之陰柔與之相應也。故雖當位以正應，而非陽剛保泰持盈之福。故既濟者，陰之濟也；未濟者，陰之未濟也。陽不以既濟居成功，不以未濟求必濟；彖與爻皆主陰而言；二卦皆小人之道，衰世之象也。

陰乘陽而上，以踞于至高之位，則爲既濟。陰處陽下，陽利其行而不安，則爲未濟。剛居剛，柔居柔，任其情之所安而據以不遷，陽暱陰而陰感陽，以爲交應，則爲既濟。剛柔相濟〔二〕，易位以求通，則相應而固相合之道，則爲未濟。故曰：「濟者成也。」成乎得者

〔一〕「乎」，嶽麓本作「於」。
〔二〕「濟」，底本作「劑」，今據嶽麓本改。

恒于斯，成乎失者恒於斯；其得也，失也；其未盡得也，猶未盡失也。故未濟之爻，賢於既濟也。

既濟者，天無其化，人無其事，物無其理。天之化，人之事，物之理，雖雜而必有純也。至雜而不純，惟大亂之世，無恒之小人以雠其意欲，故所亨者惟小也，陰無不乘剛而出其上也。夫六位之分剛分柔，豈非義之必合而爲陰陽之正哉？故可謂之「利貞」；而要未聞剛以居剛，柔以居柔，情不相得，勢不相下者之可久居也。「初吉」者，如涉者之乍登於涯，自幸其濟，而不恤前途之險阻。貞邪互相持以不相下，其爲大亂之道，豈顧問哉！故曰：「亨小利貞，初吉終亂。」亂非待既濟之後；當其求濟，而亂已萌生矣。

彖曰：「既濟亨」，小者亨也。

本義云：「濟下脱『小』字。」[一]然不必言「小」，而下句申明之，自通。[二]既濟「之

[一] 本義：「濟下疑脱『小』字。」又大全載：「郭氏京曰：『「既濟亨小，小者亨也」，按亨小下脱小字。』」

[二] 謂「小者亨也」已申明之。

亨」，惟小者亨耳。陰陽各當其位，貞邪各快其志，而相應不相制，則陰之得志可知。

「利貞」，剛柔正而位當也。

以常理言之，則利貞。

「初吉」，柔得中也。

六二柔當位得中，尚安於其分而不淫。

終止則亂，其道窮也。

剛柔各止其所，以相雜而不相治。剛已剛而剛道窮，柔已柔而柔道亦窮；惟其情之所安，勢之所便，各逞其志欲，而大亂成矣。非之無舉，刺之無刺，塗飾耳目，而執中無權，謂之亂德。〔一〕

象曰：水在火上，既濟。君子以思患而豫防之。

〔一〕鄉原爲德之賊，孟子盡心下引孔子論鄉原者曰：「非之無舉也，刺之無刺也，同乎流俗，合乎汙世，居之似忠信，行之似廉潔，衆皆悅之，自以爲是，而不可與入堯舜之道，故曰『德之賊』也。」

水在火上，其中必有載水而間火者，所以防水之下注而滅火。君子有中道，以豫爲調燮之防，如火可上達其氣於水，以成燮熱之用，而止争相軋滅之患，蓋以載之之道濟之也。

初九，曳其輪，濡其尾，无咎。

二欲升，而初以陽剛静鎮於下，制之不行，「曳其輪」也。初曳之則二之尾濡而不得濟，故雖爲柔所乘而无咎，此奬陽以制陰之辭也。言「濡尾」者，於未濟見之，謂狐也。取象於狐者：狐，陰邪之獸，性多疑，而妖媚以與人相亂。陰雜于陽之中則疑；與陽雜處而交應，故能媚，賤陰之辭也。

象曰：「曳其輪」，義无咎也。

陰豈可使之濟哉！制之不行，君子之義也。

六二，婦喪其茀，勿逐，七日得。喪，息浪反。

「茀」，車蔽也。〔一〕二陰柔居中爲「婦」。婦人之車有茀，所以蔽容貌而全其幽貞。六二雜于二陽之中，而欲上行以濟，無所敬忌，「喪其茀」，則近於亂矣。特以居中而爲離明之主，志本光貞，故但戒以勿亟於馳逐，則七日自得，終足以知恥而遠嫌。言「七日」者，六位已窮之後，亂定而志白也。

象曰：「七日得」，以中道也。

當位則居中而合乎道，故雖處雜亂，而可終保其貞。

九三，高宗伐鬼方，三年克之，小人勿用。

高宗當商道中衰，治亂相半、貞邪相干之時，而奮發中興，以嘉靖殷邦。九三處明之終，而介於險，以剛居剛，而爲進爻，故取象焉。伐鬼方，詩所謂「奮伐荆楚」也。〔二〕楚人

〔一〕馬融、王弼讀「茀」爲「髴」，以爲婦人之首飾；程傳、本義則從鄭玄，以爲車蔽。

〔二〕商頌殷武篇。毛傳：「殷武，祀高宗也。」孔疏：「殷武詩者，祀高宗之樂歌也。高宗前世，殷道中衰，宫室不修，荆楚背叛。高宗有德，中興殷道，伐荆楚，修宫室。既崩之後，子孫美之。詩人追述其功而歌此詩也。」

尚鬼，故曰「鬼方」[一]。陽之間于陰也，始而相制，制之不已則相攻。三處二陰之中，陰欲濟而陽制之不得，故有征伐之事。前臨坎險，詩所謂「采入其阻」也。[二]險不易擊，故三年而後克。「小人」謂上六，濡首之小人也，與三相應，嫌於相用。功成之後，息勞而驕，則小人易以雠其狐媚，故戒之以「勿用」。

象曰：「三年克之」，憊也。

前阻於險，後復無陽剛以爲之援，孤軍犯難，力已憊矣。水將下滲而息火，甚可畏也，尚可容小人之相惑亂乎！

六四，繻有衣袽，終日戒。 繻，汝朱反。

「繻」，程子以爲當作「濡」，霑溼也。「袽」，敝絮。四居坎體之下，有滲漏霑濡之象。「衣袽」，以塞漏者。以柔居柔，雖有欲濟之心，而不敢決於輕進；既有衣袽，而猶

[一] 今人已由甲骨文考證得，鬼方即北方之少數民族。

[二] 殷武「采入其阻，裒荊之旅」，鄭箋：「高宗撻然奮揚威武，出兵伐之，冒入其險阻，謂逾方城之隘，克其軍率，而俘虜其士衆。」

「終日戒」，畏謹之至。不言无咎，而自不至亂可知。

象曰：「終日戒」，有所疑也。

柔退而處二陽之間，進則恐五之不受，退則慮三之見攻，畏謹自[一]持，以視無忌憚之小人遠矣。

九五，東鄰殺牛，不如西鄰之禴祭，實受其福。

九五介二陰之間，剛中得位，陰所求也。坎之位正北，北以東爲上，西爲下；上六其「東鄰」，六四其「西鄰」也。陰欲濟，而憚於五之尊嚴，故皆仰求其相濟。四慎而居約，薄祭之象；上盈而僭，太牢之祀也。五擇於二者，當以下比乎四爲宜。祭而神享之曰「福」。受四之享，於道斯得。東鄰汰而濡首，禮雖隆[二]而誠不屬，絶之可爾。五雖剛中，

[一]「自」，嶽麓本作「以」。
[二]「禮雖隆」，嶽麓本作「物雖豐」。

而貞妄雜進，故戒之使知取舍焉。朱子謂此爲文王與紂之事。〔二〕文王方服事殷而稱鄰，又以受福自矜；文王之至德，周公其忍重誣之乎！〔三〕

象曰：「東鄰殺牛」，不如西鄰之時也。「實受其福」，吉大來也。

「禴祭」，夏祀。〔三〕「時」者〔四〕，儉而有節之謂。「吉大來」者，錫福於四，人神交綏。四之慎于濟，吉道也，乃於四不言吉，而於此言之，四之畏謹，無徼福之心也。

上六，濡其首，厲。

陰亢居上，恃得位得應而猛于濟，水淹其頂而不恤，危矣哉！陰之亨至此而極，陰之

〔一〕本義：「東陽西陰，言九五居尊而時已過，不如六二之在下而始得時也。又當文王與紂之事，故其象占如此。象辭『初吉終亂』，亦此意也。」

〔二〕先儒以爲文王作卦辭，周公作爻辭。若此爻辭所述乃文王與紂之事，則文王稱紂爲鄰而不以爲王，且自矜其得福；此豈非與「三分天下有其二以服事殷」之至德相悖乎？周公作爻辭，豈有此意，以誣文王乎？此意可參見稗疏。稗疏又謂：「上者左而下者右。左爲東，右爲西。九五之鄰，上六其東鄰，六四其西鄰。上六已祭而驕，六四求濟而慎，故五之福之，獨施於四。禴未嘗無牛。上六躋於至高之位，僭行郊禮，故神不享而福不降。禴祭以慎受福，亦非以儉而勝豐。」

〔三〕詳萃六二「孚乃利用禴」注。

〔四〕「『時』者」，嶽麓本作「以『時』舉者」。

亂至此而不可弭矣。陰陽相雜，各安其所，而變化之道窮。過此而無可爲者，則惟撓亂以成乎未濟；陰陽向背十二位，自然之理數也。

象曰：「濡其首厲」，何可久也！

天下無有各據其所安之位，相雜相合而可久者。「濡其首」，則耳無所聞，目無所見，不知物變之至，陰且消，而陽亦失其位矣。

䷿ 未濟 坎下離上

未濟。亨，小狐汔濟，濡其尾，无攸利。

「未濟」，陰未濟也。陰起於初，進於三，躋於五，俱失其位，爲陽所覆，而不得達於上，故未濟也。以離、坎言之，火炎上，而已上則散；水流下，而已下則涸，各遂其情而不相爲用，則火與水皆不足以成化，亦未濟也。

陰未濟而陽上達，陰不能撓，乃不言陽之濟，而言陰未濟；三陰失位，三陽亦失，抑不言陽未濟，而但言陰。蓋陽氣之流行，上窮碧霄，下徹黄壚，無往而非其體之所在，無往而非其用之所行；天包地外，亦入地中，升降出入，行焉而皆得，化焉而皆成，故曰「時乘六龍以御天」。若陰之升而成功於兩間，非陽襲其内以震起之，則凝滯而不足以資變蕃之生；陽覆於上，不爲鼓蕩以升，而陰不濟矣。〔二〕故既濟、未濟，皆以陰道之成毁言，而陽不與焉。

「亨」者，陰之亨也。陰得中，而麗乎剛以爲明，故亨。既亨矣，而又云「小狐汔濟，濡其尾，无攸利」者，得位而居則亨，欲行焉則无利也。未濟三陽皆失位矣，陰陽相間而陽道窮，然而陽失位而陰亦不得，則陰之不利未足以爲病。故擬之以小狐之濡尾，若有幸辭焉。狐者，淫惑之獸也，雜處以交乎人，而更利於濟，則爲人道之患。故於其麗乎明也，則迪之以君子之道而許其亨；於其弱而無力，狂而妄逞，則明告以凶吝而止其慝：易之所以曲爲裁成也。

〔二〕上言既濟，下言未濟。

嗚呼！既濟、未濟之世，難矣哉！非人事之有此也，理〔一〕數然也。天下豈有旦善而夕惡，左君子而右小人者哉！亦豈有刑與賞相參以成治，欲與理相錯以成德者哉！既濟之世，已成乎雜糅之局，而據爲得；未濟之世，未成其各得之利，而猶有所憂疑，則未濟愈矣。小狐濡尾而無攸利，未始非陽之利也。易以二卦終，則以見陰陽之交感以成乎雜亂，其變之極，且至於如此；險阻之極至，非乾坤之易簡，莫能知其變而定之以大常也。

彖曰：「未濟亨」，柔得中也。

六五得中，柔道亨矣。虚中以受陽，承〔二〕剛而麗之以明，未濟之愈於既濟以此。故既濟言「亨小」，而未濟言「亨」。柔道得，則剛志亦行。

「小狐汔濟」，未出中也。

合三陰而謂之「小狐」，以其乘剛〔三〕之間而居其位也。「未出中」者，欲上濟而止於

〔一〕「理」，嶽麓本作「氣」。
〔二〕「承」，底本原作「乘」，今據嶽麓本改。按未濟卦象，一陰承一陽，初承二，三承四，五承上。
〔三〕「乘剛」，嶽麓本作「秉陽」。

五，未達乎上也。陽位極於五，陰位極於上。上者，陰之尊位也。「汔」者，將至未至之辭。[一]陰不達上，僅至於五，故爲「汔濟」。

「濡其尾无攸利」，不續終也。

三躁進，五居尊，初乃滯[二]於下，不能相繼以上升，陰之不利也。

雖不當位，剛柔應也。

既濟亦剛柔應，而獨於未濟言之者，既濟當位，則剛以居剛，柔以居柔，各擅其所利而恣其情之所安，則雖應而志不相下。未濟不當位，以剛居柔，以柔居剛。剛者不傲，可以交[三]陰而不驕，柔者不靡，可以交陽而不吝。寬猛相劑，刑賞相資，温厲相節，則以感焉而通，故五、上皆言「有孚」，以柔之有剛，剛之有柔也。在他卦則固以當位而應者爲亨利，而此二卦異焉。陰陽雜而相間，各有時位之可據，則易以起疑，貌合而情不親，固

[一] 孔疏「汔者，將盡之名」，本義曰「汔，幾也」。船山從之。程傳讀汔爲仡，「壯勇之狀」，先儒多不從。按井卦辭「汔至亦未繘井」，釋文亦云「汔，幾也」。

[二] 「滯」，底本作「治」，今據嶽麓本改。其校記云：「『滯』：守遺經書屋本、金陵本作『治』。馬宗霍校記：『按鈔本是。「滯」所以釋經文之「濡」也。』」今按：固當作「滯」，然「滯」字謂初六之不能上進，非「濡」字之訓，馬說非是。

[三] 「交」，底本原作「受」，今據嶽麓本改。

異於他卦之純焉而無互競之情也。不當位而應以無疑，故未濟六爻皆愈於既濟。

象曰：火在水上，未濟。君子以慎辨物居方。

「居方」者，隨物之性情功效，而處之以其所安，各居其分位，不相紊也。慎於辨，則知之明；慎于居，則處之當矣。火本上，水本下，不相濟也。置水火上，以成熟變之功，而患亦隨之，既濟所以必防。辨之明，而使各居其所，雖未有功，自可無過。蓋天下之物，一物自爲一物，貞淫美惡，自[一]不相雜。知其異，乃可統其同，而水火之争以息，不可不慎也。

初六，濡其尾，吝。

柔弱在下，欲濟而不能，故有此象。象言「无攸利」者，統三陰而言也。此言「吝」者，爲初六一爻言也。初无求利之心，利亦違之，爲吝而已。

[一]「自」，嶽麓本作「本」。

象曰：「濡其尾」，亦不知極也。

「極」如詩「誰因誰極」之極。〔一〕初爲上二陰所引而欲濟，以至於濡，所託非其人，柔而暗也。

九二，曳其輪，貞吉。

柔欲濟，而二以剛中止之，初是以有濡尾之吝。裁陰而不使得志，得正而吉矣。

象曰：九二貞吉，中以行正也。

剛不當位，本非正也。居中而不過，以剛處柔，而善其閑勒〔二〕，則中以得正矣。陰陽之相間，陰起乎下以上進，未易禁其淫泆，而初六卑柔，則猶可禁止。道宜剛斷以裁抑之，而又不欲過激。二惟剛柔相劑，而以中道行之，故處於二陰之間，而不爲其所忌。奚必大正以相治，而後得爲貞乎！

〔一〕詩鄘風載馳「控於大邦，誰因誰極」，毛傳、集傳皆訓極爲至。船山詩經稗疏則曰：「因，如春秋穀梁傳『桓内無因國』之『因』，爲師行鄉導之主也。『極』，會也，如群材之會於棟也。」依説文，極之本義爲棟，船山乃引申爲「主」之義。

〔二〕閑，防閑；勒，所以約馬。

六三，未濟征凶，利涉大川。

三爲進爻，乘險而上進，力弱而志剛，以之行焉，其凶必矣。然而「利涉大川」者，當險難之極，無必全之道。不顧利害而求上承乎剛，寧武子以之。至於此，則吉凶非其所謀，無可避之患也。凶而云「利」者，可益見易之言利，皆以合義利物爲利，而非如火珠林之類，以快志而得財，爲小人所喻之利也。

象曰：「未濟征凶」，位不當也。

位不當而欲上進則必凶。未濟之位皆不當，獨於此言之，以其志可取而窮于時也。

九四，貞吉悔亡。震用伐鬼方，三年有賞於大國。

以剛居柔，當陰陽交持之世而不失其正者也，故不當位，本有「悔」而可以「亡」。「震」，動而不寧之謂。居二陰之間，不能寧處，則必有征伐之事。「伐鬼方」，下臨坎險而治之也。剛柔有節，興師而不暴，則克之雖難，而功成受賞矣。「大國」，謂主兵者；非

奉五之命，故賞非天子頒之。〔一〕

象曰：「貞吉悔亡」，志行也。

陰之未濟，陽志得行，剛柔得宜，不憂陰之憑險以相雜〔二〕矣。

六五，貞吉无悔，君子之光，有孚，吉。

以柔居剛而履中，未出乎中而不求上進，安其位而知止，故得正以吉，而固无悔。處陰陽交雜之世，獨能虛中以麗乎二陽，而著其文明，雖非大人之造，而允爲「君子之光」。「君子」者，以位言，則守成而不徼功之令主；以德言，則希聖而不躐等之純儒。以是而孚於陽，雖用異而志同，陰之以不求濟而得吉者也。凡言孚者，皆陰與陰遇，陽與陽合，此及〔三〕上九獨別，以其位言也。易之不可爲典要，辭亦有之，存乎人之善通耳。

象曰：「君子之光」，其暉吉也。

〔一〕謂賞賜者，大國頒之，非天子頒之。

〔二〕「雜」，嶽麓本作「難」。

〔三〕「及」，嶽麓本作「與」。

「暉」，光之散於虛而遥被於物者。[一]五之有光，二陽發之，故其吉在暉。資陽爲德而不自求成，所謂「魯無君子，斯焉取斯」也。[二]

上九，有孚于飲酒，无咎。濡其首，有孚失是。

上九以剛居柔，故與三相得，而不拒其求濟之情，遂相信以交歡，固非咎也。乃陰之爲性，不可與耽者也。處陰陽交雜之時，志易以淫。若以居高而無位之故，失其所守，不能如二之「曳輪」、四之下伐，以相裁抑，則將爲六三所染而「濡其首」。其有孚也，正其所以失乎「是」也。「是」者，當其可之謂。

象曰：飲酒濡首，亦不知節也。

以剛節柔，故與三宴好而無損。乃以兩俱失位之故，遂相與放逸而淫溺，則且自失節，

〔一〕程傳、本義并云：「暉，光之散者。」

〔二〕論語公冶長第五，朱子集注曰：「子賤蓋能尊賢取友以成其德者。故夫子既歎其賢，而又言若魯無君子，則此人何所取以成此德乎？因以見魯之多賢也。」船山四書訓義曰：「子賤之爲人，尊賢取友，以自成其德。觀其宰單父而父事、兄事者若而人，鳴琴而治，更不屑俗吏計功謀利之所爲，則其所養可知矣。」

何以節彼哉！君子雖當時不可爲，猶不忘大正之矩，與臣言忠，與子言孝，雖混迹卜肆，自有名教在我之責存於心；〔二〕柳下惠和而不易其介，無往而非道，亦何至有「濡首」之辱哉！

周易内傳卷四下終

〔二〕漢書卷七二：「谷口有鄭子真，蜀有嚴君平，皆修身自保，非其服弗服，非其食弗食。成帝時，元舅大將軍王鳳以禮聘子真，子真遂不詘而終。君平卜筮於成都市，以爲『卜筮者賤業，而可以惠衆人。有邪惡非正之問，則依蓍龜爲言利害。與人子言依於孝，與人弟言依於順，與人臣言依於忠，各因勢導之以善，從吾言者，已過半矣。』裁日閲數人，得百錢足自養，則閉肆下簾而授老子。」

周易内傳卷五上

繫辭上傳〔一〕

伏羲之始畫卦也，即陰陽升降、多寡隱見，而得失是非形焉。其占簡，其理備矣。後聖因之，若連山，若歸藏，皆引伸畫象之理而爲之辭，使民曉然於吉凶之異，以遵道而迪吉。至於文王，益求諸天人性命之原，而見天下之物、天下之事、天下之變，一本於太極陰陽動静之幾；貞邪、誠妄、興衰、利害，皆剛柔六位交錯固然之理。乃易其序，以乾坤並建爲之統宗，而錯綜以成六十四卦，舉萬變之必形者可以約言而該其義，則周易之象辭所由折衷往聖而不可易也。周公復因卦中六位陰陽之動而爲之象辭，則以明一時一事之相

〔一〕嶽麓本多「起第一章訖第七章」八字。按内傳之繫辭傳上、下各十二章，依朱子本義所分也。

值，各有至精允協之義，爲天所禍福於人、人所自蹈于吉凶之定理，莫不于爻之動幾顯著焉。象與象皆繫乎卦而以相引伸，故曰「繫辭」。「繫」云者，數以生畫，畫積而象成，[一]象成而德著，德立而義起，義可喻而以辭達之，相爲屬繫而不相離，故無數外之象，無象外之辭，辭者即理數之藏也。而王弼曰「得意忘言，得言忘象」，不亦舛乎！

顧自連山以後，卜筮之官各以所授受之師説而增益之，爲之繇辭者不一，如春秋傳所記，[二]附會支離，或偶驗于一時，而要不當於天人性命之理。流及後世，如焦贛、關朗之書，[三]其私智窺測象數而爲之辭，以待占者，類有吉凶而無得失。下逮火珠林之小技，貪夫、淫女、訟魁、盜帥，皆得以猥鄙悖逆之謀，取決於易，則惟辭不繫於理數甚深之藏，而又旁引支干、五行、鬼神、妖妄如青龍、朱雀之類，妖妄也[四]以相亂。若夫文王、周公所繫之辭，皆人事也，即皆天道也；皆物變也，即皆聖學也；皆禍福也，即皆善惡也。

〔一〕繫辭傳曰「極器數，遂定天下之象」，此由數以生象者，就占筮之步驟而言也。若究論其理，則曰象生數。

〔二〕左傳所載筮法與占辭，多有與今周易不同者，如閔公二年傳，桓公筮遇大有之乾，曰「同復于父，敬如君所」，而今大有九五則曰「厥孚交如威如吉」。此類甚多，不悉舉。

〔三〕漢人焦贛之焦氏易林（或以爲非焦贛著）、北魏關朗之關氏易傳。皆占筮之書。

〔四〕東青龍、南朱雀、西白虎、北玄武，術家所謂四神也。四神以與干支、八卦之方位相配合，其施於納甲、四柱、堪輿之術甚廣。

其辭費，其旨隱，藏之於用，顯之以仁，通吉凶得失於一貫，而帝王經世、君子窮理以盡性之道，率於此而上達其原。夫子慮學易者逐於占象而昧其所以然之理，故爲之傳以發明之，即占也，即學也，即以知命而不憂，即以立命而不貳。其以喻斯人於人道之所自立，而貞乎死生休咎之大常，意深切矣。而傳易者或謂但爲筮設，其因象立辭，不過如火珠林之卦影，[一]爲學者所不必學，則夫子作傳，又何爲而加以象外之理乎？此通儒之蔽，不可不辨者也。

分上、下傳者，因簡策之繁而各編之耳，非義所繫也。[二]

[一] 朱子説：「易爻而今只似發課底卦影相似。」（語類卷六六）

[二] 周易正義：「分爲上下二篇者，何氏云：『上篇明无，故曰「易有太極」，太極即无也，又云「聖人以此洗心，退藏於密」，是其无也。下篇明幾，從无入有，故云「知幾其神乎」。』今謂分爲上下，更无異義，有以簡編重大，是以分之。或以上篇論易之大理，下篇論易之小理者，事必不通。何則？案上繫云『君子出其言善，則千里之外應之。出其言不善，則千里之外違之』，又云『藉用白茅，无咎』，皆人言語小事，及小慎之行，豈爲易之大理？又下繫云『天地之道，貞觀者也。日月之道，貞明者也』，豈復易之小事乎？明以大小分之，義必不可。故知聖人既无其意，若欲强釋，理必不通。」

一[一]

天尊地卑，乾坤定矣。卑高以陳，貴賤位矣。動静有常，剛柔斷矣。方以類聚，物以群分，吉凶生矣。在天成象，在地成形，變化見矣。斷，丁亂反。見，胡甸反。

此明周易並建乾坤，以統六子，而爲五十六卦之父母；在天之化，在人之理，皆所繇生，道無以易，而君子之盛德大業，要不外乎此也。

乾者陽氣之舒，天之所以運行；坤者陰氣之凝，地之所以翕受。天地，一誠无妄之至德，生化之主宰也。乃乾行不息於無聲無臭之中，坤受无疆而資不測之生，其用至費，而用之也隱，人不可得而見焉，則於「天尊地卑」而得其定性之必然矣。惟其健，故渾淪無際，函地於中而統之，雖至清至虚，而有形有質者皆其所役使，是以尊而無尚；惟其順，

[一] 此小標題，爲整理者所加。

故雖堅凝有實體之可憑，而靜聽無形之摶捖〔二〕，不自擅而惟其所變化，是以卑而不違；則於尊卑之職分〔三〕，而健順之德著矣。此言奇偶之畫，函三於一，純乎奇而爲六陽之卦，以成乎至健；於三得二，純乎偶而爲六陰之卦，以成乎大順。奇偶至純而至足於兩間，故乾坤並建而統易，其象然，其數然，其德然，卦畫之所設，乃固然之大用也。

變「尊」言「高」者，「尊卑」以司化之用言，「卑高」以定體之位言也。天高地下，人生其中，三極昭然，因而重之，以爲六位；天之所顯示，地之所明陳，人之所仰事而俯承者，著矣。高者貴，卑者賤，故六位設而君臣之分、隱見之殊、功效之各營，雖無典要，而有定位。此言易設位以載九六之畫，爲自然之定體也。

位有陰陽，而有體必有用。三、四者，進退之機；二、五者，主輔之别；初、上者，消長之時；皆有常也。而爻有剛柔，剛與陽協，柔與陰稱，或相得而宜，或相劑而和，則剛柔之得失於此斷矣。此言爻麗於位，而剛柔之致用，當與不當之分也。

〔二〕捖，玉篇「摶圜也」，廣韻「刮摩也」。
〔三〕「職分」，嶽麓本所據鈔本作「分職」。

「方」者位也。貞、悔各有三位，而初四、二五、三上，以類相應；其近而相比者，以類相孚，交相聚也。「物」者，爻也。〔一〕爻之剛柔，各自爲群，而性情分焉。同群者孚，異群者應，如其道則吉，非其道則凶。若以陰陽之本體俱爲天地之大用，何吉何凶？而一聚一分，則得失差異，是以吉凶生焉。此言爻位有比有應，有承有乘，因時而生吉凶也。〔二〕

凡此者，乾坤二卦統六陽六陰於六位之中，健順之理備，貴賤之位陳，剛柔之節定，孚應之情通，兩儀並建，全易之理，吉凶得失之故，已全具其體用，則由此而變化焉，又豈聖人之故爲損益推盪以立象哉！惟乾統天，而天有以行其命令於地者，則雷、風、日、月成乎象；惟坤行地，而地有以效功能於天者，則水、火、山、澤成乎形。天不終於無形，地固成乎有象。〔三〕乾之所始而流形，坤之所生而化光者，〔四〕變化自著於兩間，六陽六陰

〔一〕下繫曰「爻有等，故曰物。」

〔二〕乘承比應，王輔嗣特爲發明之。惟船山之例，同性相感曰孚，異性相感曰應。

〔三〕在天成象，在地成形。天之四卦，无形而有象，震雷、巽風、坎日、離月。地之四卦，有形而本乎象，坎水、離火、艮山、兑澤。天之無形，必待地而成其形；地之有形，必本乎天之象。

〔四〕乾元資始，品物流形；坤元資生，含萬物而化光。

往來於鄉背十二位之中，而發見於六位，交相錯以利時乘之用。陽之變，陰之化，皆自然必有之功效，故六子興焉，以爲六十二卦之權輿，而易道備矣。

是故剛柔相摩，八卦相盪。

「摩」者，兩相循也。「盪」者，交相動也。惟其乾坤並建，六陽六陰各處于至足以儲用，而十二位之半隱而半見，惟見者爲形象之可用者也。在天則十二次之經星迭出迭没，在地則百昌之生成迭榮迭悴，在人物則靈蠢動植、聖狂義利、君臣治亂之分體而各乘其時，所發見而利用者，約略得其六耳。以十二至足之陰陽，往來於六位之中，相錯以進退，剛利柔之受，柔倚剛以安，乍然有合而相摩盪，則純陽而爲乾，純陰而爲坤，陰陽相雜而爲六子，皆自然必有之化，要非乾坤之至足，亦惡能摩蕩以成八卦之經緯，而起六十四卦哉！

鼓之以雷霆，潤之以風雨。日月運行，一寒一暑。乾道成男，坤道成女。

此皆其相摩相盪所變化之形象也。陽下起而鼓動乎陰，成雷霆之象而爲震；陰入陽下，而散陽之亢以使和浹，成風雨之象而爲巽；陰陽交相映相函以相運，則成日月寒暑相易之形象而爲坎、離；乾以剛而致其奇於耦中，坤以柔而致其耦於奇内，則成男女之形而爲艮、兑；皆形象之固有，而易於六位之中，備其各成之變化，既鼓既潤〔一〕，既運既成，則由是以變化無方，以生五十六卦，皆此至足之健順不容已於摩盪者爲之也。此周易之窮理達化，所以極其至而立義精也。

巽兼言「雨」者，陰澤下流，亦雨象也。日南則寒，北則暑。月雖二十七日有奇，周於九道，而冬至之月恒在夏至之黄道，夏至之月恒在冬至之黄道，月南則暑，月北則寒矣。艮兑不言山澤，言男女者，山陵爲牡，溪谷爲牝也。

此上言天地自然之化，以下則推原於乾坤健順之德，明其所以起萬化而統全易之理，乃終以希聖希天之學，示學易者於乾坤並建而得崇德廣業之樞要，此此章之次序也。

〔一〕「既潤」，底本無，從嶽麓本補。其校記云：「『既潤』：守遺經書本、金陵本脱此二字。馬宗霍校記：『按經文云「鼓之以雷霆，潤之以風雨」，則當從鈔本增「既潤」二字。』」

乾知大始，坤作成物。

夫人知天之大始而不知始之者，惟乾以知之；人知地之成物而不知成之者，惟坤以作之。故乾曰「大明終始」，坤曰「行地无疆」。然則苟有乾之知皆可以始，苟有坤之作皆可以成。而非至健，則明不出於一頒，而無以豫萬變；非至順，則道隱于小成，而無以善永終。故以在人之知行言之：聞見之知不如心之所喻，心之所喻不如身之所親；行焉而與不齊之化遇，則其訢拒之情、順逆之勢、盈虚之數，皆熟嘗之而不驚其變，行之不息，知之已全也。故惟乾之健行而後其「知」爲「大始」也。志之所作不如理之所放，理之所放惟其志之能順；氣動而隨，相因而效，則無凝滯之情，而順道之所宜以盡事物之應得，勉焉而無所强，爲焉而不自用，順之至，作之無倦也。故爲坤之順承而後其「作成物」也。

乾坤者，在天地爲自然之德，而天之氣在人，氣暢而知通，氣餒而知亦無覺；地之理在人，耳目口體從心知，心知之所不至，耳目口體無以見功，皆此理也。六十四卦之象，其德有知者，皆乾之爲也；有作者，皆坤之爲也。其或知之非實、作之非道者，則陰陽之愆，而要亦未始非剛柔固有之幾所發，而但其時位之不齊耳。「知大始」「作成物」，則全易皆在其中矣。

乾以易知，坤以簡能。易，以豉反。〔一〕

此言乾坤者，指二卦之全體而言也。變「作」言「能」者，知作，其功；知能，其效也。在知曰「易」，理有難易；在能曰「簡」，事有繁簡；其爲純一而無間雜之義則同也，謂純陽純陰，道惟一而無事於更端也。二卦並建，以統變化，在乾惟健，在坤惟順，疑不足以盡萬變。乃天下之理，雖甚深而不易測，然惟有所怠廢者則有所疑惑；純乎健而自强不息，則無所凝滯，而吉凶消長自可旁通其數。抑惟矯物立異，則勢窮而阻；純乎順而承天時行，則無所阻，而悔吝憂虞皆曲盡其材。在天地，則不勞而造物之功化無以禦；其在人，則知行皆一以貫而道無多歧。此乾坤二卦雖未備六十二卦之變，而已裕其理也。

〔一〕嶽麓本音注最後多「下同」二字。

易則易知，簡則易從；易知則有親，易從則有功；有親則可久，有功則可大。

在天地，則雷風、寒暑、山澤雖殊象異形，皆有其常，無所容其疑殆而不能離；動植飛潛，各率其情材以自效而奏其功。古今不易，而小大不遺，天道之純爲之也。在人則心純而理一，天下歸其仁，萬方效其順，安於其教而德不諼，勸於其善而道以廣，皆此至健不息、至順無違之德爲之也。

可久則賢人之德，可大則賢人之業。

「賢人」，賢于人者，蓋亦謂希天之聖人也。德不斁而業皆成，其所以致此者，知行而已矣。知則乾之大明，以無欲不屈之剛，燭乎萬理者也；行則坤之通理，以順事恕施之柔，不雜私僻者也。乾坤之德，人生而性皆具，有氣皆可清通，有質皆可效法，而惟賢人能全體之。故時皆其時，位皆其位，行乎險阻，而德業貞於一，以易簡應繁難，而不憂道之或詘也。

易簡而天下之理得矣，天下之理得而成位乎其中矣。

此言學易者能體乾坤之易簡，則理窮性盡，而與天地合德也。知無不明，則純乾矣；行無不當，則純坤矣。以之隨時變化，惟所利用，而裁成輔相之功著焉，則與天地參。故周易並建乾坤十二位之陰陽，以聽出入進退，成六十四卦、三百八十四爻之象占，所以盡天道，昭人極，爲聖學合天之軌則，位有異，時有殊，而無九六以外有餘不足之數得參焉。〔一〕斯以冒天下之道，而非連山、歸藏之所及，况後世之窺測氣機以占利害，如加一倍乘除之法，〔二〕及復、姤爲小父母之支説，〔三〕其不足與於三聖〔四〕大中至正之道，明矣。

抑嘗論之，聖人之論易也曰「易簡」，而苟且之小儒與佛老之徒亦曰「易簡」，〔五〕因依託于易以文其謬陋。乃易之言「易簡」者，言純乾純坤不息无疆之知能也，至健而無或不健，至順而無或不順也。小儒惰於敏求而樂於自用，以驕語無事多求，而道可逸獲；

〔一〕 言爻數惟用九、六，其餘則不得用。
〔二〕 加一倍法，邵子之學，所謂一變爲二，二變爲四，四變爲八之説。
〔三〕 此亦邵子之學，即先天八卦、六十四卦方位是也。邵伯温曰：「先君云：『乾坤，大父母也，故能生八卦；復、姤，小父母也，故能生六十四卦。』」（見性理大全卷七纂圖指要上。）
〔四〕 三聖，謂伏羲、文王、孔子也。
〔五〕 所謂「小儒」，蓋指陸、王一派。象山與朱子會鵝湖，因作詩曰「易簡功夫終久大」，其語録中亦常見「易簡」之語。

異端則揮斥萬物，滅裂造化，偶有一隙之静光〔一〕，侈爲函蓋乾坤之妙悟，而謂人倫物理之繁難，爲塵垢糠秕、人法未空之障礙、天地之大用且毁，而人且同於禽獸，正與「知大始」「作成物」之理背馳。善學易者，於健順求至其極，則自「易」自「簡」，慎勿輕言「易簡」也。

右第一章。此章言周易首建乾坤之旨，該盡乎全易之理，立天德王道之極，以明文王定易序之大義。〔二〕

二

聖人設卦觀象，繫辭焉而明吉凶。

聖人謂文王、周公。「設卦觀象」，設卦畫於前而觀其成象也。「辭」者，象之義也。

〔一〕「静光」，嶽麓本作「净光」。
〔二〕嶽麓本「此章言」以下爲雙行小注。

「吉凶」，象之所固有。而所以然之理，非辭不明。「繫」者，相屬而不離之謂。彖、爻之辭，必因乎象之所有；即有戒占者之辭，亦因象之所當戒與其可戒而戒之。若宜正而不宜邪，則萬事萬理皆然，不待戒也。此節明象與辭所自設，爲君子平居之所宜玩。

剛柔相推，而生變化。推，吐回反。

「推」，移也。陽極於九而已盈，則下移而八；陰極於六而已歉，則上移而七。「變」，陽且變而有陰之用；「化」，陰受陽化而且從陽之德也。六爻已成卦象，而所占在一爻，以剛柔之過，必且推移，故於此爻占其變化也。如乾之九二，且變而之陰，有離之象，故曰「天下文明」，剛推而柔也。坤之初六，陰尚微弱，而曰「堅冰」，柔且推而剛也。履之六三曰「志剛」，謙之六五曰「侵伐」，皆有變化陰陽之義，此義例之常也。若乾初動而無姤道，坤初動而無復理，則又不可據義例爲典要，在學者之知通爾。此節明變與占之所自生，爲君子因動而占之所宜玩。

是故吉凶者，失得〔二〕**之象也；悔吝者，憂虞之象也；**

得失，以理言，謂善不善也。「虞」，慮也。易不爲小人謀詭至之吉凶，於其善決其吉，於其不善決其凶，無不自己求之者，示人自反，而勿徼幸、勿怨尤也。「悔」者，行焉而必失，則宜憂。「吝」者，求行而不遂，則宜慮。故言「悔吝」者，以著其當憂虞也。

變化者，進退之象也；剛柔者，晝夜之象也。

「變」者陽之退，「化」者陰之進。進所宜進，退所宜退，則得；進而或躁或阻，退而或疑或怯，則失。卦象雖成，而當其時位，有進退之幾焉。故其得者卦雖險而可使平，其失者卦雖吉而且凶，易於發動之爻著其理焉。晝動夜静，天之道，物之情也。然動不可静，則氣浮而喪其心之所守；静不能動，則心放而氣與俱餒。故易以剛柔相推之數，著其剛下生柔、柔上生剛之動幾，示人以動静相函，如晝夜異時，而天運不息，晝必可夜，夜必可晝也。

〔二〕「失得」，底本原作「得失」，據嶽麓本改。

六爻之動，三極之道也。

初、二，地位；三、四，人位；五、上，天位。每位必重，氣之陰陽、形之柔剛、性之仁義，交至而成乎全體大用也。然而不能皆見於用，故一時之所值、一事之所占，則道著焉。當其時，處其地，擇其進退，天之災祥、地之險易、人事之順逆因而決焉。三極得失之理，於斯顯矣。

是故君子所居而安者，易之序也；所樂而玩者，爻之辭也。是故君子居則觀其象而玩其辭，動則觀其變而玩其占，是以自天祐之，吉无不利。〔一〕

「居」者，守之以爲恒度。「安」者，知其不可過而無越思。〔二〕「序」謂剛柔消長之次序。「樂」者，不驚其吉，不惡其凶。「玩」，熟求其所以然之理也。「觀象玩辭」，學易之事；「觀變玩占」，筮易之事。占，亦辭之所占也，承上文而言。〔三〕易因天道以治人事，學之以定其

〔一〕嶽麓本有音注「樂，盧各反。」

〔二〕底本「居者」「安者」兩句語序相反，從嶽麓本改。

〔三〕上文曰「繫辭焉而明吉凶」，此復言「玩辭」，是承上文而言也。

所守，而有事於筮，則占其時位之所宜，以慎於得失，而不忘憂虞，則進退動靜一依於理，而「自天祐之，吉无不利」矣。天者，理而已矣，得理則得天矣。〔一〕比干雖死，自不與飛廉、惡來同戮；夷、齊雖餓，自不與頑民同遷：皆天所祐而无不利也。利者，義之和也。

右第二章。此章及下章皆言易道之切于人用，居不可不學，而動不可不占也。

三

彖者，言乎象者也；爻者，言乎變者也。

謂彖、爻之辭也。「象」〔二〕，一卦全體之成象；「變」，九六發動之幾應也。

〔一〕程子曰：「天者，理也。神者，妙萬物而爲言者也。帝者，以主宰事而名。」（遺書卷十一）朱子語類卷二十五：「周問：『獲罪於天，集注曰「天即理也」，此指獲罪於蒼蒼之天耶？抑得罪於此理也？』曰：『天之所以爲天者，理而已。天非有此道理不能爲天，故蒼蒼者即此道理之天。故曰其體即謂之天，其主宰即謂之帝，如父子有親，君臣有義，雖是理如此，亦須是上面有個道理教如此始得。但非如道家說真有個三清大帝著衣服如此坐耳。』」

〔二〕「象」：底本作「彖」，從嶽麓本改。

吉凶者，言乎其失得也；悔吝者，言乎其小疵也；无咎者，善補過也。

謂象、爻之辭，因象、變而徵人事也。剛柔因乎時位以爲得失。「吉凶」非妄，皆由道之得失。「小疵」於道未失，而不當其時位，則剛柔差錯，而必有「悔吝」。「无咎」，於道未得，而有因時自靖、不終其過之幾。蓋禍福无不自己求之者，雖或所處不幸，而固有可順受之命。故研幾精義，謹小慎微，改過遷善，君子自修之實功，俱於象[一]、爻[二]著之。周易之與後世技術占卜之書[三]，貞邪義利之分，天地懸隔，於此辨矣。

是故列貴賤者存乎位，齊小大者存乎卦，辨吉凶者存乎辭。 齊，在詣反。

此言易之定體也。「貴賤」猶言尊卑。居中及在上者爲貴，在下而不中者爲賤。居其「位」，則有其職分之所當然者也。齊與劑通。「小」，陰；「大」，陽也。「卦」，謂九、六

[一]「象」，底本作「象」，從嶽麓本改。
[二]「爻」，嶽麓本所據底本作「象」。
[三]本句嶽麓本作「周易之興，興後世技術占卜之書」。嶽麓本所據底本無「後」字。

之爻麗於六位者，各有宜居，爲位之當，[一]陰陽之分劑於此定也。卦、位兩設，[二]相遇以成象，而吉凶之故因而繫之矣。

憂悔吝者存乎介，震无咎者存乎悔。

此言易之存乎辭者，其示人之意深切也。「介」，善不善之間也。本善也，一有小疵，而即成乎不善，故告之以「悔吝」，使人於此憂之，以慎於微而早辨之。動而有過曰「震」。本有咎而告之无[三]，使人知悔其前之過而補之，則猶可以无[四]咎。易之所以警惕夫人而獎勸之於善者至，非但詔以吉凶而已。

[一] 爻各有所居之位，或當或不當。此言「爲位之當」，謂爻與位相值。

[二] 船山以卦爲爻之居位者，則卦、位兩設即爻、位兩設。有爻有位，爻各居其位，而後象成。

[三] 「无」，底本原作「故」，今據鈔本改。按嶽麓本校記：「『故』：從守遺經書屋本、金陵本改。」今按：當從鈔本作「无」，此釋占辭之「无咎」也。本有咎而謂之无，此所以教人：若能悔改，則可无咎也。

[四] 「无」，嶽麓本作「免」。

是故卦有小大，辭有險易。〔一〕

繫傳言「是故」，有不承上言者，朱子謂喚起下文，〔二〕如此類是也。「小大」，因象而異。其繫于世道之盛衰，治理之治亂，天道聖學之體用，而象有之，則大。其他一事一物之得失，如噬嗑、頤、家人、革、井、歸妹之類，則小。卦純則辭易，如「潛龍勿用」「直方大」之類；卦雜則辭險，如「荷校」「噬膚」「載鬼」「張弧」之類。蓋人事之不齊，務其大必謹其小，居其易抑必濟其險，奉天道以盡人能，皆不可不備〔三〕，而易皆詔之。

辭也者，各指其所之。

「指」，示也。「之」，往也。使因其所示而善其行也。張子曰「指之使趨時順〔四〕利，順

〔一〕嶽麓本有音注「易，以豉反。」

〔二〕繫辭上傳末段「是故夫象，聖人有以見天下之賾」句，朱子本義謂「重出，以起下文」，船山所引蓋此。然朱子注意乃指此段之重出，非特釋「是故」。

〔三〕「備」，嶽麓本作「簡」。

〔四〕嶽麓本校記：「『盡』：鈔本及各本均作『順』。王孝魚據正蒙大易篇本文云：『「順」當作「盡」。』今據改。」今按：正蒙諸版本固皆作「盡」，然周易大全此段附録所引作「順」，船山作内傳時引此句，蓋據大全也。

性命之理，臻三極之道」是也。務其大則可以致遠，謹其小則可以明微，知其易而安于常，知其險而不憂其變，易之爲君子謀者至矣。

右第三章。

四

易與天地準，故能彌綸天地之道。

易之象數，天地之法象也。乾坤統其全，卦爻盡其變，其體與天地合也。「彌」，偏也。「綸」，聯合而盡其條理也。〔二〕「道」謂化育運行之大用。自其爲人物所必由者，則謂之道；自其妙萬物而不主故常者，則謂之神。全肖其體，故曲盡其用。此二句，一章之大指，以下皆以申明此意。

〔二〕本義：「彌，如彌縫之彌，有終竟聯合之意。綸，有選擇條理之意。」

仰以觀于天文，俯以察於地理，是故知幽明之故。

「故」字以上，皆言易之與天地準者；其下，則贊其彌綸之盛也。仰觀俯察，兼畫卦、繫辭而言，餘倣此。〔一〕「天文」，日月星辰隱見之經緯；「地理」，山澤動植榮落之條緒；雷風，介其間以生變化者也。〔二〕易之以八卦錯綜摩蕩而成文理者準之。天文則有隱有見，地理則有榮有落〔三〕。見而榮者明也，隱而落者幽也。其故則明以達幽，而幽者所以養明；明非外襲，幽非永息。于易之六陰六陽互見於六位，以乘時而成文理者，可以知幽明之爲一物，而但以時爲顯藏也。

原始反終，故知死生之說。

「原」，有本而生也。「反」，歸諸其故也。陰陽之見乎卦象者，其自下生，而來也非無

〔一〕繫辭凡言仰觀俯察者二處，此處外，則下繫觀象制器一節。而彼處則專指伏羲畫卦也。

〔二〕「介」，底本作「界」，從嶽麓本改。船山以天文爲日月，即坎離也；地理爲山澤，即艮兑也；經雖未言雷風，而船山言之，所以合而成八卦之數也。

〔三〕「落」，嶽麓本所據鈔本作「實」，而據金陵本改「落」。下句「隱而落」，則作「落」是。

本；極於上而且終，其往也非消散而滅。八錯二十八綜，具乾坤之全體，以相互屈伸，故資始無窮，而要歸可以繼起。易言往來，不言生滅，「原」與「反」之義著矣。以此知人物之生，一原於二氣至足之化；其死也，反於絪緼之和，以待時而復。特變不測，而不仍其故爾。生非創有，而死非消滅，陰陽自然之理也。朱子譏張子爲大輪回，而謂死則消散無有，何其與夫子此言異也！〔一〕

〔一〕正蒙乾稱：「太虛者，氣之體。氣有陰陽，屈伸相感之无窮，故神之應也无窮；其散无數，故神之應也无數。雖无窮，其實湛然；雖无數，其實一而已。陰陽之氣，散則萬殊，人莫知其一也；合則混然，人不見其殊也。形聚爲物，形潰反原。反原者，其遊魂爲變與！所謂變者，對聚散存亡爲文，非如螢雀之化，指前後身而爲說也。」張子此說，伊川已非之。遺書卷十五載伊川語：「若謂既返之氣復將爲方伸之氣，必資於此，則殊與天地之化不相似。天地之化，自然生生不窮，更何復資於既斃之形，既返之氣，以爲造化？近取諸身，其開闔往來，見之鼻息，然不必須假吸復入以爲呼。氣則自然生。人氣之生，生於真元。元之氣，亦自然生生不窮。至如海水，因陽盛而涸，及陰盛而生，亦不是將一作必是。已涸之氣却生水。自然能生，往來屈伸衹是理也。盛則便有衰，晝則便有夜，往則便有來。天地中如洪鑪，何物不銷鑠了？」朱子則曰：「横渠辟釋氏輪回之說。然其說聚散屈伸處，其弊却是大輪回。蓋釋氏是個個各自輪回，横渠是一發和了，依舊一大輪回。呂與叔集中亦多有此意思。」（语类卷九九）船山則爲横渠護法，而此處與正蒙注之說相發明，尤爲其晚年學說精義所在。正蒙注釋太和篇「太虛无形」章曰：「此章乃一篇之大指，貞生死以盡人道，乃張子之絶學，發前聖之蘊，以辟佛、老而正人心者也。朱子以其言既聚而散，散而復聚，譏其爲大輪回。而愚以爲朱子之說反近於釋氏滅盡之言，而與聖人之言異。孔子曰『未知生，焉知死』，則生之散而爲死，死之可復聚爲生，其理一轍，明矣。易曰：『精氣爲物，游魂爲變。』游魂者，魂之散而游於虛也，爲變，則還以生變化，明矣。又曰：『屈伸相感而利生焉。』伸之感而屈，生而死也；屈之感而伸，非既屈者因感而可復伸乎？又曰：『形而上者謂之道，形而下者謂之器。』形而上，即所謂清通而不可象者也。器有成毁，而不可象者寓於器以起用，未嘗成，亦不可毁，器敝而道未嘗息也……未嘗有辛勤歲月之積，一旦悉化爲烏有，明矣。故曰往來，曰屈伸，曰聚散，曰幽明，而不曰生滅。生滅者，釋氏之陋說也。倘如散盡無餘之說，則此太極渾淪之内，何處爲其翕受消歸之府乎？又云造化日新而不用其故，則此太虛之内，亦何從得此無盡之儲，以終古趨於滅而不匱邪？且以人事言之，君子修身俟命，所以事天；全而生之，全而歸之，所以事親。使一死而消散無餘，則諺所謂伯夷、盜蹠同歸一丘者，又何恤而不逞志縱欲，不亡以待盡乎！惟存神以盡性，則與太虛通爲一體，生不失其常，死可適得其體，而妖孽、災眚、姦回、濁亂之氣不留滯於兩間，斯堯、舜、周、孔之所以萬年，而詩云『文王在上，於昭於天』，爲聖人與天合德之極致。聖賢大公至正之道異於異端之邪說者以此，則謂張子之言非明睿所照者，愚不敢知也。」正蒙注但就理而言；而此處則尤見其所謂乾坤并建，亦所以崇有賤無之義。自无生有曰「創有」，自有歸无曰「消滅」。

精氣爲物，游魂爲變，是故知鬼神之情狀。

「精」者陰之始凝，「氣」者陽之善動者也，成乎形象者皆謂之「物」。「魂」者，精得氣而靈，氣蕩精而動者也。「變」，易其故而別爲新之謂。「爲」者，天地絪緼不息之幾，以妙屈伸之用者也。「鬼神」者，二氣不已之良能，爲屈爲伸之用，而吉凶之所自出也。易之或九或六，結而成乎卦體，出於無心之分合，[一]神之爲物而且爲鬼者也。[二]奇偶成而反諸大衍，聽再營之游盪，不必仍其故，而又且成焉，鬼之爲變而復爲神者也。[三]已成乎物者，吉凶之效；未成乎物者，吉凶之幾；一聚一散，變化無窮，而吉凶不爽。以此知鬼神之情狀，無心而自有恒度，則以事鬼神，應災祥，而制禮樂刑賞之大用，無不與鬼神合其吉凶矣。自天地一隱一見之文理，則謂之幽明；自萬物之受其隱見以聚散者，則謂之

[一] 謂分而、揲四，皆無心之分合也，過揲之數，或九或六，因以成一爻。

[二] 此數句則以成卦解「精氣爲物、游魂爲變」，則物謂爻（前「物以群分」，船山曰「物者，爻也」）。精氣，即未分之策。無心之分合，則「鬼」也。

[三] 一爻成後，合諸策，復成如前之四十九，復分二、掛一、揲四，乃又成一爻，而其九六之數與前爻不必同，則所謂「變」也。

生死；自天地至足之體以起屈伸之用，而生死乎物者，則謂之鬼神。天地之道，彌綸於兩間者，此而已矣。而易以六位爲陰陽十二之全體，一聚一散，一屈一伸於其間，以迭爲幽明生死物變，則準之以彌綸天地之道，誠然之幾無不著明，而吉凶之故亦必無爽忒矣。此上言易之立體，參伍錯綜以知化，與天地之化相彌綸者也。

與天地相似，故不違。

「不違」，天不違之也。天地之所以宰萬物者，理而已矣。易一準乎時位當然之理，以著其得失，故吉凶雖未先見，而其應不爽，天地弗能違也。此下言易之致用，崇德廣業，與天地之德相彌綸者也。

知周乎萬物而道濟天下，故不過。知，去聲。〔一〕

「過」，差也。萬物之情理，皆天地之化所發見；而君子知之，必盡以通志成務，而

〔一〕嶽麓本音注作「知，珍義反。」

利天下。易於物之象變，委曲蕃庶。雖猥小，而推之以陰陽之化理，〔二〕因示以濟之之道，則可與天地之流行於品物而咸亨者無差忒也。

旁行而不流，樂天知命，故不憂。 樂，盧各反。

「旁行」，隨所變遷無定則之謂。「不流」，於六位之中往來有紀，而各成其義也。〔三〕易之錯綜變化，得失不定，皆物理人事之所有。當其時，居其位，則有其道。天命之無所擇而施，知之則可不改其樂。蓋在天者即爲理，在命者即爲正，天不與人同憂，而易肖之以詔人不憂。此知者之學於易而合天之道也。

安土敦乎仁，故能愛。

天地普愛萬物，而德施無窮，隨陰陽之所附麗，皆著其生成。而易無擇於六位之貴賤

〔二〕船山注「卦有小大」曰：「小大，因象而異。其繫于世道之盛衰，治理之治亂，天道聖學之體用，而象有之，則大。其他一事一物之得失，如噬嗑、頤、家人、革、井、歸妹之類，則小。」又「見豕負塗」之類，即是猥小之象。

〔三〕本義：「旁行者，行權之知也。不流者，守正之仁也。」

險易，皆因時以奠居，獎其静〔一〕而抑其躁，則無土不有天理之必盡，而健順之化皆行焉，是體天地廣大之生以詔人而利物也。蓋人之妨其愛而病物者，惟越位以生意欲，則自私而不恤物之利害。故易所重者在位，以示無土之不可安，不待施惠，而於物無傷，仁自敦矣。此仁者之學于易而合天之道也。朱子曰：「天地之道，知、仁而已。」〔二〕

範圍天地之化而不過，曲成萬物而不遺，通乎晝夜之道而知，故神无方而易无體。

相肖曰「範」，統攝曰「圍」。晝夜，相因而迭爲隱見者也。此統挈上文而言。與天地相似，「範圍其化而不過」也。知周道濟，盡知仁之用，「成物而不遺」也。知幽明、生死、鬼神、屈伸一致之理，「通晝夜而知」也。「通」者易通之，「知」者使人知也，此皆與天地之道相彌綸者也。其所以然之故，則以天地之神无方而易之无體者，一準之也。「无方」者，无方而非其方，「无體」者，无體而非其體。不據以爲方〔三〕、

〔一〕「静」，底作「進」，從嶽麓本改。
〔二〕本義注文。
〔三〕「方」字，底本無，據嶽麓本補。

體也。〔一〕吉凶之數，成物之功，晝夜之道，皆天地已然之迹，有方者也；而所以變化屈伸，「知大始」而「作成物」者，其神也，絪緼之和，肇有於无，而无方之不行者也。易之陰陽六位，有體者也；而錯綜參伍，消息盈虛，則无心成化，周流六虛，无體之不立者也。故周易者，準天地之神以御象數，而不但以〔二〕象數測已然之迹者也。後之爲易者，如卦氣，如游魂、歸魂、世應，如納甲、納音，如乾一兑二、方圓整齊之象，皆立體以限易，而域于其方，雖亦一隅之理所或有，而求以肖无方之神，難矣哉！

右第四章。此章備贊易道之大，合乎天而盡乎人也。〔三〕

〔一〕此句謂：萬方皆其方，凡體皆其體；而猶謂之「无方、无體」者，不據執一方、一體也。
〔二〕底本無「以」，從嶽麓本補。
〔三〕嶽麓本所據底本無「此章備贊易道之大，合乎天而盡乎人也」兩句。

五

一陰一陽之謂道。

前章由易而推天道之所自合，見易爲至命之書；此章推人所受於天之性，而合之于易，見易爲盡性之學。蓋聖人作易以詔吉凶而利民用者，皆佑人性分之所固有，以獎成其德業；而非天道之遠人，吉凶聽其自然也。修之者吉，修其性之良能也；悖之者凶，悖其性之定理也。所性全體之外，無有吉凶，於此占，即於此學矣。

「一陰一陽之謂道」，推性之所自出而言之。「道」，謂天道也；「陰陽」者，太極所有之實也。凡兩間之所有，爲形爲象，爲精爲氣，爲清爲濁，自雷風水火山澤以至蜎孓萌芽之小，自成形而上以至未有成形，相與絪緼以待用之初，皆此二者之充塞無間，而判然各爲一物，其性情才質功效，皆不可强之而同。動静者，陰陽交感之幾也。動者陰陽之動，静者陰陽之静也。其謂動屬陽、静屬陰者，以其性之所利、而用之所著者言之爾，非動之外無陽之實體，静之外無陰之實體，因動静而始有陰陽也。[一]故曰「陰陽無始」，言其有在動静之先也。陽輕清以健，而恒爲動先，乃以動乎陰，而陰亦動。陰重濁以順，非感不動，恒處乎静；陽既麗乎陰，則陽亦静。静而陰之體見焉，非無陽也；動而陽之用章焉，非無陰也。猶嘘吸本有清温之氣，因嘘吸而出入也。故可謂之静生陰，動生陽，而非本無而始生，尤非動之謂陽、静之謂陰也。合之則爲太極，分之則謂之陰陽。不可强同而不相悖害，謂之太和，皆以言乎陰陽静存之體，而動發亦不失也。然陰陽充滿乎兩間，而盈天地之間惟陰陽而已矣。「一」「一」云者，相合以成，主持而分劑之謂也。無有陰而無陽，無有陽而無陰，兩相倚而不離也。隨其隱見，一彼一此之互相往來，雖多寡之不齊，必交待以成也。一形之成，必起一事；一精之用，必載一氣。濁以清而靈，清以濁而定。若經營之，若摶捖之，不見其爲，而巧無以逾，此則分劑之之密，主持之之定，合同之之和也。此太極之所以出生萬物，成萬理而起萬事者也，資始資生之本體也，故謂之「道」，亘古今，統天人，攝人物，皆受成於此。其在人也，則自此而善，自此而性矣。夫一陰一

[一] 上「非」字括至此。

陽，易之全體大用也。乃泝善與性之所從出，統宗於[一]道者，固即此理。是則人物之有道，易之有象數，同原而不容歧視，明矣。

繼之者善也，成之者性也。

道統天地人物，善[二]、性則專就人而言也。一陰一陽之道，[三]天地之自爲體，人與萬物之所受命，莫不然也。而在天者即爲理，不必其分劑之宜；在物者乘大化之偶然，而不能遇分劑之適得；則合一陰一陽之美以首出萬物而靈焉者，人也。「繼」者，天人相接續之際，命之流行於人者也。其合也有倫，其分也有理，仁智[四]不可爲之名，而實其所自生。在陽而爲象爲氣者，足以通天下之志而無不知；在陰而爲形爲精者，足以成天下之務而無不能，斯其純善而無惡者。孟子曰：「人

[一] 嶽麓本所據底本多一「於」字。
[二] 嶽麓本無「善」字。校記：「『善』：從守遺經書屋本、金陵本補。」
[三] 嶽麓本作「一陰一陽之謂道」。
[四] 「仁智」，底本原作「仁義禮智」，今從嶽麓本改。

无有不善」，就其繼者而言也。「成之」，謂形已成，而凝於其中也。此則有生以後，終始相依，極至於聖而非外益，下至於梏亡之後猶有存焉者也。於是人各有性，而一陰一陽之道，妙合而凝焉。〔一〕然則性也，命也，皆通極於道，爲「一之一之」之神所漸化，而顯仁藏用者。道大而性小，性小而載道之大以無遺。道隱而性彰，性彰而所以能然者終隱。道外無性，而性乃道之所函。是一陰一陽之妙，以次而漸凝於人，而成乎人之性。則全易之理不離乎性中，即性以推求之，易之藴豈待他求象數哉！〔二〕

仁者見之謂之仁，知者見之謂之知。百姓日用而不知，故君子之道鮮矣。「知者」「之知」之知，去聲。鮮，上聲。〔三〕

以陰陽之分言之，則仁者行之純，陰之順也；知者知之明，陽之健也。以陰陽之合言

〔一〕太極圖説：無極之真，二五之精，妙合而凝。
〔二〕船山於外傳釋「一陰一陽之謂道，繼之者善也，成之者性也」曰「道大而善小，善大而性小」，發揮尤詳備，可參看。
〔三〕嶽麓本音注作：「『知者』『之知』之知，珍義反。鮮，息淺反。」

之，則仁者陰陽静存之幾，知者陰陽動發之幾也；皆性之所有，而道之所全具者也。特人以其性之所偏厚而學焉，又專于所嚮，則或謂之仁，或謂之知，亦既能見而未明於其全體之合一也。百姓無能與於仁知，則去道愈遠；然倫不明而亦自有其倫，物不察而亦能用物，必有其剛，必有其柔，雖不審于時位之攸宜，以斟酌消長之數，酬酢往來之交，而得失吉凶，皆即其可爲善者以爲不善，不能離也，特昧焉而不自覺耳。以仁知所見不全，而百姓不知，故能喻于道以成德業者鮮。是則易之理，特爲人所不察，而自流行於日用之間。欲爲君子者，舍易不學，安於一偏之見，迷其性善之全體、陰陽之大用，將與百姓均其茫昧，久矣。

此上言人性之所自出，即易陰陽交易之理，流行於日用而不可離。以下則言易爲性體之大全，而盡性以盡物者，皆不能踰乎此也。

顯諸仁，藏諸用，鼓萬物而不與聖人同憂，盛德大業，至矣哉！

此言一陰一陽之道，爲易之全體，而於人性之中，爲德業所自立，以見盡性者之不可離也。性函於心。〔二〕心之體，處於至靜而惻然有動者，仁也；性之能，麗於事物而不窮于其所施，用也。仁函於心，本隱也，而天理者未動而不測其所在。雖或聞見有得，而終不與己相親；惻然内動，乃以知吾心之有此，而條緒昭察於心目之前，則惟仁爲道之所顯也。此陰陽固有其誠，而必著其幾於動静之介者也。用麗於事物，本著也，而所以用者卒不可得而見。同一視聽，而明昧之幾不可詰；同一言動，而得失之發不自知；逮其用之已行，則又成乎體而非其用。故人所外著者皆體也，而用則隱於中也。變化錯綜於形聲兩泯之地，用之密運，乃一陰一陽主持分劑之微權，而藏於動静之中者也。顯而微，藏而著，此陰陽配合參伍之妙，「一之一之」之道也。以其顯者鼓之，使惻然而興；以其藏者鼓之，而不匱於用。一陰一陽之道，流行於兩間、充周於萬物者如此。故吉凶悔吝無所擇，而仁皆存〔三〕，用皆行焉。在聖人之有憂者，皆其可樂之天、可安之土。惟易全體此道以爲教，故聖人於易，可以釋其憂，以偕百姓而同歸于道，由此而盛德著，大業興。一陰

〔二〕心統性情。
〔三〕「存」，底本原作「有」，今據嶽麓本改。

一陽之道爲易之藴，而具於人性之中也如此，誠至極而無可尚矣。

抑論之：聖人，盡性者也；性盡，則易之理該焉，而何爲其尚有憂耶？蓋道在未繼以前，渾淪而無得失，雨暘任其所施，禾莠不妨並茂，善之名未立，而不善之迹亦忘。既以善繼乎人，而成乎人之性矣，一於善而少差焉，則不善矣。聖人求至於純粹以精，而望道未見，則有憂；性盡而盡人物之性，而天運有治亂，人情有貞邪，不可遽施轉移，以胥協於至善，則有憂；而烏能無憂乎？同一道也，在未繼以前爲天道，既成而後爲人道，天道無擇，而人道有辨。聖人盡人道，而不如異端之欲妄同於天；至於業大德盛，人道已盡，乃學于易而樂天安土以無憂，此夫子所以自謂卒學易而後可以無大過也。

富有之謂大業，日新之謂盛德。

盡其性而業大者，惟道之富有：一陰一陽，其儲至足，而行無所擇也。盡其性而德盛者，惟道之日新：一陰一陽，變化〔一〕之妙，無有典要，而隨時以致其美善也。在道爲富

〔一〕「化」，底本作「合」，從嶽麓本改。

有，見於業則大；在道爲日新，居爲德則盛。此中上文而推德業之盛大，莫非易之理，成於人之性中者爲之也。

生生之謂易。

此以下正言易之所自設，皆一陰一陽之道，而人性之全體也。「生生」者，有其體，而動幾必萌，以顯諸仁；有其藏，必以時利見，而效其用。鼓萬物而不憂，則無不可發見，以興起富有日新之德業。此性一而四端必萌，萬善必興，生生不已之幾。[二]而易之繇大衍而生數，繇數而生爻，繇爻而生卦，繇卦而生變占，繇變占而生天下之亹亹，有源故不窮，乘時故不悖，皆即此道也。

成象之謂乾，效法之謂坤。

「效」，呈也，法已成之迹也。仁之必顯，藏有其用，則吾性中知之所至，在事功未著

[二] 不容已之惻隱，萬善之根，作聖之機。實有、必有、皆有，非本於無，非歸於空。

之先，有一始終現成之象，以應天下之險而不昧其條理者。易之乾以知而大始者，即此道也。仁凝爲德，用成乎業，則吾性中能之所充，順所知之理，盡呈其法則，以通天下之阻而不爽於其始者，易之坤以能而成物者，即此道也。分言之，則乾陽坤陰；合言之，則乾以陰爲體而起用，陰以乾爲用而成體。〔二〕知能並行，而不離一陰一陽之道，法象皆備，繼之於人，所以合健順而成〔三〕善也。

極數知來之謂占，通變之謂事。

「極」，根極之也。「事」，謂既占而利用之，以成乎事也。善以成性，而性皆善，故德業皆一陰一陽之善所生，修此則吉，悖此則凶。吉凶未形，而善不善之理可以前知，不爽乎其數。易之有占，率此道也。鼓萬物而不憂者，一吾性固有之道，故盡其性以通人物之性，則物無不可用，事無不可爲，極乎變而不失其貞。易之備物理之不齊，以詔人因時而

〔二〕嶽麓本校記：「『陰以乾爲用而成體』：守遺經書屋本、金陵本作『坤以陽爲用而成體』。」
〔三〕「成」，底本作「咸」，從嶽麓本改。

立事者，率此道也。

陰陽不測之謂神。

「神」者，道之妙萬物者也。易之所可見者象也，可數者數也；而立于吉凶之先，無心於分而爲兩之際，[一]人謀之所不至，其動静無端，莫之爲而爲者，神也。使陰陽有一成之則，升降消長，以漸而爲序，以均而爲適，則人可以私意測之，而無所謂神矣。

夫性，一也，皆繼道以生之善也。然而聖人有憂，仁知有其偏見，百姓用而不知，惟至健至順之極變化以周於險阻者，無擇無端，而時至幾生於不容已莫能測也。易惟以此體其無方，爲其無體，周流六虚，無有典要，因時順變，不主故常，則性載神以盡用，神帥性以達權之道至矣。一陰一陽者，原不測也。以此益知「一之一之」云者，非一彼而即一

[一] 揲蓍的方法，自分而爲二以後，除以四，掛在指間的數字或九、五、四、八，是可以通過數學的方法推定的（即上句所謂的可數、可象），這是人謀可以至的。但決定掛扐數的元素，除了揲蓍的可控性方法之外，其「分二」時左、右各自的基數，是無法確定的，是隨機的，是「人謀之所不至」的，也就是神。比如四十九根，隨機分二，可能分成左手二十、右手二十九。這個數字是隨機的。但二十、二十九分完之後，左手二十餘四，右手二十八（右手其中一根作爲掛一）餘四，加上掛一，就是九。這個結果是固定的。大衍筮法最根本性的隨機變量，就在於「分而爲二」時的隨機性。

此，如組織之相間，而拂乎神之无方、乖乎道之各得，明矣。然則列次序，列方位，方而矩之，圓而規之，整齊排比，舉一隅則三隅盡見，截然四塊八段以爲易，豈非可觀之小道，而鬻術之小人亦可以其小慧成法，坐而測之乎！〔一〕

右第五章。此章推極性命之原于易之道，以明即性見易，而體易乃能盡性於占，而學易之理備矣。根極精微，發天人之藴，六經、語、孟示人知性知天，未有如此之深切著明者。誠性學之統宗，聖功之要領，于易而顯。乃説者謂易爲卜筮之専技，不關於學，將置夫子此章之言於何地乎？

六

夫易廣矣，大矣，以言乎遠則不禦，以言乎邇則静而正，以言乎天地之間則備矣。夫音扶。〔二〕

〔一〕此段批評的是邵雍、朱子的六十四卦方圓圖。
〔二〕嶽麓本音注作「夫，防無反，下同」。

「廣」者，包括富而暨被遠也；「大」者，規模弘而發生盛也；謂象與辭所該之義也。「遠」者，推而達乎萬變；「邇」者，反而驗之日用也。「不禦」，於理皆無所滯也；「靜而正」，不待動而俱得其常理也。「天地之間」，兩間所有之物理氣化也；「備」者，盡其變蕃之數也。此極贊易道之大，而下推其廣大之繇，惟乾坤以統之。

夫乾，其靜也專，其動也直，是以大生焉。夫坤，其靜也翕，其動也闢，是以廣生焉。夫，音扶。專，徒官反。

「靜」者言其體；「動」，其用也。「專」與摶、團通，圓而聚也，陽氣渾淪團合而無間之謂。「直」，行而無所詘也。「翕」，收斂含藏，而所包者富。「闢」，啟户以受陽之施，順而不拒也。「生」，以化理言之，則萬物之發生；以爻象言之，則六十二卦、三百八十四爻，皆一陰一陽之所生；以德言之，則健於知而「大明終始」，順於作而「行地无疆」也。乾坤之生，廣大如此，故周易並建以爲首，而六十二卦之錯綜以備物化，而天道盡於此也。

廣大配天地，變通配四時。陰陽之義配日月，易簡之善配至德。

「配」，合也。「天地」，謂其大生、廣生也。「變」者，陰變陽，陽變陰，爻之相間者也；「通」，陰陽自相通，爻之相承者也。「四時」，春通夏而秋變之，秋通冬而春變之。〔二〕「陰陽之義」者，陰以受陽之施爲義，陽以施德于陰爲義。月與日相映則明，同道則晦，揜日則蝕；爻之初、四、二、五，陰陽相應則多吉，柔乘剛則凶，「日月」之義也。「易簡」，乾坤之純也。純乎剛則健而易，純乎柔則順而簡，括萬理於知能，而純健純順，則知之至，行之成，與天地「大明終始」「承天時行」之至德合矣。「至德」猶中庸言「大德」，天地敦化之本也。惟有此至德以敦其化，故廣大之生，變通之道，陰陽倡和之義，皆川流而不息。易之首建乾坤以備天道者，以此。

右第六章。易統天道、人道，以著象而立教，而其爲天人之統宗，惟乾坤則一也。此章之旨與第一章略同。而此章分言天道，下章分言人道，以申明之。

〔二〕　春少陽，通於夏之老陽，而秋以少陰變之；秋少陰，通於冬之老陰，而春以少陽變之。

七

子曰：易其至矣乎！夫易，聖人所以崇德而廣業也。夫，音扶。〔一〕

「崇德」者，日進于高明；「廣業」者，立焉而固，行焉而順也。不崇，則執近小以爲德而不弘；不廣，則業不切於事理而不足以行遠。此聖學之極致，而作聖者不容舍此而有歧趨，則志學之初，亦必以此爲聖功之準則，故曰「至矣」。

知崇禮卑，崇效天，卑法地。知，去聲。〔二〕

無私意私欲之累而達於化，知之崇所以崇德也。謹小慎微，循乎天理之秩序而不敢踰越，禮之卑所以廣業也。此聖學也，而所效法者天地。天地者，乾坤之法象，崇卑之至者也。剛而

〔一〕嶽麓本音注作「夫，防無反」。
〔二〕嶽麓本無音注。

不屈，健行而不息，法天之崇而知無不徹；柔而不亢，順理而無違，法地之卑而禮無不中。聖之所以希天，而易乾坤並建，則下學上達之義備著於斯矣。

天地設位，而易行乎其中矣。成性存存，道義之門。

崇卑之位設，而卦象、爻辭所有之德業行乎其中。非但其位然也，天道崇而健德行焉，地位卑而順德行焉，一陰一陽之道，主持之精理存矣。「成性」者，此一陰一陽健順知能之道，成乎人而爲性，則知以致知，禮以敦行，固其性之本有也。「存存」，存其所存也。存乎人者，因而存之，則道義皆由此出矣。[一]知以極道之藏，而道凝爲德；禮以顯義之實，而義分乎業。一崇一卑之分明而相得以合，下學上達，聖功成矣。

夫人之所以「罔克由聖」者無他，知見不出近小之域，而不謹於理以自逸爾。聖人效天法地，惟健順而已矣。故易者，聖人致知、復禮之極功，夫子所謂卒學而無大過也。于此推極其實，而要歸之於知禮，以使學者循循于博文約禮而上達於天德，意至切矣。世儒

[一] 於人而言，莫實存於四端之心也。體此心而存之、擴充之，即所謂存存，亦即所謂成性。

不審，乃謂易爲盈虚消息之道，聖人學之以審於進退而不致亢龍之悔，乃王弼、何晏師老莊之機械以避禍而瓦全之術，其與聖人知必極高明、禮必盡精微之道，天地懸隔。乾坤純而德業盛，何嘗以處錞用冲爲存性之功乎！

右第七章。此章分言易之盡乎人道，而乾坤統之。其曰「聖人所以崇德而廣業」，而非但曰「聖人所以占吉凶而審利害」。聖人之言，炳如日星，奈何曰易但爲卜筮之書，非學者所宜讀也！〔二〕

周易内傳卷五上終

〔二〕此朱子語，詳内傳發例注。

周易内傳卷五下[一]

八

聖人有以見天下之賾，而擬諸其形容，象其物宜，是故謂之象。

「象」謂大象。[二]物之生，器之成，氣化之消長，世運之治亂，人事之順逆，學術事功

[一] 嶽麓本有「繫辭上傳起第八章訖第十二章」題。

[二] 此之「大象」，即六畫卦總體之象，爻象則謂之小象。「八卦而小成」，船山注：「又九變而六畫之卦乃成，六十四之大象、三百八十四之動象見焉。」注「象也者，像也」曰：「此『象』謂卦之大象。像者，因其已然之形狀而寫之。象以成乎可像，故因而想像其道之如此。」爲大象、小象作傳，則謂之大象傳、小象傳，而大象傳亦簡稱大象。船山書中凡稱「大象」，或指大象傳，或指一卦全體之象，隨文立義。

之得失，皆[二]一陰一陽之錯綜所就，而宜不宜者因乎時位，故聖人畫卦而爲之名，繫之彖以擬而象之，皆所以示人應天下之至賾者也。

聖人有以見天下之動，而觀其會通，以行其典禮，繫辭焉以斷其吉凶，是故謂之爻。斷，丁亂反。

「爻」，效也，著於動而呈其占也。卦者，事物之定體；爻，其一時一事之幾也。「會」，所遇之適當乎此也。「通」者，所遇之動適在於此，而自通乎全卦之理也。「典禮」，常法也。謂之禮者，大經大法、人官物曲之謂，韓起見易象而謂「周禮在魯」是也。[三]古者國有

[二]「皆」，嶽麓本作「莫非」。

[三]左傳昭公二年載：「春，晉侯使韓宣子來聘……觀書於大史氏，見易象與魯春秋，曰：『周禮盡在魯矣。吾乃今知周公之德，與周之所以王也。』」杜注：「易象，上下經之象辭。魯春秋，史記之策書。春秋遵周公之典以序事，故曰『周禮盡在魯矣』。易象、春秋，文王、周公之制。當此時，儒道廢，諸國多闕，惟魯備，故宣子適魯而說之。」

大事，謀及卿士，下逮庶人，猶未決焉，乃以命蓍。〔一〕蓍非小人之敢褻用，典禮之所取裁也。會通者在一時一事，而必因時以求當其不易之大法，則典禮無不行矣。「吉凶」者，得失之影響。聖人之斷吉凶，斷之以得失而已。

言天下之至賾而不可惡也，言天下之至動而不可亂也。惡，烏路反。

卦備天下之象，極於賾矣，而以辨剛柔消長之得失，閑其邪而安於善，故「不可惡」；爻盡化機之變，因於動矣，而吉凶之故原本於卦德之順逆，故「不可亂」；皆可以詔君子之盡道，而精於其義。占者、學者，決擇以制言動，利害生死，行法以俟，自不犯

〔一〕尚書洪範載稽疑卜筮之法：「擇建立卜筮人，乃命卜筮。曰雨，曰霽，曰蒙，曰驛，曰克，曰貞，曰悔，凡七。卜五，占用二，衍忒。立時人作卜筮，三人占，則從二人之言。汝則有大疑，謀及乃心，謀及卿士，謀及庶人，謀及卜筮。汝則從，龜從，筮從，卿士從，庶民從，是之謂大同。身其康强，子孫其逢，汝則從，龜從，筮從，卿士逆，庶民逆，吉。卿士從，龜從，筮從，汝則逆，庶民逆，吉。庶民從，龜從，筮從，汝則逆，卿士逆，吉。汝則從，龜從，筮逆，卿士逆，庶民逆，作内吉，作外凶。龜筮共違於人，用靜吉，用作凶。」

物情之厭怒而亂其所守。若後世易林、火珠林、先天觀梅之術，〔二〕言賾、言動而不察物宜，不循典禮，故屠販盜賊皆可就問利害，是訓天下以亂，而可惡甚矣。

擬之而後言，議之而後動，擬議以成其變化。

上言聖人作易垂訓之正大，而此言占者、學者之宜取法也。占以謀其言動之宜，學之所以善其言動，惟在詳於擬議而已。「擬」者，以己之所言，絜之于易之辭，審其合否。「議」者，詳繹其變動得失所以然之義，而酌己之從違。成其變化，言動因時，研幾精義，則有善通乎卦象爻辭，而惟其所用，無所滯也。自此以下，所引伸爻辭而推廣于修己治人之道，皆擬議之精、變化之妙也。

〔二〕易林、火珠林，筮卦之術；先天，邵子之學，而後人附會以成術，其「觀梅」，即托康節之「梅花易數」也。今傳梅花易數載：辰年十二月十七日申時，康節先生偶觀梅，見二雀爭枝墜地。先生曰：「不動不占，不因事不占。今二雀爭枝墜地，怪也。」因占之：辰年五數，十二月十二數，十七日十七數，共三十四數，除四八三十二，得二，屬兑，爲上卦；加申時九數，總得四十三數，五八除四十，零得三數，爲離，作下卦。又上下總四十三數，以六除，六七四十二，得一零爲動爻。是爲澤火革，初爻變咸，互見乾、巽。斷之曰：詳此卦，明晚當有女子折花，園丁不知而逐之，女子失驚墜地，遂傷其股。右兑金爲體，離火克之，互中巽木，復三起離火，則克體之卦氣盛。兑爲少女，因知女子被傷；而互中巽木，又逢乾金、兑金克之，則巽木被傷。而巽爲股，故有傷股之應。幸變爲艮土，兑金得生，知女子但被傷，而不至於凶危也。

「鳴鶴在陰，其子和之，我有好爵，吾與尔靡之。」子曰：君子居其室，出其言善，則千里之外應之，况其邇者乎！居其室，出其言不善，則千里之外違之，况其邇者乎！言出乎身，加乎民；行發乎邇，見乎遠。言行，君子之樞機。樞機之發，榮辱之主也。言行，君子之所以動天地也，可不慎乎！行，下孟反。見，胡甸反。

以下七節，皆擬議爻辭，以精其變化之義，略舉夫子所引伸之説，見義味之深廣，示學者當擬議之以言動，勿徒視吉凶而憂喜，類如此也。

中孚九二，但言鳴和靡爵之吉，爲下孚初九、上靡六三之象。而夫子推本于言行：惟其爲鶴之鳴，高潔而聲聞上徹於天、遠被於野，故同類必和，而異己可靡[一]。「和」者，邇相得也；「靡」者，遠相慕也。「在陰」，居室而非行遠之事。剛中而孚於下，則其言善矣。言、行皆重，而詳言「言」者，内卦兑爲口説，於象爲鳴，于人爲言，以修身則行爲

[一]「靡」，嶽麓本所據底本作「縻」，而據金陵本改「靡」。今按：經文固作「靡」，而船山讀「靡」爲「縻」，詳中孚卦船山之説。故嶽麓本亦不必從金陵本改。

本，以應物則言之感人爲速也。「樞」，户樞[二]啟閉之主；「機」，弩牙存發之要也。「動天地」者，人之和戾，災祥應之。「君子」，以位言。慎之於出口舉足之間而天人交孚，非可揣度物情、曲徇曹好[三]而得倡和之榮也。

「同人，先號咷而後笑。」子曰：君子之道，或出或處，或默或語。二人同心，其利斷金。同心之言，其臭如蘭。 斷，都管反。

「利」，鋭利，謂所嚮無阻也。「金」，難斷者。可以斷金，則行焉皆果矣。「蘭」，芳香，人所樂聞者。「同人」九五，本以下應六二，三、四不能間之，故有先離後合之象。而夫子引伸其義，以爲君子與人同處，人求自靖，出處語默，不必遽同，要以心理相信，故行皆利而言相洽，與小人之共趨一塗而心懷冰炭者異，所以始號咷以相求，終歡笑以相得，物莫能間之也。

[二] 樞，亦或作筍，周禮春官典庸器「帥其屬而設筍虡」，陳奂曰「筍即樞之省」。周禮冬官考工記「梓人爲筍虡」，鄭注「樂器所懸，横曰筍，直曰虡」。

[三] 國語周語下：「且民所曹好，鮮其不濟也。」韋注：「曹，群也。」

「初六，藉用白茅，无咎。」子曰：「苟錯諸地而可矣。藉之用茅，何咎之有！愼之至也。夫茅之爲物薄，而用可重也。愼斯術也以往，其无所失矣。」〔一〕

大過初六，以柔承過盛之剛，而順之於下，爲卑順事天之象。夫子引伸而推求之：惟愼而後可以承事乎天。「錯諸地」者，錯籩俎也；〔二〕事天以質，故錯諸地而可。尤加愼而藉之以茅，於禮無愆，而於誠斯至，雖薄物而可荐其恪恭。〔三〕以此推之，以柔道自靖者，必載恭肅之心，則孤陰處於積剛之下而無失。見愼之爲術，在下者寡過之要也。

「勞謙，君子有終吉。」子曰：「勞而不伐，有功而不德，厚之至也，語以其功下人者也。德言盛，禮言恭。謙也者，致恭以存其位者也。」

「不德」，不居以爲德也。「德言盛」者，謂若居功爲德，則氣盛而辭多張大。「禮言

〔一〕嶽麓本有音注：「錯，七故反。夫，防無反。」
〔二〕籩，竹豆，盛果脯以祭祀。俎，載牲之器。
〔三〕「恭」，底本作「其」，當斷在下句。從嶽麓本改。

恭」，以禮爲則，其言自恭也。引伸謙九三之義而言，惟勞而有功〔二〕，能以下人，乃君子之謙，非無功可見而但務柔遜以求媚於世。惟以禮自謹，則不期恭而自恭矣。乃功固終不可揜，而抑非無禮之勞，則進不亢而退不自失矣。「存其位」，存孤陽于積陰之世而當其位。

「亢龍有悔。」子曰：貴而无位，高而无民，賢人在下位而无輔，是以動而有悔也。

義見文言。於此重記之者，此章所釋，皆謹慎謙恭以擬議言動之旨。其不能然，則雖龍德而猶有悔，故引與諸爻互證之。

「不出户庭，无咎。」子曰：亂之所生也，則言語以爲階。君不密則失臣，臣不密則失身，幾事不密則害成。是以君子慎密而不出也。

「密」者疏之反，非詭秘之謂；詳審其時，細察其人，謹防其患，不敢疏也。「失

〔二〕「功」，底本作「恭」，從嶽麓本改。

臣」，嫉忌者乘而傷之。「失身」，怨歸之也。「機事〔一〕」，兵戎之事，制于一心，而發之速以加彼者也。節初九以知塞而得无咎〔二〕，夫子引伸之，以爲未可出而必塞，惟言語爲最，蓋行之出也漸，而言之出也速，通塞之機決於俄頃而不可復收，知塞者所尤慎也。

此章明擬言議動之旨，而兩重戒夫言。節、中孚既有兑體，抑以人之言行，皆志動而氣隨以興。氣無兩用，發之於言則氣爲之一暢，而其行也必不力。乃出身而加人，遠邇君民，疑信交屬。行則待事之成而人見其功，其初不測也，恒始於疑而終於信；言則一言而所藏盡出，徹於上下，人始於信而漸相推測以終於疑。既信以爲必然，抑疑其未必然而特以相欺，則異己者相乘於未行之前，以相禁害，而行必不可成矣。且夫不言亦何咎之有哉？所謂欺人者，所行在此而言彼之謂，周顗之所以殺身也。〔三〕若不言，初未嘗相欺也。本不起天下之疑，而氣以不洩，而行之篤。故聖人教人，屢以慎言爲戒，而行則惟勸之以

〔一〕嶽麓本校記：「『機事』：鈔本及各印本皆同。按此係釋經文『幾事』一詞，似宜寫歸一律。校而出之，俾讀者勿疑爲誤植也。」
〔二〕塞者，節初九象傳曰「不出户庭，知通塞也」。嶽麓本校記：「『九』：鈔本及各印本原均作『六』。按節惟初九爻，無初六爻，疑各本皆誤，兹改正。」
〔三〕詳夬九三注。

敏。〔二〕知塞者，不塞之於行，而塞之於言，則知塞而知通矣，不憂天下之不孚矣，何失身害成之憂哉！此尤擬議切近之實功也。

子曰：作易者其知盜乎？易曰「負且乘，致寇至。」負也者，小人之事也；乘也者，君子之器也。小人而乘君子之器，盜思奪之矣。上慢下暴，盜思伐之矣。慢藏誨盜，冶容誨淫。易曰「負且乘，致寇至」，盜之招也。

「知盜」，知盜之所自起，而審所以餌之也。「器」謂車也。「上慢」，挾乘剛之威以承四，則慢而無禮；「下暴」，挾四之剛以乘二，則假威而暴。以其不足貴而輕之，故思奪之；以其得罪於上下而無與爲援，故思伐之。「慢藏」，不謹于藏，自炫其富；「冶容」，自矜容態綽約，如金在冶也；皆小人暴得富貴驕淫之態。引伸解六三爻辭，而先以「知盜」爲言者，非徒懲小人使之知退；乃以戒有國家者，欲得盜之情以弭之於未起，惟在慎重名器，勿使小人盜位以招盜，而患其難撲也。晉用士會而盜奔秦，魯

〔二〕夫子曰：「敏於事而慎於言，就有道而正焉。」

納叛人而多盜，田令孜寵而黄巢興，童貫王而方臘起。始於奪伐小人，而終爲社稷生民之害。故解悖之道，乘高墉而先制六三之慢暴，則君子道行，而小人亦蒙安以全矣。蓋擬議於事先，而變化之大用以存也。

右第八章。此章言易之義類深遠，學者當精研其義，以體之於日用，而示筮者知變化災祥之理，在於躬行之擬議，勿徒以知吉知凶，吉則恃之，凶則委之於無可如何也。

九

天一、地二，天三、地四，天五、地六，天七、地八，天九、地十。天數五，地數五，五位相得而各有合。天數二十有五，地數三十，凡天地之數五十有五。此所以成變化而行鬼神也。有與又通。〔一〕

〔一〕嶽麓本音注作：「有、又通，下同。」

「天一」至「地十」二十字，鄭氏本在第十章之首，本義定爲錯簡，序之於此。〔一〕班固律曆志及衛元嵩元包運蓍篇，皆在「天數五」之上。〔二〕以文義求之，是也。此言八卦之畫肇於河圖，而下言蓍策之法出於大衍，體相因而用有殊，天地之變化用其全，而人之合天者有裁成之節也。

五十有五，河圖垂象之數也。陽曰天，陰曰地。奇數，陽也；耦數，陰也。天無心而成化，非有所吝留、有所豐予，斟酌而量用之，乃屈伸時行而變化見，則成乎象而因以得數，有如此者。陰陽之絪緼，時有聚散，故其象不一，而數之可數者以殊焉。以陰陽之本體而言之，一、二而已矣。專而直者，可命爲一；翕而闢者，可命爲二。陽盈而陰虛，陽一函三，而陰得其二。虛者清而得境全，濁者凝而得境約，此法象之昭然可見者也。「成變化而行鬼神」者，其用也，用則散矣。陽即散，而必專直以行乎陰之中，故陰散而爲四、六、八、十，而陽恒彌縫其中虛，以爲三、五、七、九。一非少也，十

〔一〕所謂「鄭氏本」者，即今所傳王弼本也。本義：「此簡本在第十章之首，程子曰宜在此，今從之。」

〔二〕元包運蓍篇所引，自「天一地二」至「行鬼神」一段。船山未必見此諸書。大全載：「平庵項氏曰：『姚大老云：「『天一至地十』，班固律曆志及衛元嵩元包運蓍篇，皆在『天數五』之上。」』」

非多也，聚之甚則一、二，散之甚則九、十也。「成變化而行鬼神」者，以不測而神，人固不能測也。故其聚而一、二，散而九、十者，非人智力之所及知，而陰陽之聚散實有之。一、二數少，而所包者厚，漸散以至於九、十，而氣亦殺矣。「成變化而行鬼神」者，天、地、雷、風、水、火、山、澤之用也。其或一以至或十，以時爲聚散而可見；其數之多寡，有不可得而見者焉；莫測其何以一而九、何以二而十也。[一]

天垂象於河圖，人乃見其數之有五十有五：陽二十五而陰三十，各以類聚而分五位。

[一] 按此段可以左圖表示，即船山所謂「依河圖作八卦」之圖：

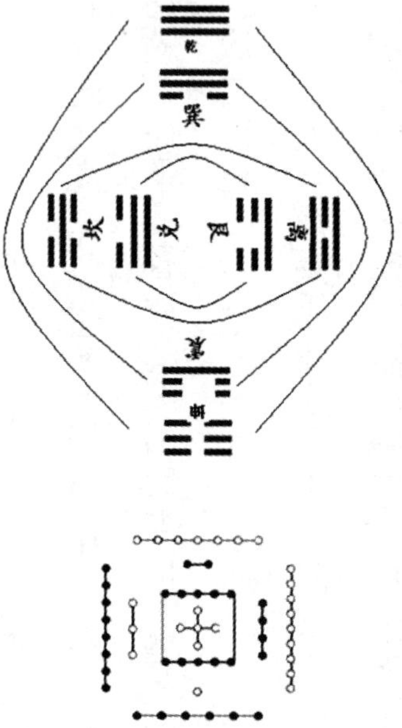

聖人乃以知陰陽聚散之用，雖無心於斟酌，而分合之妙，必定於五位之類聚，不溢不缺以不亂；遂於其相得而有合者，以類相從，以幾相應，而知其爲天、地、雷、風、水、火、山、澤之象，則八卦之畫興焉。因七、五、一而畫乾，因六、十、二而畫坤。天道下施，爲五、爲七以行於地中；地道上行，爲十、爲六以交乎天位。〔一〕乾止於一，不至於極北；坤止於二，不至於極南；上下之分，所謂「天地定位」也。〔二〕陽盛散布於上，至下而聚，所謂「其動也直」也；陰氣聚于上，方與陽交於中而極其散，所謂「其動也闢」也。〔三〕因左八、三、十而畫坎，因右九、四、五而畫離。離位乎東，不至乎西；坎位乎西，不至於東；〔四〕五與十相函以止，而不相逾，所謂「水火不相射」也。〔五〕因一、三、二而畫爲兑，因

〔一〕據圖及文義，則當作「天道下施，爲五、爲一以行於地中；地道上行，爲十、爲二以交乎天位」。

〔二〕上南下北，前自上至下，猶自南至北也，然至一而止，未至於極北，極北則陰六是也。坤仿此。

〔三〕前文謂「聚之甚則一、二，散之甚則九、十也」。「陽盛散布於上」，指陽數七在最上，七爲散；「至下而聚」，指陽數一位於下，一爲陽聚之極。「陰氣聚于上」，指陰數二在上，二爲陰聚之極；「方與陽交於中而極其散」，指陰數十與陽五交於中位，十爲陰散之極。

〔四〕云「因左八、三、十而畫坎」，又云「坎位乎西」，則似以左爲西。然河圖上南、下北、左東、右西，則此說似於理未穩。内傳於説卦傳「天地定位」章云「天高地下，水左行而火右行」，則此段當作：「坎位乎東，不至乎西；離位乎西，不至於東。」

〔五〕據七五一畫乾，二十六畫坤，其中一、五、十、二是相間錯雜分佈的。而畫坎的數字皆在左邊，畫離的數字皆在右邊，唯一可能接觸的數字是五、十。所以叫作「水火不相射」。

二、四、一而畫爲艮。一、二互用，參三、四而成艮、兑，所謂「山澤通氣」也。〔一〕山澤者，於天地之中最爲聚而見少者也。少者，少也，甫散而非其氣之周布者也。〔二〕少者在内，雷、風、水、火之所保也。因九、六、八而畫爲震，因八、七、九而畫爲巽。〔三〕八、九互用，參六、七而成震、巽，所謂「雷風相薄」也，馳逐於外也。雷風者，陰陽之氣，動極而欲散者也，故因其散而見多也。多者，老也，氣之不復聚而且散以無餘者也。老者居外，以周營於天地之間也。八卦畫而六十四卦皆繇此以配合焉。其陰陽之互相用以成象者，變化也；其一屈一伸，爲聚爲散，或見盈而或見絀者，鬼神也。此天地之所以行其大用而妙於不測也。

聖人始因河圖之象而數其數，乃因其數之合而相得，以成三爻之位者著其象，故八卦畫而易之體立焉。陰陽自相類聚者爲合，陰與陽應、陽與陰感爲相得。聖人比其合，通其

〔一〕如何理解艮兑的取象？可以這樣想象：中間的一圈是一二三四組成的正方形，取左邊的三條邊框，得到的是兑；取右邊的三條邊框，得到的是艮。

〔二〕艮兑所依據畫卦的數字是一二三四，爲數之聚，相對於六七八九是不多，是少（上聲）；艮兑爲少男、少女，是少（去聲）。此所謂「少者，少也」。下文震巽「多者，老也」恰與此相對。

〔三〕可以這樣想象：外面的一圈是六七八九組成的正方形，取左上右三條邊框，得到的是巽；取左下右三條邊框，得到的是震。

相得，分之爲八卦，而五位五十有五之各著其用於屈伸推盪之中，天道備而人事存乎其間。

然則河圖者，八卦之所自出，燦然眉列，易有明文，[一]圖有顯象。乃自漢以後，皆以五位五十有五爲五行生成之序者，舍八卦而别言五行，既與易相叛離；其云「天一生水而地六成，地二生火而天七成，天三生木而地八成，地四生金而天九成，天五生土而地十成」，不知其多少相配之何所徵，一生一成之何所驗，圖無其理，易無其象，六經之所不及，聖人之所不語，説不知其所自出，而蔓延于二千餘年者，人莫敢以爲非。夫天生地成，自然之理，乾知始而坤成物，易著其一定之義。今以火、金爲地生而天成，亂乾坤之德，逆倡隨之分。而不知火與金之生獨不由天也，何道使然？[二]雖欲不謂之邪説也可乎！

且五行之目，始見於洪範。洪範者，大法也，人事也，非天道也，故謂之疇。行，

[一] 繫辭傳「河出圖，洛出書，聖人則之」。

[二] 船山意謂：汝等妄言，以爲火與金之生不由於天，若其不由於天，則何道使其如此？是故此必邪妄之説也。

用也，謂民生所必用之資，水、火、木、金、土缺一而民用不行也。故尚書或又加以穀，而爲六府。若以天化言，則金者砂也，礦也，皆土也，人汰之煉之而始成金，亦泥之可陶而爲瓦、石之可鍛而爲灰類耳，土生之，人成之，何能與木、水、火、土相匹也？四時之氣，春木、夏火、冬水，仿佛似之矣；秋氣爲金，抑不知其何説。若以肅殺之氣言金，則金爲刃，而殺者人也，與梃無别也，金氣何嘗殺而應秋乎？五行非天之行，於河圖奚取焉？其「一六生水」云云，乃戰國技術之士私智穿鑿之所爲，而以加諸成變化、行鬼神之大用，其爲邪説，决矣。河圖著其象，聖人紀其數，八卦因其合，六十四卦窮其變，要以著一陰一陽之妙用，而天化物理人事之消長屈伸、順逆得失，皆有固然一定之則，所謂「卦之德方以知」也。而揲策之事，以人近天之用，由此而起矣。

大衍之數五十，其用四十有九。

自此以下，皆言揲策之數與其制數之理，蓋以人求合於天之道也。「衍」者，流行之謂。「大衍」者，盡天下之理事，皆其所流行而起用者也。天下之物與事莫非一陰一陽交錯所成，受乾坤六子之撰以爲形象，而以其德與位之宜不宜爲理事之得失。凡五十有五，成變化而行鬼神者，皆流行之大用也。然天地不與聖人同憂，故其用廣，而無踰量之疑。聖人能合天地以爲德，而不能全肖天地無擇之大用，是以其於筮也，於五位之中各虛其一，聽之不可測，而立五十以爲人用之全體。天道有餘，而人用不足，行法以俟命者，非可窮造化之藏也。故極乎衍之大，而五十盡之矣。「其用四十有九」者，其一，體也，所占之事之體也。蓍之待問也無不衍，而人筮以稽疑者一事爾。置一策以象所占之成事，人謀定而後用其餘以審得失吉凶之變也。事雖一而變無窮，故四十有九動而不已，以應静俟之一。一無常主，因時而立，其始固大衍五十之中同可效用之一也。

分而爲二以象兩，掛一以象三，揲之以四以象四時，歸奇於扐以象閏。五歲再閏，故再扐而後掛。奇，居宜反。

揲蓍法詳朱子筮儀。「兩」，兩儀；「三」，三極也。「歸奇」，歸之無用之地，反諸静存也。「奇」，畸零也。不足於四之偶，而合之爲十三、十七、二十一、二十五，〔一〕皆不成數，爲奇零也。「扐」，猶禮記云「祭用數之仂」之仂〔二〕，餘也。〔三〕舊説以爲左手中三指之兩間，未是。〔四〕古者蓍長三尺，非指間所可持也。〔五〕筮禮，就地爲席，掛、扐皆委之席前，掛

〔一〕五、四、四，五、八、四，五、八、八，九、八、八。

〔二〕嶽麓本校記：「『「扐」，猶禮記云「祭用數之仂」之仂』：句從守遺經書屋本、金陵本。鈔本原作『「扐」猶禮記喪「祭用數之仂」之仂』。按禮記王制云：『祭用數之仂』，又禮記無『阞』字。此句遂依守、金本。」今按：王制雖曰「祭用數之仂」，然亦曰「喪用三年之仂」，則鈔本非無所本，或係船山混憶也。

〔三〕集解引虞翻曰：「扐，所揲之餘。」此船山所本。船山禮記章句雖從鄭注，以仂爲十之一，然又曰「每歲而餘一扐」，是船山以仂爲餘。玉篇「凡數之餘謂之扐」。説文：「扐，易筮，再扐而後卦。」段玉裁注曰：「凡數之餘曰扐。王制『祭用數之仂』『喪用三年之仂』，鄭皆以爲數之什一。仂、扐蓋同字。考工記云『以其圍之阞捎其藪』，假阞爲之。鄭以爲三分之一。然則權度多少中其節謂之扐，無定數也。」段氏之説，適可與船山相發明。

〔四〕舊説，即本義也：「奇，所揲四數之餘也。扐，勒於左手中三指之兩間也。」按朱子之説本於釋文引馬融曰：「扐，指間也。」

〔五〕説文：「蓍，蒿屬。生十歲，百莖。易以爲數。天子蓍九尺，諸侯七尺，大夫五尺，士三尺。」段注：「此禮三正記文也，亦見白虎通。」儀禮少牢饋食禮：「乃釋韇，立筮。」鄭注：「卿大夫之蓍長五尺，立筮由便。」賈疏曰：「云『卿大夫之蓍長五尺』者，大戴禮、三正記皆有此文。立筮，由便，以其蓍長，立筮爲便。對士之蓍三尺，坐筮爲便。若然，諸侯蓍七尺，天子蓍九尺，立筮可知。」

横而扐直。[一]「五歲再閏」，大略然耳，以實則十九歲而七閏有奇。凡言「象兩」「象三」「象四時[二]」「象閏」「象期」「象萬物」，皆仿佛其大略耳。人之合天，肖其大者，非可察察以求毫忽之不差。壬遁、奇乙、超符、接氣，[三]細碎分合之爲小術破道，易不然也。「再扐」「後掛」，再扐則斂其扐以合於掛，以待次揲之又掛。

乾之策二百一十有六，坤之策百四十有四，凡三百有六十，當期之日。期，居宜反。

[一] 儀禮士冠禮：「筮於廟門……有司如主人服，即位於西方，東面，北上。筮與席、所卦者，具饌於西塾。布席於門中，闑西閾外，西面……卦者在左。卒筮，書卦，執以示主人。主人受眡，反之。筮人還，東面，旅占，卒，進，告吉。」鄭注：「筮所以問吉凶，謂蓍也；所卦者，所以畫地記爻，易曰『六畫而成卦』。」是古禮筮必設席於地也。又儀禮少牢饋食禮載：「筮於廟門之外……史朝服，左執筮，右抽上韇，兼與筮執之，東面受命于主人……西面於門西，抽下韇，左執筮，右兼執韇以擊筮，遂述命曰……乃釋韇立筮。卦者在左坐，卦以木。卒筮，乃書卦於木，示主人，乃退占。吉，則史韇筮，史兼執筮與卦以告于主人：『占曰從。』」鄭玄注曰：「卦以木者，每一爻畫地以識之，六爻備書於板。」「掛横而扐直」者，「掛一」之蓍横置席上，「扐」數之蓍則直放於席上。

[二] 嶽麓本所據底本無「時」字。

[三] 遁甲演義有「超神接氣置閏訣」曰：「歌曰：接氣超神爲準的。超者，超過也。神者，日辰也。接者，承接也。氣者，諸節也。節未至，而日辰符頭先到，則以符頭爲主，而超用未來之節氣，此之謂超。又有節已至，而日辰符頭未到，則以後日辰符頭爲主，而待日辰至方承接之。蓋其氣未來而奇星常用於前，此之謂折補，前局周完，方接所到之節，爲接氣也。假如丙午年四月十三日壬申交立夏節，然四月初五日是甲子，已在立夏前九日矣，則合超越，先於甲子下用立夏上局，奇己巳後用中局，此乃先得奇，後得節，凡作用取效甚速……蓋『超神接氣』四字，乃遁甲中之關鍵，苟不能明先後曆數，但知超接之説，不知接用折補之妙，則天道廢弛，人事乖違，而禍福不驗矣。」術家常稱作「超神」，而船山曰「超符」者，符謂日辰符頭。

此老陽、老陰過揲之數也。易言九、六，不言七、八，故以二老紀數。過揲者[一]，所用也，事理之所閱歷而待成者；歸奇者，所不用也，非理之所效也。故六乘其三十六、二十四，而數定焉。抑以二少積之，少陽過揲二十八，六乘之爲百六十有八；少陰過揲三十二，六乘之爲百九十有二；亦三百六十。「當期之日」，去其氣盈，補其朔虛，亦大略也。

二篇之策，萬有一千五百二十，當萬物之數也。

「二篇」，六十四卦之爻也。陰陽之爻各百九十二，以二老積之，陽爻得六千九百一十二，陰爻得四千六百八；以二少積之，陽爻得五千三百七十六，陰爻得六千一百四十四；皆萬一千五百二十。物以萬爲盈數，至於萬，而人之用物以成事之得失，物之效於人以爲事之吉凶者，大略備矣。過此以往，物變雖無可紀極，而無與於人事也。

[一]　此句嶽麓本錯會文義，故標點有誤。

是故四營而成易，十有八變而成卦。

「易」，變也。分二，掛一，揲四，歸奇，四營之始成一變。再合之，三分之，而成一爻。凡三變。六其三變，而卦乃成。四營，亦取四時運行之義。十有八，亦兩陽之九，參陰之六，陰陽互乘之象。

八卦而小成，引而伸之，觸類而長之，天下之能事畢矣。長，知兩反。

筮者九變而三畫定，八卦之象見，小成矣。乃又九變而六畫之卦乃成，六十四之大象、三百八十四之動象見焉。〔一〕自筮而言，數自下積，則小成乎貞，而引伸以成悔，〔二〕故八卦相因之理在焉。是以屯言「雲雷」，蒙言「山泉」，坎言「洊至」，離言「兩作」。自始畫而言，三畫各重而六，增一爲二，以天之有陰必有陽、地之有柔必有剛、人之有仁必有義，

〔一〕下繫曰「爻也者，效天下之動者也」，故船山謂爻象爲「動象」。

〔二〕内卦曰貞，外卦曰悔。

觸其所與類合者，以長三爲六，則三極六位之道在焉。〔二〕凡占者之所擬議，在己而有爲得爲失之能事，在物而有以吉凶加己之能事，皆畢於此，則亦止此而可畢矣。焦贛衍爲四千九十六，〔三〕伸之於無所引，長之於非所類，天下無此賾而可惡、動而可亂之能事，故但有吉凶之説而無得失之理，則其言吉凶者亦非吉凶矣。

顯道神德行，是故可與酬酢，可與祐神矣。行，下孟反。

「酬」，受物之感而行之也。「酢」，物交己而應之也。「佑神」，助神化之功能也。此亦合卦與蓍而言。天道之流行於事物者，卦象備著，而其當然之理皆顯於所畫之象；健順以生六子，皆河圖之天道也。蓍策用大衍，四營而變化盡，則所以修德而制行者；因

〔二〕這裏講了兩種六畫卦構成的方式。就六畫卦製作的起源來看，是天地人上面各加一畫，成爲六畫，此即三才重卦；就重卦製作出六十四卦之後，從占筮畫卦的角度來看，是自下而上來畫，就可以看作内外或上下兩個卦。「習坎」「麗澤」等就是表示這種方式。

〔三〕焦氏之説，詳焦氏易林。按船山之説亦針對朱子而發，朱子以易爲卜筮之作，其自此卦動爻而變爲之卦，即六十四卦每卦變爲六十四卦，共四千九十六種，而引焦氏易林爲證。本義曰：「謂已成六爻而視其爻之變與不變以爲動静，則一卦可變而爲六十四卦以定吉凶，凡四千九十六卦也。」周易傳義大全載雙湖胡氏曰：「按四千九十六卦乃焦延壽變卦之法，詳見啓蒙原卦畫篇。」啓蒙原卦畫篇：「十一畫之上，又各生一奇一偶，則爲十二畫者四千九十六矣。此焦贛易林變卦之數，蓋亦六十四乘六十四也。」

時以合道，而仁不愚、智不蕩，無所據非德之執滯，則其德亦非人之所易測矣。酬酢以盡人，而立德佑神以合天而體道；卦方而顯，蓍圓而神，易之所以廣大而切於人用也。

子曰：知變化之道者，其知神之所爲乎！

上言卦之所自畫與蓍之所用，皆準於天地之理數；而卦象雖立，成數雖在，其十有八變、分二之無心，而七、八、九、六妙合於軌則者，非可以意計測度，則神之所爲也。夫不測之謂神，而神者豈別有不可測者哉？誠而已矣。分之合之，錯之綜之，進之退之，[一]盈虛屈伸一因乎時，而行其健順之良能以不匱于充實至足之理數，則功未著、效未見之先，固非人耳目有盡之見聞、心思未徹之知慮所能測，而一陰一陽不測之神可體其妙用。故夫子終歎之，以爲法象昭垂，而神非誠不喻；成數雖在，固非筮史所能知。君子之于易，終身焉耳矣。

右第九章。此章繇河圖以著卦象，由大衍以詳筮法，而終歎其神，以見卦與筮之義深，

[一] 底本作「進之退之，錯之綜之」，從嶽麓本改。

而不但倚於數。今所釋經意，有全置舊説不采者，非敢好異先儒，以矜獨得；實以術數之言，濫及五行、律曆、支干、星命之雜説，殊爲不經，聖門之所不道，不可徇俗而亂真。君子之道簡而文；天人性道，大正而無邪。故曰「潔静精微，易教也」。乃一亂于京房，再亂于邵子，而道士丹竈、醫人運氣、日者生克之邪説充塞蔽蠹，故不容不力辯也。

十

易有聖人之道四焉：以言者尚其辭，以動者尚其變，以制器者尚其象，以卜筮者尚其占。

「聖人之道」，聖人通志成務，而示天下以共繇者也。「尚」，謂所宜崇奉以爲法也。「言」，講習討論，以究理之得失。「辭」，其立言之義也。「動」謂行也。「變」，以卦體言，則陰陽之往來消長；以爻象言，則發動之時位也。〔二〕「制器尚象」，非徒上古之聖作爲然，凡天下後世所制之器，亦皆暗合於陰陽剛柔、虛實錯綜之象；其不合於象者，雖一

〔二〕「陰陽之往來消長」，如十二消息卦之類；「發動之時位」，即占筮時之動爻。

時之俗尚，必不利於用而速敝，人特未之察耳。[一]

是以君子將有爲也，將有行也，問焉而以言，其受命也如嚮，无有遠近幽深，遂知來物。非天下之至精，其孰能與於此。 嚮，許兩反。與，羊洳反。[二]

「爲」，修己之事。「行」，應物也。「問」謂卜筮。「以言」，推其辭之義以論理也。「受命」，不違其所問所言之理。「嚮」，與響通。「如嚮」，應聲而出，無所差而應之速也。「遂」，即也。「來物」，將來之事。「精」者，研究得失吉凶之故於剛柔動静根柢之由，極其順逆消長之微而無不審，以要言之，義而已矣。[三]義利之分極於微茫，而吉凶之差於此而判。有時有位，或剛或柔，因其固然而行乎其不容已，則得正而吉，反此者凶。或徇意以忘道，或執道以强物，則不足以察其精微之辨。易原天理之自然，析理於毫髮之間，而吉凶著於未見之先，此其所以爲天下之至精，而君子之所必尚也。此節言尚辭、尚占之道。

[一] 後世製造器物，亦必「尚象」，但非機械性地模擬，法其象之理而已。象即道，道即象。

[二] 嶽麓本音注多「下同」二字。

[三] 易爲君子謀，不爲小人謀。故占必以義，所謂「忠信之事則可」。

參伍以變，錯綜其數。通其變，遂成天地之文；極其數，遂定天下之象。非天下之至變，其孰能與於此！

「參」如「離坐離立，勿往參焉」之參。〔一〕「伍」如史「生與噲伍」之伍。〔二〕參者，異而相入，陰入陽中、陽入陰中之謂也。伍者，同而相偶，陰陽自爲行列之謂也。〔三〕奇耦之變爲八卦，八卦之變爲六十四卦，其象或參或伍，相爲往來，而象各成矣。「錯」，治金之器，交相違拂之謂。「綜」，以繩維經，使上下而交織者，互相升降之謂也。卦之錯而不綜者八，乾、坤、坎、離、頤、大過、中孚、小過。綜之象二〔四〕十八，而成五十六卦，屯、蒙以下皆是。錯而兼綜者，泰、否、隨、蠱、漸、歸妹、既濟、未濟。其錯則不綜者，屯、蒙之錯鼎、革，凡四十八卦。通陰陽十二位而交相易，則六十四卦相錯而成三十二對。以

〔一〕禮記曲禮上文，賈疏：「若見彼或二人並坐，或兩人並立，既惟二人，恐密有所論，則已不得輒往參預也。」

〔二〕史記淮陰侯列傳：「信嘗過樊將軍噲，噲跪拜送迎，言稱臣，曰：『大王乃肯臨臣！』信出門，笑曰：『生乃與噲等爲伍！』」

〔三〕如大有，其下四陽則謂之伍；其上三爻則謂之參。

〔四〕「二」，嶽麓本所據底本作「三」。

於所發見之六位而相爲易，則五十六卦上下顛倒於二十八象之中。此象也，而謂之數者，象之陰陽，因乎數之七、八、九、六也。「通其變」，謂卦有定體，而所參所伍者異，則道異，如：震遇澤而陽隨陰，遇山而陰養陽；三陽連類，而損爲損下，益爲損上；陰陽各得，而家人之利在女貞，蹇之利見大人，是已。爻有定位，而參之伍之也異，則道異，如：陽居初，而在乾則潛以静而爲龍德，在震則虩虩以動而致福；陰居二，而在同人則爲于宗之吝，在明夷則爲馬壯之拯是已。天下之動，萬變不齊，而止此剛柔之屈伸因時位而易其用，不爲典要而周流於六虚以通之，則天地之剛柔交入以成文者在是，而君子之動，行藏文質進反勸威，極典禮之節文以無不著其大美者，惟尚此而能通也。「極其數」，謂因數以得象也。其錯也，一嚮一背，而贏於此者詘於彼；其綜也，一升一降，而往以順者來以逆。天下之器，其象各異，而用亦異，要其形質之宜，或仰而承，或俯而覆，或微而至，或大而容，或進而利，或退而安，要惟酌數之多寡以善剛柔之用，合異以爲同，分同以爲異，皆此一往一來、一贏一詘以成之象，象成體定，而用以利矣。「變」者，盡乎萬殊之理而無所滯也。「至變」，則天下之事無不可爲，天下之物無不可用，動而咸宜，創制立法而永爲物利矣。此節言尚變、尚象之道。

易，无思也，无爲也，寂然不動，感而遂通天下之故。非天下之至神，其孰能與於此！

易統象、占、辭、變而言。「无思无爲」，謂於事幾未形、物理未著之先，未嘗取事物之理，思焉而求其義之精，爲焉而營其用之變也；設其象變，繫以辭占而已。「寂然不動」，具其理以該四者之道，無適動而爲一時一事之[一]兆也。「感」者，學易者以心遇之，筮者以謀求通焉。「通天下之故」，謂言、動、器、占皆於此而得也，此則至精至微，而括之於一理之渾然，以隨感必通，非智計之所能測，惟「天下之至神」乃能與也。天下之至神，誠之至也。健而誠乎健，順而誠乎順，絪緼而太和，裕於至足之原，精粗、本末、常變皆備于易簡之中，故相感者觸之，而即與以應得之象數，非待籌量調劑以曲赴乎事物，此則神之所以妙萬物而不測也。周子曰：「誠幾神。」[二]謂誠則幾，誠之幾則神也。朱子

[一] 嶽麓本無「之」字。

[二] 通書聖第四：「寂然不動者，誠也；感而遂通者，神也。動而未形、有无之間者，幾也。誠精故明，神應故妙，幾微故幽。誠、神、幾，曰聖人。」故原文當爲「誠神幾」，而船山引作「誠幾神」，因其誠、幾，故神。

曰：「人心之妙，其動静亦如此。」〔一〕人心者，性之具於虚靈者；〔二〕静而無不實，故動而無不靈，靈斯神矣。

夫易，聖人之所以極深而研幾也。夫，音扶。〔三〕

「深」者精之藏；「幾」者變之微也。極而至之、研而察之者，神也。聖人之神合乎天地，而無深不至、無幾不察矣。故于易著之，以待天下之感，而予之以通。

惟深也，故能通天下之志；惟幾也，故能成天下之務；惟神也，故不疾而速，不行而至。以言、以占者，謀理之得失，審事之吉凶，必于天下智愚淳頑之志，皆通其順逆之繇，乃能予以理之宜而不違其情。惟極乎深，而察其剛柔消長之萌在一念之隱微，而萬變不出於此，

〔一〕本義：「易，指蓍卦。无思、无爲，言其无心也。寂然者，感之體；感通者，寂之用。人心之妙，其動静亦如此。」

〔二〕大學章句：「明德者，人之所得乎天，而虚靈不昧，以具衆理而應萬事者也。但爲氣禀所拘，人欲所蔽，則有時而昏；然其本體之明，則有未嘗息者。故學者當因其所發而遂明之，以復其初也。」

〔三〕嶽麓本音注作：「夫，防無反。」

故無不可通也。以動、以制器者，求事之成能，求物之利用，必因天下之務，有所缺則有所需，有所爲則有所成能，因而節之文之，以善其爲。惟研其幾，而知體用相因之際，同異互成，其微難見，而静有其體，動必有其用，則庶務合而歸諸道，無不可成也。乃其所以極之研之者，无思无爲於寂然不動之中，易簡而該剛柔摩盪之大用，則問之即應，用之即效，妙用而不測；其功之速成也，則一皆神之爲也。非大明于全易渾然之體，以得其至變大常之誠，固未足以知此也。要諸其實，則與第一章易簡而理得，同爲一理。惟純乎健順，以知大始而作成物，故無深非其深，無幾非其幾，以速于應而妙萬物。若何晏、夏侯玄之徒，以老莊之浮明，售其權謀機智，而自謂極深而入神，則足以殺其軀而已。〔一〕無他，誠與妄之分也。

子曰「易有聖人之道四焉」者，此之謂也。

〔一〕「夏侯玄」：嶽麓本作「夏侯湛」，誤。何晏評價玄學人士，曾經引用這句話，船山認爲他們當不起這話。三國志卷九何晏傳裴注引魏氏春秋曰：「初，夏侯玄、何晏等名盛於時，司馬景王亦預焉。晏嘗曰：『唯深也，故能通天下之志，夏侯泰初是也；唯幾也，故能成天下之務，司馬子元是也；惟神也，不疾而速，不行而至，吾聞其語，未見其人。』蓋欲以神况諸己也。」何、夏侯自詡爲通天下之志，其實浮華誇飾，故對曹魏政權没做出貢獻，身死人手。

立誠以盡神之謂也。

右第十章。此章目言聖人之道四。夫子闡易之大用以詔後世，皎如日星，而説易者或徒究其辭與變以汎論事功學術，而不詳筮者之占，固爲未達；又或專取象占，而謂易之爲書止以前知吉凶，又惡足以與聖人垂教之精意！占也，言也，動也，制器也，用四而道合於一也。道合於一，而必備四者之用以言易，則愚不敢多讓。非敢矯先儒之偏也，篤信聖人之明訓也。

十一

子曰：夫易何爲者也？夫易，開物成務，冒天下之道，如斯而已者也。是故聖人以通天下之志，以定天下之業，以斷天下之疑。夫，音扶。〔一〕

〔一〕嶽麓本音注作：「夫，防無反，下同。斷，丁亂反，下同。」

「開物」謂一陰一陽之道，爲萬事萬物之所始；「成務」謂事物之成自人爲者，亦此理成之也。「冒」者，始終覆冒[一]之謂。「如斯而已」者，[二]夏、商之世，易道中衰，或多爲繁説，侈於吉凶，而不要歸於道；文王乃作周易，一本諸天人之至理，止其誣冗，惟君子謀道乃得占以稽疑，理定於一而義嚴矣，以此立教。後世之竊易者，或濫于符命，如乾鑿度；或淫於導引，如參同契；或假以飾浮屠之邪妄，如李通玄之注華嚴；又其下則地術星命之小人皆争託焉；惡知易之爲用但如斯而已乎？「通天下之志」以陰陽之情，「定天下之業」以健順之德，「斷天下之疑」以得失之理，非是三者，易之所不謀也。

是故蓍之德圓而神，卦之德方以知，六爻之義易以貢。聖人以此洗心，退藏於密，吉凶與民同患。神以知來，知以藏往，其孰能與於此哉？古之聰明睿知神武而不殺者夫。「睿知」之知，去聲，餘並如字。與，羊洳反。夫，音扶。[三]

[一]「冒」，底本原作「括」，今據嶽麓本改。按：王弼注、釋文訓冒爲覆。

[二] 謂「如此而已」「僅此而已」，没有什麽其他妖妄的應用。

[三] 嶽麓本音注作：「『睿知』之『知』，珍義反，餘並如字。『能與』之與，羊洳反。」

此節言聖人畫卦、繫辭、設筮，以自驗其德也。「德」謂其情性功效。「義」者，理著於辭也。「圓」者，運而不滯，謂七、八、九、六，揲無定則，惟其所成而恰合也。「神」，盡其變也。「方」者，卦之有定體也。「知」，明于理之大全也。「易」，變易也；陰陽麗於六位，而因時位以殊也。「貢」明告無隱也。[一]「洗心退藏於密」者，聖人之爲莫非理義，可以惟其所行，而洗滌自信之心，以不決于行止，必退而藏其用於天道之不測，以筮決之。蓋天道至精至密，吉凶得失，纖毫皆至理之所察，而非可以道義之大綱定者。故聖人自恐其疏，而稽疑於陰陽之繁變，以極致其謹慎周詳而後動也。「吉凶」者，凡民之所患，聖人有天佑人助之德，可以不患，而不輕自恃，有憂其未當之情，以決於筮而免於患。資蓍之神，以窮其變而「知來」；資卦之知，以明所守於古今不易之理而「藏往」。非聖人之至虛無我、畏天而俟命者不能也。聰明叡知神武矣，而智不自用，勇不自恃，雖道盛功興，可以生殺惟己，而猶以吉凶爲患，聽天而待時。文王演易，道已大行，而不興弔伐之

[一] 本義：「易以貢，謂變易以告人。」

師，用此道也，而德以〔二〕至矣。此聖人之用易以厚其德之藏者也。

是以明於天之道而察於民之故，是興神物，以前民用。聖人以此齊戒，以神明其德夫！

夫，音扶。齊，側皆反。〔三〕

此節明聖人以易使天下後世人得用之以筮，而迪之以吉也。「興」猶尚也。「神物」，蓍也。「齋戒」，使人齊一其心，戒筮者，戒有司，使恪共涖筮也。「以神明其德」者，以蓍之神靈爲民示所從，俾無失德也。衆人之齋戒雖不足與于聖人之洗心，而收斂傲僻，以待明於神，則亦可以與於陰陽不測之神知。惟聖人于易盡天人之理，爲吉凶得失之原，而察之精，故能使天下後世信而從之，此聖人用易以納民於敬慎而寡其過也。

是故闔户謂之坤，闢户謂之乾，一闔一闢謂之變，往來不窮謂之通。見乃謂之象，形乃謂

〔二〕嶽麓本校記：「『以』：守遺經書屋本、金陵本作『已』。鈔本先亦寫作『已』，復勾去，另書一『以』字，於義爲長。」

〔三〕嶽麓本無音注。又，「齊」字，嶽麓本作「齋」。本段傳文及下節「齊」字並仿此。

之器，制而用之謂之法，利用出入，民咸用之謂之神。見，胡甸反。〔一〕

此節明「六爻之義易以貢」而「前民用」之理也。惟其易，故能明天道，而察于民用萬變之故；惟其貢，故民皆得與，而以神所告者明其德。蓋卦與蓍神知之妙，非民之所與知，而爻義之顯陳，則民咸可用。原本於神者同，而所用有大小淺深之異，易所以冒天下之道也。

乾坤，謂陰陽也。凡卦之陰爻皆坤順之體，陽爻皆乾健之體；散見於六十二卦者，雖乾坤之象不全，而體固具也。「闔户」「闢户」，以功用言。陰受陽施，斂以爲實，闔之象也。陽行乎陰，蕩陰而啟之，闢之象也。取象於户之闔闢者，使人易喻，亦所謂「易以貢」也。已闔而静，方闔〔二〕則動；闢之也動，既闢而静；静以成體，動以發用；故六爻之有陰陽，皆具乾坤之德，而用不窮也。夫闔則必闢，闢則必闔，萬象體乾坤而各自爲體，陰陽有畸勝而無偏廢，其一陰一陽之相間者，純之必變也。

〔一〕嶽麓本音注多「下同」二字。

〔二〕「闔」，底本原作「闢」，今據文義及嶽麓本改。

上生之謂「往」，下生之謂「來」，上下相連而陰陽以類聚者，變之必通也。既濟、未濟，變之極；[一]夬、姤、剥、復，通之盛也。[二]

陰陽之變，通行乎六位而卦成，其見也，象之所著也。萬物之形，皆以此爲虛實、質文、同異之制，成乎器矣。象立器成，乃因其剛柔之得失，裁成而用之，則事之法也。此闔闢往來互變，以使六爻之失得，爻自有義，昭著呈見，以聽民之貴賤智愚，隨其日用，考從違於陰陽不測之中，極其所感而無不通，神抑行乎其中矣。故使天下之人齋戒而求以明其德者，不測其所以然，而莫不敬信以從乎筮策也。

是故易有大[三]極，是生兩儀，兩儀生四象，四象生八卦，八卦定吉凶，吉凶生大業。

[一] 上文説「其一陰一陽之相間者，純之必變也」，可見船山理解的「一闔一闢謂之變」，即是陰陽爻相間謂之「變」。以此而言，既濟、未濟皆是陰陽交錯相間，是變之極。

[二] 據此段「上下相連而陰陽以類聚者，變之必通也」，可見船山以卦中之陰陽爻各自連類爲「通」。如十二消息卦即是通卦，其他的卦便是變卦。夬，陰往；姤，陰來。剥，陽往；復，陽來。

[三] 「大」，底本作「太」，今據嶽麓本改。又嶽麓本有音注「『大極』之『大』，他蓋反」。按船山經文版本多從大全，大全作「大」，音注曰「大音泰」。

此明蓍與卦之德，方圓之所取法，神知之所自生，而聖人藏密以與民同患，惟有其至足之原，冒天下之道也。

「太極」之名，始見於此，抑僅見于此，聖人之所難言也。「太」者，極其大而無尚之辭。「極」，至也。語道至此而盡也，其實陰陽之渾合者而已，而不可名之爲陰陽，則但贊其極至而無以加，曰太極。[一]太極者，無有不極也，無有一極也。惟無有一極，則無所不極。故周子又從而贊之曰：「無極而太極」。陰陽之本體，絪緼相得，和同而化，充塞於兩間，此所謂太極也，張子謂之「太和」。中也，和也，誠也，則就人之德言之，其實一也。[二]在易則乾坤並建，六位交函，而六十四卦之爻象該而存焉。蓍運其間，而方聽乎圓，圓不失方，交相成以任其摩盪，静以攝動，無不浹焉。故曰「易有太極」，言易之爲書備有此理也。

「兩儀」，太極中所具足之陰陽也。「儀」者，自有其恒度，自成其規範，秩然表見之

〔一〕太極非陰陽，而又不出陰陽之外。

〔二〕船山張子正蒙注論「太和」曰：「太和，和之至也。道者，天地人物之通理，即所謂太極也。陰陽異撰，而其絪緼於太虚之中，合同而不相悖害，渾淪無間，和之至矣。未有形器之先，本無不和，既有形器之後，其和不失，故曰太和。」

謂。「兩」者，自各爲一物，森然迥別而不紊。爲氣爲質，爲神爲精，體異矣。爲清爲濁，爲明爲暗，爲生爲殺，用異矣。爲盈爲虚，爲奇爲偶，數異矣。〔一〕「是生」者，從易而言。以數求象於寂然不動者，感而通焉。自一畫以至於三，自三以至於六，奇偶著陰陽之儀，皆即至足渾淪之乾坤所篤降，有生起之義焉；非太極爲父、兩儀爲子之謂也。陰陽，無始者也；太極，非孤立於陰陽之上者也。〔二〕

「四象」：純陽純陰，通之二象也；陰錯陽，陽錯陰，變之二象也。〔三〕陰陽之種性分，而合同於太極者，以時而爲通爲變，人得而著其象，四者具矣，體之所以互成，用之所以交得。其在於易，則乾一象，坤一象，震、坎、艮一象，巽、離、兑〔四〕一象，皆即兩儀所相因而生者也。

四象成而變通往來進退之幾著焉。成乎六子之異撰，與二純而八矣，卦之體所由立也。

〔一〕或以體分，或以用分，無定法也。

〔二〕八卦即是四象，即是兩儀，即是太極。非「時間在先」或「邏輯在先」的生。

〔三〕上一段船山解釋「一闔一闢謂之變，往來不窮謂之通」，其意以陰陽爻相間謂之「變」，卦中之陰陽爻各自連類爲「通」（詳見筆者彼段下相應的注解）。那麼就三畫卦而言，乾、坤便是兩個「通」的象；震坎艮是陽錯陰的象，巽離兑是陰錯陽的象，是兩個「變」的象。

〔四〕「巽離兑」，嶽麓本作「巽兑離」。

截然爲兩、爲四、爲八，各成其體，所謂卦之德方也。其在於蓍，則大衍五十，陰陽具其中，而七、八、九、六不出於此，太極也；分而爲兩，奇耦無定，而必各成乎奇耦，兩儀也；三變之策，或純奇，或純耦，或奇間耦，或耦間奇，四象具焉；進退無恒，九變之中，八卦成焉，由是而十有八變，要不離乎八卦也；無心隨感以通，而皆合於卦體，所謂蓍之德圓也。乃自一畫以至八卦，自八卦以至六十四卦，極於三百八十四爻，無一非太極之全體，乘時而利用其出入。其爲儀、爲象、爲卦者顯矣；其原於太極至足之和以起變化者密也，非聖人莫能洗心而與者也。

八卦立而時位之得失、剛柔之應違，吉凶定矣。「定」者，體之方也，可知而不可亂者也。乃聖人于此，既已具卦德于聰明神武，而不恃之以忘民之患，或凝其吉，或違其凶，或吉而有所不受，或凶而有所不避，以自遠於患而弭民之患，惟洗心以聽於神之所告，極深研幾，而察於圓運不窮之神，則大業之利用而無畸、分劑而不亂，開物成務，而道無不冒矣。蓋惟聖人即顯知密，上溯之太極之理，至健而不息，至順而無疆，即圓以求方，爲不踰之矩，爲能與於其深，而下此者，日用而不知也。

是故法象莫大乎天地；變通莫大乎四時；縣象著明，莫大乎日月；崇高莫大乎富貴；備物致用，立成器以爲天下利，莫大乎聖人；探賾索隱，鉤深致遠，以定天下之吉凶，成天下之亹亹者，莫大乎蓍龜。縣，平聲〔一〕。索，色白反。

此總承上，而明「冒天下之道」之意。「變通」，謂秋變夏，春變冬，夏通春，冬通秋。「富貴」謂有天下，履帝位，崇高作君師，而志無不行也。「隱」者，吉凶之未見。「深」，其所以然之理。「遠」，推之天下而準也。「亹亹」，大業之無窮也。在天而爲天地，爲日月，爲四時，吉凶之所自出者，蓍龜皆準之；在人而帝王承天以行刑賞，聖人法天以制事物〔二〕，大業之亹亹者，蓍龜皆備著〔三〕其道。易之所以冒天下之道，而聖人與民之交資以去患者也。

乃其所以然者，天地日月四時，皆太極之緼所凝聚而流行。帝王、聖人受命于太極

〔一〕「平聲」，嶽麓本作「胡涓反」。
〔二〕「物」，嶽麓本作「而」，斷在下句。
〔三〕「著」，底本作「具」，從嶽麓本改。

以立人極，非聖人之洗心藏密〔一〕，不足以見其渾淪變化之全體大用。而以名象比擬之私智窺測者，不知其道之如斯而已。貞於一而不雜以妄〔二〕，則竊易而流於邪，固君子之所必黜已。

是故天生神物，聖人則之；天地變化，聖人效之；天垂象，見吉凶，聖人象之；河出圖，洛出書，聖人則之。易有四象，所以示也。繫辭焉，所以告也。定之以吉凶，所以斷也。見，胡甸反。斷，丁亂反。〔三〕

「神物」，蓍龜也。「則」者，取以爲法也。「變化」，陰陽交動而生成萬物也。「垂象見吉凶」者，七政、雨暘之災祥，一陰陽時位之得失爲之也。洛書于易無取。上兼言蓍龜，洛書本龜背之文，古者龜卜或法之以爲兆，而今不傳。説者欲曲相附會於周易，則誣

〔一〕「密」，嶽麓本所據鈔本爲空格。
〔二〕本句嶽麓本所據底本作「不貞於一而雜以妄」。
〔三〕嶽麓本無音注。

矣。〔一〕此承上而言蓍龜之用，合天人之理，極乎其大，故聖人法天而制爲象占，以盡其神用，以示、以告、以斷，民得與焉，而開物成務之道備矣。

按此言易有四象，以示易之全體，則自八卦而六十四卦，皆四象也。乃邵子立二畫之卦，以爲四象，因而於三畫之上，增四畫之卦十六，五畫之卦三十二，委曲煩瑣，以就其加一倍之法；乃所畫之卦，無名無義，無象無占，而徒爲虚設，抑不合於參兩天地、兼三才而統陰陽柔剛仁義之理，且使一倍屢加，則七畫而百二十八，八畫而二百五十六，至於無窮無極而不可止，亦奚不可！守先聖之道者，所不敢信。易固曰「如斯而已」，何容以筭法之小術亂之哉！

右第十一章。此章專言筮易之理，然法〔二〕聖人藏密之德，凡民齋戒之誠，則學易者亦可以得敬修俟命之理矣。

〔一〕船山認爲洛書與周易無關，蔡沈以洛書爲基礎作洪範皇極内篇，模擬周易，受到了船山的强烈批評。比如尚書引義説：「易可筮而疇不可占。不知而作，其九峰蔡氏之皇極與？」

〔二〕「法」，底本原作「發」，今據文義及嶽麓本改。效法聖人之德，所以盡學易之道也。上言筮，下言學，故曰「然」。

十二

易曰：「自天祐之，吉无不利。」子曰：祐者助也，天之所助者順也，人之所助者信也；履信思乎順，又以尚賢也，是以「自天祐之，吉无不利」也。

「助」者，己用力而人輔益之之謂，明非不勞而得福也。「順」者，順乎理；「信」，循物無違也。大有上九在上，而爲五所有，以助乎五；惟五虚中以下受群陽，而人助之，居尊位而以柔承上九，故天助之。天助之，則理得而事宜，吉无不利矣。陽剛者，君子之道，故又爲「賢」。「尚」謂五上承之也。夫子引伸爻辭，明天祐不可徼幸[二]，惟信順以爲本，尚賢以求益，乃可以獲祐也。本義云：「恐是錯簡，宜在第八章之末。」

[二]「徼幸」，嶽麓本作「倖徼」。

子曰：書不盡言，言不盡意，然則聖人之意其不可見乎？子曰：聖人立象以盡意，設卦以盡情僞，繫辭焉以盡其言，變而通之以盡利，鼓之舞之以盡神。

「書」，謂文字。「言」，口所言。言有抑揚輕重之節，在聲與氣之間，而文字不能別之。言可以著其當然，而不能曲盡其所以然；能傳其所知，而不能傳其所覺。故設問以示占者、學者，當合卦象變通鼓舞之妙，以徵繫辭之所示，而不但求之於辭也。「象」，陰陽奇耦之畫，道之所自出，則易之大指不踰於此也。六畫配合而成卦，則物情之得失，見於剛柔時位矣。繫辭則以盡情意之可言者也。「利」，義之合也。〔一〕卦象雖具，而變通參伍之〔二〕，然後所合之義顯焉。辭雖有盡，而卦象通變之切於人事者，聖人達其意於辭中，以勸善懲惡，歆動而警戒之，則鼓舞天下之權，於辭而著，是利用出入，使民咸用之神所寓也。如是以玩索于易，然後繫辭之得失吉凶，皆藏密之實理，而無不可盡之於書矣。夫子示人讀易之法，於此至爲著明。自王弼有「得言忘象」之說，

〔一〕底本「利」「義」兩字順序相反，從嶽麓本改。
〔二〕「參伍之」，嶽麓本所據底本作「之參伍」。

而後之言易者以己意測一端之義，不揆諸象，不以象而徵辭，不會通於六爻，不合符於彖象，不上推於陰陽十二位之往來，六十四卦、三十六象之錯綜，求以見聖人之意，難矣。

乾坤其易之緼邪！乾坤成列而易立乎其中矣。乾坤毁，則无以見易；易不可見，則乾坤或幾乎息矣。邪，以遮反。

「緼」，衣内絮著也，充實於中之謂。[二]「成列」，二卦並建，而陰陽十二全備也。「毁」，滅裂之也，謂人滅裂乾坤並建之義也。「幾」，期也。「息」者，道不行不明也。乾坤各具六爻之全體大用，而卦惟六位，乃六位之中所錯綜互見者，無非此健順之德所彌綸以爲其實。六位不足以容陰陽之十二，則納兩儀於六位之中，必有變有通，而成乎六十四象。明者以知來，幽者以藏往；來者以立體，往者以待用。體其全，而後知時之所趣，皆道之所

[二] 本義：「緼，所包蓄者，猶衣之著也。」鄭玄注論語「緼袍」曰「緼，絮也」。

麗。學易者不明於此，而滅裂乾坤並建之理，以詭遇於所變之象，則姤之一陰何自〔二〕而生？復之一陽何自而來？剥之五陽歸於何所？夬之五陰反於何地？變通無本而禍福無端，無以見易矣。抑不知陰陽之盈虚往來，有變易而無生滅，有幽明而無有無，則且疑二卦之外，皆非乾坤之所固有，而乾坤有息滅之時，於是而邀利於一時，幸功於一得，則自强不息之學可廢以從時，承天時行之德可逆之以自便，德不崇而業不廣，苟且趨避于吉凶之塗，道之所以不明而不行也。易始於伏羲，而大明于文王。夏、商之世，易道中衰。連山、歸藏，孔子之世猶有存者，而聖人不論，以其毁乾坤而欲見易也。知此，則京房八宫世應迭相爲主，獎六子以與乾坤並列；秦玠復、姤爲小父母之説，〔三〕皆所謂毁乾坤而不見易者也。

此節與上下文義不相屬，蓋亦錯簡，疑在第六章之末。

〔二〕「自」，嶽麓本所據底本作「息」。
〔三〕實即邵雍之説，詳見周易外傳繫辭上傳第三章。

是故形而上者謂之道，形而下者謂之器。

「形而上」者，當其未形而隱，然有不可踰之天則，天以之化，而人以爲心之作用，形之所自生，隱而未見者也。及其形之既成而形可見，形之所可用以效其當然之能者，如車之所以可載，器之所以可盛，乃至父子之有孝慈，君臣之有忠禮，皆隱於形之中而不顯。二者則所謂當然之道也，形而上者也。「形而下」，即形之已成乎物而可見可循者也。形而上之道隱矣，乃必有其形，而後前乎所以成之者之良能著，後乎所以用之者之功效定，故謂之「形而上」，而不離乎形。道與器不相離，故卦也、辭也、象也，皆書之所著也，器也；變[一]通以成象辭者，道也。民用，器也；鼓舞以興事業者，道也，聖人之意所藏也。合道、器而盡上下之理，則聖人之意可見矣。

化而裁之謂之變，推而行之謂之通，舉而措之天下之民，謂之事業。

此言易之功用，盡於象、辭變通之中也。「化」「裁」者，陰陽之迭相變易以裁其過，

[一]「也變」，嶽麓本所據底本作「變也」。

而使剛柔之相劑。「推」「行」者，陰陽之以類聚相長而相屬，即已著之剛柔更推而進，盡其材用也。此以形而上之道，爲形之所自殊，可於器而見道者也。以其變通之義合于已成之象，而玩其所繫之爻辭，舉是而措之於民用，觀其進退合離之節，以擇得失而審吉凶，則事業生焉。此以形而發生乎用之利，可即器以遇道者也。聖人作易之意，合上下於一貫，豈有不可見之秘藏乎！〔一〕

是故夫象，聖人有以見天下之賾而擬諸其形容，象其物宜，是故謂之象；聖人有以見天下之動而觀其會通，以行其典禮，繫辭焉以斷其吉凶，是故謂之爻。

承上文申言之。象、辭之中，變通在焉，事業興焉。辭以顯象〔二〕，象以生辭，兩者互成，而聖人作易之意無不達矣。

〔一〕内傳於乾卦下曰：「如近世陸、王之學，竊釋氏立宗之旨，單提一義，秘相授受，終流爲无忌憚之小人。」秘傳，蓋指此。

〔二〕「顯象」：嶽麓本所據底本作「象顯」。

極天下之賾者存乎卦，鼓天下之動者存乎辭，化而裁之存乎變，推而行之存乎通。

此言學易者即卦象爻辭變通而盡聖人之意，以利其用也。「存」，在也，在即此以知其理也。「極」，盡也，具知事物小大險易之情狀也。六十四卦，天道、人事、物理備矣，可因是以極其賾也。「動」，興起於善也，玩其辭而勸戒之情自不容已也。「化而裁之」者，人之於事業有所太過，則剛以節柔，柔以節剛，於卦之變而得其不滯之理。「推而行之」者，苟其所宜然，則剛益剛而不屈，柔益柔而不違，即已然之志行而進之，於卦之通而得其不窮之用也。如此，則可以盡聖人之意矣。

神而明之，存乎其人。默而成之，不言而信，存乎德行。行，下孟反。

承上而推言之。欲見聖人之意，以盡易之理，又存乎人之德行，而非徒於象、辭求之，或不驗於民用，則歸咎於書也。易本天道不測之神；神，幽矣，而欲明著之於事業以徵其定理，惟君子能之，非小人竊窺陰陽以謀利計功者所知也。若默喻其理，而健順之德有成象於心，不待易言之已及而無不實體其道，惟修德砥行者體仁合義，自與易契合，而信易言之不誣也。

右第十二章。此章專言學易之事，然占易者亦必於化裁推行之妙，考得失而審吉凶之故；不然，則亦泥辭而不驗矣。存乎人之德行，則惟君子可以筮而小人不與之理也。

周易内傳卷五下終

周易内傳卷六上

繫辭下傳

一

八卦成列，象在其中矣。因而重之，爻在其中矣。重，直龍反。

「成列」，謂三畫具而已成乎卦體，乾、坤、震、巽、坎、離、艮、兑交錯以並列也。「象」者，天、地、雷、風、水、火、山、澤之法象。八卦具，而天地之化迹具其中矣。「因而重之」者，因八卦之體，仍而不改，每畫演而爲二，以具陰陽、柔剛、仁義之道也。「爻」者，效也。重三爲六，則天地之化理、人物之情事，所以成萬變而酬酢之道皆呈效於其中矣。三畫者，固然之體；六畫者，當然而必然之用。人之所以法天而應物者，非三百八十四爻莫盡其用。陰陽具而後天效其神，柔剛具而後地效其化，仁義具而後人效其德。重一爲二，合二於一也。故屯、蒙以下五十六卦，類以事理立名，明其切於用也。舊説以三畫之上復加三畫爲重，此據象傳〔一〕「動乎險中」、大象「雲雷屯」之類，以成卦而後内貞外悔，因其現成之象而言，自別爲一義。若以伏羲畫卦及筮者積次上生而成六爻者言之，則非内三畫遽成乎八卦，而別起外三畫以層絫之。故傳言參三才而兩之，合二爻而爲一位也。「重」者，一爻立而又重一爻也。故此于八卦言象，於重卦言爻。而屯、蒙以下之卦〔二〕，皆性情功效，爻〔三〕之動幾，非象也。則非一象列而又增三畫爲一象。今遵夫子參兩因重之義，爲重卦圖如左〔四〕：

〔一〕「傳」，嶽麓本所據底本作「象」。
〔二〕底本無「之卦」二字，從嶽麓本補。
〔三〕嶽麓本無「爻」字。
〔四〕嶽麓本校記：「『右』：鈔本與各本皆同。」據文義當作「左」，今改。

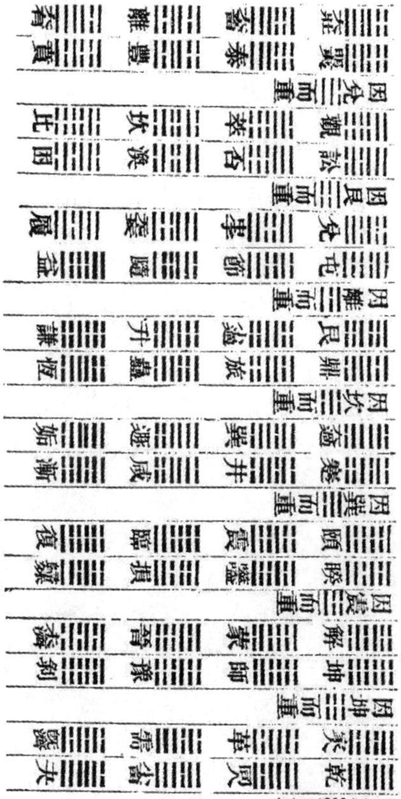

初、三、五，八卦之本位，二、四、上，其重也。所重之次，陽卦先陽，而陰自下變；陰卦先陰，而陽自下變；故交錯而成列。重卦次序，於義不必有取。坎重艮，離重兑，艮重坎，兑重離，皆陰陽偶合之條理，自然之變化，不可以意爲推求。蓋象成而後義見，此方在經營成象之初，未嘗先立一義以命爻。易之所以以天治人，而非以人測天也。故於八卦言象，而于重言爻。重卦但備爻以該三才之道，初不因象而設。爻備而復有象，象在爻後，則彖傳、大象之説，取二體之德與象以立義，自别爲一理，不可强通之於因重。若京房乾生姤、震生豫之説，則又下文剛柔相推之餘義，[一]非伏羲重三爲六之本旨，其説又别，所謂易之爲道屢遷也。

剛柔相推，變在其中矣。繫辭焉而命之，動在其中矣。推，吐雷反[二]。

「推」，即所謂相摩相盪也。剛以承剛，柔以繼柔，常也。其摩盪而相間者，天之化，人之事變所由生也。六十四卦具，而中有陰陽互雜之爻，則物理人事之變，皆其所備著矣。「命」，以告占者也。因爻之動，而繫之以辭，則人之進退作止，所以善其動者，皆其中所藴之理矣。

此上二節，言易理之利用於人者。

吉凶悔吝者，生乎動者也。

[一] 所謂「乾生姤、震生豫」者，京房八宫次序之説也。京氏易傳姤次乾，豫次震。震卦下陸績注曰「入豫卦」。

[二] 嶽麓本音注作「吐回反」。

吉凶悔吝，辭之所著也。爻動，則時位與事相值，而四者之占應之。此以申明「動在其中」之意，而言發動之爻，爲所動之得失。昧者不察，乃謂因動而生四者，吉一而凶三，〔一〕欲人之一於静以遠害，此老、莊之餘瀋〔二〕，毁健順以戕生理，而賊名教者也。

剛柔者，立本者也。變通者，趣時者也。趣，七俞反。

言「剛柔」者，以爻有成形，依地道而言之，天之陰陽、人之仁義皆在其中。其象數，則統於奇耦也。以健順之全體，起仁義之大用，而合九、六之定數，爲爻之實、卦之本也，即三才合德之本也。其「變」、其「通」，則〔三〕剛柔有必動之時，而成乎交錯，當其時，立其義，人之乘時速應而不滯以效此者也。時雖必趣，而本之已立，乃可以乘時而趣之，故下言貞一之理，以歸其德於健順，急立本也。

〔一〕周濂溪通書，「『吉凶悔吝生乎動』，噫！吉一而已，動可不慎乎！」

〔二〕説文：「瀋，汁也。」

〔三〕「則」，嶽麓本所據底本作「其」。

吉凶者，貞勝者也。天地之道，貞觀者也。日月之道，貞明者也。天下之動，貞夫一者也。勝，音升。觀，古玩反。夫，音扶。〔一〕

「貞」，正也，常也；剛柔之定體，健順之至德，所以立本，變而不易其常者也。吉凶之勝，天地之觀，日月之明，人事之動，皆趨時以效其變，而必以其至正而大常者爲之本也。「勝」者，道足以任之謂。吉而不靡，凶而不憂，足以勝吉凶而德業不替者，此貞也。天之七政有隱見，四時有推移，地之榮枯殊候、融結殊質，而一惟其健順之至足，以具大觀於迭運者，此貞也。日月有發斂，有盈縮，而陽明外施，陰虚内涵，一剛柔至足之德者，此貞也。天下之動，雖極乎萬變之至賾，而非善則無惡，非得則無失；仁義之流，至於充塞仁義，而惟趣時之變所至，若其所自來，則皆二氣絪緼，迭相摩蕩，分而爲兩儀者，同函於太極之中，莫非此貞也。陰陽之外無太極，得失順逆不越於陰陽之推蕩，則皆太極渾淪之固有，至不一而無不一者，此貞也。是以乾坤立本，而象爻交動以趣時，莫不出於其中也。

〔一〕嶽麓本音注作「勝，書烝反。觀，古玩反。夫，防無反。下同」。

夫乾，確然示人易矣。夫坤，隤然示人簡矣。爻也者，效此者也。象也者，像此者也。易，以豉反。隤與頹同。

「確然」，至健而不虚之謂。「隤然」，至順而不競之謂。乾坤二純，立體於至足而不雜，則易簡之至也。此指乾坤易簡。爻之吉凶悔吝、卦象之大小險易，趣時以變通者各異，而無非此乾坤易簡、一實至足之理；則剛柔之德，以立本而貞天下之動者，皆函于兩儀合一之原。知太極之藏，惟兩儀之絪緼不息，易簡以得天下之理；爻象效而像之，豈越此哉！

爻象動乎内，吉凶見乎外，功業見乎變，聖人之情見乎辭。見，胡甸反。

幾之初動者曰「内」，事應之生起者曰「外」。立本以趣時，則隨爻象之所動，而吉凶之理著。因其變而以行乎吉凶之塗，得其貞勝[二]，則無往而不可成功業。聖人之繫辭，無

[二]「吉凶者，貞勝者也。」

非以此鼓舞天下，使因時務本，以善其動，合於貞一之道而已。

天地之大德曰生，聖人之大寶曰位。何以守位曰仁。何以聚人曰財。理財正辭，禁民爲非曰義。

此節上下疑有脱誤。大要以明重三畫而六之，陰陽、柔剛、仁義，合二以立極之理，蓍爻之所效也。

「天地之大德曰生」，統陰陽柔剛而言之。萬物之生，天之陰陽具而嘘吸以通，地之柔剛具而融結以成；陰以斂之而使固，陽以發之而使靈，剛以幹之而使立，柔以濡之而使動。天地之爲德，即立天立地之本德，於其生見之矣。位也，財也，仁也，義也，聖人之立人極不偏廢者也，所以裁成輔相乎天地，而貞天下之動者也。卦中三、四二爻，三爲人之正位，于聖人爲位；四爲出治之道，于聖人爲財。仁以守位，義以理財，則人位二爻之德也。君道止於仁，惟爲民父母，而後可爲元后，仁所以守位也。仁者，位中所有之德也。義者，取舍而已。非義而取，則上有匿情，雖責民以善而辭不昌，民乃不服。財散民聚，而令下如流水矣。義者，于財而著者也。仁義之藏生於人心一陰一陽之成性，而此於守位聚人言之者，自其效天下之動以利用者言也。仁義並行，而後聖人之盡人道者，配天地之德以善天下之動，則六位以盡三才，其效益著明矣。

右第一章。此章約天下之動于爻象變動之中，而又推原立本之乃以趣時，舉而歸之于乾坤之易簡；抑且約之於貞一，以見易之大用，極於博而約，極乎變而常。至足，則六位三才之道也；至實，則健順也；至一，則太極也。其文顯，其義微，聖人作易之大指，盡於此矣。

二

古者包犧氏之王天下也，仰則觀象於天，俯則觀法於地，觀鳥獸之文與地之宜，近取諸身，遠取諸物，於是始作八卦，以通神明之德，以類萬物之情。包，薄交反。王，於放反。

「王」，猶君也。「文」，謂羽毛齒革之可登於用者。〔一〕「地之宜」，地産所宜，草木金石之利，若「秦宜禾」是也。〔二〕「明」，神之著也。通其德者，達天地神化之理於事物也。「類」，分之合之以成用。「情」，實也。將言制器尚象之理，而先推八卦之所自作，已盡天地人物之性情功效，而一陰一陽神明之德寓焉，故可因其象以制器也。六十四卦皆伏羲所作，但言八卦者，八卦立而貞悔二體上下交互，皆不出八卦之成象也。

作結繩而爲網罟，以佃以漁，蓋取諸離。佃與畋同。〔三〕

「網」，獸網。「罟」，漁罟。〔四〕離爲目象，外爲輪郭而中虚。目目相承，網罟之象，禽魚自麗其中。〔五〕

〔一〕如漸卦「其羽可用爲儀」。

〔二〕説文：「秦，伯益之後所封國。地宜禾。从禾，舂省。一曰：秦，禾名。」周禮夏官職方氏：「職方氏掌天下之圖，以掌天下之地，辨其邦國、都鄙、四夷、八蠻、七閩、九貉、五戎、六狄之人民與其財用、九穀、六畜之數要，周知其利害。」於雍州，「其穀宜黍稷」。

〔三〕正文文「網」，嶽麓本作「罔」。又嶽麓本多音注「罔與網同」。

〔四〕釋文引黄氏云「取獸曰罔，取魚曰罟」。今按：至正本程傳、永樂本大全作「網」，正義、咸淳本本義、周易會通作「罔」。

〔五〕本義：「兩目相承，而物麗焉。」

包犧氏没，神農氏作，斲木爲耜，揉木爲耒，耒耨之利以教天下，蓋取諸益。

「耜」，今之犂頭。「耒」，犂轅。古者耜端無鐵，削木鋭而用之。〔一〕「耨」應「耜」字之訛。益卦一陽下入爲耜，陽剛之鋭也；中三陰爲耒之曲，陰柔曲也；上二陽爲耒柄，動而入土。益之象，舊説以卦名而略其義。按經〔二〕云「制器者尚其象」，則義在象而不在卦名。若此節以耒耜爲益於天下，則凡器皆益，不獨耒耜，故所不取。餘放此。〔三〕

日中爲市，致天下之民，聚天下之貨，交易而退，各得其所，蓋取諸噬嗑。

〔一〕大全引疊山謝氏曰：「耒耜者，今謂之犂，曲木在上，俗名犂衡，即耒也；斲削二片在下以承鐵二片，俗呼犂壁，即耜也。」説文：「耒，手耕曲木也。从木推丯。古者垂作耒耜以振民也。」段注：「考工記：『車人爲耒，庛長尺有一寸，中直者三尺有三寸，上句者二尺有二寸，自其庛緣其外以至於首，以弦其内，六尺有六寸。』注云：『庛讀爲棘刺之刺，刺耒下前曲接耜。緣外六尺有六寸，内弦六尺，應一步之尺數。』按經多云『耒耜』，據鄭説，耒以木，耜以金。沓於耒刺。京房云：『耜，耒下耓也。耒，耜上句木也。』許木部耜作枱，『耒耑也』。『耕，犂也。』許説與京同，與鄭異。鄭本匠人，謂犂爲耜，統言之也。許分别金謂之犂，木謂之枱，析言之也。」説文：「枱，耒耑也。」

〔二〕「經」，嶽麓本所據底本作「陰」。

〔三〕周易正義於「蓋取諸離」下疏曰：「諸儒象卦制器，皆取卦之爻象之體。今韓氏之意，直取卦名，因以制器。案上繫云『以制器者尚其象』，則取象不取名也。韓氏乃取名不取象，於義未善矣。今既遵韓氏之學，且依此釋之也。」康伯解此一段但以卦名之義以爲引申，不涉卦象，如解「蓋取諸離」曰：「離，麗也。罔罟之用，必審物之所麗也。魚麗於水，獸麗於山也。」

「得其所」，得其所欲也。離在上，爲「日中」。噬嗑之象，上下二陽，設爲闤肆；陰爲民爲利；九四象有司治市者，譏察於中，使三陰各退，不終合，以免黷貨無厭也。

神農氏没，黄帝、堯、舜氏作，通其變，使民不倦，神而化之，使民宜之。易窮則變，變則通，通則久，是以自天祐之，吉无不利。黄帝、堯、舜垂衣裳而天下治，蓋取諸乾坤。

兼言三聖者，上古之世，人道初開，法制未立，三聖相因，乃以全體乾坤之道而創制立法，以奠人位，參天地而遠于禽狄[一]。所以治天下者，無非健順之至理，而衣裳尤其大者也。「不倦」者，乾之健行。「宜民」者[二]，坤之順德。「通其變」者，卦體陰陽，互爲參伍而乾無不行於其間，法其健以獎民而興行，民乃去其怠氣以興於行，而不倦。[三]「神而化之」者，陰主形，陽主神，陰性凝滯而承天時行，以天之神，化其形質，斯以行地而無

[一]「位」，嶽麓本作「極」。「禽狄」，底本原作白匡，今據嶽麓本補。

[二] 嶽麓本所據底本無「者」字。

[三] 莊子應帝王：「有虞氏不及泰氏。有虞氏，其猶藏仁以要人；亦得人矣，而未始出於非人。泰氏，其卧徐徐，其覺于于；一以己爲馬，一以己爲牛。」成疏：「有虞氏，舜也。泰氏，即太昊伏羲也。三皇之世，其俗淳和；五帝之時，其風澆競。澆競則運知而養物，淳和則任真而馭宇，不及之義，此可知也。徐徐，寬緩之貌。于于，自得之貌。伏犧之時，淳風尚在，故卧則安閑而徐緩，覺則歡娛而自得也。」

疆。法其順以使民因嗜欲之情而率由乎道，以化其質，民乃順其日用飲食之帝則，而咸宜也。〔二〕易之爻象，乾坤之變通而已。窮極則陰陽互易以相變；變不可久居，則又順而通之，以各利其用。變通合，而乾坤之大用播於六十二卦，以利民用而承天之祐，則三聖之法制所繇創也。法制之行，衣裳爲尤大，以列尊卑之等，男女之嫌，陰陽分建而不相雜。上玄法天，下纁象地，衣九章，天數之奇；裳十二幅，地數之耦，其取象備矣。衣裳盡制，若無益於民用，而裁制苟且，但便於馳驅動作，則民怠于簡束而喪其健，生其鷙戾而亡其順。□□□□，天地之大經也。故他卦不足以擬，而取諸乾坤。嗚乎，嚴矣哉！〔三〕

〔二〕堯時兒謡曰：「立我蒸民，莫匪爾極。不識不知，順帝之則。」（列子仲尼）

〔三〕自「民乃去其怠氣」以下，底本與嶽麓本差異頗大。今録嶽麓本之異文：「民乃去其嘘嘘于于之怠氣而不倦。『神而化之』者，陰主形，陽主神，陰性凝滯而承天時行，以天之神，化地之形，坤之所以行地而无疆。法其順以使民因嗜欲之情而率由乎道，以化其質，民乃安於日用飲食，而帝則自順，無不宜也。易之爲位爲爻，乾坤之變通而已。窮極則陰陽互易以相變；變不可久居，則又順而通之，使陰陽各利其用。變通合，而出入于萬變者皆貞其道，乃可萬世而無敝，此三聖之創制立法，所以利百姓之用而上承天祐也。法制之興，衣裳，人道之尤大者，所以别尊卑之等，則天尊地卑之象；所以别男女之嫌，則陰陽分建而不相雜之象；而上玄以法天，下纁以法地，衣九章以陽之文，裳十二幅以兩陰之質，無不取則焉。蓋衣裳之盡制，若無益於民用，而裁制苟且，但便於馳驅輾轉，則民氣怠于簡束而健德泯，生其鷙戾而順理亡。故乾坤毁而易道不立，衣裳亂而人禽無別，三聖之立人紀而參天地者在焉，故他卦不足以擬其大，而取諸乾坤。」

刳木爲舟，剡木爲楫，舟楫之利，以濟不通，致遠以利天下，蓋取諸渙。〔一〕

始爲舟者，剖大木刳其中，今嶺南獨木船，〔二〕其遺制也。「剡」，削其木使銳，以刺岸也。渙三、四二陰爲中虚，五、二二陽爲兩舷，上一陽象篙楫，初陰浮于水之象。又巽木浮坎水之上，風水相濟，亦行舟之象也。〔三〕

惟渙於巽言木，見於彖傳。巽一陰入下，二陽上旉，有根株之象焉。震體反此。舊説謂益剡木揉木，取震、巽皆木，乃火珠林牽合五行之陋。〔四〕震之爲木，經所不言。且睽無震、巽，亦言弦木剡木。巽且不必爲木，而況震乎！〔五〕

服牛乘馬，引重致遠，以利天下，蓋取諸隨。

〔一〕嶽麓本有音注：「刳，□□反。剡，□□反。」

〔二〕船山嘗仕永曆帝於肇慶，故習知嶺南風俗。

〔三〕此段嶽麓本作「爲舟之始，剖大木而刳其中，今嶺南猶有獨木船，其遺制也。『剡』，削其末使銳，以刺入於岸也。渙卦三、四二陰爲中虚，五、二二陽爲兩舷，上一陽象篙楫，初陰則浮于水之象也。又巽木浮坎水之上，水以濟，風能致遠，皆舟象也。」

〔四〕此處批評朱子。本義注「蓋取諸益」曰「二體皆木」。八卦之五行，則以震巽皆屬木。

〔五〕此段嶽麓本作「惟此卦巽爲木，見於彖傳。而睽亦言弦木、剡木，卦無巽體，不可疑木之必於爲巽。若舊説謂益兩言斲木揉木，爲震、巽皆木，其説亦出於火珠林之牽合。惟巽一陰下入，象木之根入土中，二陽在上，象木之枝條舒暢，故有木象。震體反是，非木審矣。」

隨上一陰引二陽，牛曳二轅大車以載重之象；二、三二陰引一陽，四馬並駕引輕車之象。

重門擊柝，以待暴客，蓋取諸豫。重，直龍反。

陰爻象門之兩扉。豫內三陰、外二陰爲「重門」。九四陽亘其中，象抱關擊柝者。又震爲雷，柝以象雷而驚衆。「暴客」，客之爲暴者。古者假道之客，或包藏禍心，故必防之。舊説取豫備之意；[一]乃豫本張大逸樂之義，無先事早圖之[二]意。凡此類，違失本旨，故不取。

斷木爲杵，掘地爲臼，臼杵之利，萬民以濟，蓋取諸小過。斷，都管反。

古之爲臼者，掘地作坎，爇之使堅；後世易之以石。[三]小過上下四陰，象臼之齒棱；

[一] 韓康伯注「取其豫備」，本義從之，曰「豫備之意」。
[二] 「早圖之」，嶽麓本作「豫備」。
[三] 説文：「臼，舂也。古者掘地爲臼，其後穿木石。」

中二陽，象杵入臼。又下止上動，震、艮之義。〔一〕

弦木爲弧，剡木爲矢，弧矢之利，以威天下，蓋取諸睽。

二與上爲弓幹；五與三，其曲也；四象弦；初，其矢也。

上古穴居而野處，後世聖人易之以宫室，上棟下宇，以待風雨，蓋取諸大壯。上，時掌反。下，户嫁反。

「上棟」，豎棟而上之也。「下宇」，從上垂下也。四陽象棟柱從地上聳〔二〕，二陰象苫蓋下垂以覆棟〔三〕。下明象陽，上暗象陰。

古之葬者，厚衣之以薪，葬之中野，不封不樹，喪期無數，後世聖人易之以棺椁，蓋取諸

〔一〕此句嶽麓本作「小過上下四陰，象臼之棱；坎中二陽，象杵入其中。又下止上動，震、艮之象。」

〔二〕「棟柱從地上聳」，嶽麓本作「棟柱上升」。

〔三〕嶽麓本無「以覆棟」三字。

大過。衣，于既反。

「中野」，謂不必墓域也。〔一〕「無數」，厚薄久近惟人之意也。棺槨具而喪制備矣。大過中四陽，重固堅實之象，藏于初、上二陰之中。古者天子之棺四重，〔二〕舉其極厚者而言也。

上古結繩而治，後世聖人易之以書契，百官以治，萬民以察，蓋取諸夬。

「書契」，書木版各分其一以爲約，左以取，右以與，若今之合同文書然。〔三〕「治」謂分理衆事之期會。「察」，辨別取與之義數也。〔四〕夬五陽連合，上一陰有分剖之象，離而固可合也。

右第二章。略舉十三卦以言「制器尚象」之義。凡聖人之制器以利民用者，蓋無不合

〔一〕周禮冢人：「冢人掌公墓之地，辨其兆域而爲之圖。」賈疏「蹕墓域」曰：「墓域，即上文兆域是也，謂四畔溝兆。」

〔二〕禮記檀弓上。

〔三〕周禮小宰「以官府之八成經邦治：六曰聽取予以書契，七曰聽賣買以質劑」，鄭注：「書契，謂出予受入之凡要。凡薄書之最目，獄訟之要辭，皆曰契。質劑，謂兩書一劄，同而別之，長曰質，短曰劑。傳別質劑，皆今之券書也，事異，異其名耳。」

〔四〕「別」，嶽麓本作「白」。「義」，底本作「數」，從嶽麓本改。

於陰陽奇耦錯綜之理數，類如此。聖人非必因卦而制器，而自與卦象合，[一]故可經久行遠，而人不能違。即在後世，損益古法以從服食居處修事之便，其能與陰陽象數脗合者，則行之永而與聖人同功；其師[二]心妄作奇巧，無象可法者，旋興而旋敝。且如蒙恬作筆，下剛長而上柔短，亦夬之象。洪武初，始制網巾，上下束合，而中目繁多，亦頤之象。舟之有帆，本末奇而中耦，乘風以行於澤，亦大過之象。故曰：「以制器者尚其象。」凡制器者皆當取法，非徒古聖然也。

三

是故易者象也。

繇理之固然者而言，則陰陽交易之理而成象，象成而數之以得數。繇人之占易者而言，

[一] 大全引朱子曰：「蓋取之離者，繩爲網罟，有離之象，非覩離而始有此也。」

[二] 「師」，底本作「私」，從嶽麓本改。

則積數以成象，象成而陰陽交易之理在焉。象者，理之所自著也。故卦也，爻也，變也，辭也，皆象之所生也，非象則無以見易。然則舍六畫奇耦往來應違之象以言易，其失明矣。〔一〕

象也者，像也。

此「象」謂卦之「大象」。像者，因其已成之形狀而寫之。象已〔二〕成乎可像，故因而想像其道之如此。此「自彊不息」以下諸義之所自生，因乎象之已成也。〔三〕

象者，材也。爻也者，效天下之動也。是故吉凶生而悔吝著也。

〔一〕　此又斥王弼也。

〔二〕　「已」，嶽麓本作「以」。

〔三〕　「自彊不息」以下，即大象傳自乾至未濟六十四卦的象傳文。船山認爲，創製六十四卦的時候，是八卦通過三才重卦（天地人各自上重一爻）而成的，不能用上下（或曰貞悔）兩體的方式進行分析。所以大象傳這種兩體的分析方式是六十四卦創製完成以後的一種後來的分析。

「材」者，體質之謂；「效天下之動」，則其用也。有此體乃有此用；用者，用其體，惟隨時而異動爾。吉凶自外至，故曰「生」；悔吝存乎心而見乎事，故曰「著」。吉凶悔吝，辭之所生所著也，因爻而呈，而爻亦本乎象所固有之材。材者，畫象之材也。非象無象，非象無爻，非象與爻無辭，則大象、象、爻、辭、占，皆不離乎所畫之象。易之全體在象，明矣。邵子曰「畫前有易」，不知指何者爲畫前也？有太極即有兩儀，兩儀即可畫之象矣。

右第三章。　此章示人讀易之法，以卦畫爲主。

四

陽卦多陰，陰卦多陽，其故何也？陽卦奇，陰卦偶。奇，居宜反。

此據三畫之卦而言。陰爻三分陽爻而缺其一。一函三，陽爲九，陰爲六。震、坎、艮之數二十一，三乘七，陽數也；巽、離、兑之數二十四，三乘八，陰數也。〔一〕三復函三，震、坎、艮之數六十三，七乘九，陽數也；巽、離、兑之數七十二，八乘九，陰數也。六畫之卦，一陰之卦六，其數五十一；一陽之卦六，其數三十九；三陰三陽之卦二十，其數四十五——凡三十二卦，皆奇。六陽之卦一，其數五十四；六陰之卦一，其數三十六；二陰之卦十五，其數四十八；二陽之卦十五其數四十二——凡三十二卦，皆偶。一陽一陰、三陰三陽之卦爲陽卦。六陰六陽、二陰二陽之卦爲陰卦。抑必有説，先聖未言，以俟知者。〔二〕

其德行何也？陽一君而二民，君子之道也；陰二君而一民，小人之道也。行，下孟反。

據以爲道者曰「德」，奉之以行者曰「行」。卦之體用如是，而人之用之以成體者，亦

〔一〕震坎艮，皆一陽二陰；巽離兑，皆二陽一陰。而陽九陰六，故陽卦：9＋2＊6＝21；陰卦：6＋2＊9＝24。此段他卦之計數，仿此。如下文六畫卦云「一陰之卦六，其數五十一」，一陰之卦，五陽一陰，即6＋5＊9＝51。

〔二〕爻畫一而函三之説，船山所獨發明之。朱子解「陽卦奇，陰卦偶」則但謂陽卦五畫、陰卦四畫。

如是也。奇謂之一，偶謂之二。「君」者，立以爲主〔二〕；「民」者，使從所主而行也。「一」者，九之全體，名不足而實有餘；「二」者，三分九而得其六，名有餘而實不足。君子之道，主一以統萬行，以循乎天理，極其變而行之皆順，充實於内也。小人之道，義利、理欲兩端交戰，挾兩可之心以幸曲全，而既不足於義，必失其利，所歉於中者多矣。震以動於善，艮以止其惡，坎雖陷而有維心之亨，皆以陽爲君也。巽求入而情隱，兑求説而外飾，離雖明而必麗陽以求明，外明而内實暗，皆以陰爲君也。用陰陽者不在多寡，而在主輔之分，故君子以小體從大體，而聲色臭味皆受役於宰制之心；小人以大體從小體，而心隨所交之物變遷而無恒，所遵之道異也。

右第四章。此章言學易之道。

〔二〕嶽麓本校記：「『主』：守遺經書屋本、金陵本作『本』。馬宗霍校記：『按下文云「艮者，使從所主而行也」，則此以作「主」爲是。』」

五

易曰：「憧憧往來，朋從爾思。」子曰：天下何思何慮！天下同歸而殊塗，一致而百慮，天下何思何慮！

「天下」，謂事物之與我相感，而我應之受之，以成乎吉凶得失者也。君子之思，以思德之何以崇；其慮也，以慮義之未能精。故曰「君子有九思」，又曰「慮而後能得」。此咸之九四所以貞吉而悔亡也。若天下之殊塗百致，一往一來之無定，爲逆爲順，爲得爲喪，爲利爲害，爲生爲死，則本無所容其思慮者。蓋天下之物，爲造化一本之並育；天下之事，爲天運時行之進退。貧賤、富貴、夷狄、患難，莫非命也，則一致；皆道之所行也，則同歸。窮理以盡性，修身以俟命，君子之盡心惟日不足，而何暇爲天下思慮也？思其得，慮其不得，吉來則驚，往則憂，凶往則幸，來則患，事物百變於前，與之交馳而内喪其志，物交而引，朋從之所以失其貞也。咸四當心與物感之位，故戒之。

日往則月來，月往則日來，日月相推而明生焉。寒往則暑來，暑往則寒來，寒暑相推而歲成焉。往者屈也，來者信也，屈信相感而利生焉。推，吐雷反。信，與伸同。

「推」者，迭運而相成之謂。「日月相推」者，月惟[一]於日往入地之時而來，則明生；若並行於天，則失其明。「歲成」，謂生成之歲功以登也。「屈信」以指[二]喻，同此一體，特用異爾。「屈信相感」者，達于屈信之理，而感其心以不凝滯於往來之迹，而于屈存信、于信存屈也。「利生」者，信亦利，屈亦利，無所不合於義也。此夫子博觀于天地人物之化、生死得喪之常，而見一理之循環，無非可受之命、可行之道，故極言之，以見同歸一致之理，而無事思慮以從其朋，感物而喪其志也。往者非果往也，屈而已矣；來者非終來也，信而已矣。故死此生彼、非有區畫之報，而歸於大化之絪緼。善吾生者所以善吾死，屈則鬼而信則神，聽其往來之自致，而貞一之體不喪，則清剛和順之德不息於兩間，

[一]「惟」，嶽麓本所據底本作「推」。今按：作「推」於義不協，當作「惟」。
[二]指，手指，下文「指之用喪，而指之體亦廢」同。

形神聚散，交無所亂矣。死生且然，而况於物之順逆、事之得喪乎！同一指也，同歸而一致者也。其殊塗而百慮者，爲得爲喪，爲進爲退，爲利爲害，聖人視之，屈信異而指無殊；若見爲往而戚焉，見爲來而訢焉，外徇物而内失己，屈而不能伸，伸而不能屈，指之用喪，而指之體亦廢矣。故曰「何思何慮」，爲天下之往來言也。知其憧憧者不越於一指，而愛養其指，全體以待用者不窮，感以其同歸一致，而不感以往來，〔一〕不貞之思慮何從而起乎！

尺蠖之屈，以求信也。龍蛇之蟄，以全身也。

「尺蠖」，小蟲，聳脊而後行。古人布手知尺，以大指中指一屈一信而爲一尺；此蟲似之，故名尺蠖。〔二〕屈信，自然之理勢，皆無所容其思慮，而人之朋從其思者，當其屈，不安于屈而求信，而不知屈之所以信，乃同歸一致之理，故以尺蠖、龍蛇爲擬，而言不能屈

〔一〕感以理，而不感於往來之私欲。

〔二〕埤雅：「今人布指求尺，一縮一伸，如蠖之步，謂之尺蠖，豈放是乎。」説文：「尺，十寸也。人手却十分動脈爲寸口。十寸爲尺。尺，所以指尺規榘事也。从尸从乙。乙，所識也。周制，寸、尺、咫、尋、常、仞諸度量，皆以人之體爲法。」

則不能信。故舜惟與木石鹿豕同其屈，而沛然江河之善，莫之能禦，有天下而若固有之，〔二〕皆其豫定之誠，受命以事天，而不於往來之順逆勞其思慮，喪其守而不足以行也。

精義入神，以致用也。利用安身，以崇德也。過此以往，未之或知也。

「致用」「崇德」，君子之所思慮者，此而已矣，以其爲同歸一致之本也。此指上文而言。過此，則天下之殊塗而百致者也。「精義」者，察倫明物，而審其至善之理，以合於吾心固有之制，非但徇義之迹而略其微也。「入神」者，義之已精，不但因事物以擇善，益求之所以然之化理，而不測之變化皆悉其故，則不顯之藏昭徹於静存，而與天載之體用相參也。此静而致其思慮于學修，無與于外應之爲，而致之用者有本而不窮，張子所謂「事豫吾内，求利吾外」也。「利用」者，觀物之變而知之明、處之當，則天下之物，順逆

〔二〕孟子盡心上：「舜之居深山之中，與木石居，與鹿豕遊，其所以異於深山之野人者幾希；及其聞一善言，見一善行，若決江河，沛然莫之能禦也。」

美惡，皆惟吾所自[一]用而無有不利。「安身」者[二]，隨遇之不一，而受其正、盡其道，則[三]素位以行而不憂不惑；無土而不安，動而出應乎天下，非欲居之以爲德，而物不能亂，境不能遷，則德自崇，張子所謂「素利吾外，致養吾内」也。[四]此内外交養之功，動爲信，静爲屈；静而致用，則不窮於往；動而崇德，則益裕其來；故朱子謂「推屈伸往來之理以言學」。[五]乃精義入神以立體，利用安身以起用，體立而用乃可行，則屈以求信之理亦在其中，往來密運於心，而不朋從於天下。天下之屈我信我者，本不可逆億以知，而一付之不可知之化，不求知焉，則聖人所以貞生死、貞得喪，而終無悔也。後之學易者，於過此以往不可知之數，乃至一物之成毀、一事之利鈍，强以數推而求知，用思慮於往來殊異

[一]「自」，底本無，從嶽麓本補。

[二]嶽麓本所據底本無「者」字。

[三]「則」，底本作「此」，從嶽麓本改。

[四]正蒙神化：「『精義入神』，事豫吾内，求利吾外也；『利用安身』，素利吾外，致養吾内也。『窮神知化』，乃養盛自致，非思勉之能强，故崇德而外，君子未或致知也。」船山注曰：「察事物所以然之理，察之精而盡其變，此在事變未起之先，見幾而決，故行焉而無不利。義已明，則推而行之不括，無所撓止。用利身安，則心亦安於理而不亂，故吉凶生死百變而心恒泰。如其行義不果，悔吝生於所不豫，雖欲養其心以静正，而憂惑相擾，善惡與吉凶交争於胸中，未有能養者也。」

[五]本義：「因言屈信往來之理，而又推以言學，亦有自然之機也。精研其義，至於入神，屈之至也。」

之憧憧，以計瓶花磁枕[一]之興廢，亦異于聖人之言矣。

窮神知化，德之盛也。

「神」者化之理，同歸一致之大原也；「化」者神之迹，殊塗百慮之變動也。致用崇德，而殫思慮以得貞一之理，行乎不可知之塗而應以順，則「窮神」。過此以往，未之或知者付之不知，而達于屈必伸、伸必屈、屈以善信之道，豁然大明，不以私智爲之思慮，則「知化」。此聖人之德所以盛也。蓋人之思也，必感於物而動，雖聖人不能不有所感，而所感於天人之故者，在屈信自然之數，以不爲信喜、不爲屈憂，乃以大明於陰陽太極同歸一致之太和。不然，則但據往來之迹以爲從違而起思慮，則于殊塗百慮之中逐物之情僞，朋而從之，是感以亂思，而其思也，適以害義而已。夫子引伸以極推其貞妄之由，爲

[一]「瓶花磁枕」，今傳所謂梅花易數之類。

聖學盡心之要。不知者乃謂「何思何慮」爲無[一]心之妙用，[二]此釋、老賊道之餘瀋，不可不辨也。

易曰：「困于石，據於蒺藜，入于其宫，不見其妻，凶。」子曰：非所困而困焉，名必辱；非所據而據焉，身必危；既辱且危，死期將至，妻其可得見邪！邪，以遮反。

欲以困人而敗其名，清議自定，不可揜也。望援於不可恃之人，欲以安身，而人不我應，徒召侮而已。小人呼黨以與君子爲難，自取死亡，君子[三]弗庸以爲憂，困之必亨也。

易曰：「公用射隼于高墉之上，獲之无不利。」子曰：隼者禽也，弓矢者器也，射之者人

[一]「無」，底本原作「吾」，今據嶽麓本改。既然批評異端，當作「無心」。
[二]周易正義曰：「此明不能無心感物，使物來應，乃憧憧然役用思慮，或來或往，然後朋從爾之所思。若能虛寂，以純一感物，則不須憧憧往來，朋自歸也。」
[三]嶽麓本所據底本無「君子」二字。

也。君子藏器于身，待時而動，何不利之有？動而不括，是以出而有獲，語成器而動者也。「射之」之「射」，食亦反。〔一〕

「禽」之爲言獲也，所欲獲之鳥也。「器」者，君子乘權以治小人之道也。上六得位，而柔不急於解，故曰「藏器」。「待時」者，六五惑解而後可治三也。震之德動，二陰虛中爲「不括」；志已定，道已勝，時已至，則「成器而動」矣。所待在時，而必先有動而不括之道，乃可以時至而必動。君子解悖之道，不與争以求勝；時至道行，則廓然白其志於天下，小人自孚。迫于解者，惟道之不足，東漢黨人所以愈解而愈紛也。

子曰：小人不恥不仁，不畏不義，不見利不勸，不威不懲。小徵而大誡，此小人之福也。易曰：「屨校滅趾，无咎。」此之謂也。

「不恥不仁」，故必利以勸之；「不畏不義」，故必威以懲之。噬嗑之初，尚可懲而使誡；用刑於早，以免小人于惡，薄懲焉可也。

〔一〕嶽麓本無音注。

善不積不足以成名，惡不積不足以滅身。小人以小善爲无益而弗爲也，以小惡爲无傷而弗去也，故惡積而不可掩，罪大而不可解。易曰：「何校滅耳，凶。」

「何校」，猶未誅也，「滅耳」而不聽，恃罪之小而成乎大。上九自恃居高而剛愎，則殺之而必不可赦。合二爻治獄之輕重，見君子之用刑，始於懲誡，而教之不改，則天討必伸。凶惟小人之自取，非君子有心于其間也。

子曰：危者，安其位者也。亡者，保其存者也。亂者，有其治者也。是故君子安而不忘危，存而不忘亡，治而不忘亂，是以身安而國家可保也。易曰：「其亡其亡，繫于苞桑。」

「亂」謂綱紀廢、上下紊也。亂者，危、亡之繇；治，所以安、存之道也。「有其治」，謂方亂之時，治之道固在，但能念亂，則即此土地、人民、政事而治之，理存其中矣。否九五本有休否之德，而夫子推言之。雖安靜不失其常度，而中心之兢惕，未嘗忘危亡之戒；外不妄動，而內積憂危。「其亡其亡」，非徒其勢然也，大人之操心固如此也。

子曰：德薄而位尊，知小而謀大，力小而任重，鮮不及矣。易曰：「鼎折足，覆公餗，其形渥，凶」。言不勝其任也。知，去聲。鮮，思淺反。勝，音升。〔一〕

貪以斂怨於下則德薄，意計不出苞苴牘竿之中則知小，〔二〕衆所不與則力小。小人非無才，而志汙情柔，則終於卑陋。「鮮不及」者，災害並至也。「不勝其任」，戒有國家者不當任之。或謂聖人非責人以德厚而知力大，但戒其勿貪大位，其説迂矣。〔三〕小人之貪大位，五鼎烹而不恤，〔四〕豈能戒之使退者！易不爲小人謀，示君子處小人之道爾。

子曰：知幾其神乎！君子上交不諂，下交不瀆，其知幾乎！幾者動之微，吉之先見者

〔一〕嶽麓本音注作：「知，珍義反。鮮，息淺反。勝，書烝反。」

〔二〕莊子列禦寇：「小夫之知，不離苞苴竿牘，敝精神乎蹇淺，而欲兼濟道物。」成玄英疏：「小夫，猶匹夫也。苞苴，香草也。竿牘，竹簡也。夫寨芳草以相贈，折簡牘以相問者，斯蓋俗中細務，固非丈夫之所忍爲。」

〔三〕大全引誠齋易傳曰：「聖人亦豈責天下之人皆德厚而不薄，皆知大而不小，皆力多而不少哉？亦責其貪位而不量己，過分而不勝任，以至覆人之餗，敗己之身爾。」

〔四〕謂主父偃之屬。

也。君子見幾而作，不俟終日。易曰：「介于石，不終日，貞吉。」介如石焉，寧用終日，斷可識矣。君子知微知彰，知柔知剛，萬夫之望。〔一〕

「介於石」，靜之篤也。「不終日」，動之捷也。豫之卦德本動，而六二靜正自守，嫌於不足以動。乃天下動而有所滯累者，皆立心不固，以利欲累其進退，持己無本，則倚於人而隨物以靡，諂上瀆下，求濟其欲，而爲人所掣，不能自主矣。惟不諂不瀆，正己而無求，則上不能制，下無所牽，進退綽有餘裕，不待事變之著，吉凶已有成形，而得失之理決於當念。從其後而觀之，何其知幾之早，同於神化！而君子所守者至正之理，黑白之辨顯著於前，如饑食渴飲之自喻，不待動念而早覺，非以機智相測也。微之必彰，知之不昧，而以或剛或柔應天下者不爽，天下於其出處語默卜治亂焉，則可謂之至神矣。周子曰：「無欲故靜。」又曰：「靜無而動有。」諂、瀆無他，私欲亂之耳。「介於石」，無欲之至也。本義云：「漢書『吉』『之』之間有『凶』字。」

〔一〕嶽麓本有音注「幾，渠希反，下同。先見之見，賢遍反。斷，丁亂反」。

子曰：「顏氏之子，其殆庶幾乎！有不善未嘗不知，知之未嘗復行也。易曰：「不遠復，无祇悔，元吉。」「復行」之復，扶又反。

「庶幾」，合于復初之德也。初九一陽起于五陰之下，至静之中而動幾興焉，則知無不明，而行無所待矣。蓋静而存養之功已密，則天理流行，而大中至正之則，炯然不昧，故一念甫動，毫釐有差，即與素志相違而疾喻其非，隱而莫見，微而莫顯，省察之功易而速矣。故愚嘗謂庸人後念明於前念，君子初幾決於後幾。後念之明，悔之所自生也。初幾則無事於悔矣。不睹不聞之中，萬理森然，而痛癢自覺，故拔一髮而心爲之動，此仁之體也；于静存之，於動著之也。

天地絪緼，萬物化醇；男女構精，萬物化生。易曰：「三人行則損一人，一人行則得其友。」言致一也。

「絪緼」，二氣交相入而包孕以運動之貌。「醇」者，變化其形質而使靈善，猶酒醴之釀而醇美也。「男女」，兼牝牡雌雄而言。「化醇」，化其氣而使神；「化生」，化其形而使長。神在氣之中，天地陰陽之實與男女之精，互相爲體而不離，氣生形，形還生氣，初無二也。男女者，陰陽之成形，天地之具體，亦非二也，從其神理、形質而別言之耳。天地之理至足，故函三而用一。「致」者，奉而與之之謂。天致其一于上而成艮，地致其一于三而成兑，交相致以合同而化，乃以保泰而通山澤之氣。〔一〕若吝於損而不致，則化不行矣。故三人同行，而損一以致之；與異己者行焉，則得友而相益。以善體陰陽之化理，以取益者不私己以自隘、不怙己而交物也。按此言天地化醇，男女化生，形氣交資，而生乃遂，則乾坤稱父母，而父母一乾坤之理，於此可見。人不能離生以養醇，則父母之恩均於天地，不可專歸生化於天地以遺忘父母。仁人孝子，事親以事天，即此可悟。而天地之化醇、人物蕃育以迄消萎，屈伸於絪緼之内，於天地初無所損；若父母則劬勞以裕吾之生者，皆損己以益其子，故曰「昊天罔極」，〔二〕尤爲人子者所不可不深念也。

〔一〕損卦上艮下兑，三爻爲陰，上爻爲陽。
〔二〕詩小雅蓼莪：「父兮生我，母兮鞠我。拊我畜我，長我育我，顧我復我，出入腹我。欲報之德，昊天罔極。」

子曰：「君子安其身而後動，易其心而後語，定其交而後求。君子修此三者，故全也。危以動，則民不與也。懼以語，則民不應也。无交而求，則民不與也。莫之與，則傷之者至矣。易曰：『莫益之，或擊之，立心勿恒，凶。』」易，以豉反。〔一〕

「安其身」，自處有道，而不行險以徼幸也。「易」，平也。「易其心」，不以極喜極憂而迫於言也。下專言懼者，懼且不可語，而況可溢喜以妄言耶！「定交」，道合而情孚也。三者皆有恒之道，無損於物，則物自樂於相益；反是者，孤危而害將至矣。益之上九，高危而驕吝，故決言其凶。聖人之言，徹上徹下，日用之所不能違，類如此，尤讀易者所宜加警。

右第五章。　此章與上傳第八章旨趣畧同，蓋亦示人擬議之法，而分屬上、下傳者，二傳皆聖人居恒學易有會而言，初未嘗自定爲全書；迨其爲傳，隨彙集而詮次之，因簡策之繁，分爲上下爾。〔二〕子曰「學易可以無大過」，亦略見於此矣。極天人之理，盡性命之

〔一〕嶽麓本音注作「『易其』之易，以豉反。」

〔二〕大全引雙湖胡氏曰：「夫子於繫辭上傳既舉七卦爻辭以發明易道，今於此章復舉十卦十一爻之辭以論之。看來亦衹是雖一時意之所欲言者則舉之，逐爻各自有意義，皆足爲學者取法，未必先立主意，却以卦實之也。」

蘊，而著之於庸言庸行之間，無所不用其極，聖人之學易也如此，豈但知盈虛消息之數，而效老莊之以退爲道哉！聖人作易，俾學聖者引伸盡致，以爲修己治人之龜鑑，非徒爲筮〔一〕者示吉凶，亦可見矣。

六

子曰：乾坤其易之門邪！乾，陽物也；坤，陰物也；陰陽合德而剛柔有體，以體天地之撰，以通神明之德。 邪，以遮反。〔二〕

「易」，統六十四卦而言。〔三〕所從出曰「門」。有形有象而成乎事者，則可名爲「物」，謂爻也；言凡陽爻皆乾之陽、凡陰爻皆坤之陰也。「合德」，相合以成德。「體」，卦已成之體也。陰陽合而成六十二卦，各有性情功效，而體因定焉。陽卦體剛，陰卦體柔，體立

〔一〕「筮」，嶽麓本作「蓍」。
〔二〕嶽麓本音注有「下同」二字。
〔三〕「乾坤其易」之「易」。

而用因以著也。「撰」，其所作也。凡物理之不齊、人事之至賾，皆天地健順之德所變通而生。乾坤之良能，體物不遺，而變之通之者，神明爲之也。六十四卦具而乾坤之能事畢，變通之動幾盡焉。要其實，則一陰一陽之用而已。「神明」，神之明也；自其流行謂之「神」，自其昭著謂之「明」。

其稱名也，雜而不越。於稽其類，其衰世之意邪！

陰陽變通而成象，則有體。體立而事物之理著焉，則可因其德而爲之名。自屯、蒙以下，物理之化，人事之幾，得失良楛，賅而存焉，其類不一，亦至雜矣。然皆乾坤剛柔交感合德之所固有，不越乎天地之撰也。「衰世」，謂文王之世。乾坤之撰，無所不有，而因時以著。在盛治之世，天之理正，物之氣順，而變有所不著。惟三代之末造，君昏民亂，天之變已極，日月雷風山澤，有愆有伏，人情物理，或逆而成，或順而敗，而後陰陽錯綜不測之化乃盡見於象，易之所爲備雜卦吉凶之象而無遺。然在天者即爲理，一消一長，一盛一衰，初無損於天地之大德，特以勞君子之憂患，而遂見爲不正之變；乃體其撰，皆可以盡吾健順之常，則固不越乎乾坤之合德也。治世無亂象，而亂世可有治理，故惟衰世而後雜而不越之道乃著，而文王體天盡人之意，見乎彖、象者乃全也。

夫易彰往而察來，而微顯闡幽，開而當名辨物，正言斷辭，則備矣。夫，音扶〔一〕。當，丁浪反。斷，丁亂反。

本義云：「『而微顯』當作『微顯而闡幽』。『開而』之而，疑誤。」〔二〕此以下皆申明「雜而不越」之義。「往」者已著之理，「來」者必然之應。「微顯」者，事物之迹皆推其所以然，而示其當然也。「闡幽」，明示其由來之故，必見於事應也。「當名」，因象立名，允當而卦德以著也。「言」者辭之理。「正言」，定其得失應違之常理也。「斷辭」，以辭斷其吉凶也。「備」者統上九者而言，皆所謂雜也，推其所從備則不越也。

〔一〕「音扶」，嶽麓本作「防無反」。

〔二〕本義曰：「『而微顯』，恐當作『微顯而』。『開而』之『而』，亦疑有誤。」

其稱名也小，其取類也大，其旨遠，其辭文，其言曲而中，其事肆而隱，因貳以濟民行，以明失得之報。中，陟仲反。行，下孟反。

「名」，謂卦名及辭中所舉事物之名也。「小」者，專以一物一事言也。「取類」，取義而推其類也。「大」，如屯本艸出土之象，而可推之建侯；噬嗑，齧合也，而可推之用刑。「旨遠」，盡陰陽變化之無窮。「辭文」，依義理以爲文，則順理而成章也。「曲」，委曲於吉凶悔吝之故。「肆」，陳列也；所言之事雖陳列分明，而所以然之理則深隱也。「貳」，疑也，謂有疑而筮也。「報」者，失得在人事，而吉凶之應不爽也。皆備贊易理，以申「雜而不越」之義。惟乾坤以爲門，故不可越；而惟衰世，其變乃著。伏羲之易待文王而興，而並建乾坤以統萬象，周易之所以軼夏、商而備天人之道也。

右第六章。篇内凡三言衰世之意，以見惟周有易，而易理大備于周，然則雖果有伏羲之易，猶當略之以從周，况其世遠亡傳，徒爲後人所冒襲之虚名乎！

七

易之興也，其於中古乎！作易者，其有憂患乎！

「中古」，殷之末、周之初也。「憂患」者，文王欲吊伐，則恐失君臣之大義；欲服事，則憂民之毒痛。以健順行乎時位者難，故憂之。周公之居東也亦然。故以研幾精義者，仰合於伏羲之卦得其理，而以垂爲天下後世致用崇德之法。舊説謂拘羑里爲文王之憂患，非也。[一]死生榮辱，君子之所弗患，而况聖人乎！

是故履，德之基也；謙，德之柄也；復，德之本也；恒，德之固也；損，德之修也；益，德之裕也；困，德之辨也；井，德之地也；巽，德之制也。

文王、周公之志，於此九卦而見，以其時位之相若也。履、謙，陰陽孤而處於憂危之

[一] 本義：「夏、商之末，易道中微；文王拘於羑里而繫彖辭，易道復興。」

位；復，微陽初起，而重陰居其上；恒，陰陽互相入而相持；損、益盛衰之始；困、井，陽皆陷於陰中；巽，陰伏於下而干陽；皆殷末周初憂危不寧之象。而聖人履其時，即以九卦爲德，則德即成於時位之中，而不他求術以相制勝也。三陳之旨，大率與大象取義略同，而參以彖辭。「基」，所以自立也；「柄」，持以應物者也；「本」，所自生也；「固」，自持不失也；「修」，裁其情之有餘；「裕」，進其理之未充也。按下云「困以寡怨，井以辨義」，此疑傳寫之誤。當云「困，德之地也」，剛雖爲柔揜，而有地以自處也；「井，德之辨也」，得正而知所擇也。「制」，謂以柔節剛也。

履和而至，謙尊而光，復小而辨於物，恒雜而不厭，損先難而後易，益長裕而不設，困窮而通，井居其所而遷，巽稱而隱。易，以豉反。稱，如字。

此實陳卦德以申釋上文之意。履，説而應乎乾，應乾則行而不倦，而能至於理，所以爲德之基，雖履虎尾而不傷也。謙，稱物平施，不失其尊，而物不能揜之，所以爲德之柄而終吉。復，陽初動而察事幾之善惡於早，所以爲德之本，而由此以入出皆無疾。恒，陰入陽中，陽動陰内，陰陽雜矣，而藏於深密以立主，則不以雜爲厭患，故爲德之固，而立不易方。損，懲忿窒欲，先之遏止也難，而後説則易，故爲德之修，遏欲者欲已浄而自得也。益，遷善改過，日新以進德，而不先立一止境以自畫，故爲德之裕，而其益無疆。困，剛〔一〕爲柔掩，而能遂其志，則遇窮而心自通，所以爲德之地，而於土皆安。井，不改而往來者皆成乎養以不窮，故爲德之辨，而因事制宜，皆利於物。「稱」，舉也。巽陰入陽而舉陽於上，以保中位，使不失其尊。「隱」，用其順德以求巽入，所以爲德之制，而能裁已亢之陽也。

履以和行，謙以制禮，復以自知，恒以一德，損以遠害，益以興利，困以寡怨，井以辨義，巽以行權。遠，于怨反。

此言聖人當憂患之世，以此九卦之德，修己處人，故上以凝天命，下以順人情，文王以之而成其至德，周公以之而永保冲人，進以成大業，而退不傷於道之正，故九卦時雖

〔一〕嶽麓本所據底本無「剛」字。

危，而可因之以爲德。蓋陰陽之化，雖消長純雜之不一，而深體之則道皆存焉，亦所謂「雜而不越」也。[二]履以健行和，和而不流。謙非徒自卑屈，且以制禮而使人不能踰，所以操天下之柄而制其妄。「自知」者，獨知之謂，慎於獨而非幾早絶，[三]以順帝則而受天命者，此其本也。「一德」則德固矣。忿欲損而害自遠。遷善則道行而物自利。窮則怨，怨物者物亦怨之；安于困，則於物無侮。井，一陰一陽，上下分而皆成其則，以之因時制義，辨而宜矣。巽順而隱，以濟時之變，則不激於裁制而制自行，聖人之權也。以此九卦之德處憂患，外達物情之變，而内自居於大正，聖人之德所以至也。他卦非無處憂患之道，而但陳九卦者，夫子深知二聖人之用心，非人所易測也。子曰：「内省不疚，夫何憂何懼！」内省者，自知之謂也。然則復尤其至者與！故曰：「復，德之本也。」

右第七章。

[二] 不出乎天理之外。

[三] 「非」，不善也。有不善未嘗不知，故不善之幾早絶。

八

易之爲書也不可遠，爲道也屢遷。

「書」，其辭也。「不可遠」，謂當切問而近思之也。「爲道」，辭與象相應之理。「屢遷」，不可執成法以推測之也。

變動不居，周流六虛，上下無常，剛柔相易，不可爲典要，惟變所適。

此言道之屢遷者也。有定在謂之「居」。「變動不居」，其變動無定在也。陰陽之氣，絪緼而化醇，雖有大成之序，而實無序。以天化言之，寒暑之變有定矣，而繇寒之暑，繇暑之寒，風雨陰晴，遞變其間，非日日漸寒，日日漸暑，刻期不爽也。以人物言之，少老之變有定矣，而修短無期，衰王〔二〕無恒，其間血氣之消長，非王之中無偶衰，衰之後不再

〔二〕王，去聲，即「旺」。

王，漸王漸衰，以趨於消滅，可刻期而數也。易體此以爲道，故乾、坤立而屯、蒙繼，陰陽之交也，無可循之序；十變而得泰、否，八變而得臨、觀，再變而得剥、復，其消長也無漸次之期。[一]非如京房之乾生姤、姤生遯，以漸而上變；抑非如邵子所指爲伏羲之易，乾一兑二，以漸而下變，其變動有定居也。

「六虛」者，六位也。謂之「虛」者，位雖設而無可據之實。既可曰初、二爲地，三、四爲人，五、上爲天；又可曰内三畫爲貞，外三畫爲悔。五爲君位，而有時非君；初、上無位，而有時爲主；因剛柔之周流，而乘權各異也。上下陰陽之消長升降也無常，則變動不可測矣。天化之神妙，在天即爲理；人事之推移，惟人之所造也。「剛柔相易」，謂位雖有内外高卑之分，而剛柔各有乘權之時，即以其乘時而居位者爲主輔倡和，位虛而以陰陽之周流者爲實也。[二]易之爲道本如是，以體天化，以盡物理，以日新而富有，故占

[一] 今本的卦序，其中的消息卦，根本没有遵循復、臨、泰、大壯這樣的順序。卦氣説是有一定之序的。
[二] 位虛，而有爻居之則實。

者、學者不可執一凝滯之法，如後世京房、邵子之説，以爲之典要。故得位，正也，而有時非正；居中，吉也，而有時不吉；相應，利也，而有時不利。坎或爲雲，而或爲雨；巽以上入，而其命下施；〔一〕不可爲典要也類如是。讀易者所當惟變所適，以善體其屢遷之道也。

其出入以度外内句，〔二〕**使知懼；又明於憂患與故，无有師保，如臨父母。**〔三〕

此言其不可遠也。「外内」，有定位者也；剛柔之往來，無定位者也。以無定之出入，審度所以行乎其位者，則精義不可以執一求，而抑不可以毫釐差。言易雖屢遷，而當幾之得失，於一出一入，揆度外内，使人知道之不易合者，又明於憂患之必有，與所以致之之故，則不待師保之詔，而如父母之不可離，抑非隨變動之吉凶而聽其自至也。

〔一〕周易内傳於巽卦注以爲巽有二義：自陰爻而言則陰上入而合於陽，自陽爻而言則陽之命下施於陰。

〔二〕朱子於此句甚疑惑，本義曰：「此句未詳，疑有脱誤。」大全載語類：「或問：『「外内使知懼」，據文勢，合作「使内外知懼」始得。』曰：『是如此。不知這兩句是如何。硬解時，也解得去，但不曉其意是説甚底，上下文意都不相屬。』」

〔三〕嶽麓本有音注「度，從洛反」。按：「度」字音無「從洛反」，「從」顯係「徒」字之譌。

初率其辭而揆其方，既有典常，苟非其人，道不虛行。

統承上文，而言易道之至近而寓無窮之變，非君子莫能用也。「率」，繇也。憂患與故，象不能著，而聖人以辭顯之，則由辭以研究其精微，而撰度其周[一]流無方之方，則天化人事之變盡，而所以處之者之義精，於無典要之中，得其至當不易之理矣。然占者非徒以知吉而喜，知凶而憂也。苟爲君子之人，則察其隨時之中，而乾惕以慎守其至正之則，於是而易之道乃以行萬變而利用。非其人，則恃其吉而委其凶於無可奈何之數，其占也不如弗占，易道虛設矣。易之爲書，言得失也，非言禍福也，占義也，非占志也，此學易者不可不知也。

右第八章。此章言學易、占易之道，最爲明切。聖人示人之義，炳如日星；後世以數亂之，非愚所知也。古之爲筮者，於事神治人之大事，内審之心，求其理之所

〔一〕嶽麓本所據底本無「周」字。

安而未得，在天子、諸侯則博謀之卿士以至于庶人，士則切問之師友，又無折中之定論，然後筮以决之。抑或忠臣孝子，處無可如何之時勢，而無以自靖，則筮以邀神告而啟其心，則變可盡，而憂患知所審處。是知易者，所以代天詔人，迪之於寡過之塗，而占與學初無二理。若夫以射覆之術言易，即欲辭侮聖言而不畏天命之愆，其可得乎！

九

易之爲書也，原始要終，以爲質也。要，如字，平聲。

「質」，定體也。以全易言之，乾坤並建以爲體，六十二卦皆其用；以一卦言之，彖以爲體，六爻皆其用。用者，用其體也。原其全體以知用之所自生，要其發用以知體之所終變。舍乾坤無易，舍彖無爻。六爻相通，共成一體，始終一貫，義不得異。如履之履陽而上者六三也，則原始要終，皆三之履剛以爲質。臨以二陽上臨四陰，則原始要終，皆以剛臨柔爲質。而説易者謂履上九自視其履，臨六五以知臨下，〔一〕爻、彖自相蹠盭〔二〕，裂質以成文，異乎聖人之論矣。

六爻相雜，惟其時物也。

射禮，射位曰物。「物」，位也。〔三〕「時物」，時與位也。六爻之得失吉凶雖雜，若不合於彖，然惟其發動之時位，因時立義耳，非有悖於卦之質也。如履六三「虎咥人」，與彖辭若異，而義自可通。〔四〕

其初難知，其上易知，本末也；初辭擬之，卒成之終。易，以豉反。卒，即律反。

以下皆爲讀易者言也。「本」者，如艸木之根，藏而未見；「末」，則全體皆見也。如

〔一〕自視其履，程、朱皆如此解；「以知臨下」，説見程傳。
〔二〕盭，即戾字。
〔三〕儀禮鄉射禮：「射自楹間，物長如笴，其間容弓，距隨長武。」鄭注曰：「物謂射時所立處也。謂之物者，物猶事也，君子所有事也。」
〔四〕詳周易内傳發例彖爻一致體例。

乾之初九，一陽動於下，不易知其爲潛；以上有見，有躍，有飛，有亢，而後知之。原始要終，則無不知矣。初象未著，必待辭而後著。「卒」，盡也。卒已成，則觀象而知其義所自生，故辭易知也。初、上之義盡於此。舊説于凡卦之初，皆言當某之始；於上則言卦已極而將變。以卦言，則本無將變之理；以筮言，則六爻備而筮事畢，何變之有。卒者，成也，非變也。

若夫雜物撰德，辨是與非，則非其中爻不備。夫，音扶。[一]

「物」，謂陰陽之成象者，即爻也。「撰德」，所以造成此卦之德也。「是非」，吉凶得失之本也。中四爻者，出乎地、盡乎人而應乎天，卦之成德備於此矣。[二]即如復以初爻爲主，而非中爻重陰，則無以見其不遠之復；夬以上爻爲主，而非中爻積陽，則無以見其无號之凶。家人、睽，陽之閑于初、上者同；困、井，柔之揜剛于初、上者同；而中之

[一] 嶽麓本音注作「夫，防無反」。

[二] 以「中爻」爲中四爻（即二三四五），本之朱子本義。而船山特別發明其意義。詳見朱伯崑易學哲學史相關章節對船山「中四爻爲體」説的解釋。

得失異。故欲明初、上之初終，必合中爻以辨之。原始要終，不可以辭害爻，以爻害象也。

噫！亦要存亡吉凶，則居可知矣。

此句疑有闕誤。大要謂六爻之成象，辨卦之主輔，則可於吉凶而知所存之義矣。

知者觀其彖辭，則思過半矣。

「知」，謂知易者。讀易之法，以彖爲主，而爻之雜撰是非，因時物而成者，即其質以思其變，乃謂之知易。聖人示人讀易之法，於此最爲明切。其謂「有文王之易，有周公之易，有孔子之易」，何其與聖言異也！

二與四同功而異位，其善不同。二多譽，四多懼，近也。柔之爲道，不利遠者，其要无咎，其用柔中也。

「功」者，位之奇偶，剛柔所見功之地也。言「善不同」，懼亦善也。「近」謂近於五。近尊則不敢自專，而懼不足以承，故四雖多懼，而固有善也。二居下卦之中，遠於尊位，則嫌於相敵，正以無所懼而不利；然其大要以无咎而致譽，則以得中故也。

三與五同功而異位。三多凶，五多功，貴賤之等也。其柔危，其剛勝邪！邪，以遮反。

五履天位而中，故貴；三視之賤矣。柔居之而危，小人而乘君子之權也；剛居之則有功。言「勝」者，三或過剛而凶，特勝於柔耳；五柔亦或吉，剛尤勝也。此二節亦言其大略耳，不可爲典要者，又存乎其時，讀者當善通之。〔一〕

右第九章。此章言讀易之法。

〔一〕三多凶，五多功，亦並非盡是如此，而是需要根據具體情境進行判斷。如謙九三曰「勞謙君子有終吉」，非凶也；恒六五曰「夫子凶」，非有功也。所以説「言其大略耳，不可爲典要」。

十

易之爲書也，廣大悉備：有天道焉，有人道焉，有地道焉。兼三才而兩之，故六。六者非它也，三才之道也。

「廣大」，其規模之宏遠；「悉備」，其事理之該括也。「道」者，立天、立地、立人之道也。易包括兩間之化理，而效生人之大用，故於六位著其象。「才」者，固有之良能，天地以成化，人以順衆理而應萬事者也。陰陽，天之才；柔剛，地之才；仁義，人之才。天高地下，人居其中，各效其才，物之所以成，事之所自立也。

道有變動，故曰爻。

「道」，三才之道也。六位雖分，三才殊道，而天地絪緼，時相升降，人心之邪正、氣之順逆，亦與天地而相感。故初、二爲地，三、四爲人，五、上爲天，其常也。其變動，則隨位而三才之道見，固不可爲典要。以爻之陰陽，動於其位，道即因之而在。

爻有等，故曰物。

「等」，差別也。以數則有九、六、七、八，以象則有奇、偶、陰、陽，各成其形象。麗於六位者，二儀之象也。「物」謂陰陽之質。

物相雜，故曰文。

自乾坤二卦外，皆陰陽之相雜者也。「文」者，其承、乘、孚、應之辨也。

文不當，故吉凶生焉。〔一〕

「當」，兼當不當而言。下之承上，上之乘下，同者相孚，異者相應，時各有當，當則吉，否則凶。六位本有定體，以著三才之道，而其變動，則交相附麗以效用。陰陽二物出

〔一〕嶽麓本有音注：「當，丁浪反。」

入於三才六位之中，相雜而因生乎吉凶。蓋人之有道，本與天地相參而立，而剛柔之用存乎人者或順或逆，則陰陽之偏氣與之相感而相戾。故凶者未有不繇乎人之失也，吉者未有不繇乎人之得也。聖人作易，君子占焉，所以善用其陰陽於盡人事、贊化育之中，而非在天有一定之吉凶，人不得而與也。

右第十章。此章明三才六位之理，明卦之所由重。説詳第一章。

十一

易之興也，其當殷之末世、周之盛德邪？當文王與紂之事邪？是故其辭危。危者使平，易者使傾。邪，以遮反。

「殷之末世」，紂無道而錯亂陰陽之紀。文王三分有二，以服事殷，心不忍殷之速亡，欲匡正以圖存而不能，故作易以明得失存亡之理，危辭以示警戒。危者使知有可平之理，善補過則无咎，若慢易而不知戒者，使知必傾，雖得位而亦凶，冀殷之君臣謀於神而悔悟，蓋文王之心亦比干之心也，故曰「盛德」。

其道甚大，百物不廢，懼以終始，其要无咎，此之謂易之道也。要，如字。

「物」，事也。「要」，歸也。「道甚大」者，撥亂反治以回天之理在焉，而忠厚無已之情，寓於微辭以自靖，不忍激成君臣之變，德之盛，故大也。該天下之變於六十四象之中，上推天之所以爲天，而下極於人事物情之變，使知天下之理，無不當以戒慎之心始之終之，而後歸於无咎。殷之君臣能以此而自占，則天命可回，而周之至德終矣。至於紂終不悟，而成乎登天入地之象，至周公之時，乃〔一〕追序殷之所以失爲後鑒，非文王之所忍言也。〔二〕

右第十一章。

〔一〕嶽麓本所據底本「乃」前有「公」字。
〔二〕船山以爲文王作卦辭，周公作爻辭。卦辭多文王勸諫紂王之意，爻辭多殷周革命之教訓總結。

十二

夫乾，天下之至健也，德行恒易以知險。夫坤，天下之至順也，德行恒簡以知阻。夫，音扶。易，以豉反。行，下孟反。〔一〕

乾、坤，謂易所並建以統卦爻者。言天下之至健者，惟乾之德行也；天下之至順者，惟坤之德行也。舉凡天化物情，運行而不撓者，皆陽氣上舒；其運焉而即動，嘘焉而即靈，無所不效以成能者，皆陰性之固然。乾純乎陽，坤純乎陰，健順之至矣。健順至，而險阻無不可知矣。危而難於行者曰「險」，滯而不通者曰「阻」。陽氣之舒，極天下之殊情異質，而皆有以動之，則出入於險，而周知其故。陰壹於順，則雖凝爲重濁，有所窒礙，而或翕或闢，承天時行，以不滯於阻，而自知其通。是以六陽六陰並建以偕行，升降盈虚、爲主爲輔於物化人情者，以其純而不雜、易簡之德，備天下險阻之變而無不通。六十

〔一〕嶽麓本音注作：「夫，防無反。行，下孟反。易，以豉反。」

四卦[一]、三百八十四爻，無非乾、坤之所自爲，則抑無非乾、坤之所自知也。

能説諸心，能研諸侯之慮，定天下之吉凶，成天下之亹亹者。是故變化云爲，吉事有祥，象事知器，占事知來。說，弋雪反。

「侯之」二字，本義云「衍文」。[二]承上文而言：知其理而得之，則夫人心得所安而説矣；知其變而盡之，則夫人不定之慮可因之以研矣；知其理、知其變爲事物之所自成，則天下亹亹不窮之功可就矣。易以健順易簡歷險阻，而無非其所自效而自知，故以易之變化驗人之云爲，而無不可知。「吉事」，謂吉禮祭也；祭則筮日、筮尸、筮牲。[三]「祥」，福也；祭而神享爲福。「象事」，有形象之事。「知器」，謂知制器，「制器者尚其象」也。「占事」，筮庶事也。通幽明、括事物於六十四卦爻象之間，而統不出於六陰六陽之變化。蓋人之云爲，皆陰陽必動之幾，而或剛或柔之得失，一本於健順以爲德行。知其本則知其

[一]「六十四卦」，底本作「六十二卦」，從嶽麓本改。
[二]本義：「『侯之』二字衍。説諸心者，心與理會，乾之事也。」
[三]特牲饋食禮、少牢饋食禮祭祀之前皆必先筮日、筮尸，而未言筮牲之事。然周禮簭人，鄭玄注「巫祠」曰：「祠，謂筮牲与日也。」

化，而險阻皆通，周易之道所以合天而盡人也。

天地設位，聖人成能，人謀鬼謀，百姓與能。與，羊洳反。

上言易之爲道，此則原筮所自設，而極贊其妙也。六位爲三才之道，陰陽爲高卑之實。河圖分五十有五於五位，天地所設也。〔一〕畫其象，名其卦，繫以辭而斷以占，著變化於云爲，聖人成之也。大衍五十，而用四十有九，分二、掛一、歸奇、過揲，審七、八、九、六之變以求肖乎理，人謀也。分而爲二，多寡成于無心不測之神，鬼謀也。人盡其理，鬼妙其變，所以百姓苟以義問，無不可與其能事，無艱深曲折〔二〕之難知，而大行於天下矣。若龜之見兆，但有鬼謀而無人謀；後世推測之數，如壬遁之類，有人謀而無鬼謀。三才之道不存焉，可揣吉凶，而不能詔人以憂患之故。聖人之制作所以不可及也。

〔一〕詳上繫第九章。
〔二〕「曲折」，底本作「詰曲」，從嶽麓本改。

八卦以象告，爻、象以情言，剛柔雜居，而吉凶可見矣。〔一〕

此以下言占者之法。八卦既各有象，其貞悔交錯而爲六十四卦，皆天化物情之象也。爻、象，其辭也。「情」者，既成象而變動，必有情實也。雜居而得失異，得則吉，失則凶，未之或爽也。占者於其象之相雜而求其辭之情，則吉凶之故顯矣。

變通以利言，吉凶以情遷。

陰陽之交相變而自相通，皆乘一時之利，而所利者有得有失，因乎情之正不正，而吉凶異矣。

是故愛惡相攻而吉凶生，遠近相取而悔吝生，情僞相感而利害生。惡，烏路反。

此以推明變通雜居而吉凶可見之理，示占者知得失之由也。情屬於彼而與相離合曰

〔一〕嶽麓本有音注「見，胡甸反」。

「攻取」。上言「攻」，下言「取」，互文見意。愛則相取，惡則相攻。攻取之，得則[一]應天順人而吉，失則致寇而凶。其相攻取也，近則攻不力，遠則取不便，故其得失未甚而爲悔吝。「情」，實也。「情僞」猶言誠僞。誠者其理所宜感，僞者非所感而妄感也。感以實則利，以僞則害。此相雜之變動[二]或應或不應，或孚或不孚，因乎八卦相錯，剛柔相雜，愛惡遠近情僞之殊情，而同一位、同一爻，在此而吉，在彼而凶，各以其時位爲象爲情，占者所宜因象以求辭也。

凡易之情，近而不相得，則凶句，**或害之，悔且吝。**

此舉大凡以爲之例，占者可即此以究情之遷也。近有二：相比也，相應也，皆近也。相得有二：異而相應，同而相孚也。相得則吉，否則凶。時欲相濟，則利於相應；時欲相協，則利於孚。「或害之」者，情非不相得，而爲中爻所牽制，以害其交，則事幸成而

[一]「則」，嶽麓本作「得」，斷作「攻取之得，得應天順人而吉」，於文義非是。

[二]「動」，底本作「通」，從嶽麓本改。

必悔，事未成而吝；如同人六二與五相得，以三、四害之，故凶。

將叛者其辭慚，中心疑者其辭枝，吉人之辭寡，躁人之辭多，誣善之人其辭游，失其守者其辭屈。

「慚」者，欲言而若不能出諸口。「枝」者，不以正告，且爲旁出之言，以觀人之意。「吉人」，善而凝福之人。「游」如泅水者，浮而不定。「失其守」，謂典守而失之。「屈」，無以自伸也。情見乎辭類如此。易因爻象之得失，而體其情以爲辭，乃繫吉凶於下，所以知險阻而盡情僞。如大有之類，其辭寡矣。慚者，如觀之六二，陰長得中位而將叛，故闚而不出以相見。枝者，如睽上九之類。多者，如无妄彖辭之類。游者，如震上六之類。屈者，如夬上六之類。〔二〕險阻皆因其象以爲辭，而惟健順易簡之德不逆億而先覺，故能盡知而傳之。

〔二〕震上六：「震索索，視矍矍，征凶。震不于其躬，于其鄰，无咎。婚媾有言。」夬上六：「无號，終有凶。」

右第十二章。此章言易所以前知之故，而示占者玩辭觀象以盡變之道，略舉一隅之義例，在讀易者之善通爾。

周易内傳卷六上終

周易内傳卷六下

説卦傳

繫傳發明文王、周公彖、爻之辭，微言大義之所自著；而説卦專言伏羲畫卦之理，故别爲傳，繇此而後世有伏羲、文王次序方位不同之説。乃文王之彖，原本於伏羲之卦，特繫之辭以明吉凶得失之故耳，非有異也。伏羲以八卦生六十四卦，而文王統之於乾坤之並建，則尤以發先聖之藏。然説卦傳言「參天兩地」「觀變於陰陽」，則亦乾坤統全易之旨。但伏羲有卦而無辭，故其統宗不著；文王既爲之辭，又爲之序，以申其固有之理，終不可謂伏羲之别有序位，爲先天之易也。

昔者聖人之作易也，幽贊於神明而生蓍，

「贊」，助也。神明欲下詔於人而無從，聖人以筮助其靈，使昭著也。「生」，始作之也。「蓍」，蒿屬叢生者。艸木因天地自然所生而無心，無心故聽神明之用，其靈則在分而爲兩之妙。必用此艸者，取其條直輕韌也。舊說謂王道得而蓍生滿百莖，說出史遷好異所傳。〔一〕此繫聖人作易之下，則非天地生之可知。〔二〕

參天兩地而倚數，

六合之全體，皆天也，所謂大圜也。故以數數之，則徑一圍三，而一函三。地有形有氣，在天之中，與相淪洽，而有所不至，則缺其一而爲二。奇畫中實，偶畫中虛，其象也。「倚」，任也。天地之理氣，不可以象象，故任數以爲之象。「參兩」云者，聖人參之兩之也。天地渾淪之體，合言之則一，分言之則二。聖人以其盈虛而擬天之數以三，地之

〔一〕本義：「龜筴傳曰：『天下和平，王道得，而蓍莖長丈，其叢生滿百莖。』」

〔二〕朱子以爲是天地生之。大全載：「問：『生蓍，按本義引龜筴傳「蓍生滿百莖」爲證，某謂生字似衹當與下面「立卦」立字、「生爻」生字同例，看所謂「生蓍」者，猶言立蓍而用之耳。未知是否？』曰：『卦爻是人所畫，蓍是天地所生，不可作一例說。兼以立蓍而用之爲生蓍，亦不成文理。』」船山以爲，上句既言「聖人之作易」，則下句所謂「生蓍」亦當聖人之作爲，謂聖人創作以蓍占問之法，非謂天地生出蓍艸也。

數以二；卦畫之奇陽偶陰，既明著其象，而揲蓍之法，用九用六，四其九而三十六，四其六而二十四，陽十二其三，陰十二其二，一以參兩之法行之，數可任而象可立，道因以著。〔二〕蓋人事之得失吉凶，惟所用之盈虛有當有否，故數可倚之以見道。

觀變於陰陽而立卦，發揮於剛柔而生爻，

天地自然之變，發見於物理人情者，六十四象亦略備矣。其變一盈一虛，陰陽互用也。故以十八變而成一卦，因著其象，立其名，顯其性情功效之殊焉。「發揮」者，因所動之剛柔，而即動以著其效，則爻之吉凶悔吝因之以生。「生」，謂發其義也。陰陽剛柔互言之，在體曰陰陽，在用曰剛柔。讀易之法，隨在而求其指，大率如此。若下章以陰陽屬天，剛柔屬地；又，象、爻之辭言剛柔而不言陰陽，剛柔即陰陽。其指又別。古人言簡而包括宏深。若必執一以爲例，則泥矣。

〔二〕 揲蓍之時，老陽之數是四九三十六，老陰之數四六二十四。但三十六、二十四還可以化約成二三，即三十六爲十二乘三，二十四而十二乘二，從而與「三天兩地」聯繫起來。

和順于道德而理於義，窮理盡性以至於命。

「道」即立天、立地、立人之道。「德」者，道之功能也。「義」者，隨事之宜也。道德之實，陰陽健順之本體也。以數立卦而生爻，極其變動發揮而不相悖害。道本渾淪，因而順之，健順交相濟而和矣。及其因動起事，因事成象，卦各有宜，爻各有當，以別得失，以推吉凶，則因時制宜[一]，而分析條理以盡義，無不各順其則也。故推其精義合德之蘊，窮天下之理，盡人物之性，而天之繼善以流行萬化者，皆其所造極。聖人之作易一倚數，而功化之盛，夫豈可以術測而褻用之乎！

右第一章。　此章統贊作易之全體大用，而以數爲本。數者，聖人成能之利用，人謀之本術也。

[一]「宜」，嶽麓本所據底本爲空格。

昔者聖人之作易也，將以順性命之理。是以立天之道，曰陰與陽；立地之道，曰柔與剛；立人之道，曰仁與義。兼三才而兩之，故易六畫而成卦；分陰分陽，迭用柔剛，故易六位而成章。

在人曰「性」，在天地曰「命」。「立天之道」者，氣之化也。「立地之道」者，形之用也。「立人之道」者，性之德也。此以陰陽並屬之天者，自其命之或温或肅，一生一殺者言也。以柔剛並屬之地者，自其或翕或闢、以育以載者言也。天無二氣，地無二形，人無二性，合以成體，故三畫而八卦成。而其命之降，性之發，各因乎動幾，而隨時相應以起，則道有殊施，心有殊感，陰陽、柔剛、仁義各成其理而不紊，故必重三爲六，道乃備焉。「成卦」，自畫卦之旨及筮者積變爲卦而言。「成章」，自統爻於彖，共成一義而言也。卦以順性命而利人之用，一事一物皆有全理，而動以其時，故必兼之，而後天道人事皆著於中矣。三才六位，既各有定，而初、三、五爲陽爲剛，二、四、上爲陰爲柔，於六位之中又有分焉。則天之有柔以和煦百物，地之有剛以榮發化光，又無判然不相通之理。擬之以人，則男陽而固有陰，女陰而固有陽，血氣榮衛表裏之互相爲陰陽剛柔，莫不皆然。六位迭用，乃以文質相宜而成章。不復言人道者，仁之嚴以閑邪者剛也，陰也；慈以惠物者柔也，陽也。義之有斷而儉者，陰也，剛也；隨時而宜者，陽也，柔也。則以行乎六位而迭用者也。學易者于仁義體之，而天地之道存焉，則盡性而即以至於命。占者以仁義之存去審得失，而吉凶在其中矣。故曰「易不爲小人謀」，以其拂性而不能受命也。

右第二章。此章專説卦爻六位之旨。先言陰柔，後言陽剛，以叶韻耳，[二]非有意也。舊説拘文牽義，謂陰柔先立體，而後陽剛施化；又分仁屬陰，分義屬陽。辨析徒繁，今皆不取。[三]

[二] 陽、剛爲韻。

[三] 大全引語類：「『仁義』，看來當曰『義與仁』，當以仁對陽。仁若不是陽剛，如何做得許多造化？義雖剛，却主於收斂，仁却主發舒。這也是陽中之陰，陰中之陽。互藏其根之意。」（見語類卷七十七）語類又載：「問：『仁是柔，如何却屬乎剛？義是剛，如何却屬乎柔？』曰：『蓋仁本是柔底物事，發出來却剛。但看萬物發生時，便自恁地奮迅出來，有剛底意思。義本是剛底物事，發出來却柔。但看萬物肅殺時，便恁地收斂憔悴，有柔底意思。如人春夏間陽勝，却有懈怠處；秋冬間陰勝，却有健實處。』」

天地定位，山澤通氣，雷風相薄，水火不相射，八卦相錯。射，食亦反。〔一〕

此章序伏羲則河圖畫八卦之理，而言其相錯以成章也，説詳繫辭上傳第九章。乾坤、坎離，對待而相錯也。震巽、艮兑，交營而相錯也。天高地下，水左行而火右行，雷風動於外，山澤成于中，自然之體也。「定位」者，陽居上，清剛而利於施；陰居下，柔濁而利於受；惟其位定，是以交也。「通氣」者，山象天之高，而地氣行焉；澤體地之下，而天氣行焉。「薄」如春秋傳「寧我薄人」之薄〔二〕。雷者陽之動，風者陰之動，交相馳逐也。「不相射」者，各止其所而不相侵，相侵則相息也。惟其錯，是以互成相因之用也；由八卦而六十四卦之錯可知已。此言天地定位，雖據河圖之七〔三〕、五、一，

〔一〕嶽麓本音注多「錯，七各反」。

〔二〕左傳宣公十二年：「楚人亦懼王之入晉軍也，遂出陳。孫叔曰：『進之！寧我薄人，無人薄我。詩云「元戎十乘，以先啓行」，先人也。』」薄訓爲迫。

〔三〕嶽麓本校記：「『七』：鈔本及守遺經書屋本、金陵本、太平洋書店本均作『九』。劉、馬、周諸校及王孝魚校點稿未提及此字。按據河圖上下之位，則『九』應作『七』。繫辭上傳第九章船山傳文云：『因七五一而畫乾，因六十二而畫坤』（見第五四五頁），是也。」嶽麓本校記甚是，今據改。

六、十、二上下之位而言，實則一、三、五、七、九皆天之數，二、四、八、十皆地之數，則以交相參而相錯成乎八卦，而五位之一奇一偶相配而不亂，蓋乾、坤之化行於六子者莫不有定位，故文王並建乾坤，而卦由之以生，相錯者不離乎五十有五之中。讀者當善通之。

右第三章。

數往者順，知來者逆，是故易，逆數也。「數往」之數，上聲。

從上而下謂之「順」，從下而上謂之「逆」。象之順逆，數亦因之。數者，數其象也；象之已成而數定矣，則先記其總而後記其別。如河圖因五十有五之全數，而後推一六、二七、三八、四九、五十之分，自多而寡，順數之也。若由未有而有，以漸積而成象，則有一而後有二，以至於多，逆知其將有，而姑從少者以起也，逆數之也。多以統少，自上而下，順也；少以生多，自下積上，逆也。故數往者必順，而知來者必逆。易以占未來之得失吉凶，故其畫自初而二，以至於上，積之而卦成；乾初得九，增而十八，以至於五十四，迄乎上而象乃成。下者事之始，上者事之成，本末功效之序，自然之理也。先儒皆謂已往而易見爲順，未來而前知爲逆，蓋此義也。〔一〕邵子始爲異說以亂之，非是。〔二〕

〔一〕韓康伯注：「易八卦相錯，變化理備，於往則順而知之，於來則逆而數之。作易以逆覩來事，以前民用。」正義曰：「易之爲用，人欲數知既往之事者，易則順後而知之；人欲數知將來之事者，易則逆前而數之，是故聖人用此易道，以逆數知來事也。」

〔二〕邵雍之先天八卦圖如左：

右第四章。　此章本義與上章合爲一章，以徇邵子先天之説。[一]先天者，學僊者之邪説也。未有天之先，何象何數而可言者耶？易曰「先天而天弗違」，言大人之創制顯庸，撥亂反治，氣機將動，而大人迎之于未見之前，若導之者，其字讀爲去聲。[二]非天之前有此時位，與後天判然而異候也。若其云繇乾而兑，而離而震；繇巽而坎，而艮而坤，兩相逆以相遇，惟弄卦畫以餖飣成巧，而於理不窮，於性不盡，於得失吉凶無所當，特學僊者順之則生人生物、逆之則成佛成僊之淫辭；而陽往陰來，相遇于震、巽之交，抑陰陽交構，彼家之妖術。聖人作易以順道理義，致用崇德，亦安用彼爲哉！徒虛立一伏羲之名，於世遠言[三]湮之後，以欺歷文王而上之，爲聖人之徒者所不敢徇也。此與上章意義各别，故分爲二章，如先儒之舊。

[一] 本義合「天地定位」與「數往者順」爲一章。其兩處注文曰：「邵子曰：『此伏羲八卦之位。』乾南，坤北，離東，坎西，兑居東南，震居東北，巽居西南，艮居西北。於是八卦相交而成六十四卦，所謂先天之學也。起震而歷離、兑，以至於乾，數已生之卦也；自巽而歷坎、艮，以至於坤，推未生之卦也。易之生卦，則以乾、兑、離、震、巽、坎、艮、坤爲次，故皆逆數也。」

[二] 先，集韻有二音，去聲音霰，注曰：「相導前後曰先後。」

[三] 嶽麓本校記：「『言』：守遺經書屋本、金陵本作『年』。」

雷以動之，風以散之，雨以潤之，日以晅[一]之，艮以止之，兑以説之，乾以君之，坤以藏之。説，戈雪反。

此言六子之大用，所以摩盪陰陽，互相節宣，而歸其本於乾坤也。「動」者，陽起而動陰之凝；「散」者，陰入而散陽之亢。「潤」者，陽資于陰以濡其燥；「晅」者，陰麗于陽而得其和。「止」以遏陰之競進；「説」以解陽之鋭往。陰陽交相爲益，而無過不及之憂矣。而宰制陰陽，使因時而效六子之績者，健行之氣「君」之也。其能受陽之施，含藏之以成六子之體者，順承之德「藏」之也。故能相摩相蕩，而六子之用行，兩間之化浹也。伏羲平列八卦，而乾君坤藏之象已著；[二]文王並建乾坤以統易，亦善承伏羲之意而著明之耳。

右第五章。第三章以卦之定體，言其相錯之象，故以天地統始，而六子之序因其微著。

[一] 經文及下傳文中「晅」，嶽麓本均作「烜」。

[二] 説「伏羲平列八卦」，即指本説卦傳「天地定位，山澤通氣」一節所謂的八卦順序，因彼處不用邵雍先天卦序，所以説「平列」。

山、澤，體之最著者也；雷、風，用之最著者也；水、火之體用皆微也。言相錯之象，則先著而後微，象以著爲大也。此章以卦之大用，言其相益之序，故自震巽而坎離而艮兑，以歸本於乾坤，皆因其自然之序，非以方位言也。〔一〕

帝出乎震，齊乎巽，相見乎離，致役乎坤，説言乎兑，戰乎乾，勞乎坎，成言乎艮。萬物出乎震，震，東方也。齊乎巽，巽，東南也，齊也者，言萬物之潔齊也。離也者，明也，萬物皆相見，南方之卦也，聖人南面而聽天下，嚮明而治，蓋取諸此也。坤也者，地也，萬物皆致養焉，故曰致役乎坤。兑，正秋也，萬物之所説也，故曰説言乎兑。戰乎乾，乾，西北之卦也，言陰陽相薄也。坎者水也，正北方之卦也，勞卦也，萬物之所歸也，故曰勞乎坎。艮，東北之卦也，萬物之所成終而所成始也，故曰成言乎艮。説，弋雪反。〔二〕

〔一〕「非以方位言」，仍是爲了批評邵雍。
〔二〕嶽麓本音注多「見，胡甸反」。

前舉其目，而後釋之。或古有此言，而夫子釋其義。乃「萬物出乎震」以下，文類公、穀及漢律曆志，[一]則或前爲夫子所録之本文，而後儒加之訓詁也。本義云「所推卦位之説多未詳」者，良是。而邵子以爲文王之卦位，亦不知其何據。大抵易之爲道，變動不居，以意求之皆得，則此亦未見爲文王一定之位也。

前言「帝」，後言「萬物」者，帝者萬物之君主，運物而終始之者也。萬物無體，以帝之用爲其體；帝無用，以萬物之體爲其用；帝其顯仁，而物其藏用，所謂「體物而不可遺」也。其以八方四時合言而互見者，蓋與曆家「地有四遊」之説略同。[二]出乎震，春中也。成終始乎艮，孟春也。動物之自少至老，植物之自榮至枯，皆有出震而成言乎艮之條理焉，則此所言亦序也，非一定不移之位也。其循環相生之序，不以

[一] 謂其訓釋體裁風格相近也，即「甲，乙也，言故曰丙也」。茲舉漢書律曆志一段：「聲者，宮、商、角、徵、羽也……商之爲言章也，物成孰可章度也。角，觸也，物觸地而出，戴芒角也。宮，中也，居中央，暢四方，唱始施生，爲四聲綱也。徵，祉也，物盛大而繁祉也。羽，宇也，物聚臧，宇覆之也。」

[二] 禮記月令正義引鄭玄注考靈耀曰：「地與星辰俱有四遊升降。四游者，自立春地與星辰西游，春分西遊之極。地雖西極，升降正中，從此漸漸而東，至春末復正。自立夏之後北遊，夏至北遊之極。地則升降極下，至夏季復正。立秋之後東游，秋分東遊之極。地則升降正中，至秋季復正。立冬之後南游，冬至南遊之極。地則升降極上，冬季復正。此是地及星辰四遊之義也。」

卦畫之升降消長爲次第，蓋以卦德之用言，而非因其體。天地絪緼之化，變動而不可爲典要，在天者即爲理，不可以人爲之漸次測度之也。「齊乎巽」，風以動物而使疏秀整齊之謂。「相見」者，物與物相見，資於明也。「致」猶致師之致，引之而待其自至也。「役」，用也，用以養也。「説言」，喜於自得之謂。陰陽相薄而戰，物既堅剛，争之所自起也。坎爲「勞卦」者，效用於天地之間，其象爲水流而不得息。艮則其勞止，而將以紹來者之生，故成終而即以成始。以意義擬之，大略如此。其詳，則朱子之所謂「未詳」也。

右第六章。自此以下六章，蓋古筮氏有此，以占事應，夫子取其近正者録之於篇，以待占者，非夫子之贊論也。

神也者，妙萬物而爲言者也。動萬物者莫疾乎雷，撓萬物者莫疾乎風，燥萬物者莫熯乎火，説萬物者莫説乎澤，潤萬物者莫潤乎水，終萬物始萬物者莫盛乎艮。故水火相逮，雷風不

相悖，山澤通氣，然後能變化，既成萬物也。〔一〕

「神」者，乾坤合德、健以率順、順以承健，絪緼無間之妙用，並行於萬物之中者也。故但言六子，不言乾坤，乾坤其神也。張子曰：「一故神，兩在故不測。」故方動而啟之，旋撓而散之；方熯之，旋潤之，方説以解其剛悍之氣而使和，旋艮以結爲成實之體而使止；兩在不測，而乾坤之合用以妙變化者，不以性情功效之殊而相背，無非健順合一之神爲之也。「水火相逮」者，燥濕寒熱之異，而火入水中，水入火中。其象，則河圖八、三在左，九、四在右，而五、十交函於中；〔二〕以物理推之，則煮水成湯，火逮乎水；以油起燄，水逮乎火也。「雷風不相悖」，可並作也。「山澤通氣」，氣不以山高澤下而阻也。六子之情才功用大殊，而自小至大，無物不體，自生至死，無時可斁，合一之妙，乾坤固有之知能於斯顯矣。惟聖人體之以爲德，則勸威合於一致，動静合於一幾，進退合於一中，大德之敦化者成乎小德之川流，健以無所屈者即順以無所拂，則人不可知而謂之神矣，易

〔一〕嶽麓本多音注「説，弋雪反」。

〔二〕此據船山之「則河圖畫卦」説而言。前文云：「因左八、三、十而畫坎，因右九、四、五而畫離。」

之所以體天地聖人之妙用也。

右第七章。

乾，健也。坤，順也。震，動也。巽，入也。坎，陷也。離，麗也。艮，止也。兑，説也。〔一〕

此釋卦名義也。「健」「順」以德行言；「動」「入」「止」「説」以功用言，「陷」「麗」，以時位言。「陷」者以懲陰之險，故陽得中而憂其陷。「麗」者以勸陰附陽以求明，故陰得中而謂其相附麗也。

右第八章。

乾爲馬，坤爲牛，震爲龍，巽爲雞，坎爲豕，離爲雉，艮爲狗，兑爲羊。

此下四章，皆古筮者雜占之説，與象、爻之辭互有異同，蓋非文王、周公所憑以取象

〔一〕嶽麓本多音注「説，弋雪反」。

之典要，然於物理亦合，故夫子存之，以廣所占之徵應，要亦未可執也。「爲」云者，推本萬事萬物之所自出，莫非一陰一陽之道所往來消長之幾所造也。見乃謂之象，形乃謂之器，八卦之仁於此而顯；其用也，皆八卦之所藏也。充塞于天地之間，周流於日用之際；近取諸身，遠取諸物；屈伸感而利生，情僞感而利害生；其動而化者，即静凝而成體；誠不可遺，而體物不遺；或以象，或以數，或以性情功效，或以時位而成。學易者引而伸之以窮理，則德業之崇廣亦可知矣，非徒爲筮者射覆之用也。

右第九章。

乾爲首，坤爲腹，震爲足，巽爲股，坎爲耳，離爲目，艮爲手，兑爲口。

此所取象，本爲筮者占身中疾痛而設，然因此而見人之一身，無非乾坤六子之德業所自著，則繇此而推之血氣營衛、筋骸皮肉之絡理，又推之動静語默、周旋進反之威儀，又推之喜怒哀樂，愛惡攻取之秩叙，無非健順陰陽之所合同以生變化，而乘時居位之得失吉凶，應之不爽。君子觀象玩占，而于疾眚之去留、言行動作之善惡，皆可因筮以反躬自省而俟天命。蓋人身渾然一天道之合體，而天理流行於其中，神之告之，亦以其誠然之理，非但迹象之粗。筮之義如此其大。固不可以技術之小智測也。

右第十章。

乾，天也，故稱乎父。坤，地也，故稱乎母。

「稱」者，以此之名加彼之辭也。張子西銘「理一分殊」之旨，〔一〕蓋本諸此。父母者，吾之所生成者也，因之而推其體，則爲天地；因此而推其德則爲乾坤。天地大而父母專，天地疏而父母親，故知父母而不知乾坤者有矣，未有不知父母而知乾坤者也。思吾氣之所自生，至健之理存焉；思吾形之所自成，至順之理在焉；氣固父之所臨也，形固母之所授也。故敬愛行，而健順之實、知能之良，於此而凝承以流行於萬理，則見乾于父，見坤

〔一〕西銘首句曰「乾稱父，坤稱母」，故船山謂本於此。然張載實未言「理一分殊」四字。此説見於伊川之答楊時論西銘書。雖張子未言，然程子所發明，與張子合，且能澄清讀者誤解，有功於聖門。伊川曰：「西銘明理一而分殊，墨氏則二本而無殊（老幼及人，理一也；愛無差等，本二也）。分殊之蔽，私勝而失仁；無分之罪，兼愛而無義。分立而推理一，以止私勝之流，仁之方也；無别而迷兼愛，至於無父之極，義之賊也。」

於母，而天地之道不違矣。是以可名乾以父，名坤以母，而父母之尊親始昭著而不可昧。六子，皆乾坤之所生也，則吾之有身，備六子之體用性情者，無非父母之所全以生者也，無二本也。而以術數言易者，謂復、姤爲小父母，〔二〕然則生我之父母又其小者。一人而父母三焉，〔三〕非禽獸之道而何哉！

震一索而得男，故謂之長男。巽一索而得女，故謂之長女。坎再索而得男，故謂之中男。離再索而得女，故謂之中女。艮三索而得男，故謂之少男。兑三索而得女，故謂之少女。

長，知兩反。中，直送反少，失詔反。索，山白反。〔三〕

「索」，求也，揲蓍以求而遇之也。此亦以筮者占父母兄弟子女而設也。於經，惟震、睽、革、歸妹著此象；〔四〕他如師以坎二爲長子，大過以巽初爲女妻，亦不盡合，筮者因事

〔一〕詳本書繫辭上傳第一章末注。
〔二〕三父母，謂生我之父母、天地之父母、復姤之小父母也。又利瑪竇亦有三父母之説，即天主、君王、生身父母。
〔三〕嶽麓本音注作：「索，色白反。長，知兩反。中，直用反。少，失詔反。」
〔四〕震，則長子「守宗廟社稷，以爲祭主」。睽、革二卦象傳皆曰「二女同居」。歸妹卦則長男欲就於少女，船山所謂「男已長，女方少，相説而動以從之」。

而占則應耳。陰體立，而陽入爲之主，則爲男；陽用行，而陰又入之則爲女。陽之入陰以施化，常也。然陽與陰相淪洽，則陰又以其柔潤之化，入于陽中，故巽、離、兑以陰感陽而起化，絪緼化醇之妙，不可以一例求也。

右第十一章。

乾爲天，爲圜，爲君，爲父，爲玉，爲金，爲寒，爲冰，爲大赤，爲良馬，爲老馬，爲瘠馬，爲駁馬，爲木果。

「圜」，以物之形象言。「駁馬」，或謂食虎豹之獸；然言駁馬，則固馬也。〔二〕駁者，性不馴良。果有木生，有蔓生。言木者，桃杏之屬，別於蔓生者。

坤爲地，爲母，爲布，爲釜，爲吝嗇，爲均，爲子母牛，爲大輿，爲文，爲衆，爲柄，其於

〔二〕正義：「『爲駁馬』，言此馬有牙如倨，能食虎豹。爾雅云『倨牙食虎豹』，此之謂也。王廙云：『駁馬能食虎豹，取其至健也。』」大全引鄱陽董氏曰：「按韻會『駁獸如馬，鋸牙食虎豹』。宋劉敞奉使契丹，時順州山中有異獸如馬而食虎豹，虜人不識，以問公，曰：『此駁也。』爲言形狀音聲，皆是。虜歎服之。又，駁馬色不純，或曰純極而駁生焉。」然據説文，則食虎豹者爲駮，馬色不純者爲駁。

地也爲黑。

分物得平之謂「均」。坤〔一〕爲地，而言「于地爲黑」者，以之占地，則應在黧黑之土也。〔二〕

震爲雷，爲龍，爲玄黃，爲旉，爲大塗，爲長子，爲決躁，爲蒼筤竹，爲萑葦，其于馬也，爲善鳴，爲馵足，爲作足，爲的顙；其於稼也，爲反生；其究爲健，爲蕃鮮。長，知兩反；〔三〕反，孚袁反。

「旉」，花也。「塗」，路也。「決躁」，占事者當速決而躁動也。「蒼筤竹」，色蒼翠而葉茂盛者。「馵足」，足骹〔四〕白。「作足」，足數動，馬壯則然。「的顙」，當額白。「反生」，已槁而復生。「究」，言其成功也。「健」，謂馬。「蕃鮮」，謂稼鮮榮盛也。〔五〕

〔一〕「坤」，底本作「均」，從嶽麓本改。

〔二〕坤位西南，古梁州之地。禹貢言梁州「厥土青黎」，孔傳曰「色青黑而沃壤」。黧即黎。

〔三〕嶽麓本音注此後有「下『長女』之長同」。

〔四〕「骹」，嶽麓本作「駁」。

〔五〕此諸名物解釋，船山多從舊注，惟「反生」，集解、正義皆以爲戴甲而生者，船山則以爲枯而復生，是訓反爲復也。

巽爲木，爲風，爲長女，爲繩直，爲工，爲白，爲長，爲高，爲進退，爲不果，爲臭；其於人也，爲寡髮，爲廣顙，爲多白眼，爲近利市三倍；其究爲躁卦。

「繩直」，引繩以定牆屋之基。「進退」，事不决。「不果」，志不定。「近利」，得財賄也。「三倍」，三倍其息。「其究」，以人言。「躁」，不寧也。

坎爲水，爲溝瀆，爲隱伏，爲矯輮，爲弓輪；其於人也，爲加憂，爲心病，爲耳痛句，**爲血卦，爲赤；其于馬也，爲美脊，爲亟心，爲下首，爲薄蹄，爲曳；其於輿也，爲多眚**句，**爲通，爲月，爲盜；其於木也，爲堅多心。**

「隱伏」，以人情言。「矯」以爲弓，「輮」以爲輪，相承言之。「血卦」，當見血也。〔二〕「赤」者血色，亦相承言之。「亟心」，性速也。「下首」，首不高舉，馬疾馳則然。「曳」，人曳之不行。「多眚」，多隙漏也。「通」者，事得順利。

〔二〕謂見血則此卦當之。

離爲火，爲日，爲電，爲中女，爲甲冑，爲戈兵；其於人也，爲大腹句；爲乾卦，爲鼈，爲蟹，爲蠃，爲蚌，爲龜，其於木也，爲科上槁。中，直送反。乾，音干〔一〕。

「大腹」，丁奚病。〔二〕「乾」，旱也。「科」，枝杪也。〔三〕「蠃」與螺通。〔四〕

艮爲山，爲徑路，爲小石，爲門闕，爲果蓏，爲閽寺，爲指，爲狗，爲鼠，爲黔喙之屬；其於木也，爲堅多節。寺，音侍。

「果蓏」，蔓生果，𤬸𤭢之屬。〔五〕「閽寺」，刑人守門者。「黔喙」，鳥獸之喙黑者。

〔一〕嶽麓本所據底本無「乾，音干」三字，又「直送反」作「直用反」。

〔二〕諸病源候總論卷四十七「大腹丁奚」條：「小兒丁奚病者，由哺食過度而脾胃尚弱，不能磨消故也。哺食不消，則水穀之精減損，無以榮其氣血，致肌肉消瘠，其病腹大頸小黄瘦是也。久不瘥，則變成穀癥傷飽。一名哺露，一名丁奚，三種大體相似，輕重立名也。」先儒多以大腹爲有孕，船山則獨發此義。

〔三〕科，先儒或訓空，或訓折，船山則以爲「木杪」，即樹梢也。蓋船山讀科爲條（廣雅），條爲小枝（説文）。

〔四〕釋文：「蠃，京作螺。」

〔五〕釋文：「馬云：『果，桃李之屬；蓏，瓜瓠之屬。』應劭云：『木實曰果，艸實曰蓏。』」今按：先儒皆果、蓏分言，船山則以爲一物𤬸𤭢，即栝樓。爾雅釋草第十三「鉤藈姑」注曰：「鉤𤭢也，一名王瓜。」

兑爲澤，爲少女，爲巫，爲口舌，爲毁折，爲附决；其於地也，爲剛鹵句；**爲妾，爲羊。**〔一〕

「毁折」以物言，「附决」以事言，謂相倚附而得决也。

右第十二章。本義云：「此章廣八卦之象，其間多不可曉者，求之於經，亦不盡合。」蓋古筮人因象推求以待問，與後世射覆之術略同，爲類甚繁，故荀爽集九家解，更有多占，〔二〕而夫子取其理之可通者存之。實則盡天下之物、天下之事、天下之情僞，皆卦象之所固有，則占者以意求之，無不可驗，而初不必拘於一定之説。故文王、周公所取象者，如坤言馬、言冰之類，又與此别。君子之筮，以審於義，而利自在焉，則篤信文、周之象數，冒天下之道而已足。若專爲筮人而占細事小物之得失利害，則當於理者，亦時相符

〔一〕嶽麓本有音注「少，失詔反」。
〔二〕經典釋文於説卦末謂：「荀爽九家集解本，乾後更有四……」云云。八卦取象，荀爽、虞翻皆推廣之。又船山此處謂「荀爽集九家解」，非也。據釋文，後人集荀爽、京房等九家爲一書，以荀爽爲主，故謂之荀爽九家集注。周易集解引作九家。

合，是以聖人亦存而不廢焉。

序卦傳

有天地，然後萬物生焉。盈天地之間者惟萬物，故受之以屯，屯者盈也，屯者物之始生也。物生必蒙，故受之以蒙，蒙者蒙也，物之穉也。物穉不可不養也，故受之以需，需者飲食之道也。飲食必有訟，故受之以訟。訟必有衆起，故受之以師，師者衆也。衆必有所比，故受之以比，比者比也。比必有所畜，故受之以小畜。物畜然後有禮，故受之以履。履而泰，然後安，故受之以泰，泰者通也。物不可以終通，故受之以否。物不可以終否，故受之以同人。與人同者，物必歸焉，故受之以大有。有大者不可以盈，故受之以謙。有大而能謙必豫，故受之以豫。豫必有隨，故受之以隨。以喜隨人者必有事，故受之以蠱，蠱者事也。有事而後可大，故受之以臨，臨者大也。物大然後可觀，故受之以觀。可觀而後有所合，故受之以噬嗑，嗑者合也。物不可以苟合而已，故受之以賁，賁者飾也。致飾然後亨，則盡矣，故受之以剥，剥者剥也。物不可以終盡，剥窮上反下，故受之以復。復則不妄矣，故受之以无妄。有无妄然後可畜，故受之以大畜。物畜然後可養，故受之以頤，頤者養也。不養則不可動，故受之以大過。物不可以終過，故受之以坎，坎者陷也。陷必有所麗，故受之以離，離者麗也。「可觀」之觀，如字。

右上篇。

有天地然後有萬物，有萬物然後有男女，有男女然後有夫婦，有夫婦然後有父子，有父子然後有君臣，有君臣然後有上下，有上下然後禮義有所錯。夫婦之道，不可以不久也，故受之以恒，恒者久也。物不可以久居其所，故受之以遯，遯者退也。物不可以終遯，故受之以大壯。物不可以終壯，故受之以晋，晋者進也。進必有所傷，故受之以明夷，夷者傷也。傷於外者必反其家，故受之以家人。家道窮必乖，故受之以睽，睽者乖也。乖必有難，故受之以蹇，蹇者難也。物不可以終難，故受之以解，解者緩也。緩必有所失，故受之以損。損而不已必益，故受之以益。益而不已必决，故受之以夬，夬者决也。决必有所遇，故受之以姤，姤者遇也。物相遇而後聚，故受之以萃，萃者聚也。聚而上者謂之升，故受之以升。升而不已必困，故受之以困。困乎上者必反下，故受之以井。井道不可不革，故受之以革。革物者莫若鼎，故受之以鼎。主器者莫若長子，故受之以震，震者動也。物不可以終動，止之，故受之以艮，艮者止也。物不可以終止，故受之以漸，漸者進也。進必有所歸，故受之以歸妹。得其所歸者必大，故受之以豐，豐者大也。窮大者必失其居，故受之以旅。旅而無所容，故受之以巽，巽者入也。入而後説之，故受之以兑，兑者説也。説而後散之，故受之以涣，涣者離也。物不可以終離，故受之以節。節而信之，故受之以中孚。有其信者必行之，故受之以小過。有過物者必濟，故受之以既濟。物不可窮也，故受之以未濟，終焉。錯，七故反。〔一〕難，乃旦反。長，知兩反。説，弋雪反。

右下篇。

二篇必非聖人之書，即以文義求之，亦多牽强失理，讀者自當辨之。餘詳外傳。

〔一〕「錯」，中古二音：一錯誤之錯，倉各切；一即通措，倉故切。

雜卦傳

「雜」者，相間之謂也。一彼一此，一往一復，陰陽互見[一]，而道義之門啟焉。故自伏羲始畫，而即以相雜者爲變易之體。文王因之，而以錯綜相比爲其序，屯、蒙以下四十八卦，二十四象往復順逆之所成也。乾、坤、坎、離、大過、頤、小過、中孚，綜而不失其故，則以錯相並。否、泰、隨、蠱、漸、歸妹、既濟、未濟，四象而成八卦，則錯綜同軌。[二]周易以綜爲主，不可綜而後從錯。蓋以天有全象，事有全理，而人之用之者但得其半，天道備而人用精，是以六爻之中，陰陽多寡，即就此而往復焉，則已足備一剛一柔之用，善一進一退之幾，成一仁一義之德矣。雜卦者，言其道同，而易地則憂樂安危、出處語默，各因乎往復循環之理數，而無不可體之以爲道也。故伯夷、太公同避紂惡，而所行異；顏淵、季路同效聖志，而所願殊。知其異乃可以統其同，用其半即可以會其全，故略於錯而專於綜。實則錯綜皆雜也，錯者幽明之迭用，綜皆用其明者也。周易六十四卦，爲

[一]「見」，嶽麓本作「建」。
[二] 此四對卦，既互錯又互綜。

三十二對偶之旨也，而傳爲言其性情功效之别焉。

乾剛，坤柔。

二卦並建，剛柔備矣。分之則純以成德，合之則雜以成章也。

比樂，師憂。 樂，盧各反。

均以孤陽得中爲主。而在上位，則衆所親而樂行其道，故雖失前禽而不以爲誡；在下位，則權重而分不足以相涖，故憂弟子之間之，而恐致輿尸。〔一〕

臨、觀之義，或與或求。

臨陽長擯陰，而以不輕絶陰爲德，故咸而臨之，與陰感而不吝。觀陰長侵陽，而以仰

〔一〕在上位者比之五，在下位者師之二。二卦相綜，綜則比之五即師之二也。船山就其相綜之象而參伍説解，下仿此。

承于陽爲義，故利用賓王，求陽而觀其光〔一〕。

屯見而不失其居，蒙雜而著。見，胡甸反。〔二〕

「見」，謂動而發見。「居」者，止而不行之謂。屯陽初出，亟於見，而據五位以自安，故雖建侯不寧，而膏終屯。蒙卦陽出而雜處於二陰之中，然終以奮起出於陰之上以自著見，故擊去〔三〕蒙昧，而爲童蒙之吉。

震，起也；艮，止也。

「起」以震陰之滯，「止」以遏陰之進，震有功而艮寡過也。

損、益，盛衰之始也。

〔一〕「光」，底本原作觀，今據嶽麓本改。
〔二〕嶽麓本音注多「下同」二字，故下文「兑見而巽伏」下省去音注。
〔三〕「去」，底本作「出」，從嶽麓本改。

泰變而損，陽自三往上而之於將消之位，衰也；否變而益，陽自四來初而之于方生之位，盛也。中爻未變，盛衰未極，三之勢便於進，時至則輕往；四之勢便於退，時至則先來，故爲「盛衰之始」。氣數之循環，盛則且衰，衰且漸盛，自然之理，而兆先見，故曰「損益盈虚，與時偕行」。

大畜，時也；无妄，災也。

乾道成於下，而艮止之，使待時而進，遵養以時也。乾道奠于上，陰未嘗干之，而震起以相迫，躁動則生災也。時，故「利涉大川」；災，故「行有眚」。

萃聚，而升不來也。

皆謂陽也。自上而下曰「來」。萃四與五相保而不往，升三引二以進而不復，萃則上陰護之，升則初陰推之也。故萃「假有廟」，而升利「南征」。

謙輕，而豫怠也。

二卦皆孤陽而不得中位。三爲躁進之爻，謙陽處之，輕於往矣；四爲退息之位，豫陽處之，怠於行矣。凡人之情，謙者無尊重之度，豫樂者雖奮起而終不振；故謙必君子而後有終，豫建侯行師而後利。

噬嗑，食也；賁，无色也。

二卦皆有頤象。食、色皆養道也。「食」者，非所食而食之，强齧九四之剛；「无色」者，非所節而飾之，色之不正者，剛輕去中以文上，而失其自然之美也。

兑見，而巽伏也。見，胡甸反。

柔見於外，于情易動；陰伏於下，其志難知。故兑上引人之説，巽初在床下而須史巫之求。

隨无故也，蠱則飭也。

「故」，事也。隨陽在下而隨乎陰，偷小子之安而無丈夫之志；蠱陰在下而承乎陽，飭子臣之節以順承君父之事。故隨非元亨利貞則不能无咎，蠱先甲後甲以效其功。

剥，爛也；復，反也。

陽退[一]而之幽，先自潰爛，而後陰乘之。復歸於明，陰雖盛，不足爲憂也。

晉，晝也；明夷，誅也。

明出乎地，則可以燭陰而導之進。地暗傷明，而明終不可掩，必反受其誅。

井通，而困相遇也。

「遇」謂所遇之窮。井，上者上行，下者下行，往來不窮，故通。困欲出險，爲功爲

[一]「退」，嶽麓本作「迫」。

柔所牽，遇之窮也。君子之遇小人，不患其争而患其相説，酒食朱紱不易脱而困矣。

咸，速也；恒，久也。

天下莫速於感應之機。三上浮出於外，情易動，隨感而即應，速矣。恒四與初伏處於下，密相爲移，植根深固以相傾之道也。

涣，離也；節，止也。

「離」，散也。否之散，剛下而得中，以解陰之黨，爲涣。泰道已成，剛上而止陰之流，爲節。涣以消吝，節以防驕。

解，緩也；蹇，難也。難，如字。

解四用爻皆失位，[一]而初、上以柔處之，以緩其争，而乖戾平矣。蹇四用爻皆得位而可

〔一〕「四用爻」，即除去初、上二爻，中四爻也。説詳睽卦六三注。

以有爲，初、上猶以柔道處之，其難其慎之至也。

睽，外也；家人，内也。

睽内不正，而徒閑之於外。家人内已正，而後飭其外治。

否、泰，反其類也。

天上地下，方以類聚者也，而柔上剛下爲泰，反此爲否。陰陽以交，成化類之，反不反而通塞殊矣。

大壯則止，遯則退也。

皆爲陽言也。大壯未得中位，止而不進，壯者憂其危矣。遯已離乎中位，急於退，退者所以善藏其用也。

大有，衆也；同人，親也。

在上則柔可以撫衆，君道也。在下則柔而賢者親之，友道也。

革，去故也；鼎，取新也。去，起吕反。

革者離之變。明再用則不鮮，陰改而之上，陽乃爲主於中，而前明已謝，不復有易盡之憂。鼎者巽之變，柔去其位，上升於五，以昭其明而凝天命，命爲之新矣。

小過，過也；中孚，信也。

陰盛之過，乃真過也。虚中自保，而不干陽之中位，陽亦得其類而相信，信之至也。

豐，多故也；親寡，旅也。

涖物上者，惟明無所蔽，則事自有緒而不冗。豐陽受陰蔽，事無緒而危疑起，自非以日中之明治之，則天下多事，而亂且生。物之所親者，情下逮也。旅陽寄處於陰上，不與物親，則物亦莫之親矣。豐陽已下，而旅已上也。

離上而坎下也。

陽之性升，輔陰以升，則陰亦上，火之所以炎而上。陰之性沉，陷陽而抑之，則陽亦下，水之所以潤而下。故離内卦吉於外，自下上也；坎外卦亨於内，自上下也。

小畜，寡也；履，不處也。

陰雖當位以畜陽，而力微，居於退爻，故密雲而不雨，微弱之象。履陰不量其孤，處進爻而欲踵剛以上，不能安處静俟，故有履虎尾之危。

需，不進也；訟，不親也。

需三陽爲四所隔，不能與五相踵以進，故五需以待之。訟陽離其群而處乎中，三爲之間，不與乾相親，是以中窒而争。

大過，顛也。姤，遇也，柔遇剛也。漸，女歸待男行也。頤，養正也。既濟，定也。歸妹，女之終也。未濟，男之窮也。夬，決也，剛決柔也。君子道長，小人道憂也。長，知兩反。

大過、頤、姤、夬、漸、歸妹、既濟、未濟，相錯綜對待之卦，而文參差不偶者，聖人無心于文，而文自順，流動以著化機之變動，非若詞章訓詁之執滯排偶，拘於法而執一，所謂化工之筆也。于以肖易之變動不居，而不可爲典要，道相若焉。故雖挈乾、坤以爲綱，而自比、師以下，皆無一成之次序，與周易之序且不必同，則序卦之文，與京房八宮世應、邵子方圓之序位〔一〕，不足以肖天地之變易審矣。今因其錯綜之序而釋之。「大過顛」者，本末撓也。「頤養正」者，上下以剛正柔也。姤言「遇」者，幸陰之得遇乎陽。夬言「決」者，勸陽之疾決夫陰也。「漸女歸待男行」，而女止於四，柔得位而居之安，女道之吉也。歸妹三、五二陰皆去其位而居於不正之位，尤驕淫而處於上，上者

〔一〕「序位」，嶽麓本作「位序」。彼校記謂：「按邵雍皇極經世書，『位序』謂卦位之次序，然則作『序位』者非。」今按此校記未必是，説卦傳卷首船山曰「不可謂伏羲之別有序位，爲先天之易」，亦作「序位」。

將消之位也；陽起于初、盛於二以相迫，女斯終矣。既濟陽得位而定，陰亦定焉。未濟二、四二陽皆去其位而居於不正之位，尤亢物而處於上，上將消矣；陰起于初，以遞進而相迫，男斯窮矣。初者方生之利，上者濱盡之地，既失位而又瀕於盡，無方生之權，不窮何待焉！以歸妹、未濟觀之，則六十四卦、三十六象雖相對待以備同異之理，而其中互相參伍，如睽解、家人蹇、損益、咸恒之互相爲理，亦可類推矣。

又，雜卦所言者，比、師以下四十八卦，皆以綜體相對而言。自乾坤、坎離、大過頤、小過中孚、泰否、隨蠱、漸歸妹、既濟未濟而外，卦之相錯者，理亦對待，以備並行不悖之理，爲幽明、體用、消長、盈虛之異致者，今爲補詮之，亦易中固有之理也。

同人，以情相親也；師，以權相統也。小畜，止其動也；豫，動其靜也。夬，勸之決也；剥，懲其害也。家人，聚順；解，散其逆也。革，潤其燥；蒙，制其流也。需，陽相待以道；晉，陰相進以利。遥相取而情各異也。睽，强其不齊而疑也；蹇，於其各正而加慎也。噬嗑，力爲合也；井，理相辨也。損，高就下也；咸，虚受實也。臨有功，而遯失制也。復，因得所而歸；姤，不期而會也。鼎定而屯不寧也。旅，進也；節，退也。恒，陰之固也；益，陽之裕也。艮，忍也；兑，釋也。震懼而巽慎[一]也。升相讓，无妄相淩也。謙以濟暗，履乘危也。訟，有實而怨上也；明夷，上不明而忮[二]下也。涣啟其塞，豐蔽其通也。困，揜而保其貞也；賁而虧其實也。[三]觀，功不試而制以道也；大壯，權未得而養以威也。萃，聚以親上也；大畜，儲少以養多也。比，得民；大有，有賢也。

周易内傳卷六下終

[一] 嶽麓本校記：「『慎』：守遺經書屋本、金陵本作『幸』。馬宗霍校記：『鈔本「幸」作「慎」，是。』」
[二] 「忮」，嶽麓本作「傷」。
[三] 嶽麓本無此困、賁二句。

周易内傳發例

一

伏羲氏始畫卦，而天人之理盡在其中矣。上古簡樸，未遑明著其所以然者，以詔天下後世。幸筮氏猶傳其所畫之象而未之亂。文王起於數千年之後，以「不顯亦臨、無射亦保」之心，〔一〕得即卦象而體之，乃繫之彖辭，以發明卦象之得失、吉凶之所繇。周公又即文王之彖，達其變於爻，以研時位之幾而精其義。孔子又即文、周彖爻之辭，贊其所以然之

〔一〕詩大雅思齊。鄭箋：「臨，視也。保，猶居也。文王之在辟廱也，有賢才之志而不明者亦得觀於禮；於六藝無射才者亦得居於位，言養善使之積小致高大。」

理，而爲文言與彖、象之傳；又以其義例之貫通與其變動者，爲繫傳、説卦、雜卦，使占者學者得其指歸以通其殊致。蓋孔子所贊之説，即以明彖傳、象傳之綱領，而彖、象二傳即文、周之彖、爻；文、周之彖、爻即伏羲氏之畫象。四聖同揆，後聖以達先聖之意而未嘗有損益也，明矣。使有損益焉，則文、周當舍伏羲之畫而别爲一書，如揚雄太玄、司馬君實潛虛、蔡仲默洪範數之類，臆見之作。豈文、周之才出數子之下，而必假於羲畫，使有損益焉？則孔子當舍文、周之辭而别爲一書，如焦贛、京房、邵堯夫之異説。豈孔子之知出數子之下，乃暗相叛〔一〕而明相沿，以惑天下哉？繇此思之，則謂文王有文王之易，周公有周公之易，孔子有孔子之易；而又從曠世不知年代之餘，忽從畸人〔二〕得一圖一説，而謂爲伏羲之易，其大謬不然，審矣。〔三〕世之言易者曰：「易者，意也，惟人之意而易在。」

〔一〕「叛」，底本作「判」，從嶽麓本改。其校記云：「馬宗霍校記：『鈔本「判」作「叛」，是。』」

〔二〕畸人，此處則指修道、方術之士。

〔三〕朱子語類：「須是將伏羲畫底卦做一樣看，文王卦做一樣看，文王、周公説底彖象做一樣看，孔子説底做一樣看，王輔嗣、伊川説底各做一樣看。伏羲是未有卦時畫出來，文王是就那見成底卦邊説。」

嗚呼，安得此大亂之言而稱之哉？此蓋卜筮之家迎合小人貪名幸利、畏禍徼福之邪心，詭遇之於錙銖之得喪，窺伺其情，乃侮聖人之言，違天地之經，以矜其前知；而學者因襲其妄，以之言微言大義之旨，如「元亨利貞」，孔子之言四德，非文王之本旨之類。竟以先聖通志成務、窮理盡性之制作爲火珠林鬻技之陋術，易之所以由明而復晦也。篇中如此類者，不得已廣爲之辨，即象見彖，即彖明爻即彖爻明傳，合四聖於一軌，庶幾正人心、息邪説之意云。

二

繇今而求羲、文之微言，非孔子之言而孰信邪？意者不必師孔子，則苟一畸人立之説焉，師之可也，又何必假託之伏羲也？子曰：「易之興也，其於中古乎？」又曰：「其殷之末世、周之盛德邪？」[一]則在文王，而後易之名立、易之道著。是周易之義，建諸天

〔一〕繫辭傳下。

地，考諸前王，而夏、商以上雖有筮人之雜説，孔子之所不取；況後世之僞作，而駕名上古者乎？文王之卦，伏羲之卦也。文王取其變易神妙之旨而名之曰「易」，是故周公之爻辭得以興焉。舍文王而无易，舍文王而无伏羲氏之易。故易之所以建天地、考前王者，文王盡之矣。至宋之中葉，忽於杳不知歲年之後，無所授受，而有所謂先天之學者。或曰：「邵堯夫得之江休復之家。」休復好奇之文士，歐陽永叔嘗稱其人，[一]要亦小智而有所窺者尒。或曰：「陳摶以授穆脩，脩以授李之才，之才以授堯夫。」[二]則爲摶取魏伯陽參同契之説附會其還丹之術也。亡疑所云「先天」者，鍾離權、吕嵒之説也。[三]嗚呼！使摶與堯夫有見於道，則何弗自立一説，即不盡合於天，猶可如揚雄之所爲，奚必假伏羲之名於文字不傳之邃古哉？其經營砌列爲方圓圖者，明與孔子「不可爲典要」之語相背。而推其意

[一] 歐陽文忠公集居士集卷第三十三載歐陽修撰江鄰幾墓誌銘，稱讚其人「彊學博覽，無所不通」。邵雍之學來自江休復，可見章淵槁簡贅筆，其實不可信。

[二] 朱震進周易表：「陳摶以先天圖傳种放，放傳穆脩，穆脩傳李之才，之才傳邵雍；放以河圖、洛書傳李溉，溉傳許堅，許堅傳范諤昌，諤昌傳劉牧；穆脩以太極圖傳周惇頤，惇頤傳程顥、程頤。」

[三] 相傳陳摶在華山，曾與吕洞賓爲道友。宋史陳摶傳：「關西逸人吕洞賓，世以爲神仙，數來摶齋中，希夷丹道豈即純陽所授邪？」五代詩話卷九：「宋朝國史載：關中逸人吕洞賓，年百餘歲，狀如嬰兒，時至陳摶室，贈以詩。」

之所主，將以爲何如？方圓圖方位次序之餖飣鋪排者，可以崇德邪？可以廣業邪？可以爲師保父母，使人懼邪？可以通志成務，不疾而速、不行而至邪？不過曰天地萬物生殺興廢有一定之象數，莫能踰於大方至圓之體。充其説，則君可以不仁，臣可以不忠，子可以不盡養，父可以不盡教，端坐以俟福之至。嗚呼！跖也，夷也，堯也，桀也，皆不能損益於大方至圓之中者也。即使其然，而又何事嘵嘵前知，以衒〔一〕明覺乎？故立一有方有體之象以言易，〔二〕邪説之所繇興，暴行之所繇肆，人極之所繇毁也。魏伯陽以之言丹術，李通玄以之言華嚴，〔三〕又下而素女之淫妖，〔四〕亦争託焉，故學易者不辟先天之妄，吾所不知也。

〔一〕廣雅釋詁：「衒，賣也。」

〔二〕繫辭傳所謂「神无方而易无體」。

〔三〕「魏伯陽以之言丹術，李通玄以之言華嚴」，伯陽與通玄皆在康節之前，彼時尚無所謂先天易學也。此處所謂「以之」，乃指「立一有方有體之象以言易」之解釋方法。又，邵雍先天之圖，或有以爲來自伯陽之月體納甲，朱子昌之，俞琰易外别傳尤發揮之。李通玄以易論華嚴者，以後天八卦方位配十方及菩薩。華嚴經決疑論：「主方神隨方迴轉者，震巽離坤兑乾坎艮上下二方爲十方，皆有神隨逐迴轉而行。」其説詳新華嚴經論及華嚴決疑論（大正藏册三六）。

〔四〕此指素女經諸房中術之書。抱朴子内篇著録有素女經，唐王燾外臺秘要尚引其文。

篇中廣論之。〔一〕

三

秦焚書，而易以卜筮之書不罹其災，故六經惟易有全書，後學之幸也。然而易之亂也自此始。孔子之前，文、周有作，而夏、商連山、歸藏二家雜占之説猶相淆雜，如春秋傳之繇辭多因事附會，而不足以垂大義而使人懼以終始。孔子贊而定之，以明吉凶之一因於得失，事物之一本於性命，則就揲策占象之中而冒天下之道。乃秦既夷〔二〕之於卜筮之家，儒者不敢講習；技術之士又各以其意擬議，而詭於情僞之利害。漢人所傳者，非純乎三

〔一〕此一節，專辨先天之妄。首先，「先天」所宗者，伏羲也，以伏羲加乎文王之上。船山乃本夫子之旨而宗文王，又以四聖之學一貫相承，本無所謂先天、後天。其次，考辨先天之學授受源流，而後乃知其所從不過道家之説，非聖人本旨。此則與黄宗炎之辨近。其易學辨惑太極圖説辨：「此圖（太極圖）……創自河上公，魏伯陽得之以著參同契，鍾離權得之以授吕洞賓。洞賓後與圖南隱華山，因以授陳。陳又受先天圖於麻衣道者，皆以授种放，放以授穆修與僧壽涯。修以先天圖授李挺之，挺之以授邵天叟，天叟以授子堯夫。修以无極圖授周茂叔，茂叔又得先天地之偈于壽涯。」最後，斥先天學義理之大謬。先天之學以宇宙萬事皆有定數，於是廢人進德修業、居仁由義之途，人極毁焉。此惟船山之睿察，而後能有此一問。諸家辨先天之妄者，或考其授受，或辨其意蘊，皆未有此根本照察也。

〔二〕廣韻：「夷，猶等也。」

聖之教，而秦以來雜占之説紛紜而相亂，故襄楷、郎顗、京房、鄭玄、虞翻之流，〔一〕一以象旁搜曲引，而不要諸理。王弼氏知其陋也，盡棄其説，一以道爲斷，蓋庶幾於三聖之意；而弼學本老莊虛無之旨，既詭於道，且其言曰「得意忘言」「得言忘象」，則不知象中之言、言中之意爲天人之藴所昭示於天下者，而何可忘邪？然自是以後，易乃免於鬻技者猥陋之誣，而爲學者身心事理之典要。唐、宋之言易者，雖與弼異而所尚略同。蘇氏軾出入於佛老，敝與弼均，而間引之以言治理，則有合焉。程子之傳，純乎理事，固易大用之所以行，然有通志成務之理，而無不疾而速、不行而至之神。〔二〕張子略言之，象言不忘而神化不遺，其體潔凈精微之妙以益廣。〔三〕周子通書之藴，允矣、至矣，惜乎其言約而未嘗貫全

〔一〕襄楷、郎顗傳京氏學，漢代易學，大概言之，有孟氏、京氏、荀爽、虞翻諸家，可見參見惠棟易漢學及張惠言相關著作。

〔二〕程頤的周易程氏傳，吕祖謙稱贊説「理到語精，平易的當，立言無毫髮遺恨」。此書主要以人事解易，議論平正精當。所以船山説「有通志成務之理」。講天道的内容較少，所以「無不疾而速、不行而至之神」。

〔三〕船山張子正蒙注序論：「張子之學，無非易也，即無非詩之志，書之事，禮之節，樂之和，春秋之大法也。論、孟之要歸也，自朱子慮學者之騖遠而忘邇，測微而遺顯；其教門人也，以易爲占筮之書而不使之學，蓋亦矯枉之過，幾令伏羲、文王、周公、孔子繼天立極、扶正人心之大法，下同京房、管輅、郭璞、賈耽壬遁奇禽之小技。而張子言無非易，立天，立地，立人，反經研幾，精義存神，以綱維三才，貞生而安死。則往聖之傳，非張子其孰與歸！」

易於一揆也。〔一〕朱子學宗程氏，獨於易焉盡廢王弼以來引申之理，而專言象占，謂孔子之言天、言人、言性、言德、言研幾、言精義、言崇德廣業者，皆非羲、文之本旨，僅以爲卜筮之用而謂非學者之所宜講習。〔二〕其激而爲論，乃至擬之於火珠林卦影之陋術，〔三〕則又與漢人之説同，而與孔子繫傳「窮理盡性」〔四〕之言顯相牴牾而不恤。繇王弼以至程子，矯枉而過正者也；朱子則矯正而不嫌於枉矣。若夫易之爲道，即象以見理，即理之得失以定占之吉凶，即占以示學，切民用，合天性，統四聖人於一貫，會以言、以動、以占、以制器於一原，則不揣愚昧，竊所有事者也。〔五〕

〔一〕船山認爲通書貫通天人，講的道理最好，但是没能詳細地注解易，所以「未嘗貫全易於一揆」。

〔二〕朱子語類卷六七載：「易不可易讀。」又載：「蓋易秖是個卜筮書，藏於太史，太卜以占吉凶，亦未有許多説話。」又載：「易與春秋難看，非學者所當先。」

〔三〕朱子語類卷六六：「易爻秖似而今發課底卦影相似，如云『初九潛龍勿用』，這秖是戒占者之辭，解者遂去這上面生義理，以初九當『潛龍勿用』，九二當『利見大人』。初九是個甚麼？如何會潛？如何會勿用？試討這個人來看。九二爻又是甚麼人？他又如何會『見龍在田，利見大人』？嘗見林艾軒云世之發六壬課者以丙配壬則吉，蓋火合水也，如卦影云『朱鳥翾翾，歸于海之湄，吉』，這個秖是説水火合則吉爾，若使此語出自聖人之口，則解者必去上面説道理，以爲朱鳥如何、海湄如何矣。」

〔四〕此繫傳謂説卦傳。

〔五〕此一節，序易學源流，上自伏羲，下至朱子。其所褒貶，多本之易傳。輔嗣雜以佛老，猶不掩其廓清之功；朱子昌言卜筮，亦敢辨其毁聖之非。是以船山此節之論，甚爲衡平。其末述易學之正解，而以紹述自任，所謂「六經責我開生面」是也。船山是要占學合一、象數義理合一的。

四

易之爲筮而作，此不待言。王弼以後言易者盡廢其占，而朱子非之，允矣。雖然，抑問筮以何爲？而所筮者何人何事邪？至哉張子之言曰：「易爲君子謀，不爲小人謀。」然非張子之創説也。禮筮人之問筮者曰：「義與？志與？義則筮，志則否。」〔二〕文王、周公之彝訓垂於筮氏之官守且然，而况君子之有爲有行，而就天化以盡人道哉！自愚者言之，得失易知也，吉凶難知也；自知道者言之，吉凶易知也，得失難知也。所以然者，何也？吉凶，兩端而已：吉則順受，凶無可違焉。樂天知命而不憂，前知之而可不憂；即不前知之，而固無所容其憂。〔三〕凶之大者極於死，亦孰不知生之必有死，而惡用知其早莫〔三〕哉？惟夫得失者，統此一仁義爲立人之道，而差之毫釐者謬以千里，雖聖人且有疑焉。

〔一〕禮記少儀第十七。原文作：「問卜筮曰：『義與？志與？義則可問，志則否。』」鄭注：「義，正事也；志，私意也。」
〔二〕不足憂也。
〔三〕「莫」，通「暮」。

一介之從違，生天下之險阻，其初幾也隱，其後應也不測，誠之必幾，神之不可度也，故曰「明於憂患與故」，又曰「憂悔吝者存乎介」。一剛一柔，一進一退，一屈一伸，陰陽之動幾，不疾而速，不行而至者，造化之權衡，操之於微芒，而吉凶分塗之後，人尚莫測其所自致。故聖人作易，以鬼謀助人謀之不逮，百姓可用而君子不敢不度外内以知懼。此則筮者筮吉凶於得失之幾也，固非如火珠林者，盜賊可就以問利害，而世所傳邵子牡丹之榮悴、瓷枕之全毀，亦何用知之以瀆神化哉？是知占者即微言大義之所存，崇德廣業之所慎，不可云徒以占吉凶而非學者之先務也。〔一〕

五

易之垂訓於萬世，占其一道爾，故曰「易有聖人之道四焉」。惟「制器者尚其象」，在上世器未備而民用不利，爲所必尚，至後世而非所急耳。以言尚辭、以動尚變，學易之事

〔一〕朱子之説，見上節注文。

也。故占易、學易，聖人之用易，二道並行，不可偏廢也。故曰「居則觀其象而玩其辭」，學也；「動則觀其變而玩其占」，筮也。子曰「卒以學易，可以無大過」，〔一〕言寡過之必於學也；又曰「不占而已矣」，言占之則必學以有恒也。〔二〕蓋非學之有素，則當變動已成、吉凶已著之後，雖欲補過，而不知所從，天惡從而祐之以「吉无不利」邪？京房、虞翻之言易，言其占也；自王弼而後，至於程子，言其學也。二者皆易之所尚，不可偏廢，尤其不可偏尚也。朱子又欲矯而廢學以尚占，曰「易非學者所宜讀」，非愚所知也。「居則玩辭」者，其常也；「以問焉而如嚮」，則待有疑焉而始問，未有疑焉，無所用易也。且君子之有疑，必謀之心，謀之臣民師友，而道之中正以通；未有易合焉者，則其所疑者亦寡矣。學則終始典〔三〕焉而不可須臾離者也，故曰「易之爲書也不可遠」。徒以占而已矣，則無疑焉而固可遠也。故篇内占學並詳，而尤以學爲重。〔四〕

〔一〕論語述而：「假我數年，五十以學易，可以無大過矣。」史記孔子世家：「假我數年，若是，我于易則彬彬矣。」

〔二〕論語子路：「子曰：『南人有言曰：「人而無恒，不可以作巫醫。」善夫！』『不恒其德，或承之羞』，子曰：『不占而已矣！』」

〔三〕嶽麓本校記：「『典』，王孝魚點校稿云：『「典」，當作「興」，形似而誤。』按此字鈔本及各印本皆同，似不誤。典，常也，守也。書説命『念終始典於學』，即船山句所本。」嶽麓本校記是。

〔四〕此一節，就象、辭、變、占四道言學與占，復折衷於夫子也。

六

傳曰：「河出圖，雒出書，聖人則之。」雒書别於洪範篇中詳之；〔二〕而河圖者，聖人作易畫卦之所取則，孔子明言之矣。八卦之奇偶配合，必即河圖之象，聖人會其通、盡其變，以紀天地之化理也，明甚。乃説河圖者但以配五行而不以配八卦，〔三〕不知曠數千年而無有思及此者，何也？故取則於河圖以分八卦之象，使聖人則圖以畫卦之旨得著名焉，説詳繫傳第九章。其以五行配河圖者，蓋即劉牧易雒書爲河圖之説所自出。易中並無五行之

〔二〕尚書洪範：「天乃錫禹洪範九疇，彝倫攸叙。」孔傳：「天與禹洛出書，神龜負文而出，列於背，有數至於九。禹遂因而第之，以成九類，常道所以次叙。」正義曰：「漢書五行志：『劉歆以爲伏羲繫天而王，河出圖，則而畫之，八卦是也。禹治洪水，錫洛書，法而陳之，洪範是也。』先達共爲此説，龜負洛書，經無其事，中候及諸緯多説黄帝、堯、舜、禹、湯、文、武受圖書之事，皆云龍負圖，龜負書。緯候之書，不知誰作，通人討核，謂僞起哀、平，雖復前漢之末，始有此書，以前學者必相傳此説，故孔以九類是神龜負文而出，列於背，有數從一而至於九。禹見其文，遂因而第之，以成此九類法也。」船山所謂「雒書别於洪範篇中詳之」者，當指的是他對於以雒書説周易的批評，特别是批評洪範皇極内篇。詳見尚書引義。

〔三〕禮記月令疏引鄭注繫辭云：「天一生水於北，地二生火於南，天三生木於東，地四生金於西，天五生土於中。陽無耦，陰無配，未得相成。地六成水於北，與天一并；天七成火於南，與地二并；地八成木於東，與天三并；天九成金於西，與地四并；地十成土於中，與天五并。」

象與辭，五行特洪範九疇中之一疇，且不足以盡雒書，而况於河圖？篇中廣論之。[二]其云「天一生水，地六成之」云云，尤不知其何見而云然。先儒但沿陳説，無有能暢[三]言其多少生成之實者。不知何一人言之，而數千年遂不敢違邪？易則文王、周公、孔子也，洪範則禹、箕子也，四聖一仁，曾不如何一人之分析五行多寡之數，弗究其所以然，横空立論，而遂不敢違邪？

本義於「大衍」章推大衍之數出自河圖，大衍筮法之本也。筮所以求卦，卦立而後筮生，筮且本於河圖五十有五之數，而况於卦？筮則圖，而卦之必先則於圖也，愈明。河圖之數五十有五，大衍之數五十不全用者，筮以筮人事之得失吉凶，天之理數非人事所克備也。天地之廣大，風雷之變動，日月之運行，山澤之流峙，固有人之所不可知而所不與謀者。五位之體，天體也，人無事焉，則筮不及焉。故筮惟大衍以五十，而虚其體之五，雖曰聖人法天而德與天配，而豈能盡有其神化哉？必欲盡之，則惟道士之吐納風雷、浮屠

[二] 如内傳於繫辭傳「洛出書」下曰：「雒書於易無取，上兼言蓍龜，雒書本龜背之文，古者龜卜或法之以爲兆，而今不傳。説者欲曲相附會於周易，則誣矣。」又如於「天一地二」章下「五行之目始見於洪範」云云。

[三] 「暢」，底本原作「暘」，今據嶽麓本改。

之起滅四大，而後可充其説，非理之所可有，道之所可誣也。故筮虚五位之一，而但用五十也。至於因圖以畫卦，則以肖天地風雷水火山澤之全體大用，該而存焉。圖之象皆可摩盪以成象，圖之數皆可分合以爲數，而五位五十有五，參五錯綜而後八卦以成。故圖者卦之全體，而蓍策者圖之偏用。卦與筮、理、數具足於圖中。若但於筮言圖，而圖則别象五行，無與於卦，是得末而忘其本矣。聖人則圖以畫卦，八卦在而六十四卦亦在焉。因而重之，五位十象交相錯焉，六十四象無不可按圖而得矣。或曰：「因五位十象而成六十二卦可也，若乾六陽，坤六陰，圖則陽之象一三五七九，象止五陽，陰之象二四六八十，象止五陰，何從得六陽六陰而取則哉？」曰：天之垂象也，不一其理；聖人之則天也，不一其道，故曰「其爲道也屢遷」。河圖中外之象凡三重焉：七、八、九、六，天也；五、十，地也；一、二、三、四，人也。七、九，陽也；八、六，陰也。立天之道，陰與陽俱焉者也，至於天而陰陽之數備矣。天包地外，地半於天者也，故其象二而得數十五，猶未歉也。〔一〕人成位於天地之中，合受天地之理數，故均於天而有四象，然而得數僅十，視地

〔一〕河圖之六、七、八、九象天，加起來是三十。五十象地，加起來十五，爲天的一半。

爲歉矣。卦重三而爲六：在天而七八九六皆剛，而又下用地之五，人之或一、或三，而六陽成；地五、十皆陰，五，剛也。剛亦陰之剛。又用天之八、六，人之二、四，而六陰成。此則乾坤六爻之象也。一、三皆陽也，乾虚其一而不用者，天道大備，乾且不得而盡焉，非如地道之盡於坤也。是知聖人則河圖以畫卦，非徒八卦然也，六十四卦皆河圖所有之成象摩盪而成者，故曰「聖人則之」。[一]

七

乾坤並建，爲周易之綱宗，篇中及外傳廣論之。蓋所謂「易有太極」也。周子之圖，

[一] 明、清之際，學者所辨象數之學，陳摶之學也。陳摶傳圖有三：一曰河圖、雒書，傳至劉牧；二曰先天圖（先天之學），傳至邵雍；三曰太極圖（或謂無極圖），傳至周敦頤。此三者，皆匯於朱子，依附朱學而大行於世。至明季，堯夫先天之學，學者所共駁其不合於經。然論其影響，則圖書爲尤甚，故黄宗羲象數論、黄宗炎辨惑、胡渭明辨皆首列圖書而駁之。然辨圖書之難者，在圖書乃繫傳所明言，故歐陽修疑圖書，乃并繫辭排之。黄宗羲、胡渭之辨圖書，亦不敢直言其有無；但謂圖書雖有，然非黑白點之圖也。昔之言河圖者，皆以五行生成之數説之，黄、胡皆非之。而船山雖以此黑白點圖書爲實有，然其斥以五行解河圖者，則與黄、胡同焉。惟船山既斥前人之解，乃自出新意，以八卦解河圖，運思巧妙，於以可見先生欲冶象數義理於一爐、綜羅百代、復開生面之志也。

準此而立。其第二圖陰陽互相交函之象，亦無已而言其並著者如此爾；〔一〕太極，大圓者也。圖但象其一面而三陰三陽具焉；其所不能寫於圖中者，亦有三陰三陽，則六陰六陽具足矣。特圖但顯三畫卦之象；而易之乾坤並建，則以顯六畫卦之理。乃能顯者，爻之六陰六陽而爲十二；所終不能顯者，一卦之中，嚮者背者，六幽六明，而位亦十二也。十二者，象天十二次之位，爲大圓之體。太極一渾天之全體，見者半，隱者半，陰陽寓於其位，故轂轉而恒見其六。乾明則坤處於幽，坤明則乾處於幽，周易並列之，示不相離。實則一卦之嚮背而乾坤皆在焉，非徒乾坤爲然也。明爲屯、蒙，則幽爲鼎、革，無不然也。易以綜爲用，所以象人事往復之報，而略其錯，故嚮背之理未彰。然乾坤、坎離、頤大過、小過中孚已具其機，抑於家人、睽、蹇、解之相次示錯綜並行之妙。〔二〕要之絪緼升降互相消長盈虛於大圓之中，則乾坤盡之，故謂之「緼」，〔三〕言其充滿無間，以爻之備陰陽者言也；又謂之「門」，言其出入遞用，以爻之十二位具於嚮背者言也。故曰「易有太極」，

〔一〕此句之意，蓋謂：第二圖也不過是説乾坤並建的意思罷了。
〔二〕家人與睽，蹇與解，皆爲相綜；而睽與蹇則爲相錯。
〔三〕繫辭傳：「乾坤其易之藴邪？」

言易具有太極之全體也；「是生兩儀」，即是而兩者之儀形可以分而想〔一〕像之也；又於其變通而言之，則爲四象；又於其變通而析之，則爲八卦；變通無恒，不可爲典要，以周流六虚，則三十六象、六十四卦之大用具焉。乾極乎陽，坤極乎陰，乾坤並建而陰陽之極皆顯。四象、八卦、三十六象、六十四卦摩盪於中，無所不極，故謂之太極。陰陽之外無理數，乾坤之外無太極，健順之外無德業。合其嚮背、幽明而即其變以觀其實，則屯蒙鼎革無有二卦，而太極之體用不全〔二〕。是則「易有太極」者，無卦而不有之也。故張子曰：「言幽明不言有無。」言有無，則可謂夜無日而晦無月乎？春無昴畢而秋無氐房乎？時隱而時見者，天也，太極之體不滯也。知明而知幽者，人也，太極之用無時而息也。屈伸相感，體用相資則道義之門出入而不窮。嗚呼！太極一圖所以開示乾坤並建之實，爲人道之所自立，而知之者鮮矣。

〔一〕疑「想」字爲衍文。
〔二〕「用不全」於意不妥，疑當作「無不全」，或「不」字衍。

八

象傳〔一〕之言陰陽，皆曰剛柔，何也？陰陽者，二物未體之名也。盈兩間皆此二物，凡位皆其位，無入而不自得，不可云當位不當位、應不應，故於吉凶悔吝無取焉。陰陽之或見或隱，往來發見乎卦而成乎用，則陽剛而陰柔，性情各見，功效各成，於是而有才，於是而有情，則盛德大業之所自出而吉凶悔吝之所自生也。剛之性喜動，柔之性喜静，其情才因以然爾。而陽有動有静，陰亦有静有動，則陽雖喜動而必静，陰雖喜静而必動，故卦無動静而筮有動静，故曰「乾，其静也專，其動也直」，「坤，其静也翕，其動也闢」。陰非徒静，静亦未即爲陰；陽非徒動，動即未必爲陽，明矣。易故代「陰陽」之辭曰「柔剛」，而不曰「動静」，陰陽、剛柔不倚動静，而動静非有恒也。〔二〕周子曰「動而生陽，静

〔一〕「象傳」：疑當作「彖傳」。

〔二〕可以説陽剛而陰柔，但不能説陽動而陰静，因爲陽也有静，陰也有動。職是之故，可以用剛柔來代指陰陽，却不能用動静來代指陰陽。

而生陰」，生者，其功用發見之謂。動則陽之化行，靜則陰之體定爾；非初無陰陽，因動靜而有始也。今有物於此運而用之則曰動，置而安處之則曰靜。然必有物也以效〔二〕乎動靜，太極無陰陽之實體，則抑何所運而何所置邪？抑豈止此一物動靜異而遂判然爲兩邪？夫陰陽之實有二物，明矣。自其氣之冲微而未凝者，則陰陽皆不可見；自其成象成形者言之，則各有成質而不相紊；自其合同而化者，則混淪於太極之中而爲一；自其清濁、虚實、大小之殊異，則固爲二；就其二而統言其性情功效，則曰剛曰柔。陰陽必靜必動，而動靜者，陰陽之動靜也。體有用而用其體，豈待可用而始乃有體乎？若夫以人之噓而㬉爲陽，吸而寒爲陰，謂天地止一氣而噓吸分爲二殊，乃以實求之，天其噓乎？地其吸乎？噓而成男乎？吸而成女乎？噓則剛乎？吸則柔乎？其不然審矣。人之噓而㬉者，腹中之氣温也；吸而寒者，空中之氣清也，亦非一氣也。況天地固有之陰陽，其質或剛或柔，其德或健或順，其體或清或濁、或輕或重、爲男爲女，爲君子爲小人，爲文爲武，判然必不可使陰之爲陽，陽之爲陰，而豈動靜之頃倏焉變易，而大相反哉？易不言陰陽而言剛

〔二〕說文：「效，象也。」方言：「效，明也。」

柔，自其質成而用著言之也，若動静則未之言也。信聖人之言而實體之，可以折群疑矣。〔二〕

九

昔者夫子既釋彖、爻之辭，而慮天下之未審其歸趣，故繫傳作焉。求彖、爻之義者，必遵繫傳之旨，舍此無以見易，明矣。傳曰「觀其彖辭，則思過半矣」，明乎爻之必依於彖也，故曰「彖者，材也」，「爻者，效也」。材成而斲之，在車爲車輪、輿，皆車也；在器爲器中、邊，皆器也。各效其材而要用其材，〔三〕故曰「同歸而殊塗，一致而百慮」。舍其同歸一致，叛而之他，則塗歧而慮詭於理，雖有巵言之不窮，猶以條枚而爲棟梁，析豫章而爲薪蒸，材非其材，烏效哉？說易者於爻言爻而不恤其彖，於彖言彖而不顧其

〔二〕此一節，辨陰陽、剛柔、動静。其言之尤詳者，於說卦傳「發揮於剛柔」下曰：「陰陽、剛柔互言之。在體曰陰陽，在用曰剛柔。讀易之法，隨在而求其指，大率如此。若下章以陰陽屬天，剛柔屬地；又象、爻之辭言剛柔而不言陰陽，剛柔即陰陽，其指又別。古人言簡而包括宏深，若必執一以爲例，則泥矣。」

〔三〕說文：「效，象也。」玉篇：「效，法效也。」「各效其材」即各法其材，亦即各任其材之意。

爻，謂之曰未達也，奚辭？易之辭簡而理微，舍其同歸一致而叛離以各成其說，簡者莫能辨也，微者可移易而差焉者也，則亦可詭遇以申其說，〔一〕而爲之言曰「文自文也，周自周也，孔自孔也」，〔二〕則亦終莫之悟也。今以略言之：乾惟具四德，故雖在潛而德已爲龍，他陽之在下者莫能擬也，「勿用」者，以養其元亨利貞之德也；〔三〕坤惟喪朋而後有慶，故上六處西南極高之位，以得朋而疑戰；屯惟利建侯而勿用有攸往，故九五之屯膏〔四〕而委其利於初九；蒙惟瀆則不告，以貞爲吉，故六三以近昵而爲不貞之女。推此而求之，彖爲爻材，爻爲彖效，〔五〕以彖之經求爻之權，未有不鍼芥相即者也。〔六〕至如履彖「不咥人」

〔一〕孟子滕文公下：「我馳驅終日不獲，一爲之詭遇，一朝而獲十。」

〔二〕卦辭和爻辭有時會出現不一致的情況。朱子後學爲了解釋其不一致，便歸因於文王和周公的不同。如大全引胡一桂解小畜「密雲不雨」與「既雨」之别曰：「嘗觀卦爻辭多不同。今小畜諸爻各自取義，無復『密雲西郊』意，亦可見爻辭周公作，故不同也。」船山反對此點，以爲文王與周公一致，故曰「四聖一揆」。此必然强調「彖爻一致」。

〔三〕「彖爻一致」的意思就是，理解一卦的每一爻，一定要放在整個卦中去理解；聖人在寫每一條爻辭的時候，也是有此卦的整體卦象作爲觀照。比如乾卦的初九，稱作龍，其前提是乾卦六爻皆陽，純陽之全體，纔會每一部分都是龍的不同時位，初九纔稱「潛龍」。所以屯卦第一爻雖然也是陽，但整體不是龍之象，所以不能稱「潛龍」。

〔四〕「屯膏」，底本作「膏屯」，從嶽麓本改。其校記云：「『屯膏』：守遺經書屋本，金陵本作『膏屯』。馬宗霍校記：『鈔本是，當據乙。』按屯九五爻辭：『屯其膏』，故『屯膏』爲是。」

〔五〕象是爻之體，爻是象之用。

〔六〕磁石引鍼，琥珀拾芥。

而六三咥者，舍其説以應乾之純德而躁以進也，而象已先示以履虎之危機；〔一〕同人亨於野而六二於宗而吝，亨者在陽而吝在陰，兩相同而得失固殊也；豫建侯行師之利，九四當之，非餘爻之所能逮；咸備三德而爻多咎吝，以利在取女以順，而妄感皆非。繇其所以異觀其所以同，豈特思過半哉？爻之義無不盡於象中，而何讀易者弗之恤邪？篇中以爻不悖象爲第一義，故破先儒之説而不敢辭其罪。釋經者得句而忘其章，得章而忘其篇，古今之通病也。近世姚江之徒拈單辭片語以申其妄，〔二〕皆此術爾，亦釋氏離鉤得魚之淫辭，〔三〕而君子奚取焉？

〔一〕內傳於履卦曰：「六三以孤陰失位，躁進而上窺乎乾，欲躡九四，憑陵而進；乾德剛健，非所可躡，故有此象。『不咥人』者，以全卦言之。兑之德説，既非敢與乾競，而初、二二陽與乾合德，乾位尊高，其德剛正，不爲所惑，則亦不待咥之以立威，而自不能犯。」後面所舉同人諸卦的例子，俱可參考船山於各卦下相應的解説。

〔二〕如陽明以「致良知」爲宗旨。

〔三〕五燈會元卷五青原三世載船子法師偈語曰：「三十年來坐釣臺，鉤頭往往得黄能。金鱗不遇空勞力，收取絲綸歸去來。」「師又問：『垂絲千尺，意在深潭。離鉤三寸，子何不道？』山擬開口，被師一橈打落水中。」

十

卦變者，因彖傳往來、上下、進行〔一〕、内外之旨，推而見其所自變也。夫子作彖傳，於卦畫已定、卦象已備、卦德已見於彖辭之後，而得其理焉，明此卦之所以異於彼卦者，以其爻與位之有變易也。蓋自天化而言之，則萬象不同之形體、大化不齊之氣應各自爲道，而非由此變彼；而以人事之同異得失言之，則陰陽各自爲類，而其相雜以互異者，惟繇情之動而往來進退於其間。數有參差，則性情功效之臧否應違以殊，非忽至無因，乃其推移之際，毫釐之差，千里之謬也。

彖傳之以卦變言者十五。〔二〕隨曰「剛來而下柔」，蠱曰「剛上而柔下」，噬嗑曰「柔得中而上行」，賁曰「柔來而文剛」「分剛上而文柔」，咸曰「柔上而剛下」，恒曰「剛上而柔

〔一〕如晋卦、睽卦彖傳「柔進而上行」。
〔二〕此段三陰三陽之卦爲十卦，其後又有无妄、大畜、晋、睽、鼎五卦，共十五卦，皆彖傳所明言者。

下」，損曰「其道上行」，益曰「自上下下」，漸曰「柔得位」，[一]渙曰「剛來而不窮」，皆三陰三陽之卦，故古注以爲自否、泰而變。[二]而先儒非之，謂乾坤合而爲否泰，豈有否泰復爲他卦之理？[三]程子因謂皆自乾坤而變。然此二說相競，以名之異，而非實之有異也。

若汎言自乾坤而變，則六十二卦皆乾坤所摩蕩而成。若以隨、蠱之屬剛柔之上下言之，則所謂自乾坤變者，亦下乾上坤、下坤上乾之謂。從三畫而言則謂之乾坤，從六畫而言則爲否泰，其實一也。三畫之乾坤，或成象於內，或成象於外，各從其類而不雜者，則爲否、泰；離其類而相雜，則爲隨、蠱。以下十八卦，[四]純者其常，雜者其變，故否泰非變，而餘卦爲變。故彖傳之理，多以否之變爲得，泰之變爲失。玩傳自見其義，不當疑否、泰之不足於變也。變者，象變也。象不成乎否、泰，即其變，非謂既否既泰而又變爲他也。

[一]「柔得位」當作「進得位」。蕭漢明先生注疏謂「疑漸乃旅之誤，『漸曰柔得位』當爲『旅曰柔得中位』。」按，旅固亦是三陽三陰之卦，然船山前文所舉例皆有「進」「上」「下」之類文字，則「旅曰柔得中位」不合。

[二] 如隨卦，集解引虞翻謂「否上之初，剛來下柔，初上得正」。

[三] 此句即程子所謂「卦之變皆自乾坤，先儒不達，故謂賁本是泰卦。豈有乾坤重而泰，又由泰而變之理？」（賁彖傳），然觀船山語氣，則此語似乎程子前有人道過。按、反對卦變，自輔嗣已有，其略例謂「互體不足，遂及卦變；卦變又不足，推致五行。」

[四] 今本義卷首有卦變圖，謂「三陰三陽之卦各二十，皆自否泰而來」，則否泰之外有十八卦。

以揲蓍求之，其理自見。

乃若无妄曰「剛自外來而爲主於内」，大畜曰「剛上」，晉、睽、鼎皆曰「柔進而上行」，則又非乾坤也，非否泰也。无妄者，遯之剛自外來也；大畜者，大壯之剛上也；晉者，觀之柔進五也。睽者，大畜之柔上進也。鼎者，巽之柔上行也，此又一義。爲遯，爲大壯，爲觀，則陰陽雖畸勝，而猶從其類，亦純象也；爲无妄，爲大畜，爲晉，則雜也。〔二〕爲睽爲大畜之變，其義稍遠；〔三〕而鼎、革爲巽、離之變，又别爲一義。〔三〕要此諸卦，皆相雜而

〔二〕船山卦變之基本思路，以純爲正，雜爲變。由此繩之，卦變以否泰之變爲主，其餘不自否泰變者，又有二類：一類自消息卦來（非三陰三陽），一類自六子卦來。否泰三陰三陽，故爲至純；他者之消息卦，如遁、大壯、觀則四陰二陽或四陽二陰，故爲消長勝負（所謂「畸勝」也），然其陰自陰陽自陽，類聚而不雜，故亦可謂之純。

〔三〕上「爲」字，猶「惟」也。按，上云「睽者，大畜之柔上進也」，然大畜二陰在四、五位，任其上至何處，亦不得成睽之象。是以竊謂此「大畜」乃船山之疏忽，當爲「家人」也。内傳於睽彖傳下曰：「柔進上行者，與家人皆二陰用事之卦，而陰自二上三，自四上五，雖不當位，而漸以升。」

〔三〕革所以自離變者，内傳於革卦辭下謂：「卦自離而變，明至再而已衰，故離五有泣涕戚嗟之憂。革陽自外而易主於中，以剛健勝欲熄之明，五陰出而居外，寄於無位以作賓。」鼎所以自巽變者，内傳於鼎卦辭下謂：「自巽變者，柔離其本位而登於尊，二、四、上皆非位而不安，爲天下未寧、君臣易位之象。時未可以剛道涖物而息其爭，故養之所以安之，而取新凝命之義存焉矣。然柔道行而抑必資於剛，乃克有定。則卦德之美在陽之元，而以上之剛以節柔爲亨，亦與大有上九之祐同也」，又鼎卦彖傳「柔進而上行，得中而應乎剛」，内傳謂：「巽敵應而不相與，變而柔進居中以與剛相應，志通而養道行矣。」船山説此二卦之變以義理，然思其緣由，蓋因鼎卦彖傳明謂「柔進而上行」，船山説易，一以易傳爲準，故此亦不得違，尋其柔進上行而能成卦者。

難乎取象。變易之極，非固然之體撰，則有彼卦稍有移易而又別爲一道之理。

從其變而觀之，以審進退升降於幾微，窮人情物理之致，易之所爲屢遷而憂其介也。〔一〕若上下秩然而成章，陰陽相比而定位，則道之常也，象之有定也，不復論其變矣。乃朱子謂一卦而六十三卦皆可變，其説本自焦贛。贛之爲術，博衍蓍策，九、六變動而爲四千九十六之占辭，繁冗重複，而究不足以盡天道人事無窮之理數，以爲憂悔吝而補過之明鑒，故不具論。即其所云變者，以筮法動爻言之，非謂卦之固有此也。且如賁之彖曰「柔來而文剛」「分剛上而文柔」，言賁也，非言〔二〕泰也。周易啟蒙謂六爻不變則占本卦彖辭，是賁之彖非以占泰二、上兩爻之變也明甚，惡得謂一卦之變六十四卦乎？此焦氏之説與啟蒙固相矛盾，奈之何曲徇而兩存之也？一卦而六十三變，春秋傳有其文。蓋夏、商之季，易道衰，而筮氏以其小智，爲遊移不定之占，以求億中。文王演易，盡廢日者之術，歸之易簡。孔子所傳者，文王之易；焦贛所演者，夏、商日者之易〔三〕。論文、周、孔子之易，而

〔一〕内傳乾：「聖人所以顯陰陽之仁，而詔民於憂患者，存乎易而已矣。故曰：『憂悔吝者存乎介。』介者，錯綜相易之幾也。」
〔二〕「言」，底本作「賁」，從嶽麓本改。
〔三〕嶽麓本此句句末有「也」字。

以日者之術亂之，奚可哉！篇中于隨、蠱諸卦言泰、否之變，无妄、大畜、晋、睽、鼎、革各殊其説，玩爻象而宗二聖之指，不知其餘也。

十一

惟乾坤以純爲道，故[一]曰「時乘六龍以御天」，又曰「天德不可爲首」，九五雖尊，不任爲群陽之主，而各以時乘；坤曰「德合无疆，承天而時行」，六二雖正，而下不能釋初六之凝陰，上不能息上六之龍戰。自此而外，則卦各有主。

或專主一爻行乎衆爻之中，則卦象、卦名、卦德及爻之所占，皆依所主之爻而立義。或貞悔兩體相應，或因卦變而剛柔互相往來，則即以相應、相往來者爲主。或卦象同，而中四爻之升降異位，或初、上之爲功異道，則即以其升降剛柔之用爻爲主。非在此一卦，

[一] 嶽麓本校記：「王孝魚金陵本點校稿云：『依下文「坤曰」例，「故」字下當有「乾」字。』」

而六爻皆其有一德也。〔二〕

一爻行乎衆爻之間，如履唯六三爲柔履剛，則餘爻之陽皆其所履，不可於外三爻而言履他爻；初、二與三同爲兑體，雖有履道而未履乎剛，故咥、不咥不與焉。復卦唯〔三〕初九爲能復，大有唯六五爲有乎大，而餘爻皆聽復而爲柔所有。姤、同人、豫、小畜之類，其義皆然。

二爻相往來，而以所往來者爲主，如損之損三而益上，益之損四而益初，則唯所損、所益之兩爻爲主，而餘爻皆受損、益者也。恒之初與四固藏以持久，餘爻非有恒道；需、晋之五居尊而遥相待，上與四爲隔絶，所繇以俟需、晋者，則需與所需、晋與所晋者異矣。

以相應不相應爲主者，中四爻之合離有得失之異，如中孚之二、五得中，相合而孚其類，以感三、四，故三、四非能孚者，初、上則尤不與于孚者也。

〔二〕「非」字括至句末。
〔三〕「唯」，底本原作「爲」，今據嶽麓本改。

或卦象同而中四爻[一]之升降異，如賁柔來二以飾陽，故賁須終不得爲大文；噬嗑剛自五而來初，以齧合交雜之陰陽而非道；則賁唯二與上爲致飾，噬嗑惟初與上爲强合，有賁者，有受賁者，有噬者，有受噬者，不得概言飾與合也。[二]

中四爻象同而初、上爲功異者，如家人以剛閑得位之貞，而蹇以柔用；解以柔解失位之悖，而睽以剛爭；則中四爻之得失皆聽乎初，上，不自爲合離行止矣。有閑者，有受閑者；有解者，有受解者；有啟其疑以睽者；有致其慎而蹇者，未可無辨以離爻于全卦之象也。

觀其象以玩其彖，則得失之所由與其所著，吉凶之所生與其所受，六爻合一，而爻之義大明矣。舊說概云當某卦之世則皆有某卦之道，主輔不分，施受不别，遇履則皆履物，遇畜則皆畜彼。至於說不可伸，則旁立一義，如訟九五爲聽訟，而不問所訟者爲何人之

[一]「中四爻」，嶽麓本作「三、四」。今按：當作「中四爻」，船山此下所舉例證，如噬嗑乃否五之初，賁乃泰二之上，皆不僅三、四爻。

[二]這一段，是要强調區别開主輔、施受。

類。〔二〕揆之卦畫，參之象辭，絶不相當，非義所安，審矣。篇内疏其滯，會其通，非求異於先儒，庶弋獲於三聖耳。

十二

以筮言之，則由三變以得一畫以爲初，漸積至十八變而成卦，疑初爲始而上爲終。然成〔三〕卦者，天地固有之化，萬物固有之理，人事固有之情，筮而遇之則占存焉，非因筮而後有卦也。如天之健，非漸以盛而嚮於弱；地之順，非馴習以至而且將逆。至如夬、剥之屬，非上不成，其初則未嘗决陰而剥陽也。即以筮言，初爻得奇者三十有二，豈必初九爲

〔二〕王弼注以九二、九五皆聽訟之主，孔疏爲之回護曰：「一卦兩主者，凡諸卦之内如此者多矣。五是其卦尊位之主，餘爻是其卦爲義之主。」程傳、本義雖以二與五相訟，然其以二爲成訟之主，以九五爲聽訟之主，則與孔疏無大差别。船山以爲九五爲九二所訟，則不當爲聽訟之人也。

〔三〕「成」，底本無，從嶽麓本補。

乾之始？〔二〕得偶者三十有二，豈必初六爲坤之始？即至五爻得陽，而爲乾爲夬，尚未可知；五爻得陰，而爲坤爲剥，尚未可知。無上不成乎初，亦陰陽無始、動静無端之理也。卦有以初、終爲時位者，然而僅矣。即如乾以時言，而豈必一人焉由潛而見、而躍、而飛亢，閲歷盡而不爽乎？孔子終於潛，周公終於見，文王終於躍，堯始即飛，比干、伯夷始即亢。人事如此，物之變、天之化，尤其不可測者。〔三〕

需非九五，始故亟進而誰需？訟非九二，五自居尊而無與訟。然則何所據於時與地，爲卦之始、卦之終也？未嘗觀變觀象以玩其占與辭，而初則曰當某卦之始，上則曰當某卦之終，〔三〕奚足以研幾而精義乎？其尤異者，於泰則曰泰極且否，於否則曰否極而泰，於

〔二〕占筮的時候，通過三變得到一爻，第一爻如果是陽爻，但有可能是乾卦的初九，也可能是屯、需、訟、小畜、履、泰、同人、大有……等的初九，初爻爲陽爻的，有三十二卦。

〔三〕周易每一卦有六爻，每一卦有一個主題，其六爻可能展現這個主題的不同情勢，成爲一個體系，比如乾卦，就有潛、見、惕、躍、飛、亢等幾個階段，這是作易者在模擬天地之化的時候把各種情況都揭示出來而作的。但就每個個體來説，並不是都要遵循同樣的階段，而是僅僅有可能經歷一兩個階段，順序也可能是反著。所以孔子終其一生僅僅到了九二的地位，堯却一開始就飛龍在天。船山其實是想表達：周易的體系不是機械的，每個人的人生也不是被固定安排好的程式，而是嚮未來無限開放的。

〔三〕王弼注既濟上六曰：「處既濟之極，既濟道窮，則之於未濟。之於未濟，則首先犯焉。」注未濟初六曰：「處未濟之初，最居險下，不可以濟者也。而欲之其應，進則溺身。未濟之始，始於既濟之上六也。濡其首，猶不反，至于濡其尾，不知紀極者也。」

畜則曰畜極而通，〔二〕然則明夷之終，夷極而必無傷；解之終，解極而復悖乎？以天下治亂，夫人進退而言之：泰極而否，則堯、舜之後當即繼以桀、紂，而禹何以嗣興？否極而泰，則永嘉、靖康之餘何以南北瓜分，人民離散，昏暴相踵，華夷相持，百餘年而後寧？畜極而通，則苟懷才抱德者憤起一旦，不必問時之宜否，可以爲所欲爲，而志無不快？以天化言之：則盛夏炎風酷暑之明日，當即報以冰雪；山常畜而必流，水常通而必塞矣。故泰極者當益泰也，否極者當益否也。泰上之「復隍」，否上之「傾否」，自別有旨，而不可云極則必反也。極則必反者，筮人以慰不得志于時者之佞辭，何足以窮天地之藏，盡人物之變，貞君子之常乎？故舊説言始言終者，概不敢從，而求諸爻象之實。卦或有初而不必有終，不計其終；或有終而不必有初，不追其始。合〔三〕混淪之全體，以知變化之大用，斯得之矣。

〔二〕王弼注泰上六：「居泰上極，各反所應，泰道將滅，上下不交。」王弼注大畜上九：「處畜之極，畜極則通。大畜以至於大亨之時。」程子注否卦上九曰：「物理極而必反，故泰極則否，否極則泰。」

〔三〕「合」，嶽麓本所據底本作「全」。

十三

本義繪邵子諸圖於卷首，不爲之釋而盡去之，何也？〔一〕曰：周流六虛，不可爲典要，易之道，易之所以神也，不行〔二〕而至也，陰陽不測者也。邵子方圓二圖，典要也，非周流也，行而至者也，測陰陽而意其然者也。

易自下生，而邵子之圖自上變。〔三〕自下生者，立本以趣時者也；自上變者，趣時而忘本者也。天地之化，至精至密。一卉一木，一禽一蟲，察於至小者皆以不測而妙盡其理；或寒或暑，或雨或晴，應以其候者抑不可豫測其候。故易體之，以使人行法俟命，無時不懼，以受天之祐。故乾坤並建，即繼以屯：陰陽始交而難生，險阻在易簡之中，示天命之

〔一〕內傳去掉了邵子諸圖。因爲周易大全從本義，是盡載九圖的。船山要闡明不用的原因。

〔二〕「行」，嶽麓本所據底本作「疾」。

〔三〕邵康節之伏羲八卦次序（或稱小横圖），自一分爲二，以至於八卦，實際上也是自下而上生。所謂「自上變」，蓋指圓圖以乾一兑二離三震四之序，是自上而下旋轉也。

靡常也。泰而旋否，剥而旋復，有恒而遯，明已夷而可閑於有家；神之格不可度，而矧可射也？故曰百物不廢，懼以終始。〔一〕君子之學易，學此焉耳；有疑焉而以問，問此焉耳；固法象自然必有之變化也。

邵子之圖，如織如繪，如飣如砌，以意計揣度，域大化於規圓矩方之中。嘗試博覽于天地之間，何者而相肖也？且君子之有作也，以顯天道，即以昭人道，使崇德而廣業焉。如邵子之圖，一切皆自然排比，乘除增減，不可推移，則亦何用勤勤於德業爲耶？疏節闊目，一覽而盡；天地之設施，聖人之所不敢言，而言之如數家珍，此術數家舉萬事萬理而歸之前定，使人無懼而聽其自始自終之術也。將無爲偷安而不知命者之勸耶？

於彖無其象，於爻無其序，於大象無其理，文王、周公、孔子之所不道，非聖之書也。而挾古聖以抑三聖，曰伏羲氏之易；美其名以臨之，曰先天。伏羲何授？邵子何受？不能以告人也。先天者，黄冠祖氣之説也。故其圖乾順坤逆，而相遇於姤、復，一不越于龍

〔一〕神無方，易無體，變化無端。中庸引大雅抑曰：「神之格思，不可度思，矧可射思？」謂變化之妙，不可以定理求也。故繫辭傳曰「其道甚大，百物不廢，懼以始終」，若有定體，則百物或有時而廢。

虎交媾之術，而邵子之藏見矣。程子忽之而不學，韙矣哉！朱子録之于周易之前，[二]竊所不解。學易者，學之聖人之言而不給，奚暇至於黃冠日者之説爲？占易者，以占得失也。非以知其吉而驕、知其凶而怠者也，又奚以前知一定之數爲？篇中詳辨之。

[二] 邵雍的伏羲六十四卦方圓圖如左（據宋咸淳本周易本義書影）：

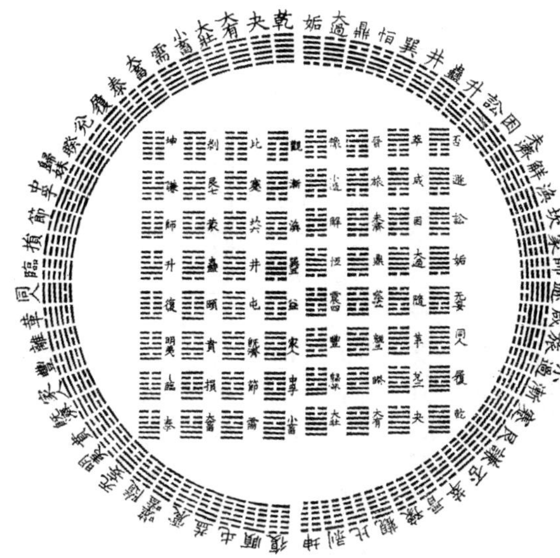

十四

唯易不可爲典要，故玩象、爻之辭者，亦不可執一以求之。有即爻之得失而象占在者，如「潛龍勿用」，則「龍」者初九之德，「潛」者初九之時，「勿用」則示修龍德而在潛者當以藏爲道之類是也。乃執此以概其不然者，則於爻無義，於象相違者多矣。〔一〕有爻中之象占，有爻外之象占。而爻外之象占復有二。其一如坤初六「履霜堅冰至」，雖初六之且有此象，而所戒者在君子之辨之於早，非爲初六言也；又如噬嗑初九「屨校滅趾无咎」，雖初九之自致，而言无咎者，謂君子施薄刑於小人以弭其惡，則可寡民之過，非謂屨校而可无咎也。其一如大有上九「自天祐之吉无不利」，上九即天也，祐者非祐上也，乃六五履信思順

〔一〕周易的爻辭，有的是「即爻之得失而象占在者」，亦即本爻辭就説的是本爻的吉凶信息。但並不是所有的爻辭都這樣，有些爻辭是爲他爻或未來的時期而發，如果僅僅以「即爻之得失而象占在」的角度去解釋所有爻辭，就往往扞格不通，從而「於爻無義，於象相違」。

而上祐之，即其福之至以歸本於六五之德也；又如解六五「君子維有解」，解者，非五之能解也，上六藏器待時而解六三之悖，故五可乎三而解之，此原本上六之德以知六五之吉也。

蓋讀書者一句而求一句之義，則句義必忒，况于易之爲學，以求知天人之全體大用；於一爻而求一爻之義，則爻義必不可知。且如「潛龍勿用」，義固盡於爻中矣，而非六陽純成、自彊不息，則無以見一陽初動之即爲龍；况其會通於爻外之爻以互相應求，與[二]立一占者、學者于卦爻之外，以垂訓戒者乎！通其變而不倦于玩，君子之所以行乎亹亹也。執一句一義而論先聖之書，微言隱，大義乖，他經且然，奚况易哉！

十五

爻辭爲筮得九六動爻而設，故於彖有變通，[三]如履六三、復上六之類。乃動爻之取義有

[二]「與」字連接下一整句，至「垂訓戒」。

[三] 謂爻辭較彖辭相比而有變通也。今按：此處論動爻，實亦證明爻辭雖或與彖有别，而終不悖彖，所以成「爻不悖彖」之義也。

二，一爲值其動之時者言也，一爲于其時位而有動之情者言也。〔二〕

值其動之時，不必有動之情，而動應之。如「乾」初九，非有欲潛之情，時爲之也，示占者當其時則道宜如是，非有欲用之意，而固不可用也。凡此類，以所值之時位言也。

一則卦德本如是矣，非其吉凶之必然也，乃忽情動於中，而與此爻得失之理相應，則爻因情之動而告之以動之吉凶。如「同人」以一陰應群陽，本有「于野」之亨，而六二以應而動其情，以私合於五，非其時位然也，情之動也。凡此類，以人之情專於此而遺其全體，則以情之動而告以動之得失也。占者非有其情，則當其時而趣之；苟有其情，則因其情之得失而慎之；此所以明於憂患之故，而爲通志成務之道。即占即學，豈有二理哉！

十六

易爲君子謀，不爲小人謀。君子之謀于易，非欲知吉凶而已，所以知憂，知懼，而知

〔二〕一個是客觀條件，一個是主觀狀態。

所擇執也。故曰：「无有師保，如臨父母。」本義往往有戒占者之言，韙矣。然所戒者，剛柔之節，進退之度，王者之刑賞因革，君子之出處語默，兩俱近道，而戒以慎擇而固執之。若夫貞之爲言正也，出乎正則入乎邪，即微易之戒，豈有不貞而可以徼利者哉！貞之爲利也，不相離也，貞則利，利必貞也；故有貞凶，而无不利之貞，无不貞之利。〔一〕且易之所謂利者，非小人之利，求榮而榮，求富而富，欲焉而遂，忿然而逞者也。故曰「利物」，非私利於己之謂也；曰「合義」，合於義即利，所謂不以利爲利，以義爲利也。

故凡言「貞吉」者，言既得其正而又吉。或謂所吉者在正，而非不正者之可幸吉，此即戒矣。若「利貞」，則謂其合義而可固守；即有戒焉，亦謂其義之合不以權而以正也。倘云「利於貞，不利於不貞」，此又豈待易之言而後戒乎！況於乾言「利貞」，在天者即爲道之正，胡容責天以正，而唯恐不正之不利耶！元、亨、利、貞，分言之則四德，合言之則二理。〔二〕復禮爲仁，禮者仁之秩序；信必近義，信者義之始終。文王合四德而順言之，

〔一〕就卦爻辭而言，有「貞凶」，有「利貞」，而無「利不貞」「貞不利」。
〔二〕文王以元亨一理，利貞一理；夫子以元、亨、利、貞分言之爲四德。

孔子分四德而合言〔一〕之，義固兩存，不可云孔子之言非文王之意也。篇中亟正之。

十七

當位之吉，不當位之凶，其恒也。應之利，不應之不利，其恒也。使有恒之可執，而據之爲典要，則火珠林一類技術之書，相生相剋之成局，足以與于聖人之道義，天地之德業矣。

故有不當位而吉，當位而不吉；應而不利，不應而利者。以人事徵之：紂以世嫡而爲君，三桓以公族而爲卿，當位者也；文王之爲臣，孔子之爲下大夫，不當位者也；飛廉、惡來，柔以應剛者也；微子之决於去，比干之韙於諫，不應者也。得失豈有定哉！耕者之雨，行者之病也。豐草之茂，良苗之瘠也。

位無恒，應必視其可應，以爲趣時之妙用，其可以典要求之乎！乾、坤、震、巽、

〔一〕底本無「言」字，今據嶽麓本補。

坎、離、艮、兑，位皆其位，不待應而自合者也。泰、否、益、恒、既濟、未濟、咸、損，故相應而無關於得失也。既濟無不當之位，未濟無相當之位，位不足言也。推此而言變動無常之旨，類可知矣。

十八

易之難知者，三陰三陽相雜之卦，此所謂險阻也。咸、恒、損、益之旨，微矣。它如隨、蠱、噬嗑、賁、困、井[一]、豐、旅、節、涣，於象於德，尤爲隱而難知。舊説通於爻，則不通於彖辭；通於彖辭，亦不通於卦畫。

蓋陰陽相半，以遞相乘，乃天化之流行於物理人事者，不能皆如泰、否之秩然成章；而聖人觀其變與象以窮萬變之理，自非可以論易簡之道論險阻也。

〔一〕「它如」，嶽麓本無。嶽麓本於「井」後有「鼎革」二字。今按當無此二字，一者此解三陰三陽之卦，鼎革非是；二者此下文未言及鼎革。

損、益之義大矣。其曰「損上益下，民説无疆」者，孔子推而徵之君民之間，以著其一理耳。舊説據此以盡損、益之理，則損爲暴君汙吏之朘削，而何以云「有孚无咎」而可貞也？天施地生、與時偕行之説，又何以稱焉？隨爲陽隨陰也，明矣。

蠱陰順承陽，正也。春秋傳「女惑男」之説，[一]術人因事而支離，非蠱之象也。既云蠱壞矣，既壞，則治不治未可知也。若謂[二]壞極必治，而可名之爲治，則否可以謂之泰、困可以謂之通乎？

困之剛揜，易知也；井亦剛揜，而奚以異於困？不即井之象以合卦之象，則爻之言「漏」、言「泥」、言「汲」、言「甃」、言「食」、言「收」者何所取？而「往來不改」之義又何以云？

豐，蔽也，陰蔽陽也，爻之訓明矣；而謂爲盛大，故蔡京得以「豐亨豫大」之説惑其君。[三]使即象徵爻，知豐之爲蔽而豫之爲怠，邪説不足以立矣。

[一] 左傳昭公元年：「溺惑亂之所生也。于文，皿蟲爲蠱。穀之飛亦爲蠱。在周易，女惑男，風落山，謂之蠱。」

[二] 「謂」，嶽麓本作「得」。

[三] 見本書豫卦下注。

天、地、雷、風、水、火、山、澤，八卦之象也。八卦之德，不限於此。舍卦畫所著之德，僅求之所取之象，是得枝葉而忘其本根；於是雷火盛而爲豐，山風麗[一]而爲蠱，一偏之説，遂以蔽卦之全體，而彖與爻之大義微言皆隱矣。但以天、地、雷、風、水、火、山、澤曲就卦之名義，則雷、風至無恒者，而何以爲恒？又將爲之説曰「无恒而有恒」。則亦泰可謂否，乾可謂之坤矣。今釋數卦，皆研審畫象、會通彖爻以明其旨，盡異於先儒之言，非敢求異，求其通而已矣。

十九

大象之與彖、爻，自别爲一義。[二]取大象以釋彖、爻，必齟齬不合，而强欲合之，此易學之所由晦也。易以筮，而學存焉，唯大象則純乎學易之理，而不與於筮。蓋筮者，知天之事也；知天者，以俟命而立命也。樂天知命而不憂以俟命，安土敦仁而能愛以立命，

[一]「麗」，嶽麓本作「厲」。今按當作「麗」，「山風麗」即「風落山」也。
[二]按，此一節，與周易大象解序文同。

則卦有小有大，有險有易，有順有逆，知[一]其吉凶而明於憂患之故，吉還其吉，凶還其凶，利害交著於情僞之感，以窮天化物情之變，學易[二]之道雖寓其中，而故有所從違，以研幾而趣時，所謂「動則玩其占」也。

夫學易者，盡人之事也。盡人而求合乎天德，則在天者即爲理。天下無窮之變，陰陽雜用之幾，察乎至小、至險、至逆，而皆天道之所必察。苟精其義，窮其理，但爲一陰一陽所繼而成象者，君子無不可用之以爲静存動察、修己治人、撥亂反正之道。故否而可以「儉德辟難」，剥而可以「厚下安宅」，歸妹而可以「永終知敝」，姤而可以「施命誥四方」；略其德之凶危，而反諸誠之通復，則就天、地、雷、風、電、木、水、火、日、月、山、澤已成之法象，而體其各得之常。故乾大矣而但法其行，坤至矣而但效其勢，分審於六十四象之性情以求其功效，乃以精義入神，而隨時處中，天無不可學，物無不可用，事無不可爲。繇[三]大是以上達，則聖人「耳順」「從心」之德也。故子曰：「五十以學易，可以無大過矣。」

〔一〕嶽麓本校記：「『知』：鈔本作『如』，守遺經書屋本、金陵本作『知』。據船山周易大象解序，作『知』是。」
〔二〕底本無「易」字，今據嶽麓本補。
〔三〕嶽麓本所據底本無「繇」字。

象，聖人之所以學易也。「無大過」者，謙辭也。聖人之集大成，以時中而參天地，無過之盡者也，聖學之無所擇而皆固執者也，非但爲筮者言也。君子學聖人之學，未能至焉，而欲罷不能，竭才以從，遺其一象而即爲過，豈待筮哉！所謂「居則觀其象」也。嗚呼！此孔子之師文王而益精其義者，豈求異于文王乎！[二]神而明之，存乎其人，非聖人而孰能與於斯！讀易者分別玩之，勿强相牽附，以亂彖、爻之説，庶幾得之。

二〇

序卦非聖人之書，愚於外傳辨之詳矣。易之爲道，自以錯綜相易爲變化之經，而以陰陽之消長屈伸、變動不居者爲不測之神。間嘗分經緯二道，以爲三十六[三]象，六十四卦之

〔二〕船山雖講彖、象相别，但仍强調四聖一揆。
〔三〕「六」，底本原作「二」，今據嶽麓本及文義改。

次序，亦未敢信爲必然，故不次之此篇。〔一〕

然需、訟可以繼屯、蒙；而訟之繼蒙，以象以數，無一可者，於理尤爲不順。故確信序卦一傳非聖人之書，而此篇置之不論。且上、下經之目，非必孔子所立也。六經之書，在孔子但謂之藝，其稱「經」者，始見於戴氏經解〔二〕之文，後人之所稱也。其分上下也有二。古之簡册，以韋編之，猶今之卷帙也。簡多而不可編爲一，故分上下爲二，其簡之多少必相稱也。上經乾、坤二卦獨有文言，則損其二卦以爲下篇，而文與簡相均。下經之始咸、恒，不過如此而已。

又以錯綜之象言之，上經錯卦六，爲象六〔三〕；綜卦二十四，爲象十二；共〔四〕十有八。

〔一〕此謂周易外傳於序卦傳所作之卦序説解。經緯者，船山於外傳以十二辟卦及八卦爲經，以雜卦爲緯。如曰：「故消長之幾爲變化之所自出，則之十二卦者以爲之經……往來之跡，爲錯綜之所自妙，則之八卦者以爲之經。此二經者，並行而不悖者也。」「故列乾坤於首，以奠其經；要既濟未濟於終，以盡其緯。」又曰：「爲之次者，就其一往一來之經緯而言之爾。」

〔二〕即禮記經解所記六經之教也。

〔三〕嶽麓本所據底本無「爲象六」三字。

〔四〕嶽麓本所據底本無「十二共」三字。

下經錯卦二，綜卦三十二，[二]爲象亦十有八，[三]偶相合也，亦可分爲二而均者也。乃曲爲之說曰：「有夫婦然後有父子，有父子然後有君臣」，安所得無道之言而稱之哉！父子君臣者，自有人道以來，與禽獸之大别者此也。有男女則有夫婦，天化之自然，鳥之雌雄，獸之牝牡，與人同焉者也；即曰夫婦者，非配合之謂爾，以禮相合之謂也。而抑不然：父子之仁、君臣之義，聖人因人心之固有而順導之，而愛敬之真不待聖人之裁成；若夫婦之以禮相接，則聖人于既有配合之後，裁成之以正人紀者也。故黄帝以前，婚姻未正，而父子君臣之倫早已大定，何得以爲父子君臣俱待此以成，而推爲人倫之本也，况所云有男女然後有夫婦者，又僅自其配合而言乎！

乾者，萬物之資始也，父吾乾也；坤者，萬物之資生也，母吾坤也。乾、坤二十八變而後有咸、恒，則豈可曰有夫婦然後有父子哉！故曰：非聖人之書也。且欲取卦以象夫婦，則泰、否爲陰陽内外之象，損、益、既濟、未濟皆男女相諧匹之象，而奚獨咸、恒！

[二] 嶽麓本所據底本衍「爲象二十二」五字。
[三] 此句與上句兩「有」字，底本無，從嶽麓本補。

若曰乾道至艮而成男，坤道至兑而成女，則損何殊於咸？若以男下女爲婚禮之象，則恒抑不如益矣。咸者，感也。天下之感豈徒夫婦！故爻辭不及焉；大象不及焉。彖言「取女」，亦舉一事以通其餘，如屯之「建侯」、益之「涉川」，非必定此爲夫婦也。恒與咸綜，義實相反。如云夫婦必久，則父子、君臣、兄弟、朋友可暫合而終離乎？以咸、恒擬乾、坤，分上、下經之首，無一而可者也。上、下經之分，文與簡之多少相稱爾，十有八象之偶均爾，聖人何容心焉！故曰：序卦非聖人之書也。

若夫「十翼」之説，既未足據；即云「十翼」，文言一，上、下彖傳二，大象一，上、下象傳二，繫辭上、下傳二，説卦傳一，雜卦傳一。〔一〕序卦固贅餘矣。

二一

以易爲學者問道之書而略筮占之法，自王弼始。嗣是言易者不一家，雖各有所偏倚，

〔一〕此船山所獨有之説。「十翼」之次，據正義，則彖傳上下二、象傳上下二、繫辭上下二、文言一、説卦一、序卦一、雜卦一。

而隨事以見得失之幾，要未大遠于易理。唯是專於言理，廢筮占之法於不講，聽其授受於筮人，則以筮玩占之道，不能得先聖人謀鬼謀、百姓與能之要。至朱子作啟蒙，始詳焉。

乃朱子之法，一本之沙隨程氏，其三爻變以上無所適從，但以晉文公之筮「貞屯悔豫」爲證，至五爻變則據穆姜之筮隨，而又謂「史妄引隨之彖辭」。〔二〕今按：「三爻變，則占本卦及之卦之彖辭」，假令筮得乾，而三、五、上變爲歸妹，乾彖曰「元亨利貞」，而歸妹曰「征凶无攸利」；又令筮得家人，初、二、四變爲姤，家人彖曰「利女貞」，姤曰「女壯勿用取女」；得失吉凶，相反懸絶，占者將何所折衷耶？其四爻、五爻、六爻變，皆舍本卦而專取之卦，本之不立，急於趣時，以静爲動，以動爲静，於理不安之甚。

蓋所謂「之卦」者，一出於筮人，而極于焦贛四千九十六之繇辭。若以易簡而知險阻言之，則三百八十四之爻辭通合於六十四象之中，已足盡天人之變。如以爲少而益之，則天化物理事變之日新，又豈但四千九十六而已哉！故贛之易林，詭於吉凶，而無得失之理以爲樞

〔二〕易學啓蒙考變占第四：「三爻變，則占本卦及之卦之彖辭。而以本卦爲貞，之卦爲悔，前十卦爲貞，後十卦爲悔。」注又引沙隨程氏曰：「晉公子重耳筮得國，遇貞屯悔豫皆八，蓋初與四、五凡三爻變也。」又於五爻小注曰：「穆姜往東宮，筮遇艮之八，史曰『是謂艮之隨』。蓋五爻皆變，唯二得八，故不變也，法宜以『係小於失丈夫』爲占，而史妄引隨之彖辭以對，則非也。」

機，率與流俗所傳靈棋經、一撮金，同爲小人細事之所取用，褻天悖聖，君子不屑過而問焉。是「之卦」之説，三聖之所不用，亦已審矣。唯春秋傳晋文、穆姜之占，以之卦爲説，乃皆曰八，則疑爲連山、歸藏之法，而非周易之所取。其它傳之所載，雖曰某卦之某，所占者抑唯本卦動爻之辭，且概取本卦一爻以爲占，未必其筮皆一爻動而五爻不動。意古之占法，動爻雖不一，但因事之所取象、位之與相當者，一爻以爲主而略其餘。[一]特自王弼以來，言易者置之不論，遂失其傳，而沙隨程氏以臆見爲占法，則固未足信也。

二二

易三畫而八卦小成，一函三之數，三才之位也；重而爲六，陰陽、剛柔，仁義之道；參兩之數也。象數一依於道，故曰「易與天地準」，「故能彌綸天地之道」。邵子挾其加一

[一]「動爻雖不一，但因事之所取象、位與相當者，一爻爲主而略其餘」，這是船山對筮法的判定。其實筮法不可爲典要，要在那個特定的時刻對機，但船山的説法比朱子的規則還是通透一些。

倍之術以求天數，作二畫之卦四、四畫之卦十六、五畫之卦三十二，於道無合，於數無則，無名無象，無得失之理，無吉凶之應，竊所不解。加一倍之術，無所底止之説也。可二畫，可四畫，可五畫，則亦可遞增而七、八、九畫，然則將有七畫之卦百二十八、八畫之卦二百五十六、九畫之卦五百一十二，漸而加之以無窮無極，而亦奚不可哉！邵子之學如此類者，窮大失居而引入於荒忽不可知之域，如言始終之數，自乾一而以十二、三十相乘，放坤之三十一萬、三千四百五十六萬，六千五百六十三萬、八千四百萬，運算終日而得之，不知將以何爲？易曰：「易簡而天下之理得矣。」故學易者知其數：一函三爲體，陽九陰六爲用，極于萬二千五百而止。畏聖人之言，不敢侮也。

二三

六經一以夫子[一]所定爲正。董仲舒言「道術歸於一，諸不在六藝之科者，勿使

[一]「夫子」，底本原作「朱子」，今據嶽麓本改。

並進」，〔一〕萬世之大法，爲聖人之徒者勿能越也。故尚書雖有逸周書，〔二〕詩雖有傳記所引少昊之詩、白雲之謠，〔三〕春秋雖有竹書紀年，禮雖有夏小正，〔四〕無有援古以加於聖經者；况秦漢制誥之書，饒歌、清商之詩，王通元經之擬春秋，叔孫綿蕞之制朝禮，其不敢躋而上之以雜聖教，正道異端之辨，嚴矣哉！

何至於易，而前引曠古無征之伏羲以爲之圖説，後則有八宫、世應、飛神、伏神、六神〔五〕、六親、納甲之邪説，公然登之聖經之列而不知忌憚？爲聖人之徒者，何其誣也！以康節之先天，安排巧妙，且不足以與於天地運行之變化，况八宫、世應之陋術哉！乾之變窮於剥，何以反下而爲晋？又全反其所已變而爲大有？無可奈何，而爲遊魂、

〔一〕董仲舒對策：「春秋大一統者，天地之常經，古今之通誼也。今師異道，人異論，百家殊方，指意不同，是以上亡以持一統；法制數變，下不知所守。臣愚以爲：諸不在六藝之科、孔子之術者，皆絶其道，勿使並進。邪辟之説滅息，然後統紀可一而法度可明，民知所從矣。」

〔二〕晋太康二年，汲郡人不準盜安釐王墓，得竹書數種，荀勖、杜預等加以整理，事詳晋書束皙傳。然後人據史傳記載，以爲：彼所出書未有稱爲周書者；今所傳十卷周書乃漢書藝文志所載，而謂之「汲冢周書」者，隋書經籍志之誤。故今多稱作逸周書。詳四庫提要。

〔三〕帝王世紀「少昊樂曰九淵」。樂府詩集：「穆天子傳曰：『天子觴西王母于瑶池之上，西王母爲天子謡，天子答之：「白雲在天，山陵自出，道里悠遠，山川間之，將子無死，向復能來？」』」

〔四〕竹書紀年，汲冢所出。夏小正，今見於大戴記。

〔五〕嶽麓本校記：「『六神』：守遺經書屋本、金陵本作『六龍』。按此句自『八宫』至『納甲』各詞，均占法也。『六神』亦占法之一，疑作『六龍』者誤。」今據嶽麓本改。

歸魂之説以文之。何以遊？何以歸也？無能言其故也，窮斯遁也。其以五行割裂而配八卦也，坎、離何以專水火，而木、金、土兼攝二卦？乾、坤爲變化之本源，而使與兑、艮伍，以分金、土之半？坤、艮杳不相及，而使同司土政？皆滅理逆天之説耳。〔一〕至於納甲取象於月魄之死生，本出於魏伯陽修錬之小數，而下游爲房中妖淫之技，其惑道誣民，豈但元經之於春秋、綿蕞之於三禮哉！非聖者無法，而小人趨利避害，樂奉之以爲儌幸之媒。

劉爚氏，儒者也，爲之説曰：「辭與事不相應，吉凶何自而決？蓋人於辭上會者淺，於象上會者深；文王、周公之辭雖以明卦，然辭之所該終有限，故有時而不應。」〔二〕其非聖無法以崇尚邪説也，甚矣！二聖之辭有限，而鬻術者推測之小慧爲無窮乎？其云有時而不應者，則自有故。假令一人就君子而問穿窬之得財與否，君子豈能以其所獲之多少而告

〔一〕「滅」，嶽麓本作「蔑」。

〔二〕劉爚，宋史卷四百〇一有傳。船山所引，見易學啓蒙通釋所引雲莊劉氏曰：「筮決占卦爻之辭，然其辭與事應者，吉凶固自可見；又有不相應者，吉凶何自而決？蓋人于辭上會者淺，于象上會者深。伏羲教人卜筮，亦有卦而已。隨其所遇求之，卦體、卦象、卦變无不應矣。文王、周公之辭雖以明卦，然辭之所該終有限，故有時而不應。必如左傳及國語所載占卦體、卦象、卦變，又推互體，始足以濟辭之所不及，而爲吉凶之前知耳。讀易者不可不察也。」又見性理大全載易學啓蒙所附録。

之？即令有人以賈販之售不售，求酒索食之有無問，君子又豈屑役其心以揣其多寡利鈍而告之？故曰：「伐國不問仁人。」仁人且不可問，而易者天之明赫、誠之形著、幾之明威、鬼神之盛德，四聖崇德廣業、洗心藏密之至仁大義，其屑爲此瑣瑣者謀乎？

象數者，天理也，非天理之必察，於象數亡當焉，而惡乎相應？有時不應，固其宜也。其在君子，則語默從心，苟問非所問，則隱幾而卧，曳杖而去之已耳。若蓍策者，雖神之所憑，抑聽人之運焉者也。神不能掣筮人之腕指而使勿揲，則聽其瀆而不禁，而揲之奇偶自然必合於七八九六，鬼神不能使妄瀆者之不成乎爻象。有象則有辭，亦如孔子之遇陽貨于塗，非欲欺之，而自不與其言相應。所問不應，又何疑焉！即或偶應，亦偶遇而非神之所形。怙愚不肖者，不能如穆姜之自反以悔其瀆而不告，乃歸咎于文王、周公之辭有限而不足以盡象，悍而愚不可瘳矣。揣其意，不過欲伸康節觀梅之術，與京房世應、火珠林禄馬、貴合、刑殺之邪妄，以毁聖人而已。孔子曰：「所樂而玩者，易之辭也。」篇内推廣辭中之精義以旁通之，苟君子以義而筮，如父母也，如師保也，何有不應之疑耶？

二四

揲蓍之法，當視過揲七、八、九、六四數之實，以定陰陽老少，而不當論歸奇，外傳已詳辨之矣。其著明者，莫如夫子之言。繫傳曰「乾之策，二百一十六；坤之策，百四十四」，過揲之數也。若乾之歸奇七十八，坤之歸奇百五十，〔二〕聖人之所弗道也。又曰：「乾坤之策三百六十，當期之日。」若合乾坤之歸奇，則二百二十八，於天之象數一無所準。

聖人之言炳如日星，而崇後世苟簡之術，取歸奇之易於數記，謂但論歸奇之五、四、九、八，亂奇偶之成象，誣過揲爲贅旒，非愚所知也。〔三〕後儒談易之敝，大抵論爻則不恤彖，論彖、爻則不恤繫傳，不知三聖之精藴非繫傳二篇不足以章著。此乃孔子昭示萬

〔二〕乾卦，六爻皆老陽，則歸奇之數，每爻爲五、四、四，合而爲十三；六爻共七十八；坤卦，六爻皆老陰，則歸奇之數，每爻爲九、八、八，合而爲二十五，六爻共一百五十。

〔三〕船山認爲，筮法當用過揲數，不當用掛扐數。詳見内傳於繫辭大衍筮法章之解説。

世學易、占易之至仁大義，昭回於天者。而往往以日者苟簡邪淫之説爲師。朱子師孔子以表章六藝，徒于易顯背孔子之至教。故善崇朱子者，舍其注易可也。邵康節亂之于前，王介甫廢之于後，蔡西山以術破道，而星命葬術、爲王制殺而弗赦者，〔一〕復弄易以神其説，則朱子之于易，舍周公以從術士，有自來矣。故歸奇者，術士苟簡之術也，〔二〕於此可以知朱子之過矣。

二五

夫之自隆武〔三〕丙戌，始有志于讀易。戊子，避戎於蓮花峰，益講求之。初得觀卦之義，服膺其理，以出入於險阻而自靖；

〔一〕禮記王制：「析言破律，亂名改作，執左道以亂政，殺。」鄭注：「左道，若巫蠱及俗禁。」後漢書宋皇后紀李賢注引禮記作「殺無赦」。

〔二〕嶽麓本校記：「『舍周、孔以從術士，有自來矣。故歸奇者，術士苟簡之術也』：守遺經書屋本、金陵本作『舍周、孔以從術士苟簡之術也』。」

〔三〕「隆武」，底本爲白框，今據嶽麓本補。

乃深有感于聖人畫象繫辭，爲精義安身之至道，立于易簡以知險阻，非異端竊盈虚消長之機，爲翕張雌黑之術，所得與于學易之旨者也。

乙未，于晋寧山寺，始爲外傳。

丙辰，始爲大象傳。亡國孤臣，寄身於穢土〔二〕，志無可酬，業無可廣，唯易之爲道則未嘗旦夕敢忘於心，而擬議之難，又未敢輕言也。

歲在乙丑，從游諸生求爲解説。形枯氣索，暢論爲難，於是乃於病中勉爲作傳。大略以乾坤並建爲宗；錯綜合一爲象；彖爻一致、四聖一揆爲釋；占學一理、得失吉凶一道爲義；占義不占利，勸戒君子、不瀆告小人爲用；畏文、周、孔子之正訓，辟京房、陳摶、日者、黄冠之圖説爲防。誠知得罪於先儒，而畏聖人之言，不敢以小道俗學異端相亂；則亦患其研之未精，執之未固，辨之未嚴，敢辭罪乎？易之精藴，非繫傳不闡。觀於繫傳，而王安石屏易於三經之外，朱子等易於火珠林之列，其異於孔子甚矣。衰困之餘，力疾草創，未能節繁以歸簡，飾辭以達意。汰之鍊之，

〔二〕「寄身於穢土」，底本爲白框，今據嶽麓本補。

以俟哲人。來者悠悠，誰且爲吾定之者？

若此篇之説，間有與外傳不同者：外傳以推廣於象數之變通，極酬酢之大用；而此篇守彖爻立誠之辭，以體天人之理，固不容有毫釐之逾越。至於大象傳，則有引伸而無判合，正可以互通之。傳曰「默而成之，不言而信，存乎德行」，豈徒以其言哉！躬行不逮，道不足以明，則夫之所疚媿於終身者也。

丙寅仲秋月癸丑朔畢〔一〕

〔一〕「丙寅仲秋月癸丑朔畢」，據嶽麓本補。

中外哲學典籍大全·中國哲學典籍卷

已出版書目

《讀禮疑圖》,〔明〕季本著，胡雨章點校。

《王制通論》《王制義按》，程大璋著，吕明烜點校。

《關氏易傳》《易數鉤隱圖》《删定易圖》，劉严點校。

《易説》,〔清〕惠士奇著，陳峴點校。

《易漢學新校注（附易例)》,〔清〕惠棟著，谷繼明校注。

《春秋尊王發微》,〔宋〕孫復著，趙金剛整理。

《春秋師説》,〔元〕黄澤著,〔元〕趙汸編，張立恩點校。

《宋元孝經學五種》，曾海軍點校。

《孝經集傳》,〔明〕黄道周撰，許卉、蔡傑、翟奎鳳點校。

《孝經鄭注疏》《孝經講義》，常達點校。

《孝經鄭氏注箋釋》，曹元弼著，宫志翀點校。

《孝經學》，曹元弼著，宫志翀點校。

《四書辨疑》,〔元〕陳天祥著，光潔點校。

《小心齋劄記》,〔明〕顧憲成著，李可心點校。

《太史公書義法》，孫德謙著，吴天宇點校。

《肇論新疏》,〔元〕文才著，夏德美點校。

《張九成集》,〔宋〕張九成著，李春穎點校。

《周易口義》,〔宋〕胡瑗著，白輝洪、于文博、［韓］徐尚賢點校。

《周易外傳校注》,〔清〕王夫之著，谷繼明校注。

《周易内傳校注》,〔清〕王夫之著，谷繼明、孟澤宇校注。

《春秋集注》,〔宋〕張洽著，蔣軍志點校。

《春秋集傳》,〔宋〕張洽著，陳峴點校。

《錢時著作三種》,〔宋〕錢時著，張高博點校。

《涇皋藏稿》,〔明〕顧憲成著，李可心點校。

《周易玩辭》,〔宋〕項安世著，杜兵點校。

《高子遺書》,〔明〕高攀龍著，李卓點校。

《周易學》，曹元弼著，周小龍點校。

《春秋屬辭》,〔元〕趙汸著，張立恩整理。

《春秋釋例》,〔晉〕杜預著，徐淵整理。

《春秋闕疑》,〔元〕鄭玉著，張立恩點校。

更多典籍敬請期待……

中外哲學典籍大全

總主編 李鐵映 王偉光

中國哲學典籍卷

經部易類

周易内傳校注（上）

〔清〕王夫之 著

谷繼明 孟澤宇 校注

中國社会科學出版社

圖書在版編目（CIP）數據

周易内傳校注：全二册 /（清）王夫之著；谷繼明，孟澤宇校注．—北京：中國社會科學出版社，2021.11

（中外哲學典籍大全．中國哲學典籍卷）

ISBN 978 – 7 – 5203 – 9181 – 8

Ⅰ．①周…　Ⅱ．①王…②谷…③孟…　Ⅲ．①《周易》—研究

Ⅳ．①B221.5

中國版本圖書館 CIP 數據核字（2021）第 186671 號

出 版 人　趙劍英
項目統籌　王　茵
責任編輯　孫　萍
責任校對　趙　威
責任印製　王　超

出　　版　中國社會科學出版社
社　　址　北京鼓樓西大街甲 158 號
郵　　編　100720
網　　址　http://www.csspw.cn
發 行 部　010 – 84083685
門 市 部　010 – 84029450
經　　銷　新華書店及其他書店

印　　刷　北京君昇印刷有限公司
裝　　訂　廊坊市廣陽區廣增裝訂廠
版　　次　2021 年 11 月第 1 版
印　　次　2021 年 11 月第 1 次印刷

開　　本　710 × 1000　1/16
印　　張　57
字　　數　675 千字
定　　價　209.00 元（全二册）

凡購買中國社會科學出版社圖書，如有質量問題請與本社營銷中心聯繫調换
電話：010 – 84083683

中外哲學典籍大全

「中國哲學典籍卷」

學術委員會

主　任　陳　來　趙汀陽　謝地坤　李存山　王　博

委　員（按姓氏拼音排序）

白　奚　陳壁生　陳　静　陳立勝　陳少明　陳衛平　陳　霞　丁四新　馮顔利

干春松　郭齊勇　郭曉東　景海峰　李景林　李四龍　劉成有　劉　豐　王中江

王立勝　吴　飛　吴根友　吴　震　向世陵　楊國榮　楊立華　張學智　張志强

鄭　開

項目負責人　張志强

提要撰稿主持人　劉　豐　趙金剛

提要英譯主持人　陳　霞

總序

中外哲學典籍大全的編纂，是一項既有時代價值又有歷史意義的重大工程。

中華民族經過了近一百八十年的艱苦奮鬥，迎來了中國近代以來最好的發展時期，迎來了奮力實現中華民族偉大復興的時期。中華民族祇有總結古今中外的一切思想成就，才能並肩世界歷史發展的大勢。爲此，我們須編纂一部匯集中外古今哲學典籍的經典集成，爲中華民族的偉大復興、爲人類命運共同體的建設、爲人類社會的進步，提供哲學思想的精粹。

哲學是思想的花朵，文明的靈魂，精神的王冠。一個國家、民族，要興旺發達，擁有光明的未來，就必須擁有精深的理論思維，擁有自己的哲學。哲學是推動社會變革和發展的理論力量，是激發人的精神砥石。哲學解放思維，净化心靈，照亮前行的道路。偉大的時代需要精邃的哲學。

一　哲學是智慧之學

哲學是什麽？這既是一個古老的問題，又是哲學永恒的話題。追問哲學是什麽，本身就是「哲學」問題。從哲學成爲思維的那一天起，哲學家們就在不停追問中發展、豐富哲學的篇章，給出一個又一個答案。每個時代的哲學家對這個問題都有自己的詮釋。哲學是什麽，是懸疑在人類智慧面前的永恒之問，這正是哲學之爲哲學的基本特點。

哲學是全部世界的觀念形態，精神本質。人類面臨的共同問題，是哲學研究的根本對象。本體論、認識論、世界觀、人生觀、價值觀、實踐論、方法論等，仍是哲學的基本問題和生命力所在！哲學研究的是世界萬物的根本性、本質性問題。人們可以給哲學做出許多具體定義，但我們可以嘗試用「遮詮」的方式描述哲學的一些特點，從而使人們加深對何爲哲學的認識。

哲學不是玄虚之觀。哲學來自人類實踐，關乎人生。哲學對現實存在的一切追根究底、「打破砂鍋問到底」。它不僅是問「是什麽」（being），而且主要是追問「爲什麽」（why），特别是追問「爲什麽的爲什麽」。它關注整個宇宙，關注整個人類的命運，關注人生。它關心柴米油鹽醬醋茶和人的生命的關係，關心人工智能對人類社會的挑戰。哲學是對一切實踐經驗的理論升華，它關心具體現象背後的根據，關心人類如何會更好。

哲學是在根本層面上追問自然、社會和人本身，以徹底的態度反思已有的觀念和認識，從價值理想出發把握生活的目標和歷史的趨勢，展示了人類理性思維的高度，凝結了民族進步的智慧，寄託了人們熱愛光明、追求真善美的情懷。道不遠人，人能弘道。哲學是把握世界、洞悉未來的學問，是思想解放、自由的大門！

古希臘的哲學家們被稱爲「望天者」，亞里士多德在形而上學一书中説，「最初人們通過好奇—驚讚來做哲學」。如果説知識源於好奇的話，那麽産生哲學的好奇心，必須是大好奇心。這種「大好奇心」衹爲一件「大事因緣」而來，所謂大事，就是天地之間一切事物的「爲什麽」。哲學精神，是「家事、國事、天下事，事事要問」，是一種永遠追問的精神。

哲學不衹是思維。哲學將思維本身作爲自己的研究對象，對思想本身進行反思。哲學不是一般的知識體系，而是把知識概念作爲研究的對象，追問「什麽才是知識的真正來源和根據」。哲學的「非對象性」的思想方式，不是「純形式」的推論原則，而有其「非對象性」之對象。哲學之對象乃是不斷追求真理，是一個理論與實踐兼而有之的過程，是認識的精粹。哲學追求真理的過程本身就顯現了哲學的本質。天地之浩瀚，變化之奥妙，正是哲思的玄妙之處。

哲學不是宣示絶對性的教義教條，哲學反對一切形式的絶對。哲學解放束縛，意味著從一切思想教條中解放人類自身。哲學給了我們徹底反思過去的思想自由，給了我們深刻洞察未來的思想能力。哲學就是解放之學，是聖火和利劍。

哲學不是一般的知識。哲學追求「大智慧」。佛教講「轉識成智」，識與智相當於知識與哲學的關係。一般知識是依據於具體認識對象而來的、有所依有所待的「識」，而哲學則是超越於具體對象之上的「智」。

公元前六世紀，中國的老子説，「大方無隅，大器晚成，大音希聲，大象無形，道隱無名。夫唯道，善貸且成」。又説，「反者道之動，弱者道之用。天下萬物生於有，有生於無」。對道的追求就是對有之爲有、無形無名的探究，就是對天地何以如此的探究。這種追求，使得哲學具有了天地之大用，具有了超越有形有名之有限經驗的大智慧。這種大智慧、大用途，超越一切限制的籬笆，達到趨向無限的解放能力。

哲學不是經驗科學，但又與經驗有聯繫。哲學從其作爲學問誕生起，就包含於科學形態之中，是以科學形態出現的。哲學是以理性的方式、概念的方式、論证的方式來思考宇宙人生的根本問題。在亞里士多德那裏，凡是研究實體（ousia）的學問，都叫作「哲學」。而「第一實體」則是存在者中的「第一個」。研究第一實體的學問稱爲「神學」，也就是「形而上學」，這正是後世所謂「哲學」。一般意義上的科學正是從「哲學」最初的意義上贏得自己最原初的規定性的。哲學雖然不是經驗科學，却爲科學劃定了意義的範圍、指明了方向。哲學最後必定指向宇宙人生的根本問題，大科學家的工作在深層意義上總是具有哲學的意味，牛頓和愛因斯坦就是這樣的典範。

哲學不是自然科學，也不是文學藝術，但在自然科學的前頭，哲學的道路展現了；在文學藝術的山頂，哲學的天梯出現了。哲學不斷地激發人的探索和創造精神，使人在認識世界的過程中，不斷達到新境界，在改造世界中從必然王國到達自由王國。

哲學不斷從最根本的問題再次出發。哲學史在一定意義上就是不斷重構新的世界觀、認識人類自身的歷史。哲學的歷史呈現，正是對哲學的創造本性的最好說明。哲學史上每一位哲學家對根本問題的思考，都在爲哲學添加新思維、新向度，猶如爲天籟山上不斷增添一隻隻黄鸝翠鳥。

如果說哲學是哲學史的連續展現中所具有的統一性特徵，那麽這種「一」是在「多」個哲學的創造中實現的。如果說每一種哲學體系都追求一種體系性的「一」的話，那麽每種「一」的體系之間都存在着千絲相聯、多方組合的關係。這正是哲學史昭示於我們的哲學多樣性的意義。多樣性與統一性的依存關係，正是哲學尋求現象與本質、具體與普遍相統一的辯證之意義。

哲學的追求是人類精神的自然趨向，是精神自由的花朵。哲學是思想的自由，是自由的思想。

中國哲學，是中華民族五千年文明傳統中，最爲内在的、最爲深刻的、最爲持久的精神追求和價值觀表達。中國哲學已經化爲中國人的思維方式、生活態度、道德準則、人生追求、精神境界。中國人的科學技術、倫理道德，小家大國、中醫藥學、詩歌文學、繪畫書法、武術拳法、鄉規民俗，乃至日常生活也都浸潤着中國哲學的精神。華夏文化雖歷經磨難而能够透魄醒神，堅韌屹立，正是來自於中國哲學深邃的思維和創造力。

先秦時代，老子、孔子、莊子、孫子、韓非子等諸子之間的百家争鳴，就是哲學精神在中國的展現，是中國人思想解放的第一次大爆發。兩漢四百多年的思想和制度，是諸子百家思想在争鳴過程中大整合的結果。魏晋之際，玄學的發生，則是儒道冲破各自藩籬，彼此互動互補的結果，形成了儒家獨尊的態勢。隋唐三百年，佛教深入中國文化，又一次帶來了思想的大融合和大解放，禪宗的形成就是這一融合和解放的結果。兩宋三百多年，中國哲學迎來了第三次大解放。儒釋道三教之間的互潤互持日趨深入，朱熹的理學和陸象山的心學，就是這一思想潮流的哲學結晶。

與古希臘哲學强調沉思和理論建構不同，中國哲學的旨趣在於實踐人文關懷，它更關注實踐的義理性意義。中國哲學當中，知與行從未分離，中國哲學有着深厚的實踐觀點和生活觀點，倫理道德觀是中國人的貢獻。馬克思説，「全部社會生活在本質上是實踐的」，實踐的觀點、生活的觀點也正是馬克思主義認識論的基本觀點。這種哲學上的契合性，正是馬克思主義能够在中國扎根並不斷中國化的哲學原因。

「實事求是」是中國的一句古話。今天已成爲深遂的哲理，成爲中國人的思維方式和行爲基準。實事求是就是解放思想，解放思想就是實事求是。實事求是是毛澤東思想的精髓，是改革開放的基石。只有解放思想才能實事求是。實事求是就是中國人始終堅持的哲學思想。實事求是就是依靠自己，走自己的道路，反對一切絶對觀念。所謂中國化就是一切從中國實際出發，一切理論必須符合中國實際。

二　哲學的多樣性

實踐是人的存在形式，是哲學之母。實踐是思維的動力、源泉、價值、標準。人們認識世界、探索規律的根本目的是改造世界，完善自己。哲學問題的提出和回答，都離不開實踐。馬克思有句名言：「哲學家們只是用不同的方式解釋世界，而問題在於改變世界！」理論只有成爲人的精神智慧，才能成爲改變世界的力量。

哲學關心人類命運。時代的哲學，必定關心時代的命運。對時代命運的關心就是對人類實踐和命運的關心。人在實踐中産生的一切都具有現實性。哲學的實踐性必定帶來哲學的現實性。哲學的現實性就是强調人在不斷回答實踐中各種問題時應該具有的態度。

哲學作爲一門科學是現實的。哲學是一門回答並解釋現實的學問，哲學是人們聯繫實際、面對現實的思想。可以説哲學是現實的最本質的理論，也是本質的最現實的理論。哲學始終追問現實的發展和變化。哲學存在於實踐中，也必定在現實中發展。哲學的現實性要求我們直面實踐本身。

哲學不是簡單跟在實踐後面，成爲當下實踐的「奴僕」，而是以特有的深邃方式，關注着實踐的發展，提升人的實踐水平，爲社會實踐提供理論支撑。從直接的、急功近利的要求出發來理解和從事哲學，無異於向哲學提出它本身不可能完成的任務。哲學是深沉的反思，厚重的智慧，事物的抽象，理論的把握。哲學是人類把握世界最深邃的理論思維。

哲學是立足人的學問，是人用於理解世界、把握世界、改造世界的智慧之學。「民之所好，好之，民之所惠，惠之。」哲學的目的是爲了人。用哲學理解外在的世界，理解人本身，也是爲了用哲學改造世界、改造人。哲學研究無禁區，無終無界，與宇宙同在，與人類同在。

存在是多樣的，發展是多樣的，這是客觀世界的必然。宇宙萬物本身是多樣的存在，多樣的變化。歷史表明，每一民族的文化都有其獨特的價值。文化的多樣性是自然律，是動力，是生命力。各民族文化之間的相互借鑒，補充浸染，共同推動著人類社會的發展和繁榮，這是規律。對象的多樣性、複雜性，決定了哲學的多樣性；即使對同一事物，人們也會産生不同的哲學認識，形成不同的哲學派别。哲學觀點、思潮、流派及其表現形式上的區别，來自於哲學的時代性、地域性和民族性的差异。世界哲學是不同民族的哲學的薈萃，如中國哲學、西方哲學、阿拉伯哲學等。多樣性構成了世界，百花齊放形成了花園。不同的民族會有不同風格的哲學。恰恰是哲學的民族性，使不同的哲學都可以在世界舞臺上演繹出各種「戲劇」。即使有類似的哲學觀點，在實踐中的表達和運用也會各有特色。

人類的實踐是多方面的，具有多樣性、發展性，大體可以分爲：改造自然界的實踐，改造人類社會的實踐，完善人本身的實踐，提升人的精神世界的精神活動。人是實踐中的人，實踐是人的生命的第一屬性。實踐的社會性决定了哲學的社會性，哲學不是脱離社會現實生活的某種遐想，而是社會現實生活的觀念形態，是文明進步的重要標誌，是人的發展水平的重要維度。哲學的發展狀况，反映着一個社會人的理性成熟程度，反映著這個社會的文明程度。

哲學史實質上是自然史、社會史、人的發展史和人類思維史的總結和概括。自然界是多樣的，社會是多樣的，人類思維是多樣的。所謂哲學的多樣性，就是哲學基本觀念、理論學説、方法的異同，是哲學思維方式上的多姿多彩。哲學的多樣性是哲學的常態，是哲學進步、發展和繁榮的標誌。哲學是人的哲學，哲學是人對事物的自覺，是人對外界和自我認識的學問，也是人把握世界和自我的學問。哲學的多樣性，是哲學的常態和必然，是哲學發展和繁榮的內在動力。一般是普遍性，特色也是普遍性。從單一性到多樣性，從簡單性到複雜性，是哲學思維的一大變革。用一種哲學話語和方法否定另一種哲學話語和方法，這本身就不是哲學的態度。

多樣性並不否定共同性、統一性、普遍性。物質和精神，存在和意識，一切事物都是在運動、變化中的，是哲學的基本問題，也是我們的基本哲學觀點！

當今的世界如此紛繁複雜，哲學多樣性就是世界多樣性的反映。哲學是以觀念形態表現出的現實世界。哲學的多樣性，就是文明多樣性和人類歷史發展多樣性的表達。多樣性是宇宙之道。

哲學的實踐性、多樣性，還體現在哲學的時代性上。哲學總是特定時代精神的精華，是一定歷史條件下人的反思活動的理論形態。在不同的時代，哲學具有不同的內容和形式，哲學的多樣性，也是歷史時代多樣性的表達。哲學的多樣性也會讓我們能够更科學地理解不同歷史時代，更爲内在地理解歷史發展的道理。多樣性是歷史之道。

哲學之所以能發揮解放思想的作用，在於它始終關注實踐，關注現實的發展；在於它始終關注著科學技術的進步。哲學本身没有絶對空間，没有自在的世界，只能是客觀世界的映象，觀念形態。没有了現實性，哲學就遠離人，就離開了存在。哲學的實踐性，説到底是在説明哲學本質上是人的哲學，是人的思維，是爲了人的科學！哲學的實踐性、多樣性告訴我們，哲學必須百花齊放、百家争鳴。哲學的發展首先要解放自己，解放哲學，就是實現思維、觀念及範式的變革。人類發展也必須多塗並進，交流互鑒，共同繁榮。采百花之粉，才能釀天下之蜜。

三　哲學與當代中國

中國自古以來就有思辨的傳統，中國思想史上的百家争鳴就是哲學繁榮的史象。哲學是歷史發展的號角。中國思想文化的每一次大躍升，都是哲學解放的結果。中國古代賢哲的思想傳承至今，他們的智慧已浸入中國人的精神境界和生命情懷。

中國共産黨人歷來重視哲學，毛澤東在一九三八年，在抗日戰争最困難的條件下，在延安研究哲學，創作了實踐論和矛盾論，推動了中國革命的思想解放，成爲中國人民的精神力量。

中華民族的偉大復興必將迎來中國哲學的新發展。當代中國必須有自己的哲學，當代中國的哲學必須要從根本上講清楚中國道路的哲學道理。中華民族的偉大復興必須要有哲學的思維，必須要有不斷深入的反思。發展的道路，就是哲思的道路，文化的自信，就是哲學思維的自信。哲學是引領者，可謂永恒的「北斗」，哲學是時代的「火焰」，是時代最精緻最深刻的「光芒」。從社會變革的意義上説，任何一次巨大的社會變革，總是以理論思維爲先導。理論的變革，總是以思想觀念的空前解放爲前提，而「吹響」人類思想解放第一聲「號角」的，往往就是代表時代精神精華的哲學。社會實踐對於哲學的需求可謂「迫不及待」，因爲哲學總是「吹響」這個新時代的「號角」。「吹響」中國改革開放之

「號角」的，正是「解放思想」「實踐是檢驗真理的唯一標準」「不改革死路一條」等哲學觀念。「吹響」新時代「號角」的是「中國夢」，「人民對美好生活的向往，就是我們奮鬥的目標」。發展是人類社會永恒的動力，變革是社會解放的永遠的課題，思想解放，解放思想是無盡的哲思。中國正走在理論和實踐的雙重探索之路上，搞探索没有哲學不成！

中國哲學的新發展，必須反映中國與世界最新的實踐成果，必須反映科學的最新成果，必須具有走向未來的思想力量。今天的中國人所面臨的歷史時代，是史無前例的。十三億人齊步邁向現代化，這是怎樣的一幅歷史畫卷！是何等壯麗、令人震撼！不僅中國歷史上亘古未有，在世界歷史上也從未有過。當今中國需要的哲學，是結合天道、地理、人德的哲學，是整合古今中西的哲學，只有這樣的哲學才是中華民族偉大復興的哲學。

當今中國需要的哲學，必須是適合中國的哲學。無論古今中外，再好的東西，也需要再吸收，再消化，必須要經過現代化和中國化，才能成爲今天中國自己的哲學。哲學是解放人的，哲學自身的發展也是一次思想解放，也是人的一个思維升華、羽化的過程。中國人的思想解放，總是隨著歷史不斷進行的。歷史有多長，思想解放的道路就有多長；發展進步是永恒的，思想解放也是永無止境的，思想解放就是哲學的解放。

習近平説，思想工作就是「引導人們更加全面客觀地認識當代中國、看待外部世界」。這就需要我們確立一種「知己知彼」的知識態度和理論立場，而哲學則是對文明價值核心最精練和最集中的深邃性表達，有助於我們認識中國、認識世界。立足中國、認識中國，需要我們審視我們走過的道路，立足中國、認識世界，需要我們觀察和借鑒世界歷史上的不同文化。中國「獨特的文化傳統」、中國「獨特的歷史命運」、中國「獨特的基本國情」，「決定了我們必然要走適合自己特點的發展道路」。一切現實的，存在的社會制度，其形態都是具體的，都是特色的，都必須是符合本國實際的。抽象的制度，普世的制度是不存在的。同時，我們要全面客觀地「看待外部世界」。研究古今中外的哲學，是中國認識世界、認識人類史，認識自己未來發展的必修課。今天中國的發展不僅要讀中國書，還要讀世界書。不僅要學習自然科學、社會科學的經典，更要學習哲學的經典。當前，中國正走在實現「中國夢」的「長征」路上，這也正是一條思想不斷解放的道路！要回答中國的問題，解釋中國的發展，首先需要哲學思維本身的解放。哲學的發展，就是哲學的解放，這是由哲學的實踐性、時代性所决定的。哲學無禁區、無疆界。哲學是關乎宇宙之精神，是關乎人類之思想。哲學將與宇宙、人類同在。

四　哲學典籍

中外哲學典籍大全的編纂，是要讓中國人能研究中外哲學經典，吸收人類精神思想的精華；是要提升我們的思維，讓中國人的思想更加理性、更加科學、更加智慧。

中國有盛世修典的傳統。中國古代有多部典籍類書（如「永樂大典」「四庫全書」等），在新時代編纂中外哲學典籍大全，是我們的歷史使命，是民族復興的重大思想工程。

只有學習和借鑒人類精神思想的成就，才能實現我們自己的發展，走向未來。中外哲學典籍大全的編纂，就是在思維層面上，在智慧境界中，繼承自己的精神文明，學習世界優秀文化。這是我們的必修課。

不同文化之間的交流、合作和友誼，必須達到哲學層面上的相互認同和借鑒。哲學之間的對話和傾聽，才是從心到心的交流。中外哲學典籍大全的編纂，就是在搭建心心相通的橋樑。

我們編纂這套哲學典籍大全，一是中國哲學，整理中國歷史上的思想典籍，濃縮中國思想史上的精華；二是外國哲學，主要是西方哲學，吸收外來，借鑒人類發展的優秀哲學成果；三是馬克思主義哲學，展示馬克思主義哲學中國化的成就；四是中國近現代以來的哲學成果，特別是馬克思主義在中國的發展。

編纂這部典籍大全，是哲學界早有的心願，也是哲學界的一份奉獻。中外哲學典籍大全總結的是書本上的思想，是先哲們的思維，是前人的足迹。我們希望把它們奉獻給後來人，使他們能够站在前人肩膀上，站在歷史岸邊看待自己。

中外哲學典籍大全的編纂，是以「知以藏往」的方式實現「神以知來」；中外哲學典籍大全的編纂，是通過對中外哲學歷史的「原始反終」，從人類共同面臨的根本大問題出發，在哲學生生不息的道路上，綵繪出人類文明進步的盛德大業！

發展的中國，既是一個政治、經濟大國，也是一個文化大國，也必將是一個哲學大國、思想王國。人類的精神文明成果是不分國界的，哲學的邊界是實踐，實踐的永恒性是哲學的永續綫性，打開胸懷擁抱人類文明成就，是一個民族和國家自强自立，始終佇立於人類文明潮頭的根本條件。

擁抱世界，擁抱未來，走向復興，構建中國人的世界觀、人生觀、價值觀、方法論，這是中國人的視野、情懷，也是中國哲學家的願望！

李鐵映

二〇一八年八月

「中國哲學典籍卷」

序

中國古無「哲學」之名，但如近代的王國維所說，「哲學爲中國固有之學」。「哲學」的譯名出自日本啓蒙學者西周，他在一八七四年出版的百一新論中說：「將論明天道人道，兼立教法的 philosophy 譯名爲哲學。」自「哲學」譯名的成立，「philosophy」或「哲學」就已有了東西方文化交融互鑒的性質。

「philosophy」在古希臘文化中的本義是「愛智」，而「哲學」的「哲」在中國古經書中的字義就是「智」或「大智」。孔子在臨終時慨嘆而歌：「泰山壞乎！梁柱摧乎！哲人萎乎！」（史記孔子世家）「哲人」在中國古經書中釋爲「賢智之人」，而在「哲學」譯名輸入中國後即可稱爲「哲學家」。

哲學是智慧之學，是關於宇宙和人生之根本問題的學問。對此，中西或中外哲學是共同的，因而哲學具有世界人類文化的普遍性。但是，正如世界各民族文化既有世界的普遍性，也有民族的特殊性，所以世界各民族哲學也具有不同的風格和特色。如果説「哲學」是個「共名」或「類稱」，那麽世界各民族哲學就是此類中不同的「特例」。這是哲學的普遍性與多樣性的統一。

在中國哲學中，關於宇宙的根本道理稱爲「天道」，關於人生的根本道理稱爲「人道」，中國哲學的一個貫穿始終的核心問題就是「究天人之際」。一般説來，天人關係問題是中外哲學普遍探索的問題，而中國哲學的「究天人之際」具有自身的特點。

亞里士多德曾説：「古今來人們開始哲學探索，都應起於對自然萬物的驚異……這類學術研究的開始，都在人生的必需品以及使人快樂安適的種種事物幾乎全都獲得了以後。」「這些知識最先出現於人們開始有閒暇的地方。」這是説的古希臘哲學的一個特點，是與當時古希臘的社會歷史發展階段及其貴族階層的生活方式相聯繫的。與此不同，中國哲學是産生於士人在社會大變動中的憂患意識，爲了求得社會的治理和人生的安頓，他們大多「席不暇暖」地周遊列國，宣傳自己的社會主張。這就決定了中國哲學在「究天人之際」

中首重「知人」，在先秦「百家争鳴」中的各主要流派都是「務爲治者也，直所從言之異路，有省不省耳」（史記太史公自序）。

中國哲學與其他民族哲學所不同者，還在於中國數千年文化一直生生不息而未嘗中斷，中國文化在世界歷史的「軸心時期」所實現的哲學突破也是采取了極温和的方式。這主要表現在孔子的「祖述堯舜，憲章文武」，删述六經，對中國上古的文化既有連續性的繼承，又經編纂和詮釋而有哲學思想的突破。因此，由孔子及其後學所編纂和詮釋的上古經書就以「先王之政典」的形式不僅保存下來，而且在此後中國文化的發展中居於統率的地位。

據近期出土的文獻資料，先秦儒家在戰國時期已有對「六經」的排列，「六經」作爲一個著作群受到儒家的高度重視。至漢武帝「罷黜百家，表章六經」，遂使「六經」以及儒家的經學確立了由國家意識形態認可的統率地位。漢書藝文志著録圖書，爲首的是「六藝略」，其次是「諸子略」「詩賦略」「兵書略」「數術略」和「方技略」，這就體現了以「六經」統率諸子學和其他學術。這種圖書分類經幾次調整，到了隋書經籍志乃正式形成「經、史、子、集」的四部分類，此後保持穩定而延續至清。

中國傳統文化有「四部」的圖書分類，也有對「義理之學」「考據之學」「辭章之學」和「經世之學」等的劃分，其中「義理之學」雖然近於「哲學」但並不等同。中國傳統文化沒有形成「哲學」以及近現代教育學科體制的分科，但是中國傳統文化確實固有其深邃的哲學思想，它表達了中華民族的世界觀、人生觀，體現了中華民族的思維方式、行爲準則，凝聚了中華民族最深沉、最持久的價值追求。

清代學者戴震説：「天人之道，經之大訓萃焉。」（原善卷上）經書和經學中講「天人之道」的「大訓」，就是中國傳統的哲學；不僅如此，在圖書分類的「子、史、集」中也有講「天人之道」的「大訓」，這些也是中國傳統的哲學。「究天人之際」的哲學主題是在中國文化上下幾千年的發展中，伴隨著歷史的進程而不斷深化、轉陳出新、持續探索的。

中國哲學首重「知人」，在天人關係中是以「知人」爲中心，以「安民」或「爲治」爲宗旨的。在記載中國上古文化的尚書皋陶謨中，就有了「知人則哲，能官人；安民則惠，黎民懷之」的表述。在論語中，「樊遲問仁，子曰：『愛人。』問知（智），子曰：『知人。』」（論語顔淵）「仁者愛人」是孔子思想中的最高道德範疇，其源頭可上溯到中國文化自上古以來就形成的崇尚道德的優秀傳統。孔子説：「未能事人，焉能事鬼？」「未知生，焉知死？」（論語先進）「務民之義，敬鬼神而遠之，可謂知矣。」（論語雍也）「智者知人」，在孔子的思想中雖然保留了對「天」和鬼神的敬畏，但他的主要關注點是現世的人生，是「仁者愛人」「天下有道」的價值取向，由此確立了中國哲學以「知人」爲中心的思想範式。西方現代哲學家雅斯貝爾斯在大哲學家一書中把蘇格拉底、佛陀、孔子和耶穌作爲「思想範式的創造者」，而孔子思想的特點就是「要在世間建立一種人道的秩序」，「在現世的可能性之中」，孔子「希望建立一個新世界」。

中國上古時期把「天」或「上帝」作爲最高的信仰對象，這種信仰也有其宗教的特殊性。如梁啓超所説：「各國之尊天者，常崇之於萬有之外，而中國則常納之於人事之中，此吾中華所特長也。……其尊天也，目的不在天國而在世界，受用不在未來（來世）而在現在（現世）。是故人倫亦稱天倫，人道亦稱天道。記曰：『善言天者必有驗於人。』此所以雖近於宗教，而與他國之宗教自殊科也。」由於中國上古文化所信仰的「天」不是存在於與人世生活相隔絶的「彼岸世界」，而是與地相聯繫（中庸所謂「郊社之禮，所以事上帝也」，朱熹中庸章句注：「郊，祀天；社，祭地。不言后土者，省文也。」），具有道德的、以民爲本的特點（尚書所謂「皇天無親，惟德是輔」，「天視自我民視，天聽自我民聽」，「民之所欲，天必從之」），所以這種特殊的宗教性也長期地影響著中國哲學對天人關係的認識。相傳「人更三聖，世經三古」的易經，其本爲卜筮之書，但經孔子「觀其德義而已」之後，則成爲講天人關係的哲理之書。四庫全书總目易類序說：「聖人覺世牖民，大抵因事以寓教……易則寓於卜筮。故易之爲書，推天道以明人事者也。」不僅易經是如此，而且以後中國哲學的普遍架構就是「推天道以明人事」。

春秋末期，與孔子同時而比他年長的老子，原創性地提出了「有物混成，先天地生」（老子二十五章），天地並非固有的，在天地產生之前有「道」存在，「道」是產生天地萬物的總根源和總根據。「道」內在於天地萬物之中就是「德」，「孔德之容，惟道是從」（老子二十一章），「道」與「德」是統一的。老子說：「道生之，德畜之，物形之，勢成之。是以萬物莫不尊道而貴德。道之尊，德之貴，夫莫之命而常自然。」（老子五十一章）老子的價值主張是「自然無爲」，而「自然無爲」的天道根據就是「道生之，德畜之……是以萬物莫不尊道而貴德」。老子所講的「德」實即相當於「性」，孔子所罕言的「性與天道」，在老子哲學中就是講「道」與「德」的形而上學。實際上，老子哲學確立了中國哲學「性與天道合一」的思想，而他從「道」與「德」推出「自然無爲」的價值主張，這就成爲以後中國哲學「推天道以明人事」普遍架構的一個典範。雅斯貝爾斯在大哲學家一書中把老子列入「原創性形而上學家」，他說：「從世界歷史來看，老子的偉大是同中國的精神結合在一起的。」他評價孔、老關係時說：「雖然兩位大師放眼於相反的方向，但他們實際上立足於同一基礎之上。兩者間的統一在中國的偉大人物身上則一再得到體現……」這裏所謂「中國的精神」「立足於同一基礎之上」，就是說孔子和老子的哲學都是爲了解決現實生活中的問題，都是「務爲治者也」。

在老子哲學之後，中庸說：「天命之謂性」，「思知人，不可以不知天」。孟子說：「盡其心者知其性也，知其性則知天矣。」（孟子盡心上）此後的中國哲學家雖然對天道和人性有不同的認識，但大抵都是講人性源於天道，知天是爲了知人。一直到宋明理學家講「天者理也」，「性即理也」，「性與天道合一存乎誠」。作爲宋明理學之開山著作的周敦頤太極圖説，是從「無極而太極」講起，至「形既生矣，神發知矣，五性感動而善惡分，萬事出矣」，這就是從天道講到人事，而其歸結爲「聖人定之以中正仁義而主静，立人極焉」，這就是從天道、人性推出人事應該如何，「立人極」就是要確立人事的價值準則。可以説，中國哲學的「推天道以明人事」最終指向的是人生的價值觀，這也就是要「爲天地立心，爲生民立命，爲往聖繼絶學，爲萬世開太平」。在作爲中國哲學主流的儒家哲學中，價值觀又是與道德修養的工夫論和道德境界相聯繫。因此，天人合一、真善合一、知行合一成爲中國哲學的主要特點。

中國哲學經歷了不同的歷史發展階段，從先秦時期的諸子百家争鳴，到漢代以後的儒家經學獨尊，而實際上是儒道互補，至魏晉玄學乃是儒道互補的一個結晶；在南北朝時期逐漸形成儒、釋、道三教鼎立，從印度傳來的佛教逐漸適應中國文化的生態環境，至隋唐時期完成中國化的過程而成爲中國文化的一個有機組成部分；宋明理學則是吸收了佛、道二教的思想因素，返而歸於「六經」，又創建了論語孟子大學中庸的「四書」體系，建構了以「理、氣、心、性」爲核心範疇的新儒學。因此，中國哲學不僅具有自身的特點，而且具有不同發展階段和不同學派思想内容的豐富性。

一八四〇年之後，中國面臨着「數千年未有之變局」，中國文化進入了近現代轉型的時期。在甲午戰敗之後的一八九五年，「哲學」的譯名出現在黄遵憲的日本國志和鄭觀應的盛世危言（十四卷本）中。此後，「哲學」以一個學科的形式，以哲學的「獨立之精神，自由之思想」推動了中華民族的思想解放和改革開放，中、外哲學會聚於中國，中、外哲學的交流互鑒使中國哲學的發展呈現出新的形態，馬克思主義哲學在與中國的歷史文化傳統、中國具體的革命和建設實踐相結合的過程中不斷中國化而產生新的理論成果。中華民族的偉大復興必將迎來中國哲學的新發展，在此之際，編纂中外哲學典籍大全，中國哲學典籍第一次與外國哲學典籍會聚於此大全中，這是中國盛世修典史上的一個首創，對於今後中國哲學的發展、對於中華民族的偉大復興具有重要的意義。

李存山

二〇一八年八月

「中國哲學典籍卷」

出版前言

社會的發展需要哲學智慧的指引。在中國浩如煙海的文獻中，哲學典籍占據著重要地位，指引著中華民族在歷史的浪潮中前行。這些凝練著古聖先賢智慧的哲學典籍，在新時代仍然熠熠生輝。

收入我社「中國哲學典籍卷」的書目，是最新整理成果的首次發布，按照內容和年代分爲以下幾類：先秦子書類、兩漢魏晋隋唐哲學類、佛道教哲學類、宋元明清哲學類、近現代哲學類、經部（易類、書類、禮類、春秋類、孝經類）等，其中以經學類占多數。

本次整理皆選取各書存世的善本爲底本，制訂校勘記撰寫的基本原則以確保校勘品質。全套書采用繁體竪排加專名綫的古籍版式，嚴守古籍整理出版規範，並請相關領域專家多次審稿，整理者反復修訂完善，旨在匯集保存中國哲學典籍文獻，同時也爲古籍研究者和愛好者提供研習的文本。

文化自信是一個國家、一個民族發展中更基本、更深沉、更持久的力量。對中國哲學典籍進行整理出版，是文化創新的題中應有之義。中國社會科學出版社秉持「傳文明薪火，發時代先聲」的發展理念，歷來重視中華優秀傳統文化的研究和出版。「中國哲學典籍卷」樣稿已在二〇一八年世界哲學大會、二〇一九年北京國際書展等重要圖書會展亮相，贏得了與會學者的高度讚賞和期待。

點校者、審稿專家、編校人員等爲叢書的出版付出了大量的時間與精力，在此一並致謝。由於水準有限，書中難免有一些不當之處，敬請讀者批評指正。

趙劍英

二〇二〇年八月

點校説明

一、周易内傳主要版本有：湖南省博物館所藏鈔本、守遺經書屋刻船山遺書本、金陵書局刻船山遺書本，及太平洋書店排印船山遺書本。此後嶽麓書社出版船山全書，其中周易内傳以鈔本爲基礎，通校了以上幾種版本。但仍偶有闕略。今以金陵船山遺書本爲底本，以嶽麓書社點校本（簡稱嶽麓本）對校，並吸收其校記成果。

二、凡明確底本有誤者，直接在原文中改動，以校記形式説明底本原作某，據某改。

三、周易經傳文的標點，或與通行的斷句不一樣，這是因爲船山在某些句子上的理解有自己的看法。既然是船山的易注，自然要以船山的讀法爲標準來斷句。

四、郭嵩燾曾經對周易内傳作過箋釋。但觀察其箋釋頗爲隨意，漫引周易玩辭等抒發感想。今爲周易内傳作注，采取其注之處甚少。

五、周易原文用黑體字，頂格；船山的注文用宋體字，首行縮進二字符；底本的雙行小注，改作單行小字。

谷繼明　孟澤宇

二〇一八年六月

目録

周易内傳卷一上

周易上經〔一〕

伏羲氏始畫卦，未有「易」名。夏曰連山，商曰歸藏，猶筮人之書也。文王乃本伏羲之畫，體三才之道，推性命之原，極物理人事之變，以明得吉失凶之故，而易作焉。易之道雖本於伏羲，而實文王之德與聖學之所自著也。〔二〕周易之書，乾坤並建以爲首，易之體也；六十二卦錯綜易者，互相推移以摩盪之謂。

〔一〕「周易上經」，嶽麓本作「上經乾坤」。

〔二〕内傳發例第一節說：「伏羲氏始畫卦，而天人之理盡在其中矣。上古簡樸，未遑明著其所以然者，以詔天下後世。幸筮氏猶傳其所畫之象而未之亂。文王起於數千年之後，以『不顯亦臨、無射亦保』之心，得即卦象而體之，乃繫之彖辭，以發明卦象之得失、吉凶之所繇。」船山以「四聖一揆」（伏羲、文王、周公、孔子是一個整體、一個宗旨）爲主要觀點，則伏羲雖然只畫了卦象，但裏面也有天人性命之理，祇是隱藏在卜筮中而已。因此，易的道理要到文王纔顯著起來。

乎三十四象而交列焉，易之用也。〔一〕純乾純坤，未有易也；而相峙以並立，則易之道在，而立乎至足者爲易之資。〔二〕屯、蒙以下，或錯而幽明易其位，或綜而往復易其幾，〔三〕互相易於六位之中，則天道之變化、人事之通塞盡焉。而人之所以酬酢萬事、進退行藏、質文刑賞之道，即於是而在。故同一道也，失則相易而得，得則相易而失，神化不測之妙，即在庸言庸行一剛一柔之中。大哉，易之爲道！天地不能違之以成化，而况於人乎！

陰陽者，定體也，確然隤然爲二物而不可易者也；而陽變陰合〔四〕，交相感以成天下之亹亹者，存乎相易之大用。以蓍求之，而七、八、九、六，無心之動，終合揆於兩儀之象

〔一〕周易共有六十四卦，其中的五十六卦，可以分爲二十八組，比如屯卦，顛倒過來變成蒙卦，故屯蒙是一組。而乾、坤、坎、離、頤、大過、中孚、小過這八個卦，顛倒過來還是自身。故六十四卦可以歸約爲 28 + 8 = 36 卦。邵雍詩説「三十六宫都是春」，三十六也是指的六十四卦。船山去除有獨特意義的乾坤二卦，故有六十二（64—2）、三十四（36—2）這樣的數。就乾卦而言，背後是一個坤卦，此時乾卦爲明（顯），坤卦爲幽（隱藏）；坤卦顯現的時候，則乾卦爲幽。我們一般認爲周易每卦有六爻，船山則認爲，六陰六陽、十二爻纔構成一個完成的太極之體，其中六爻顯現，六爻隱藏。周易中的錯卦，如乾坤、坎離等，就是爲了向人們展示這種關係，此即「錯而幽明易其位」。綜卦是相互顛倒的卦象關係，蕴含了變化的機要，所以説「綜而往復易其機」。「三十四」，嶽麓本所據底本作「三才四」，非是。

〔二〕獨陽不生，孤陰不成。一陰一陽之謂道，乃有易也，故船山提倡「乾坤並建」。

〔三〕錯，即乾坤、坎離這樣的關係，兩卦每一爻的陰陽性質都是相反的，易共有四組，八個這樣的卦，孔穎達稱爲「變」；綜，即某一卦顛倒後變爲另一卦，如屯顛倒變爲蒙，易共有二十八組，五十六個這樣的卦，孔穎達稱爲「覆」。

〔四〕「陽變陰合」，底本作「陰變陽合」，從嶽麓本改。今按：作「陽變陰合」是，本於周敦頤太極圖説。

數。〔一〕爲〔二〕萬物之始，皆陰陽之撰；夫人之情，皆健順之幾。天下無不可合之數，無不可用之物，無不可居之位，特于其相易者各有趣時之道，而順之則吉，逆之則凶。聖人所以顯陰陽之仁，而詔民于憂患者，存乎易而已矣。故曰：「憂悔吝者存乎介。」介者，錯綜相易之幾也。此易之所以名，而義繫焉矣。

後世緯書，徇黄老養生之邪説，謂有太初，有太始，有太易，其妄滋盛。〔三〕易在乾坤既建之後，動以相易。若陰陽未有之先，無象無體，而何所易耶？邵子「畫前有易」之説，〔四〕將無自彼而來乎！

〔一〕人們在占筮的過程中，分數蓍草時是無心、隨機的，但因爲有一定的規則和程序，最後可能得到的過揲之數爲24、28、32、36，除四得六、七、八、九四個數，分別代表老陰、少陽、少陰、老陽。因此這種無心的分數，最後的結果却是合於陰陽之數。

〔二〕「爲」，嶽麓本作「惟」。

〔三〕易緯乾鑿度：「夫有形生於无形，乾坤安從生？故曰：有太易，有太初，有太始，有太素也。太易者，未見氣也；太初者，氣之始也；太始者，形之始也；太素者，質之始也。炁形質具而未離，故曰渾淪。」船山以「易」爲變易與生生，而變易的前提必然是一陰一陽之道，故不可能在混淪未分的時候有太易。「盛」，嶽麓本作「甚」。

〔四〕二程曾經説：「又如言文字呈上，堯夫皆不恭之甚。『須信畫前元有易，自從删後更無詩』，這個意思，古元未有人道來。」（遺書卷二）楊時、朱子亦皆常稱引，然不見於今傳邵雍的擊壤集中。邵雍嘗謂：「先天之學心也，後天之學迹也。」由此，則康節此詩之意，謂伏羲畫卦之前，而易之理、易之意固已在，與乾鑿度「四太」之説有别。

經者，七十子之徒以古聖所作者謂之經，孔子所贊者謂之傳，尊古之辭也。〔一〕分上、下者，以分簡策而均之。説詳發例。

☰ 乾 乾下乾上

乾。元亨利貞。

乾，氣之舒也。陰氣之結，爲形爲魄，恒凝而有質；陽氣之行於形質之中外者，爲氣爲神，恒舒而畢通。〔二〕推盪乎陰而善其變化，無大不屆，無小不入，其用和煦而靡不勝，故又曰「健」也。此卦六畫皆陽，性情功效皆舒暢而純乎健。其於筮也，過揲三十有六，四

〔一〕伏羲之卦象及文王所作卦爻辭，成爲易經；孔子作十篇之言，解説易經，謂之易傳，又稱「十翼」。

〔二〕乾主創生，坤主順成。乾爲氣，其能流通變化，不可方所；坤爲質，質則有滯礙。如果這個世界衹有源源不絶的創生，没有凝定，則遷流而無法立足；如果衹有凝定，没有創生，則將是一個機械、死寂的世界。也正是在這個意義上來説，天道主動，地道主静。又，乾以氣言，則其性有陰陽；坤以質言，質性則分柔剛。就人之一身而言，人之乾爲神，人之坤爲魄。禮記郊特牲説：「魂氣歸於天，形魄歸於地。」魄與形質相關。

其九，而函三之全體，〔二〕盡見諸發用，無所倦吝，故謂之乾。

周易並建乾、坤爲太始，以陰陽至足者統六十二卦之變通。古今之遥，兩間之大，一物之體性，一事之功能，無有陰而無陽，無有陽而無陰，無有地而無天，無有天而無地，不應立一純陽無陰之卦；而此以純陽爲乾者，蓋就陰陽合運之中，舉其陽之盛大流行者言之也。六十二卦有時，而乾、坤無時。乾於大造爲天之運，於人物爲性之神，於萬事爲知之徹，於學問爲克治之誠，於吉凶治亂爲經營之盛，故與坤並建，而乾自有其體用焉。〔三〕

元、亨、利、貞者，乾固有之德，而功即於此遂者也。「元」，首也；取象於人首，爲六陽之會也。天下之有，其始未有也，而從無肇有，興起舒暢之氣，爲其初幾。形未成，化未著，神志先舒以啟運，而健莫不勝，形化皆其所昭徹，統群有而無遺，故又曰「大」也。成性以後，於人而爲「仁」；温和之化，惻悱之幾，清剛之體，萬

〔二〕船山認爲，一畫爲三，陽爻實際有三畫，故爲數九；陰爻實際有兩畫，故爲數六。詳見下文初九爻船山的注。

〔三〕乾坤並建，是船山最首要的易學思想。他認爲整個世界皆是一陰一陽之道流行的世界，不存在祇有陰没有陽，或者只有陽没有陰的時刻。而周易單獨設立一個乾卦，祇是就宇宙之盛大流行的方面而言。也就是説，周易的卦序要將乾坤合起來看，不是先有乾，然後有坤。

善之始也。以函育民物，而功亦莫侔其大矣。「亨」，古與烹、享通。[一]烹飪之事，氣徹而成熟；荐享之禮，情達而交合；故以爲「通」義焉。乾以純陽至和至剛之德，徹群陰而欣合之，無往不遂，陰不能爲之礙也。[二]「利」者，功之遂、事之益也。乾純用其舒氣，徧萬物而無所吝者，無所不宜，物皆於此取益焉。物莫不益於所自始，乾利之也。「貞」，正也。天下惟不正則不能自守：正斯固矣，故又曰正而固也[三]。純陽之德，變化萬有而無所偏私，因物以成物，因事以成事，無詭隨，亦無屈撓，正而固矣。

乾本有此四德，而功即於此效焉。[四]以其資萬物之始，則物之性情皆受其條理，而無不可通；惟元故亨，而亨者大矣。以其美利利天下，而要與以分之所宜，故其利者皆其

[一]「公用亨于天子」，本義：「『亨』，春秋傳作『享』，謂朝獻也。古者『亨通』之『亨』、『享獻』之『享』、『烹飪』之『烹』，皆作『亨』字。」大全又引朱子曰：「古文『元亨』字，亨、享、烹并通用，如『公用亨于天子』，解作亨字便不是。亨、享二字據説文本是一字，故易中多互用，如『王用亨於岐山』，亦當爲享，如『王用享于帝』之云也。字畫、音韻是經中淺事，故先儒得其大者，多不留意，然不知此等處不理會，却枉費了無限辭説牽補，而卒不得其本義，亦甚害事也。」

[二]張載正蒙：「氣清則通，通則無礙，無礙故神。」

[三]貞字訓作「正而固」，本之程傳、本義。

[四]繫辭上傳第五章船山曰：「效，呈也，法已成之迹也。」

正；而惟其正萬物之性命，正萬事之紀綱，則抑以正而利也。其在占者，爲善始而大通、所利皆貞而貞無不利之象。德福同原而不爽，非小人所得與焉。〔二〕就德而言之爲四；就功而言之，亨惟其元，而貞斯利，理無異也。此卦即在人事，亦莫非天德，不可言利於正。〔三〕天道之純，聖德之成，自利而自正，無不正而不利之防。若夫人之所爲，利於正而不利於不正，則不待筮而固然，未有不正而可許之以利者也。

初九，潛龍勿用。

〔二〕德福問題，是船山晚年非常關心的問題。「得」，嶽麓本作「得而」。

〔三〕程傳：「利主于正固。」本義：「利在正固。」朱子曰：「八卦之畫本爲占筮。方伏羲畫卦時，止有奇偶之畫，何嘗有許多說話？文王重卦作繇辭，周公作爻辭，亦衹是爲占筮設。到孔子方始說從義理去。如乾『元亨利貞』、坤『元亨利牝馬之貞』，與後面『元亨利貞』衹一般。『元亨』謂大亨也，『利貞』謂利於正也。占得此卦者則大亨而利於正耳。至孔子乃將乾坤分作四德說，此亦自是孔子意思。伊川云：『元亨利貞在乾坤爲四德，在他卦衹作兩事。』不知別有何證據。故學易者須將易各自看。伏羲易自作伏羲易看，是時未有一辭也；文王易自作文王易，周公易自作周公易，孔子易自作孔子易看。必欲牽合作一意看，不得。今學者諱言易本爲占筮作，須要說做爲義理作。若果爲義理作時，何不直述一件文字？」（語類卷六十六）

「初」者，筮始得之爻；「上」，卦成而在上也。〔一〕「九」者，過揲之策三十六，〔二〕以四爲一則九也。於象則一而函三奇之畫。一，全具其數；三奇而成陽，三三凡九。陰，左一，右一，中缺其一；三二而爲六。陽，清虚浩大，有形無形皆徹焉，故極乎函三之全體而九。陰，聚而吝於用，則雖重濁，而中固虚以受陽之施，故象數皆有所歉而儉於六。「初」「上」先言卦位，而後言象數；〔三〕「初」爲位所自定，「上」所以成卦也。「二」「三」「四」「五」，先言象數，而後言位。初畫已定六畫之規模，聽數之來增以成象也。

伏而不見之謂「潛」。「龍」，陽升而出，陽降而蟄，絶地而遊，乘氣而變，純陽之物也。乾，純陽，故取象焉。六爻成而龍德始就，乃隨一爻而皆言龍者，六爻相得以成象，

〔一〕「初」以時間而言，「上」以空間而言，互文見義，時空一體。

〔二〕周易大衍筮法，每成爲一爻的時候凡三變，第一變夾在指間的蓍策數有可能是九或五，第二和第三變，指間的蓍策數有可能是八或四。所以就産生了九八八、九八四、九四八等組合。這些數字被稱爲「掛扐數」，意即掛在手指間的策數。同時，三變之後，49策所剩餘的，有36、32、28、24四種情況，這被稱作「過揲之數」，意即經過揲（分數）之後剩下的數字。掛扐數與過揲數在確定爻畫的結果上是一致的。比如掛扐數是九、八、八，爲老陰；此時的過揲之數爲49－（9＋8＋8）＝24，即過揲之數爲24，除以4得6，即老陰之數。

〔三〕象數，謂爻象之數，即九爲陽爻、六爲陰爻。

雖在一爻，全體已具，亦可以見爻之未離乎象也。[二]易參三才而兩之。初、二，地位；三、四，人位；五、上，天位；其常也。而易之爲道，無有故常，不可爲典要；惟乾、坤爲天地之定位，故分六爻爲三才。初在地之下，龍之蟄乎地中者也，故曰「潛龍」。

「勿」者，戒止之辭。「勿用」，爲占者言也。龍之爲道，潛則固不用矣，無待止也。占者因其時，循其道，當體潛爲德而勿用焉。才德具足於體而效諸事之謂用。既已爲龍，才盛德成，無不可用，而用必待時以養其德。其于學也，則博學不教，内而不出；其于教也，則中道而立，引而不發；其於治也，則恭默思道，反身修德；其於出處也，則處畎畝之中，樂堯、舜之道；其於事功也，則遵養時晦，行法俟命；其於志行也，則崇朴尚質，寧儉勿奢。易冒天下之道，惟占者因事而利用之，則即占即學。卦有小大，若此類卦之大者，皆可推而通之。惟夫富貴利達，私意私欲之所爲，初非潛龍，其干求聞達，不可謂之用，非易所屑告者。張子曰：「易爲君子謀，不爲小人謀。」[三]凡象爻之有戒辭者，

[二] 這便是船山的「象爻一致」思想。象，指卦的整體。一個整體的卦是由六個爻構成的，但不是六個爻的簡單相加。同時，單獨看一爻，無法定位其象，比如乾卦的初九，之所以取龍之象，是因爲六個陽爻共同構成了純陽之象。

[三] 語出張載正蒙大易。

放此。

九二，見龍在田，利見大人。「見」，上賢遍反。下如字。〔一〕

「見」者，道行而昭示天下之謂。「田」，地上也，人之所養也。以重畫言之，出乎地上；以内貞外悔言之，得内卦之中。〔二〕德著于行，有爲之象也。六畫之卦因三畫而重之，分三才之位，自畫者、筮者相積之數而言也。已成乎卦，則又有二卦相承之象焉。故大象以「雲雷」言屯之類，就其既成之象而言也。變動不居，爲道屢遷，而非術士之以一例測者比也。龍之德，聖人也；其位，天子也。初之「潛」，學聖之功，養晦之時；三、四之「惕」「躍」，不履中位，爲聖修之序、升聞受命之基——君子所有事，故正告以其爻之

〔一〕嶽麓本音注作：「『見龍』之『見』，賢遍反。下『見龍』『可見』『未見』並同。」

〔二〕此處涉及船山獨特的重卦觀點。傳統的説法，所謂八卦相重爲六十四卦，是指兩個三畫卦上下相重。船山則以爲，每一個三畫卦上中下爻分别爲天、人、地，重卦是兩個三畫卦的地爻與地爻重，人爻與人爻重，天爻與天爻重。正因爲如此相重，六爻纔有三才之道，初、二爲地道，三、四爲人道，五、上爲天道。二處地道之上，故曰地上。而將六爻之卦分爲上下兩個三畫卦，在船山看來，乃是重卦結束之後，後人重新作的分析。基於此，船山認爲以上下卦來講某一卦之義的大象傳，是另外一種獨特的易傳文獻。

道。[一]二、五居中，皆爲君位之定，聖道之成，非占者所敢當，則告以龍之「見」，而占者所利見也。伊尹受湯之幣聘，顔子承夫子之善誘，其此象與！而時有大人，愚賤皆利戴以承其德施，亦通焉。若以利禄干進取者，見小人而邀其榮寵，瀆占得此，爲災而已矣。[二]餘卦放此。

九三，君子終日乾乾，夕惕若，厲，无咎。

「乾乾」，乾而又乾，健之篤也。「惕若」，憂其行之過健而有戒也。「厲」，危也。凡言「无咎」者，並[三]宜若有咎而无之也。三、四皆人位，而人依乎地以立功，三尤爲人事焉，故於此言君子之道。内卦已成，乾道已定，故曰「終日」。九二德施已普，而三尤健行不已，必極其至，故曰「乾乾」。然陽剛已至，安於外卦之下，雖進而不敢驟達於天，

[一] 合初與三、四言之。
[二] 以利欲之心，問偏邪之事，即是瀆占。
[三] 「並」，嶽麓本作「皆」。

惟恐不勝其任，故曰「夕惕若」。其象與上九同，剛過而進不已[一]，危道也，故「厲」。「厲」則咎矣；以「惕若」内省其「乾乾」，是以「无咎」。[二]君子希聖之功，竭才求進，其引天下爲己任也，无所疑貳；然剛於有爲者，惟恐動而有咎，方「乾乾」而即「惕若」，知聖域之難登、天命之難受也。君子之德如此其敏以慎，而但言「无咎」；德至聖人，猶以無大過爲難也。[三]凡言「无咎」，小大非一，此則就君子寡過之深心而言也。

九四，或躍在淵，无咎。

「四」超出於下卦之上，故曰「躍」。居上卦之下，仰承二陽而爲退爻[四]，以陽處陰，故又曰「在淵」。或躍也，或在淵也，疑而未決。志健而慮深，則其躍也，不以躁進爲

〔一〕「剛過而進不已」，嶽麓本作「則過於進而不已」。今按：依文義，底本爲是。

〔二〕「厲」是危險的意思，舊注多以爲，君子通過懷有「厲」的警惕之心，獲得无咎。船山則以爲，「厲」就是咎，九三本有可能危險而有咎害，但通過惕若而使咎害消失。

〔三〕論語載夫子言：「加我數年，五十以學易，可以无大過矣。」

〔四〕三爲進爻，四爲退爻，船山易注之通例。内傳於繫辭傳第一章第一段下曰：「位有陰陽，而有體必有用。三、四者，進退之機；二、五者，主輔之别；初、上者，消長之時；皆有常也。」

咎；其在淵也，不以怯退爲咎；兩俱似咎而皆无咎也。未達一間而「欲罷不能」，止不如進也；「欲從末繇」，進而止也。「上帝臨女，勿貳尔心」，止不如進也；「俟時而後興」，進而止也。[一]處此者，君子憂患之府，聖人慎動之幾，惟純乾爲道而介其時，乃能勝之。甚矣，免於咎之難也！

九五，飛龍在天，利見大人。

純乾之德，積清剛而履天位，天下莫測其所自，在己亦非期必而至；惟不舍其健行，一旦自致，故爲「飛」之象焉。豁然一貫而天德全，[二]天佑人助而王業成，道行則揖讓而有天下，道明則教思垂于萬世，[三]古者弗敢當，學者亦弗敢自信，故爲聖人作而天下利見之

〔一〕「欲罷不能」「欲從末由」，顔子也；「上帝臨女，勿貳尔心」，大雅大明文也。

〔二〕此朱子之言説與功夫論也。朱子補格物致知傳：「人心之靈莫不有知，而天下之物莫不有理，惟於理有未窮，故其知有不盡也。是以大學始教，必使學者即凡天下之物，莫不因其已知之理而益窮之，以求至乎其極。至於用力之久，而一旦豁然貫通焉，則衆物之表裏精粗無不到，而吾心之全體大用無不明矣。」

〔三〕堯舜揖讓有天下，孔子立教垂萬古。

之[一]象。惟君子爲能利見之；則雖堯、舜、周、孔之已没，樂其道而願學焉，亦利見也。若小人革面以遵路，亦可爲寡過之民。

上九，亢龍有悔。

「亢」，自高而抑物之謂。行之未有大失，而終不慊[二]於心之謂「悔」。卦之六爻，初、三、五，三才之正位也；二、四、上，重爻非正位，而上爲天之遠於人者。三爻皆陰，非陽所利，特二居地位，利於上升，故爲多譽之爻，且於貞、悔二象爲得中。[三]四、上不然，上尤不切於人用。龍德，履天位而極矣，上則無餘地矣，積策至於二百一十六無餘數矣。[四]天地陰陽之撰，位與數皆無餘焉，更健行不已，將何往乎？德極其剛，行極其健，非无一時極盛之觀，而後且有悔。然不損其爲龍德者，自彊不息，盡其大正，則悔所不恤，聖人

〔一〕嶽麓本少一「之」字。
〔二〕「慊」，嶽麓本作「歉」。
〔三〕繫辭傳以爲，第二爻多譽，四爻多使人惕懼；第三爻多凶的結果，五爻多有功之象。
〔四〕六爻皆九，一爻之九，於過揲之數爲三十六，一卦則三十六乘六，爲二百一十六。

固不以知罪易其心也。〔二〕此爻於理勢皆君子之所戒，惟學問之道不然，憤樂而不知老之將至，任重道遠，死而後已，不以亢悔爲憂。故文言專言天道人事，而不及聖學。

用九，見群龍无首，吉。

「用九」，六爻皆九，陽極而動也。舊説以爲筮得乾者，六爻皆動，則占此爻。〔三〕「用」者，動而見於行事之謂。筮法：歸奇爲不用之餘，過揲爲所用之數。〔三〕六爻過揲之策皆四其九。歸奇之十三，不成象數而不用。其所用以合天道、占人事者，皆九也，故曰「用九」。「見」者，學易者明其理，占易者知其道，因而見天則以盡人能，則吉。六爻皆具象數之全，秉至剛之德，各乘時以自彊。二、五雖尊履中位，而志同德齊，相與爲群，无貴賤之差等。既爲群矣，何首何從之有？「无首」者，无所不用其極之謂也。爲潛，爲見，

〔二〕孟子滕文公下：「孔子懼，作春秋。春秋，天子之事也，是故孔子曰：『知我其惟春秋乎！罪我者其惟春秋乎！』」

〔三〕本義：「用九，言凡筮得陽爻者，皆用九而不用七。蓋諸卦百九十二陽爻之通例也。以此卦純陽而居首，故於此發之，而聖人因繫之辭，使遇此卦而六爻皆變者，即此占之。」

〔三〕筮法，船山用過揲，不取孔穎達及朱子之掛扐。其解「乾之策二百一十有六」曰：「過揲者，所用也，事理之所閲歷而待成者；歸奇者，所不用也，非事理之所效也。」説又詳見周易内傳發例。

爲躍，爲飛，爲亢，因其時而乘之耳。規其大，尤愼其小；敦其止，尤敏其行；一以貫之，而非執一以强貫乎萬也。博學而詳説，乃以反約；无適无莫，而後比於義。能見此者，庶幾於自彊不息之天德，而吉應之矣。

邪説詖行，皆有首而違天則者也。如近世陸、王之學，竊釋氏立宗之旨，單提一義，秘相授受，終流爲无忌憚之小人，而凶隨之，其烔鑒已。王弼附老氏「不敢爲天下先」之説，謂「无首」爲藏頭縮項之術，則是孤龍而喪其元也。本義因之，所不敢從。〔一〕

彖曰：大哉乾元，萬物資始，乃統天。

文王以全卦所具之德統爻之變者謂之「彖」。〔二〕言「彖曰」者，孔子釋彖辭之所言如此也。「彖曰」義同。

〔一〕王弼注此用九曰：「夫以剛健而居人之首，則物之所不與也；以柔順而爲不正，則佞邪之道也。故乾吉在『无首』，坤利在『永貞』。」其實程傳即用輔嗣之義：「以剛爲天下先，凶之道也。」而本義反似於輔嗣有別：「六陽皆變，剛而能柔，吉之道也。」

〔二〕此則船山象爻一致之説也。其説亦有所自，周易略例明彖：「夫彖者何也？統論一卦之體，明其所由之主者也。」明爻通變：「夫爻者何也？言乎變者也。」詳朱伯崑先生書。

物皆有本，事皆有始，所謂「元」也。易之言「元」者多矣，惟純乾之爲元，以太和清剛之氣，動而不息，无大不屆，无小不察，入乎地中，出乎地上，發起生化之理，肇乎形，成乎性，以興起有爲而見乎德；則凡物之本、事之始，皆此以倡先而起用，故其大莫與倫也。木、火、水、金、川融、山結、靈、蠢、動、植，皆天至健之氣以爲資而肇始。乃至人所成能，信、義、智、勇、禮、樂、刑、政，以成典物者，皆純乾之德；命人爲性，自然不睹不聞之中，發爲惻悱不容已之幾，以造群動而見德，亦莫非此元爲之資。在天謂之元，在人謂之仁。天無心，不可謂之仁；人繼天，不可謂之元；其實一也。故曰「元即仁」〔二〕也，天人之謂也。乾之爲用，其大如此，豈徒萬物之所資哉！天之所以爲天，以運五氣，以行四時，以育萬物者，莫非乾以爲之元也，故曰「乃統天」。「乃」者，推其極而贊之之辭。

嘗推論之：元在人而爲仁，〔三〕然而人心之動，善惡之幾，皆繇乎初念，豈「元」之定

〔二〕胡安国春秋传隐公元年。
〔三〕文言「元者善之長」，程傳曰：「元亨利貞，乾之四德；在人則元者衆善之首也。」本義：「元者生物之始，天地之德莫先於此。故於時爲春，於人則爲仁，而衆善之長也。」

爲仁哉！謂人之仁即「元」者，謂乾之元也。[一]自然之動，不雜乎物欲，至剛也；足以興四端萬善而不傷於物者，至和也；此乃體乾以爲初心者也。夫人無忌于羞惡，不辨於是非，不勤於恭敬，乃至殘忍刻薄而喪其惻隱，皆繇於惰窳[二]不振起之情，因仍私利之便，而與陰柔重濁之物欲相暱而安；是以隨物意移，不能自彊，而施强於物。故雖躁動煩勞，無須臾之静，而心之偷惰，聽役於小體以懷安者，弱莫甚焉。惟其違乎乾之德，是以一念初起，即陷於非僻而成乎不仁。惟以乾爲元而不雜以陰柔，行乎其所不容已，惻然一動之心，彊行而不息，與天通理，則仁於此顯焉。故曰「元即仁」者，言乾之元也，健行以始之謂也。故惟乾之元爲至大也。

雲行雨施，品物流形。

天氣行於太虚之中，絪緼流動者，莫著於雲；其施於地以被萬物者，莫著於雨。言其

[一] 船山以爲：元即開始，人最初的開始未必是善、是仁，只有「乾之元」纔可以稱仁。
[二] 窳，惰、弱。

著者，則其輕微周密，於視不見、聽不聞之中，無時不行，無物不施者，可知已。「品物」，物類不一而各成其章之謂。「流形」，理氣流行於形中也。〔一〕行焉施焉而無所阻，流于品物成形之中而無不貫，亨之至盛者矣。

自其資始而統天，爲神化流通之宰者，則曰「元」。自其一元之用，充周洋溢，與地通徹無間，而於萬物無小不達者，則謂之「亨」。故可分而〔二〕爲二德，抑可合言之曰「大亨」。始而不可以施行，其始不大；亨非其始之所統，必有不亨。本義「占者大亨」之說，〔三〕本與文言四德之旨不相悖。非乾之元，非雲行雨施之亨，又何以能大亨？夫豈小人不仁無禮，徼一時之遭遇，快意以逞之爲大亨乎？舍彖傳以説彖辭，不信聖人，而信鬻

〔一〕 理貫于氣，氣灌注乎形。

〔二〕 「而」，嶽麓本無。

〔三〕 本義：「言其占當得大通，而必利在正固然後可以保其終也。」大全於其下引朱子語：「『古人淳質，遇一事理會不下便須去占。如占得乾時，元亨便是大亨，利貞便是利在於正。知其大亨，却守其正以俟之，祇此便是開物成務底道理，即此是易之用。盖元亨是示其所以爲卦之意，利貞是因以爲戒。』又曰：『元亨利貞四字，文王本意在乾坤者祇與諸卦一般。至孔子作彖傳、文言，始以乾坤爲四德，而諸卦自如其舊。二聖人之意非有不同，蓋各是發明一理耳。今學者且當虛心玩味，各隨本文之意而體會之，其不同處自不相妨。不可遽以己意横作主張也。』」

術者之陋説哉！[一]

大明終始，六位時成，時乘六龍以御天。乾道變化，各正性命，保合大和，乃利貞。

此通釋「利貞」之義。「大明」，天之明也。「六位」，六爻之位。「時成」，隨時而剛健之德皆成也。「六龍」，六爻之陽。「乘」之者，純乾之德，合六爲一，如乘六馬共駕一車也。「御」，驅策而行之於軌道也。以化言，謂之天；以德言[二]，謂之乾。乾以純健不息之德，御氣化而行乎四時，百物各循其軌道，則雖變化無方，皆以乾道爲大正；而品物之性命，各成其物則，不相悖害，而彊弱相保，求與相合，以協於太和。[三]是乃「貞」之所以「利」，「利」之無非「貞」也。以聖人之德擬之，自誠而明者，察事物之所宜，一幾

[一] 朱子區分三聖人之易，謂文周之卦辭衹是卜筮，夫子作傳方引申出許多道理；文王卦辭「元亨」衹是「大亨」，而夫子文言則分元亨利貞四者各自獨立而説。船山則以爲，本義訓卦辭「元亨」爲「大亨」，此「大亨」與文言四德之旨本不相悖；朱子必欲强分之，則非也。萬事必以乾之元爲前提，然後可以得亨通；朱子直接訓「元亨」爲「大亨」，以大爲元，則是取消了「元」的本體性地位。

[二] 嶽麓本兩「言」字後有「之」字。

[三] 船山張子正蒙注曰：「太和，和之至也。道者，天地人物之通理，即所謂太極也。陰陽異撰，而其絪緼於太虚之中，合同而不相悖害，渾淪無間，和之至矣。未有形器之先，本無不和；既有形器之後，其和不失，故曰太和。」

甫動，終始不爽，自穉迄老，隨時各當，變而不失其正，益萬物而物不知，與天之並行並育[一]，成兩間之大用，而無非太和之天鈞所運者，同一利貞也。

蓋嘗即物理而察之：草木、蟲魚、鳥獸以至於人，靈頑動植之不一；乃其爲物也，枝葉華實、柯幹根荄之微，鱗介羽毛、爪齒官竅、骨脈筋髓、府藏榮衛之細，相函相輔，相就相避，相輸相受，纖悉精勻，玲瓏通徹，以居其性，凝其命，宣其氣，藏其精，導其利，違其害，成其能，效其功；極至於目不可得而辨，手不可得而揣者，經理精微，各如其分，而無不利者無不貞焉。天之聰明，於斯昭著；人之聰明，皆秉此以效法，而終莫能及也。各如其分，則皆得其正。其明者，無非誠也，故曰「大明」也。自有生物以來，迄于終古，榮枯生死、屈伸變化之無常，而不爽其則。有物也，必有則也。利於物者，皆貞也。方生之始，形有穉壯小大[二]、用有彊弱昏明之差，而當其萌芽，即函其體於纖細之中，有所充周，而非有[三]增益，則終在始之中；而明終以明始，乃誠始而誠終，故曰「大明終

[一]「並行並育」，嶽麓本作「並育並行」。
[二]「小大」，嶽麓本作「大小」。
[三]「有」，嶽麓本作「有所」。

始」而「六位時成」也。是惟純乾之德，太和之氣，洋溢浹洽，即形器[二]以保其微弱，合其經緯，故因時奠位，六龍各效其能，以遵一定之軌，而品物於斯利焉，無不貞者無不利，故曰「時乘六龍」而「利貞」。乾之以其性情成其功效，統天始物，純一清剛，善動而不息，豈徒其氣爲之哉？理爲之也。合始終於一貫，理不息於氣之中也。法天者，可知利用崇德之實矣。

首出庶物，萬國咸寧。

此則言聖人體乾之功用也。積純陽之德，合一無間，無私之至，不息之誠，則所性之幾發於不容已者，於人之所當知者而先知之，于人之所當覺者而先覺之，通其志，成其務，以建元后父母之極，乾之元亨也；因而施之於天下，知無不明，處無不當，教養勸威，保合於中節之和，而天下皆蒙其利，不失其正，萬國之咸寧，乾之利貞也。[三]

[二]「器」，嶽麓本作「氣」。今按：形器與德氣相對，故當作「器」。
[三] 首出庶物，乾之元亨；萬國咸寧，乾之利貞。

凡象傳於釋彖之餘，皆以人事終之，大小險易，各如其象之德，學易者可法，筮者可戒。惟乾言聖人之上治，堯舜而下莫敢當焉，學易者不可躐等而失下學之素。若筮者得純乾之卦，必所問之非義，筮人之不誠，神不屑告，而策偶成象；又或天下將有聖作物睹之徵，而偶見其兆也。[一]

象曰：天行健，君子以自强不息。

此所謂大象也。孔子就伏羲所畫之卦，因其象以體其德，蓋爲學易者示擇善於陰陽，而斟酌以求肖，遠其所不足，而效法其所優也。數之積也，畫已成而見爲象，則内貞外悔，分爲二象；合爲一象，象於此立，德於此著焉。天、地、雷、風、水、火、山、澤，八卦之垂象於兩間者也；而合同以化者，各自爲體，皆可效法之以利用。君子觀於天地

[一] 朱子本義常常有「戒占者」如何如何。船山强調占學並重，以學爲主而不廢占筮，但是要告訴讀者在占到此卦時應該以何種態度對待、解讀占筮結果。

之間而無非學，所謂希天也。〔一〕故異於象，而專以天、地、雷、風、水、火、山、澤之相襲者示義焉。

「天行」云者，朱子〔二〕謂「重卦皆取重義，此獨不然。天一而已，但天之行一日一周，而明日又一周，有重復之象」是也。變乾言「健」，健即乾也。或先儒傳授，聲相近而誤爾。〔三〕「以」，用也。學易者不一其道，六十四卦各有所用之，所謂「存乎其人」「存乎德行」也。理一也，而修己治人，進退行藏，禮樂刑政，蹈常處變，情各異用，事各異趨，物各異處。學易者斟酌所宜，以善用其志氣，則雖天地之大，而用之也專；雜卦之駁，而取之也備。此精義之學也。違其所宜用，則雖乾、坤之大德，且成乎大過，況其餘乎！因卦之宜，而各專所擬議，道之所以弘也。純乾之卦，內健而外復健，純而不已，象天之行。君子以此至剛不

〔一〕禮記孔子閒居：「天有四時，春秋冬夏，風雨霜露，無非教也。地載神氣，神氣風霆，風霆流形，庶物露生，無非教也。」周敦頤說：「聖希天，賢希聖，士希賢。」

〔二〕「朱子」，底本作「程子」，從嶽麓本改。今按：作「朱子」是也，語出朱子周易本義。大全本所載朱注緊連於程傳之下，未另提行，但以圓圈識之，故船山錯看。此可見船山所據程朱傳義乃大全也。

〔三〕孔疏則曰：「健者强壯之名，乾是衆健之訓。今大象不取餘健爲釋，偏說天者，萬物壯健皆有衰怠，惟天運動日過一度，蓋運轉混没，未曾休息，故云天行健。健是乾之訓也。順者坤之訓也，坤則云『地勢坤』，此不言『天行乾』而言『健』者，劉表云『詳其名也』。然則天是體名，乾則用名，健是其訓。三者並見，最爲詳悉，所以尊乾異於他卦。」

柔之道，自克己私，盡體天理，發憤忘食，樂以忘憂，不知老之將至，而造聖德之純也。彊者之彊，彊人者也；君子之彊，自彊者也。彊人則競，自彊則純。〔二〕乾以剛修己，坤以柔治人。君子之配天地，道一，而用其志氣者殊也。修己治人，道之大綱盡於乾、坤矣。

「潛龍勿用」，陽在下也。

此以下皆所謂「小象」，釋周公之爻辭也。取一爻之畫，剛柔升降、應違得失之象，與爻下之辭相擬，見辭皆因象而立也。其例有陰有陽，有中有不中，有當位有不當位，有應有不應，有承有乘，有進有退。畫與位合，而乘乎其時，取義不一，所謂「周流六虛，不可爲典要」，易道之所以盡變化也。

初九處地位之下，五陽積剛於上，立純陽之定體，疑無不可用者；以道在潛伏，不可以亟見，故一陽興於地下，物榮其根，爲反己退藏、固本定基、居易俟命之道，位使然也。

〔二〕詳中庸「子路問彊」章。

「見龍在田」，德施普也。

「普」與「溥」通，周徧也。陽出地上，草木嘉穀皆載天之德，以發生而利於物，此造化德施之普也。大人藏密之功已至，因而見諸行事，即人情物理以行仁義象之，故爲天下所利見，禮曰：「先王以人情爲田。」[一]順人情以施德，德乃周徧。以時則舜之歷試，以事則文王之康功田功，以日用則質直好義、慮以下人、而邦家皆達，皆天德之下施者也。

「終日乾乾」，反復道也。復，如字，扶又反。

三居下卦之上，乾象已成，反而自安其止[二]；而以剛居剛，三爲進爻，健行不已，行而復行，欲罷不能。故爲終日乾乾、夕復惕若之象。不言「夕惕」者，省文。

「或躍在淵」，進无咎也。

[一] 禮記禮運：「故聖人作則，必以天地爲本，以陰陽爲端，以四時爲柄，以日星爲紀，月以爲量，鬼神以爲徒，五行以爲質，禮義以爲器，人情以爲田，四靈以爲畜。」
[二] 「止」，嶽麓本作「正」。

四爲陰位，爲退爻，而以剛處之，或躍或在淵，進退不決。然體乾而近於五，可以進矣。不進本无咎，而進亦无咎也。

「飛龍在天」，大人造也。 造，如字，七到反。

「造」，至也。[一]大人積剛健之德，至五而履乎天位，天德以凝、天命以受矣。董仲舒曰：「天積衆精以自剛。」[二]積之既盛，則有不期而自至者，故曰「飛」。

「亢龍有悔」，盈不可久也。

以位言之，至上而已盈，成功者退之候。天體之運，出地之極，至百八十二度半彊而復入於地。[三]行已極而必傾，不可久之象也。以數言之，過揲之策，至三十六而止，無可復

[一] 孔疏曰：「造，爲也。惟大人能爲之而成就也。姚信、陸績之屬皆以『造』爲『造至』之『造』。今案象辭皆上下爲韻，則姚信之義，其讀非也。」按廣韻「造」字兩讀：一上聲，昨早切，訓「造作」；一去聲，七到切，訓「至」。船山則棄孔疏之說。又，本義訓「作」，興起也。

[二] 春秋繁露立元神：「天積衆精以自剛，聖人積衆賢以自彊。」

[三] 天運一周，三百六十五又四分之一度。見者半，不可見者半，則其見者爲一百八十二度半又八分之一度（182.625度）。以乾坤兩卦十二爻爲天之全體，乾卦爲顯現的一半，則上九爻爲即將轉到背面而隱的位置。

加。六爻皆極其盈，惟有減損，不能增益，數之盈不可久也。象數之自然，天不能違，況聖人乎！然聖人知其不可久，雖有悔而不息其剛健，則於龍德無損焉。

「用九」，天德不可爲首也。

天無自體，盡出其用以行四時、生百物，無體不用，無用非其體。六爻皆老陽，極乎九而用之，非天德其能如此哉！天之德，無大不屆，無小不察，周流六虛，肇造萬有，皆其神化，未嘗以一時一物爲首而餘爲從。以朔旦、冬至爲首者，人所據以起算也。以春爲首者，就草木之始見端而言也。生殺互用而無端，晦明相循而無間。普物無心，〔二〕運動而不息，何首之有？天无首，人不可據一端以爲之首。見此而知其不可，則自彊不息，終始一貫，故足以承天之吉。

文言曰：元者善之長也，亨者嘉之會也，利者義之和也，貞者事之幹也。君子體仁足以

〔二〕明道定性書：「天地之常，以其心普萬物而無心。」

長人，嘉會足以合禮，利物足以和義，貞固足以幹事。君子行此四德者，故曰「乾元亨利貞」。〔一〕

「文」，繫傳之所謂「辭」，文王、周公彖、爻所繫之辭也。「言」者，推其立言之意，引伸之而博言其義也。乾、坤爲易之門，詳釋其博通之旨。然以此推之，餘卦之義類可知矣。〔二〕

元、亨、利、貞者，乾之德，天道也。君子則爲仁、義、禮、信，〔三〕人道也。理通而功用自殊，通其理則人道合天矣。「善之長」者，物生而後成性存焉，則萬物之精英皆其初始純備之氣，發於不容已也。「嘉之會」者，四時百物，互相濟以成其美，不害不悖，寒暑相爲酬酢，靈蠢相爲事使，無不通也。「義之和」者，生物各有其義而得其宜，物情各和順於適然之數，故利也。「事」謂生物之事。「事之幹」者，成終成始，各正性命，如枝

〔一〕 嶽麓本有音注「長，知兩反」。
〔二〕 孔疏：「文言者，是夫子第七翼也。以乾坤其易之門户邪，其餘諸卦及爻皆從乾坤而出，義理深奥，故特作文言以開釋之。莊氏云：『文謂文飾，以乾坤德大，故特文飾以爲文言。』今謂夫子但贊明易道，申説義理，非是文飾華彩，當謂釋二卦之經文，故稱文言。」
〔三〕 元、亨、利、貞與四季、五行、五德之配合，諸家有不同。若以四季順之，則冬爲水爲智，似宜以貞配之；然貞字訓信，又當配土。朱子從前説，船山用後説。

葉附幹之不遷也。此皆以天道言也。

「體仁」者，天之始物，以清剛至和之氣，無私而不容已，人以此爲生之理而不昧于心，君子克去己私，擴充其惻隱，以體此生理於不容已，故爲萬民之所託命，而足以爲之君長。「嘉會」者，君子節喜怒哀樂而得其和，以與萬物之情相得，而文以美備合禮，事皆中節，無過不及也。「利物」者，君子去一己之私利，審事之宜而裁制之以益於物，故雖剛斷而非損物以自益，則義行而情自和也。「貞固」者，體天之正而持之固，心有主而事無不成，所謂信以成之也。此以君子之達天德者言也。

仁、義、禮、信，推行於萬事萬物，無不大亨而利正，然皆德之散見者，中庸所謂「小德」也。所以行此四德，仁無不體，禮無不合，義無不和，信無不固，則存乎自彊不息之乾，以擴私去利，研精致密，統於清剛太和之心理，中庸所謂「大德」也。四德盡萬善，而所以行之者一也，乾也。故曰「乾元亨利貞」。惟乾而後大亨至正以无不利也。

初九曰「潛龍勿用」，何謂也？子曰：龍德而隱者也，不易乎世，不成乎名，遯世无悶，

不見是而无悶，樂則行之，憂則違之，確乎其不可拔，潛龍也。易，羊隻反。〔一〕

揲以求畫，則六位積而卦德乃成；而觀變玩占，在成卦之後，則分全體之一，而固全載本卦之德。爻也者，言其動也，故一陽動於下而即曰「龍德」。餘卦準此。

「隱」有二義：以位言之，則隱居之謂；以德言之，則静所存而未見之動者也。「易」，爲所移也，世有盛衰，所秉者正，世易而道不易也。事功著而名成，静修之事自信諸心而迹不顯，人所無能名也。「不易乎世」，與世異趨，「遯世」也；「不成乎名」，人不知其潛行之實，「不見是」也。潛則固不行矣，而言「樂行」「憂違」者，立陽剛之質以爲德基，繇此而行乎二、五，則利見矣；行乎三、四，則无咎矣。二、五者，樂地也；三、四者，憂地也。「違」者，遠於咎之謂。其行其違，皆以剛健之德爲退藏之實，故曰「確乎其不可拔」。通一卦以贊一爻之德，故雖潛而龍德已成也。

九二曰「見龍在田，利見大人」，何謂也？子曰：龍德而正中者也。庸言之信，庸行之謹，

〔一〕嶽麓本另有音注「樂，盧各反」。

閑邪存其誠，善世而不伐，德博而化。易曰「見龍在田，利見大人」，君德也。行，下孟反。[一]

「正中」，謂正位乎中也。以貞、悔言之，二、五爲上下卦之中；以三才之位言之，二出地上，五在天下，天地之間，大化之所流行，亦中也。乾無當位不當位；天化无所不行，凡位皆其位也，中斯正矣，故曰「正中」。「庸」也者，用也，日用之言行也。「在田」，卑邇之事，因人情，達物理，以制言行，出乎身，加乎民，必信必謹，以通志而成務也。剛健以「閑邪」，執中以「存誠」。閑邪則誠可存，抑存誠於中，而邪固不得干也。程子以「克己復禮」爲乾道，[二]此之謂也。履中而在下，故曰「不伐」。以陽爻居陰位，變民物濁柔之質，反其天性，故曰「化」。凡此皆守約施博之道，德成于己而達物之情，君天下之德於此立焉。及其升乎五位，亦推此而行之爾。是以爲天下之所利見，而高明廣大之至德，不越乎中庸精微之實學，亦於此見矣。

〔一〕嶽麓本另有音注「下『爲行』之行同」六字。

〔二〕論語「仲弓問仁」，集注：「愚按：『克己復禮』，乾道也；主敬行恕，坤道也。顔冉之學，其高下淺深於此可見。然學者誠能從事於敬恕之間而有得焉，亦將無己之可克矣。」

九三曰「君子終日乾乾，夕惕若，厲无咎」，何謂也？子曰：君子進德修業。忠信，所以進德也；修辭立其誠，所以居業也。知至至之，可與幾也；知終終之，可與存義也。是故居上位而不驕，在下位而不憂，故乾乾因其時而惕，雖危无咎矣。

龍德皆聖人之德，此言「君子」者，聖不自聖，乾惕之辭也。九二君德已成，九三益加乾惕，故曰「進德」。九二敦庸行，九三益盡人事之當爲以應變，故曰「修業」。三爲進爻，以陽剛處之，乃大有爲以涉世變之象，故德以歷變而益進，業以應變而益修。乃其所以進、修者，一惟其固有之忠信以存心，而即其言行之謹信以立誠，惕若於退省之餘，而不恃其健行之識力；忠信篤敬，參前倚衡，而蠻貊之邦無不可行矣。〔一〕業統言行，獨言「修辭」者，君子之施政教於天下者辭也，辭誠則無不誠矣。「誠」者，心之所信，理之所允〔二〕，事之有實者也。變「修」言「居」者，所修之業非苟難之事，皆其可居者也。三居下卦之上，「乾」必至此而成象，故曰「至」。至此而乾道已成，人事已

〔一〕論語衛靈公孔子曰：「言忠信，行篤敬，雖蠻貊之邦，行矣。言不忠信，行不篤敬，雖州里，行乎哉？立則見其參於前也，在輿則見其倚於衡也。」

〔二〕「允」，嶽麓本作「信」。

盡，故曰「終」。知至而必至，極天下之變，而吾敬信皆有以孚之，乃以盡精微而事豫立，故曰「可與幾」，乾乾之益也。知終而終，雖上達不已，但自盡其德業，不妄冀達天造命之化，以反疏其人能，故曰「可與存義」，夕惕之志也。健行而一以惕若之心臨之，應幾速而守義定，聖功之密也如此，則心恒有主而不驕不憂矣。「上位」，下卦之上也；「下位」，上卦之下也。居上下之間，危地也。知幾存義，一因其時，而不舍其健行惕若之心，以此履危，无咎矣。

九四曰「或躍在淵，无咎」，何謂也？子曰：上下无常，非爲邪也；進退无恒，非離群也。君子進德修業，欲及時也，故无咎。

自初至三，皆象聖修之功。九二君道已盡，九三更加乾惕，以應物盡變，乾德成矣。自四以上，以學言之，則不思不勉而入聖；以時位言之，德盛道行，將出以受天命之候也。故四以上皆以功效言之。〔一〕

〔一〕此船山「内卦象德，外卦象位」之説，見坤六三下。

四出下卦之上，故曰「上」；於上卦爲下，故曰「下」。四，陰位，退爻也，故曰「退」；剛而不已，近乎五，故曰「進」。上而進，或躍也；下而退，或在淵也。疑而自試，雖不遽進，而无嫌於躍。要其純健之體，行志而非從欲，則貞而不邪；與上下合德而一於健，不雜陰柔以與群龍相異，則得群而不離。「進德」謂德已進，「修業」謂業已修；前之進修，固可及時而見功。繇下學而上達，非有速成之過；行法而俟命，非有徼幸之情。是以无咎。

九五曰「飛龍在天，利見大人」，何謂也？子曰：同聲相應，同氣相求。水流濕，火就燥，雲從龍，風從虎，聖人作而萬物覩。本乎天者親上，本乎地者親下，則各從其類也。

此明惟大人所以爲天下之利見也。「同聲相應」，倡之者必和也；「同氣相求」，感之者必動也。惟其下濕，故水流之；惟其高燥，故火就之。誠爲龍，而雲必從；誠爲虎，而風必從。惟剛健中正之德已造其極，故見乎四支、發乎事業者，民雖未喻其藏，而无不共覩其光輝。乾之「首出庶物，萬國咸寧」者，於斯而顯矣。陽剛之得位以中，聖人之本也。而六爻皆純，無有〔一〕異趣，天下皆儀式聖人之德，即百世之下猶將興起。上下五陽，拱於九五，道一風同，見之者利，德之不孤而必有鄰，如三辰之依氣以運而「親上」，百昌之依形以發而「親下」，類之相從，理氣之必然者也。若共、驩、向魋、匡人之見聖如不見，斯拂人之性而自不利耳，豈理數之常哉！〔二〕

上九曰「亢龍有悔」，何謂也？子曰：貴而无位，高而无民，賢人在下位而无輔，是以動而有悔也。

陽貴陰賤，上爻託處最高。「无位」者，五爲天位之正，上其餘氣而遠於人也。陰爲民，下五爻皆陽，敵體相競，「無民」也。「賢人」，謂四以下群陽。「无輔」者，衆皆覩〔三〕九五而從之，不爲上輔也。「動」謂此爻獨爲老陽發用，時非其時，位非其位，賢人非其

〔一〕「有」，嶽麓本作「所」。
〔二〕共工、驩兜，堯時的佞臣，後被舜所放逐。向魋、匡人，欲加害孔子者。聖人出世，凡有人心者，莫不欲親近而景仰，這是常理；但也有冥頑不靈者欲加害之，這是理數的變異。
〔三〕「覩」，嶽麓本作「親」。

人，而仍以剛動，有悔道矣。其亢也，初不恤悔；有悔矣，而龍德不屈。伯夷所以思虞夏而悲歌，孔子所以遇獲麟而反袂也。

「潛龍勿用」，下也。

位在下，故以不用，自養其德。

「見龍在田」，時舍也。舍，如字，音赦。

「舍」，止也。君德已成，時未居尊，故止于田以修其庸德；然德化雖未行，固宜爲天下之所利見。

「終日乾乾」，行事也。

以剛居剛，而履人位，事方任己，不容不乾乾也。

「或躍在淵」，自試也。

或「躍」或「在淵」，出而試其可行與否，進可〔一〕受命，而退不失己。聖人之行雖決

〔一〕「可」，嶽麓本作「而」。

之以義，而道必〔一〕以適於事者爲極至，無嫌于姑試進退以自考，所以異於功名之士勇於行、隱遯之士果於止也。

「飛龍在天」，上治也。

位居尊上，故治化行於天下，而天下利見之。

「亢龍有悔」，窮之災也。

位已至極，無可復進，雖尚志高卓，而災及之。難自外至〔二〕，非所宜得者曰「災」。〔三〕

「乾元用九」，天下治也。

「乾元」，謂乾爲諸卦之首，衆陽齊興，德無偏盛，君臣民庶道一風同之象也。

〔一〕嶽麓本無「必」字。
〔二〕「至」，嶽麓本作「生」。
〔三〕船山認爲易辭之例：吉、凶、悔、吝、咎、厲，自内（自己）而産生，喜、慶、譽、災、眚皆自外來。比如此處的「亢龍有悔」，不是上九做了壞事或者敗德的責任，而是時勢之無奈何，運數的爽失。就像孔子晚年，自己的王道仍然無法推行，西狩獲麟，感歎自己的生命就要終結一樣。

篇中五序象〔一〕、爻之辭，〔二〕反覆〔三〕以推卦德，示易道之廣大悉備，義味無窮，使讀易者即約以該博，勿執典要以廢道。於乾詳之，而凡卦皆可類推矣。然易之藴，文、周之辭已括盡無餘，外此而穿鑿象數，以謂易惟人之意求而別揣吉凶，則妄矣。

此上七節，以時位言之。

「潛龍勿用」，陽氣潛藏。

體雖純乾，而動爻則爲動於地中之象，乃陽所藏密之基也。〔四〕凡一爻之義，皆以其動言之，餘準此。〔五〕

「見龍在田」，天下文明。

〔一〕「象」，嶽麓本作「彖」。
〔二〕文言凡四序：自「元者善之長」以下，一序也；「潛龍勿用下也」以下，二序也；「潛龍勿用陽氣潛藏」以下，三序也；「乾元者始而亨」至篇末，四序也。船山曰「五序」者，蓋又合彖傳、大象傳、小象傳爲一序也。
〔三〕「覆」，嶽麓本作「復」。
〔四〕復卦之象。
〔五〕繫辭傳曰：「爻也者效天下之動者也」。以筮法觀之，則爻辭爲其動所占者。

陽氣出於地上，百昌向榮、春光明盛之象。因此見凡卦之中，皆可與時序相應。京房之徒强配卦氣，爲妄而已。〔一〕

「終日乾乾」，與時偕行。

陽動於進爻，乃四時日進不止之象。言「與時偕」者，天道不倚於四時，而四時皆與天爲體，時之所至，天亦至也。

「或躍在淵」，乾道乃革。

内卦乾道已成，外卦陽剛復起，革之象也。天體常一，而道有變化。寒暑晦明，運不息而氣異。其相承相易之際，一進一退，如在淵而躍，革以漸也。

「飛龍在天」，乃位乎天德。

天道周流於六位，惟五居中而應乎天位，乃天之大德敦化，所以行時生物之主宰運乎

〔一〕朱伯崑先生曰：「以周易卦象解説一年節氣的變化，即以六十四卦配四時、十二月、二十四節氣、七十二候，這就是所謂卦氣。」卦氣之説自戰國或已萌芽，至漢代而盛，孟喜、焦贛、京房爲其唱和者。至若易緯、鄭康成爻辰之類，雖與孟京卦氣七十二候所配有别，其以卦配節氣，一也。此乾卦九二爻，據爻辰説則當建寅之月，據消息説則當建丑之月。船山則以爲此皆比附穿鑿者；陽出地上，自然是春日之象，不必錙銖較之。

上，而雲行雨施皆自此而出也

「亢龍有悔」，與時偕極。

「極」，至也，窮也，極其至則窮也。氣數窮則天道亦變矣。

「乾元用九」，乃見天則。

數止於九；所謂十者，仍一也。故雒書盡於九，而河圖中宮十五；裁有餘，補不足，虛極於六，盈極於九，天地之化止於此矣。〔一〕九者，已極而無可增也。惟乾純陽，而發用

〔一〕

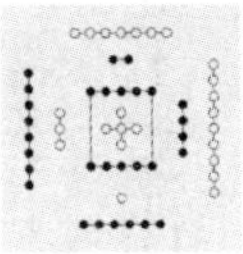

上河圖

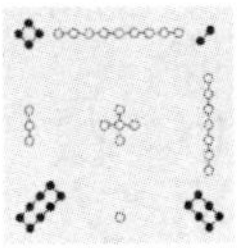

上洛書

洛書自一至九，九是個位數的極致。河圖自一至十，共五十五，其中宮之數爲十五（天五加地十），船山認爲十其實就是一，故十五（十加五）可以看作一加五，亦即六。九是洛書數的極大值，是盈極，故老陽數九；六是河圖之中，是虛之極，故老陰數六。

之數，見乎過揲者皆九。天陽之數，無所不用，於此見天之所以爲天，大極無外，小入無間，生死榮枯，寒暑晦明，靈蠢動植，燥濕堅脆，一皆陽氣之充周普徧，爲至極而無能越之則焉。故人之于道，惟有不足，無有有餘；惟有不及，無有太過。盡心乃能知性，止至善而後德以明、民以新，故曰「聖人，人倫之至。道二，仁與不仁而已」，〔一〕無得半中止之道也。君子于此，可以知天，可以盡性矣。

此上七節，以天化言之。

乾元者，始而亨者也，利貞者，性情也。

凡物與事皆有所自始。而倚於形器之感以造端，則有所滯而不通。惟乾之元，統萬化而資以始，則物類雖繁，人事雖賾，無非以清剛不息之動幾貫乎群動，則其始之者即所以行乎萬變而通者也。利者，健行不容已之情，即以達萬物之情；貞者，健行無所倚之性，即以定萬物之性；所以變化咸宜而各正性命，物之性情無非乾之性情也。此以明元亨利

〔一〕語出孟子離婁上。

貞皆乾固有之德，故其象占如此。元亨爲始而亨，非遭遇大通之福；利貞言性情，則非利於貞而以不貞爲小人戒；明矣。〔二〕舍孔子之言而求文王之旨，將孔子其爲鑿説乎！

乾始能以美利利天下，不言所利，大矣哉！

此言四德之統於元也。「美利」，利之正也。「利天下」，無不通也。「不言所利」，無所不利之辭，異於坤之「利在牝馬」，屯之「利在建侯」。〔三〕當其始，倚於一端，而不能統萬物始終之理，則利出於偏私，而利於此者不利於彼，雖有利焉而小矣。乾之始萬物者，各以其應得之正，動靜生殺，咸惻隱初興、達情通志之一幾所函之條理，隨物而益之，使物各安其本然之性情以自利；非待既始之餘，求通求利，而惟恐不正，以有所擇而後利。此其所以爲大也。

大哉乾乎！剛健中正，純粹精也；

〔二〕本義：「文王以爲乾道大通而至正，故於筮得此卦而六爻皆不變者，言其占當得大通而必利在正固，然後可以保其終也。」

〔三〕孔疏：「『不言所利大矣哉』者，若坤卦云『利牝馬之貞』及『利建侯』『利涉大川』，皆言所利之事；此直云『利貞』，不言所利之事，欲見無不利也。非惟止一事而已，故云『不言所利大矣哉』。其實此利爲無所不利，此貞亦無所不貞，是乾德大也。」

此言元之所以統四德，惟其爲乾之元也。「中正」，以二、五言。絲無疵纇曰「純」，米無糠粃曰「粹」，謂皆陽剛一致，而不雜陰之濁滯也。陰凝滯而爲形器〔一〕，五行已結之體，百物已成之實，皆造化之粗迹；其太和清明之元氣，推盪鼓舞，無迹而運以神，則其精者也。乾之爲德，一以神用入乎萬有之中，運行不息，純粹者皆其〔二〕精，是以作太始而美利咸亨，物無不正。在人爲性，在德爲仁，以一心而周萬理，無所懈，則無所滯。君子體之，自彊不息，積精以啟道義之門，無一念利欲之間，而天德王道於斯備矣。

六爻發揮，旁通情也；時乘六龍，以御天也；雲行雨施，天下平也。君子以成德為行，日可見之行也。「爲行」之「行」，下孟反。「見」，賢遍反。〔三〕

承上文而言乾之爲德，既大始而美利天下，而六爻之動，自潛而亢，有所利，有所悔，或僅得无咎，發揮不一者，何也？自卦而言，一於大正；自爻而言，居其時，履其位，動非全體，而各有其情，故旁通之。要其隨變化而異用者，皆以陽剛純粹之德，歷常變之

〔一〕「器」，嶽麓本作「氣」。
〔二〕「其」，底本作「以」，從嶽麓本改。其校記云：「馬宗霍校記：『按上文云「則其精者也」，則鈔本作「其精」爲是。』」
〔三〕嶽麓本無音注。

必有，而以時進其德業，則乘龍御天，初無定理，惟不失其爲龍，而道皆得矣。聖人用之，則雲行雨施，而以「易知」知天下之至險，險者無不可使平。君子學之，則務成乎剛健之德，以下學，以上達，以出以處，以動以靜，以言以行，無日無事不可見之於行，則六爻旁通，雖歷咎悔而龍德不爽，惟自彊之道，萬行之統宗，而功能之所自集也。

潛之爲言也，隱而未見，行而未成，是以君子弗用也。「見」，賢遍反。[一]

「隱而未見」，以位言；「行而未成」，以道言。「未成」，謂方在篤志近思之時，不即見之成能也。「弗用」者，君子自修之序，自不急於見功。爻言「勿用」，以君子之道戒占者也。

君子學以聚之，問以辨之，寬以居之，仁以行之。易曰「見龍在田，利見大人」，君德也。

學博，則聚古今之理於心。問審，則擇善而辨所宜從。寬謂容物而不自矜。仁則推愛之理而順乎人情。四者下學之事，宜民之道，故爲「在田」之象。而學問至則百王之法惟所損益，寬仁施則百姓之情皆可上達，宜爲天下所利見，雖未履天位，而君德備矣。古者

[一] 嶽麓本無音注。

世子入大學以親師考道，天子卑服而親康功田功，皆以養成君德也。

九三重剛而不中，上不在天，下不在田，故乾乾因其時而惕，雖危无咎矣。重，平聲，下同。[一]

不在天，不在田，惟其位非中也，時之危也。「重剛」，行之乾乾也。剛者，非但勇於任事，實則嚴以持心；[二]不恃其健行，而知時之不中，防其所行之過，操心危則行不危矣。以位，則建大猷以乘時而未就；以學，則望聖道一間之未達。[三]成湯之「惟恐勝予」，顏子之「欲罷不能」，皆此爻之象，盡人事之極也。

九四重剛而不中，上不在天，下不在田，中不在人，故或之。或之者，疑之也，故无咎。

「重剛」，下卦已剛而此復剛；又三、四爲人位，重三爲四而皆剛也。「不在人」者，三爲人之正位，四其餘位，人道已盡而俟天之時也。德之將熟，命之將受，決於止則自畫而貳爾心，決於進則躐等而有慙德；疑而自試，必得其所安，君子體道之深心也。

[一] 嶽麓本音注作「重，直龍反，下同。」

[二] 剛正持心，不是對於自己道德心性的剛猛、嚴苛的要求，而是一種泰然清和之氣。

[三] 「以位」，對應下句的成湯；「以學」，對應顏回。

夫大人者，與天地合其德，與日月合其明，與四時合其序，與鬼神合其吉凶，先天而天弗違，後天而奉天時。天且弗違，而況於人乎！況於鬼神乎！夫，音扶。先，息荐反。後，胡豆反。〔一〕

九五履天位，而剛健中正以應天行，故其德之盛如此。天地以主宰言。日月、四時、鬼神，皆天地之德，以純粹之精，而健行得中。明不息，序不紊，刑賞不妄，人而天矣。「先天」，謂天所未有，大人開物而成務；「弗違」，氣應物化而功就也。「後天」，天已垂象，因而行之；「奉天時」，時至功興，不爽其則也。天且弗違，則人不可不見，而見之者，鬼神自應以吉。當大人之世而弗見焉，鬼神弗祐，四裔之誅自取之矣。〔二〕違大人，即以違天也。書曰：「未見聖，若不克見；既見聖，罔克繇聖。」〔三〕大人不世作，而聖言孔彰，樂其道者見之。非聖無法，允爲自棄。勿曰生不逢堯舜之世，遂可隨末俗以遷流也。〔四〕

〔一〕嶽麓本音注作「夫，防無反。先，息荐反。後，胡豆反。」
〔二〕尚書舜典載舜「流共工於幽洲，放驩兜於崇山，竄三苗於三危，殛鯀於羽山。」左傳文公十八年説此事謂：「舜臣堯，賓於四門，流四凶族渾敦、窮奇、檮杌、饕餮，投諸四裔，以禦螭魅。」
〔三〕見尚書君陳。孔傳謂：「此言凡人有初無終，未見聖道如不能得見。已見聖道，亦不能用之，所以無成。」
〔四〕此蓋船山自勉。雖在板蕩之世，猶有堅持。

亢之爲言也，知進而不知退，知存而不知亡，知得而不知喪。其惟聖人乎！知進退存亡而不失其正者，其惟聖人乎！ 喪，息浪反。

進退以行言，存亡、得喪以遇言。保其固有曰存，本所無有曰亡，得所未有曰得，失其所有曰喪。剛而不止，居高而不肯下，亢也。亢之爲道，率繇於不知；而龍之亢，非不知也。秉剛正之德，雖知而不失也。惟若孔子，知不可爲而爲之，而不磷不緇者不失，乃能與於斯。忠臣孝子，一往自靖，不恤死亡之極，亦有聖人之一體，雖有悔而固爲龍德；時乘之，亦所以御亂世之天也。〔二〕

此上十節申釋彖、爻之辭，言君子體易之道。

〔二〕「忠臣孝子，一往自靖」，本於尚書微子所謂「自靖人自獻于先王」。「不恤死亡之極，亦有聖人之一體」云云，皆船山體察聖人之道以自況自解也。歷來注家解此句，皆試圖避免亢龍之悔，船山則特别强調，雖或有災有悔，君子仍當能知其不可爲而爲之，無有止息。明末天崩地解，局勢以至於不可逆轉，而船山仍奮鬥不息。君子正大清剛之氣，誠令人敬佩慨歎！我中華自有生民以來，無不秉承此精神以自立。至於近代以來，外侮迭至，而仁人志士仍緊提一口氣不放，前赴後繼；雖赴湯蹈火，無所畏懼。皆此精神所支撑也。

䷁ 坤 坤下坤上

坤，元亨，利牝馬之貞。君子有攸往，先迷後得主句，**利**句。[一]**西南得朋，東北喪朋，安貞吉。**喪，息浪反。[二]

隤然委順之謂坤，陰柔之象也。此卦六爻皆陰，柔静之至，故其德爲坤。凡卦有取象於物理人事者，而乾坤獨以德立名；盡天下之事物，無有象此純陽純陰者也。陰陽二氣絪緼於宙合[三]，融結于萬彙，不相離，不相勝，無有陽而無陰、有陰而無陽，無有地而無天、有天而無地。故周易並建乾坤爲諸卦之統宗，不孤立也。然陽有獨運之神，陰有自立之體；天入地中，地函天化，而抑各效其功能。故伏羲氏於二儀交合以成能之中，摘出其陽之成象者，以爲六畫之乾，而文王因繫之辭，謂道之「元亨利貞」者，皆此純陽之撰

[一] 此句王注、孔疏、程傳、本義皆斷作「先迷後得，主利」。惟集解引盧氏曰：「陰以陽爲主，當後而順之，則利。」
[二] 嶽麓本音注最後多「下同」二字。
[三] 「宙合」，嶽麓本作「宇宙」。

也；摘出其陰之成形者，以爲六畫之坤，而文王因繫之辭，謂道有「元亨利牝馬之貞」者，惟此純陰之撰也；爲各著其性情功效焉。然陰陽非有偏〔一〕至之時，剛柔非有偏成之物。故周易之序，錯綜相比，合二卦以著幽明屈伸之一致。乾坤並立，屯蒙交運，合異於同，而經緯備；大小險易，得失之幾，互觀而益顯。乾坤者，錯以相應也。屯蒙者，綜以相報也。此周易之大綱，以盡陰陽之用者也。餘卦倣此。〔二〕

坤之德「元亨」同於乾者，陽之始命以成性，陰之始性以成形，時無先後，爲變化生成自無而有之初幾，而通乎萬類，會嘉美以無害悖，其德均也。陰，所以滋物而利之者也。然因此而滯於形質，則攻取相役，而或成乎慘害，於是而有不正者焉。故其所利者「牝馬之貞」，不如乾之以神用而不息，无不利而利者皆貞也。凡言「利」者，皆益物而和義之謂，非小人以利爲利之謂，後倣此。

〔一〕偏，猶獨也。

〔二〕乾坤，坎離，頤大過，中孚小過，兩卦每一爻的陰陽性質皆相反，這種關係稱作「錯」；屯卦象倒過來成爲蒙，這種關係叫「綜」。乾坤是互錯，通過相反來相應；屯卦到了極點又顛倒過來成爲蒙，通過「綜」象來反映相報的關係。錯綜，即經緯。船山對於錯、綜卦象關係的解釋，是與乾坤並建的義理相一致的。詳見周易内傳發例第七條。

馬之健行，秉乾之氣而行乎地，陽之麗乎陰者也。「牝馬之貞」，與乾合德以爲正也。「君子有攸往」以下，爲占者告也。乾之龍德，聖人之德；坤之利貞，君子希聖之行也。剛以自彊，順以應物。坤者，攸行之道也。君子之有所往，以陰柔爲先，則欲勝理、物喪志而「迷」；以陰柔爲後，得陽剛爲主而從之，則合義而利。此因坤之利而申言之，謂君子之所利於坤者，「得主」而後利也。

同類相比曰「朋」。「西南」「東北」，以中國地勢言之。西南爲梁州，崇山複嶺，冰雪夏積，陰所聚也。東北，冀、營、兖、青之域，平衍而迤於海，地氣之不足也。「得朋」則積陰相怙，「喪朋」則解〔一〕散私黨，而順受陽施。蓋陽九陰六，有餘不足，自然之數；而地以外皆天，地所不足，天氣充之。以其本不足者承天，而不恃其盈以躁動，則其貞也，以從一而安爲貞，非以堅持不屈爲貞。此因坤之貞而申言之，謂君子體坤之貞者，惟安斯吉也。

〔一〕「解」，嶽麓本作「群」。

彖曰：至哉坤元！萬物資生，乃順承天。

陰非陽無以始，而陽藉陰之材以生萬物，形質成而性即麗焉。相配而合，方始而即方生，坤之「元」所以與乾同也。「至」者，德極厚而盡其理之謂。乃其所以成「至哉」之美者，惟純乎柔，順天所始而即生之無違也。

坤厚載物，德合无疆。

「厚」，謂重坤，象地之厚。「无疆」，天之無窮也。其始也生之，既生矣載之。天所始之萬物，普載無遺，則德與天合，故與乾均爲元，而「至」者即大也。

含弘光大，品物咸亨。

惟其至順也，故能虛以受天之施，而所含者弘。其發生萬物，盡天氣之精英，以備動植飛潛、文章之富，其光也大矣。品物資之以昌榮，而遂其生理，無有不通，坤之「亨」所以與乾合德也。

牝馬地類，行地无疆，柔順利貞。

馬之行健，本乾之象。牝秉陰柔之性，則與地爲類。地順承天，則天氣施於地之中，如牝馬雖陰，而健行周乎四方，此地之利貞，以守一從陽爲貞也。

君子攸行，先迷失道，後順得常。

六陰聚立，有「先迷」之象。然純而不雜，虛静以聽天之施，則固先陽後己、順事物而得唱和生成之常道。君子體之以行，能知先之爲失道，而後之爲得主，則順道而行，无不利矣。以性主情，以小體從大體，以臣順君，以刑濟賞，陰亦何不利之有哉！

西南得朋，乃與類行；東北喪朋，乃終有慶。安貞之吉，應地无疆。

重坤積陰，有西南地形崇複之象。然順而又順，趨以就下，則又有東北迤海之象。兩者皆地勢也，在知擇而已。君子之行，不法其積陰怙黨之咎，而法其委順以承天、不自私同類之貞，則終必受天之慶矣。吉自外來曰「慶」。[一]喪朋以從乾，安貞之吉也，君子所以應地道而德合无疆也。

象曰：地勢坤，君子以厚德載物。

[一] 前文云「難自外至，非所宜得者曰『災』」。

「勢」，形之勢也。地形高下相積，而必漸迤於下；所處卑，而物胥託於其上；皆大順之象也。重坤者，順德之厚也。君子體坤之德，順以受物，合天下之智愚貴賤，皆順其性而成之，不以己之所能責人之不逮，仁禮存心，而不憂橫逆之至，物無不載也。

六十四卦之變動，皆人生所必有之事，抑人心所必有之幾；特用之不得其宜，則爲惡。〔二〕故雖乾坤之大德，而以剛健治物，則物之性違；柔順處己，則己之道廢。惟以乾自彊，以坤治人，而内聖外王之道備矣。〔三〕餘卦之德，皆以此爲統宗，所謂「易簡而天下之理得」矣。

初六，履霜堅冰至。

當純陰之下，非偶然一陰發動之象也。堅冰之至，霜所必致。履者，人履之。陰興必

〔二〕　船山對於惡有非常獨特的看法。他認爲惡並非來源於情，也非來自欲，情、欲都是人正常、自然的特質。人的材質也非惡的來源。如此推尋，惡没有實體上的起源，它衹是産生於「人情變合之機」，人情在發動、與物相刃相靡時因過或不及而産生的。

〔三〕　乾以自强，則自治者嚴；坤以待物，則容物者衆。此聖王之道也。後之人主則反是：乾剛以宰制庶衆，而民命苦；坤順以放縱己欲，則己身亂。船山特揭其理於此，曰「餘卦之德皆以此爲統宗」，其憂患後世可謂至矣。

盛，自然之數也。故一生一殺，不以損天地之仁；一治一亂，不以傷天地之義。特當其時，履其境，不容不戒，故爲占者告之。

象曰：「履霜堅冰」，陰始凝也；馴致其道，至堅冰也。

上「堅冰」二字蓋衍文。本義按魏志作「初六履霜」，[一]義亦通。凝，聚也。霜、冰皆陰之凝聚而成，在初爲始爾。堅冰之至，初無異理，即此陰之凝者然也。「其道」，凝而不釋之道。「履霜」，象辭所謂「先迷」；「馴致」，則所謂「得朋」也。

六二，直方大，不習无不利。

陰之爲德，端凝静處而不妄，故爲「直」；奠位不移而各得其宜，故爲「方」；純乎陰，則「大」矣。直、方，其德也；大，其體也。惟直、方故能大，其大者皆直、方也。秉性自然而於物皆利，物無不載，而行無疆矣。九五，乾之盛也。六二，坤之盛也。位皆中，而乾五得天之正位而不過，坤二出於地上而陰不匱。故飛龍者，大人合天之極致；

[一] 本義：「按魏志作『初六履霜』，今當從之。」

直方者，君子行地之至善也。

象曰：六二之動，直以方也。「不習无不利」，地道光也。

「動」謂此爻發動而見功也。有其德，則施之咸宜，配地道之乘時，發生品物，光輝普見。

六三，含章可貞，或從王事，无成有終。

六二柔順中正，内德固，而所以發生品物者備其美。六三居其上，成乎坤體，所含者六二之章光，故雖以陰居陽，而可不失其正。三爲進爻，出而圖功之象。履乎陽位，故曰「從王」，象所謂「喪朋」而承天時行也。「或」者，不必然而然之辭。「含章」無必於從事之志；乃因時而出，行乎其所不得不行，雖有成功而不自居。「終」，與「知終終之」之「終」，皆以内卦小成言之也。事雖從王，志在自盡其道。内卦象德，外卦象位。〔一〕三者，德之終也。

〔一〕「内卦象德，外卦象位」之説，朱子已有所發明。本義注乾文言九四曰：「内卦以德學言，外卦以時位言。」船山於乾文言亦曰：「自初至三，皆象聖修之功。九二君道已盡，九三更加乾惕，以應物盡變，乾德成矣。自四以上，以學言之，則不思不勉而入聖；以時位言之，德盛道行，將出以受天命之候也。故四以上皆以功效言之。」

象曰：「含章可貞」，以時發也。「或從王事」，知光大也。知，如字。

惟所含者内有直方之美，故以時發見而「可貞」。德之已成，時在可見，故從王事，自知其志行之光大而不失時，要以自盡其含弘之用，而非急於見功也。陰以進爲美，不倦於行，所以配乾之无疆。

六四，括囊，无咎无譽。

「括囊」，藏之固也。柔居陰位，四爲退爻，不求譽而避咎之道也。四與初同道，而初居地位之下，伏陰自怙；四處重陰之中而爲人位，乃有意沈晦、退而自守之象，故不同于初之陰狠[一]。

象曰：「括囊无咎」，慎不害也。

欲退藏以免於咎，則無如避譽而不居。危言則召禍，詭言則悖道，括囊不發，人莫得窺其際，慎之至也。

[一]「狠」，底本作「很」，從嶽麓本改。

六五，黄裳元吉。

「黄」者，地之正色，既異黑白之黝素，尤非青赤之炫著，於五色爲得其中。衣在上而著見；裳在下，而又有芾佩以掩之，飾在中而與衣以文質相配者也。六五居中以處上體，而柔順安貞之德，自六二而已成。大順之積，體天時行，若裳以配衣，深厚而美自見，宜乎其吉矣。凡言吉者，與凶相對之辭，自然而享其安之謂。「黄裳」非以求吉而固吉，故曰「元吉[一]」。凡言「元吉」者，準此。

象曰：「黄裳元吉」，文在中也。

「黄」，其文[二]也；「裳」者，在中之象。[三]

[一] 底本無「吉」，從嶽麓本補。
[二] 「文」，底本作「美」，從嶽麓本改。
[三] 按船山一直反對左傳、王弼、程傳、本義「黄中，裳下」之解。其外傳：「黄者言乎文也，裳者言乎中也。不在上而當人中。以黄爲中，是地與青、赤、黑、白爭文，而不足以配天。以裳爲下，是五與初、二、三、四齊秩，而不足以居正。子服椒因事偶占，不足據爲典要也。」稗疏：「本義云：『黄，中色；裳，下飾。』然則象傳所云『美在中』者，黄爲中，豈裳爲美乎？衣裳之制，衣上揜裳際，復有韍佩帶紳加其上，是衣著於外，裳藏於内，故曰『在中』。黄裳者，玄端服之裳，自人君至命士皆服之，若下士則雜裳不成章美，故以黄爲美飾。五位中而純陰不雜以居之，斯以爲在中之美也。」

上六，龍戰于野，其血玄黄。

陰亢已極，則陽必奮起。龍，陽物也。「于野」，卦外之象。陰陽各有六位。坤六陰畢見，則六陽皆隱而固在；此盛而已竭，彼伏而方興，戰而交傷，所必然矣。陽之戰陰，道之將治也，而欲奮起于涸陰之世，則首發大難，必罹於害。陳勝、項梁與秦俱亡；徐壽輝、張士誠與元[一]俱殞。[二]民物之大難，身任之，則不得辭其傷。易爲龍惜，而不惜陰之將衰，聖人之情見矣。

坤卦純陰，其道均也，而中四爻皆君子之辭，惟初、上以世運之陰幽争亂言之。蓋乾坤者，本太極固有之實，各有其德，而不可相無。體道以學易者，法其所可用而不能極其

[一] 「元」，嶽麓本作「胡」。其校記云：「守遺經書屋本、金陵本均作『元』，蓋避諱而改。」

[二] 讀通鑑論：「陳涉、吴廣敗死而後胡亥亡；劉崇、翟義、劉快敗死而後王莽亡；楊玄感敗死而後楊廣亡；徐壽輝、韓山童敗死而後蒙古亡；犯天下之險以首事，未有不先自敗者也。亂人不恤其死亡，貞士知死亡而不畏；其死亡也，乃暴君篡主相滅之先征也，先死以殉之可矣。勝、廣、玄感、壽輝、山童，皆挾徼幸之心以求逞其志，非其能犯難以死争天下者也；天將亡秦、隋、蒙古而適承其動機也。二劉、翟義不忍國讎，而奮不顧身，以與逆賊争存亡之命，非天也，其志然也；而義尤烈矣。義知事不成而忘其死，智不逮子房而勇倍之矣……然則勝、廣、玄感、山童、壽輝者，天貿其死以亡秦、隋；而義也、崇也、快也，自輸其肝腦以拯天之衰而伸莽之誅者也。不走而死，義尤烈哉！」（卷五，平帝四）

數。二、五得中而不過；三、四人位，乃君子調燮之大用所自施，故以其德言之，美者極其盛，而次亦可以寡過。初則沈處地下，上則高翔天際，而無所施其調燮。故以氣運言之，而爲潛、爲亢、爲凝、爲戰。乃陽雖無功而過淺，君子猶可因時以守約，聖人固且逢悔而不憂；陰則初慘而不舒，上淫而不忌，是以冰之堅、玄黄之血，成乎世運之傷，此坤之初、上所以獨危也。然卦體純而不雜，則抑天數自然之致，非人事之有愆。故「堅冰」「龍戰」，皆屬乎氣運，而示[一]占者知命以謹微，非他卦凌雜致咎，人[二]事所致之孽也。是以坤之初、上，皆不言凶。

象曰：「龍戰於野」，其道窮也。

六陰皆見於象，窮極而無餘，陽必起而乘之。

用六，利永貞。

[一]「示」，嶽麓本無。
[二]「人」前嶽麓本多一「爲」字。

六者，數之不足者也。惟安於不足，則質雖凝滯，而虚中以聽陽之施，以順爲正，陰之貞也。十八變而皆得六，處於至不足之數，不如七之與八，求益以與陽争多寡。喪朋而安貞，始終如一，以資萬物之生，故無不利而永得其正。

象曰：「用六永貞」，以大終也。

陽始之，陰終之，乃成生物之利。「永貞」以順陽，而資生萬物，質無不成，性無不麗，則與乾之元合其大矣。

文言曰：坤至柔而動也剛，至静而德方。

「至」，謂六爻皆陰，柔静之極也。柔者，無鋭往之氣，委順而聽陽之施也。乃其爲體，有形有質，則其與陽俱動也，異于陽之舒緩；而堅勁[一]以果於所爲，生殺乘權，剛亦至焉。陰體凝定，非陽感不動，静也；而惟其至静，高下柔剛各有一定之宜而不遷，故隨陽所施，各肖其成形，以爲靈、蠢、動、植，終古不忒，是其德之方也。柔静者，牝道也。

[一]「勁」，嶽麓本作「緻」。

動而剛，雖牝而固馬。方者，牝馬之貞也。

按此統剛柔動静以言陰。繫傳亦曰：「立地之道，曰柔與剛。」又曰：「夫坤，其静也翕，其動也闢。」動静剛柔，初非陰陽判然、各據一端而不相函之滯理，審矣。天地、水火、男女、血氣，可分陰陽，[一]而不可執，道之自然者類如此。泥于象迹名言者，將使天地相爲冰炭，官骸相爲讎敵，溝畫而界[二]分之，亦惡足以知道哉！

後得主而有常，

不唱而和，以聽陽施，則不失柔順之常理也。卦無陽爻，而言「得主」者，陰陽有隱見，而無有無；陰見，而陽固隱於所未見。至柔至静，則不拒陽，而陽隱爲之主。

含萬物而化光。

此釋彖傳「含弘光大」之義，見其得主而利也。地雖塊然静處，而萬物之形質文章皆其所毓[三]發；感陽以化，則天下之美利備焉。「化光」，則亨利同乎天矣。太極第三圖，土

[一] 言其皆可各分陰陽，如男亦有陰，女亦有陽。詳見周易外傳乾。
[二] 「界」，嶽麓本作「券」。
[三] 「毓」，嶽麓本作「由」。

居中宮，全具太極之體，金、木、水、火皆依以生，〔一〕殆此意與？而術家言天一生水，至五而始生土，〔二〕其未察於天化物理，明矣。

坤道其順乎，承天而時行！

動而剛方，天動之也。得主，得天也。化光者，天化也。惟其至順，故承天而不滯於行，是以元亨而安貞得吉也。

積善之家，必有餘慶；積不善之家，必有餘殃。臣弑其君，子弑其父，非一朝一夕之故，其所由來者漸矣，由辯之不早辯〔三〕也。易曰「履霜堅冰至」，蓋言順也。

〔一〕周子太極圖如下：

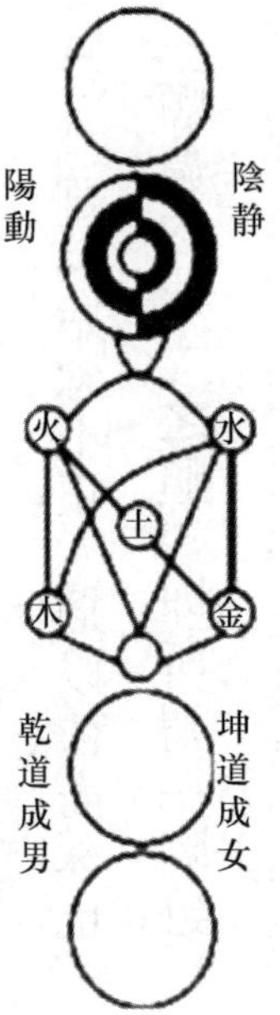

〔二〕漢儒以一、二、三、四、五爲生數，加五所得六、七、八、九、十爲成數；其序則水、火、木、金、土，其性則陽奇陰偶（天奇地偶），故禮記月令疏引鄭注繫辭云：「天一生水於北，地二生火於南，天三生木於東，地四生金於西，天五生土於中。陽無耦，陰無配，未得相成。地六成水於北，與天一并；天七成火於南，與地二并；地八成木於東，與天三并；天九成金於西，與地四并；地十成土於中，與天五并。」此即其後河圖之所本，又見漢書五行志。船山則以爲，土是地道，承天而行，得太極之全體，爲五行之本。水火木金土依次出生的次序是錯誤的。

〔三〕「辯」，嶽麓本均作「辨」。本義均作「辯」。

一陰初動，未必即爲凶慘，故卦之初筮，得六者三十二：亨利而吉者九，无咎者六。〔一〕陰雖起，而即有陽以節宣之，則喪朋而慶矣。坤體純陰，自一陰而上，順其情而馴致之，遂積而不可揜。亂臣賊子，始於一念之伏，欲動利興，不早自知其非，得朋而迷，惡日以滋，至於「龍戰」。雖其始念不正，抑以積而深也。「辯之」，斯悔其非道之常，而安其貞矣。「順」如「順過遂非」之順，即所謂「馴致」也。不道之念一萌，不能降心抑志，矯反於正，爲君父者又不逆而折之，惟其欲而弗違，順陰之志，無所不至，所必然矣。

直其正也，方其義也。君子敬以直内，義以方外，敬義立而德不孤。「直方大，不習无不利」，則不疑其所行也。

存之於〔二〕體者曰「正」，制之於事者曰「義」。「内」以持己言，「外」以應物言。主

〔一〕初畫爲陰爻者有三十二卦也。坤、蒙、訟「小有言終吉」，師、比「終來有它吉」，否「貞吉亨」，謙「用涉大川吉」，豫、蠱「厲終吉」，觀「小人无咎君子吝」，剥、大過「无咎」，坎、咸、恒、遯、晋「貞吉、裕无咎」，蹇、解「无咎」，姤「繫于金柅貞吉」，萃「往无咎」，升「允升大吉」，困、井、鼎「无咎」，艮「无咎利永貞」，漸「有言无咎」，旅、巽「利武人之貞」，涣「用拯馬壯吉」，小過、未濟。亨利而吉者九，謂訟、比、否、謙、蠱、晋、姤、升、涣九卦之初六。无咎者六，按以上諸卦初六之言「无咎」者實有八：觀、大過、晋、解、萃、鼎、艮、漸。

〔二〕「於」，嶽麓本作「爲」。

敬則心不妄動而自無曲撓，行義則守正不遷而事各有制；天下皆敬而服之，德不孤而行之無疑矣，所以不習而无不利也。六二居中得正，敬德也；順而不違於天則，義行也；故爲坤道之盛，而君子立德之本也。坤中四爻皆以君子修德業者言之。坤無尊位，異於乾之四爻以上爲乘時履位之象。易之道不可爲典要，類如此。其以君臣隱見定爻位者，失之矣。〔一〕

陰雖有美含之，以從王事，弗敢成也。地道也，妻道也，臣道也。地道无成而代有終也。

六三含六二之美於中，而爲進爻，以應外卦於上，故雖坤道小成，而不自居其成，積學以待問，補過以盡忠，敬戒而無違，純乎順也。「代有終」者，天之所生，皆地效其材，以終天之化也。

天地變化，草木蕃；天地閉，賢人隱。易曰「括囊无咎无譽」，蓋言謹也。

〔一〕此蓋指程子。程傳解坤六五曰：「守中而居下，則元吉，謂守其分也。黄裳既元吉，則居尊爲天下大凶可知。後之人未達，則此義晦矣，不得不辨也。五，尊位也。在它卦，六居五，或爲柔順，或爲文明，或爲暗弱；在坤，則爲居尊位。陰者，臣道也，婦道也。臣居尊位，羿莽是也，猶可言也；婦居尊位，女媧氏、武氏是也，非常之變，不可言也。」

純陰之世，陽隱而不見，天閉而不出，地閉而不納，于時爲堅冰，於世爲夷狄、女主、宦寺。能隱者斯賢也，雖有嘉言善行，不當表見以取譽。姚樞、許衡以道學鳴，〔一〕如李、梅冬實，亦可醜矣。六四柔得位而不敢履中，故能〔二〕謹之德歸之。

君子黄中通理，正位居體，美在其中，而暢于四支，發於事業，美之至也。

六五黄中之美，與二合德；敬義誠於中，形於外，無異致也，故曰「通理」。端己以居位，而盛德表見，以充實其安貞之體，則美既在中，而威儀之赫喧、文章之有斐，美無以尚矣。坤無君道，以二爲内美、五爲外著，君子闇然日章之德也。

若此類，惟君子占此爲吉。無其德而占遇之，如春秋傳南蒯所筮，〔三〕神所弗告，筮〔四〕策

〔一〕二人此皆出仕元朝，爲元朝理學之大宗，詳見元史。許衡與劉因爲友，劉因隱遁，辭却元政府聘任，説：「不如此則道不尊。」許衡一聘而起，説：「不如此則道不行。」船山作爲明朝遺民，對許衡這樣的做法是很鄙惡的。

〔二〕「能」，疑作「以」。

〔三〕左傳昭公十二年記此事：「南蒯之將叛也……枚筮之，遇坤之比，曰『黄裳元吉』，以爲大吉也，示子服惠伯曰：『即欲有事，何如？』惠伯曰：『吾嘗學此矣，忠信之事則可，不然必敗。外强内温，忠也。和以率貞，信也。故曰「黄裳元吉」。黄，中之色也。裳，下之飾也。元，善之長也。中不忠，不得其色。下不共，不得其飾。事不善，不得其極。外内倡和爲忠，率事以信爲共，供養三德爲善，非此三者弗當。且夫易不可以占險，將何事也？且可飾乎？中美能黄，上美爲元，下美則裳，參成可筮。猶有闕也，筮雖吉，未也。』」

〔四〕「筮」，嶽麓本作「蓍」。

之偶然爾。故曰：「易爲君子謀，不爲小人謀。」如蒯比[一]者，卦之吉，於己爲凶。不可謂象、爻不足以盡吉凶之理，而別求之術家之象數也。

陰疑于陽必戰，爲其嫌于无陽也，故稱龍焉；猶未離其類也，故稱血焉。夫玄黄者，天地之雜也，天玄而地黄。爲，于僞反。[二]

陰陽各六，十二位而嚮背分。陽動而見，陰静而隱，其恒也。六陰發動，乘權而行陽之道。陰嚮而陽背，疑于陰之且代陽而興矣。六陽秉剛健之性，豈其終隱？陰盛極而衰，陽且出而有功；必戰者，理勢之自然矣。陽欲出而陰怙其勢，非能不戰而静退者也；乃言陰戰，則陰爲主，而不見陽之方興，故卦無龍體著見，而稱龍以歸功於陽。春秋以尊及卑，以内及外，王師敗績于茅戎，不言敗之者，此義也。[三]「未離其類」者，陽雖傷，而所傷者陽中之陰也，剛健之氣不能折也。故秦漢、隋唐之際，死者陳勝、楊玄感而已，皆龍

[一] 蒯比，南蒯所筮，遇坤之比，即坤之六五也。
[二] 嶽麓本音注作「爲，于僞反。夫，防無反。」
[三] 成公元年公羊傳：「秋，王師敗績于貿戎。孰敗之？蓋晋敗之。或曰貿戎敗之。則曷爲不言晋敗之？王者無敵，莫敢當也。」其意謂：所以稱「王敗績」而不言敗之者，尊王也。而此上六爻亦言「龍戰于野」，言龍陽之傷而不言傷之者。故春秋以尊及卑，易以陽及陰，其致一也。

之血也。[一]陽以氣爲用，陰以血爲體。傷在血，陰終不能傷陽，而陰衄[二]矣。「雜」謂交傷。「玄」者，清氣虚寥之色；「黄」者，濁氣轀[三]結之色。

周易内傳卷一上終

[一] 陽中又有陰陽，陽之陽爲氣，陽中之爲血。陽與陰戰，不能不受傷，衹是陽受傷的部分是血陰。就像秦漢之際，暴秦爲陰，志士爲陽，與暴秦戰，則志士亦受傷。但志士中的陰類（陽中之陰），比如陳勝等敗亡；漢高祖則是陽中之氣，不會敗亡。

[二] 説文：「衄，鼻出血也。」

[三] 「轀」，嶽麓本作「緼」。

周易内傳卷一下

䷂ 屯 震下坎上

屯。元亨利貞，勿用有攸往，利建侯。

「屯」者，艸芽穿土初出之名；陽氣動物，發生而未遂之象也。此卦初九一陽生於三陰之下，爲震動之主。三陰，亦坤體也。九五出於其上，有出地之勢；上六一陰覆冒其上而不得遂，故爲屯。冬春之交，氣動地中，而生達地上，於時復有風雨凝寒未盡之雪霜，遏之而不得暢；天地始交，理數之自然者也。

元亨利貞，乾之四德，此卦震首得陽施，爲物資始，陽氣震動，於物可通；九五剛健中正，雖陷陰中而不自失，足以利物而自得其正；故乾之四德，皆能有之。此天地之始化，得天最夙者也。

然雖具此四德，而於時方爲屯難：初陽潛於地下，五陽陷於陰中。陽爲陰覆，道不得伸，則與乾初「勿用」之時義同；而無同聲同氣之輔，雖在天位而不足以飛，是以「勿用有攸往」也。

「利建侯」者，九五居尊，陽剛得位，而道孤逢難，必資初九之陽鼓盪迷留之群陰，乃可在險而不憂。此爲大有爲者，王業初開，艱難未就，必建親賢英毅者遥爲羽翼，以動民心而歸己，然後可出險而有功。故其合宜而利物者，在建初九以爲輔也。陽，君也，而在下；又震爲長子，皆元侯之象。凡此類，取義甚大，非小事所可用。然以義推之，則凡事在艱難，資剛克之才，以濟己於險，亦可通占；而困勉之學，宜資師友以輔仁，亦此理也。易之義類旁通，玩象占者所宜推廣，然必依立辭之理。非術士附會象辭之迹以射覆，可云「易者意也」，而以飾其妖妄也。

彖曰：屯，剛柔始交而難生。難，去聲。[一]

「始交」，謂繼乾坤而爲陰陽相雜之始也。周易並建乾坤以爲首，立天地陰陽之全體也。全體立則大用行，六十二卦備天道人事、陰陽變化之大用。物之始生，天道人事變化之始也。陰以爲質，陽以爲神，質立而神發焉。陽氣先動，以交乎固有之陰，物乃以生。屯之爲卦，陽一交而處乎下，以震動乎陰之藏；再交而函乎中，以主陰而施其潤。[三]其在艸木，則陽方興而欲出之象。故屯繼乾坤而爲陰陽之始交。以象言之，則雷動雲興，爲天地蒸變、將施澤於物而未行之象。

坤立而陽交，宜以復爲始；而始屯者，天包地外而入地中，天道不息之自然，陰雖繁盛，陽氣自不絶於地上，有動則必有應，地中之陽興於下，地上之陽即感而爲主於中，屯以成焉。若孤陽起于群陰之下而爲復者，人事之變爾。乾坤初立，天道方興，非陰極陽生

[一] 嶽麓本音注作「難，奴案反，下同。」

[三] 屯卦上坎下震。剛柔始交爲下卦之震，震爲動；再交爲上卦之坎，坎卦陽在中，故曰「函乎中」，坎爲潤。

之謂，是故不以復爲始交而以屯也。

「難生」，謂九五陷於二陰之中，爲上六所覆蔽，有相争不寧之道焉。陽之交陰，本以和陰而普成其用；然陰質凝滯而吝于施，陽入其中，欲散其滯以流形於品物，情且疑沮而不相信任，則難之生不能免也。故六二「疑寇」，九五「屯膏」，上六「泣血」，皆難也。戡亂以定治，而民未遽服；正性以治情，而心猶交戰，皆物始出土、餘寒相困之象也。

動乎險中，大亨貞，雷雨之動滿盈。

震動于下，坎險于上，方險而動，陽剛不爲難阻，體天之健行以出而有功，所以具四德而首出咸通，得性命之正。震雷發乎地中，坎雨行乎天位，鼓動積陰而爲之主，雖一陰覆上，不爲衰撓，得其正則於物無不利也。此釋「元亨利貞」之義。

天造草昧，宜建侯而不寧。造，昨到反。

此以人事釋「勿用有攸往，利建侯」之義。「天造」猶言天運，謂天欲開治之時也。「草」，草創也。「昧」，蒙昧也。「寧」，謂安意坦行也。一陽起于陰中，王業草創之象。九五雖居尊位，而在群陰之中，萬物未覩，昧於所從；於斯時也，所恃者初九動而有爲，宜建之爲侯，以感人心而濟險，未得快意决往，遂求定以自爲功也。

象曰：雲雷屯，君子以經綸。

坎不言水而言雲者，當屯之世，陰陽初交，雨未即降，所謂「屯其膏」也。「經」者，理其緒而分之；「綸」者，比其緒而合之。雷以開導晦蒙，分陰陽之紀；雲以翕合陰陽，聯離異之情。經綸運于一心，不恤艱難，以濟險阻，君子用屯道之「不寧」者以撥亂反治。若時際平康，可以端拱而治，則坦然與天下利見，無事圖難行險，自屯以屯天下矣。

初九，磐桓，利居貞，利建侯。

「磐」，大石。「桓」，郵亭表木，午貫交植，若今之華表〔一〕，皆不動者。初九一陽處三陰之下，堅立不可動摇，潛而未行，故有此象，所謂「勿用攸往」也。「居貞」之「利」，志之定也。「利建侯」，九五宜建之以爲侯也。建侯得正，則君民〔二〕交受利矣。

象曰：雖磐桓，志行正也。以貴下賤，大得民也。

「磐桓」而安處於下，未足以行其正也。然爲震之主，當屯難之世，欲震動群陰，與之交感，以濟九五於險，則志在行正，而非坐視時艱，不思有爲。若其伏處陰下，則欲得三陰之心而與俱動耳。陽貴陰賤，陽君陰民，守侯度以率民事主，所以宜建之爲侯也。

六二，屯如邅如，乘馬班如，匪寇婚媾。女子貞不字，十年乃字。乘，食證反。〔三〕

〔一〕「華表」，嶽麓本作「拒馬」。説文：「桓，亭郵表也。」徐鍇繫傳曰：「亭郵立木爲表，交木于其耑則謂之華表，言若華也。古者十里一長亭，五里一短亭，郵過也，所以止過客也。表雙立爲桓。」禮記檀弓「三家視桓楹」，鄭注曰「四植謂之桓」，疏云：「説文『桓，亭郵表也』，謂亭郵之所而立表木謂之桓，即今之橋旁表柱也。」「午貫」者，周禮秋官壺涿氏：「若欲殺其神，則以牡橭午貫，象齒而沈之，則其神死淵爲陵。」疏云：「以橭爲幹，穿孔，以象牙從橭貫之爲十字，沈之水中。」午貫即貫串若十字也。

〔二〕「民」，嶽麓本作「臣」。

〔三〕嶽麓本音注作「乘，食證反，下『乘馬』同。」

「邅」，遲回不進。〔一〕車駕四馬曰「乘」。屯陽御四陰以動而涉險，故三言「乘馬」。「班」，相別而往也。春秋傳：「有班馬之聲。」〔二〕女子許嫁而字，〔三〕初陽震動欲出，而二以陰居其上，止之不進，與初異志，如乘馬不相隨而分歧路，蓋疑初九之爲寇己也。夫陽欲交陰，以成生物之功，豈其相寇哉？欲相與爲婚媾爾。而二倚其得中，不與之交，如女子年已及期，義當有字，而亢志不字；至於九五，陽已居尊，而下與相應，乃不得已順以從之，如馮衍幅巾而降光武，時已過矣。〔四〕所以猶爲「貞」者，得位居中，非爲邪也。

象曰：六二之難，乘剛也。「十年乃字」，反常也。

屯之所以爲「難生」者，二揜初，上揜五，使不得升也。陰陽交以成生物之功，「常」

〔一〕邅，釋文引馬融注曰「難行不進之皃」。

〔二〕說文：「班，分瑞玉。」引申爲凡分別之稱。左傳襄公十八年：「刑伯告中行伯：『有班馬之聲，齊師其遁。』」杜預注曰：「夜遁，馬不相見，故鳴班別也。」故船山曰「相別而往」。

〔三〕禮記曲禮：「女子許嫁，笄而字。」按，此爻辭之「字」，孔疏訓「愛」（此本陸績注京氏易傳；而詩大雅生民毛傳亦此訓），周易集解引虞翻訓「妊娠也」（此以「字」有「孕」義），船山此訓，實本之朱子本義：「字，許嫁也，禮曰『女子許嫁，笄而字』。六二陰柔中正，有應於上，而乘初剛，故爲所難而邅迴不進。然初非爲寇也，乃求與己爲婚媾耳。但己守正，故不之許，至于十年，數窮理極，則妄求者去，正應者合，而可許矣。爻有此象，故因以戒占者。」

〔四〕馮衍，字敬通，嘗以計說鮑永，更始帝以爲立漢將軍，與鮑永、田邑共守並州。後田邑降於光武，復招永、衍，衍遺田邑書，讓之。及聞更始帝歿，永、衍「乃共罷兵，幅巾降於河內」。章懷注曰：「不加冠幘，但以一幅巾飾首而已。」事見後漢書卷二十八馮衍傳。

也。女子之貞，非以不字爲貞；「乘剛」不相下，陰志之變也。上應九五，乃反乎常，故雖晚而猶不失其正。「十年」，數之極也，天道十年而一改。〔一〕

六三，即鹿无虞，惟入于林中。君子幾，不如舍，往吝。舍，如字。〔二〕

君獵，虞人翼獸以待射；〔三〕「无虞」，鹿不可必得也。「林中」，車絓〔四〕馬阻之地。「舍」，止也。六三當震體之成，而爲進爻；上六窮陰不相應，坎險在前，往无所獲，而有所礙，故有此象。三柔而無銳往之象，類知幾而能止者，故可勉以君子之道。然體震而

〔一〕「反常」之「反」，先儒多讀爲「返」，船山從之。「十年數之極」者，孔疏曰：「十者數之極，數極則復，故云十年也。」「天道十年而一改」者，春秋桓公「十年春王正月」，胡安國傳曰：「天道十年則亦周矣，人事十年則亦變矣，故易稱守貞者十年而必反，傳論遠惡者十年而必棄。」

〔二〕嶽麓本音注最後多「下同」二字，作「舍，如字；下同。」

〔三〕詩彼茁者葭「壹發五豝豕」，毛傳：「虞人翼五豝以待公之發。」孔疏：「由虞人翼驅五豝，以待公之發矢故也。」船山禮記章句於射義「天子以備官爲節」下曰：「騶虞之爲備官者，賈誼所謂『虞人翼獸以待獲，言百官各恪其職，下逮虞人而能敬共事上也。』」又，詩秦風駟驖「奉時辰牡，辰牡孔碩。公曰左之，舍拔則獲」，朱子集傳：「禮『冬獻狼，夏獻麋，春秋獻鹿豕群獸』，故虞人翼獸以待公射，必以其時。」（朱子所謂禮，周禮獸人也。）

〔四〕玉篇：「絓，止也，有行礙也。」

躁進，不保其能舍，則有「往吝」之憂。窮於己之謂「吝」。〔二〕

象曰：「即鹿无虞」，以從禽也。君子舍之，往吝窮也。

求進而不知險，惟貪於從禽而躁動不已，自非君子，能無吝以致窮乎？

六四，乘馬班如，求婚媾，往吉，无不利。

四與初應，而又上承九五，不專有所適，故有「班如」之象。然柔得位而爲退爻，始雖疑而終必决往，與初爲正應。「求婚媾」，初來求也。〔三〕柔而得正，初所宜求；求而必往，四之順德。陽動而有功，必得陰之順受，而後生化以成，於己爲「吉」，於物爲「無不利」矣。

象曰：求而往，明也。

〔二〕內傳於繫辭「悔吝者，言乎其小疵也」下云：「『小疵』於道未失，而不當其時位，則剛柔差錯而必有悔吝。无咎於道未得，而有因時自靖、不終其過之幾。蓋禍福无不自己求之者，雖或所處不幸，而固有可順受之命，故研幾精義，謹小慎微，改過遷善。君子自修之實功俱於象爻，著之周易之興，與後世技術占卜之書貞邪、義利之分天地懸隔，於此辨矣。」今按：六三但得知幾，本可無過，然則其有過者，己躁進故也，非不得已者，故窮己而吝。

〔三〕「求婚媾」，王注、程傳及本義皆以爲六四往求於初九，獨船山此以爲初九求於六四而後六四往應之。

四有可求之美，初有待往之情，明於其當然，終解「班如」之惑。君臣朋友之際，審於所從，則无不利而吉。

九五，屯其膏，小貞吉，大貞凶。

「膏」，澤也，水之潤物者也。[一]「貞」，正物之謂。九五雖有陽剛中正之德，而爲上六所掩，陷於險中，無能利於所往，蓋雷動雲興，時雨不能降之象。于斯時也，委屏輔之任於初九，而因其可爲者，小試正物之功，則滿盈之經綸，徐收後效而吉矣。如一旦求大正於物，陰險争衡而不解，必至於凶。故雖仁義之美名，不可一旦而襲取，如春初茁芽，始出於地，遽爾茂盛，必爲疾風寒雨所摧，初九微陽，不能入險而相援也。

象曰：「屯其膏」，施未光也。

爲陰所蔽也。

[一] 孔疏曰：「膏，謂膏澤恩惠之類。」程傳曰「膏澤」，本義曰「膏潤」，亦訓膏爲澤也。（廣雅釋言：「膏，澤也。」國語周語韋注「膏，潤也。」）

上六，乘馬班如，泣血漣如。漣與瀾同。[一]

陽方興而已履中位，上六獨懷異志以相難，初既得民，五膏盈滿，豈能終遏之哉？時過勢傾，惟自悲泣而已。隕淚無聲曰「泣血」。[二]

象曰：「泣血漣如」，何可長也！

陰留于陽生之後，勢不能久，故消沮[三]而悲泣。能建侯而得民，可不以之爲憂矣。

☶☵ 蒙 坎下艮上

蒙。亨。匪我求童蒙，童蒙求我。初筮告，再三瀆，瀆則不告，利貞。告，舊音古毒反，如字亦通。

[一] 嶽麓本音注最後多「下同」二字，作「漣與瀾同；下同。」

[二] 詩雨無正「鼠思泣血」，毛傳曰：「無聲曰泣血。」禮記檀弓上「泣血三年」，鄭注曰：「言泣無聲，如血出。」

[三] 「沮」：嶽麓本作「阻」。消沮，猶沮喪。

「蒙」者，艸卉叢生之謂，晦翳而未有辨也。[一]陰陽之交也，始自屯；乃一回旋之際，陰得陽滋而盛，陽爲之隱。初陽進而居二，五陽往而居上，皆失其位，陽雜陰中而無紀，五爲卦主，而柔暗下比于二陰，故爲蒙。但以柔得中而下應乎二，陰雖盛而上能止之，以不終於昧，下聽二之正己，故有亨通之道焉。

「匪我求童蒙」以下，皆言處蒙之道，而歸功於二也。二剛而得中，治蒙之任屬焉，故内之而稱「我」。「童蒙」，謂五也。謂之童蒙者，鳥獸之生，得慧最夙，及長漸而流於頑戾，惟人之方童，蒙昧無識，理未曙而欲亦有所閑止而不知縱。六五之陰暗，而上有陽以止之，其象也；人之所以異於禽獸也。屯動乎險中，出以濟險，治道之始也；剛得上位，君道立而可以定難也。蒙險而止之，以閑邪而抑其非僻，教道之豫也；剛在下而得中，道不可行而可明，君道詘而道在師也。禮有來學，無往教；[三]五虚中而二以剛應之，

[一] 船山周易稗疏：「蔓草加於草木之上曰蒙。詩曰『葛生蒙楚』，而爾雅云『蒙，玉女』。玉女，女蘿也。女蘿附草而蒙其上，故有蒙名。弱蔓之草必有所附，童子弱昧必依附先生以强立，故曰童蒙。此卦陽蒙陰上以忘險，故取象焉。」

[三] 禮記曲禮「禮聞來學，不聞往教」之文，又白虎通辟雍：「天子、太子、諸侯、世子皆就師於外，尊師重先生之道也。禮曰：『有來學者，無往教者也。』易曰：『匪我求童蒙，童蒙求我。』」周易集解引虞翻「謂禮有來學，無往教」。

五求二，二不求五也。

「初筮告，再三瀆，瀆則不告」，二之所以得師道者。五求而應，初筮之告也。剛中而不枉道，[一]瀆則不告也。當告則告，不可告則不告，中道而立，使自得之，[二]養蒙之正術，能利益于蒙。利且貞，是以亨。

彖曰：蒙，山下有險。險而止，蒙。

此以二體之象，釋卦名之義。山在上，既不易登，而下有險，愈茫昧不知所適。然遇險而止，不涉傾危，安於未有知而不妄行，則未爲善而抑未習于不善，童蒙待啟之象。

「蒙亨」，以亨行時中也。

蒙之所以亨者，以方在蒙昧，而能求陽以通其蔽，資中道以止愚妄，及欲覺未覺、憤

[一] 漢書孫寶傳：「禮有來學，義無往教。道不可詘，身詘何傷？」

[二] 孟子盡心上：「大匠不爲拙工改廢繩墨，羿不爲拙射變其彀率。君子引而不發，躍如也。中道而立，能者從之。」孟子滕文公上：「放勳曰：『勞之來之，匡之直之，輔之翼之，使自得之，又從而振德之。』」孟子離婁下：「君子深造之以道，欲其自得之也。自得之則居之安，居之安則資之深，資之深則取之左右逢其原，故君子欲其自得之也。」

悱之時，求亨通而不自錮也。

「匪我求童蒙，童蒙求我」，志應也。

六五之志，與二相應，自然來學，不待往教，所以得亨。

「初筮告」，以剛中也。「再三瀆，瀆則不告」，瀆蒙也。

君子誨人不倦，而師道必嚴；「剛中」裁物，所以善誘。彼志在躐等，不能以三隅反，而復以一隅問者，乃全求諸人而不求諸己。愈瀆則愈蒙，其蔽也貪多聞，侈奇衺，見異説而遷，必將「見金夫不有躬」，盡棄其學而陷於左道。故君子雖有不忍人蒙昧之心，必不告以瀆之。

蒙以養正，聖功也。

蒙之所以能利貞者，惟以善養之而正也。筮而告，無所隱；瀆而不告，不使瀆，所以養蒙而正之也。中以養不中，才以養不才。優而柔之〔一〕，使自得之；引而不發，能者從

〔一〕「柔」，底本作「游」，從嶽麓本改。今按：大戴禮記子張問入官：「枉而直之，使自得之；優而柔之，使自求之。」杜預春秋序云：「優而柔之，使自求之，饜而飫之，使自趨之。若江海之浸，膏澤之潤，涣然冰釋，怡然理順，然後爲得也。」

之。作聖之功，[一]中道之教，存乎養之而已。此贊九二教道之至，蓋蒙未有亨道，在教者之剛嚴而善養，乃得利貞。

象曰：山下出泉，蒙。君子以果行育德。行，下孟反。

「泉」者，水始出之細流，故於山下之水，不言水而言泉。泉方出山，而放乎四海，無所止息，「果」矣。曲折縈回，養其勢以合小爲大，「育」也。君子之行成於勇決，而德資於涵養。勇決則危行而不恤利害，涵養則成章而上達天德。寧武之愚不可及，顏子之如愚足發，皆此道也。

初六，發蒙，利用刑人，用說桎梏，以往吝。說，吐活反。

「發」，猶始也。陰陽之交在屯，陽生於下，方震動以出；至蒙而陰復起於下以陷陽，蒙之所自發而不易收也。九二雖有剛中之德，而爲初之所桎梏，必奮然決斷，絶私暱而施

[一] 程傳：「以純一未發之蒙而養其正，乃作聖之功也。」本義：「蒙以養正，乃作聖之功。」

之以威，乃可説桎梏而往正乎五。然陰性柔，初位賤，承二而易相狎暱，未見其能決于正法也，故吝。

象曰：「利用刑人」，以正法也。

爲蒙蔽造端之孽，欲正蒙者，非施法不可。宦官宫妾，卑賤而善導人主於迷，正人君子所必治。

九二，包蒙吉。納婦吉，子克家。

「包」亦養之之意。教道之善，取蒙者之剛柔明暗，悉體而藏之於心，調其過，輔其不及，以善養之。師道立，善人多，是以吉也。「納婦」以下，别爲一義，取象之博也。凡象、爻有二義者，放此。〔一〕蒙，陽養陰而正之，故二、三皆有取婦之象。婦人之性柔而暗，其柔也告之，其暗也勿瀆之，剛而得中，以此納婦，家之吉也。五爲婦，上其子也。

〔一〕按：此例尤爲船山所獨發明者。先儒皆以爻辭事象爲一貫，無有另起。船山則不强爲牽合，宜是二義則别之。然其别亦是取象之異，而仍本於此爻之意也。如此處，先儒皆以「納婦」爲「包蒙」之一事；船山則以包蒙爲教養，納婦爲正家。

揲蓍之法，下爻立而後生上爻，故上有爲五子之象焉。教子者先教婦；婦慈而無溺愛，則子且才。故上九剛健，能終九二之德。包蒙之吉，以之正家，家教修而世澤長矣。

象曰：「子克家」，剛柔接也。

父剛母柔，教養道合，故得上九克家之子。

六三，勿用取女，見金夫不有躬，无攸利。 取，七遇反。[一]

蒙，陰陽雜處而未知所擇，惟懷貞者能從容以慎所從。六三陰不當位，爲躁進之爻，溺陽而陷之，歆[二]於小利而忘其正配，女子不貞之尤者也。[三]「勿用取」，謂上九雖與爲應，當決棄勿與瀆也。夫人苟識之未充，辨之未審，而躁於求益，則見異而遷，驚爲奇遇，忘

[一] 嶽麓本音注後多「下同」二字。
[二] 玉篇：「歆，歆羡也，貪也。」
[三] 程傳：「三以陰柔處蒙闇，不中不正，女之妄動者也。正應在上，不能遠從，近見九二爲群蒙所歸，得時之盛，故舍其正應而從之，是女之見金夫也。女之從人，當由正禮；乃見人之多金而從之，不能保有其身者也，無所往而利矣。」

身以徇之。曹伯悦公孫彊之霸説而亡國，包顯道信陸子静之禪學而髡首，[一]其志操之邪陋，與鬻色之女同其賤，養蒙者無可施其教也。

象曰：「勿用取女」，行不順也。

不順上九之正應，而貪二之近，與相溺。女德如此，勿用[二]取之，以遠害。「順」，本義作「慎」，亦可通[三]。

六四，困蒙，吝。

四爲退爻，而以柔處之，非不欲求人之我告；而初六固不能養己者，困于無聞而不足以行。不見正人，不聞正言，君子之所閔也。然此爻獨得位，雖困而未自失，故吝而不凶。

[一] 左傳哀七年：「曹伯陽即位，好田弋。曹鄙人公孫彊好弋，獲白鴈，獻之，且言田弋之説，説之。因訪政事，大説之，有寵，使爲司城，以聽政。夢者之子乃行。彊言霸説於曹伯，曹伯從之，乃背晋而奸宋。宋人伐之，晋人不救。」魯哀公八年，宋滅曹。包顯道，陸九淵弟子，後從朱子學。包顯道年輕時，常詆毁朱子「讀書親師友」的教法是「充塞仁義」。此處「信陸子静之禪學而髡首」是修辭性的講法，意謂包顯道的學問也走向了禪學。

[二] 「勿用」，嶽麓本作「乃勿」。

[三] 本義云：「順當作慎，蓋順、慎古字通用。荀子『順墨』作『慎墨』，且『行不慎』於經意尤親切。」船山非盡詆本義也，其訓詁得於本義者實多。

象曰：困蒙之吝，獨遠實也。[一]

陽實陰虚；實則有道於己而可以教人。卦惟此爻與陽隔遠。生無道之世，日與柔暗之流俗相親，雖有承教之心，而無可觀感，故象傳深致歎焉。

六五，童蒙吉。

虚中待教，得童蒙之正，其吉宜矣。

象曰：童蒙之吉，順以巽也。

下順乎二而聽其包，上巽入乎上而受其止，有忠信之資而能好學者也。

上九，擊蒙，不利爲寇，利禦寇。

越境攻人曰「寇」，非寇盜之謂，寇盜則不待言不利。[二]易豈爲盜占利不利哉！上九一陽

[一] 嶽麓本有音注，作「遠，於願反。」

[二] 稗疏：「舉兵攻人曰寇。寇非賊之謂也。書言『寇賊』，謂來寇之賊耳。孟子『齊寇』『越寇』，皆敵國也。若賊，則豈待蒙之上九始不利哉！」

在上，遏止二陰，「擊」之象也。九二師道雖嚴，而位柔得中；上九居高，剛以臨下，故爲「擊蒙」。然童蒙德本巽順，雖知有未逮，而心無邪僻，但憂外至之惡相誘相侵，須爲防護；若苛責太甚，苦以難堪，則反損其幼志。養蒙之道，止其非幾，勿使狎於不順而已矣。

象曰：利用禦寇，上下順也。

二與合德，五又巽以承教，則與捍外侮可矣，勿重傷之也。因此而知卦外有陰陽；有陰陽斯有同異，有同異斯有攻取。寇蒙者，卦外陰陽之變也。故上九之外有寇焉，而上禦之。以綜言之，泣血之屯；以錯言之，未革面之小人：皆寇也，特隱而未見耳。[一]合十二位之陰陽，以盡卦外之占，乃不窮於義類，學易者所當知也。

䷄ 需 乾下坎上

需。有孚，光亨貞吉，利涉大川。

[一] 蒙之綜卦爲屯，屯上六曰「泣血漣如」；蒙之錯卦爲革，革上六曰「小人革面」。因爲是蒙卦上九，所以「寇」要對應屯、革的上爻位。

「需」，緩而有待也。乾之三陽欲進，而爲六四之陰所阻。九五陽剛，履乎中位，而陷於二陰之中，與三陽相隔。三陽待五之引己以升，九五待三陽之類至，交相待而未前，故爲健行而遇險之象，不能無所需遲，而固可以需者也。

「孚」者，同心相信之實也。陰與陽合配曰「應」，陰陽之自類相合曰「孚」。凡言「孚」者放此。舊説謂「應」爲「孚」，非是。

九五與三陽合德，雖居險中，而誠以相待，秉志光明，而情固亨通，終不失正，吉道也。此以贊九五之德。

「利涉大川」，爲下三陽言也。雖爲四所阻，不能不有需遲，而性本健行，不畏險而自却，且有九五以爲[一]主，非陰所能終阻。涉焉，斯合義而利矣。

彖曰：需，須也，險在前也。剛健而不陷，其義不困窮矣。

險在前，不容不有所待而後濟。然天下之陷於險者，皆繇鋭志前行，而不慮險之在後，

[一] 嶽麓本「爲」後有「之」字。

則至於困窮，訟之所以「終凶」也。[一] 險在前，知之已明而健於行，躊躇滿志以有爲，慮已熟而無可畏葸，見義必爲，不憂其困矣。

「需有孚光亨貞吉」，位乎天位，以正中也。

九五位乎天位，足爲群陽之主；而得位秉正，不以在二陰之中而生疑沮[二]，則信著光明，亨通可俟也。

「利涉大川」，往有功也。

健以濟險，雖需遲而不陷，往斯利矣。九三以近險而進，「致寇至」。然則往且犯難，而象云「有功」者：全體乾而有恒則利；九三獨動而不需。群起立功，抑必有獨攖其難者，則先動者當之。凡象、爻異占者，大率類此。所謂「變動以利言，吉凶以情遷」也。[三]

[一] 訟卦辭曰「中吉，終凶」，訟而不已，故至於凶。

[二] 「沮」，嶽麓本作「阻」。

[三] 「變動以利言，吉凶以情遷」，繫辭下傳之文，内傳曰：「陰陽之交，相變而自相通，皆乘一時之利；而所利者有得有失，因乎情之正不正而吉凶異矣。」

象曰：雲上於天，需，君子以飲食宴樂。 上，時掌反。〔一〕

水不可加於天上，故變言「雲」。雲者，水氣之清微者也。「上」，升也。地以上皆天，升高則上於天矣。雲升而未降爲雨，故爲「需」。需者，事之賊也。君子敏則有功，無所用需；惟其于飲食宴樂也，可以飲食宴樂矣，而猶需之，故酒清肴乾，終日百拜而後舉逸逸之醻。〔二〕後天下以樂，而後鐘鼓田獵，民皆欣欣以相告，則享天下之奉而無從〔三〕欲敗度之愆，此則所宜需者也。〔四〕此外雖研幾觀變，極其審慎，而當所必爲，坐以待旦，何需之有！〔五〕

〔一〕嶽麓本音注作「上，時掌反。樂，盧各反。」

〔二〕禮記聘義：「酒清人渴而不敢飲也，肉乾人飢而不敢食也。日莫人倦，齊莊正齊，而不敢解惰，以成禮節，以正君臣，以親父子，以和長幼，此衆人之所難，而君子行之，故謂之有行。」儀禮鄉飲酒禮「主人曰請坐于賓，賓辭以俎」，鄭注曰：「至此盛禮俱成，酒清肴乾，賓主百拜。」詩賓之初筵「鐘鼓既設，舉醻逸逸」，毛傳：「逸逸，往來次序也。」

〔三〕「從」，嶽麓本作「奔」。

〔四〕孟子梁惠王下「樂民之樂者，民亦樂其樂；憂民之憂者，民亦憂其憂。樂以天下，憂以天下」，又「今王鼓樂於此，百姓聞王鐘鼓之聲、管籥之音，舉欣欣然有喜色而相告曰……」「從欲敗度」者，尚書太甲：「欲敗度，縱敗禮，以速戾于厥躬。」

〔五〕先儒皆以此文意謂於時需待不前，故「飲食宴樂」而已，「飲食宴樂」即需也；船山則以爲惟「飲食宴樂」乃所需待之事，他事則無足需者。此解尤别出新意，而一嚴責君子以儉德，又托君子以無畏健行之任也。

初九，需于郊，利用恒，无咎。

「郊」，曠遠之地，與人事不相涉；需而於此，則緩不及事，一旦時至勢迫，則必有咎矣。但以陽剛立乾健之基，二、三兩陽皆繇此而生，不改其度，有可恒之道焉。以斯爲「利用」，則籌度有素，而可「无咎」。蓋人事之險，固非可輕犯，然必卓然自守，而識之於心；若悠悠忽忽，以爲事不及己，而與相忘，是自絶於天下矣。外緩而心不忘，斯以異於庸人之偷惰也。

象曰：「需于郊」，不犯難行也。「利用恒无咎」，未失常也。難，乃旦反。

遠於坎險，不犯難矣。然畏難而不敢犯者，往往葸怯震悼[一]而自喪其神。守健以自持，積剛而不變，則不失其常度，而可以无咎。

九二，需于沙，小有言，終吉。

[一]「悼」，底本作「掉」，從嶽麓本改。今按：「震悼」者，離騷哀郢：「願承閒而自察兮，心震悼而不敢。」王逸注：「志恐動悸，心中怛也。」

「沙」，汀渚平衍之地；欲涉者需于此，得其地矣。九二去坎險，在近遠之間而得中，吉道也。其于九五，以陽遇陽，相敵而不相應，則始且疑而「小有言」；然已得中，而五以同德相孚，[二]志在引二而與偕進，小言不足以間之，必以吉終。

象曰：「需于沙」，衍在中也。雖小有言，以吉終也。

「衍」，餘也。[三]需于沙而得中，可進可退，自有餘地也。

九三，需于泥，致寇至。

「泥」，近于水而且陷矣。九三重剛躁進，需之急而不顧所處之不安，將有非意之傷至，則惟所處之非地有以致之也。

象曰：「需于泥」，災在外也。自我致寇，敬慎不敗也。

三陽需進，己獨居前，近於險而將陷，自恃健行，不知災之在外，宜其敗矣。然志在

[二] 船山之易例，凡陰陽異類相應稱爲「應」；同類（陽與陽、陰與陰）相感、同德稱作「孚」。後仿此。
[三] 天問「其衍幾何」，朱子注：「衍，餘也。」

需，而非以犯難；上六雖險，而與爲正應，則敬慎持之，可以不敗。蓋需而在下，則怠緩已甚；三爲前進之爻，無遲滯之過，但能敬慎不失，亦免於災。雖爲戒占者之辭，而爻中本有其德，非占外之通戒。〔一〕凡救敗皆需敬慎，豈徒需三爲然哉！

六四，需于血，出自穴。

六四非需進者，而言「需于」，謂三陽於此而需也。三陽需進，九五居中以待其升，而四以陰介其間，使不能速合，陽必見攻，而陰受其傷，故爲「血」。然柔而當位，上承九五而爲退爻，志在出穴，下接乎陽而非相亢拒，其事苦，其情貞，在險而能出谷遷喬者也。

象曰：「需于血」，順以聽也。

〔一〕此批評本義也。本義曰：「敬慎不敗，發明占外之占，聖人示人之意切矣。」又，朱子語類卷七十：「問：『敬慎不敗，本義以爲發明占外之意，何也？』曰：『言象中本無此意，占者不可無此意，所謂占外意也。』」朱子曰「象中本無此意」，船山則謂「爻中本有其德」。「象中本無此意」，則使易象及卦、爻辭爲但有占筮而無德教之書；而聖人（孔子）作易傳則又有德教在其中，是以前聖、後聖之旨不一也。船山易學宗旨，所謂「占學一源」「四聖同揆」，皆對朱子之説而發。

順于陽而聽其徐來，與五相合，故出險而不迷。此並「出自穴」釋之，而專挈上句，象傳立文之簡也。後放此。

九五，需于酒食，貞吉。

内三爻言「需于」者，於其地而待人也。此言「需于」者，所以待，待己者也。易之辭簡而義別，類如此。五與三陽道合，居中得位，以待其至；雖在險中，篤其情禮，期相燕好，不迫不忘，君道之正也。故吉。此言「酒食」，文與大象同，而義自別。大象觀全卦之象，示學易者之大用；爻乃象辭旁通之情，[一]示占者時位之宜。大象言「飲宴」，發[二]忘食後樂之旨；此言「酒食」，明燕[三]好待賢之義。文偶同爾。讀易者，不可以大象强合於爻辭，類如此。[四]

[一] 文言傳「六爻發揮，旁通情也」，船山曰：「自卦而言，一於大正；自爻言，居其時，履其位，動非全體而各有其情，故旁通之。」

[二] 「發」，嶽麓本作「發憤」。

[三] 「燕」，嶽麓本作「宴」。下「爵禄燕好」嶽麓本亦作「爵禄宴好」。

[四] 此處以大象强合象爻者，如周易大全與大象下引黄榦：「飲食宴樂，則君子處需而得其道也，其義九五一爻盡之矣。」又本義解此九五曰：「酒食，宴樂之具，言安以待之。九五陽剛中正，需于尊位，故有此象。」

象曰：「酒食貞吉」，以中正也。

爵禄燕好，人君馭賞之權也。位正道中，以待賢者之至，得其正而吉也。古者爵有德，禄有功，於大祭之日，醻以酒，因而命之。〔一〕故言「酒食」，而禄位在其中矣。

上六，入于穴，有不速之客三人來，敬之終吉。

上居坎險之極，不能出就乎陽，「入於穴」矣。然下應九三，不忘敬順，故獲「終吉」。「三人」，三陽也。九三進，則初與二彙升矣。「不速」，謂有需而不遽進，其行遲也。〔二〕此卦兩言「終吉」，需之爲道無速效，故必久而後吉。

象曰：「不速之客來，敬之終吉」，雖不當位，未大失也。

〔一〕「爵有德禄有功」云云者，禮記祭統：「古者明君爵有德而禄有功，必賜爵禄於大廟，示不敢專也。故祭之日，一獻，君降立于阼階之南，南鄉。所命北面，史由君右執策命之，再拜稽首，受書以歸，而舍奠于其廟，此爵賞之施也。」

〔二〕船山稗疏不取訓「速」爲「召」「促」之説，讀「速」爲「宿」。按儀禮士冠禮「乃宿賓」，鄭注「宿，進也」，則不速即不進。

「不當位」，本義云未詳，竊謂不當需之主位也。[二]四出穴以需；五居中以需；上六「入於穴」與三陽不相醻酢；故卦本以陽爲主，而於此言客，無與延之爲主也，[三]特以順應九三，故未失柔道，而得「終吉」。

䷅ 訟 坎下乾上

訟。有孚，窒，惕中吉，終凶。利見大人，不利涉大川。

[二] 本義曰：「以陰居上，是爲當位。言不當位，未詳。」又，朱子曰：「王弼説初上無位，如言乾之上九『貴而無位』，需之『不當位』。然乾之上九不是如此；需之不當却有可疑，二、四、上是陰位，不得言不當。」（語類卷七十）王弼曰：「處無位之地，不當位者也。」又，其略例辨位云：「惟乾上九文言云『貴而无位』，陽之居也；需上六云『雖不當位』，陰之居也。若以上爲陰位邪？則需上六不得云不當位也；若以上爲陽位邪？則乾上九不得云貴而无位也。陰陽處之，皆云非位，而初亦不説當位失位也。然則初、上者，是事之終始，无陰陽定位也。」實則乾之「貴而无位」乃謂陽爻而居陰位，故朱子曰「不是如此」；而朱子云「不得言不當」，是執定「二四上陰位、陰爻居陰位爲當位」之理則，而致疑於傳文也。程傳則曰：「不當位，謂以陰而在上也。爻以六居陰爲所安，象復盡其義，明陰宜在下，而居上爲不當位也。」船山則以爲「不當需之主位」。「需之主位」者，謂待下三陽，盡主人之誼也。六四雖始爲隔距，而終出穴以順迎，是「當需之主位」；九五中正以待三陽之就己，亦是「當需之主位」；至於上六則入穴而不復出，距三陽而不延請以爲主，故「不當需之主位」。今按：易辭言「雖不當位」者凡四，除此條外，如噬嗑象傳「雖不當位，利用獄也」，困卦九四「雖不當位，有與也」，未濟象傳「雖不當位，剛柔應也」，皆依「陰爻居陰位、陽爻居陽位爲當位」之理則而言。然則朱子之疑，宜也。

[三] 謂需之主位當爲陽；而上六以陽爲客、不延請陽以爲主，而自爲主，故不當也。

凡勢位不相敵，而負直以相亢、懷險以求伸，則訟。此卦三陽上行，有往而就消之勢，已成乎否，將成乎遯。[一]九二不恤險陷，退而下行，爲主於内，以止陽於將消，其爲功於乾，大矣。乾乃決志健往，不與之相應，則二懷不平之怨，而與五相訟。如衛元咺之于衛侯鄭者，[二]始於相援，而終以相亢，物情之險所以難平也。

「有孚」者，二之與五合志，以實心事之也。「窒」者，爲六三所間，乾陽亢往，無繇自達也。其始也，惟恐陽之往而且消，自處憂危之中，以求陽而安之，「惕中」之「吉」也。至於五不我應，激而成訟，則忠信之反爲悍逆，以下訟上，終於凶矣。「利見大人者」，五本中正，不以二之忤而終絶之，見之則疑忌消而志道仍合，所以利也。「不利涉大

[一]　船山云「已成乎否，將成乎遯」，似於理未穩，或船山寫作時誤倒與？疑當作「已成乎遯，將成乎否」。三陽上行，獨一陽在下卦三位，是「已成乎遯」；九三之陽將剥，則「將成乎否」矣；是以九三甘陷陰中以挽頹勢，而「爲主於内，以止陽於將消」。云「九二」而不云「九三」者，訟雖似由遯來，而實非由遯而生。九二爲訟之爻，九三則爲遯之爻，二者相較似爲變（詳下卦變説），實則九二自九二，九三自九三也。

[二]　元咺之事，見左傳僖二十八年，國語周語中韋昭注簡述此事曰：「成公，衛文公之子成公鄭也。晉文公討不服，衛成公恃楚而不從，聞楚師敗于城濮，懼，出奔楚，使元咺奉弟叔武以受盟于踐土。或愬元咺曰：『立叔武矣。』衛侯殺其子角。咺不廢命，奉叔武以守國，晉人復衛侯，衛侯先期入。叔武將沐，聞君至，喜，捉髮走出，前驅射而殺之。元咺出奔晉，會於温，討不服。衛侯與元咺訟，不勝，故晉侯執之，歸之於京師。」國語周語中載周王曰：「夫君臣無獄（韋注：獄，訟也）。今元咺雖直，不可聽也。君臣皆獄，父子將獄，是無上下也。」此船山義例所本。

川」者，健於前行，不恤險之在後，未可坦行[一]也。訟之凶，二任之；涉川之不利，則上九之亢而不知退也。

彖曰：訟，上剛下險。險而健句，**訟。**

以上之剛，激下之險；下已險而上終怙其健，訟之所以成也。

「訟有孚窒，惕中吉」，剛來而得中也。

卦繇下生，先筮得者爲内、爲來；卦已小成，而再至者，爲外、爲往。凡言往來，自卦變言之，此據遯而言也。[二]陽本連類以往，九二降而處内，故謂之「來」。陽欲去，而九二寧陷不往，屈己入險；「有孚」，雖「窒」而不恤憂危，吉道也。

[一]「行」，嶽麓本作「然」。

[二]據遯而言來爲「卦變」，朱子、漢儒亦有此說，然船山之說實不與同。其于内傳發例第十節論卦變，一本彖傳立言，統得卦變者凡十八卦。可分三類：一曰據否泰而言爲變，此實乾坤之變；一曰據遯、大壯、觀、（大畜）而言爲變，此消息之純者；一曰據巽、離而言爲變，此則經卦也。船山與前儒之異者，一則所謂「變」者，非由此卦生彼卦之謂，乃彼卦視此卦有異，則爲變也（六十二卦各自而生，非可由此生彼也）；二則船山謂卦變僅依彖傳凡有十八卦，他者則不可變，朱子、漢儒所謂卦皆可變乃夏商日者之術；三者卦變非有一定之則也，在朱子、漢儒則立一定準求之（如本義前所載卦變圖，又如漢上易傳所載卦變圖）。船山卦變之說，不必精於先儒，然其說迥異，不可混之也。

「終凶」，訟不可成也。

始於惕，終於險，至於訟，則雖直而辱己犯上，陷於小人之道，故凶。

「利見大人」，尚中正也。

九五剛健中正，所尚者大人無私有容之道，見之則疑忌自消。

「不利涉大川」，入於淵也。

險在下曰「淵」。陽亢而不慮險，斯陷矣。

象曰：天與水違行，訟。君子以作事謀始。

人與己違則訟人，欲與道違則自訟，事〔一〕後追悔，心志亂而愈乖。惟於作事之始，兩端交戰於心，必辨其貞勝之理〔二〕，毫釐不以自恕，如訟者之相訐，而後得失審，以定於畫一，善惡分明，如天高水流，不相膠溷。君子之用訟，自訟於始，終不訟人也。

〔一〕嶽麓本「事」前有「而」字。
〔二〕「理」，嶽麓本作「心」。

初六，不永所事，小有言，終吉。

「所事」，訟事也。「永」，引之使長也。初六與坎爲體，二訟，則已不能不與其事；而以柔居事外，固無争心，雖「小有言」，恒欲退息，與四相應，歸於和好，故終得吉。

象曰：「不永所事」，訟不可長也。雖小有言，其辯明也。

訟不可長，故「不永」而「終吉」。凡訟者之始，皆有所挾之理，未大遠於正；相持而不解，則客氣勝[一]而枝詞出，相引無窮，終於兩敗。故聽訟者且貴片言之折，况訟者乎！自不欲永，則風波之辭終歸昭雪，所謂「止謗莫如無辯[二]」也。

九二，不克訟，歸而逋，其邑人三百户无眚。

「不克」，不勝也。「歸而逋」，退處於二陰之間以自匿也。「邑人」，謂初與三。「三百

[一]「勝」，嶽麓本作「盛」。
[二]「辯」，嶽麓本作「辨」。

户」，盡其邑之人也。災自外至曰「眚」。〔一〕九二挾德爲怨，以訟其上，固無勝理，賴九五中正，曲諒其有孚之實，原情而恕其悍，聽其詘服，不加以刑，使得保其封邑，而罪不及于初、三，皆得「無眚」者〔二〕，幸也。蓋訟而不勝，枝蔓傍生，且有意外之禍，非遇中正如九五者，將有如衛侯鄭之於元咺，禍延公子瑕，〔三〕况其陪隸乎！

象曰：「不克訟」，歸逋竄也。自下訟上，患至掇也。

「掇」，猶拾也〔四〕。下之事上，即有勞不見諒，而亦安於其義；挾以犯上，自取逋竄，於人其何傷乎！

六三，食舊德，貞厲，終吉。或從王事，无成。

〔一〕釋文：「子夏傳云『妖祥曰眚』，馬融云『災也』，鄭云『過也』。」集解引虞翻曰「眚，災也」，程傳則曰「眚，過也，處不當也，與知而爲有分也」。船山取「災」義，故下文又云「意外之禍」。

〔二〕「者」，嶽麓本無。

〔三〕魯僖公三十年秋，春秋經曰「衛殺其大夫元咺及公子瑕」，左傳載「衛侯使賂周歂、冶廑曰：『苟能納我，吾使爾爲卿。』周、冶殺元咺及子適、子儀」。

〔四〕集解引荀爽曰：「下與上争，即取患害，如拾掇小物而不失也。」正義：「掇猶拾掇也。自下訟上，悖逆之道，故禍患來至若手自拾掇其物，言患必來也。故王肅云『若手拾掇物然』。」程傳、本義義訓并同。

古者仕者世禄，[一]凡士之有田禄者，皆先世之德澤。「食舊德」，謂保其封邑也。六三柔而上進，不從九二以訟，而上從於乾，災眚不及，善於自保者也。以與二爲坎體，必爲二所不滿，則守正而亦危矣。然二既逋竄，五終正位，是以「終吉」。但處嫌疑之際，內爲二所掣，外遇上九之亢，或思出而從王，固不能有成，可自安而不可圖功之象也。

象曰：「食舊德」，從上吉也。

「上」，謂乾也。

九四，不克訟，復即命，渝，安貞吉。

「不克」，事不成也。[二]九四以剛居柔而爲退爻，上承九五之中正，下應初六，而與二無惎[三]心，故不欲成訟；而承宣五之德命，以諭二使復受命，雖處變而自得「安貞」

[一] 孟子梁惠王下「昔者文王之治岐也，耕者九一，仕者世禄。」

[二] 九二之「不克訟」，船山云「不克，不勝也」；此之「不克訟」，船山云「不克，事不成也」。九二乃爲訟之主，以下訟上，故不勝；九四爲平訟之人，代五宣德，故使訟事不成。是以二爻辭雖同而其情其義則别，船山於需卦九五下立「易之辭簡而義别」之例，已詳之矣。

[三] 「惎」，嶽麓本作「異」。今按：説文「惎，毒也」。

之吉矣。凡訟之事，皆有居者[一]爲之起滅。二訟上，而三、四居其間，三既柔而從上，四又不欲訟而代五宣其德命，則不用刑罰，而訟者自詘服以免於眚。故人即欲訟，不與訟魁謀[二]，而有安静正直之君子居中鎮定之，則訟不長，而訟者雖剛險，亦受其和平之福矣。

象曰：「復即命渝」，安貞不失也。

訟之不克，何失之有！

九五，訟，元吉。

剛健中正，初無失德，雖爲下所訟，無能爲損，吉所固有也。

象曰：「訟元吉」，以中正也。

中正者，大人之德，吉自歸之，見之則利；若[三]與爲訟，必逋竄矣。

[一]「者」，底本無，從嶽麓本補。
[二] 訟魁，舊時之狀師。船山極其痛恨此類人，讀通鑒論五代下十三：「訟魁持利害以脅人取賄，奸民益恣，而弱民無能控告也。」
[三]「若」：嶽麓本無。

上九，或錫之鞶帶，終朝三褫之。

「鞶」，車飾；「帶」，服飾。〔二〕車服所以行賞。「或」者，徼幸偶得之辭。二之訟上，本以乾上行而不與己應爲猜恨。九五中正，不與相競；四居其閒，承上意而以下告；惟上九健往之首，與二隔絶，而驕亢不屈，激成訟者也。其事若出於衛主，故或徼榮賞。而

〔二〕周易稗疏云：「帶無鞶名。鞶者鞶纓，車飾也。帶所以繫佩縌及芾者。書曰『車服以庸』，車之等視其服，故再命賜服，不言賜車。言服則車在其中。象傳徒言『受服』，以此。」周禮大宗伯：「以九儀之命正邦國之位：壹命受職，再命受服，三命受位。」鄭玄注曰：「此受玄冕之服，列國之大夫再命於子男爲卿，卿大夫自玄冕而下如孤之服，王之中士亦再命則爵弁服。」禮記禮運：「大路、繁纓一就；次路、繁纓七就。」船山本之，於禮記章句謂：「繁與鞶同，馬大帶。纓，鞅也，在馬膺前，皆以采罽爲之。就，帀也。五色爲一帀一就者。」周禮巾車：「王之五路：一曰玉路，錫樊纓，十有再就。」鄭注曰：「樊讀如『鞶帶』之鞶，謂今馬大帶也……纓，今馬鞅，玉路之樊及纓皆以五采罽飾之，十二就。就，成也。」諸經注互參，可知樊、繁、鞶字并通，而鞶爲本字，帶也。按：鞶，先儒多訓大。說文：「鞶，大帶也，从革，般聲。易訟『或錫之鞶帶』。」朱駿聲說文通訓定聲謂：「帶有二：大帶以束衣，用素，若絲；革帶以佩玉，用韋。字从革，當以革帶爲正，故馬腹帶亦曰鞶。東京賦『咸龍旂而繁纓』，注：『繁與鞶古字通，今之馬大帶也。』鞶內鞎亦曰鞶，車馬所施，非革不任，其以稱紳帶者，散文亦通言耳。或曰易訟馬注『鞶，大也』，則『鞶帶』字借爲『伴』。」竊謂鞶之本義爲革帶，馬融訓「大」者，讀「鞶」爲「般」（廣雅「般，大也」）也，此蓋經師舊讀，故許慎因之，而又合「大」「帶」之義爲一，遂徑以鞶爲大帶也。

論〔一〕定以後，二既屈服，其愓中之孚且見諒於五，必惡上之釀禍而亟褫之。鼂〔二〕錯忠而見誅，况傅游藝之一歲九遷乎！〔三〕

象曰：以訟受服，亦不足敬也。

激禍以居功，君子之賤惡之久矣。〔四〕

䷆ 師 坎下坤上

師。貞，丈人，吉，无咎。

卦惟一陽，統群陰而爲之主，居中而在下，大將受鉞專征之象。陰盛而聚，殺之事也，

〔一〕「論」，嶽麓本作「訟」。
〔二〕「鼂」，嶽麓本作「朝」。
〔三〕傅游藝之事，見舊唐書卷一百八十六其本傳：「傅游藝，衛州汲人也。載初元年，爲合宫主簿、左肅政臺御史，除左補闕。上書稱武氏符瑞，合革姓受命。則天甚悦，擢爲給事中。數月，加同鳳閣鸞臺平章事。同月，又加朝散大夫，守鸞臺侍郎，依舊同平章事。其年九月革命，改天授元年，賜姓武氏。二年五月，加銀青光禄大夫。兄神童，爲冬官尚書，兄弟並承榮寵。逾月，除司禮少卿，停知政事。夢登湛露殿，旦而陳於所親，爲其所發，伏誅。時人號爲『四時仕宦』，言一年自青而緑，及於朱紫也。」
〔四〕船山反對錙銖必較、激蕩小人而爲禍的策略，這也是總結明亡而得出的教訓。

故爲「師」。

「貞」，謂六五柔静得中而不競。惟九伐之法，〔一〕道在正人之不正，則命將專征，非過剛而黷武也。「丈人」，謂二剛中之德爲壯猷之元老，〔二〕以之臨戎，戰則必勝，故吉也。王者順天致討，得征之正；又命將得人，而免乎〔三〕凶危，然後「无咎」。不然，師之興，咎之府也。五雖順正，與二爲應，然柔勝嫌於不斷，或委任不專，則黷武之小人且乘之以徼功而僨事。故彖辭雖爲吉占，而有戒意。蓋兵者不得已之用，不但傷生費財，且小人乘之以立功而攬權。貞而不吉，既以病國戮民；吉而不貞，又爲貪功啟禍。免此二者，而後師爲可興。聖人貴生惡殺、固本靖民之情，於斯見矣。

彖曰：師，衆也。貞，正也。能以衆正，可以王矣。王，於放反。

〔一〕周禮大司馬：「以九伐之灋正邦國：馮弱犯寡則眚之，賊賢害民則伐之，暴内陵外則壇之，野荒民散則削之，負固不服則侵之，賊殺其親則正之，放弒其君則殘之，犯令陵政則杜之，外内亂、鳥獸行則滅之。」

〔二〕詩小雅采芑「方叔元老，克壯其猶」，毛傳「元，大也，五官之長，出於諸侯曰天子之老。壯，大；猶，道也」，鄭箋云「猶，謀也；謀，兵謀也」。

〔三〕「乎」，嶽麓本作「於」。

人衆則桀傲貪殘者雜處不一。且兵彊易驕以逞，惟柔静居中、順理而無競者，能用衆而不詭於正，斯三王之所以王也。此明師必貞而後可无咎也。

剛中而應，行險而順。

九二剛中，有致勝之材，而五與相應，寵任既專；二致身以行險，而承上大順之理以伐罪弔民，則或不戰而敵服，或一戰而定矣。此明必丈人之吉而後可无咎也。

以此毒天下而民從之，吉又何咎矣！

總承上文而言。以正興師，則民服其義；將得其人，則民無敗死之憂。二者之道備，民所樂從，雖毒民而又何咎乎？非是而毒民，其咎大矣。

象曰：地中有水，師。君子以容民畜衆。

地中之水，不見於外，而自安於所潤。君子用此道以撫衆民，以静畜動：士藏于塾，農藏于畝，賈藏于市，智愚頑廉相容並包，養之以不擾。以之行師，有聞無聲[一]；馭衆

[一]詩車攻「之子于征，有聞無聲」，毛傳：「有善聞而無讙譁之声。」

如寡，〔一〕亦此道也。〔二〕

初六，師出以律，否臧凶。

師之有束伍節制，〔三〕相爲應而不相奪倫，猶樂之有律也。「否」，不然。「臧」，善也。〔四〕師一出，即當以律，乃可勝而不可敗。初六柔〔五〕險而處散地〔六〕，反以律爲不善，而恣其野掠，其敗必矣。

〔一〕孫子兵勢：「凡治衆如治寡，分數是也。」
〔二〕大象解文意更顯明：「地中之水，無見水也；君子有民，無見民也。君子觀於地之容水，以静畜動，而得撫民之道焉。士安於塾，農安於畝，淳者漓者，彊者弱者，因其固然，不争不擾而使之自輯，弗能泆出以行其險，則雖以之行師焉可矣。」
〔三〕「束伍」者，尉繚子有束伍令篇：「束伍之令曰：五人爲伍，共一符，收於將。吏之所亡伍而得伍，當之；得伍而不亡，有賞；亡伍不得伍，身死家殘。」
〔四〕本義：「否臧，謂不善也。晁氏曰『否字先儒多作不』，是也。」稗疏：「否，馬、鄭、王肅皆音方有反。韓康伯讀作否泰之否。否，不然也，謂以律爲不臧，則必黷武致敗也。晁氏謂先儒多音『不』，不知『不』自有『否』音。」
〔五〕「柔」，嶽麓本作「乘」。
〔六〕「散地」，乃船山易學專有術語。謂二、五以外非中正之地。外傳已常用此説。又，兵法亦講散地，如孫子九地曰「諸侯自戰其地爲散地」，曹操注曰：「士卒戀土，道近易散。」李筌曰：「卒恃土懷妻子，急則散，是爲散地也。」

象曰：「師出以律」，失律凶也。

以律爲不臧，則必失律矣。

九二，在師中吉，无咎。王三錫命。

以一陽而統群陰，處於險中，將在軍之象也。剛而得中，得制勝之道，故吉。必其吉，而後可无咎。用兵非君子事君之正道，雖吉，免咎而已。且其所以獨任爲主，專制師中者，以六五柔順虚中而與相應，故「王三錫命」，乃克有功。則其勝也，皆天子之威靈，而非可自居以爲功也。

象曰：「在師中吉」，承天寵也。「王三錫命」，懷萬邦也。

六五居天位，而司天命天討之權。九二惟承錫命之寵，故吉而无咎。且王之寵錫之者，豈以私九二而假之權哉？懷寧萬邦，故代天而命德討罪，二不得邀寵而侵權也。

六三，師或輿尸，凶。

「或」者，未定之辭。儌幸而勝者有矣；師敗將殪〔一〕，輿尸以歸，亦其恒也，視敵何如耳。六三以柔居剛，又爲進爻，才弱志彊，行險妄動，故其象占如此。〔二〕命將者，其可輕任之乎！

象曰：「師或輿尸」，大无功也。

「大」，謂陽也。〔三〕九二剛中，足以制勝，而三乘其上，不用命而輕進；三敗，則二功亦墮〔四〕。若先縠之于荀林父，王化貞之于熊廷弼是已。〔五〕

〔一〕爾雅、説文並云「殪，死也」。

〔二〕本義：「以陰居陽，才弱志剛，不中不正而犯非其分，故其象、占如此。」

〔三〕「大」，先儒多以爲狀辭，謂甚無功也；船山則曰「大，謂陽也」。其所據，蓋在泰卦所謂「大往小來」也。

〔四〕「墮」：嶽麓本作「隳」。

〔五〕先縠與荀林父之事，在邲之戰，見左傳宣十二年。楚伐鄭，晉師救之，以荀林父將中軍，先縠佐之。及河，聞鄭既及楚平，桓子、隨武子皆欲還，獨先縠以爲不可，以中軍佐濟。知莊子以周易此卦論之曰：「此師殆哉。周易有之，在師之臨，曰：『師出以律，否臧凶。』執事順成爲臧，逆爲否，衆散爲弱，川壅爲澤，有律以如己也，故曰律。否臧，且律竭也。盈而以竭，夭且不整，所以凶也。不行謂之臨，有帥而不從，臨孰甚焉！此之謂矣。果遇，必敗，彘子尸之。雖免而歸，必有大咎。」晉師終敗，荀林父請死，幸賴士貞子諫之，得復其位。明天啟間，朝廷復啟用熊廷弼經營遼東事，而以王化貞爲巡撫。熊廷弼主守，而王化貞則主攻。天啟二年，清軍攻西平，王化貞盡發廣寧兵，貿然出擊，兵敗，明軍遂撤入山海關内，關外盡失守，京師震動。魏忠賢趁機劾熊廷弼，於天啟五年八月棄市，傳首九邊。此事詳談遷明季北略、明史熊廷弼傳等。

六四，師左次，无咎。

兵[一]法：前左高，後右下。六四憑依坎險，故爲「左」。[二]以柔居柔，而爲退爻，「次」之象也。凡師雖次止不進，前左之軍必進爲遊弈；左次，則右後皆止。善師者不陳[三]，故无咎。

象曰：「左次无咎」，未失常也。

進退可據之謂「常」。

六五，田有禽，利執言，无咎。長子帥師，弟子輿尸，貞凶。長，丁丈反。帥，所律反。[四]

〔一〕「兵」，嶽麓本作「師」。

〔二〕王弼注曰：「行師之法，欲右背高，故左次之。」孔疏：「此兵法也，故漢書韓信云『兵法，欲右背山陵，前左水澤』。」然則船山當云「兵法，前左下，後右高」，故下文云「六四憑依坎險，故爲左」，坎陷則必下也。考周易稗疏曰「兵法，前左下，後右高。高者在後，據險以結屯（屯兵之屯）；下者在前，馳野而趨利。前作不行，則後右皆止。不言前而言左者，軍雖不進，前軍猶必遠哨以防敵，惟左則屯聚以止耳」，則此確船山誤記。

〔三〕「陳」，嶽麓本作「陣」。今按：當爲「陳」。漢書刑法志：「善師者不陳，善陳者不戰，善戰者不敗，善敗者不亡。」顏師古注：「戰陳之義，本因陳列爲名。」

〔四〕嶽麓本音注最後多「並下同」三字。

「田」，獵也。「禽」，獲也。「執言」，執辭聲罪以致討也。六五柔順得中，無貪憤之心，因彼有可伐之罪，執辭以討，其興師正矣。然王者之師，雖以柔勝，而用將必須剛斷。五與群陰雜處，雖下應九二，而志柔不定，則方命長子帥師，而復遣弟子得以争功躁進。若初、三，皆弟子也。徼幸嘗試，必致敗績。事雖正，而輕用民於死，亦凶矣。

象曰：「長子帥師」，以中行也。「弟子輿尸」，使不當也。

五之錫命九二而使帥師，徒以其居中，位尊望重，而使之行耳，非能剛斷而專任之，故使弟子參焉，而至於敗。

上六，大君有命，開國承家，小人勿用。

「大君」，謂五也。「開國」，命爲諸侯。「承家」，命世爲大夫。上居事外，不與師旅之事。師還論功，六五命之，定爵行賞。賞雖以功爲主，而抑必視其人。小人不可開國承家，而命之則貽害方大，故戒之。然小人徼幸有功，與君子等，而以志行見詘，則將有如趙汝愚之于韓侂胄者，激之而反成乎亂。〔二〕故「勿用」者，宜早慎擇於命將之日。上六雖柔不能斷，但戒之，而無歸咎之辭；責在六五，不在上六也。六五〔三〕遣弟子分長子之任，雖免輿尸，亦終爲咎。至於小人已有功而抑之，乃忠臣憂國、不恤恩怨之道，直道雖伸，國亦未易靖也。

象曰：「大君有命」，以正功也。「小人勿用」，必亂邦也。

「正功」者，但正其功次。小人之「必亂邦」，非憂國遠慮者不能任怨而裁抑之，故危言以戒之。

〔二〕宋史卷三九二趙汝愚傳：「汝愚本倚正（留正）共事，怒侂胄不以告（侂胄出留正判建康），及來謁，故不見，侂胄慚忿。簽書樞密羅點曰：『公誤矣。』汝愚亦悟，復見之。侂胄終不懌，自以有定策功，且依託肺腑，出入宮掖，居中用事。朱熹進對，以爲言，又約吏部侍郎彭龜年同劾之，未果。熹白汝愚，當以厚賞酬勞，勿使預政，而汝愚謂其易制不爲慮……侂胄恃功，爲汝愚所抑，日夜謀引其黨爲臺諫，以擯汝愚。汝愚爲人疏，不虞其姦。」

〔三〕「責在六五」與此處，底本兩處均作「九五」，從嶽麓本改。其校記云：「『六五』：鈔本及各印本均原作『九五』，馬、周兩記遂亦無校。按：師卦有六五，無九五。本段之論，皆以六五與上六對舉，前有『六五命之』句可證。茲據卦義酌改。下句『九五』字，誤同，亦改。」

䷇ 比 坤下坎上

比。吉。原筮元永貞，无咎。不寧方來，後夫凶。比，必二反。[一]

相合無間之謂「比」。此卦群陰類聚，氣相協，情相順，而一陽居中，履天位，爲群陰之所依附，無有雜間之者，故爲比。凡物情之險阻，皆生於睽離；比，則吉之道也。「原」，本也。「筮」，擇也。君子之交，以道合而無所暱，故曰「周而不比」；比非能无咎者也。乃此卦群陰統于一陽，其本所擇而順從者，乃乾元之德，奠於正位而永固；則以德以位，皆所宜因而不失其親，雖比而无咎矣。

九五既爲群陰之宗主，則雖自二而外，非其正應，爲不寧之方；而近説遠來，皆相託以歸附。惟上六獨處於外，志欲相亢，而受「後至」之誅，是以凶。蓋擇主者審之于初，而不可懷疑貳於既審之後。臣之事君，弟子之從師，皆此道也。「不寧方」，猶詩言「不庭

[一] 嶽麓本音注在比卦名下。

方」。〔二〕後至稱「夫」者，不能信友獲上，爲獨夫而已。

象曰：比吉也，比輔也，下順從也。

比之所以爲吉者，以其比五而輔之也。下順從者，陽既居尊，群陰不敢亢也。言「下順從」，則上六之不從而逆，其凶可見矣。

「原筮元永貞无咎」，以剛中也。

陽資始而後陰能成化，德位永定，而無可違。九五剛中，有可親比之道，本所當筮擇爲主者，故无咎。

「不寧方來」，上下應也。「後夫凶」，其道窮也。

上下皆所宜應，雖後至，能終相逆乎？徒自窮而已。所應得曰「道」。〔三〕

〔二〕稗疏曰：「『不寧方』，謂不寧之方，猶詩言『幹不庭方』，非未然而且然之詞。不寧，志不定也。自二而外，皆非五之正應，故恐五之不受己而懷疑懼，然以類上比，莫敢不來也。」以「方」爲「未然而且然之詞」者，訓「方」爲「且」、爲「將」也，如本義謂：「其未比而有所不安者，亦將來歸之。」高亨周易古經今注引船山此説，曰：「其説甚韙。寧，安也。方猶邦也。不寧方謂不安静之邦，即好爲亂之邦也……不寧方或言不庭方，詩韓奕『榦不庭方』是也；或言不廷方，毛公鼎銘『衔褱不廷方』是也。寧與庭、廷，蓋一聲之轉也。」

〔三〕謂此後夫合當如此窮也。

象曰：地上有水，比。先王以建萬國，親諸侯。

天下之至無間者，無如水之依地，地之承水，已親已密。[一]君子不以此失己而從人；惟開國之王者分土以授親賢，恩禮周浹[二]，以一人而統萬方，則道宜於此。

初六，有孚，比之无咎。有孚盈缶，終來有他吉。

比有以相近而相親者，二之于初、三，四之於上[三]是也；有以相應而相合者，初之於四，二之於五，三之於上是也。初六遠處於下，不親於九五，宜有咎也；而六四密近於五，初柔順之德，與四相合而相孚。因柔嘉[四]之大臣，以託於大君，非結權要而爲黨援也，

[一] 詩蟋蟀：「無已大康」，毛傳：「已，甚也。」
[二] 「浹」，嶽麓本作「洽」。
[三] 「上」謂四之上，即五是也，非謂上六。船山於上六象傳謂上六爲「初、二與四之憎惡」可知矣；且四與上六隔一爻，非相近也；又，其於六四象傳下曰「上謂九五」。
[四] 詩大雅烝民：「仲山甫之德，柔嘉維則，令儀令色。」孔疏云：「柔和而美善。」

故「无咎」。地既疏遠，情不易格〔一〕，必有「盈缶」之誠，以信友而獲上，上乃嘉予而與相比。非其正應而得恩禮，故曰「他吉」。

象曰：比之初六，有他吉也。

四非能與初以吉者。孚于四而得比於上，非初自能得之，因他而致也。

六二，比之自内，貞吉。

六二正應九五，而爲坤順之主，居中得位，以内比于初、三，〔二〕與同歸心于五，蓋得人臣以人事君之道。〔三〕忠貞之篤，其吉宜矣。

象曰：「比之自内」，不自失也。

合衆陰以比於上，雖以六三之挾異志，而猶欲與相聯合，非失身於匪類也。

〔一〕格，感也。

〔二〕船山謂一卦分上下兩體，其在自體之内相比則謂之内比，所比之爻在自體之外則謂之外比（參見六四「外比」）。

〔三〕以人事君，即舉荐人才以事君。蔡沈書集傳引王氏曰：「所舉之人能修其官，是亦爾之所能；舉非其人，是亦爾不勝任。古者大臣以人事君，其責如此。」

六三，比之匪人。

當群陰比陽之世，而上六獨爲「无首」之「後夫」，非人情，非人理矣。六三與之相應，如莊助之于淮南，蕭至忠之于太平公主，[一]不待言凶，自可知其必凶。

象曰：「比之匪人」，不亦傷乎！

既以傷世，還以自傷，歎其害之烈也。

六四，外比之，貞吉。

[一] 莊助即嚴助也，漢書卷六十四本傳：「淮南王來朝，厚賂遺助，交私論議。及淮南王反，事與助相連，上薄其罪，欲勿誅。廷尉張湯爭，以爲助出入禁門，腹心之臣，而外與諸侯交私如此，不誅，後不可治。助竟棄市。」舊唐書卷九十六蕭至忠傳：「睿宗即位，景雲初，出爲晉州刺史，甚有能名。時太平公主用事，至忠潛遣間使申意，求入爲京職。誅韋氏之際，至忠一子任千牛，爲亂兵所殺，公主冀至忠以此怨望，可與謀事，即納其請……左僕射竇懷貞、侍中岑羲及至忠並户部尚書李晉、太子少保薛稷、左散騎常侍賈膺福、左羽林大將軍常元楷、右羽林將軍李慈等與太平公主謀逆事泄，至忠遽遁入山寺，數日，捕而伏誅，籍没其家。至忠雖清儉刻己，然簡約自高，未嘗接待賓客，所得俸禄，亦無所賑施。及籍没，財帛甚豐，由是頓絶聲望矣。」

四近於五，專心親上，而外與初應，〔二〕翕合疏遠，使不寧之方共媚一人，其忠貞之至，吉與二同。言「外」者，四體外卦，則以内卦爲外也。

象曰：外比於賢，以從上也。

初六託迹遠而不妄説人，賢而隱者也。比之以從上，如留侯之於四皓是已。〔三〕「上」謂九五。

九五，顯比，王用三驅，失前禽。邑人不誡，吉。

「三驅」，天子之田不合圍，三面設驅逆之車，缺其一面，不務盡獲也。九五居尊得位，以統群陰，光明洞達，无有私暱，比道之至顯者也。乃人情之順逆，未可卒化，雖大舜之世，不乏三苗，將有如上六之背公死黨而懷異志者。聖王於此，舍而不治，如田獵三

〔二〕注疏、程傳、本義皆以外比爲比於九五，而船山獨以爲比於初六。蓋船山以象傳曰「外比於賢，以從上也」，「上」爲九五，則「賢」不得爲九五；故以初六爲賢而六四比之。

〔三〕見史記留侯世家。

驅，縱前禽而聽其失，要何損于大順之治哉？一隅未靖，臣民自諒其無能爲而不〔一〕警誡。人有定情，無驚擾乘釁之憂，故吉。

象曰：「顯比」之吉，位正中也。舍逆取順，「失前禽」也。「邑人不誡」，上使中也。

「三驅」之法：缺其前，背我而去者則弗追，嚮我而來者則取之。〔二〕九五聽上六之爲「後夫」，而不强爲聯合，以損恩威，故失而無傷于吉。「上使中」者，五雖周徧撫下，而與二相應，因其柔順得中之德，任之以内比，故群陰有所託〔三〕，而不以上之逆爲憂。

上六，比之无首，凶。

〔一〕「不」，嶽麓本作「不相」。

〔二〕三驅之禮，固是網三面而開一面，然於禽獸之嚮背捨取，先儒有不同。王弼注曰：「夫三驅之禮，禽逆來趣己則舍之，背己而走則射之，愛於來而惡於去也，故其所施，常失前禽也。」輔嗣之說本於鄭康成：「王者習兵於蒐狩，驅禽而射之，三則已，法軍禮也。失前禽者，在前不逆而射之，旁去又不射，惟背走者順而射之，不中則已，是皆所以失之。用兵之法亦如之：降者不射，奔者不禦，皆爲敵不敵己，加以仁恩養威之道。」（孫星衍周易集解，左傳正義桓三年引鄭注）孔疏從之，至胡安定周易口義猶存其義。自程傳則反之，曰：「天子之畋，圍合其三面，前開一路，使之可去，不忍盡物，好生之仁也。祇取其不用命者，不出而反入者也。禽獸前去者皆免矣，故曰失前禽也。」本義因之，船山亦同。

〔三〕「託」，嶽麓本作「托」。

比必有首，而後得所宗主以自立。上六背九五，而欲下比于群陰，爲翕翕訿訿[二]之小人，以罔上行私，其凶必矣。

象曰：「比之无首」，无所終也。

小人背公營私以樹黨，乍合而終必離。不但初、二與四之憎惡，即相應如三，既傷以後，亦必懲禍而絶之。顯比之王者，雖舍之不治，終必自潰，故舜舍三苗，而三苗終竄。凡不度德相時而好自異者，類如此占。又以示顯比者，可静俟[三]其自亡也。

☴ 小畜 乾下巽上

小畜，亨，密雲不雨，自我西郊。

「小」謂陰也。以法象言之：天包地外，地在天中，有形有涯，無形無涯，體之大小

[二]「翕翕」：嶽麓本作「潝潝」。詩小雅小旻「潝潝訿訿，亦孔之哀」，毛傳「潝潝然患其上，訿訿然思不稱乎上」，鄭箋云「臣不事君，亂之階也，甚可哀也」，爾雅謂「潝潝、訿訿，莫供職也」。

[三]「俟」，嶽麓本作「候」。

也。以數言之：陽奇，一而函三，三其三而九，四揲之而三十六；陰偶，缺三之一而爲二，三其二而爲六，四揲之而爲二十四；用之大小也。以時化言之：陽舒而萬物盈，陰斂而群動縮，功效之大小也。故陽大而陰小。大畜、大壯、大過皆謂陽，小畜、小過皆謂陰。「畜」，止也，養也，止之所以養之也。用之有餘，則體且憂其不足。乾之健行，樂於施而敏於行，陰間其中以節止之，所以養其有餘也。艮二陰而謂之大畜〔一〕，巽一陰而謂之小畜者，艮體陽而巽體陰也。凡卦一爲主，二爲從。巽一陰入于二陽之中，陰爲主而得位，乾之健行方鋭，而一陰以柔道止其健，五、上二陽，皆爲陰用，以成巽人之德，故爲小畜。

「亨」，謂陰亨也。柔得位，而上有二陽之助而有力，乾承其下而受其止，故亨。漢

〔一〕此句「艮二陰」下底本塗黑兩格，嶽麓本校記云：「『艮二陰得中而謂之大畜』句：守遺經書屋本同。金陵本『得中』二字作『■■』。太平洋本循之作『□□』。馬宗霍校記：『鈔本兩墨格作「得中」二字是也。』王孝魚則於其金陵本點校稿批注：『凡墨釘皆刪去誤字。不空格連印爲妥。』按上文有『乾之健行，陰間其中』語，此句承上而言『艮二陰得中……』，『得中』實非誤字。金陵本作墨格，當是有所忌諱，未可據以爲『刪去誤字』也。」今按：若原稿果爲「得中」二字，此又有何忌諱？故金陵本必是以其誤而刪也。大畜，謂其六五得中可也，不可謂其二陰得中；又「艮二陰」與下「巽一陰」對文。然而「得中」必爲衍文可知。「得中」爲易學專用術語，嶽麓本校記引上文「間其中」以證「得中」，非。今刪去。

光武以柔道治天下，卒能止天下之競而養以安，用此道也。〔一〕然其爲亨，能止陽而不使過，則抑未足以開物成務而化成天下，故又爲「密雲不雨，自我西郊」之象。雨之降，皆繇地氣上升，天氣上覆而不得散，乃復下而爲雨。此卦陰上隮于乾，陽氣盛於下而不得降，但上爲二陽所遏，爲密雲而已。〔二〕乾位西北，巽位東南，自乾而巽，自西而東，晴雨之徵。雲自西嚮東者不雨，以乾陽驅陰也。〔三〕言「自我」者，乾在内，故内之而稱我，正陽之爲主也。蓋醖釀輕微，方在畜積，非德化大行之徵，占者雖有亨道，而未足以行也。

〔一〕船山論光武，見讀通鑒論卷六：「乃微窺其所以制勝而蕩平之者，豈有他哉？以静制動，以道制權，以謀制力，以緩制猝，以寬制猛而已。帝之言曰：『吾治天下以柔道行之。』非徒治天下也，其取天下也，亦是而已矣。柔者非弱之謂也，反本自治，順人心以不犯陰陽之忌也。孟子曰：『行法以俟命。』光武其庶幾乎！高帝之興，群天下而起亡秦，競智競力，名義無所伉，人心無所惑也。光武則乘思漢之民心以興，而玄也、盆子也、孺子嬰也、永也、嘉也，俱爲漢室之胄，未見其分之有所定也。苟有分義以相搖，則智力不足以相屈，故更始亡而故將猶挾以逞志。然則光武所以屈群策群力而獨伸焉者，舍道其何以哉？天下方割裂而聚鬥，而光武以道勝焉。即位未久，修郊廟，享宗祖，定制度，行爵賞，舉伏湛，征卓茂，勉寇恂以綏河内，命馮異使撫關中，一以從容鎮静結已服之人心，而不迫於爭戰。然而桀鷔彊梁之徒，皆自困而瓦解。是則使高帝當之，未必其能耆定如此也。而光武之規模弘遠矣。」

〔二〕船山以爲，雨之降，其要有三：一者陰上升；二者有陽覆於陰上，阻陰之不得升，而後陰下爲雨；三者陰下而無阻。此卦陰已上，又有陽覆於陰上，故有雨氣；然有陽阻陰使之不得下降，故不能成雨，但爲雲而已。

〔三〕周易稗疏：「所從來曰『自』。自西郊者，自西而鄉東也。凡雲鄉東行，乃不雨之徵，諺所謂『雲鄉東，一場空』也。蓋乾位西北，陰雖上升，而至陽之氣驅之以行，故不得雨。若上九重陽上覆，陰不得升，則又降而爲雨矣。」

彖曰：小畜，柔得位而上下應之，曰小畜。

六四既自得位，下以柔道畜陽，而陽不争，上有二陽，厚其力以使能入，故能以小畜大。

健而巽，剛中而志行，乃亨。

乾方健行，而能以巽入止之。九五剛中，以施其富於四，〔二〕四之志乃得以行，陰之所以亨也。

「密雲不雨」，尚往也。「自我西郊」，施未行也。

「尚」，上行也。陽上隮，陰不得降，故爲雲。隨風而東，不雨之象，能止而未足以行也。

象曰：風行天上，小畜。君子以懿文德。

〔二〕九五爻辭曰「富以其鄰」，故此謂「以施其富於四」，此亦可見彖爻一致之例。

「文德」，禮樂之事，「懿」，致飾而盡美也。禮樂自上興，無所施治於物，而以風動四方；君子以「風行天上」之理自修明於上，而無爲之化，不言之教，移風易俗，不待政教而成矣。此卦大象與彖殊異，故讀易者不可執象以論大象，則不可執大象以論爻，明矣。〔一〕

初九，復自道，何其咎，吉。復，芳服反。何，胡可反，亦可如字讀，義同。〔二〕

「何」本負何之何，从人从可，人所可任而載之也。經傳或從艸，作荷華之荷，傳寫相承之譌。〔三〕乾健受畜，而施不得行，非乾志也。初與四應而受其畜，咎將歸之。乃初位在

〔一〕此象傳與大象相別之例。詳周易内傳發例。

〔二〕船山稗疏「何其咎」條謂：「『何』字之義，本訓篭也、負也，從人從可，人所可勝之任則擔負以行也，正音胡可反，讀如夥（今按：夥字，廣韻胡果切，亦上聲），轉讀如賀。其借爲『誰何』之何者，乃人負物以來，詰問其所何者爲何物，轉音河者，語急之聲也。俗專用何爲『誰何』字，而於『負何』之何加艸，作荷華之荷，始自傳寫論語者之誤（今按：論語「荷蓧丈人」），相承不改。若易『何校』、詩『何蓑』，則仍本字。」又於「何天之衢」條曰：「凡經文『何』字皆上聲。」

〔三〕朱駿聲六十四卦經解謂：「又何，擔也、負也。從人從可，人所可勝之任，則擔負以行也，讀如夥。」噬嗑上九「何校滅耳」，高亨曰：「釋文『何，本亦作荷。王肅曰：「荷，擔也。」』說文：『何，儋也，從人可聲。』詩侯人：『何戈與祋。』無羊：『何蓑與笠。』皆用何之本義。此文亦然。大畜上九云：『何天之衢。』與此同。古書通借荷爲何，而儋俗書作擔，於是何儋之本義俱亡矣。此文何又作荷者，後人所改。」大畜上九「何天之衢」，高亨古經今注謂：「文選魯靈光殿賦張注引作荷。說文：『何，儋也。』此文何猶受也。」

潛藏，則不往而來復，以奠其居，養陽道之微，固其道也。復既以道，雖負咎而不恤，惟守道以自安，故吉。

象曰：「復自道」，其義吉也。

義正，則咎有所不辭。君子秉義不回，以受天下之疑謗，其究也，吉必歸之。

九二，牽復，吉。

九二不與四應，非受其畜者；以初九受畜，牽引而退，使安處於中而不進。蓋君從臣諫，弟聽師裁，而抑志以養德之象。

象曰：牽復在中，亦不自失也。

受「牽」而「復」，乃得中位，雖志不克遂，而獲所安止，不失剛中之正。

九三，輿説輻，夫妻反目。説，吐活反。

「輻」，轂中植木。〔一〕「反目」，惡怒而不相視也。九三重剛不中，而爲進爻，志在躁進，乃爲六四所畜，不能馳驅以逞，爲「輿説輻」之象。剛競不已，怒四之畜己，而不知四以柔道止之者，本以養陽德於有餘，乃躁進而顧與相違，如苻堅之拒張夫人、宸濠之拒婁妃，志終不逞，而徒以自喪也。〔二〕

象曰：「夫妻反目」，不能正室也。

自處不正，安能正室？而更與爭，愈趨於亂，明非妻之過，而夫之過也。〔三〕

〔一〕説文「輻，輪轑也」，「轑，椽也」。本爻釋文引馬注謂「車下縛也」，引鄭玄注謂「輻，伏菟，謂輿下縛木，與軸相連，鉤心之木」。植木，植立之木。

〔二〕資治通鑒晉紀二十六載苻堅欲寇晉，「堅所幸張夫人諫曰：『妾聞天地之生萬物，聖王之治天下，皆因其自然而順之，故功無不成。是以黄帝服牛乘馬，因其性也；禹浚九川，障九澤，因其勢也；后稷播殖百穀，因其時也；湯、武帥天下而攻桀、紂，因其心也。皆有因則成，無因則敗。今朝野之人皆言晉不可伐，陛下獨決意行之，妾不知陛下何所因也。書曰：「天聰明自我民聰明。」天猶因民，而况人乎！妾又聞王者出師，必上觀天道，下順人心。今人心既不然矣，請驗之天道。諺云：「雞夜鳴者不利行師，犬群嗥者宫室將空，兵動馬驚，軍敗不歸。」自秋、冬以來，衆雞夜鳴，群犬哀嗥，廄馬多驚，武庫兵器自動有聲，此皆非出師之祥也。』堅曰：『軍旅之事，非婦人所當預也！』」明史諸王二：「初，宸濠謀逆，其妃婁氏嘗諫。及敗，歎曰：『昔紂用婦言亡，我以不用婦言亡，悔何及！』」所引史迹皆夫妻之事者，以爻辭「夫妻反目」也。

〔三〕此處不能正室，先儒雖皆責九三之不正，然亦歸咎於妻之畜止九三。如集解引虞翻謂「妻乘夫而出在外」，程傳謂「夫妻反目，陰制于陽者也，今反制陽，如夫妻之反目也。反目謂怒目相視，不順其夫，而反制之也。婦人爲夫寵惑，既而遂反制其夫，未有夫不失道而妻能制之者也」。船山則獨非九三而是六四，罪其夫而賢其婦。

六四，有孚，血去，惕出，无咎。去，如字，舊讀上聲，非是〔一〕。

「有孚」者，爲九五之所信也。陰陽異而言孚者，二陽合而成巽，陽從陰化，故謂之小畜，則陰陽異而孚也。六四專任畜陽之事，而巽入之德，繇九五與之相孚洽，不疑其獨異于陽而任之，乃能以孤陰止乾之健行，則陽實任己以畜，雖與三相違，有戰争之象，而終不與競，則「血去」矣。「惕出」，惕以出之也。以柔居柔，惟恐與陽不相入，上承九五剛中之德，而兢惕婉愼以出，此畜道之尤善者也。孟子曰「畜君何尤」，〔二〕「无咎」之謂也。

象曰：「有孚惕出」，上合志也。

「上」謂九五。不自專而與陽志合，愼之至也。

九五，有孚攣如，富以其鄰。

〔一〕此「去」字，釋文、覆元至正本程傳音注並作「起吕反」；咸淳本本義無音注；而周易傳義大全則作「去，上聲」（據永樂刊本）。按「去」字廣韻兩讀，一上聲，羌舉切，訓除；一去聲，邱據切，訓離。

〔二〕孟子梁惠王：「其詩曰：『畜君何尤？』畜君者，好君也。」朱子集注曰：「晏子能畜止其君之欲，宜爲君之所尤，然其心則何過哉？孟子釋之，以爲臣能畜止其君之欲，乃是愛其君者也。」

「攣如」，相結不舍也。[一]「以」猶與也。[二]九五剛中，陽德方富，而與巽爲體，下與四孚以輔之，而成畜陽之美，四亦藉之以富，而不憂其孤，上象所謂「合志」者是也。陰爲卦主，故五降尊而稱「鄰」。

象曰：「有孚攣如」，不獨富也。

惟其信任之篤，故四能分有其富，而成畜陽之美。凡以柔止天下之躁動，必上遇剛正之主，而後獲於上者乃可治下。抑其用雖柔，亦[三]必有剛正之理在中，而後婉人而不爲躁人所輕忽。三雖「反目」，而四終「血去」，豈徒然哉！

上九，既雨既處，尚德載，婦貞厲，月幾望，君子征凶。 載，昨再反，讀如詩「尚輸爾載」之載。[四]

〔一〕釋文：「馬云『連也』……子夏傳作戀，云『思也』。」說文：「攣，係也。」玉篇：「戀，慕也。」

〔二〕孔疏謂「能用富以與其鄰」，是孔疏即訓作「與」。古以、與常通用，如詩「不我以」鄭康成箋。

〔三〕「亦」，嶽麓本作「抑」。

〔四〕嶽麓本音注作「處，昌與反。載，昨再反，讀如詩『尚輸尔載』之載，下並同。」

象言「不雨」者，自全卦之象而言也；上九言「既雨」者，自一爻之動而言也。[一]所動在此，則視其發用之變，而不害其同。履六三言「咥人」，異於彖者，亦此義也。餘卦放此。「既雨」者，重剛覆陰於下，且降而爲雨，陰道行也。「既處」者，巽道已成，陽不能不止也。「尚」，物所尊也，而有專意。「載」，舟車所積之實也。重剛之積，輔六四以施養於下，有德可恃，則不復兢惕以出，而己志行、物望塞矣。上九雖陽而體巽，其位又陰，故爲「婦」、爲「月」。柔而積剛，婦正[二]而嚴厲者也。月全受日之明則「望」，陽其明，陰其魄也。二陽而僅露微陰，乃「月幾望」之象，亦言陰盛也。「君子」，對婦而言，謂丈夫也。巽之畜乾也，始於柔而終於剛。至於上九，陰挾德以高居，則爲之君子者，雖欲有所往，而受其制，則必凶矣。母后稱制，雖無失德，而非賢士大夫有爲之日。陳蕃、

[一] 象所謂「不雨」，以其有三陽阻陰，使陰不得下而成雨；此曰「既雨」，但以陽覆陰上則能成雨論之。
[二] 「正」，嶽麓本作「貞」。

司馬温公、蘇子瞻皆不明於此義，終罹於患。〔一〕易之爲戒深矣。以此推之，許衡欲行道于積陰剛騺〔二〕之日，得免於凶，固無丈夫之氣也。〔三〕

象曰：「既雨既處」，德積載也。「君子征凶」，有所疑也。

陰道行而見德，陽受其制，此以養之道止之，所以凶也。知止我者之養我，則不拒違弼，而德以固；知養我者之止我，則不受其羈縻，而志可行。無反目之傷，亦無征凶之慮，陽以交陰，恃此道也。「疑」，阻也。以叶韻求之，或「礙」字之誤。〔四〕

〔一〕陳蕃托於竇太后及竇武，欲誅宦官，被殺，事見後漢書卷六十六陳蕃本傳，船山之評論，見讀通鑒論卷八。哲宗初立，司馬温公、蘇軾托於太皇太后廢王安石新法，及至紹圣間，被斥誣謗先帝，徽宗時，被刻入蔡京所撰奸黨碑，事見宋史卷三三六司馬光本傳，船山之評論見宋論卷八。

〔二〕騺，同鷙。

〔三〕陳蕃、司馬温公、蘇子瞻皆托於太后，而船山又舉許衡以責之者，以女主與夷狄同爲不正者也。宋論卷七：「易曰：『天下之動，貞勝者也。』貞勝者，勝以貞也。天下有大貞三：諸夏内而夷狄外也，君子進而小人退也，男位乎外而女位乎内也。各以其類爲辨，而相爲治，則居正以治彼之不正，而貞勝矣。」

〔四〕船山此訓，蓋即以疑爲礙字之誤。叶韻之説，朱子詩集傳倡之，船山亦深受影響，故以此求其正字。實則疑之古音與礙、載韻本同部，不必改也。

䷉ 履 兌下乾上

履虎尾，不咥人，亨。 咥，直結反。〔一〕

「履」，本義謂「躡而進之」，〔二〕是也。凡卦皆先舉卦名，而後繫以象占之辭。此獨不然〔三〕。言履，而連「虎尾」爲文。蓋專言「履」不足以盡卦之名義，必言「履虎尾」而後卦象始顯也。「同人於野」「艮其背」準此。爲卦六三以孤陰失位，躁進而上窺乎乾，欲躡九四，憑陵而進；乾德剛健，非所可躡，故有此象。「不咥人」者，以全卦言之。兑之德說，既非敢與乾競，而初、二二陽與乾合德，乾位尊高，其德剛正，不爲所惑，則亦不待咥之以立威，而自不能犯。陰可以其說應之，志上通而有亨道也。

〔一〕 嶽麓本音注最後多「下同」二字。
〔二〕 本義原作「履，有所躡而進之義也」。
〔三〕 「然」，嶽麓本作「殊」。其斷句爲「此獨不殊言『履』，而連『虎尾』爲文」。嶽麓本似是。

彖曰：「履，柔履剛也。説而應乎乾，是以『履虎尾，不咥人，亨』。〔一〕

六三之柔，履乾剛而思干之，犯非其分，本無亨道。惟初、二兩陽本秉剛正，與乾道合，三不能獨試其險詖，姑以説應，爲求進之術，則小人欲效於君子，附貞士以嚮正；君子亦無深求之意，而不責其躁妄，刑戮不施，且録用之，是以能亨。若自其履剛之逆志而言之，未有能亨者也。

剛中正，履帝位而不疚，光明也。」

九五以剛健中正之德，居至尊之位，非三所可憑陵。三雖妄進相干，不足以爲其疚病，志量光明，坦然任之；三且技窮，思反以應上，而可藉之以亨矣。

象曰：上天下澤，履。君子以辯上下，定民志。

「辯」與「辨」通。大象之義，與彖全别。舊説據此以釋初、上二爻，非

〔一〕嶽麓本有音注「説，失爇反。」

是。〔二〕履本凶危之卦，於德無取；而陰陽既有此數，物理人情即有此道。善學易者，舍其本義而旁觀取象以議德行，若履、若剥、若明夷之類是已。風、火皆地類，惟澤最處卑下，與天殊絶，各履其位而不相亂。君子之于民，達志通欲，不如是之間隔，惟正名定分，禮法森立，使民知澤之必不可至於天，上剛嚴而下柔説，無有異志，斯久安長治之道也。三代之衰，上日降而下日升，諸侯、大夫、陪臣、處士遞相陵夷，匹夫起覬覦之思，惟志不定而失其所履，雖欲辨之而不能矣。

初九，素履往，无咎。

「素」，如中庸「素其位」之素，如其所當然之謂。初、二非履虎尾者，而與兑爲體，志柔思進，則亦有履道焉。初處卑下，而與乾合德，雖志欲往，而不躁不媚，率其素道，

〔二〕周易傳義大全於此卦上九象傳引建安丘氏曰：「履以上天下澤爲象，則履者，禮也。彖言『履虎尾』，踐履之象也。在六爻則皆主踐履之義言之。初、上，履之始終也。初言往，上言旋，一進一反，而履之象見矣。中四爻以剛履柔者吉，以柔履剛者凶，以剛履剛者厲。」

故可免咎。

象曰：素履之往，獨行願也。

自行其往之願而已，非與三爲黨而干陽[一]也。

九二，履道坦坦，幽人貞吉。

「道」謂所履之路。九二剛而得中，與乾合德，進而從陽以行，坦坦乎無所疑阻；乃爲六三所蔽，而不能自明。蓋君子不幸當小人干上之世而處其下，無能自達之象，故曰「幽人」。惟其正志以居，修身守道，與天下之凶危相忘，物自不能加害，不求吉而守正者自無不吉矣。

象曰：「幽人貞吉」，中不自亂也。

剛而能中，於道無失，可以坦坦於履，而不爲三所亂矣。夫外物之蔽，豈能亂幽人哉？人自亂耳。以曹操之猜雄，而徐庶可行其志，貞勝故也。

[一]「陽」，嶽麓本作「進」。

六三，眇能視，跛能履。履虎尾，咥人凶。武人爲于大君。

「能」，自謂能也，以一爻之動言之。柔失位而居進爻，又躁動[二]以上干乎陽；乾道方盛，非所能犯，還以自傷，故「咥人」而「凶」。陰之情柔而性慘，故爲「武人」。「爲」謂圖謀而逞其妄作，若蘇峻、祖約、苗傅、劉正彦是已。[三]既言凶，而又言「武人爲于大君」者，見三雖終自敗亡，而志懷叵測，無忌憚而鼓亂，固君子所宜早戒也。不爲小人謀，故終戒君子。

象曰：「眇能視」，不足以有明也；「跛能履」，不足以與行也。「咥人」之凶，位不當也。「武人爲于大君」，志剛也。

不足以「明」「行」者，自恃其能，不可教誨也。「位不當」，明惟此一爻動則凶，非

[二]「動」，嶽麓本作「妄」。

[三] 蘇峻爲流民帥，東晉咸和間以討伐庾亮爲名發動叛亂，後被陶侃討平。祖約，祖逖之弟，因不受朝廷重用而心懷怨望，響應蘇峻發動叛亂，爲後趙攻擊而戰敗，又被朝廷軍隊驅逐，遂投降石勒，最後被石勒殺害。苗傅、劉正彦在南宋建炎初發動叛亂，逼迫高宗退位，後勤王軍陸續到來，二人兵敗被殺。

全卦之德。「志剛」者，志欲干陽，貌雖容説而心懷陵犯，當早辨之，勿以其小明可取而與之行也。

九四，履虎尾，愬愬，終吉。愬，山革反。[一]

四體乾剛而居後，「虎尾」也。與三相次，三欲進干乎五，則迫躡於[二]己，有妄人不揣而見淩之象。[三]「愬愬」，慎也。四雖虎，而以剛居柔，反仁反禮，慎静而不與較，故終不相啞而吉。

象曰：「愬愬終吉」，志行也。

不與之較，自行其志，而孰能犯之！

九五，夬履，貞厲。

[一] 嶽麓本音注最後多「下同」二字。
[二] 「於」，嶽麓本作「乎」。
[三] 六三爲妄人，不揣自己的德行與能力，欲憑陵於四。

「履」，柔履剛；「夬」，剛決柔也。兑乘權則爲履，乾乘權則爲夬。[一]乾陽居位，得中以臨兑，以夬道應履者也。「厲」之爲訓，有以危而言者，「厲无咎」之類是也；有以嚴威[二]爲言者，「婦貞厲」之類是也。此言「貞厲」，謂其秉正而有威也。九五「剛中正」以「履帝位」，健而能斷，難説而不可犯[三]，六三雖欲履之而進，憚其威而自詘，所謂「光明」而「不疚」也。

象曰：「夬履貞厲」，位正當也。

陽剛得中正之位，秉正而以威嚴治志剛者之妄，不待咥而自亨矣。

上九，視履考祥，其旋元吉。

「視履」，視三之履也。「旋」，反也。上九居高臨下，與三相應，三方欲履上而干之，

[一]「乘權」，因時勢而具有主動性和權力。
[二]「嚴威」，嶽麓本作「威嚴」。
[三]論語「君子易事而難説也」，又六三體兑爲説。

而平情順受，俯視而見其情，不急加譴，但反求諸己，審所以消弭之道而化災爲祥；〔一〕則三亦消沮〔二〕旋退，以説應而不敢生憑陵之心。善以長人，吉莫大焉。

象曰：元吉在上，大有慶也。

三本爲眚於剛，而臨之有道，則無事咥之〔三〕，而彼此俱亨，兩受其福矣。

䷊ 泰 乾下坤上

泰，小往大來，吉亨。

泰，大也，安也，施化盛〔四〕大而相得以安也。天上地下，一定之位〔五〕，而此相易以成乎泰，言其氣也。卦因乎數，數自下積，故上爲「往」；既成乎象，象自上垂，故下爲

〔一〕此釋「考祥」，謂審察化災爲祥之道也。
〔二〕「沮」，嶽麓本作「阻」。
〔三〕三爲武人，欲憑陵上卦乾，爲災眚於乾剛；但上九禦之以道，六三懾服，不必咥六三而後使其順服。
〔四〕「盛」，嶽麓本作「甚」。
〔五〕「位」，嶽麓本作「理」。

「來」也。居之安爲「吉」，行之通爲「亨」。二氣交通，清寧不失，故吉；繇是而施化於萬物，則亨。其義彖傳備矣。

彖曰：「泰小往大來吉亨」，則是天地交而萬物通也，上下交而其志同也。內陽而外陰，內健而外順，內君子而外小人。君子道長，小人道消也。長，知兩反。

往來之義有二。自其互相疇酢者言之，則此往而彼來，陰陽易位以相應，爲天氣下施、地氣上應，君民志感之象，亨之道也。天以清剛之氣爲生物之神，而妙其變化，下入地中，以鼓動地之形質，上蒸而品物流形，無不暢遂；若否，則神氣不流行於形質，而質且槁。君以其心下體愚賤之情，而奠其日用飲食之質，民且上體君心，而與同憂樂；若否，則各據其是以相非，貌雖應而情相離。合天化人情而言，泰之所以施化盛大而亨者見矣。

自其所處之時位言之，往者逝於外而且消，來者歸於內而且長，爲陰陽、健順、君子小人各得其所之象，吉之道也。內陽外陰，如春氣動於內，雖有寒氣在上，而生物之功必成；若否，外陽內陰，則如秋日雖炎，而肅殺暗行於物內。內健外順，志秉剛正，有爲而和順於物；若否，則色厲内荏，而戕物以從欲。内君子而外小人，君子坐而論道，而小人器使；若否，則疏遠君子，而以小人爲腹心。内之則道行而賢者彙進，善日以長；外之則讒賊不行而枉者化直，惡日以消。否皆反此。合天道人事而言，泰之所以各安所得而吉者見矣。

乃合而言之，惟陰陽邪正各得其所，故上欲下交，而無撓沮之者；下欲上交，而無抑遏之者。安於吉而後可亨，故彖先言吉而後言亨也。

彖傳於此二卦，暢言天地萬物消長通塞之機在往來之際，所以示古今治亂道術邪正之大經，而戒人主之親賢遠姦，君子之持己以中、待物以和，至爲深切。學易者當於此而審得失存亡之幾，不可或忽。乃先儒謂易但爲筮利害而作，非學者之先務，何其與聖人之情相違也！〔一〕

〔一〕此駁朱子，詳内傳發例注。

象曰：天地交，泰。后以財成天地之道，輔相天地之宜，以左右民。財與裁通。〔一〕左、右，皆去聲。

裁成地者，天也；輔相天者，地也。天道下濟，以用地之實，而成之以道；地氣上升，以效用於天，而輔其所宜。「后」則兼言裁、輔者：於天亦有所裁，而酌其陰陽之和；於地亦有所輔，而善其柔剛之用。教養斯民，佐其德而佑之以利，參而贊之，函三於一，所以立人極也。泰，君道也，非在下者所得用，故專言「后」。非王者而用泰，德位不足以配天地，而謂造化在我，爲妄而已。孔子作春秋，行天子〔二〕之事，且曰「罪我者其惟春秋乎」，〔三〕下此者何易言也！

初九，拔茅茹，以其彙句〔四〕，征吉。茹，音如。

〔一〕嶽麓本音注多「相，息亮反」。
〔二〕底本作「下」，從嶽麓本改。
〔三〕「子」，孟子滕文公下：「世衰道微，邪説暴行有作，臣弑其君者有之，子弑其父者有之。孔子懼，作春秋。春秋，天子之事也，是故孔子曰：『知我其惟春秋乎！罪我者其惟春秋乎！』」
〔四〕本義：「郭璞洞林讀至『彙』字絶句，下放此。」是船山從朱子説也。

茹，茹藘也。彙，根科也。〔一〕茅與茹藘，莖皆堅韌，拔之不絕，而根科相綴。泰三陽聚於下，蟠固不解，而初九居地位之下，彙之象也。陽方興而尚潛，未有應四之情，乃二、三兩陽方升，拔之而與俱升，不得終於退藏，而必往交。時宜往而又有汲引之者，故吉。

象曰：拔茅征吉，志在外也。

「外」謂四也。時在必交，豈徒有拔之者？不容不往，固宜變其潛藏之志，以出應其正應。

九二，包荒，用馮河，不遐遺，朋亡，得尚于中行。

「荒」猶荒服之荒，遠處於外而不受治之象，謂六五也。陰宜居下，而反居五，

〔一〕茹、彙之釋，船山皆自發新意。釋文：「茹，汝據反，牽引也，鄒湛同。王肅音如。彙，音胃，類也。李于鬼反。傅氏注云：『彙，古偉字，美也，古文作曹。』董作夤，出也。鄭云『勤也』。」集解此文注引虞翻「茹，茅根。彙，類也。」又於否下引荀爽曰：「拔茅茹，取其相連。彙者，類也。」王注：「茹，相牽引之貌也……以其類征。」是諸家或以茹爲牽引，或以茹爲茅根；而皆以彙爲類。船山則以茹爲藘，以彙爲根。其稗疏謂：「舊以『拔茅』爲句，茹字連下『以其彙』爲句，於文義不通。茅、茹二草名。茹，藘也，一名茅蒐，今謂之茜草。其草蔓生，與茅俱枝莖堅韌，拔之不絕，必連其根彙而拔之。泰之三陽、否之三陰皆三連成體而無間斷，故有此象。茹平聲，讀如『如』，與茹菜之『茹』上聲讀如『汝』者不同。」按，茹之訓藘，詩東門之墠「茹藘在阪」，毛傳「茹藘，茅蒐」，釋文「蒨草也」。說文：「蒐，茅蒐、茹藘，人血所生，可以染絳。」彙無根科之訓。蓋彙有類聚之義，故船山以此彙指根科而言也。「根科」乃宋元以後語詞，即根之巨細總體是也。

據位自遠於君子；九二以中道包容而應之，非勇於自任者不能，故爲「馮河」。六五雖有遐心，弗遺棄也。「朋」謂初、三二陽。三陽方相與爲類，以居内用事，二不堅於立黨，遠收六五之用，乃不偏倚而尚於中道矣。言「尚」者，道大則合於君德，二雖在下，而實君也。蓋内君子外小人者，用、舍之大經也。而君子得朋相尚，過於遠小人，不能隨材器使，則有怙黨交争之害，故雖外之而未嘗不授之以位、達之以情，坦然大公，人皆自得，乃爲交泰之盛。李膺、杜密不亡其朋，使邪黨得乘之以相傾；習尚相沿，延及唐、宋；近逮啟、禎之際，黨禍烈而國隨以亡，大易之垂訓烈矣哉！〔一〕

象曰：「包荒」，「得尚于中行」，以光大也。

〔一〕泰卦九二能包容六五（「包荒」），不結黨（「朋亡」）以反激小人。船山讀通鑑論論東漢末黨錮之禍曰：「侯覽也，張讓也，蟠踞於桓帝之肘腋，而無能一言相及也。殺人者死，而誅及全家；大辟有時，而隨案即殺；赦自上頒，而殺人赦後。若此之爲，倒授巨奸以反噬之名，而卒莫能以片語只詞揚王庭以祛禍本。然則諸君子與奸人争興廢，而非爲君與社稷捐軀命以争存亡乎！擊奸之力弱，而一鼓之氣易衰，其不敵凶憝而身與國俱斃，無他，舍本攻末而細已甚也。」這些議論，都落脚在明亡教訓上，特别是天啟、崇禎間東林黨與閹黨的鬥争。船山認爲，漢末的清流團體，以及明末的東林黨人，固然多君子，但是對待小人太苛刻；更爲關鍵的是，不掌握鬥争策略，不從根本上解決首惡和正君，也不能從更大的國家存亡的全局著眼。

以剛居中，志既光大，則包荒復何所嫌？不宜復結朋以自矜矣。

九三，无平不陂，无往不復，艱貞无咎。勿恤其孚，於食有福。

平，謂陽道坦易也；陂，謂陰道傾險也。三陽居内而盛，陰且必生；三陰居外，成乎既往，而循環於嚮背之際，且自下起。[二]故平之必陂，往之必復，自然之理勢也。九三陽得位，本无有咎；而重剛過中，處盛以拒陰，有咎道焉。惟能慮陂與復，艱難守正，則免於咎。孚，謂九二以剛與三道合而相信也。然二非樹三爲黨者，三若懷念不舍，固相結以擯陰，則内外離析，而泰交不成。惟忘私以懷遠而應乎上，則與九二「朋亡」之義合矣。陽主治，陰主養，故曰「食」。[三]無野人莫養君子，不擯陰而善成之，則宣力報效，受其福矣。

[二] 船山此處用陰陽十二位嚮背之説。十二爻的旋轉，泰卦否卦作爲一個完整的（十二爻）球體，泰卦的時刻顯現出來的是下三陽、上三陰，背面未顯現的是否。但球體一直在旋轉之中，下一個時段，上面的三陰逐漸轉到後面，後面否卦的三陰從下面升起來。

[三] 九三應於上六，故上六之陰報效而養之也。

象曰：「无平不陂」，天地際也。「无平不陂」，從李氏集解本。〔一〕

此通釋全爻之辭，獨挈首〔二〕句者，略文。離乎地即天也，其際至密無間，而清濁殊絶，不相淆雜。九三與六四密邇，而陰陽兩判，正當其際。昧者恃其清剛，謂可永固，則往者必復，還以自傾。三進上行，四退下就，交泰而後可以消險阻。艱貞者惟此之爲恤，而非孚是恤，則福歸之矣。內陽外陰，爲時已泰，而保泰之道，惟在廓然大公，懷遠招攜，勿恃賢以絶物，如天地之相融浹，而不損其清寧。故內卦三陽，皆以外應爲吉。君子體小人之嗜欲而以道裕之，乃上下合同，而終不至於否。若否，則小人欲合于君子而非其誠，故愈相應而愈相睽，君子所宜峻拒，時異而道

〔一〕「无平不陂」，嶽麓本作「无往不復」，無小注。其校記云：「船山傳文有『則往者必復』語，又似其所用之本實作『无往不復』。句下注蓋守、金本所改後所作之注也。」今按：句下注或爲刻印者所加，然不得即以此而定原本爲「无往不復」也。下文船山注「獨挈一句」，金陵本作「首」，則守、金本並船山正文亦敢妄改乎？觀其「挈」字，則「首」字更順，然則當爲「无平不陂」也。其實不特集解作「无平不陂」，朱子本義亦本當作「无平不陂」，周易傳義大全引元人董真卿云：「程傳仍今本，本義從古易。」今本即「无往不復」，古本即「无平不陂」。觀宋咸淳元年吴革刻大字本周易本義已作「无往不復」，則本義之譌已久矣。然董氏猶見正本，而船山未必不從大全所引董説也。要之船山此處兩作孰是，未可定論，姑並存之。又，嶽麓本校記謂「船山傳文有『則往者必復』語，又似其所用之本實作『无往不復』」，豈不知船山又曰「還以自傾」，則當作「无平不陂」耶？

〔二〕「首」，嶽麓本作「一」。説見上注。

不同也。[一]

六四，翩翩，不富以其鄰，不戒以孚。

「翩翩」，飛而欲去之象。陽大陰小，小者不富也。六四一陰初興而當位，未至於貧，惟與五、上爲鄰，故成乎「不富」。四處退爻，與陽密邇，翩翩非其本志；其下應初九，不待戒而自孚。言「孚」者，三陰皆下應，无異志也。

象曰：翩翩不富，皆失實也；「不戒以孚」，中心願也。

「皆」者，統三陰[二]而言之。陽實陰虚，失實故不富。「中心願」者，雖往而非其志，志在從陽。

六五，帝乙歸妹，以祉元吉。

[一] 泰卦當包容小人，否卦當嚴拒小人，時不同也。

[二] 「三陰」，底本作「二陰」，嶽麓本作「三陽」，似均未恰。泰卦上三爻爲陰，皆虚而不實，故當作「三陰」。

商天子以「乙」爲號者非一，此言「帝乙」，未詳何帝。「歸妹」與「女歸」異。女歸者，歸嫁於夫家，正也。歸妹者，夫就婦而歸之，如後世之贅婿，變也。〔二〕昏禮大定于周，商世〔三〕蓋有男歸於女，雖天子或然，故經兩言「帝乙」。男在外，女在內，正也。陽居二，陰居五，男屈從女，而女爲主於上，有「歸妹」之象焉。而帝乙所歸之婦，柔順中正，不驕其君子以宜家，終膺福祉，變而不失其正也。六五陰陽易位，以柔居中，應九二得中之剛，合於帝乙之吉。

〔二〕「帝乙歸妹」之解，船山稗疏曰：「舊説謂帝乙爲紂父，而本義云帝乙歸妹時亦筮得此爻，而後獲祉。文王作周易，周公繫爻辭，與商筮之用歸藏者，象占各異，安得沿襲商筮以占吉凶？況歸妹爻辭亦云『帝乙歸妹』，又何説邪？元亨利貞，穆姜筮之即凶。帝乙之吉，非其位，非其時者，安能吉也！抑按史稱帝乙元妃，無子早没，故微子之母爲媵妾，元妃没，乃攝内主而生紂，爲適子。帝乙之妃既夭而無出，帝乙又一傳而殷以喪亡，何凶如之，安得『以祉元吉』邪？殷之天子皆以十干爲號，其號乙者，湯稱天乙，又有祖乙、小乙，不但紂父之爲乙；則必有得淑女、廣繼嗣，以受天佑者，非紂父明矣。其云『歸妹』者，乃陽下於陰之辭。二爲帝，五爲妹，陽反居中於内，陰反正位乎外，男來就女之象。昏姻之體，至周始定。自周以前，男來就女，如今之贅婿，雖天子之貴，亦或用此制，故曰『歸妹』，言往歸於妹，與漸之言『女歸』者異。泰有此象。王氏曰『女處尊位，降身下二』（王弼注原作『女處尊位，履中居順，降身應二』），是帝乙之女歸夫家，非歸妹也。考古者必以其時，於易而得周以前之昏禮焉。周禮定而秦漢益嚴，故有贅婿讁戍之法，至唐宋以下而又亂。今則子舍父母而事他人、冒他姓者，倫愈斁矣。」今按：「舊説謂帝乙爲紂父」者，除虞翻謂「帝乙，紂父」外，集解所引諸家及王弼注、孔疏皆未明言帝乙爲誰，而纂疏考子夏、京房、荀爽皆以帝乙爲天乙湯，是船山所指舊説，乃虞翻也。帝乙非紂父，程子已有此説，其謂「史謂湯爲天乙，厥後有帝祖乙，亦賢王也，後又有帝乙……稱帝乙者，未知誰是。」「抑按史稱」者，吕氏春秋仲冬當務：「紂之同母三人，其長曰微子啓，其次曰中衍，其次曰受德。受德乃紂也，甚少矣。紂母之生微子啓與中衍也尚爲妾，已而爲妻而生紂。」

〔三〕嶽麓本無「世」字。

象曰：「以祉元吉」，中以行願也。

二、五皆得中，故可行其願，而不憂失正。君求士，士不求君，然道合則士就君而非屈，亦此義也。

上六，城復於隍，勿用師，自邑告命，貞吝。復，方服反。[一]

「隍」，城下之溝無水者。城傾，則土復歸於隍。上六陰處高危，其勢必傾。陰陽之位十有二，嚮背幽明，各居其半，而循環以發見。陰傾而入，勢將復從下起。三陽積下，迫陰於外，至於上六，已太荒遠，無可復安，將激去而往者，又且必復，此小人被疾已甚，勢且復興之象。易不爲小人謀，故不爲陰幸而但爲陽戒，言陰之將復，不可與争，但當告戒邑人，内備必至之患。然激成之勢已不可挽，雖告命得貞，而亦吝矣。占此爻者，時勢如此，於爻外見意。九三艱貞乃吉，正謂此也。

象曰：「城復於隍」，其命亂也。

[一] 嶽麓本音注作「復，芳服反，下同。」

疾之已甚，使居荒遠傾危之地，雖自警戒，固非制治之早圖。〔一〕

䷋ 否 坤下乾上

否之匪人，不利君子貞，大往小來。 否，備鄙反。〔二〕

「否」，塞也。「否之匪人」者，天高地下，分位本定，而邪人據地之利，尸人之功，以絶於天，小人内而後君子外，非君子之亢而不可與親，否之者乃匪人也。君子秉剛居外，本無不正，抑何不利？小人否之，則其不利必矣。不利〔三〕君子貞，非利於小人之不貞，亦非君子可不正而利。陰據要津，君子無所往而得利，貞且不利，況可不貞乎？然君子雖不利，而固保其貞也。此言「利」者，與害相對之辭。「大往小來」，各歸其位，所以否也。

〔一〕論語謂：「人而不仁，疾之已甚，亂也。」船山之意，君子疾小人過急，故致小人爲禍，至於此時，雖告命得正，時勢終不可改，皆由其初之亂命也。外傳否：「命有治命焉，有亂命焉。」「制」，嶽麓本所據底本作「創」。

〔二〕嶽麓本無音注。

〔三〕「不利」，嶽麓本作「不利於」。

象曰：「否之匪人，不利君子貞，大往小來」，則是天地不交而萬物不通也，上下不交而天下无邦也。内陰而外陽，内柔而外剛，内小人而外君子，小人道長、君子道消也。長，上聲。[一]

匪人乘權，而君臣義絶，賢姦倒置，聖人之所無可如何者。故二卦反覆申明，而見治亂之相反存乎人者如此其甚也。

象曰：天地不交，否。君子以儉德辟難，不可榮以禄。辟、難皆去聲。[二]

否塞而不通，君子有德以通天下之志，無所用之。惟世之方亂，難將及己，則鄉鄰之鬭，閉户可也。天下溺而不援，德且不欲其豐，而况禄乎！德見，則禄且及之矣。百里奚

[一] 嶽麓本音注作「長，知兩反」。
[二] 嶽麓本音注作「辟，□□反。難，奴難反」。□□，其所據底本空出未填。

不諫虞公，孟子不復發棠，[一]用否之道，以應否之勢[二]，不嫌絶物矣。

初六，拔茅茹，以其彙，貞吉亨。

三陰連類相挾以據内，亦有「拔茅茹以其彙」之象，而彙則别矣。初六以柔居下，不黨同伐異，而思[三]上應乎陽，故貞而得吉。其吉也，以有亨通之理而吉也。

象曰：拔茅貞吉，志在君也。

在上者爲之君也。

[一] 孟子萬章上：「孟子曰：『……百里奚，虞人也。晋人以垂棘之璧與屈産之乘假道於虞，以伐虢。宫之奇諫，百里奚不諫，知虞公之不可諫而去之秦，年已七十矣，曾不知以食牛干秦繆公之爲汙也，可謂智乎？不可諫而不諫，可謂不智乎？知虞公之將亡而先去之，不可謂不智也；時舉於秦知繆公之可與有行也而相之，可謂不智乎？相秦而顯其君於天下，可傳於後世，不賢而能之乎？』」孟子盡心下：「齊饑，陳臻曰：『國人皆以夫子將復爲發棠，殆不可復。』孟子曰：『是爲馮婦也。晋人有馮婦者善搏虎，卒爲善士。則之野，有衆逐虎，虎負嵎莫之敢攖，望見馮婦，趨而迎之，馮婦攘臂下車，衆皆悦之，其爲士者笑之。』」

[二] 「勢」，嶽麓本作「世」，可從。

[三] 「思」，嶽麓本作「起」。

六二，包承，小人吉，大人否亨。否，如字，方九反。[一]

「包承」，與九五相應而承之也。「大人」，非必如乾之「大人」；對小人而言，剛正之君子也。「否」，不然之辭。[二]小人得位行志，而能承順乎陽而應之，吉矣。乃大人已遠出乎外，不以小人之順己而變其塞，固不以爲亨也[三]。否下三陰與上不交，而皆以應言之，蓋聖人贊易扶陽抑陰之義，而不欲陰之怙惡以自絶，其旨深矣。

象曰：「大人否亨」，不亂群也。

陽與陽爲群。狐赤烏黑，則君子「攜手同行」，[四]豈以小人之包承，而與君子異趨乎？[五]泰陽居内，則以「朋亡」勿恤爲吉，君子得志，不宜絶人已甚；否陽居外，則以

[一] 嶽麓本音注最後有「象同」二字。

[二] 不然者，不以之爲然也。「否亨」連讀，即「不以此時爲亨」。

[三] 「亨」，底本作「享」，從嶽麓本改。「小人得位行志」，謂泰卦之時；「大人已遠出乎外」，謂否卦之時。泰之時君子得志，不絶小人而包容之；否之時，小人既得志，君子則當嚴防而塞距之，不與同流也。

[四] 詩北風：「惠而好我，攜手同行。」鄭箋云：「性仁愛而又好我者，與我相攜持同道而去，疾時政也。」北風又云：「莫赤匪狐，莫黑匪烏。惠而好我，攜手同車。」鄭箋云：「赤則狐也，黑則烏也，猶今君臣相承，爲惡如一。」

[五] 船山意謂，此時小人得志，欲誘九五之君子以助己；九五則知此時之亂政，汝小人雖包承示好，我猶益與同類之君子爲群而嚴距遠離汝小人，我若就而從汝小人，則是亂我君子之群，與我同類所趨不同也。

不亂群而無取乎亨，君子失志，必不枉道從彼，而求同志以衛道。惟其時而已。

六三，包羞。

以柔居剛，而爲進爻，以邇陽而求合，蓋小人挾勢以媚君子者驕君子，如王驩之於孟子是已。〔二〕不言其凶，易不爲小人謀，言其可羞，示君子賤惡之。

象曰：「包羞」，位不當也。

三非柔所當處之位，雖上〔三〕承乎剛，而君子但見其可羞惡。求合之情，不足恤也。

九四，有命无咎，疇離祉。

「疇」與儔通，所相應而爲伍者，謂初也。「離」，麗也。九四與陰相際，而以剛居

〔二〕得勢之小人求與君子合，正所以欲驕於君子也。孟子離婁下：「公行子有子之喪，右師往弔。入門，有進而與右師言者，有就右師之位而與右師言者。孟子不與右師言，右師不悦，曰：『諸君子皆與驩言，孟子獨不與驩，言是簡驩也。』孟子聞之，曰：『禮，朝廷不歷位而相與言，不踰階而相揖也。我欲行禮，子敖以我爲簡，不亦異乎？』」

〔三〕「上」，底本作「士」，從嶽麓本改。下九四傳文同。

柔，處退爻而道下行，以應初六，君子而就小人，疑有咎矣。乃上承九五，則懷柔之命出自上而非己之私；欲拔初六於彙中而消其否，初六亦資其誘掖，進而麗吉亨之祉矣。蓋初雖與陰爲彙，而自安卑下，其志能貞，非若二、三之驕佞，則四固不以峻拒[一]爲道，而五且任之以下濟。當小人乘權之世，初進之士不能自拔，而迹與同昏，拒之則終陷於惡，引之則可使爲善。處承宣之位者，不得嚴立清濁之辨而錮其嚮化之情，所以收攬人才，使陽得與而陰自孤。此君子體國用人，道之當然也。范孟博惟不知此，以掾吏而操郡守之權，不請命而行其嚴厲，不能曲諒人情，以挽回匡救，激[二]成黨錮之禍，兩敗俱傷，而國隨之，豈非炯鑒哉！[三]

象曰：「有命无咎」，志行也。

承上以接下，初六「在君」之志得以上通，四乃上下交綏而無所疑沮也。

[一]「拒」，底本誤「拒」，今據嶽麓本改。
[二]「激」，嶽麓本作「漫」。
[三]范滂有澄清天下之志，「太守宗資先聞其名，請署功曹，委任政事。滂在職嚴整疾惡，其有行違孝悌、不軌仁義者，皆埽迹斥逐，不與共朝。顯荐異節，抽拔幽陋」，建寧二年黨錮之禍被殺，事見後漢書黨錮列傳范滂傳。此斥東漢末黨錮之事，實寓意於明亡也。

九五，休否，大人吉。其亡其亡，繫于苞桑。繫，古詣反。

「休」，安處也。木叢生曰「苞」。[一]桑根入土[二]深固，叢生則愈固矣。九五陽剛中正，道隆位定，安處不撓，而又得四、上二陽以夾輔之，故時雖否而安處自如，大人静鎮以消世運之險阻，吉道也。三陰據内以相迫，雖居尊位，權勢不歸，危疑交起，有「其亡其亡」之象焉；而正己擇交、不改其常度。周公居東，止流言之禍而靖國家，用此道也。朱子爲韓侂胄所錮，禍將不測，而静處講學，終免於禍患。[三]大人雖否，而亦何不吉之有！

象曰：大人之吉，位正當也。

有其德，居其位，孰能亡之哉！

[一] 船山稗疏：「苞，枹木也。尔雅：『枹，遒木魁瘣。』郭璞曰：『樹木叢生，根枝節目盤結磈磊。』蓋桑田之桑分畦而種，枝幹條達，雖爲柔韌之木，而枝弱尚易斷，惟當道而生者，本幹瘣磈，繫風馬逸牛於其幹，則必不能逸。大人居否世而固本自强、得賢爲輔之象似之。」

[二] 「土」，底本作「上」，今從嶽麓本改。

[三] 嶽麓本無「禍」，作「終免於患」。朱熹被彈劾後，「侂胄勢益張……攻僞日急。選人余嘉至上書乞斬熹。方是時，士之繩趨尺步，稍以儒名者無所容其身。從游之士……甚至變易衣冠，狎遊市肆以自别其非黨。而熹日與諸生講學不休。或勸以謝遣生徒者，笑而不答。有籍田令陳景思者，故相康伯之孫也，與侂胄有姻連，勸侂胄勿爲已甚。侂胄意亦漸悔。」見宋史卷四百二十九朱熹傳。

上九，傾否，先否後喜。

上九遠處事外，與陰絶無干涉，而九五立本已固，需時已審，[一]則上九可行其攻擊之威。三陰否隔，已肆行而無餘力，六三之羞，人知賤惡，乘高而下，傾之易矣。否者消[二]而人心悦矣。

象曰：否終則傾，何可長也！長，上聲。[三]

「何可長」，言不可使[四]長也。小人之伎倆已畢盡無餘，天下皆憎惡之，乘時而傾之，當奮剛斷，無使滋蔓也。

周易内傳卷一下終

[一] 需，待也；審，悉也，明也。
[二] 「消」，嶽麓本作「傾」。
[三] 嶽麓本無音注。
[四] 嶽麓本無「使」字。

周易内傳卷二上

☰☲ **同人** 离下乾上

同人於野，亨。利涉大川，利君子貞。

「同人」者，同於人而人樂與之同也。剛者柔之所依，一陰固願同于衆陽；柔者剛之所安，衆陽亦欲同于一陰。凡卦之體，以少者爲主。二者，同人之主也。柔而得應〔一〕，無離群孤立之心；而少者物之所貴而求者也，則五陽争欲同之矣。「于野」者，訖乎疏遠，迨乎邱民，皆欲同之之謂。爲衆所欲同，其行必「亨」。柔非濟險之道，而得剛健者樂與

〔一〕「應」，底本作「意」，從嶽麓本改。

同心，則二之柔既足以明照安危之數，〔二〕而陽剛贊〔三〕之以「涉大川」，必利矣。「利君子貞」者，柔居中而得位，故與物同，而無容悦詭隨之失。凡應事接物者，不正而利，其邪彌甚。故易無有言「利不貞」者。君子之貞，無所不利，而此獨言「利君子貞」者，以同非君子之道，則其利似非君子之貞。然「吾非斯人之徒與而誰與」，義不可得而異，惟大同斯利矣。〔三〕君子之利，合義而利物也，非苟悦物情而所欲必得之謂也。

彖曰：同人，柔得位得中而應乎乾，曰同人。

具此三德，故人樂得而同之。二正應在五，不言應剛而言乾者〔四〕，人之志欲不齊，而皆欲同之，則爲衆皆悦之鄉原矣。惟不同乎其情之所應，而同乎純剛無私之龍德，以理與物相順，得人心之同然而合乎天理，斯爲大同之德，而非苟同也。

〔二〕二處下卦之中，下卦爲離，故能明照。
〔三〕「贊」，嶽麓本作「資」。
〔三〕孔子與斯人之徒，亦非從其欲也，乃合於義而與之。
〔四〕程傳：「五，乾之主，故云應乎乾。」

同人曰「同人于野亨，

本義曰：「『同人曰』三字衍文。」按「于野」之義未釋，蓋有脱誤。

利涉大川」，乾行也。

應乎乾而乾同之，剛健以濟柔，故無險不可涉。

文明以健，中正而應，君子正也。惟君子爲能通天下之志。

「文明」非暗私之好，剛健非柔佞之交。君子之同，同於道也。同於道，則「能通天下之志」而天下同之。小人之所以同天下者，苟以從人之欲，而利於此者傷於彼，合于前者離於後，自以爲利而非利也。

象曰：天與火，同人。君子以類族辨物。

火在天中，以至虛含大明，明不外發，而昭徹於中。人之貴賤、親疏、賢愚，物之美惡、順逆、取捨，無不分以其類而辨其情理，則於天下無不可受，而無容異矣。大明函於内，而兼容並包，以使各得；明發於外，憲天敷治，而賞善懲惡，以統群有。〔一〕存發之道異，上下之用殊，同人、大有，君子並行而不悖也。

初九，同人于門，无咎。

初居〔二〕退藏之地，而以剛處之，動而不括，〔三〕以上承六二，故一出門而即得其友。不自安於卑陋，以求合於賢而相麗爲明，雖交未及遠，亦〔四〕「无咎」也。

象曰：出門同人，又誰咎也？

卦自下生，故嚮上爲「出」。「誰咎」，詰咎之者之辭。離群索居，則雖有高賢，覿面而失之。君子友天下之善士，而鄙夫日囁嚅〔五〕於户庭婦子之間，謂可以避咎，復以出門之

〔一〕「明函於内」，同人也；「明發於外」，大有也。此數句同人、大有對言。
〔二〕「居」，嶽麓本作「處」。
〔三〕繫辭傳「動而不括，是以出而有獲」，釋文「括，結也」，孔疏「動而射之，則不括結而有礙也」。
〔四〕「亦」，嶽麓本作「固」。
〔五〕東方朔沈江「改前聖之法度兮，喜囁嚅而妄作」，王逸注「囁嚅，小語謀私貌也」。

交譏其不謹，愚矣[一]！

六二，同人于宗，吝。

以全卦言之，衆陽相協以求同於二，故曰「于野」；以六二之動言之，則二往同於人，而麗于二陽之間，交不能遠，故爲「于宗」。「同人[二]」云者，遇物而即相合之謂。二近初、三，即同之，雖有正應，不能待也，其志褊矣。是以九五號咷而興師。

象曰：「同人于宗」，吝道也。

君子之交，近不必比，遠不必乖。是以堯親九族，而必明俊德，施及于百姓黎民；周道親親，而賓三恪，[三]懷萬邦。君子友天下之善士，以爲未足，考三王、俟後聖而求一揆。若規規然就所親近者而與同，雖得其善者，亦一鄉之善士而已，自困而何能行遠乎？

[一]「愚矣」，嶽麓本作「愚矣哉」。
[二]「人」字疑衍，嶽麓本無。
[三]左傳襄公二十五年：「鄭子産獻捷於晉，戎服將事。晉人問陳之罪，對曰：『昔虞閼父爲周陶正，以服事我先王。我先王賴其利器用也，與其神明之後也，庸以元女大姬配胡公，而封諸陳，以備三恪。』」杜注：「周得天下，封夏、殷二王後，又封舜後，謂之恪，并二王後爲三國。其禮轉降，示敬而已，故曰三恪。」

九三，伏戎于莽，升其高陵，三歲不興。

六二一陰得位，衆陽皆欲與之同，不能偏與相應，則争必起，三、四、五所以皆有用兵之象。三密邇於二，以相麗爲明，固欲私二以爲己黨，而忌五之爲正應。五位尊誼正，不可明與之争，故「伏戎於莽」，待五之來合而邀擊之。「升其高陵」，謂五也。託處尊高，灼見其情形，而三之伏戎無所施，至於三歲不興，而必潰矣，五之所以大師能克也。竇融之在河西，既歸心漢室，而隗囂中梗，欲連合以拒漢，光武洞照其姦，明以詔融，河西之人謂天子明見萬里，卒歸漢，而囂計遂窮，蓋類於此。〔一〕

象曰：「伏戎于莽」，敵剛也。「三歲不興」，安行也。

「敵剛」謂五以剛健居中，不能顯與相敵，故伏戎以徼幸。「安行」謂五既升陵，下望知其伏，而伏不得興，則安驅而下與二合，無所阻也。凡爻辭〔二〕有此爻而發彼爻之義者，

〔一〕見後漢書卷二十三竇融列傳。
〔二〕嶽麓本「辭」後有「皆」字，似衍。

彼爻爲卦主，而此爻乃其所際之時，所遇之事也。[一]易爲君子謀，不爲小人謀。「伏戎於莽」之姦，其吉凶不足道，神所不告，惟明示九五之用「大師」，使知其無能爲，而進克不疑。

九四，乘其墉，弗克攻，吉。

四居二、五之間，而與内卦相近，退而就下，故亦有争同於二之情焉。「乘其墉」者，將逾三而取二也。乃以剛居柔，三方伏戎以待，則見不可攻而退，以承乎五，故吉。

象曰：「乘其墉」，義弗克也。其吉，則困而反則也。

二非己正應，義所不得而有。始於忮求，而終於安分，既過能改之象。

九五，同人先號咷而後笑，大師克相遇。 號，平聲。[二]

[一] 以九三爲例：九三，此爻也；六二，彼爻也。九三往求同於六二，此爻而發彼爻也。六二，卦主也；九三，其所遇之時事也。推之於初九、九四、九五、上九皆然。若至於師、比卦，亦此例也。

[二] 嶽麓本音注作「號，□□反」。

九五於二，以剛之有餘，濟柔之不足，不恃自得所應，且以引二于衆陽之中，而使合於中正。三、四既争，二且有「于宗」之吝，義激所感，不能不「號咷」焉。而中正道合，三姦既露，四斂而退，疑釋而相得以喜矣。拔孤陰於群争之地，非大用師不能克。五惟剛中，故能勝其任而定於一。

象曰：同人之先，以中直也。大師相遇，言相克也。

二、五皆中，道宜相應，理直氣激，不容已於號咷矣。「相克」者，非懲伏莽之戎，則不得遇。故曹、衛折而晋、宋始合，[一]隗囂破而竇融始歸。士苟欲親君子，必峻拒小人，皆此義也。

上九，同人于郊，无悔。

上遠於二，二已應五，其與二同者，浮慕其名，泊然[二]相遭於逆旅而已，本無求同之

[一] 重耳流亡之時，過宋，宋人禮之，過曹、衛，不禮。後重耳即位爲晋文公，宋人叛楚而依附晋。於是楚伐宋，而晋救之。曹、衛親楚，故晋分曹、衛之地與宋。其後晋與楚戰於城濮，楚敗。詳左傳僖公二十八年。

[二] 泊然，無營欲貌。（文選養生論「泊然無感」張銑注）

志，故失亦无悔。

象曰：「同人于郊」，志未得也。

志未相得，人同而已亦同，自謂不争，而亦惡足爲有無哉！

䷍ 大有 乾下離上

大有，元亨。

大有者，能有衆大。大，謂陽也。六五以柔居尊，統群陽而爲之主，其所有者皆大，則亦大哉其有矣。「元亨」者，始而亨也。群陽環聚，非易屈爲己有，而虚中柔順以懷集之，則疑沮[一]皆消，而無不通矣。此象創業之始，以柔道通天下之志，而群賢來歸，速於影響，始事之亨也。衆剛效美於一人，乾道大行，故有乾「元亨」之德。而不言「利貞」者，無剛斷以居中，未能盡合於義：能有衆善而不能爲衆善之所有，則不足以利物；柔

〔一〕「沮」，嶽麓本作「阻」。

可以順物情，而不能持天下之變，汎應群有，未一所從，則其正不固也。

此卦之德：王者以之屈群雄，綏多士，致萬方之歸己，而既有之後，宰制震疊、移風易俗之事未遑及焉；君子以之遜志虚衷，多聞識以廣德，而既有之餘，閑邪存誠，復禮執中之功猶有待焉。蓋下學之初幾，興王之始事也。是以六五雖受天祐而致「易而無備」之戒焉。其辭略者，繫辭所謂「辭有險易」，卦體簡而易見，約舉其占，而使人自求之也。

彖曰[一]**：大有，柔得尊位、大中，而上下應之，曰大有。**

居陽之中曰「大中」。位尊，故上下皆應。

其德剛健而文明，應乎天而時行，是以元亨。

離謂之「文明」者，陰陽相錯之謂文。陰，質也；陽，文也。離陰中而陽外，其文外著，火日外景，[二]其象也。以文明之德，應天之剛健，時可行則行，而行皆亨矣，陽皆爲

[一]「彖曰」，底本作「象曰」，誤。

[二] 大戴禮記曾子天圓：「明者吐氣者也，是故外景；幽者含氣者也，是故内景。故火日外景，而金水内景。吐氣者施而含氣者化，是以陽施而陰化也。」

之用也。

象曰：火在天上，大有。君子以遏惡揚善，順天休命。

遏之、揚之者，乾道之健也。因天之所予而揚之，因天之所奪而遏之，離明之昭晰也。天者，理而已矣。[一]順理，而善惡自辨矣。火炎上，附天而明。天左旋，日右轉而隨天以升降。[二]順天而行，則明照於下，故遏揚之順理象焉。賞罰黜陟，王者之事，而言「君子」者，若孔子作春秋，行天命天討之事，非必有位也。君子成人之美，不成人之惡，亦此道爾。

初九，无交，害，匪咎？艱則无咎。

「害」謂違衆背明，相悖而害也。「匪咎」，詰辭[三]，猶言「豈非咎乎」。六五大明在

[一] 程子曰：「天者，理也。神者，妙萬物而爲言者也。帝者，以主宰事而名。」（二程遺書卷十一）
[二] 思問録外篇：「曆家之言，天左旋，日、月、五星右轉，爲天所運，人見其左耳。」
[三] 「辭」，嶽麓本作「詞」。

上，虚中以統群有，衆剛受命以定交，初獨遠處，置身深隱之地，剛傲而不上交。六五虚中延訪，非有失賢之咎，則非初九之咎而誰咎乎？必若伯夷、叔齊之絶周，悲歌餓困，備嘗艱苦而不恤，然後可以免咎。若嚴光、周黨傲岸自得，[一]非艱難之時，無艱難之心，咎其免乎？

象曰：大有初九，无交害也。

當大有之世，而居疏遠自絶之地，則害君臣之義。

九二，大車以載，有攸往，无咎。

九二剛而居中，爲群陽之所附託，皆惟其載之而行。才富望隆，歸之者衆，有與五分權之象，疑有咎矣。然上應六[二]五，不居之以爲己有，而往以輸之於五，則迹雖專而行順，不得以逼上擅權、輂衆歸己而咎之。

[一] 二人事迹并見後漢書逸民列傳。船山之責此二人，見讀通鑒論光武十七。
[二] 「六」，底本作「九」，非也，今改。嶽麓本第一版作「九」，第二版改作「六」，未出校記。

象曰：「大車以載」，積中不敗也。

誠信之輸於五者積於中，則持盈而物莫能傷。後世惟諸葛武侯望重道隆，而集思廣益，以事沖主，能有此德。〔一〕

九三，公用亨于天子，小人弗克。亨，許兩反。〔二〕

「亨」，本義依春秋傳作「亯」〔三〕，古「亨通」「獻亯」「烹飪」三字通用，〔四〕是也。九三居内卦之上，爲三陽之統率；而三爲進爻，率所有之大以進於上，公領其方之小侯，〔五〕修貢篚以獻天子之象也。〔六〕乾健而陽富，席盛滿之勢以上奉柔弱之主，自非恪守侯度之君

〔一〕九二爲諸葛亮，六五以柔弱居尊位，爲冲幼之主劉禪之象。

〔二〕嶽麓本音注最後多「下同」二字。

〔三〕「亯」，嶽麓本作「亨」。據朱子本義及文義，則顯當作「亯」。又，下文「獻亯」之「亯」字，嶽麓本第一版作「享」，即「亯」，第二版則並誤作「亨」，未知鈔本原字作何也。

〔四〕朱子本義：「『亨』，春秋傳作『享』，朝獻也。古者『亨通』之『亨』、『享獻』之『享』、『烹飪』之『烹』，皆作『亨』字。」

〔五〕公、侯，爵位之等。公率其邦内之侯也。

〔六〕禹貢言九州進獻，常云「厥貢某某，厥篚某某」，孔疏引鄭注曰：「貢者百工之府受而藏之，其實於篚者入於女工，故以貢、篚别之。」

子，必且專私〔一〕自植。故言「小人弗克」，以戒五之慎於任人。

象曰：「公用亨于天子」，小人害也。

小人處此則尾大不掉，天子諸侯交受其害矣。

九四，匪其彭，无咎。

「彭」，許慎説「鼓聲也」，鼓聲所以集衆而進之。〔二〕四陽連類，四居其上而與内卦相接，疑於衆將歸己。乃其引群陽而升者，將與之進奉九〔三〕五而使之富，非號召衆剛使戴己也，故雖不當位而无咎。

〔一〕「私」，底本作「司」，今據嶽麓本改。

〔二〕稗疏：「許慎説『彭，鼓聲也。』彭以聚衆而進之。四居四陽之上而進於五，似將統率前進，以逼六五之孤陰；乃爲退爻，而與離爲體，愈近於君，其志愈下，非敢尸號召之任者，故曰『匪其彭』。知分義之宜然，故曰『明辨晢也』。」朱子本義：「彭字，音義未詳，程傳曰『盛貌』，理或當然。」

〔三〕「九」，疑當作「六」。

象曰：「匪其彭无咎」，明辨晢也。晢，之舌反，从折，與曾晳之晳異。〔一〕

「晢」，明也。居疑貳之地，必別嫌明微，以昭君臣之定分，而後可无咎。九四與離爲體，故無冒昧之過。

六五，厥孚交如句，**威如吉。**

「厥孚」，陽自相孚也，故曰「厥」。「交如」，交於五也。五虛中而明於任使，其俯有群陽也，以循物無違之道，行其坦易無疑之心，衆皆願爲其所有，群陽相孚以上交，道極盛矣。而又戒以「威如」則吉者，五本有德威存焉，但衆剛難馭，雖大公無猜，而抑必謹上下之分以臨之，益之以威，初不損其柔和之量，而無不吉也。

象曰：「厥孚交如」，信以發志也。「威如」之吉，易而无備也。易，以豉反。

〔一〕稗疏：「晳與晢字相近，俗儒往往誤合爲一。晳从析从白，白也；晢从折从日，明也，音折。」釋文：「晢，章舌反，王廙作晣，同音。徐、李之世反，又作哲字。鄭本作遰，云『讀如明星晢晢』，陸本作逝，虞作折。」船山說本說文「晢，昭明也，從日，折聲」。諸版本多有作「晳」者，故船山有此言。「舌」，嶽麓本作「厲」。今按：船山既謂「音折」，則當依底本作「之舌反」。

「信」，陰德也，故易每於陰言信焉。〔一〕虚中柔順，乃能篤信於人而不貳。其於物多疑者，必其有成見以實其中，而剛於自任者也。六五孤陰處尊位，撫有衆陽而不猜，其信至矣。「發志」，謂感發衆志而使歸己。「易」，和易近人。「無備」，不防〔二〕其潛逼也。創業之始，感人心以和易；而久安長治之道，必建威以消萌，大有之所未逮，故不足於利貞，而又以「威如乃吉」戒之。

上九，自天祐之，吉无不利。

此爻之辭，又別一義例，所以贊六五之德至而受福也。〔三〕「天」即指上而言。上九在五上，而五能有之，自天祐也，其義繫傳備矣。「吉」，以居言；「无不利」，以行言。

象曰：大有上吉，自天祐也。

〔一〕豐六二「信以發志也」，船山曰：「陽實陰虚，以實之謂信，而易每於陰言孚者：人之懷疑，必先有成見於中，窒而不通，則遇物皆見其乖異；虚以受之，自能擇善而篤其信。實以言信之用，虚以言信之體也。」虚既爲信之體，則信可謂陰之德也。

〔二〕「防」，嶽麓本作「妨」。

〔三〕「別一義例者」，義例者，群陽爲六五所有也，群陽爲下而六五爲主爲尊；此則六五受上九上天之祐。諸儒皆以上九爲當天祐而得吉者，獨船山以六五當之，蓋以繫辭傳之所指，于六五更爲是也。

大有而能有在上之陽，則不特人助之，而天亦祐之矣。

䷎ 謙 艮下坤上

謙，亨，君子有終。

「謙」，古與慊通用，不足之謂也。此卦惟一陽浮寄于衆陰之中，而不能如師比之得中、復之振起，(二)與剥略同，其不足甚矣；特陽未趨於泯喪而止於内耳。以其不足，伏處於三陰之下，安止而順受之，不爲中枵外侈以自剥喪，爲能受益而進於善，是以君子有取焉。「亨」之爲義，彖傳備矣。又言「君子有終」者，必君子而後能終其謙也。

道之在天下也，豈有窮哉！以一人之身，藐然孤處於天地萬物之中，雖聖人而不能知、不能行者多矣。其在心也，嗜欲攻取，雜進於耳目，以「惟微」之道心與之相感，勢不能必其貞勝，皆孤陽介立之象也。君子知此，念道之無窮而知能之有限，故學而知其不

(二) 師、比一陽居二、居五，中也；復卦一陽反於下而陽長奮起之象。

足，教而知困，歉然望道而未之見。其於天下也，則匹夫匹婦勝予是懼，而不忍以驕亢傷之。故雖至於聖，且不自聖，以求進德於無已，而虚受萬物以廣其仁愛，斯則謙而有終矣。若無忌憚之小人，如老聃之教，以私智窺天地鬼神之機，持人情之好惡，欲張固翕，以其至柔馳騁天下之至剛，己愈退則物愈進，待其進之已盈，爲物情之所不容，然後起而撲之，[一]無能出其網羅者，以爲妙道之歸，則始於謙者終於悍，故其流爲兵家之陰謀、申、韓之慘刻。[二]小人之謙，其終如是，與謙道相反；其亨也，不如其無亨矣。五、上二爻行師、侵伐，亦謙必有之變也。故内卦言「君子」，言「貞」，而外卦但言「吉利」[三]。

彖曰：「謙亨」，天道下濟而光明，地道卑而上行。

「天道」，九三之陽也。他卦皆以三爲進爻，四爲退爻；惟謙一陽伏處於三陰之下，

[一] 如鄭伯克段於鄢。

[二] 先儒解易，多有以老氏之説配謙卦之德者。如漢書藝文志：「道家者流，蓋出於史官，歷記成敗存亡禍福古今之道，然後知秉要執本，清虚以自守，卑弱以自持，此君人南面之術也。合於堯之克攘，易之嗛嗛，一謙而四益，此其所長也。」

[三] 今按：外卦三爻，無一言「吉」者，而内卦三爻皆言「吉」；且揣「但言」之語氣，亦不當吉、利並言。故此「吉」字當在「而外卦」之前，原文當作「故内卦言『君子』，言『貞』『吉』，而外卦但言『利』」。

豫一陽拔出於三陰之上，因内外而分上下，故謙曰「下濟」，豫曰「出地」。因象立義，所謂不可爲典要也。「光明」，艮之德也。艮陽在外，光[一]明外見。光者，明之加於物者也。地道之上行，陽降而陰自升，若陽讓之使上[二]也。陽知其不足，而猶然下以濟陰之乏，其志光明，陰所共白[三]，非小人僞爲卑遜以屈天下之陰謀，故「卑而上行」，無所不順，此其所以亨也。

天道虧盈而益謙，地道變盈而流謙，鬼神害盈而福謙，人道惡盈而好謙。好，惡，皆去聲。[四]

「虧盈益謙」者，物壯盛則衰槁，穉弱則增長也。「變盈流謙」者，山阜高危則夷下，隨流以充谿壑也。天地人神情理之自然，君子體之以修德，小人測之以徼利，然而其可亨一也。

謙尊而光，卑而不可踰，君子之終也。

[一] 「光」，嶽麓本作「其」，引馬宗霍校記謂：「合上下文觀之，『其』字是。」今按：亦未必作「其」。
[二] 「上」，嶽麓本作「然」。
[三] 白，明白也。言九三所志所行爲群陰所共知曉，非若老氏之以陰謀爲謙也。
[四] 嶽麓本音注作「好，呼報反。惡，烏路反。」

「尊而光」，艮德也。以一陽爲群陰之主，處内卦之上，止其淫泆，其道尊也；其退伏于三陰之下者，自見不足，而非以媚物，志可大白於天下，其光也。「卑而不可踰」，坤德也。天尊地卑，坤順之德固然，而其道上行，順理以升，山雖高，終在地中，不可踰也。君子以養己之德，而順天下之情，志正而量弘，斯以謙始而以謙終，非君子不能也。

象曰：地中有山，謙。君子以裒多益寡，稱物平施。稱、施皆去聲。〔一〕

「地中有山」者，謂於地之中而有山也。山者，地之高者，非地之外别有山也。地溥遍乎高下，山亦其所有爾。人見山之餘於地，而不知山外乃地之不足，可增而不可損也。「裒」，聚也。〔二〕「施」者，惠民之事。地道周行於天以下，時有所施化，多者裒聚之而益

〔一〕嶽麓本音注作「稱，尺證反，施，□□反」。

〔二〕「裒多益寡」，先儒多以爲「損有餘，補不足」，如釋文「裒，鄭、荀、董、蜀才作捊，云『取也』；字書作掊，廣雅云『掊，減』。」集解引虞翻曰：「捊，取也。」程傳：「抑高舉下，損過益不及之義。以施於事，則裒取多者增益寡者，稱物之多寡以均其施與，使得其平也。」朱子本義：「裒多益寡，所以稱物之宜而平其施，損高增卑以趣於平，亦謙之意也。」王弼注曰：「多者用謙以爲裒，少者用謙以爲益。隨物而與，施不失平也。」諸家惟孔疏爲有别，其曰：「君子若能用此謙道，則裒益其多，言多者得謙物更裒聚彌益多也，即卑而不可踰也……寡者得謙而更進益，即卑而不可踰也……稱物平施者，稱此物之多少，均平而施。物之先多者而得其施也，物之先寡者而亦得其施也，故云稱物平施也。」並引爾雅釋詁以證裒聚之義。船山正用孔疏之義。大象解、外傳亦是此意，惟大象解云「益其寡者，多者自裒」，猶以裒爲減也。

多，寡者益之使不乏，固不厚高而薄下，抑不損高以補下，各稱其本然而無容私焉。故高者自高，卑者自卑，而要之均平。君子施惠于民，務大德，不市小恩。不知治道者，徇疲惰之貧民，而鏟削富民以快其妒忌，釀亂之道也。故救荒者有蠲賑而無可平之粟價；定賦者有寬貸而無可均之徭役。雖有不齊，亦物情之固然也。不然，則爲王莽之限田，徒亂而已矣。[一]

初六，謙謙君子，用涉大川，吉。

卦之所以爲謙者，以九三一陽處陰下，不自足而能止爲義。然陰之數不富[二]，而其德柔，故六爻俱有謙道焉。此爻之又一例也。内卦，體也，謙以修己；外卦，用也，謙以待

[一] 王莽稱帝後下詔：「古者，設廬井八家，一夫一婦田百畝，什一而稅，則國給民富而頌聲作。此唐、虞之道，三代所遵行也……漢氏減輕田租，三十而稅一，常有更賦，罷癃咸出，而豪民侵陵，分田劫假。厥名三十稅一，實什稅五也。父子夫婦終年耕芸，所得不足以自存。故富者犬馬餘菽粟，驕而爲邪；貧者不厭糟糠，窮而爲姦。俱陷於辜，刑用不錯。予前在大麓，始令天下公田口井，時則有嘉禾之祥，遭反虜逆賊且止。今更名天下田曰『王田』，奴婢曰『私屬』，皆不得賣買。其男口不盈八，而田過一井者，分餘田予九族鄰里鄉黨。故無田，今當受田者，如制度。敢有非井田聖制，無法惑衆者，投諸四裔，以禦魑魅，如皇始祖考虞帝故事。」此不徒謂王莽，亦且對李闖及張獻忠而發也。

[二] 「富」，嶽麓本作「足」。

人。君子之謙，以反己自克而求進於道，非以悦人也。故内卦兩言「君子」，而外卦有戒辭焉。「謙謙」者，處不足之地，而持之以歉也。初六當潛藏之位，初學立志之始，知道之廣大而知行之不逮，柔輯其心以遜志于道，〔一〕君子之修也。「用涉大川」而吉者，下學而上達，日見不足則日益，雖以涉浩渺無窮之域，而馴至〔二〕之，無不吉也。

象曰：「謙謙君子」，卑以自牧也。

處位最下，而以柔爲道，曰「卑」。「牧」，養也。若牧人之養牛羊，謹司其放佚而慎調其芻秣，積小以成大也。

六二，鳴謙，貞吉。 鳴音命。〔三〕

「鳴」，鳥相呼告也。九三爲謙之主，二近而承之，上六其應；九四爲豫之主，初六

〔一〕詩抑：「視尔友君子，輯柔尔顔，不遐有愆。」毛傳：「輯，和也。」箋云：「柔，安；遐，遠也。」

〔二〕「至」，嶽麓本作「致」。

〔三〕洪武正韻分「鳴」爲二韻，一在平聲小韻「明」，謂「凡出聲者皆曰鳴」；一在去聲小韻「命」，謂「鳥相呼命也」。注文云「鳥相呼告也」，蓋亦本此。嶽麓本音注多「下同」二字。

其應；皆相應求者也，故曰「鳴」。[一]自見不足，呼三而告之，以求益也。二與三同體，三以陽道下濟，不吝其勞；二雖求益，而當位得中，受艮之止，則鳴而不失其正，非以貧約屈節而媚非其類者也，故吉。

象曰：「鳴謙貞吉」，中心得也。

「中心」亦志也。「天道下濟」，故得益而志遂。

九三，勞謙，君子有終，吉。

「勞謙」者，有勳勞而自居不足也。三以一陽止於其位，群陰方在貧寡，已力任其勞而匡濟之，乃退居三陰之下，有勞不伐，君子之所以終其德業也。老氏處錞而不敢爲天下先，以避艱難而自居於泰。君子小人、義利、公私之別，於斯辨矣。

象曰：「勞謙君子」，萬民服也。

「民」謂陰也。勞而能謙，謙而不避其勞，下濟而光明，群陰皆順之，所以有終而吉。

[一] 謙之六二、上六皆曰「鳴謙」，豫之初六曰「鳴豫」。

六四，无不利，撝謙。

内卦謙德已成，至於四則出以接物矣。順人情之好，避鬼神之害，柔遜退讓，无不利矣。然必推廣謙道，撝散而平施之，勿侮鰥寡，勿畏彊禦。〔二〕如恃謙爲善術而固守之，則爲奄然求媚之鄉原，逮乎物求無厭，而不容已於侵伐行師，謙不終矣。

象曰：「无不利撝謙」，不違則也。

斟酌其可謙而順施之謂「則」〔三〕。无不利矣，而尤必撝謙。君子之謙，非但以求利也，求得其理而平施之也。

六五，不富以其鄰，利用侵伐，无不利。

陰本「不富」，然六五居中，有容畜之道，亦足以富；而上六儉吝，成其不足之勢，

〔二〕詩大雅烝民：「維仲山甫，柔亦不茹，剛亦不吐，不侮鰥寡，不畏彊禦。」

〔三〕底本無「謂」字，今據嶽麓本補。其校記云：「馬宗霍校記云：『鈔本「則」上有「謂」字。霍按「謂」字不必有。』然經文云『不違則也』，此句明是釋『則』之意，故曰『斟酌其可謙而順施之謂「則」』鈔本上原有圈點，亦如此斷句也。守、金本脱『謂』字，誤。」

則其爲慊[一]爲少，皆「𩔁」使之然也。人情雖惡盈而好謙，而頑民每乘虛以欺其不競，則欲更與謙退而不得，而侵伐之事起矣。漢文賜吴王以几杖，而吴卒反，蓋類此。[二]以其自居卑約，本無損於物，則用以侵伐，而師直爲壯，无不利矣。然而非君子之道也。君子爲不可犯，而乃以全天下之頑愚。不善用謙，以致稱兵制勝，是鷙鳥之將擊而戢翼，猛獸之將攫而卑伏，雖利，而亦險矣哉！[三]

象曰：「利用侵伐」，征不服也。

謙而猶不服，則征之必利，吴王所以卒死于漢文之柔。

上六，鳴謙，利用行師，征邑國。

上六雖與三爲應，呼告以不足，而天道下濟，終不益之。弱而無援，豈必四海之廣哉，近而在國之邑，且有欺而叛之者。柔之極，必激而爲慘，勢且不容已於征伐。屈極必伸，

[一] 「慊」，嶽麓本作「謙」。
[二] 見史記卷一百〇六吴王濞列傳。
[三] 此處認爲漢文帝的「謙」，不免有「將欲取之，必姑與之」的權謀之術在其中。光明正大的君子則不如是。

可以得利；乃較之六五，害愈迫而道愈衰矣。

象曰：「鳴謙」，志未得也。可用行師，征邑國也。

不能如六二之得志，近者且不服，則惟利於行師，征之而已。

䷏ 豫 坤下震上

豫。利建侯行師。

「豫」，大也，快[一]也。一陽奮興于積陰之上，拔出幽滯之中，其氣昌盛而快暢，故爲豫。乃静極而動，順以待時而有功之象。天下既順，而建諸侯以出治；民情既順，而討有罪以興師。乃王者命討[二]之大權，非可褻用者也。孤陽居四而失位；然而爲豫者，與小畜之陽止不舒，謙之陽伏不顯，正相爲反。凡此類，以錯綜之卦互觀之，義自見矣。[三]

[一] 快，暢快。
[二] 命討：尚書曰「天命有德、天討有罪」；於此卦則「命」爲建侯，「討」爲行師。
[三] 豫之錯，小畜也；豫之綜，謙也。

彖曰：豫，剛應而志行。順以動，豫。

陰陽之爻，致一而動，爲群爻之異，所待合者，無論其位之應不應，而皆曰「應」。[一]故同人、大有之陰，豫之陽，皆言「應」。「志行」者，出於地上而震動，無能撓之者也。坤在下以立動之基，震在上以致動之用，静函動之理，其動也皆静中之所豫，前定而不窮，内順乎心而外順乎物，則己志大行而物皆順應，此其所以可豫也。

豫順以動，故天地如之，而况建侯行師乎！天地以順動，故日月不過而四時不忒。聖人以順動，則刑罰清而民服。豫之時義大矣哉！

豫一陽而失其位，方静之極而忽動，以快其所爲，此非常之事。「建侯行師」，王者命討之大權，所宜慎也；而以快豫行之，疑於不利。故聖人推言所以利之故，而歎其時義之大，非善體者不能用也。審其時，度其義，知豫爲天地聖人不測之神化，則不敢輕於用豫，而無「鳴豫」之凶、「盱豫」之悔矣。

[一] 寡者衆之所宗，若有一爻與群爻相異，則群爻皆欲與之合而待之，此則爲異之一爻應群爻也。

方静而忽動，非蹶然〔二〕而興也。日月之有晝夜，四時之有寒暑，其變大矣。帝王之用刑罰，其威赫矣。而不過不忒，適如其恒，萬民咸服，各滿其志者，何也？天地順其度，聖人順于理也。其所以順者，静而不廢動之誠，則動可忽生，而不昧其幾也。坤之爲德，純乎虚静。虚者私意不生，静者私欲不亂；故虚而含實，静而善動之理存焉。虚静以聽陽之時起而建功，故一旦奮興，震驚群昧，人視爲不測之恩威，而不知其理已裕於虚静之中，隨所行而無不順也。必若此，而後時不足以限之，位不足以拘之，於心無逆，於人無拂，坦然快適而無所不可，豈静昧其幾，動乘於變，遽思快志者所勝任哉？惟二與四自知之而自行之，非外此者所得與也。聖人耳順從心，無所不樂，而天下見其非常，此聖而不可知之神，所以上合天道也。以是居位行志，立不測之恩威，特其見諸行事之緒餘耳。豫與復同道：而豫動于上，天道也；復動於下，人道也。以天道治人事，必審其幾，故歎其「時義」之大；以人道合天德，必察其微，故歎其「見天地之心」也。

〔二〕莊子在宥「廣成子蹶然而起」，成疏曰：「蹶起，疾起。」

象曰：雷出地奮，豫。先王以作樂崇德，殷荐之上帝，以配祖考。

豫之象爲「作樂」者，取雷出地而摇空有聲，老氏所謂「樂出虚」也。[一]「殷」，中也；冬至合樂於圜丘，時之中也。「配」，合也，象祖考之德以合漠也。[二]言「先王」者，惟德、位、時三者備而後作樂，不敢褻用之以自逸豫，而祇以大昭天祖之德。豫之不可輕用也如此。宋蔡京爲「豐亨豫大」之説惑徽宗，以奢靡而亡；[三]德不崇而妄作，爲宋之大

[一] 此莊子之言。齊物論：「樂出虚，蒸成菌。」若引老子，當據「天地之間其猶橐籥乎，虚而不屈，動而愈出」。

[二] 船山稗疏：「殷，舊釋盛也，乃連荐爲文。不云『作盛樂』而云『盛荐』，於文義不安。郊祀之禮，事天以誠不以文，未聞極其盛美。後世用大樂，備宫縣。梁武帝博考禮文，訂正改撤是也。惟大雩用盛樂者，以陰陽不和而不雨，故樂極其盛以感召和氣，既非以崇德；且雩祭徧祀山川百神，不止上帝。按堯典『以殷中春』，殷，中也，郊以日至乃冬氣之中。祖考之祭亦在四仲之月，故曰殷雷之出地在仲春，亦中候也。『以配祖考』，舊説以祖考配帝，亦非是。郊之配惟祖而考不得與，且祖配帝，非帝配祖，當云配以祖考荐之上帝，不應云『以配祖考』。蓋配之爲言合也，樂以象德，所以象祖考之德感以其志氣而合漠，故曰『以配』。凡此皆順文求之，斯得其解，不可屈文義以就己説，則無不可通矣。」堯典文「殷」之訓「中」者，堯典「以殷中春」，釋文引馬、鄭注及蔡沈書集傳如此。「合漠」者，禮記禮運「作其祝號玄酒以祭荐其血……君與夫人交獻以嘉魂魄，是謂合莫」，船山禮記章句謂：「莫，虚無也。先祖之神在虚無之中，異於生人之形質，不以褻味文物黷之，而尚質以致其精意，所以希合於冲漠也。」

[三] 宋史蔡京傳：「時承平既久，帑庾盈溢，京倡爲『豐亨豫大』之説，視官爵財物如糞土，累朝所儲掃地矣。」按，此問題朱子亦嘗言及。語類卷七十三：「問：『此卦後面諸爻不甚好。』曰：『是他忒豐大了。這物事盛極，去不得了，必衰也。人君於此之時當如奉盤水，戰兢自持，方無傾側滿溢之患。若纔有纖毫驕矜自滿之心，即敗矣。所以此處極難。崇寧中，群臣創爲「豐亨豫大」之説，當時某論某人曰「當豐亨豫大之時，而爲因陋就簡之説」，君臣上下動以此藉口，於是安意肆志無所不爲，而大禍起矣。』」船山周易内傳發例亦曾就「豐亨豫大」批判蔡京誤國。

晟[一]而已。

初六，鳴豫，凶。[二]

初六與九四相應，故見九四之奮興而往告以豫。乃柔弱德既不勝，于時方在潛藏，不度時審義，妄欲取悦，志淫而才不堪，故凶。孔甲抱書以干陳涉，非道行之日，妄欲快志，其可得乎？魯兩生之所以終於不出也。[三]豫之時義，非涼德所堪，故爻多不吉。

象曰：「初六鳴豫」，志窮凶也。

非豫之時，而欲儌人之興以自快，其志卑陋而窮矣。

六二，介于石，不終日，貞吉。

[一] 大晟，徽宗時所作新樂，宋史徽宗本紀：「（崇寧四年）賜新樂名大晟，置府建官。」詳宋史禮樂志樂四。

[二] 嶽麓本有音注「鳴，音命，下同」。

[三] 漢書藝文志：「陳涉之王也，魯諸儒持孔氏禮器往歸之，於是孔甲爲涉博士，卒與俱死。」孔甲即孔鮒，甲其字也。兩儒生者，即叔孫通定禮樂往征而不從者，見史記劉敬叔孫通列傳。

二爲坤主，柔得位而中，順德之至者也。静正以居，而不妄動，「介於石」也。動而無静之體，非善動也。静而無動之理[一]，非善静也。介于石，中立而不倚于物，則至正而萬變不出其樞機，善惡之幾不待審而自著，可以不待終日而應之速。故九四之奮興以快所爲，其本在此大正而無不吉也。

象曰：「不終日貞吉」，以中正也。

得中則柔而不靡。寂然不動之中，大正存焉，故可感而遂通天下之故。

六三，盱豫，悔，遲有悔。有，與又通。

「盱」，上視也。[二]九四之動而豫，物情所震，抑物情所喜也。六三與四相近而承之，然異體不易相親，徒瞻望而覬分其欣暢，四方奮興，不與爲緣，將自悔矣。既悔其躁動以失

[一]「理」，嶽麓本作「體」。今按：當作「理」，前文云「静函動之理」「静而善動之理存焉」可證。

[二] 此用程傳、本義訓解。王弼注曰「睢盱而豫」，釋文：「盱，香于反，睢盱也。向云：『睢盱，小人喜悦之貌。』王肅云『盱，大也』，鄭云『誇也』，説文云『張目也』。字林火孤反，又火于反。子夏作紆，京作汙，姚作旴，云『日始出』，引詩『盱日始旦』。」睢，香維反，説文云『仰目也』，字林火佳反。」

己，遂退沮遲滯而不相就，又且自絶于大有爲之世，無以見功，時過幾失，而復悔之。無定情，則無所往而不悔，不能審幾故也。以柔居剛，躁而不能自立，故其象如此。

象曰：盱豫有悔，位不當也。

獨釋「盱豫」，不及「遲悔」者，始而覬望，終必遲也。柔居進爻以承剛，坤順之道失，故無往而不悔。

九四，由豫，大有得，勿疑，朋盍簪。

「繇豫」，繇其道而豫也。「盍」，何不也。「簪」，聚也。動于積陰之中，而非其位。若不測之動，而實則繇乎天道人情之正。動以大順，行無不快也。「大有得」者，群陰皆爲陽所得也。陽一震起，陰皆效其材，而百昌無不榮。王者奮興，而百辟皆欣戴之，以之行師，而三軍皆踴躍以效命。乃所疑者，陽孤而無同志之朋耳。然陰陽之數各六，具足於兩間，陰盛而陽微，陽隱而未見耳。一陽震起，出地而暢遂，群陰皆爲所得，則隱而未見之陽，何所沮而不與相應求？王者順邱民之情，崛起有爲，賢者自不期而至。君子遜志于學，一旦豁然，識大識小，皆可爲師。太和日流行於天壤，在人之自致，勿憂德之孤也。

象曰：「由豫大有得」，志大行也。

四之志，本欲振起群陰而散其鬱滯。静極而動，一繇乎道，孰能禦之？

六五，貞疾恒，不死。

「貞」，常也。四因大順之理，奮興於静中，勢不可禦。五以陰柔處其上，抑之而不能，而又不與之相得以欣暢，幽憂致疾，淹彌歲月。四雖無淩奪之心，可以不死，而生人之氣亦微矣。衰周之君，徒延名號；矯廉之士，祇自困窮，皆其象也。

象曰：「六五貞疾」，乘剛也。「恒不死」，中未亡也。

九四之剛，順道而有得，豈可乘哉！「未亡」者，特未亡耳，終亦以此而亡。

上六，冥豫，成，有渝无咎。

上遠于四，時方奮起，而陰暗居上，不與俱興，昧於豫者也。四順以動，莫之能遏，志行而功成〔一〕。其功既成，上不得不變其情，與之交暢。處卦之終，而其勢危，其上更無閼抑之者。非若五之有中位可安，而重陰覆之，徒自苦以終身也。能自渝焉，則无咎矣。

象曰：冥豫在上，何可長也？

冥于豫，則違時已甚，雖欲如五之不死而不得，故必渝〔二〕而後无咎。

䷐ 隨 震下兑上

隨。元亨利貞，无咎。

以下從上之謂「隨」。此卦震陽生於下，以從二陰；兑陽漸長，而猶從一陰，躡其後而順之行，故爲隨。陽雖隨陰，而初陽得資始之氣，以司帝之出，〔三〕得乾元亨之德；四、五漸長，陽盛而居中，以大正而利物，得乾利貞之德。如是，則雖順陰以升，若不能自

〔一〕「功成」，嶽麓本作「必成其功」。
〔二〕「渝」，底本作「豫」，從嶽麓本改。
〔三〕隨下體震。説卦傳：「帝出乎震，齊乎巽。」

主，如長男之隨少女；[一]而陽剛不損其健行，可以无咎。使非具四德，而係戀乎陰，以喪其剛健中正之實，則周赧、漢獻之爲君，唐高、宋光之爲夫也，[二]其咎大矣。

彖曰：隨，剛來而下柔。動而説，隨。[三]

卦以下爲方生之爻，故在下曰「來」。此卦自否變，上九之陽，來而居初，以處柔下。「動而説」者，有所行而歆乎物，則剛者不能自主也。此皆隨之本有咎者[四]也。

大亨貞无咎，而天下隨時。

「天下隨時」者，天下已成乎陰上陽下之時，而因時以與之周旋，順乎時而不失其大正，此惟全體天德，而爲聖人不磷不緇之堅白，而後無可無不可；事定、哀之主，從三桓

〔一〕隨卦陽隨陰升，若不能自主，又似長男隨從少女，故疑其有咎也。

〔二〕宋光宗趙惇懼皇后李鳳娘，李氏妒悍，甚至挑撥光宗與其父孝宗關係，詳見宋史卷二四三后妃下李氏本傳。唐高宗之受制於武后，不待言矣。

〔三〕嶽麓本有音注「説，弋雪反」。

〔四〕「者」，嶽麓本無。

之後，受命相從，而爲聖之時，終无咎也。〔二〕下此者，與時遷流，咎可免乎？彖備四德，傳不言「利」者，體仁合禮而恒於正，則和〔三〕義而利物。凡彖傳釋利貞，不更言利，皆准此。

隨時之義大矣哉！

卦下一陽本自否變，乃「傾否」之卦。乾德屈而下，撥亂反正，惟聖人順天道以行大用，然後可以隨時，〔三〕故歎其時義之大，非可輕用，以枉道從人。近世無忌憚之小人以譙周、馮道隨時取容當之，則廉恥喪，而爲世患深矣。〔四〕

〔二〕　以上皆以孔子之出處説之也。

〔三〕「和」，底本作「合」，嶽麓本作「和」。今按：乾彖傳「利物足以和義」，則作「和」字是，故據改。

〔三〕朱子本義從王肅作「隨之時義」，船山所不取。

〔四〕譙周反對蜀國的用兵，最後又勸劉禪投降，詳三國志蜀書十二譙周傳。舊五代史卷一百二十六馮道傳載馮道「歷任四朝，三入中書，在相位二十餘年」，且自號「長樂老」。船山所謂近世小人，蓋指李贄，其藏書卷六十曰：「馮道自謂『長樂老子』，蓋真長樂老子者也。孟子曰『社稷爲重，君爲輕』，信斯言也，道知之矣。夫社者，所以安民也；稷者，所以養民也。民得安養而後君臣之責始塞。君不能安養斯民，而後臣獨爲之安養斯民，而後馮道之責始盡。今觀五季相禪，潛移嘿奪，縱有兵革，不聞争城。五十年間，雖經歷四姓，事一十二君，并耶律契丹等，而百姓卒免鋒鏑之苦者，道務安養之力也。譙周之見，亦猶是也。嗚呼！觀於譙周仇國之論，而知後世人士皆不知以安社稷爲悦者矣。」

象曰：澤中有雷，隨。君子以嚮晦入宴息。

雷在澤中，動而入於深隱之地，長從少，男從女，陽從陰，君子無所用之，惟因晝夜動静之恒，入而宴處以息動。以動從説，順人之情；一張一弛，文武之道也。隨，弛道也；君子因其時而後弛。不然，則朽木糞土之牆而已矣。

初九，官有渝，貞吉，出門交有功。

「官」，在上臨下之稱。上爻居高而非君位，故曰官。此以卦變而言。〔一〕否上之陽變爲陰，而陽來居初，否上九之所謂「傾否」也。變而得正，以交于陰，故吉；〔二〕否則上下不交。陽既居下，出而隨當位得中之陰，「傾否」之功大矣。二在地上，而爲人所繇，故節二與此皆曰「門」。〔三〕陰虚受陽之出，故曰「出門」。

〔一〕此船山以卦變解爻辭之所謂「渝」。渝，變也。船山於卦變，但謂卦各有定體，所謂變者，就其此卦異於彼卦而言也，與虞翻、朱子不同。詳内傳發例。
〔二〕船山之意，隨之初九上交於六二。
〔三〕節卦九二曰：「不出門庭，凶。」今按：除隨之六二與節之九二，尚有同人之初九曰「同人于門」，明夷之六四曰「于出門庭」。明夷之六四似於船山説爲反例。

象曰：「官有渝」，從正吉也。「出門交有功」，不失也。

從二則陽下濟，而陰保其中正。陽得位，故雖從陰而不自失。

六二，係小子，失丈夫。

卦以陽隨陰爲義。〔一〕然倡者在前，則和者踵之；隨者相逐，則在後者又進而隨之。故爻之相次者，皆爲相隨。二之陰隨陰，四之陽隨陽，皆隨也。陰小陽大，係戀而相屬也。二隨三，而失初九之交，不言咎吝而自見。

象曰：「係小子」，弗兼與也。

二以柔順中正〔二〕，本無決于棄陽從陰之志；而既係於三，則不得復與初相唱和。人之立己處人，兩端而已矣。一入於邪，則雖有善而必累於惡。損益之友，勢無兩交；忠佞之

〔一〕見卦辭下船山注文。
〔二〕「正」，底本作「立」，從嶽麓本改。

黨，道不並立也。

六三，係丈夫，失小子。隨有求得，利居貞。陽實而陰虛，舍二從四，往求而有得矣。顧陰之從陽，道之正也，以有得而往，豈其所期望哉！能弗以有得故求而守貞，〔一〕則合義而利。

象曰：「係丈夫」，志舍下也。舍，上聲。〔二〕內卦之陰〔三〕方隨己，而己舍之以從四，是以可貞。

九四，隨有獲，貞凶。有孚在道，以明何咎！「獲」，得其心也。五陽得位，而四隨之，必獲其心。乃當隨之時，方競隨陰，而四獨

〔一〕此謂六三往求九四，固能有利；然其往求，非爲利也，其義當往求也；惟六三能不以得利之目的往求而守正，乃自然有利焉。「求」，底本作「居」，從嶽麓本改。今按：作「居」者，蓋涉經文「利居貞」而衍，實則「守貞」即已釋「居貞」，若易「求」作「居」字，則九三往交六四之義不可見。

〔二〕嶽麓本無音注。

〔三〕「陰」，嶽麓本作「陽」，無校。今按：據前注文云「舍二從四」，則顯然作「陰」爲是。

守貞以依主，萇弘之所以爲晉殺〔一〕，孔融之所以爲操害也，雖貞而凶矣。然其所孚者，固道也，能明於唱和之義，上下之分，身雖死而志白於天下，又何咎乎！

象曰：「隨有獲」，其義凶也。「有孚在道」，明功也。

「其義凶」者，謂以義而凶，舍生而取義也。「明功」者，惟辨於所從之正，故欲效功於五。

九五，孚于嘉，吉。

五以陽剛居尊位，其往隨於上，非歆於利、動於欲也，陰陽翕合以成嘉禮也。四方隨己，與之相孚，相率而隨上，嘉會成矣，故吉。夫人即有剛健之德，處尊而得輔，亦奚必傲然自恃，不屈以明高乎？隨能嘉焉，斯吉矣。

象曰：「孚于嘉吉」，位正中也。

當位而得中，則隨人而非屈。

〔一〕萇弘事，見左傳哀三年。

上六，拘係之，乃從維之，王用亨於西山〔一〕。亨，許兩反。

周回縈繫而不釋曰「維」，謂上六爲五所聯繫，不使離也。五位至尊，更處其上者天神；人陽而神陰，故爲王者亯帝之象。位至高而幽，其與人相接，在有無恍惚之間，不可必得其歆亯。而陽屈志盡誠以邀其眷顧，王者正己無求，無强人相合之道，惟用此道以事天而已。禮因名山告成於天，〔二〕兑位正西，而上處高，故曰「西山」。

象曰：「拘係之」，上窮也。

卦皆有所隨。上處卦終，更無所隨，窮則將託於冥漠，而不與人相接。非盡精誠以係屬之，其能與人相感悦乎？陽之隨陰，非道之正，故惟以王者亯帝當之，與前五爻别爲一義，亦所謂不可爲典要也。

〔一〕「王用亨于西山」，説詳周易稗疏。

〔二〕禮器「因名山升中于天」，鄭玄注曰：「名，猶大也。升，上也。中，猶成也。謂巡守至於方嶽，燔柴祭天，告以諸侯之成功也。」

䷑ 蠱 巽下艮上

蠱。元亨。利涉大川。先甲三日，後甲三日。先，息荐反。後，胡豆反。〔一〕

「蠱」之爲字，從蟲從皿。〔二〕當伏羲之時，民用佃漁，〔三〕未有粒食，奉養於人者，以皿盛蟲而進之。毛羽〔四〕鱗介昆，皆蟲也。故伏羲以此取義，而謂之蠱。至後世粒食，民得所養，而食蟲或遇毒而壞爛，故爲毒爲壞，非伏羲之本旨也。此卦剛上柔下，下以柔承上，爲臣事君、子養父之象。皿盛鮮食而進之，〔五〕下之養上，柔道也。陽尊在上，陰卑在下，與隨異

〔一〕嶽麓本音注最後多「下同」二字。

〔二〕説文：「蠱，腹中蟲也。春秋傳曰：『皿蟲爲蠱』『晦淫之所生也。』梟桀死之鬼亦爲蠱。从蟲从皿。皿，物之用也。」

〔三〕繫辭下傳「以佃以漁」，釋文引馬融云：「取獸曰佃，取魚曰漁。」

〔四〕「羽」，嶽麓本作「血」。今按：作「羽」是，船山蓋本之集韻引李陽冰謂「蟲，倮毛羽鱗介之摠稱」（邢昺尔雅疏於釋蟲題下引作「説文曰」，蓋爲李陽冰所亂者）。説文「虫」字下云：「或行或飛，或毛或贏，或介或鱗，以虫爲象。」説文之「蟲」則是與「豸」相對之一類，有足者。

〔五〕「鮮食」者，尚書「奏庶鮮食」，釋文引馬融云：「鮮，鮮生也。」船山尚書稗疏則謂：「鮮當作上聲，讀少也，與艱食義相爲通。漁獵所得非有耕穫之艱難，而不能多，故曰『鮮』。」

道；名分正，事使順，陰竭力以事陽，天下治矣，故曰「蠱，治也」，言世方治而未亂也。「元亨」者，上下各得其分，而下能致養，于時始亨也。時方極治，上下蒙安，恐將成乎偷窳，故「利涉大川」，在安思險，利在有爲，涉險以建功，不可恃已治已安而自廢也。「甲」者，事之始。〔一〕當治之先，必有開治之功，圖之遲久而後治，蠱之所以成，非易也。既已治矣，必有保治之事，深思永計以善其終，所以利涉川而保其蠱也，故申言以見慎終如始之道焉。

彖曰：蠱，剛上而柔下。巽而止，蠱。

「巽」者，陰順以入，而體上之志；「止」者，上下安其位而不相淩越。養道也，治象也。

〔一〕周易稗疏：「甲者事之始，庚者事之變。先者先事而告戒，後者後事而申飭，皆巽風申命之謂。蠱風始出山，當事之始，言創建功於事未起而先命之，事已行而又戒之也。」

蠱，元亨而天下治也。

以卦變言，泰上之陰，來居於初。泰者上下交，爲治道之所自開；而蠱則陰受陽交，而承陽以致養，治之成也。天下治者，承平之世也。

「利涉大川」，往有事也。

上下蒙安，而善承上者，豈徒以順上爲得哉！必宣力以效保治之業，故不曰有功，而曰「有事」。

「先甲三日，後甲三日」，終則有始，天行也。

「行」，運行之常道也。繇甲至癸，十日循環而運不息，後非永終，先者更有先焉者，天運然也。于治道之已成，必更爲興起有爲以垂後，在終若始，乃合天而保治。豈徒恃四海之輯柔以奉己，而遂可晏然哉？

象曰：山下有風，蠱。君子以振民育德。

風在山下，入于卑下而振動之；山峙於上，以止其飄揚而勿使踰越。君子治民之道，興起頑懦，而養其善以止其非，天下之所以治也。風以振之，山以育之，始而興起，繼以養成，教民之序也。

初六，幹父之蠱，有子，考无咎，厲，終吉。

蠱之爲象，柔以承剛。彖自其已然而言，則爲君令臣共而朝廷治之象。[一]周公繹思其理，以臣之事君、子之事父一也，而臣雖柔順，當其過亢，且有匡正革命之道；惟子之事父，先意承志，下氣怡聲，有隱無犯，而不傷於柔，故爻辭取義于父子焉。[二]文王當紂之世，順以奉上，而冀紂之改過以圖治；周公承文王之後，道無可加，而惟繼志述事，以順承世德。故各即其體驗於己者，示君臣父子之道。聖人之言，皆先行而後從者也。「幹」，事也。「幹父之蠱」，以養爲事也。事父之道，極其柔下，不待父之慈而始敦其愛。二、三

[一] 左傳昭二十六年：「君令、臣共、父慈、子孝、兄愛、弟敬、夫和、妻柔、姑慈、婦聽，禮也。」共，讀爲恭。
[二] 船山以象辭爲文王作，爻辭爲周公作。

重剛在上，威嚴太過，父不能无咎，而子能盡其孝養，使父太剛之過不形，則烝乂允若，[一]而亦藉以免咎矣。是則父之嚴乃以成乎子之孝，終底乎大順而吉。此一家之治象，爲天下治之本也。言「考」者，通存没言之。[二]

象曰：「幹父之蠱」，意承考也。

其屈承父志而柔以致養，發於意之誠，故雖嚴而愈謹。

九二，幹母之蠱，不可貞。

内卦以一陰承二陽於上，有父母同養之象焉。二陰位在中，爲母；三陽位在上，爲父。於此二爻不言本爻之德，而言初六所以事之者，蓋蠱本以陰承養乎陽爲義，而所承之陽，其得失可勿論已。易之以本爻所值之時位發他爻之旨，若此類者衆矣，在

[一] 尚書堯典謂舜「克諧以孝烝烝乂不格奸」。按船山從僞古文及書集傳斷句作「克諧以孝，烝烝乂，不格奸」，僞孔傳所謂「使進進以善自治，不至于奸惡」也。讀四書大全説「如舜之事父母，必至於『烝烝乂不格姦』而後自謂可以爲人子」。孟子引書曰：「祇載見瞽瞍，夔夔齋慄，瞽瞍亦允若。」趙岐注：「書，尚書逸篇。祇，敬；載，事也。夔夔齋慄，敬慎戰懼貌。舜既爲天子，敬事嚴父，戰慄以見瞽瞍，瞍亦信知舜之大孝若是。」今此句采入僞古文大禹謨中，僞孔傳訓「允若」爲「信順」。

[二] 「意承考也」，孔疏：「對文父没稱考，若散而言之，生亦稱考。若康誥云『大傷厥考心』，是父在稱考。此避幹父之文，故變云考也。」

讀者善通之。〔一〕子之承事父母，柔順卑下，惟命是從，蠱之正也。但二以剛居柔，母德不能安静，以順三從之義一，一順而下之，則且有如漢之竇后，專制内外，而權移于外戚；甚則人彘之禍，傷心含疢而不可如何。〔二〕故「幹母之蠱」者，有權存乎其間，因其剛而調之，期不失於敬愛而止；必以柔承之而無所裁，則害延于家國，故曰「不可貞」〔三〕。

象曰：「幹母之蠱」，得中道也。

承其居中之正，而不順其過剛之爲，斯得之。

九三，幹父之蠱，小有悔，无〔四〕大咎。

〔一〕詳見周易内傳發例第十四條。
〔二〕竇后，東漢和帝時之竇太后。人彘之禍，謂吕后專權，殺趙王，殘戚夫人爲人彘，令惠帝觀之；惠帝不忍，遂自此日飲爲淫樂，而病不起。
〔三〕貞訓爲固，謂須通權變，不可固執順承之道也。
〔四〕「无」，底本作「無」，今改。

九三以剛居剛，父之過於嚴而不中〔一〕者。起敬起孝，〔二〕雖逢其惡怒而「小有悔」，然終不失順承之道，故无大咎。

象曰：「幹父之蠱」，終无咎也。

道盡，則心可以安矣。

六四，裕父之蠱，往見吝。

「裕」，有餘之謂。子之事父，柔遜卑屈，〔三〕極所以養之，豈患有餘哉！然孝子盡道以事其親，無違於禮，則無違於親矣。而或違道悖禮，以非所得者苟從親志之私，則將得罪於鄉黨州閭，〔四〕貽譏於天下後世，於心豈能無歉乎！外卦以二陰奉一陽，而四以陰居陰，柔過而不知所裁，故其象如此。

〔一〕「中」，底本作「終」，今據文義及嶽麓本改。
〔二〕禮記内則：「父母有過，下氣怡色柔聲以諫，諫若不入，起敬起孝。説則復諫……父母怒，不説，而撻之流血，不敢疾怨，起敬起孝。」鄭注：「起猶更也。」
〔三〕「柔遜卑屈」，嶽麓本作「柔順卑遜」。
〔四〕禮記内則：「與其得罪於鄉黨州閭，寧孰諫。」孔穎達疏：「孰諫，謂純孰殷勤而諫，若物之成孰然。」

象曰：「裕父之蠱」，往未得也。

往而以貽不善於天下，其不獲乎人心者多矣。不言凶悔者，其志順親，天下必且有諒之者。

六五，幹父之蠱，用譽。

六五柔順得中，盡道以事其親者。「用譽」，所謂「人不間于其父母昆弟之言」也。夫子之事親，豈以要譽哉！然率其情以行，而不問人情之然否，則自謂無過，而所抱疚於天人者多矣。故至於譽，而人子之心可以差安。

象曰：幹父用譽，承以德也。

心之所安、理之所得謂之「德」。德者，人心之同得，何譽之不至哉！

上九，不事王侯，高尚其事。

爻皆言子之事父，而上九之義別者，處高閒之地，爲時已過，而安受得中之養，所固然者。無得失，故無吉凶，不待占也，故别取象於逸民無所承事，而高亢自養之道焉。與隨上言事天，同一變例也。四爲侯，五爲王，非不屈志以相下，而時當承平之代，無功可建，上下蒙安，無能爲「後甲」之圖，則樂道以亢志可矣。

象曰：「不事王侯」，志可則也。

爻言「事」，而象傳言「志」。既高尚矣，無事之可見，志即其事也。天下晏安，上下各循其分，所慮者，人忘厝火積薪之憂而競於仕進。逸民不樂在朝廷而輕爵禄，所以風示天下，使知富貴利達之外有廉恥爲重，則冒昧偷安之情知所懲，而以正人心、止僭濫者，其功大矣。

䷒ 臨 兑下坤上

臨。元亨利貞，至於八月有凶。

臨，時已至而治之也。爲卦，二陽生出於地位，以興起人事，將有事焉，以治陰之過，陽進而臨陰也。「元亨利貞」，備乾之四德者，陽長而得中，乾道方興，雖未訖其用，具其體矣。

「八月」，舊說以爲自復數之，至遯爲建未之月；或謂自泰數之，至觀爲建酉之月，〔二〕其說皆本于京房卦氣。蓋自戰國，經學亂而術數興，漢儒承之，以一定之小數窺測天道，爲之限制，而不審于「周流六虛，不可爲典要」之變化，執十二卦以象十二月，外此者無所配合，則房又爲一卦六日之說以文飾之，乃尚餘四卦，則置之無用之地；〔三〕其爲道也，致遠而泥者也。且如以否值建申之月。否，天地不交者也，天氣上行，地氣下降，閉塞而成冬，十月之氣也。七月，陽方函陰以成熟萬物，豈其不交而否塞乎？董仲舒謂冬至前

〔二〕周易大全此卦下引朱子語類：「問：『「至于八月」有兩說：前說自復一陽之月至遯二陰之月，陰長陽遯之時；後說自泰至觀，觀二陽在上四陰在下，與臨相反，亦陰長陽消之時。二說孰長？』曰：『前說是周正八月，後說是夏正八月，恐文王作卦辭時只用周正紀之，不可知也。』」

〔三〕漢代卦氣之說，以孟喜、焦延壽、京房、易緯爲代表。孟喜卦氣說乃以坎離震兑四正卦主四時，其二十四爻分主二十四氣，這是一個層面；而後又因一年共365又1/4日，以六十卦配之，得每卦主6又7/80日，此即「六日七分」之說。在孟喜，四正卦與餘六十卦是兩個不同層次。焦延壽之說，乃是以四正卦主二分二至，同六十卦一起併入一年的365又1/4日中，二者成爲一個層次——如是，則每卦所配天數豈不改變？至京房，一方面承焦延壽之說，一方面又保持「六日七分」，於是想出一折衷方案：以四正卦主二分二至，每卦各主73/80日；又改各居四正卦之前的頤、晉、升、大畜四卦各主5又14/80日；其餘諸卦皆主6又7/80日不變，此數相加正合一歲之日數。易緯略同京氏。船山所謂「尚餘四卦」，即坎離震兑四正卦。孟喜之說，見於新唐書載僧一行卦議所引孟氏章句；焦延壽與京房之說，見於漢書京房本傳及顔師古引孟康注；易緯之說見於乾鑿度。

一日無陽，夏至前一日無陰。〔二〕陰陽孤絶，天地且不能自立，日月且不能運行，人物且不能呼吸，而何有此一日哉！六陰六陽，絪緼於兩間，而太和流行，故乾曰「不息」，坤曰「時行」，非有間斷也。執易以配律曆，執律曆以限象占，此亦近世火珠林之類，小術破道，以亂「惠迪吉，從逆凶」之理，非文、周、孔子之所有也。

臨中無遯象，亦無觀象。若謂理勢之必然，則無卦不有錯綜之消長。乾之初亦可戒以堅冰，坤之初亦可許以潛龍，何獨于剛初長之時，豫憂觀、遯於隔歲建丑之月，謂明歲秋期之迫哉？卦中無象，逆億而爲之慮，人可不待筮而一於憂疑，何用易乎？且既疑於

〔二〕船山正蒙注大易又曰：「謂十一月一陽生，冬至前一日無陽者，董仲舒之陋也。」西京雜記載：「元光元年七月，京師雨雹，鮑敞問董仲舒曰：『雹何物也？何氣而生之？』仲舒曰：『陰氣脅陽氣。天地之氣，陰陽相半，和氣周迴，朝夕不息。陽德用事則和氣皆陽，建巳之月是也，故謂之正陽之月；陰德用事則和氣皆陰，建亥之月是也，故謂之正陰之月。十月陰雖用事，而陰不孤立，此月純陰疑於無陽，故謂之陽月；四月陽雖用事而陽不獨存，此月純陽，疑於無陰，故亦謂之陰月。自十月已後，陽氣始生於地下，漸冉流散，故言息也，陰氣轉收，故言消也……純陽用事未夏至一日，純陰用事未冬至一日，朔旦、夏至、冬至，其正氣也。』」此義不見於繁露，其天辨在人、陰陽位數篇近似之言：「陽至其休而入化於地，陰至其伏而避德於下。是故夏出長於上，冬入化於下者，陽也；夏入守虛地於下，冬出守虛位於上者，陰也。」船山稍前，黎遂球有冬至前一日無陽論，亦謂董仲舒以冬至前一日無陽。黎氏死於隆武政權，船山之説蓋得之黎氏乎（船山實録言及與黎氏交好之何吾騶，然未言及黎氏）？

遯，以謂文王之用周正；又疑于觀，以爲夏正。[二]文王演易之時，方服事殷，殷曆未改，八月乃建申之月，豈至德如文王，而亂一王之正朔耶？彖傳言「消不久也」，使臨爲建丑之月，待遯與觀，而消則久矣。

然則所謂「八月」者，合夏、商之正朔而言，皆秋也。説卦之位，兑在正西，而於時爲秋。臨卦，二陽之上一陰爲兑；六三，兑之主也。臨以剛長治陰爲道，至於六三，變其所守，陰柔外比，以悦相靡，故爻言「甘臨无攸利」，方幸陽之升，而又以兑終，所爲凶也。傳言「消不久」，謂陽之消陰未久，而又悦從乎陰也。言「有凶」者，抑不必其凶，六三所謂「既憂之无咎」也。

彖曰：臨，剛浸而長，説而順，剛中而應。大亨以正，天之道也。長，上聲。説，弋雪反。[三]

[二] 周易大全引朱子語類：「問：『至于八月有兩説：前説自復一陽之月至遯二陰之月，陰長陽遯之時；後説自泰至觀，觀二陽在上四陰在下，與臨相反，亦陰長陽消之時。二説孰長？』曰：『前説是周正八月，後説是夏正八月。恐文王作卦辭時只用周正紀之，不可知也。』」按，朱子所謂兩説，亦本自孔疏。

[三] 嶽麓本音注作「長，知兩反。説，弋雪反」。

「説而順」，陰之德也。説則相隨，順則不逆，故剛臨之而柔受治。剛既得中，雖未居尊位，可以臨矣。「應」謂六五下而聽其臨也。剛浸長而得中，天道上行，故四德可施也。

「至於八月有凶」，消不久也。

除惡務盡，則消而不復長。六三猶在内卦之上，二陽説其甘而與爲體，陰慝乍消，而勢盛猶足以相拒，或乘間而復起，或旁激而變生。符堅雖敗，慕容、拓拔復據中國；吕惠卿乍黜，章惇、蔡京復争紹述。〔一〕必待其根株永拔，而後成乎泰，非一旦一夕之效也。

象曰：澤上有地，臨。君子以教思无窮，容保民无疆。

「澤上有地」，川澤兩岸爲平陸也。兑爲言説，言「以教」；坤厚載物，容其不肖而保

〔一〕　以上二例，一爲夷狄，一爲小人，皆陰類也。宋史卷四七二蔡京傳：「徽宗有意修熙、豐政事，决意用京……制下之日，賜坐延和殿，命之曰：『神宗創法立制，先帝繼之，兩遭變更，國是未定。朕欲上述父兄之志，卿何以教之？』京頓首謝，願盡死。二年正月，進左僕射。京起於逐臣，一旦得志，天下拭目所爲，而京陰託『紹述』之柄，箝制天子，用條例司故事，即都省置講議司，自爲提舉，以其黨吴居厚、王漢之十餘人爲僚屬，每一事以三人主之。凡所設施，皆由是出。用馮澥、錢遹之議，復廢元祐皇后。罷科舉法，令州縣悉倣太學三舍考選，建辟雍外學於城南，以待四方之士。推方田於天下。榷江、淮七路茶，官自爲市。盡更鹽鈔法，凡舊鈔皆弗用，富商巨賈嘗齎持數十萬緡，一旦化爲流丐，甚者至赴水及縊死。」

其賢也。教而「容保」之，則嘉善矜不能，而教无窮。「容保」於「教思」之後，若[一]教者進於善，不若教者終不棄也，則保之无疆矣。兑抑悦也。臨民者以嘉言立教，而不務苟取悦於民，善於用兑者也。

初九，咸臨，貞吉。

「咸」，感也。「咸臨」者，以感之道臨之也。臨，以陽臨陰而消之，而初九與六四相應，不以威嚴相迫而以德感其心，使受治焉，各當位而得正，吉莫尚矣。凡言「貞吉」，有必貞而後吉者，有本正而自吉者，因象而推，其義自見。

象曰：「咸臨貞吉」，志行正也。行，去聲。[二]

臨者其志，咸者其行。陽長陰消，本君子大正之志而見之行事者，不以威而以德，善其行以成其志，無不正也。

[一] 尔雅釋言：「若，順也。」

[二] 嶽麓本音注作「行，下孟反」。

九二，咸臨，吉无不利。

九二之以感道臨六五，猶之初九，而六五虛中以應之，居之安而行无不利矣。

象曰：「咸臨吉无不利」，未順命也。

九二以剛居柔，不當位，不如初九之正。而能「吉无不利」者，以迫近四陰，陰方凝聚於上，不順受其臨；非剛中相感，使知不縮而遠[一]退，則不可以臨治未消之陰。[二]故雖過於嚴，而自足以感，无不利之憂也。

六三，甘臨，无攸利。既憂之，无咎。

六三與二陽相比，不知己之已即乎消，而居非其位，戀而不舍，徒以陰柔成乎容悦，幸陽之我容，豈能久乎？故「无攸利」。其能自知憂懼，斂而就退，以聽陽之臨，可以免

[一]「遠」，嶽麓本作「速」。

[二]「不縮」，讀如孟子「自反而不縮，雖褐寬博，吾不惴焉」之「縮」。縮，直也。此句意謂，若九二不以剛中感六五、使彼陰知曉自己不直而當收斂之理，則九二欲臨治在上之陰亦難矣。

咎。三爲進爻，終於必往，而以柔居剛，與二陽爲内卦之體，故猶可施以教戒，望其能憂。

象曰：「甘臨」，位不當也。「既憂之」，咎不長也。

未免有咎，而可望其改，則不終於咎矣。觀卦陽居上而欲消，陰宜依之以相留，故以近陽爲利，而遠者不吉；臨陽方長，陰宜速行而遠去，故以遠陽爲吉，而近者不利，亦扶陽抑陰之微權也。

六四，至臨，无咎。

「至」猶來也。陰，待治于陽者也。若自亢以拒陽，則陽亦不施治焉。是臣不聽治於君，婦不聽治於夫，小人不聽治于君子也。六四以柔居柔，陰過，宜有咎者，乃當位以與初相應，則初自來臨，所謂「四海之内，輕千里而來告以善」[一]也，陰无咎矣。

象曰：「至臨无咎」，位當也。

陰陽剛柔皆天地之撰，本俱無過，人體以爲性，無不可因以成能，特在用之者耳。禹、

[一] 孟子告子下。

稷、顔子，地易而道亦殊，惟其位而已。故爻於當位不當位分得失焉。其有當位而或凶咎，不當位而或吉利，則又因卦之大小險易。若此卦，剛初長而陰消未久，則柔居柔而當位爲美，以陽方臨陰，陰不宜越位而相亢也。凡象傳無他釋，但以位分得失言者，準此通之。

六五，知臨，大君之宜，吉。知，如字。

以柔居尊，而下聽九二之臨，知治我者之善我，而不恃分位以拒之，君道得矣。人之相臨以相治，其情正而其迹相違。苟惛不知，則必傲愎而不受。惟虚中體順而曲喻其忠愛，乃能受其臨而不以爲侮。君道得，則吉莫尚焉。

象曰：「大君之宜」，行中之謂也。

君建中以立極，而所謂中者，得剛柔之宜也。知受治於剛，以輔己之柔，則所行無不中矣。

上六，敦臨，吉，无咎。

上六坤順之至，而處卦上，陰將逝矣。時已過，權已謝，委順以受陽之臨，已無所吝留，柔道之敦厚者也。不與陽亢，終履安吉，而於義亦正，非徒斂躬避難，消沮退藏也。

象曰：敦臨之吉，志在内也。

順之極，故無相亢之異志。

䷓ **觀**坤下巽上

觀。盥而不荐，有孚顒若。觀音灌，「觀盥」「大觀」「觀天」「上觀」「觀民也」之觀，並同。〔一〕

可觀之謂「觀」，以儀象示人，而爲人所觀也。闕門懸法之樓曰觀，此卦有其象焉。可瞻而不可玩，飭於己而不瀆於人之謂也。此卦四陰浸長，二陽將消，而九五不失其尊，以臨乎下。於斯時也，抑之而不能，避之而不可，惟居高而不自媟，正位以俯待之，則群

〔一〕嶽麓本音注在卦辭下，「大觀」「觀天」中間多一「以觀」。

陰瞻望尊嚴而不敢逼。

「盥」者，將獻而先濯手，獻之始也。「荐」者，已奠爵而後荐俎，獻之餘也。以陽接陰，以明臨幽，以人事鬼之道，故取象於祭焉。既獻而荐，人之事鬼，禮交而情狎，過此以往，酢醻〔二〕交作，則愈狎矣。惟未獻之先，主人自盡其誠敬而不與鬼相瀆，則其孚於神者，威儀盛大而有不可干之象。以此格幽，自能感之，而不在爵俎之紛拏也。

陽之僅存於位，以俯臨乎陰；人君於民情紛起之際，君子于小人群起之日，中國於夷狄蠢動〔三〕之時，皆惟自立矩範，不期感化，而自不敢異志。若其不然，競與相爭，褻與相暱，自失其可觀之德威，未有不反爲其所淩者也。然豈徒位之足據哉！言必忠信，行必篤敬，動必莊涖，確然端己而有威可畏，有儀可象，有禮可敬，有義可服，顒若其大正，而後可使方長之陰潛消其侵陵而樂觀其令儀。裴度所謂「韓弘輿疾討賊，承宗斂手削地，

〔二〕「醻酢」，嶽麓本作「酢醻」，無校。
〔三〕「於」，嶽麓本作「當」；「蠢動」，嶽麓本作「方張」，無校。

非有以制其死命而自服」，[一]亦此意也。君子之處亂世，陰邪方長，未嘗不欲相忮害，而靜正剛嚴，彼且無從施其干犯而瞻仰之，乃以愛身而愛道，蓋亦若此。德威在己而不在物，存仁存禮，而不憂横逆之至，率其素履，非以避禍而徼福，而遠恥遠辱之道存焉矣。

象曰：大觀在上，順而巽，中正以觀天下。

「大」謂陽也。陽居五、上，以不媟於下，則陰且順而巽之，以觀其光。所以能然者，惟其履中而剛正，不失其可爲儀象者於天下也。

「觀盥而不荐，有孚顒若」，下觀而化也。「下觀」之觀，平聲，下同。[二]

「下觀」，有其觀則人觀之也。「不荐」則不瀆，「顒若」則德威盛於躬。以此道臨天下，陰邪自斂而順化，故四陰皆仰觀[三]。

[一] 資治通鑒唐紀五十六載裴度上書：「淮西盪定，河北底寧。承宗斂手削地，韓弘輿疾討賊，豈朝廷之力能制其命哉？直以處置得宜，能服其心耳。」

[二] 嶽麓本校記：「『下觀之觀，平聲，下同』：從守遺經書屋本、金陵本補。」今按：嶽麓本從守遺經書屋本、金陵本補音注，然其體例實有别：凡金陵本音注有以反切者，有以平上去入四聲者，有以直音者；而鈔本皆以反切注之。然則據金陵本補鈔本音注，未必合鈔本原例。

[三] 「觀」後，嶽麓本多「之」，作「仰觀之」。

觀，天之神道，而四時不忒。聖人以神道設教，而天下服矣。

「觀」者，天之神道也，不言不動而自妙其化者也。二陽在天位，自天以下皆陰也。天以剛健爲道，垂法象於上，而神存乎其中；四時之運行，寒暑風雷霜雪，皆陰氣所感之化，自順行而不忒。聖人法此，以身設教，愚賤頑冥之嗜欲風氣雜然繁興，而「顒若」之誠，但盥而不輕荐，自令巧者無所施其辯，悍者無所施其争，而天下服矣。

象曰：風行地上，觀。先王以省方觀民設教。

居上察下曰「省」。坤爲地。「方」者，地之方所。陽君，陰民。「觀民設教」者，觀五方之風氣而調治之，使率彝倫之教也。「風行天上」，君以建中和之極，而開風化之原；「風行地上」，君以因風俗之偏，而設在寬之教。體用交得，而風教達於上下矣。此言「先王」者，先王制法〔二〕，後王承之以行。皆先王之所設，非但先王爲然也。

〔二〕「法」，嶽麓本作「之」。

初六，童觀，小人无咎，君子吝。

仰而視之曰觀。觀之爲卦，與大壯相錯，蓋陰長消陽之卦。易於遯、否，已爲陽憂之；至於觀，而謂四陰之仰觀者，以天位未去，幸群陰之猶有所推戴，而獎之以瞻仰乎陽，聖人之情也。以仰觀推戴爲義，故近陽者得，遠陽者失，許其相親，而不惡其相迫。「童觀」者，所謂童子之見也。初六柔弱，安於卑疏，大觀在上，而不能近之以自擴其見聞。小人怙其便安之習，守其鄙瑣之識，據爲己有，深喻而以爲道在是焉，方且自謂「无咎」，以不信有君子遠大之規；君子之道所以不明不行，而成乎「吝」也。夫小人終身於咎過之塗，可吉可利，而無所往而非咎，故言无咎者，其自謂然也。易不爲小人謀。

象曰：「初六童觀」，小人道也。

夫小人之道，豈有不可測之意計哉！生於閨庭之中，長於婦人之手，欲而思遂，利而思得，見可喜而疾喜，見可怒而暴怒，拘於微明之察，聞道而以爲迂遠，雖至於無所不至，而不出其嚅唲〔一〕霑滯之習。以曹操之姦，而分香賣履，垂死不忘，〔二〕童年之識留於中而不舍也。故古之戒冠者曰：「棄爾幼志。」〔三〕欲爲君子，莫如棄幼志之爲切也；而天下之能棄幼志以從遠大之觀者，鮮矣。抑孟子曰「大人者不失其赤子之心」，與此異者何也？孟子所謂赤子之心，知愛知敬之心也，〔四〕然必曰「苟不充之，不足以保妻子」。不失者其體也，充者其用也。無用之體，則痿痹不仁之體而已。學以聚之，問以辨之，寬以居之，仁以行之，知天命而必畏，知大人、聖言而必畏，惟棄幼志以從大觀也。四海之大，千載之遥，天道運於上，聖人建其極，苟其不務仰觀，則且非之笑之，以爲安用彼爲，君父可以不恤，穿窬可以不恥，而小人無忌憚之道充塞於天下，愚父兄且以教其子弟，君子安能弗吝也？可畏矣哉！

〔一〕屈原卜居：「將哫訾栗斯、喔咿儒兒，以事婦人乎？」王逸注：「哫訾，以言來媚也。『儒兒』，强笑噱也。一作『嚅唲』。」洪興祖補曰：「喔音握，咿音伊，嚅音儒，唲音兒，皆强笑之皃。」船山楚辭通釋：「嚅唲，媚辭。」

〔二〕魏武帝遺令：「餘香可分與諸夫人，不命祭。諸舍中無所爲，可學作組履賣也。」

〔三〕據儀禮士冠禮，士冠禮凡三加冠，緇布冠、皮弁、爵弁也。每加冠有辭。始加，祝曰：「令月吉日始加元服，棄爾幼志，順爾成德，壽考惟祺，介爾景福。」

〔四〕孟子盡心上：「孟子曰：『人之所不學而能者，其良能也；所不慮而知者，其良知也。孩提之童，無不知愛其親者；及其長也，無不知敬其兄也。親親，仁也；敬長，義也。無他，達之天下也。』」

六二，闚觀，利女貞。

六二中而當位，亦可謂之貞，而爲主於内卦，已[一]成乎陰之盛滿，知有大觀在上，且信且疑，而從門内竊視之，弗敢決于應也，女子之貞而已，其所利者在是也。

象曰：「闚觀女貞」，亦可醜也。

大觀在上，不能相近以挽欲消之陽，而中立于群陰之間，以祈免咎，弗能爲有無，是以可醜。

六三，觀我生進退。

此則吉凶得失之未審，而存乎占者之自審也。六三柔而與坤爲體，則退而就陰，其時然也。三爲進爻，而較近於五，則進而就陽，其志然也。退不失時，進以遂志，兩者皆無過焉，道在觀我所行而不在物。自修其身，内省不疚，斯以退不狎於不順，進不迫于違

[一]「已」，嶽麓本作「以」。

時，其庶幾矣。〔二〕

象曰：「觀我生進退」，未失道也。

道不失，則進退皆可。

六四，觀國之光，利用賓于王。

三修身以俟時，四則可決於進矣。近陽之光，陽所求也。古者鄉大夫進士于天子，賓于飲射以興之。四承五而彌近，故利在受賓興之禮以進。

象曰：「觀國之光」，尚賓也。

「尚」謂道所貴也。君子之學修，雖耕釣而有天下之志，然必上賓於廷，乃見宗廟之美、百官之富，以先王經世之大法，廣其見聞之不逮，故雖衰世之朝廷，猶賢于平世之草野，非闚觀者所能測也。

〔二〕船山内傳發例自謂「戊子避兵蓮花峰，益講求之。初得觀卦之義，服膺其理，以出入險阻而自靖。」觀卦於君子出處之精義，實在此六三爻。「退而就陰，其時然也」，謂隱居而守道，以俟來者；「進而就陽，其志然也」，謂志存君王，欲圖匡救。船山終因南明無可爲而幽隱，遂不復出。

九五，觀我生，君子无咎。

言行皆身所生起之事，故曰「生」。自四以下，皆獎陰以觀陽，而責其不逮；以陰盛，陽且往，故必正名定分，以扶陽而尊之。至於九五，當群陰方興且迫之勢，固不可恃位之尊，而謂人之必己觀也。能爲人觀者，必先自觀。語默動静，有一不協于君子之道，則時去勢孤，位且不保。不可徒咎在下者之侵陵，而咎實自己。故當此位者，必「觀我生」；果其爲君子，而後无咎，以其剛健中正之道未亡，責之備也。

象曰：「觀我生」，觀民也。

「我生」云者，畢其一生所有事之辭。「觀民」，言爲大觀以示民也。欲爲大觀於上，令瞻仰之者無不奉爲儀則而不敢忽，豈一言一行之足稱其望哉！内省而不媿於屋漏，外察而不愆於度數，無所不致其反觀，以遠咎過；然後愚賤之志欲紛紜競起、思乘隙而摘之者，無所施其窺伺，則可危可亡，而小人終莫之敢侮。君子之爲觀於民，自觀之盡也。

上九，觀其生，君子无咎。

「其」者，在外之辭，謂物情嚮背之幾也。上九無九五之位，而陽將往矣，欲不失其大觀也，尤難。內度之己，抑必外度之物；果其所以發邇而見遠者，無不中乎物理，可以招攜懷遠，而允爲君子，然後无咎。

象曰：觀其生，志未平也。

無位而將往，物且輕之，而志不能平。然不可挾不平之志，必盡道以求物理之安。

周易内傳卷二上終

周易内傳卷二下

䷔ 噬嗑 震下離上

噬嗑。亨，利用獄。

噬嗑之義，象傳備矣。爲卦，一陽入于三陰之中，而失其位，不與陰相合也；三陰欲連類，而爲一陽所間，不能合也。頤之爲道，虚以受養；而失位之陽，以實礙之，不能合也。自否而變，以交陰陽而合之，而陽下陰上，皆不當位，[一]其交不固，不能合也。積不合之勢，初、上二陽，以其剛制之才，强函雜亂之陰陽於中，而使之合，是齧合也。「亨」

[一] 否卦五陽二陰；交而成否，五陰二陽，五、二爻皆不當位。

者，物不合則志氣不通，雖曰齧合，而亦合矣，是噬嗑之亨也。然柔[一]得中，而爲離明之主，具知齧合者之矯亂而不固，則且施刑以懲其妄[二]；而不至如六國之君，昏暗傲狠，聽説士之誣，以連異志之諸侯，斯亦可遠於害。故惟「用獄」，而其邪妄可息也。

彖曰：頤中有物，曰噬嗑。

「物」者，非所固有之物，謂失位之九四。頤中豈可有物哉！又從而噬以嗑之，增其妄也。

噬嗑而亨。

强噬之而合，亦[三]足爲亨矣，明者所不以爲亨而惡之者也。

剛柔分，動而明，雷電合而章。

自否之變而言之，否之陰陽聚，而此卦分之。分而下者，不無躁動；分而上者，則爲

〔一〕「柔」，底本作「猶」，今據文義及嶽麓本改。
〔二〕六五是離明之主，光明正直；初九、上九想咬斷九四來强行實現整合，是一種恣意妄爲。所以六五要施刑來懲罰初九、上九。
〔三〕「亦」，嶽麓本無。

離明之主。雷起於不測，而電章之，則明足以燭動而止其妄矣。

柔得中而上行，雖不當位，利用獄也。

「不當位」，謂六五也。變否塞之道，柔自初而上行以得中，照其妄而治以刑，合於義矣，故「利」。兩造曰「訟」，上察下惡而治之曰「獄」。

象曰：雷電，噬嗑。先王以明罰勑法。

「雷電」，本義云：「當作電雷。」中溪李〔二〕氏曰：「蔡邕石經本作電雷。」〔三〕離明以明罰，雷動以勑法，所以制疑叛之人心而合之也，故爲「噬嗑」。禁令懸於上，不率者則謹持而決之。此定法律於未犯之先，故既明則必斷，與豐殊用。豐者折獄於已犯之後，法雖

〔二〕「李」字，永樂本及四庫薈要本周易大全皆作「張」，此蓋船山誤引。

〔三〕大象傳凡稱引上下兩卦，有多種體例，其中一種是直接稱述上下兩體，則先舉上象、後舉下象，如「雲雷屯，君子以經綸」，先説坎再説震。如果有具體稱述位置關係的，則不從此例，如「地上有水，比」，先稱下卦的坤，再説坎。此處既然是兩象單舉，應該作「電雷」，即離上坎下。

定而必詳察以下求其情，故既斷而必明。[一]噬嗑，先王之道；豐，司寇之道。[二]法定于一王，獄成於良有司[三]也。

初九，屨校滅趾，无咎。

「屨校」，施械於足也。「滅」，掩也，没也。械其足，見械而不見足也。初與上爲頤體，齧合陰陽之雜而不恤其安，其罪也，故用獄者施以刑焉。然初九雖剛以動，而處於卑下，無堅於妄動之力。否五之陽，自上而下，屈己以合物，未有利焉；二又以柔乘己，有可噬之道，議刑者所不加以重刑，械其足而已。薄懲之則惡且止矣，故可无咎。戒用獄者知其惡之可改，早爲懲創，斯得免民於咎之道也。

象曰：「屨校滅趾」，不行也。

戒其妄行，則不行矣。

[一] 前者是立法，後者是執法。豐卦象傳說：「君子以折獄致刑。」
[二] 一曰「先王」，一曰「君子」，故有先王、司寇之别。先王，大概可以虞舜時代「方施象刑，惟明」當之。
[三] 荀子議兵：「委之財貨以富之，立良有司以接之。」

六二，噬膚滅鼻，无咎。

初、上，噬者也；中四爻，受噬者也。大臠無骨曰「膚」。「滅鼻」者，捧大臠而噬，上掩其鼻而不見，噬之剛躁者也。噬而合之，剛以制物，挾威以强物，而有難易之分焉。二以柔居柔而近初，易噬若膚者。初之上噬，先噬乎二，故迫而有「滅鼻」之象。然初方動而二遮掩之，有取噬之道焉，則噬之者亦可无咎。此初之罪所以輕，而可薄罰以止之者也。

象曰：「噬膚滅鼻」，乘剛也。

以其乘剛，故可恣意噬之。

六三，噬腊肉遇毒，小吝无咎。

乾兔曰「腊」。〔一〕三以柔居剛，體雖小而堅，不易噬者也；强欲噬之，則不聽命而必相害。彼噬而此拒之，三亦吝矣。「小」謂陰也。然「噬嗑」之義，以不受噬爲正，則相持

〔一〕儀禮士昏禮「腊一」，鄭注「腊，兔腊也」。按，凡乾肉曰腊，而船山必謂兔腊者，取其堅硬難噬也。

而不從，固无咎也。

象曰：「遇毒」，位不當也。

以柔居剛，而不受噬，故噬之者遇毒。若二之柔，則噬之易矣。

九四，噬乾胏，得金矢，利艱貞吉。乾，古寒反，下同。

肉帶骨曰「胏」。骨横亘於頤中，所謂「頤中有物」也，噬之最難者。「金矢」，金鏃之矢，傷人者也。初，上不審勢度德，强欲折服之，四必亢而與之争，操矢相加，所必然矣。不受噬者，正也。孤立於中，上下交噬，非「艱」而無以保其「貞」。四不恤其艱而貞不聽命，故吉。

象曰：「利艱貞吉」，未光也。

四以一陽介於群陰之中而失位，則似有求合于陰之情，故初、上乘而噬之。其不欲合之意，未得昭著，非艱以保貞，無繇致吉。

六五，噬乾肉，得黄金。貞厲，无咎。

黄金，金之貴者。五爲離主，而得尊貴之位，故爲「黄金」。離之六二爲「黄離」，其義也。乾肉雖較胏無骨，然亦堅韌而不易噬。六五居中，爲離明之主，乃上九〔一〕以與近而欲噬之，見其位尊而柔，覬得邀寵而分其利。而五以大明中正之德，灼見其情，守貞不惑，嚴厲以行法，則上且蒙罪而不敢犯，雖立威已過，而非咎也。

象曰：「貞厲无咎」，得當也。

明以察之，柔而能斷，持法得其當矣。

上九，何校滅耳，凶。「負何」之何本音河，俗讀上、去聲者非是。〔二〕

〔一〕「上九」，嶽麓本作「上六」，誤。

〔二〕船山此「何」字音讀或有前後之不同也。廣韻「何」字有二音，一平聲，胡歌反，凡詰問之辭，轉爲呵斥之呵，亦平聲；一上聲，胡可反，負荷之義。船山稗疏「何其咎」謂：「『何』字之義，本訓篹也、負也，從人從可，人所可勝之任則擔負以行也，正音胡可反，讀如夥（今按：夥字，廣韻胡果切，亦上聲），轉讀如賀。其借爲『誰何』之何者，乃人負物以來，詰問其所何者爲何物，轉音河者，語急之聲也。俗專用何爲『誰何』字，而於『負何』之何加艸，作荷華之荷，始自傳寫論語者之誤（今按：論語「荷蓧丈人」），相承不改。若易『何校』、詩『何蓑』，則仍本字。」又于「何天之衢」條曰：「凡經文『何』字皆上聲。」本書小畜卦「何其咎」，船山音注作：「何，胡可反，亦可如字讀，義同。」據此，則似當以上聲爲正音。然説文廣義「何」字下曰：「負何之何，亦但如字，讀如河，傳注發爲上聲，俗讀作賀者，皆非。俗加艸作荷，尤謬。」按之廣韻，賀爲去聲，胡個切；而船山之時，「負荷」之「荷」與賀已同在去聲，中原音韻可證。然則船山此處所斥讀上聲者，唐宋音注之「胡可切」（大全音注據程傳，作「何可反」，同）；讀去聲者，明時俗音「賀」也。此處音注，蓋船山最後定見。

「何校滅耳」，械其項而掩其耳也。六五貞厲，施刑於上九，已何校矣；猶滅耳不聽，而强欲噬之以求合。噬之不仁，合之不義，不自擢於死亡不止也。初與上皆噬者也，而凡噬物者，下頷雖任動，而猶知堅脆，以有所避就；上頷堅立於上，物至則折，而無所擇，其爲貪狠倍甚。且二乘剛，有可噬之道，五虚中明照，非可噬者，懲之而不知戒，恃剛强制，故罪烈于初，而允爲凶人，用刑者所宜加以怙終之賊刑也。〔一〕

象曰：「何校滅耳」，聰不明也。

「聰」，耳官之司聽者。何校而猶不聽命，必欲齧合，故其惡甚。

䷕ 賁 離下艮上

賁。亨，小利有攸往。

天地之大文，易知簡能，而天下之理得。故純乾純坤並建以立易體，而陰陽剛柔各成

〔一〕尚書舜典載所用刑曰：「象以典刑，流宥五刑，鞭作官刑，扑作教刑，金作贖刑，怙終賊刑。」孔傳：「怙姦自終，當刑殺之。」

其能；上清下寧，晝日夕月，水融山結，動行植止，不待配合而大美自昭著於兩間。聖人體天之不貳以爲德之純，極變蓄之用而皆貞夫一，而盛德之光暉自足以經緯乎萬物。若其疑此之有餘，憂彼之不足，一剛而即間以一柔，組五色以成章，調五味以致和，美不足而務飾之，飾有餘則誠愈不足矣。詞賦，小技耳，司馬相如非知道者，且以一經一緯、一宫一商爲非賦心之所存，况君子以建中和之極者乎！

賁之爲卦，一陽甫立，即間以一陰，至於五而又改其常度，一陰而間以一陽，萋斐以成貝錦，人爲之巧畢盡，陰陽之變至此極矣，是不足與於天地之大文，而徒爲賁飾也。陽爲性、爲德，陰爲情、爲養。以陰文陽，則合乎人情而可亨；以陽文陰，則雖順人情以往，而緣飾之以不詭於道，則「小利有攸往」。「小」謂陰也。雖亨雖利，非大始自然之美利，而不足於貞。象於四德，有亨利而無元貞。夫子筮得賁[一]而懼，以此也夫！[二]

[一] 「賁」，底本無，從嶽麓本補。
[二] 吕氏春秋壹行：「孔子卜得賁。孔子曰：『不吉。』子貢曰：『夫賁亦好矣，何謂不吉乎？』孔子曰：『夫白而白，黑而黑。夫賁又何好乎？』」高注：「賁色，不純也。詩云『鶉之賁賁』。」

彖曰：賁亨，柔來而文剛，故亨。分剛上而文柔，故「小利有攸往」。

「賁亨」，言賁之所以亨者，陽之亨；「小利有攸往」，陰之利，非陽之利也。自上接下曰「來」。一陽之上，一陰即至，以相錯而文之。陽道本質實而剛正，陽甫動而陰即來，虛柔以適於人情，剛不戾物，而貴賤靈蠢皆樂觀而就之，陽道亨矣。「分」謂泰之變，從三陽之中，分而往上也。柔在上而易流，或至泥於情欲而違於理；剛舍中位，離其類而上，以止陰之過，則聲色臭味皆有節而不拂於理，陰之往乃以利焉。「文剛」以宣陽于有餘，「文柔」以節陰之不足，斯亦天理之節文。而止於亨利者，君子之道時行時止，即質即文；而斤斤然周密調停，以求合於人情事理，則抑末而非本也。

天文也。文明以止，人文也。

本義云：「先儒說『天文』上當有『剛柔交錯』四字。」〔一〕愚按：其爲闕文無疑，但未定其爲「剛柔交錯」否耳。此言天道人情，固有賁之理勢也。「文明」者，離一陰内函，

〔一〕朱子本義引「先儒」說後，謂「理或當然」，亦不全從其說。按朱子所謂「先儒」，蓋指唐人郭京，其周易舉正曰：「『天文』上脱『剛柔交錯』一句。此是夫子廣美賁卦有天文之象，欲人君取義，以理化人。審詳『天文』及『人文』註義，誤脱昭然可知。」今按：王注「天文」曰「剛柔交錯而成文焉，天之文也」，注「人文」曰「止物不以威武而以文明，人之文也」。

二陽外見，有文而必著於外。「止」者，艮陰長而陽限其上，有所限而不能踰也。人之有情必宣，有志欲見，而風氣各殊，止於其所，習而不遷，此古今之異趣，五方之别俗，智愚之殊致，各有其美，犁然别白，而自止其所安，均爲人文而相雜以成章者也。賁之文飾，非天地自然易簡之大美，然天人亦固有之，所以陰陽之變必有賁也。

觀乎天文以察時變，觀乎人文以化成天下。

此言聖人用賁之道也。剛柔雜糅，交錯以致飾，既爲天道人情之所固有，聖人觀而知其必然，而所以用之者，則不因天之變而易其純一之道，不隨人之變而傷其道一風同之至治。故天人雖賁，而聖人之治教自純。天合四時而一致，而當寒暑相授之際，則一雨一霽，一温一涼，與夫日月五緯之交錯於黄道内外，聖人觀而察之，以審時之變，節宣以行政令，乃以當變而不失其常。人之風氣習尚，粲然殊致，而各據其所安；聖人觀風施化，因其所長，濟其所短，不違其剛柔之則，而反之於純[一]。自非聖人，因賁而與之俱賁，則

[一]「純」，嶽麓本作「淳」。

隨化以流，而與人争美〔一〕於小節，賁之所以可懼也。夫子既釋彖義，而引伸以言。賁雖非大美之道，而聖人善用之，則治教資焉，特非大賢以下所可庶幾耳。

象曰：山下有火，賁。君子以明庶政，无敢折獄。

「山下有火」，明有所止；不及高遠而照近，則纖悉皆見。「庶政」，事物之小者，如周官翟、庶、赤犮、服不之類，〔二〕明察其理，而制爲法以授有司，使詳盡而不敢欺。「无敢折獄」者，赦小過，而得情勿喜，以矜全民命也。使飾法以文致之，則人無以自容矣。大象皆取法卦德之美，獨於賁、夬二卦有戒辭焉。智、仁、勇皆天德，而非仁以爲之本，則智傷於察，勇傷於傲，自恃爲德而以損天下，故君子慎德，尤於此致警焉。

初九，賁其趾，舍車而徒。

〔一〕「美」，嶽麓本作「美利」。

〔二〕周禮秋官司寇：「翟氏掌攻猛鳥，各以其物爲媒而掎之。」「赤犮氏掌除牆屋，以蜃炭攻之，以灰洒毒之。」「庶氏掌除毒蠱，以攻説禬之，嘉草攻之。」夏官：「服不氏掌養猛獸而教擾之。」

初九以剛居下，介然獨立，二來飾己，而己無所施飾於人，則修其踐履，淡泊明志，雖錫以車，不受而安於徒步。禮，大夫不徒行。[一]

象曰：「舍車而徒」，義弗乘也。

非無飾己者，以方在潛處，義不得邀[二]賁以爲榮。

六二，賁其須。

賁有頤之象。「須」，繞頤而生者也。二以陰飾初、三之陽，三亦以陽飾二，上下交受飾焉。飾于物而徒爲美觀，其爲文也抑末矣。

象曰：「賁其須」，與上興也。

「上」謂九三。「興」，動也。二與初猶爲交飾，於三則受飾而已。柔不能自明，因陽而顯，則亦隨物而動爾。

[一] 禮記王制：「君子耆老不徒行。」
[二] 「邀」，嶽麓本作「徼」。

九三，賁如濡如，永貞吉。

三下飾二而上飾四，二、四抑交飾乎三；陰有潤物之能而未免於相染，故有「濡如」之象，必「永貞」而後吉。所以可有「永貞」之吉者，以陽剛得位，即受其潤，而可不受其染。若六二雖當位，而柔之文剛，徇情貶道，以取悦于人爲美，不如剛之文柔，以道飾情爲有節也。

象曰：永貞之吉，終莫之陵也。

柔而資飾於人，則物必陵之。剛雖與柔交飾，自可不失其正，陰其能陵之哉！

六四，賁如皤如，白馬翰如，匪寇婚媾。

「皤」，老人髮白貌，〔一〕無文者也。「翰如」，疾走如飛也。〔二〕賁卦俱陰陽交錯，而四承六

〔一〕說文：「皤，老人白也。从白，番聲。易曰『賁如皤如』。」

〔二〕「翰如」，宋以前或訓白，或訓高舉；至程傳則曰「從正應之志如飛，故曰翰如」，朱子從之，曰「如翰飛之疾」，船山用之。

五，純而不雜，雖下飾三而「賁如」，上固無飾於五而「皤如」也。言「白馬」者，五無所施飾於四，以素相接也。「翰如」，五疾走以合於四也。於陰陽雜糅之世，初得此相承之爻，故相就速也。五受飾於上而不我飾，故疑於爲寇，而同類相求，保其貞素，則固與相和合矣。非陰陽交而言「婚媾」者，相錯之世，則以合德爲相好也。

象曰：六四當位，疑也。「匪寇婚媾」，終无尤也。

自四以下，陰陽各得其位以相飾。至於四，而所望於五者，陽之來飾；乃五與上交飾，而於四則兩陰相若，無所於賁，四之所以疑爲寇也。既相比合，以留未散之樸，又何尤焉！

六五，賁於丘園，束帛戔戔，吝終吉。

「戔戔」，帛幅狹小貌。[二]「邱園」，抱道隱居之地。六五居中静正，有其德而上賁之，欲其抒所藏以光濟於下，而五柔退無外飾之情，儉以待物，故吝。然時方競於交飾之文，

[二] 朱子本義謂「戔戔，淺小之意」，但爻辭既云「束帛戔戔」，故船山以爲「帛幅狹小」。

文有餘則誠不足，固不如敦尚儉德者之安吉也。

象曰：六五之吉，有喜也。

樂其道，則物自宜之。

上九，白賁，无咎。

上分剛以文柔，而不受物之賁，蓋率其誠素以節柔之太過，而無求榮之心者也。雖不得位，固无咎。

象曰：「白賁无咎」，上得志也。

居上則身處事外，得行其志，不藉外物之相飾。

䷖ 剥 坤下艮上

剥：不利有攸往。

自外割削殘毁，以及於内曰「剥」。此卦陰自下生，以迫孤陽之去。害自内生，而謂之剥者，主陽而客陰，君子辭也。「不利有攸往」者，陽也。陰柔之凶德，于時方利，即惡極必傾；而易不爲之謀，惟戒陽之往而已。有所行，皆謂之「往」。艮以止爲德，處陰盛已極之世，止而不行，猶免於害；害即不免，猶不自失；若更有攸往，不但凶危，尤義之所不許也。義之所不許者，不足以利物矣。

彖曰：剥，剥也。柔變剛也。

重言「剥也」者，言陽之剥喪，陰剥之也。變者，陽退而之幽，陰進而之明，變易其幽明之常。[二]初、三、五皆剛爻，而柔居之，甚言陰之乘權也。

「不利有攸往」，小人長也。長，上聲。[三]

小人長，利在小人矣。利在小人，則害在君子，道宜止而不宜行。

[二] 明者嚮、顯，幽者背、隱。
[三] 嶽麓本音注作「長，知兩反」。

順而止之，觀象也。君子尚消息盈虛，天行也。觀，音灌。[一]

卦象極於凶矣，而君子當其世以圖自處，抑自有剥而不剥之道焉。陰長之卦，自姤而遯而否，早爲君子道消，至於觀而益迫矣。顧不以爲君子危，而獎衆陰以仰觀[二]在上之陽；又極于剥，陽已失其尊位，爲君子謀者，視陰之極盛，勿以其不利爲慮，而取坤之順德，順而受之，止於上而不妄動，亦有「盥而不荐，有孚顒若」之象焉。故視五爲「貫魚」之「寵」，猶觀之「賓王」也。[三]上自以爲「輿」，猶觀之「觀民」也。世自亂而己自治，横逆自加而仁禮自存。蓋時未可與論得失順逆之常理，而因其消而息之，方虛而盈者不失，修身以立命，則晝夜屈伸、運行不息之道在己矣。雖不利於攸往，而非無可合之義，特非達天者不能也。

象曰：山附於地，剥。上以厚下安宅。

[一] 嶽麓本音注作「觀，古玩反」。
[二] 「仰觀」，嶽麓本作「觀」，無「仰」。
[三] 「賓于王」爲觀六四爻辭，觀卦陰剥已至於六四，剥卦則已至於五。

此全取山、地之象，而不依卦名立義者也。言「上」者，非先王盛世之事，抑非君子尚志不枉之義。一陽孤立，僅有高位，保固圖存，則用此象爲得也。「厚下」，取坤之載物，養欲給求以固結人心。「安宅」，取艮之安止，以[二]自奠其位也。民依於君，君亦依於民，則雖危而存矣。

初六，剥牀以足，蔑貞凶。

「牀」，所安處者。「以」，猶及也。所見不明，不知有而藐忽之曰「蔑」[三]。陰以載陽，使安居于上，陰之正也。初六卑下柔暗，沈溺于積陰之下而不能自振，雖力不足以剥陽，實陷於邪以傾陽者深矣。迷於貴貴尊賢之義，藐大人而不知畏敬，自爲凶人，天下亦受其凶危矣。

象曰：「剥床以足」，以滅下也。

〔二〕「以」，嶽麓本無。
〔三〕說文：「蔑，勞目無精也。從苜，人勞則蔑然，從戍。」

「滅」，沈没也。暗爲陽害於下，以其沈没於幽暗之中，而不知奉陽之爲正也。

六二，剥牀以辨，蔑貞凶。

「辨」，牀幹也。較足而近矣，其不知有正猶初也，故凶亦如之。

象曰[一]**：「剥牀以辨」，未有與也。**與，音預。[二]

自恃其居中得位，爲群陰之主，而與陽若不相與，然則剥之而無忌。夜郎王豈知漢之大哉！[三]

六三，剥之无咎。

謂於剥之世，獨能无咎也。與群陰居，不能拔出自奮，以拯陽而定其傾，而心不忘於

[一] 「象曰」，底本作「彖曰」，誤，今改。
[二] 嶽麓本音注作「與，羊洳反」。
[三] 夜郎自大，詳史記西南夷列傳。

貞順，與上相應，如狄梁公之事女主、[一]關羽之爲曹操用者，君子曲諒其志。

象曰：「剥之无咎」，失上下也。

上下各二陰，三不與之相得，志在上九。

六四，剥牀以膚，凶。

四近陽而與艮爲體，非不知有貞，而茫昧以自沈溺者，爻值退位，下而與群陰相比，以迫陽而剥之，此華歆、崔胤外交賊臣以喪國者，[二]其志慘，其禍深矣。「凶」，謂上九受剥而凶也。

象曰：「剥牀以膚」，切近災也。

爲上九危之。

[一] 狄仁傑死後，睿宗時追封梁國公。狄仁傑任武周宰相時，意存唐宗室，其勸武后立李顯爲太子，爲功尤大。

[二] 華歆本漢臣，而事曹魏。崔胤，唐昭宗時宰相，欲依靠朱温勢力誅宦官，最後爲朱温所殺，而唐亦亡於朱温之手。

六五，貫魚，以宫人寵，无不利。

天子進御之制，王后當夕于月望初，自御妻、嬪、夫人而漸進。〔一〕「貫魚」，自下而上之序也。「以」猶率也。六五柔，居中位尊，以上承乎陽，陽一而陰衆，有后率群妾以分君寵之象。五，陰盛之極矣，乃獨以切近剥膚，歸惡於四，而五不言剥者，不許陰之僭天位以逼孤陽，因其得中而密近於上，節取其善焉，聖人不得已之深情也。「无不利」者，所以獎陰之順承，而歆之以利也。

象曰：「以宫人寵」，終无尤也。

能率群陰以承事乎陽，可无尤矣。陰雖處極盛之勢，固有救過之道。後唐明宗焚香祝天，願中國早生聖人，〔二〕庶幾此義焉。

〔一〕禮記昏義：「天子后立六宫、三夫人、九嬪、二十七世婦、八十一御妻，以聽天下之内治，以明章婦順，故天下内和而家理。」周禮九嬪鄭玄注：「凡群妃御見之法：月與后妃，其象也。卑者宜先，尊者宜後。女御八十一人當九夕，世婦二十七人當三夕，九嬪九人當一夕，三夫人當一夕，后當一夕，亦十五日而徧云，自望後反之。」

〔二〕後唐明宗李嗣源，新五代史卷六唐本紀第六：「明宗雖出蕃人，而爲人純質，寬仁愛人，於五代之君有足稱也。嘗夜焚香，仰天而祝曰：『臣本蕃人，豈足治天下！世亂久矣，願天早生聖人！』」

上九，碩果不食，君子得輿，小人剥廬。

群陰盛極，一陽僅存於上，「碩果」也。「不食」，不爲人所食，言不用於世也。當剥之世，功無可與立，道無可與行，上高蹈遠引，安止而不降其志，雖不食，而俯臨濁世，其可以駕御之道，自在「得輿」矣。彼小人者，雖朋邪以逞，徒自剥其廬而已。「廬」，所以蔭己而使寧居者。一陽覆上，本陰之所藉蔭者；君子不屑與施治教，則廬剥矣。群邪得志，君子方超然卓立於其外，不歆其富貴，不屈[一]其威武，雖無撥亂反正之功，而陰以留正氣於兩間，則名義不亡於人心。當時之小人不被其蔭，而終不能掩其扶持世教之道，然則「攸往不利」，而亦何不利哉！

象曰：「君子得輿」，民所載也。「小人剥廬」，終不可用也。

無君子則世無與立，陰雖盛，不能不載君子。「小人剥廬」，亦何所用乎？徒自失其

[一]「屈」，嶽麓本作「詘」。

依止而已。鄭憶翁云：「天下皆秋雨，山中自夕陽。」[一]

☷☳ 復震下坤上

復。亨，出入无疾，朋來无咎。反復其道，七日來復，利有攸往。

還歸其故曰「復」。一陽初生於積陰之下，而謂之復者，陰陽之撰各六，其位亦十有二：半隱半見，見者爲明，而非忽有；隱者爲幽，而非竟無。天道人事，無不皆然，體之充實，所謂誠也。十二位之陰陽，隱見各半，其發用者，皆其見而明者也。時所偶值，情所偶動，事所偶起，天運之循環，事物之往來，人心之應感，當其際而發見。故聖人設筮以察其事會情理之相赴，而用其固有之理，行其固然之素位，所謂幾也。幾，誠之幾也，非無其誠而可有其幾也。是則爻見於位者，皆反其故居，而非無端之忽至矣。

[一] 褚人穫堅瓠集四集卷四：「宋既亡，鄭所南改名思肖，隱居長洲之承天寺，終身不娶，時時向南慟哭，爰作心史，沉於寺之狼山房井中。歷四百餘年，至崇禎戊寅仲冬，僧濬眢井，而其書始出……『鳳凰身宇宙，麋鹿性山林。天下皆秋雨，山中自夕陽』等句，其感慨一寓之於詩。」鄭所南字憶翁，其事蹟見程敏政宋遺民録卷十三。

然姤一陰下見，不可謂之復者：陽位乎明，陰位乎幽；陽以發，陰以居，道之大經也。則六位本皆陽位，陰有時踐其位，而固非其位，故陽曰復，而陰不可曰復。且初、三、五本陽位也；積陰猶盛，而陽起於初，得其所居，亦有復之義焉。

陽一出而歸其故居，則不可復禦。陰得主而樂受化，故「亨」。自幽而出見曰「出」，入乎積陰之下而上與陰相感曰「入」。「疾」，患也。一陽初發，爲天心始見之幾，致一無雜，出无疾也；一陽以感群陰，陰雖暗昧，而必資陽以成化，情所必順，入无疾也。「朋」謂五陰相連而爲黨也。「來」，下相接也。陰猶極盛，疑有咎焉，而陽震起於下，以受陰而入與爲主，則朋陰之來，非以相難，而以相就，固无咎也。

以人事言之：在事功，則王者不易民而治，而聖作于創業之始，多士多方，雖繁有其徒，皆撫之以消其疑貳；在學術，則君子不絶欲以處，而仁發於隱微之動，聲色臭味，雖交與爲感，皆應之以得其所安，不患朋之來，而特在初幾之貞一爾。

「反復其道」者，言有反有復者，其道也。誠之所固有、幾之所必動也。七者，少陽之數。數極於六，不可復減，必上生至於七，而陽復萌也。天道之固然，即人事之大順。

繇此以往，愈引愈出，而陽益生，皆一陽震起之功也。率此而推行之，世無不可治，而人無不可爲堯、舜也。

彖曰：復亨，剛反。

復之亨，以剛之反於位也。

動而以順行，是以「出入无疾，朋來无咎」。

以動而行乎順之中，則於己無患其孤，而物雖賾，不足以相礙。故特患其不動耳，無憂物之不順也。

「反復其道，七日來復〔二〕**」，天行也。**

天之運行恒半隱半見。日過一度，周而復出於地，於此可想陰陽具足，屈伸於幽明，而非有無也。「七日」者，數極則反之大概；舊説謂自姤至復，于易卦、天數俱不合，今

〔二〕嶽麓本所據底本缺此「復」字。

不從之。〔二〕

「利有攸往」，剛長也。長，上聲。〔三〕

不動則漸向於消，動則必長。往而進焉，繼起之善，相因必至，故雖一陽乍生，而可謂之長。

復其見天地之心乎！

此推全體大用而言之，則作聖合天之功，於復而可見也。人之所以生者，非天地之心乎？見之而後可以知生；知生而後可以體天地之德；體德而後可以達化。知生者，知性者也；知性而後可以善用吾情；知用吾情，而後可以動物。故聖功雖謹於下學，而必以「見天地之心」爲入德之門。天地之心不易見，於吾心之復幾見之爾。天地無心而成化，而資始資生於形氣方營之際，若有所必然而不容已者，擬之於人，則心也。

乃異端執天地之體以爲心，見其窅然而空、塊然而静，謂之自然，謂之虚静，謂之常

〔二〕「舊注」，其主要爲大全載程傳、本義之説。詳後注。
〔三〕嶽麓本音注作「長，知兩反。」。

寂光，謂之大圓鏡，則是執一嗒然交喪、頑而不靈之體以爲天地之心，而欲效法之。夫天清地寧，恒静處其域而不動，人所目視耳聽而謂其固然者也。若其忽然而感，忽然而合，神非形而使有形，形非神而使有神，其靈警應機，鼓之盪之於無聲無臭之中，人不得而見也。乃因其耳目之官有所窘塞，遂不信其妙用之所自生，異端之愚，莫甚於此。而又從爲之説曰：此妄也，不動者其真也。則以惑世誣民，而爲天地之所棄，久矣。

故所貴於静者，以動之已亟，則流於偏而忘其全，故不如息動而使不流，而動豈可終息者哉！使終息之，而槁木死灰之下，心已喪盡。〔一〕心喪而形存，莊周所謂「雖謂之不死也奚益」，而不知自陷其中也。程子曰：「先儒皆以静爲見天地之心，不知動之端乃天地之心。非知道孰能識之！」〔二〕卓哉其言之乎！

自人而言之，耳目口體與聲色臭味，皆〔三〕立於天地之間，物自爲物，己自爲己，各静止其域而不相攝，乃至君臣、父子、兄弟、夫婦，各自爲體而無能相動，則死是已。其未

〔一〕槁木死灰，見莊子齊物論。船山認爲，佛教和道家强調虚妄的「静」，而儒家注重生生不已的「動」。
〔二〕程氏易傳。
〔三〕「皆」，嶽麓本作「柴」。

死而或流於利欲者，非心也。耳目口體之微明浮動於外，習見習聞，相引以如馳，而反居〔一〕其退藏之地，則固頑静而不興者也。陽之動也，一念之幾微發于俄頃，於人情物理之沓至，而知物之與我相貫通者不容不辨其理，耳目口體之應乎心者不容於掩抑，所謂惻隱之心是已。惻者，旁發於物感相蒙之下；隱者，微動而不可以名言舉似，如痛癢之自知，人莫能喻也。此幾之動，利害不能摇，好惡不能違，生死不能亂，爲體微而爲用至大；擴而充之，則忠孝友恭、禮樂刑政，皆利於攸往而莫之能禦。則夫天地之所以行四時、生百物，亘古今而不息者，皆此動之一幾，相續不舍，而非窅然而清，塊然而寧之爲天地也，審矣。〔二〕

邵子之詩曰：「一陽初動處，萬物未生時。」〔三〕其言逆矣。萬物未生處，一陽初動〔四〕

〔一〕「居」，嶽麓本作「諸」。
〔二〕船山剖析惻隱之心，可謂淋漓盡致，真孟子之功臣。
〔三〕此一段嚴斥邵子之説，實亦對朱子而發也，本義於此注曰：「積陰之下，一陽復生，天地生物之心幾於滅息，而至此乃復可見。在人則爲静極而動、惡極而善、本心幾息而復見之端也。程子論之詳矣。而邵子之詩亦曰：『冬至子之半，天心無改移。一陽初動處，萬物未生時。玄酒味方淡，大音聲正希。此言如不信，更請問包羲。』至哉言也！學者宜盡心焉。」
〔四〕「一陽初動」，嶽麓本兩處均作「一陽初起」。

時，乃天地之心也。然非特此也。萬物已生，而一陽之初起，猶相繼而微動也。又曰「玄酒味方淡」，是得半之説也。淡可以生五味，非舍五味而求其淡也。又曰「大音聲正希」，則愈非矣。希聲者，聲之餘也，是剥上之一陽也。金聲而後玉振之，帝出乎震，聲非希也，限於耳官之不聞而謂之希也。其曰「天心無轉移」，則顯與「反復其道」之旨相違矣。天地之心，無一息而不動，無一息而非復，不怙其已然，不聽其自然。故其於人也爲不忍之心，欲姑置之以自息於静，而不容已。而豈大死涅槃、歸根復命、無轉無移之邪説所得與知哉！是則耳目口體止其官，人倫物理静處其所，而必以此心惻然悱然、欲罷不能之初幾，爲體天地之心而不昧。自其不流於物也，則可謂之静，而固非淡味希聲以求避咎也。

是心也，發于智之端，則爲好學；發於仁之端，則爲力行；發於勇之端，則爲知恥；其實一也。陽，剛之初動者也；晦之所以明，亂之所以治，人欲繁興而天理流行乎中，皆此也。一念之動，以剛直擴充之，而與天地合其德矣，則「出入无疾，朋來无咎」，而攸往皆利。故曰：作聖合天之功在下學，而必於此見

之也。〔一〕

象曰：雷在地中，復。先王以至日閉關，商旅不行，后不省方。

「至日」，冬至也。「后」謂諸侯。「省方」，行野而省民事也。雷在地中，動于内以自治，而未震乎物。民以治其家，君以治其朝，而無外事焉，所以反身自治而立本也。言「至日」者，自至日爲始，盡乎一冬之辭。若云但此一日，則商旅暫留於逆旅，愈羈縻而不寧；后之省方，豈旦出暮歸而但此一日之不行乎？民則至日以後，寒極而息，以養老慈幼，而勤修家務；后則息民於野，而修明政事，俟始和而頒行之，皆動於地中之象也。

自京房卦氣之説，以冬至一日當復之初爻，限十二卦爲十二月之氣，拘蔽天地之化於十二卦之中；既無以安措餘卦，則又强以六日一卦文致之，説愈不通。使其果然，則冬

〔一〕學者修行不已，必至聖人境地，上達于天。然皆由此一念之動擴充出去。又，船山論復卦，亦可參見外傳。彼處以復卦爲顔子工夫，泰卦爲曾子工夫。

至後之六日，何以爲「迷復之凶」耶？〔一〕又云「七日來復，自姤數之」，則十二日而卦變盡，又自相戾背〔二〕矣。以冬至一日閉關爲義，謂應時令，觀值八月，陰氣方盛，又何以〔三〕獨宜「省方」？姤當夏至陰生，又何宜「施命」哉？天之有四時十二中氣，自其化之一端；而八卦之重爲六十四卦，又別爲一道，相錯而各成其理，並行而不相襲，自不相背〔四〕，造化之神所以有恒而不可測也。京房者何足以知此哉！其説行，而魏伯陽竊之以爲養生之術，又下而流爲鑪〔五〕火彼家之妖妄〔六〕，故不可以不辨。

〔一〕京房卦氣之説，詳臨卦下注。然此處「七日來復」，舊注並未載京房以爻或七月當之。按舊注所載舉其大凡則有二説：一用卦氣，以爻當日；一用辟卦，以月爲日。其以爻當日又有二説，若李鼎祚則用易軌，以一爻主一日，自剥後爲坤，坤六爻，加復下生之一爻爲七爻，故七日；若用孔疏則從鄭玄之説，用六日七分，以自剥至復隔坤卦，一卦主六日七分，舉成數言則爲七日。若以自姤至復爲七月，七日即七月，則自南北朝褚氏、莊氏（見孔疏）、侯果（見集解）已言之，而至程傳、本義則專用此説。船山明斥京房，而其駁「七日來復，自姤數之」，乃因大全中載程、朱之解而發。

〔二〕「戾背」，嶽麓本作「悖戾」。

〔三〕「以」，底本作「日」，據嶽麓本及文義改。

〔四〕「背」，嶽麓本作「悖」。

〔五〕「鑪」，嶽麓本作「罏」。

〔六〕魏伯陽用京房之納甲，而爲「月體納甲」，以説煉丹之火候；非用其十二辟卦。

初九，不遠復，无祇悔，元吉。

「不遠」，速而近也。「祇」，語助詞，言不至於悔也。〔一〕初爻爲筮之始畫，一成象而陽即見，故曰「不遠」。推之於心德，一念初動，即此而察識擴充之，則條理皆自此而順成，不至於過而有悔，此乾元剛健之初幾，以具衆理，應萬事，〔二〕而皆吉矣。

象曰：不遠之復，以修身也。

「身」者，最其不遠者也。乃動而出以應物，得失休咎，聽之物而莫能自必，雖刻意求善，而悔亦多矣，何也？待〔三〕物感而始生其心，後念之明，非本心之至善也。〔四〕方一起念之初，毀譽吉凶，皆無所施其逆億，而但覺身之不修，無以自安，則言無過言，行無過行，卓然有以自立矣。以誠之幾，御官骸嗜欲而使之順，則所謂「爲仁繇己」「不下帶而

〔一〕程傳訓爲抵，王注曰「辭也」，此從王注。

〔二〕朱子注孟子「盡心」曰：「心者，人之神明，所以具衆理而應萬事者也。」

〔三〕「待」，嶽麓本作「得」。

〔四〕此數句，極得大程子定性書工夫之要。程子謂：「所謂定者，動亦定，静亦定；無將迎，無内外。苟以外物爲外，牽己而從之，是以己性爲有内外也。且以己性爲隨物於外，則當其在外時，何者爲在内？是有意於絶外誘，而不知性之無内外也。」如醫家之善者，必使人培元固本，而風邪自難入侵；非待病入膏肓，而專攻其疾也。

道存」也。[一]

六二，休復，吉。

人依樹蔭以息曰「休」[二]。六二柔而得中，下近于陽，樂依其復，所謂「友其士之仁者」，與吉人居，則吉矣。[三]

象曰：休復之吉，以下仁也。

屈意而樂親之曰「下」。不遠復以修身，仁人也。下與之依，故吉。凡陰居陽上，類以「乘剛」爲咎，此獨言下而非乘者，一陽下動，以資始之德震動群陰，非陰之敢乘，而五陰順序以聽其出入，無相雜以相亢，静以待動，其德不悖也。易之不可以典要求也，類然。

[一] 孟子盡心下：「孟子曰：『言近而指遠者，善言也；守約而施博者，善道也。君子之言也，不下帶而道存焉。』」朱子集注：「古人視不下於帶，則帶之上乃目前常見至近之處也。舉目前之近事而至理存焉，所以爲言近而指遠也。」

[二] 説文：「休，息止也，從人依木。」

[三] 吉人，謂善人。讀如「吉人之辭寡」之「吉人」。

六三，頻復，厲无咎。

「頻」與「瀕」通，字從涉，從頁，隸文省「水」爾，近而未即親之辭。〔一〕六三去初較遠，不能如二之下仁；而與震爲體，進而臨乎外卦，其於復道不遠矣。然必嚴厲自持，不與上六相應，而後「无咎」。以柔居剛，非一於柔者，故可有「厲」之象焉。

象曰：頻復之厲，義无咎也。

義不得與陰相暱，而上應「迷復」也。

六四，中行獨復。

〔一〕說文無頻字，有瀕字，曰：「瀕，水厓，人所賓附，瀕蹙不前而止。从頁，从涉。」朱駿聲說文通訓定聲：「字亦作頻、作濱。」船山說文廣義：「頻，本從涉、從從頁，隸書或省涉作步，水厓也。人至水厓，阻水不行，則顰蹙……『頻』字借爲『頻繁』之『頻』者，于義無取，當作『顰』，事繁則眉蹙也。」

就五陰而言之，四爲中矣。[一]處上下四陰之中，四陰環拱，欲奉之爲主，幾於不能自拔。乃柔而得位，又爲退爻，舍同類而下應乎初，樂聽其復。不言吉者，卓然信道，非以謀利計功，不期乎吉者也。

象曰：「中行獨復」，以從道也。

初之德仁，而又其正應，道所宜從也。

六五，敦復，无悔。

六五居尊位，疑可以與陽相亢，不聽其復；乃爲坤之主，厚重自持，則陽方長而已不拒，静以聽動，无悔之道也。

象曰：「敦復无悔」，中以自考也。

「考」，省察也。位雖居中，而度德相時，自省其不足，而順静以退聽，熟審於貞邪以待治，何後悔之有！

[一] 王弼注：「四上下各有二陰而處厥中。」

上六，迷復，凶，有災眚。用行師，終有大敗，以其國君凶，至於十年不克征。

四處群陰之中而退聽，五履至尊之位而大順，皆不禁陽之來復。上六遠陽已甚，恃其荒遠，欲爲群陰之長，亢而不屈，不度德，不相時，迷而凶矣。初方奮起，震群陰而施化，朋來无咎，固無所猜疑於上六而懲創之。而上六既反天道，人不致討，天且降以水旱之災，薄蝕之眚，[一]乃亢極而無自戢之情，怙其陰險，復[二]行師以與初争勝敗，師喪而命之不保，必矣。上六非天子之位，故稱國君，諸侯之負固不服者也。「至於十年不克征」，謂初九蕩平之難也。隗囂死而隴右不下，陳友諒殪而武昌未平，其象也。以學者之治身心言之：仁之復也，物欲之感皆順乎理，而餘習存於幾微，不易消除，非義精仁熟，仍留未去，故程子有「見獵心喜」之歎。克之之難如此，特爲初

[一] 左傳莊公二十五年：「凡天災，有幣無牲。非日月之眚，不鼓。」杜注：「天災，日月食、大水也。祈請而已，不用牲也。眚，猶災也，月侵日爲眚。」

[三] 「復」，嶽麓本作「覆」。

九〔一〕重戒之。

象曰：迷復之凶，反君道也。

非君道而欲爲之君，群陰且不從，況陽之震起者乎！

☰☳ 无妄 震下乾上

无妄。元亨利貞。其匪正有眚，不利有攸往。

「无妄」云者，疑於妄而言其无妄也。若非有妄，則不言无妄矣。時當陰積于上，陽秉天化，以震起而昭蘇之，則誠所固有之幾也。乃此卦天道運於上，固奠其位；二陰處下，非極其盛；而初陽震動，非以其時，理之所无，時之或有，妄矣。然自人而言則見爲妄，自天而言，則有常以序時，有變以起不測之化。既爲時之所有，即爲理之所不無。

〔一〕「初九」，嶽麓本作「初爻」。

理，天理也。在天者即爲理，縱横出入，隨感而不憂物之利，則人所謂妄者，皆無妄也。[二]君子于天之本非有妄者，順天而奉天時，於妄者深信其无妄，而以歸諸天理之固有，因時消息以進退，而不敢希天以或詭於妄。故天道全於上，天化起於下，元亨利貞，四德不爽。而其動也，非常正之大經，於人或見爲「眚」。若日月之運行，自有恒度，誠然不相淩躐，而人居其下，則見爲薄蝕，必退而自省，不敢干陰陽之變，以成人事之愆，所以「不利有攸往」。言其「匪正」者，未嘗非元亨利貞之道，而特非人所奉若之正也。故曰「无妄，災也」，[三]非天有災，人之災也。

彖曰：无妄，剛自外來，而爲主於内。

外卦皆陽，陽與陽爲類，而一陽離其群，間二陰而在下，以主陰而施化。又，自遯之變言之，九三之陽，入而來初，於將遯之世返歸於内，以主二陰。其來也，欲以爲主，非

[二] 有些人不理解很多世界上的事情，認爲它不合理，認爲它虚妄——然而這種想法本身就是一種妄見。
[三] 雜卦：「大畜時也，无妄災也。」

無情也。有情，則雖不測之變，而固非妄矣。

動而健，剛中而應，大亨以正，天之命也。

其動也，承健而動。五剛中而二應之，不失其正，則非無所稟承而動者。雖非時序，而承天固有之四德，惟其所施而可矣。天道有恒而命无恒，故曰「莫非命也，順受其正」[一]者，存乎君子爾。

「其匪正有眚，不利有攸往」，无妄之往，何之矣！天命不祐，行矣哉！

「其匪正」者，即此「大亨以正」之命，而有時不循其常，人不與之相值，則於人非所應受之命也。夷、齊不遇虞、夏之世，孔子不與三代之英，[二]天命自成其一治一亂之恒數，而于君子則爲變。日月之眚，當其下者不利，亦此理也。昧其變而不知止，謂天命實然，或隨時以徼利，或矯時而冥行，則違人情、悖物理，所往必窮矣。天之命本非祐己，而可行矣哉？

[一] 孟子盡心上。

[二] 伯夷、叔齊懷念虞、夏的禪讓，反對以暴易暴，然而却處在那樣一個革命的時代。孔子感歎「大道之行也，與三代之英，丘未之逮也，而有志焉」（禮記禮運）。

蓋天之大命，有千百年之大化，有數十年之時化，有一時之偶化；有六合之大化，有中土之時化，有一人一事之偶化。通而計之皆无妄，就一時一事而言之，則无妄者固有妄也。有所祐、有所不祐者，聖人不能取必於天，况擇地相時以自靖之君子乎！人子之于父母也，小杖則受，大杖則走。命之以非己所當爲，則「夫已多乎道」。〔二〕非是則不足以事親，亦此道爾。

象曰：天下雷行，物與无妄。先王以茂對時，育萬物。

「茂」，盛也。「對」猶應也。雷承天而行發生之令，不必有定方定候，而要當物生之時。物與之无妄者，物物而與之，啟其蟄，達其萌，靈蠢良楛無所擇，而各如其材質，皆不妄也。以無擇爲盛，以不測爲時，此其爲无妄者，雖若有妄，而固无妄也。先王不以此

〔二〕嶽麓本校記：「王孝魚批注：『「則夫已多乎道」句，不知其出處，語意不明。』按：『夫已多乎道』出尸子。夫，虚詞。已，止也。句意謂：止（非正之命）則合道多矣。」春秋經桓公九年「冬，曹伯使其世子射姑來朝」，穀梁傳：「朝不言使。言使，非正也。使世子伉諸侯之禮而來朝，曹伯失正矣；諸侯相見曰朝，以待人父之道待人之子，以内爲失正矣。内失正，曹伯失正，世子可以已矣。則是放命也。尸子曰：『夫已多乎道。』」范甯集解：「父有争子，則身不陷於不義。射姑廢曹伯之命可。邵曰：『已，止也，止曹伯使朝之命，則曹伯不陷非禮之愆，世子無苟從之咎，魯無失正之譏。三者正，則合道多矣。』」

道用之於威福，恐其刑已濫而賞已淫，雖自信无妄，而必有妄矣。惟因萬物之時，天所發生之候，行長養之令，金、木、水、火、土、穀惟修，草、木、鳥、獸咸若，[二]使之自遂其生，則道雖盛而無過。然所謂「對時」者，因天因物以察其變，非若呂不韋之月令，限以一切之法也。

初九，无妄，往吉。

无妄之「不利有攸往」者，業已成乎无妄之世，更不可往也。「往吉」者，以其无妄而往也。初九承天之命，以其元亨利貞之德信諸心者，動而大有爲，立非常之功，如伊尹之放太甲，孔子以匹夫作春秋，行天子之事，則先天而天弗違，往斯吉矣。

象曰：无妄之往，得志也。

心安而人莫不服。

[二]「金、木、水、火、土、穀惟修」，此尚書洪範所謂六府。尚書伊訓：「山川鬼神亦莫不寧，暨鳥獸魚鼈咸若。」若，順也。

六二，不耕獲，不菑畬，則利有攸往。

田間歲而墾曰「菑」，歲耕成熟曰「畬」[1]。不耕而獲，不墾而熟，有代之於先者也。初九爲震之主，以其不妄之誠，創非常之業；二柔得位而居中，雖與震爲體，而動不自已，静聽以收其成，則往而利。言「則」者，戒占者之勿效人動而亦動也。无妄之爲，非誠信於己者，不可躬任其事。自初而外，皆以安静爲得。不然，則雖合義守貞，而固匪其正也。

象曰：「不耕獲」，未富也。

不言「菑畬」者，義同則舉一而可括也。不耕而獲，其所收者亦薄矣。惟不貪功利，故能以静御動而往利。

六三，无妄之災，或繫之牛，行人之得，邑人之災。

---

[1] 説文「畬，三歲治田也。易曰『不菑畬田』。」間歲而墾，則已兩年，加耕之一歲，則三年而成畬熟之田。

此以遯之變而言也。「或繫之牛」，遯之所謂「執[一]用黄牛之革」也。「行人」謂初九，「邑人」則三固居其位者也。二欲繫陽於三，而陽來居初，爲初所得，三以柔不當位，而外卦之健行且責其不敏，故「災」。災，自外至者也，非三之自取，初使之然，程子所謂「无妄之禍」也。

象曰：行人得牛，邑人災也。

邑人之有罪而蒙災，妄也。然失牛於其邑，不責其人而誰責？則亦非妄也。災既非妄，安受其咎可矣，故不言凶。

九四，可貞，无咎。

四與初相應，初以剛濟剛，非能静以處无妄者。然動以誠動，有唱必有和，有作之者必有成之者，諒其誠而與同道，亦不失其正而得无咎。「可」者，僅可之辭。

[一] 嶽麓本校記云：「『執』：守遺經書屋本、金陵本、太平洋書店本均同鈔本作『鞏』。王孝魚校誤云：『革初九「鞏用黄牛之革」，遯六二「執之用黄牛之革」，莫之勝説。船山既以遯之變言，則此處當用遯之六二卦辭無疑。「鞏」字乃「執」字之誤。』」今據改。

象曰：「可貞无咎」，固有之也。

動而无妄，固有其事，則抑固有其理。諒其非妄而與之相濟可爾。

九五，无妄之疾，勿藥有喜。

天位至尊，而初擁震主之威以立非常之功，五之疾也。然五中正得位，坦然任之，而不疑其妨己，而亟于施治。初九之志，本非逼上，功成而坐受其福矣。

象曰：无妄之藥，不可試也。

疑之則姑試之，不知其疾固无妄者，可勿藥也。成王之于周公，始試藥之而四國亂，終勿藥而王室安。

上九，无妄行有眚，无攸利。

初以陽剛震起，代天而行非常之事。上九晏居最高之地，處欲消之勢，不能安靖以撫馭之，而亢志欲行，則違時妄動，自成乎「眚」而无攸利矣。

象曰：无妄之行，窮之災也。

時已過，位已非其位，權已歸下，恃其故常而亢志以行，高貴鄉公之所以自斃也。〔一〕

䷙ 大畜 乾下艮上

大畜。利貞，不家食，吉，利涉大川。

「大」，陽也。大畜，以陽畜陽也。艮者，乾道之成，以止爲德，以一陽止二陰於中而因以止乾，其用雖柔，而志則剛。用柔以節乾之行於内，所以養其德而不輕見，待時而

〔一〕三國志卷四裴松之注引漢晉春秋曰：「帝見威權日去，不勝其忿。乃召侍中王沈、尚書王經、散騎常侍王業，謂曰：『司馬昭之心，路人所知也。吾不能坐受廢辱，今日當與卿等自出討之。』王經曰：『昔魯昭公不忍季氏，敗走失國，爲天下笑。今權在其門，爲日久矣，朝廷四方皆爲之致死，不顧逆順之理，非一日也。且宿衛空闕，兵甲寡弱，陛下何所資用，而一旦如此，無乃欲除疾而更深之邪！禍殆不測，宜見重詳。』帝乃出懷中版令投地，曰：『行之決矣。正使死，何所懼？況不必死邪！』於是入白太后，沈、業奔走告文王，文王爲之備。帝遂帥僮僕數百，鼓譟而出。文王弟屯騎校尉伷入，遇帝於東止車門，左右呵之，伷衆奔走。中護軍賈充又逆帝戰於南闕下，帝自用劍。衆欲退，太子舍人成濟問充曰：『事急矣。當云何？』充曰：『畜養汝等，正謂今日。今日之事，無所問也。』濟即前刺帝，刃出於背。」今按高貴鄉公亦可謂壯烈者，惜其生不逢時爾。事雖敗，猶愈於漢獻、唐文也。千載之下讀此一段史記，猶令人憤懣不已。

行，則莫之能禦矣。乾畜美於内，精義以盡利，敦信以保貞，備斯二德，皆艮止之功也。不及元亨者，止而未行，長人之德未施，雲雨之流形有待也。「不家食」者，受禄而道行也。以剛健大有爲之才，止而聚於内，以不苟於行，家修之事也；而止之者，將以厚其養而大用之，待其汲引以進，與艮之一陽，志道合而利見，受禄不誣矣。「利涉大川」者，健于行而姑止，止之者又其同志，以之涉險，蔑不濟矣。小畜，畜之者之志異，故相持而不解。大畜，畜之者之道同，故相待而終行。

彖曰：大畜，剛健、篤實煇光〔一〕，日新其德。

贊大畜之德，其美如此其至也。「剛健」，乾之德也。「篤實煇光」，艮之德也。艮所以爲篤實者，陰道斂而質，静而方，止於内而不亢，則務本敦信之道也。乾之剛健，力行不倦，而艮以静斂之，又以光昭〔二〕之志，著見於外，使乾信其誠，而益務進修，日畜而日新

〔一〕此處與下文兩處「煇光」，嶽麓本均作「輝光」。
〔二〕「昭」，嶽麓本作「明」。

矣。乾之六爻，外三爻，其功化也；内三爻，進德修業也。畜其德業，而不急於功化，則學問益充，寬仁益裕，德自日新而盛，其資於養者深矣。〔二〕君子之自修，則韞玉以待沽；明王之造士，則譽髦〔三〕以成德也。

剛上而尚賢，能止健，大正也。

「尚」，進也。剛出乎二陰之上，居高以倡，引陽而進之，以進之道止之，誘掖獎進，使精其義，故「利」。健行者恐過於敏，以止之道進之，使敦厚其德，非「大正」者不能，故「貞」。

「不家食吉」，養賢也。

養其德而使日新，則受以禄，而位與德相稱而吉矣。

「利涉大川」，應乎天也。

〔二〕論語公冶長：子使漆雕開仕。對曰：「吾斯之未能信。」子説。

〔三〕詩大雅思齊：「古之人無斁譽髦斯士。」鄭箋云：「古之人，謂聖王明君也。口無擇言，身無擇行，以身化其臣下，故令此士皆有名譽於天下，成其俊乂之美也。」釋文：「髦，俊也。」

有艮上一陽與乾合志，則跱躍〔二〕以涉險，自有同心之助。乾秉天德，易以知險，有應則彌利矣。

象曰：天在山中，大畜。君子以多識前言往行，以畜其德。識，式吏反。行，去聲。〔三〕

天者，資始萬物之理氣也。山雖地之形質，而出雲蒸雨，生草木，興寶藏，皆天氣淪浹其中以成化。故天未嘗不在山中，豈徒空虛上覆者之爲天哉！山之廣大，其畜天之氣以榮百昌者，厚矣。君子安安而能遷，聚而能散，不欲多畜也。惟學問之事，愈多而愈不厭，皆足以養德，故取象焉。「前言往行」，亦人之美爾，而人受天之靈以生，言行之善，皆天理之著見，因其人而發也。能知人之善皆天之善，則異端忘筌蹄，離文字，以求合於虛寂，其邪妄明矣。

〔二〕「跱躍」，嶽麓本作「躊躕」。
〔三〕嶽麓本音注作「識，式吏反。行，下孟反。」

初九，有厲利已。

三陽具而後成乾，艮體具而後畜之也，涉險皆利。在一爻言之，則剛健欲行而不受止，此爻與象之所以小異也。乃以止道養人之德者，施於剛躁之動，自未能遽受，故日新之德，亦必抑志受止而後成，非驟止之而即受，則于三陽有戒辭，與象義亦不相悖[一]。初九陽剛始進，而四以柔止之於早，固有危厲不安之意，而戒之以利於已，已亦止也。

象曰：「有厲利已」，不犯災也。

剛得其位，可以自信無害，乃出而有爲，則物之險阻固不可知，見止而止，然後無傷。

九二，輿説輹。說，吐活反。[二]

車，所載以健于行者，故取象焉。大畜之乾專言行者，對艮止而言，因時立義也。

[一]「悖」下，嶽麓本多「也」，作「不相悖也」。
[二]嶽麓本音注最後多「下同」二字。

「輹」，車軸縛也。[二]「説輹」，解其軸之縛。本不欲行；與小畜之「説輻」，欲行而車敗異。九二居中，無躁進之心，遇六五之止而遂止，乃静退修德之象。不言吉凶者，力務畜德，志不存於利害。若占得者，雖於事覺無害有利，而意不欲行，則止之。

象曰：「輿説輹」，中无尤也。

居得所安，但求無過，不以進取爲念。

九三，良馬逐，利艱貞。曰閑輿衛，利有攸往。「曰」，本義云當作「日」；今按文義，讀如字。[三]

三以剛居剛，而爲進爻，有良馬之象。上九與合德而尚賢，養其才於已裕而延之進，可以騁矣。而四、五二陰居中爲礙，未可遽以得志，故必知難而守正乃利。「曰」，戒令之辭。「輿」，謂輿人。「衛」，從行者。九三進，初、二兩陽且從之，其輿衛也。「閑」，防制之，使守其職也。己既艱貞，尤必申其戒令，使輿衛各有敬忌，而不失其度，乃「利有

[二] 説文：「輹，車軸縛也。从車复聲。易曰：『輿脱輹。』」段注：「謂以革若絲之類纏束於軸，以固軸也。」
[三] 程傳已讀爲「日」（大全音注依程傳，云「曰讀爲日」），本義乃從之曰：「『曰』，當爲『日月』之『日』。」

攸往」。

象曰：「利有攸往」，上合志也。

爻有以陰陽相應爲合者，有以同類相得爲合者，各因其卦。此謂上九與乾合也。

六四，童牛之牿，元吉。

施木於牛角以禁觸，曰「牿」。初九始出之剛，而位乎下，故爲「童牛」；及其童而牿之，本義謂「禁於未發之謂豫」是也。[二]「元吉」者，吉在事先也。四應初而止之，故有是象。

象曰：六四元吉，有喜也。

施德教於初九，非豫期於獲福，乃養士而收百年之用。小學[三]而得上達之理，創業而致興王之功，皆「喜」也。「喜」「慶」皆自外至之辭，而「喜」乃中心之所悦，「慶」猶

[二] 本義：「童者，未角之稱。牿，施横木於牛角以防其觸，詩所謂『楅衡』者也。止之於未角之時，爲力則易，大善之吉也。故其象占如此。學記曰『禁於未發之謂豫』，正此意也。」

[三] 今按：由「上達」，則疑「小學」似當作「下學」，「小」乃「下」之形譌。嶽麓本亦作「小」。然小學亦下學之事，故不敢武斷改字。

一時之嘉會爾。

六五，豶豕之牙，吉。

豕去勢曰「豶」。豶則馴，而牙不妄噬。六五應九二而畜之，九二剛不當位，有妄躁噬物之防，五豶之以制其暴，則剛柔相得而安，故「吉」。

象曰：六五之吉，有慶也。

豕，不易制者也。春秋傳曰：「封豕長蛇，荐食上國。」[一]制其躁而使順應，不期而至之「慶」也。

上九，何天之衢，亨。

[一] 左傳定公四年：「初，伍員與申包胥友。其亡也，謂申包胥曰：『我必復楚國。』（注：復，報也）申包胥曰：『勉之。子能復之，我必能興之。』及昭王在隨，申包胥如秦乞師，曰：『吳爲長蛇，以荐食上國……』」杜預注：「荐，數也，言吳貪害如蛇豕。」封豕即大豬。

「何」，負也。路四達曰「衢」。[一]「何天之衢」，莊周所謂「負雲氣，背青天」也。[二]艮之畜乾，非抑遏之也，止其躁，養其德，以使裕於行也。至於上九，尚賢而與陽合德，乾德已固，引而上升，則三陽依負之以翺翔，左宜右有，惟所往而無不通矣。

象曰：「何天之衢」，道大行也。

「道」謂陽剛健行之道。

䷚ 頤 震下艮上

頤。貞吉。觀頤，自求口實。

頤之爲卦，以卦畫之象而立名。上下二陽，上齶[三]下頷之象也。四陰居中，齒象也。

[一] 爾雅釋宫：「一達謂之道路，二達謂之岐旁，三達謂之劇旁，四達謂之衢，五達謂之康，六達謂之莊，七達謂之劇驂，八達謂之崇期，九達謂之逵。」

[二] 逍遥遊但云「背負青天」及「絶雲氣，負青天」。

[三] 「齶」，同「腭」。

頤之爲體，下頜動以齧，上齶止而斷之。震動于下，艮止於上，亦頷象也。頤所以食，而生人之養賴此爲用，故爲養也。「貞吉」，正乃吉也。天生百物五味以養人，非有不正者也。人之有唇舌齒頰以受養，亦[一]豈有不正者哉？滋其生，充其體，善其氣，凝其性，皆養之功也。[二]頤卦之象，中虛而未有物，静以待養，初無縱欲敗度之失。因乎其所必養，亦何患乎無飲食之正？而小體爲大體之所麗，養小體者忘其大體，養大體者初不廢小體，[三]頤之貞何弗吉也？乃以其虛以待養，在可貞可淫之間，故戒之曰：所謂貞者，存乎觀與求而已。觀所可養而養之以養人，於可求而求之爲口實以自養，則貞也，貞斯吉也。[四]非是弗貞，而何易言吉也？

象曰：「頤貞吉」，養正則吉也。

[一] 嶽麓本所據底本「亦」後有「本」字。
[二] 「滋其生，充其體」，養形也；「善其氣，凝其性」，養性也。
[三] 「養大體者初不廢小體」爲貞，「養小體者忘其大體」則淫。
[四] 養正則吉，養不正則不吉。

養其所當養則正，正則徧給天下之欲而非濫，以天下養一人而非泰，咸受其福矣。

「觀頤」，觀其所養也。

君子以養人爲道者也，然豈以徇人之欲哉！既不吝於養人，而養君子，養小人，養老，養幼。人有等，物有宜，人子不以非所得奉之親，人臣不以非所得奉之君，鼎肉不以勞賢者之拜，秉粟不以爲繼富之施，〔一〕遠宴樂之損友，懲淫酗之惡俗，食以時，用以禮，審察觀度，而正不正見矣。

「自求口實」，觀其自養也。

君子謀道不謀食，非求口實者。然養資於天下之物，豈有不求而自至者哉！求之有道，則謀食即謀道矣。自其小者而言之，如鄉黨、内則所記烹割調和之皆有則，不以取一時之便而傷生，即不使不醇不適之物暴其氣，而使沈溺麤悍以亂其性，則雖小

〔一〕孟子萬章下：「曰：『敢問國君欲養君子如何，斯可謂養矣？』曰：『以君命將之，再拜稽首而受。其後廩人繼粟，庖人繼肉，不以君命將之。子思以爲鼎肉使己僕僕爾，亟拜也，非養君子之道也。』」朱子集注：「初以君命來餽，則當拜受。其後有司各以其職繼續所無，不以君命來餽，不使賢者有亟拜之勞也。僕僕，煩猥貌。」論語雍也：「子華使於齊，冉子爲其母請粟。子曰：『與之釜。』請益。曰：『與之庾。』冉子與之粟五秉。子曰：『赤之適齊也，乘肥馬，衣輕裘。吾聞之也，君子周急不繼富。』」

而實大。自其大者而言之，九州之貢，可供玉食，而簞食豆羹，乞人不屑。故伯夷、叔齊餓于首陽，而孔子疏食飲水，樂在其中。禹疏儀狄而爲百世師，桓公親易牙而國内亂。〔二〕所繫者大，而必慎之於微。審察觀度，貞不貞、吉不吉，於斯辨矣。

天地養萬物，聖人養賢以及萬民。頤之時大矣哉！

此又推明頤之爲道，本無不正，善觀之則因其時合其宜。不必如異端之教，日中一食，矯廉之操，死於嗟來，而後爲貞。而民物之生皆厚、德皆正，與天地養物之理通，而聖人之爲元后父母亦即此以咸得也。〔三〕

象曰：山下有雷，頤。君子以慎言語，節飲食。

〔二〕淮南子泰族訓：「儀狄爲酒，禹飲而甘之，遂疏儀狄而絶嗜酒，所以遏流湎之行也。」易牙之事，管子、韓非子皆有載。韓非子十過載齊桓公問大臣賢否，問及鮑叔牙、豎刁、開方、易牙，管仲皆不可，而荐隰朋。管仲評易牙曰：「夫易牙，爲君主味，君之所未嘗食惟人肉耳，易牙蒸其子首而進之，君所知也。人之情莫不愛其子，今蒸其子以爲膳於君，其子弗愛，又安能愛君乎？」然而「居一年餘，管仲死，君遂不用隰朋而與豎刁。刁涖事三年，桓公南遊，堂阜、豎刁率易牙、衛公子開方及大臣爲亂。桓公渴餒而死南門之寢，公守之室，身死三月不收，蟲出于户。」

〔三〕本段與嶽麓本出入甚大，兹録其文如下：「此又推明頤之爲道，本無不正，善觀之則時義甚大。不必如異端之教，日中一食，矯廉之操，死於嗟來，而後爲貞。但使精於其義，合于其時，則與天地養物之理通，而聖人之尊賢、子百姓，亦不能舍此以求治也。」

山下之雷，山上聞之，其聲不正〔一〕。古云：衡嶽峯頂聞下雷聲如嬰兒。愚嘗驗之，隆隆隱隱，方動即止，信然。飲食言語皆繇於口，言欲出而慎之，食欲入而節之，不宣志而導欲，常〔二〕使如山下之雷，不迫不濫，樞機謹而心存，嗜欲制而理得，皆所以養德也。〔三〕

初九，舍尔靈龜，觀我朵頤，凶。

以全卦立言，謂初爲「爾」，「我」謂二上四陰也。〔四〕「靈龜」，所從問得失者。初九，動之主，得失之幾在焉。本靈龜也，乃躁動而望四陰以垂頤〔五〕，不自觀而侈於物，宜其凶也。

象曰：「觀我朵頤」，亦不足貴也。

觀人之朵頤〔六〕，賤甚矣；而云「亦不足貴」者，易不爲賤丈夫謀。若嵇、阮之流，以

〔一〕「正」：嶽麓本作「震」。
〔二〕「常」：嶽麓本作「當」。
〔三〕船山此處所言節欲養氣之功，平實易行，必是自己著實體會有效之言，非托爲浮詞、玩弄光景之講學家可比。陽明謂「一棒一條痕」，信然。
〔四〕自六二以上，六二、六三、六四、六五之四陰。
〔五〕朵，孔疏及程傳皆訓爲動；本義則謂：「朵，垂也。朵頤，欲食之貌。」船山從朱子。
〔六〕「觀人之朵頤」，嶽麓本作「觀食垂頤」。

沈醉相尚，自謂爲貴，而豈知其事止飲食亦不足貴哉！王融云：「爲爾寂寂，令鄧禹笑人」，[一]則尤「朵頤」之凶也。

六二，顛頤，拂經，于丘頤，征凶。

陽求陰與。凡物之養人者，皆地産也；故初爲自求養，二以上四陰爲養人。「顛」，逆也。野人養君子，下養上，順也；自上養下，逆也。「拂」，違也。「經」，上下相應之常理。「邱」，高也，謂五也。二與五爲正應，義當上養，即使下養小人，亦必承君命以行而不敢專；今見初之貪求，就近與之相感，拂君臣令共之大義，不奉命而市私恩，行必凶矣。陳氏厚施於民以奪齊，其免於凶，幸也。[二]汲黯矯詔發粟，史氏侈爲美談，[三]揆之孟

[一] 王融，南齊文士，爲竟陵王蕭子良賞識，好躁進。嘗夜直省中，撫案歎曰：「爲爾寂寂，鄧禹笑人。」後齊武帝病篤，王融欲矯詔立蕭子良；而齊武帝復蘇，王融事發，論死。事見南齊書王融傳及資治通鑑齊紀四。

[二] 田氏代齊。

[三] 史記汲鄭列傳：「孝景帝崩，太子即位。黯爲謁者，東越相攻，上使黯往視之。不至，至吳而還，報曰：『越人相攻，固其俗然，不足以辱天子之使。』河南失火延燒千餘家，上使黯往視之，還報曰：『家人失火，屋比延燒，不足憂也。臣過河南，河南貧人傷水旱萬餘家，或父子相食，臣謹以便宜，持節發河南倉粟，以振貧民。臣請歸節，伏矯制之罪。』上賢而釋之。」

子搏虎之喻，則固人臣之所不得爲，亦凶道也。

象曰：六二征凶，行失類也。

掠美市恩，上且爲君所惡，下且爲同事所側目矣。

六三，拂頤貞凶，十年勿用，无攸利。

「拂頤」，拂人待養之情而不養也。六三與震爲體，初之所望養者也，乃位剛志進，而與上九之尊嚴静止者相應，拂初而不與之頤。當多欲之世而吝於與，雖異於二之市恩徇物，爲得其「貞」，亦「凶」道也。小人之欲不可徇，亦不可拂，上既剛正不受其養，又拂小人之情欲，絶物以居，無用於世，故「无攸利」。不能利物，不合義矣。易屢言「十年」，要皆終竟之辭。僅言「十年」者，春秋傳謂「筮短龜長」，[一]以此。聖人不終絶人，而天道十年一變，得失吉凶，通其變而使民不倦。筮不占十年以後，其意深矣。蓍之短，愈於龜之長也。

象曰：「十年勿用」，道大悖也。

[一] 左傳僖公四年晉獻公占以驪姬爲夫人。

頤以養人爲道，拂而不養，悖於「觀頤」之道。

六四，顛頤，吉。虎視耽耽〔一〕**，其欲逐逐，无咎。**

六四正應乎初而施之養，以上養下，亦「顛頤」也。當位而養其所應養，故吉。「虎視」謂初九。「耽耽」，垂耳貌。虎怒噬則耳竪，耽耽，順而有求也。初九剛躁，本虎也，以有「逐逐」之欲，媚養己者。四以養撫之，疑於徇小人之欲，然居其位而以君子畜小人之道使之馴服，則固无咎。

象曰：顛頤之吉，上施光也。

上，謂四居上而臨初也。光者，君子有養民之道，非以徇小人，其志光明。

〔一〕本節經傳文三處「耽耽」，嶽麓本均作「眈眈」。其校記云：「本段經文及船山傳文中三『眈眈』，守遺經書屋本、金陵本均作『耽耽』。劉毓崧校勘記云：『「耽耽」本作「眈眈」，從目非從耳。釋爲垂耳者，蓋沿俗本之誤。』知金陵本所據之本，其字作『耽耽』。王孝魚點校稿云：『按劉校，以古本及字義言固是，但船山解經，只在義理，此句重點爲「順耳有求」四字，若改爲「眈眈」，則反覺勉强矣。』王蓋亦未見鈔本之作『眈眈』也。兹仍依鈔本排作『眈眈』。劉校於周易内傳僅上述一條校記，亦藉此存録之。」今按：唐以前諸本皆作「眈眈」，至正本程傳、咸淳本周易本義亦作「眈眈」；然目字與耳字極易混同，而大全經文、注文俱作耽耽矣（明永樂本）。船山所據，大全也。又説文廣義「耽」字曰：「耽，本訓『耳大垂也』，易虎視耽耽，虎欲噬先伏而戢耳竊視也。借爲歡悦不止之義。獸耳下垂，其欲動不止時也。」又據内傳此處文義，則顯當作「耽耽」。

六五，拂經，居貞吉，不可涉大川。

六五不與二應，拂上養下之常經，而比於上九，以成止體，以之處常得正而吉。然不厭小人之欲，則緩急無與效力，以之涉險，危矣哉！武王伐殷，散鉅橋之粟；漢高推食解衣，而韓信效死。飲食之於人，大矣。勿以己之居貞而强人同己，君子達人情，而天下無險阻矣。〔一〕

象曰：居貞之吉，順以從上也。

能順乎上，則可以安其居矣。

上九，由頤，厲吉，利涉大川。

人知下頤之動，以齧物而效養；不知非上頤之止，則動者無所施。故頤之爲功，必繇乎上。上九以剛居高，爲艮止之主，静正無欲，止動於發。其以自養者正，則德威立而人不

〔一〕　由此句話可以看出，船山並非没有嚴格的道德修養工夫，但他的嚴格修養，主要是就修己而言。對待别人，則要多一分寬容，重視别人合理的訴求。拿著自修的嚴格標準去要求老百姓，是會出問題的。

敢妄干之。所施養於人者罔非其正，吉道也。以之涉險，正己無私，不貪利而妄動，則無不利。涉險者雖務得小人之情，而必端嚴以自處，諸葛孔明所謂「寧静可以致遠」也。

象曰：「由頤厲吉」，大有慶也。

不期人之順己而人自服。

䷛ 大過 巽下兑上

大過。棟橈，利有攸往，亨。

卦之六位，初在地下，潛藏未見，有體而不能用；上既〔一〕居天位之上，不近於人，有用而體託於虚；皆物之所不樂居也。中四爻出於陰〔二〕上，人效其能，而登天位，固爲陽之所宜處；而天之化、人之事、物之理，無陽不生，無陰不成，無理則欲濫，無欲則理亦

〔一〕「既」，嶽麓本作「寄」。
〔二〕「陰」，嶽麓本作「地」。

廢，無君子莫治小人，無小人莫事君子。〔一〕而大過整居於內，既據二、五之中，復據三、四人位以盡其才，擯二陰於重泉之下、青霄之上，豈非陽之過乎！

大過、小過之象，皆以三、四爲脊，中竦而兩迤於下。擬之以屋，三、四其棟，初、上，下垂之宇也。陽之性亢，棟竦而高，上下柔弱，故爲「棟橈」。恃其得位乘權，爲可久居，則終於橈。「利」，宜也。宜往交于陰以相濟而後「亨」。二、五利而无咎，往之利也。乾之積陽甚於大過，而非過者，十二位之在幽明，各司其化，奠陽於明，奠陰于幽，陰不自失其居，故陽可無過。大過業延陰以效用，而又置之疏遠，故過也。夬之所以非過者，陽方盛長，陰留不去，非陰方出而厄之也。姤之所以非過者，陰起干陽，陽有往勢，非據止天位而不思遷。〔二〕所以惟此一卦爲大之過也。

彖曰：大過，大者過也。棟橈，本末弱也。

〔一〕此處理欲相對的欲，是指人的自然欲望，而不是變壞掉之後的不正當欲望。

〔二〕這裏是把大過與夬、姤相比較。夬卦以陰被五陽要逼到外面；姤卦以陰微弱處於下方，都没有被認爲陽（「大」指的是陽）很過分，爲什麼大過卦四陽把兩陰逼到邊緣就是過分呢？

初、上皆下垂者，而上有末之象焉。又自下承上則謂之本，自上垂下則皆[一]謂之末。

剛過而中，巽而説行，利有攸往，乃亨。説，弋雪反。

二、五中位正，而與初、上相比，下交成巽，以受其入；上交成兑，而相説以行，則可節其過而亨。非然，未有能亨者也。

大過之時大矣哉！

獨言其時大者，謂其時爲成敗興衰所難必之時，不易處也。君子居得爲之位，小人失職而遠出，非甚盛德，鮮不激而成害也。

象曰：澤滅木，大過。君子以獨立不懼，遯世無悶。

「滅」，湮而欲沈之也。澤欲滅木，木性上浮，終不可抑。君子之行，獨立於流俗之表，世不見知而不懼不悶，抑之而愈亢[二]，晦之而彌章，不嫌於過剛。若處得爲之時，交

[一]「皆」字疑衍。船山以爲，上之所以稱「末」有二焉：一者相對於中脊，初、上同爲末；二者相對於初本，則上亦爲末。
[二]「亢」，嶽麓本作「光」。

可與之人，則不可過也。

初六，藉用白茅，无咎。

「白茅」，茅之秀也，柔潔而樸素。古者祀上帝於郊、埽地而祭，以茅秀藉俎籩，所以致慎，而不敢以華美加於至尊。初六承積陽于上，卑柔自謹，有此象焉。君子守身以事親，如仁人之盲帝，求无咎而已。

象曰：「藉用白茅」，柔在下也。

位在積剛之下，故以柔爲美。則棟之橈，非己不克承之咎，過在大也。

九二，枯楊生稊，老夫得其女妻，无不利。

「楊」，陽木，陽亢則枯。「稊」，根下旁出之白荄。「女妻」，室女也。陽剛雖過，而二得中居柔，以下接於初之穉陰，故有此象。生稊則再榮，得女妻則可以育嗣。當過之世，而能受陰之巽入，故「无不利」。

象曰：老夫女妻，過以相與也。

自慮其太過，因而下交初柔而樂承之，剛柔調矣。

九三，棟橈凶。

三、四皆凸起而爲棟者。三以剛居剛，躁於進而不恤下之弱，下必折矣。包拯用而識者憂其亂宋，〔一〕不顧下之不能勝任，其能安乎！

象曰：棟橈之凶，不可以有輔也。

民者，上之輔也。過剛則人疑懼，事不立而怨作，誰與輔之！

九四，棟隆吉。有它吝。

四以剛居柔，雖隆而不亢；二、三兩陽輔而持之，可保其隆。然外卦之體，以上爻爲

〔一〕宋史卷三二二：「師中始仕州縣，邸狀報包拯參知政事，或云朝廷自此多事矣。師中曰：『包公何能爲，今鄞縣王安石者，眼多白，甚似王敦，他日亂天下，必斯人也。』後二十年，言乃信。」

藉，上弱不足以勝任，亦不能有爲矣。四退爻就内，故以上爲「它」。

象曰：棟隆之吉，不橈乎下也。

不橈乎下，所吝在上耳。

九五，枯楊生華，老婦得其士夫，无咎无譽。

陽過已極，亢居尊位，下無相濟之陰，惟上六與比而相悦，一時之浮榮也。故爲「枯楊生華，老婦士夫」之象。五爲主，以比於上，不言士夫得老婦，而言老婦得士夫者，五無就陰之志，上爲兑主，悦而就之也。五得位得中，亦未有咎，而時過暱於非偶，則訕笑且至，必无譽矣。

象曰：「枯楊生華」，何可久也！老婦士夫，亦可醜也。

下無輔而求榮於上，終必危矣。亢極而屈於失所之孤陰，自辱而已。

上六，過涉滅頂凶，无咎。

「過涉」，謂陽已過，而已涉之以出其上，如水盛漲而徒涉，必至於「滅頂」之凶。然過者陽也，非陰之咎也。上欲以柔濟剛，而剛不聽，反擯抑之於外。進柔和之說于剛嚴之主，以此獲罪者多矣，其心可諒也。言「滅頂」者，卦以三、四爲脊，覆乎上爻之上也。

象曰：過涉之凶，不可咎也。

志在濟剛，道之所許。

䷜ 坎 坎下坎上

習坎。有孚，維心亨，行有尚。

伏羲之始畫卦也，三畫而八卦成。及其參兩而重之，陰陽交錯，分爲貞、悔二卦之象以合於一，而率非其故。[一]然交加屢變，固有仍如乾坤六子之象者。震得震，巽得巽，坎得

[一] 内卦爲貞，外卦爲悔。兩個八經卦重疊之後，就産生新的六十四卦，「非其故」了。

艮，離得兑，艮得坎，兑得離，〔一〕貞、悔皆爲六子之象，與他卦異。蓋他卦爲物化人事之變，隨象而改；而雷、風、水、火、山、澤，易地易時，大小殊而初無異也，重者仍如其故。有以源流相因成象者，坎也；以前後相踵成象者，震也，巽也，離也；以上下相疊成象者，艮也；以左右相並成象者，兑也。〔二〕相因、相踵、相疊、相並，而其形體、性情、功效無異焉，故即以其三畫之德擬之，而仍其名以名之。此成象以後，見其不貳之物，變而必遇其常也。「習」，仍也。重卦八而獨加「習」於坎者，舉一而槩其餘也。〔三〕

坎内明而外暗，體剛而用柔，藏剛德于至〔四〕陰之原而不可測，故爲坎坷不平之象，而效於化者爲水。自其微而言之，則呵嘘之蒸爲濕者，氣甫聚而未成乎涓滴，皆含坎之性，

〔一〕此處以貞悔兩體爲重卦，但船山特有的重卦説則不是如此。俗多以重卦爲上下兩經卦相疊，船山則以爲經卦每爻上疊别經卦之一爻。如乾之經卦，以八經卦分别錯入乾經卦中居二四六位，乾經卦居一三五位。如此，則坎之重亦有八：鼎、旅、蠱、恒、艮、小過、升、謙，而不能重爲坎。餘卦仿此。詳繫辭下傳「八卦成列」章船山傳文。

〔二〕坎水重卦是前源後海，仍爲一水，故爲相因；震雷是連綿不絶的緊鑼密鼓的雷聲，巽風前後相踵而至，離明是每天都升起，所以相踵；艮山是崇山峻嶺，所以相疊；兑澤重卦，是兩個湖泊相互溝通，所以稱相並。

〔三〕習就是仍舊的意思，重卦之後，八卦各自的性質都没發生變化。重卦是一種變，但這八個卦相重之後性質仍舊，所以「見其不貳」，「變而必遇其常」。

〔四〕「至」，嶽麓本作「主」。

而依于陰以流盪於虚，固不測也；及其盛大，則江海之險而難逾，亦此而已。若其流行之處，則地之不足而爲澤以受水，猶其有餘而爲山以積土，故坎、兑分配焉。陰之凝也，堅濁以静，而爲地之形。陽之舒也，變動不居，而爲天之氣。故曰陰静而陽動。陽非無静，其静也，動之性不失。陰非無動，其動也，静之體自存。水亦成乎有形者矣，而性固動；静則平易而動則險，已成乎形而動者存，是静中之動，幾隱而不易知者也。坎之德亦危矣哉！而陰陽必有之幾，天地所不能無，雖聖人體易簡以爲德，亦自有淵深不測、静以含動之神，則亦[一]非但機變之士，伏剛於柔中以爲陷阱者然也。坎而又坎，其機深矣。而聖人于易，擇取元化之善者以爲德，而不效其所不足，故特於剛中之象，著其「有孚」，謂其剛直内充，非貌柔以行狙詐，而易以溺人者之足貴也。若老氏曰「上善若水」，則取其以至柔馳騁乎至剛，無乎之坎，爲小人之險，豈君子之所尚哉！[二]

[一]「亦」，嶽麓本作「抑」。
[二] 船山常常借著講水德的機會來批評道家，這在外傳尤其頻繁。因爲老子講守柔，又用水來作爲道之用（非道之體）的象征。而儒家也對水的意象比較重視，孔子、孟子都有觀水象而修德的相關論述。船山正是要通過這個意象來辨儒道。

「維心亨」者，外之柔不足以亨，而中之剛乃亨也。以剛中惇[一]信之心行乎險，而變動不居者皆依有形之静體而不妄，則「行」可有功而足「尚」。君子所貴乎坎者，此也，孟子所謂「有本」也。[二]

象曰：習坎，重險也。重，直龍反。

「重險」則嫌於不誠，故以下文釋之。

水流而不盈，行險而不失其信。

此釋「有孚」之義。水之性險，故專以水言。自其著者而言之，所以見坎固天地自然之化，非人爲機詐之險也。水有流有止，坎者其所止也，而洊至於重坎，則流也。流則易淫泆而踰其所居，變詐之所以叵測也。而水不然，雖流而必依其所附，在器止於器，在壑止於壑，不踰其涯量，以憑虚而旁溢，是陽之依陰以爲質也。「行險」者，性雖下，而迂

[一]「惇」，嶽麓本作「敦」。
[二]孟子離婁下孟子解孔子之所以稱贊水：「原泉混混，不舍晝夜，盈科而後進，放乎四海，有本者如是。是之取爾。」

折縈回於危石巨磧以必達，乃至高山之伏泉，渴烏之吸漏，〔二〕不避難而姑止，而往者過，來者續，盡其有以循物不違，此水之有孚者也。善體此者以爲德，則果於行而天下諒其誠矣。

「維心亨」，乃以剛中也。

心者，函之於中以立本者也。言「乃」者，明非外見之柔可以涉險而得亨。

「行有尚」，往有功也。

不終陷於二陰之中，行而必達，潤物而必濟，故天下尚之。

天險，不可升也；地險，山川丘陵也。王公設險以守其國，險之時用大矣哉！

此又推言險亦自然不可廢之理，而必因乎險之時，善其險之用，非憑險以與物相難也。天以不可升爲險而全其高，非以絶人自私。地以山川邱陵爲險而成其厚，非以阻人于危。王公以城郭溝池爲險而固其守，非以負險而肆虐。用險者非其人，不可也。

〔二〕後漢書張讓傳：「又作翻車渴烏，施於橋西，用灑南北郊路，以省百姓灑道之費。」李賢注：「翻車，設機車以引水；渴烏，爲曲筒，以氣引水上也。」渴烏，即今日之虹吸管。渴烏亦用於壺漏，初學記卷二十五注引李蘭漏刻法曰：「以器貯水，以銅爲渴烏，狀如鈎曲，以引器中水，於銀龍口中吐入權器。漏水一升，秤重一斤，時經一刻。」

象曰：水洊至，習坎。君子以常德行，習教事。[二]

此專取重險爲水洊至之象而取義也。凡相仍而至者，必有斷續，而水之相沓以至，盈科而進，不舍晝夜。君子之學誨以之，則不厭不倦。「常德行」者，月無[三]忘其所能。「習教事」者，温故而知新。

初六，習坎，入于坎窞，凶。

據全卦已成之象，以言一爻之得失，此類是也。當「習坎」已成之世，而以陰柔入於潛伏之地，將以避險，而不知其自陷也。

象曰：習坎入坎，失道凶也。

險已頻仍，道在剛以濟之；而卑柔自匿，不能忘機，葸畏已甚，必凶。

[二] 嶽麓本句末有音注：「行，下孟反。」

[三] 「無」，底本原作「勿」，嶽麓本作「無」。按論語子張原文作「無」。今據改。

九二，坎有險，求小得。

二以剛居柔，雖中而未能固有其剛，誠信未篤，所行不決，如水之在源，有遠達之志，而仍多迂阻，足以自保，而憂危亦甚矣。坎之内卦皆失位，故二雖中而未亨。離之外卦皆失位，故五雖中而多憂。

象曰：「求小得」，未出中也。

未離乎中，故可以「小得」。而前有險而未能出，無以及物，故所得者小。

六三，來之坎坎，險且枕，入於坎窞，勿用。

「之」，往也。「坎坎」，坎而又坎也。「險且枕」，下之險承之。〔一〕「入於坎窞」，上且進而入於險也。當二險相仍之際，柔不能自決，波流來往於險中，徒勞而無能爲也。

象曰：「來之坎坎」，終無功也。

〔一〕本義：「枕，倚著未安之義。」

陷陽者陰也。陰之乘陽，三與上當之。乃三以柔居剛，而爲進爻，志不在於陷二，故異於上六之陷人而因以自陷。然徒懷濟險之志而不能自拔，則固无功之可見矣。

六四，樽酒簋貳句，**用缶**句，**納約自牖，終无咎。**

「貳」字，本義從晁氏，連「用缶」爲句。〔一〕今按：連上讀爲「簋貳」自通。樽以盛酒，燕禮也；簋以盛黍稷，食禮也。「貳」，間也。陳樽酒而又設簋食，合而相間，非禮，而急於樂賓，情之迫也。「缶」，陶器，有虞氏所尚，器古而質樸，謂樽與簋皆瓦也。缶制下平而博，盛物能不傾者。納物必於户，迫於納而嫌其約，乃自牖焉。古之牖無櫺，故可納。柔乘剛，則陷陽而險；承剛，則載陽而使安。六四，柔居柔而當位，上承九五，故其象如此。以水言之，則溪澗仰出、合流於大川之象；相孚而合，則且出險而夷。夫惟〔二〕其情之已篤，則雖儉不中禮，而江海不擇細流，是以終得

〔一〕本義：「晁氏云：『先儒讀「樽酒簋」爲一句，「貳用缶」爲一句。』今從之。」今按注疏讀「樽酒簋貳」，晁氏所謂「先儒」，釋文「舊讀『樽酒簋』絶句，『貳用缶』句」（集解載虞翻即此讀）是也。

〔二〕「夫惟」，嶽麓本作「推」。

无咎。

坎之内卦言險，而外卦不言者，水險於源而流則平，故四、五爲美，異於離火之下灼而上且滅也。方技家以言心腎之交，本此。

象曰：「樽酒簋貳」，剛柔際也。

「際」，相交接也。柔居柔，以接當位得中之剛，故情迫而輸誠恐後也。

九五，坎不盈，祇既平，无咎。

九五剛中得位，而處洊至之下游，所謂江海爲百谷王者，流盛而不盈溢，此當之矣。既有盛大流行之德，則危石巨磧，皆所覆冒，而險失其險，至於平矣。雖疑于爲陰所乘而不得外見，然持之有道，進而有功，何咎之有！

象曰：「坎不盈」，中未大也。

「大」者，自肆之意。剛中以動，而在二陰之中，含明内藴，故無盈滿自大之咎。

上六，係用徽纆，寘于叢棘，三歲不得，凶。

憑高以陷陽，障洪流而終决。世既平，而己猶險，刑必及之。「徽纆」，係罪人之墨繩。〔一〕「叢棘」，獄也。「三歲」，古者拘係罪人，以三歲爲期。「不得」，不見釋也。

象曰：上六失道，凶三歲也。

較初之失道爲甚，故其凶爲尤長。

䷝ 離（離下離上）

離，利貞亨，畜牝牛，吉。

陰本柔暗，而附麗乎陽以得居乎中，則質之内斂者固而發於外者足以及物，故其化爲火。火之氣，日在兩間，不形而託於虚，麗於木而炎以成熟、光以照耀，乃成乎

〔一〕釋文「『纆』，劉云『三股曰徽，兩股曰纆，皆索名』。」説文：「徽，衺幅也，一曰三糾繩也。」「纆，索也。」

用。外[一]景者，陽之發也，陰固在内者也。得所利[二]以成其用，則「利」；居得其所而正，則「貞」；能知所附麗而得中，美不必自己，而大美歸焉，則「亨」：皆言陰也。「畜」，聚而養之也。「牝牛」，順之至者，謂陰也。畜，陽畜之也。陽任於外，以爲陰所麗，以保陰而使不濫，則成陰之美而陰信任之，故「吉」，言陽吉也。陰靜正居中，任陽以發舒其美；陽盡其才以施光輝於上下，而保陰以成不動之化，兩善之道也。人君虛順以任賢，而化隆俗美，天下文明，此成王附麗周公以興禮樂，而周公養冲人之德以成大動之道也。其在學者，虛中遜志，常若不足，而博學多通，强行不倦，則文著而道明，亦此理焉。反是者，剛愎中據，而溺於私利，坎之所以陷與！

象曰：離，麗也。日月麗乎天，百穀草木麗乎土，重明以麗乎正，乃化成天下。 麗，吕支

〔一〕「外」，嶽麓本作「光」。
〔二〕「利」，嶽麓本作「麗」。

反。麗乎地，地字從集解本。[一]

此廣言「麗」之義，以贊卦德也。麗者，依質而生文之謂。日月附天氣以運，百穀草木依地德以榮，未有無所麗而能奠其位、發其美者也。離之德重明，而惟柔中以麗乎剛之正，故明不息。人君以此道，不據尊以孤立，而行依乎道，治依乎賢，則禮樂文章效大美於天下，而化成矣。

柔麗乎中正，故亨，是以「畜牝牛吉」也。

柔而麗乎剛之正，則奠位乎中，而自通天下之志，故君道以之而亨。上既虚己以任賢，則賢者亦盡其發揮，而道行志得，無疑沮之憂，惟盡其才以養君於善，順而吉矣。

象曰：明兩作，離。大人以繼明照于四方。

「明」謂日也。不取象於火，而取象於日者，火相迫則在上者滅，若其已息而更然，

[一] 嶽麓本音注作「麗，呂支反，下同。重，直龍反。」其校記云：「守遺經書屋本、金陵本於經文『麗乎土』作『麗乎地』，於此有註云：『「麗乎地」地字，從集解本。』王孝魚點校稿按：『他本如程傳、朱本義，皆作「麗乎土」。』」今按：守遺經書屋本、金陵本所謂「從集解本」，又見泰九三「无往不復」下小注。此四字或是守遺經書屋本校勘者所加。

有異火矣。日則今日已入地，明旦復出，不改其故。言「兩作」者，以卦體言爾，實則相續無窮也。「大人」，德位俱尊之稱。非其德，無其位，施明不已，則文有餘而實不足。惟大人德盛而道在。「照四方」，事日變，道日新，明不繼，則自以爲無不知明，無不處當，而固有不明不當者矣。求人之情，通物之理，豈有窮哉！

初九，履錯然，敬之，无咎。

「履」，始踐其境也。「錯然」，經緯相間、文采雜陳之貌。「離」體已成，而初九動於其下，忽覩此物理錯陳之大觀，以剛而有爲之才，爲二所任，則爲物所眩而急於自見，咎道也。乃位在潛退，有敬慎而不敢嘗試之心焉，所以无咎。

象曰：履錯之敬，以辟咎也。辟，必益反。

剛明可試，而急於自見，則咎。敬慎以辟除之，乃可以無浮明不終之害。婁敬脱輓輅，馬周被召於逆旅，爲時所倚重，驟著其聰明以求飾治道，而一用不能再用，終以不

顯。太祖善解縉庖西〔二〕之書而不用，使老其才，教以敬也，惜乎縉之不自知敬也。〔三〕

六二，黄離，元吉。

「黄」之爲色，近白而不皎，近赤而不炫，與青黑居而不相揜，能酌文質之中，以麗物采而發其文者也。「元吉」，吉於始也。

水之相承，源險而流平。火之相繼，始盛而終燼。故坎道盛於五，離道盛於二。人之

〔二〕「庖西」，嶽麓本作「西庖」。

〔三〕漢書婁敬傳載婁敬「戍隴西，過雒陽，高帝在焉。敬脱輓輅」，因齊人虞將軍而見劉邦，説以都關中之言。後劉邦都關中，而拜婁敬爲郎中。高祖擊匈奴，婁敬諫阻，劉邦怒，械婁敬。而後高祖敗於平城，乃赦之，封關内侯。婁敬爲劉邦獻和親之策。顔師古注引蘇林曰：「輅，一木横車前，二人挽之，一人推之。」新唐書卷九十八馬周傳載馬周被用之經過：「舍新豐逆旅，主人不之顧。周命酒一斗八升，悠然獨酌，衆異之。至長安，舍中郎將常何家。貞觀五年，詔百官言得失。何武人，不涉學，周爲條二十餘事，皆當世所切。太宗怪問何，何曰：『此非臣所能，家客馬周教臣言之。客，忠孝人也。』帝即召之」傅維鱗明書卷一百八十四解縉傳：「縉少年有才志，封事留中，諸大臣皆忌之……縉又時時敢直言，竟作深文，得罪且不測。上憐之，召對便殿，慰諭賜劄曰：『汝歸，益讀書，益盡心占人，後十年來未晚也。』又召縉父謂曰：『大器晚成，若以爾子歸，益進所學。』然猶命修元史誤及踵成宋書，删定禮經凡例，皆留中。」「西庖之書」，謂朱元璋一日在大庖西室，解縉所上封事萬言。讀通鑑論卷十四安帝：「不逞之士遊於帷幕，而干戈起於幾席，亦可畏矣哉！誠其爲奸雄矣……乃至女直蒙古之吞噬中華，皆衣冠無賴之士投幕求榮者窺測事機而勸成之。廉希憲、姚樞、許衡之流又變其局，而以理學爲捭闔，使之自躋於堯舜湯文之列而益無忌憚。遊士之禍，至於此而極矣。故婁敬、馬周不遇英主，不值平世，皆足以亂天下而有餘。李沆以不用梅詢曾致堯爲報國，解縉言雖可賞，必罷遺歸田以老其才而戢其躁。聖主賢臣所以一風俗、正人心、息禍亂者，誠慎之也，誠畏之也。」

有明，待後念之覺者，牿亡之餘，僅存之夜氣，終不可恃也。若昭質之未虧者，一念初發，中道燦然於中，自能虚以受天下之善，而不蔽於固陋；迨[一]其已知，更求察焉，則感於情僞而利害生、私意起，其所明者非其明矣。故愚嘗有言：庸人後念賢於前念，君子初幾明於後幾。天理在人心之中，一麗乎正，而天下之大美全體存焉，夫子所以譏季孫之三思也。[二]其在治天下之理，則開創之始，天子居中而麗乎剛明之賢，以盡其才，則政教修明而中和建極。若中葉以後，更求明焉，雖虚己任賢，論治極詳，且有如宋神宗之祇以召亂者。[三]此六二之吉，所爲吉以元也。占者得此，當以始念之虚明爲正。

象曰：「黄離元吉」，得中道也。

二、五皆中，而二得其道矣。

九三，日昃之離，不鼓缶而歌，則大耋之嗟，凶。

[一] 「迨」，嶽麓本作「殆」。
[二] 論語公冶長：「季文子三思而後行。子聞之，曰：『再，斯可矣。』」
[三] 此神宗用王安石變法事。

九三以剛居剛，而爲進爻，前明垂盡，不能安命自逸，而懷忿忮以與繼起争勝，不克則嗟，所謂日暮途窮、倒行逆施者也。生死者屈伸也，樂以忘憂，惟知此也。衛武公耄而好學，〔一〕非自勞也，有一日之生則盡一日之道，善吾生者善吾死也，樂在其中矣。「大耋之嗟」，豈以憂道哉！富貴利達、名譽妻子之不忍忘而已。馬援跕足于武溪，卒以召光武之疑怒而致凶，〔二〕况其下焉者乎！

象曰：「日昃之離」，何可久也！

知不可久，則鼓缶而歌可矣。少而不勤，老而不逸，謂之下愚。

〔一〕衛風淇奥切磋琢磨，美衛武公之好學也。

〔二〕後漢書卷二十四馬援列傳載：馬援老而壯心不已，武陵五溪蠻夷叛亂，馬援願前往平之。光武不許，固請，而死於軍中。其時耿舒、梁松等交攻馬援，光武怒，援妻孥惶懼，稾葬馬援，賓客故人莫敢弔。讀通鑑論卷六光武：「光武之於功臣，恩至渥也。位以崇，身以安，名以不損。而獨於馬援寡恩焉，抑援自取之乎？宣力以造人之國家，而卒逢罪譴者，或忌其强，或惡其不孫；而援非也，爲光武所厭而已矣。老氏非知道者，而身世之際有見焉。其言曰：『功成名遂身退。』蓋亦察於陰陽屈伸之數，以善進退之言也。平隴、下蜀、北禦匈奴、南定交阯，援未可以已乎？武谿之亂，帝滑其老而不聽其請往，援固請而行。天下已定，功名已著，全體膚以報親，安禄位以戴君，奚必馬革裹屍而後爲愉快哉！光武於是而知其不自貴也。不自貴者，明主之所厭也。夫亦曰：苟非貪俘獲之利，何爲老於戎馬而不知戒乎？明珠之謗，有自來矣。老而無厭，役人之甲兵以逞其志，誠足厭也。故身死名辱，家世幾爲不保。違四時衰王之數，拂寒暑進退之經，好戰樂殺而忘其正命，是謂逆天之道。老氏子言，豈欺我哉。易之爲教立本矣，抑必趣時。趣之爲義精矣。有進而趣時，未往而先倦，非趣也；有退而趣時，已過而猶勞，非趣也。『日昃之離，不鼓缶而歌，則大耋之嗟凶』，援之謂與！」

九四，突如其來如，焚如、死如，棄如。

前明甫謝，餘照猶存，而失位之剛遽起而乘之，羿、莽是也。占此者，小人雖盛，可勿以爲憂。

象曰：「突如其來如」，无所容也。

前明之餘燄，猶足以灼始然之浮火而滅之。

六五，出涕沱若，戚嗟若，吉。

後明繼前明而興，以柔道居尊。高宗宅憂而三年不言，成王即政而嬛嬛在疚，〔二〕盡仁孝以慕先烈，知艱難而戒臣工，商、周之所以復明也。

象曰：六五之吉，離王公也。

〔二〕周頌閔予小子：「閔予小子，遭家不造，嬛嬛在疚。」鄭箋云：「可悼傷乎！我小子耳，遭武王崩，家道未成，嬛嬛然孤特，在憂病之中。」毛詩序：「閔予小子，嗣王朝於廟也。」注曰：「嗣王者，謂成王也。除武王之喪，將始即政朝於廟也。」

「離」謂麗乎其位也。仰承先烈，而欲嗣其耿光，非憂危以處之，不勝其任矣。元祐諸賢，輔其君以解〔一〕熙、豐之政而求快一時，無惻但不得已之情，未能無過。若曹丕定嗣而抱辛毗以稱快，魏之不長，婦人知之矣。〔二〕此專爲嗣君而言。然君子守先待後，亦可以此通之。

上九，王用出征有嘉。折首，獲匪其醜，无咎。

「王用」，王命之也。「有嘉」，歎美其功之辭。〔三〕「折首」，罪人斯得也。俘馘生死皆曰「獲」。「醜」，小類。「獲匪其醜」，脅從罔治也。〔四〕當嗣王之初，必且有不軌之姦，乘之妄動，六五之憂危所以不釋也。上九爲五所附麗以求明者，而在外，蓋胤后徂征、周公東征

〔一〕「解」，嶽麓本作「改」。

〔二〕辛憲英，辛毗之女，有識斷。三國志卷二五辛毗傳裴注引辛憲英傳：「初，文帝與陳思王争爲太子，既而文帝得立，抱毗頸而喜曰：『辛君知我喜不？』毗以告憲英，憲英歎曰：『太子代君主宗廟社稷者也。代君不可以不戚，主國不可以不懼，宜戚而喜，何以能久？魏其不昌乎！』」

〔三〕周易大全於此引朱子曰：「『有嘉折首』是句。」周易注疏亦同。然程傳以「有嘉」屬上讀，曰「行其征伐有嘉美之功」。大全斷句從程傳，而船山此處亦遵用大全也。

〔四〕尚書胤征：「殲厥渠魁，脅從罔治。舊染汙俗，咸與惟新。」孔傳：「殲，滅。渠，大；魁，帥也，指謂羲和。罪人之身，其脅從距王師者皆無治。」按此亦本程傳：「故但當折取其魁首，所執獲者非其醜類，則无殘暴之咎也。書曰『殲厥渠魁，脇從罔治』。」

之象。[一]誅其首惡而兵刑不濫，雖剛過而疑於亢，實所不得而辭。僅言「无咎」者，所謂周公且有過也。

象曰：「王用出征」，以正邦也。

言非窮兵黷武，以天下未定，不容不正也。孟子承先聖而懼，闢邪説以正人心，「歸斯受之」，[二]亦此二爻之義。讀易者以義類求之，無不可占，無不可學也。[三]

周易内傳卷二下終

[一] 書序及史記夏本紀：「羲和湎淫，廢時亂日，胤往征之，作胤征。」胤后，即胤國之侯。徂，往也。周公東征，平三監之亂也。
[二] 孟子盡心下載孟子曰：「逃墨必歸於楊，逃楊必歸於儒。歸，斯受之而已矣。」
[三] 易含萬象，象含萬事。苟會其理，自能觸類旁通，而勿以爲易之辭有限也。

周易内傳卷三上

下經

䷞ 咸艮下兑上

咸。亨利貞。取女吉。取，七句反。[一]

咸、恒二卦，皆自否、泰之變而言，是陰陽之動幾也。夫欲效陰陽之動以消否而保泰，則必相入以爲主而效其匡濟，則未濟之以撥亂，既濟之以反正是也；[二]又其不然，則陽居

[一] 嶽麓本音注最後多「下同」二字。

[二] 否五之二，成未濟，消否，所謂撥亂；泰二之五，成既濟，六爻皆正，所謂反正。下面的損、益、咸、恒也是據此爲説。

外以章其用，陰斂而内以守其虚，庶幾天包地外以運行之幾，則損、益是也。而咸、恒異是：咸以坤三之六，往乎上而成悦；以乾上之九，來乎三而苟安以止；三、上者，浮動之幾，陰陽相感，而遂相易以往來，所謂物至知知而與物俱化者爾。四之與初，退而自立之位也；恒潛移於下，以相入而相動，進則可以爲，而退抑可以守，以是爲久而固守之道，而不知所遷之失其位，則相持而終不足以爲功矣。此二卦者，陽皆内闕，而陰皆外著，陰得見其功，而陽反藏於内，求以消否而保泰，難矣哉！時中之道，進以禮，退以義。浮動而進，進不以禮也；潛移而退，退不以義也。故二卦皆無吉爻；而咸之三、上，恒之初，爲尤凶吝焉。

即二卦而較之，咸爲愈者：九之居三，六之居上，感而猶不自失者也；恒初與四，則尤偷安而失其正矣。是以咸固亨，而於物不傷其利，於己不喪其貞；恒則亨乃无咎，利貞而後利有攸往也。咸之「亨」者，已成乎否，則不得不動以感，感雖淺而志亦自此而通。若夫感之得失，視乎其後，而已非否塞之故矣。「利貞」者，陽下而止陰之逼，陰上而悦陽以不流，固合於義，而二、五之中得其位，固保其貞也，故視恒爲愈。

「取女吉」者，兩少相得，初不必有深情至理以相與。然剛下而不離其類，則男道不瀆；柔上而之於外，則女子遠父母兄弟之道，故吉也。雖然，於取女之外，無取焉矣。君子擇君而事，輸忱以致身，謀道以交，盡忠而竭信，非夫婦之禮僅因媒妁而通〔一〕者也。

彖曰：咸，感也。

「咸」，皆也。物之相與皆〔二〕者，必其相感者也。咸而有心則爲感。咸，无心之感也。動於外而即感，非出於有心熟審而不容已之情，故曰咸。

柔上而剛下，二氣感應以相與，止而説，男下女，是以「亨利貞取女吉」也。説，弋雪反。下女之下，胡嫁反。〔三〕

「感應以相與」，謂隨感隨應，不必深相感而已應之。然而陽得位以止陰之濫，陰得位

〔一〕「非」字至此絶句。
〔二〕皆者，俱也、偕也。
〔三〕嶽麓本音注作「上，時掌反。下，胡嫁反。説，弋雪反。」

以飾陽而說之，有此德，故其占能亨利貞，而爲取女之吉。

天地感而萬物化生，聖人感人心而天下和平。觀其所感，而天地萬物之情可見矣。

凡推言卦德而極贊之者，皆卦之情才本有所不足，而聖人窮理通變，以達天則，見陰陽之變化爲兩間必有之理數，初無不善之幾，而但在觀察之審，因而善用之爾。

夫受物之感而應之，與感物而欲通者，必繇其中，必順其則，必動以漸。而咸之无心，一動而即應，此淺人情僞相感之情，君子之所弗取也。然而天地有偶然之施生，聖人有汎應之功化，道大而无憂，則幾甫動而無擇於時位，故陰陽一相接而萬物怒生，無所待也。聖人觸物而應，仁義沛然，若決江河，深求之者固感之以深，淺求之者即感以淺，從其所欲，終不踰矩，天下乃以不疑聖人之難從，而和平旋效，則在天地聖人無心以感而自正。咸之爲道，固神化之極致也。

乃善觀之者，於此而見道之至足，有觸而必通；天地之情，不倦於屈伸。故頑靈淑慝，生成肅殺，甫有所遇，即以其流行之幾應之，而災祥寒暑各得其理。萬物之情，著見而易動，甫與禦之而即止，甫與綏之而即說。一如男女相感於一旦，初不必有固結之情，而可合以終身。聖人見此情也，則知感以貞而貞即應，感以淫而淫即應，性不知檢其心，天下易動而難静，則外之所感即爲中之所説而安，而天地萬物屈伸之幾、情僞之變，在乍動之幾，勿忽爲無關於神理；則天地變而時中之道即因以成能，萬物興而得失之應即决於一念，此乃以善用夫咸而不憂其德之不固者也。

象曰：山上有澤，咸。君子以虚受人。

山至高也，而上有澤，不恃高也。君子德厚于己，而受人以虚，則天下無感而不通矣。然爲山上之澤，非卑屈也，非中枵也。君子之虚異於老氏之虚，久矣。

初六，咸其拇。

陰陽交感，三與上爾，[一]而六位皆言感者，天地萬物之情，感於外則必動於内，故不感則已，一感則無有能静者。故君子慎其所感於利害情僞之交，恐一觸而不能自持也。

[一] 咸卦六爻皆相應，而交感衹是三與上，乃是因爲船山以爲，咸卦自泰卦三上易位而來。

爻之取象於人身者，陰陽感而物生：陽成乎艮，而乾道成男；陰成乎兑，而坤道成女。形之已成，形開神發而情生焉；感之所生，一因乎成形以後。物之生也類然，獨取象於人身者，易之有占，爲人告而使人反求諸身，以驗所感也。内卦之感者，股也；外卦之感者，口也。股，屈伸之機；口，情僞之所出也。拇與腓，皆隨股而動者也。初去三雖遠，而俱爲陽爻，[一]股動而拇必感之象，居下而柔不能自主。占此者，受制於人，而得失亦淺。

象曰：「咸其拇」，志在外也。

外謂三，就内卦言之，分内外也。「志在外」，己不能有志也。

六二，咸其腓句，**凶居**句，**吉**。

「凶居」，謂所處之不吉也。「腓」，不能自動而聽股之動者。二比於三，隨三所感而受之。屈伸者必然之理勢，則吉凶皆其固有。六二柔中當位，而無心以待感，則所處即凶，

[一] 按初六陰爻，九三陽爻，謂「俱爲陽爻」，則其誤顯然。疑當作「陽位」。

而亦理數之恒有。貧賤患難，素位也；壽夭，正命也，皆莫不吉。凶居而吉，則吉居可知矣。

象曰：雖凶居吉，順不害也。

順受其正，如腓之順股，則抑何害之有？

九三，咸其股，執其隨，往吝。

「股」，下體屈伸之所繇，以感腓、拇而使動者也。陽自上而來三，以變否而使通，乃位剛志進，上與兩陽爲類，有隨陽而往之象。蓋偶然以感，而相感之情不固，雖爲艮之主，而无止道。使終下感二陰，則亨矣；乃情終欲隨陽以往，無固合之志，吝道也。

象曰：「咸其股」，亦不處也。志在隨人，所執下也。

「不處」，言無深結二陰、與之終止之意。「所執下」者，感下則爲二陰之主，隨上二陽則爲二〔二〕陽之卑役爾。吝於厚施，依人而動，小人之道也。

〔二〕「二」，底本原作「三」，今據文義及嶽麓本改。

九四，貞吉，悔亡。憧憧往來，朋從爾思。

自股而上，心也。不言心者，府藏之宫，神志魂魄之舍，下自丹田，上至咽，大體之官，皆靈明之府；其言心者，言其會通之牖耳。四超出於屈伸之上，而靈明受感，去上遠而不易動，所以「貞吉」。雖若有悔，而非其固有也。心者，萬感之主，貞淫判於一念之應，故又戒以「憧憧往來，朋從爾思」，言天下之動，吉凶得失相感者無窮，而心以靈而善動，易爲往來所摇，則能貞吉而無悔者未易也。其義繫傳備矣。〔二〕

象曰：「貞吉悔亡」，未感害也。「憧憧往來」，未光大也。

感於害固害，感於利亦害也。「未感」者，心之本體，可以感而不妄感者也。〔三〕往來无

〔二〕自賁直以十篇之言解説上下經，至輔嗣而擯落互體卦變，專遵易傳，其解乾卦卦辭曰「文言備矣」，韓康伯效之，注繫辭「三才之道也」曰「説卦備矣」。而後朱子本義亦常常用此例，曰「繫辭備矣」。船山亦從之也。

〔三〕「可以感而不妄感者也」，嶽麓本作「可以妄不妄感者也」。今按：下文謂「兩設言之，以示得失繫於一念」，則未感爲善；又「心之本體」若純是可感以妄以可不妄者，則類於王學「無善無心之體」之説，船山必不當如是；又，以句法言之，感有妄感有不妄感，而不可云「以」。故宜仍循底本。

定，而憧憧然以不定之情，則没於感而志不光大矣。[二]兩設言之，以示得失繫於一念，所謂「人心惟危」也。

九五，咸其脢，無悔。

居外而易以感者，上六也。五與相比，不能不爲之感。然剛中得位，如背肉之安而不妄動，則亦可以免於悔矣。

象曰：「咸其脢」，志末也。

「末」謂上六。謂之末者，爲感尤淺，脢可不爲之動也。

上六，咸其輔頰舌。

一口耳[三]，而殊言之，謂之「輔頰舌」者，動則俱動，形其躁也。天下之物有理，而

[二] 嶽麓本此處作「不定其情」「則汲汲於感」。其校記云：「本句，『不定其情』，守遺經書屋本、金陵本作『不定之情』；『汲汲於感』，二本作『没於感』，疑皆有誤。」

[三] 「耳」同「爾」，非聽官。此句謂：輔、頰、舌一皆是口之官爾，而何以分別言之？

應之也以心。上最居外易以受感，陰舍三而上，不由中而馳騖於外，此道聽塗説所以棄德也。不言凶咎者，得失无常，吉凶無據，易不爲之謀。占者遇此，勿聽焉可耳。

象曰：「咸其輔頰舌」，滕口説也。

「滕」，水流滕涌貌。[一]一感而即言，賤可知矣。兑爲口舌，又爲悦。佞人之言，令人可悦，非智者必爲之感動。書戒「無稽之言」，[二]以此。

䷟ 恒 巽下震上

恒。亨，无咎；利貞，利有攸往。

咸者，易動之情，感焉而即動也。恒者，難動之志，相持而不相就也。否、泰、咸、恒、損、益、既濟、未濟，相綜之間，相反甚焉。咸之欲消否也迫，浮動於上，不待籌度

[一] 説文：「滕，水超涌也。」
[二] 尚書大禹謨：「人心惟危，道心惟微。惟精惟一，允執厥中。無稽之言，勿聽；弗詢之謀，勿庸。」

於中而即感。恒之欲保泰也堅，一陰已起於下，一陽已動於四，而二、五猶堅處於中以抑之。初之陰，四之陽，各以陰降陽升之常理，植根深固而處於內，雖相應而無相應之情；其應也，皆以位之所固然而相應，非有情焉以相接。雷欲出而風欲入，雖會於一時，不相謀也。且陰入于陽之内而干其化，陽微動於中而襲陰之藏，自恃也固，則於物有所不恤。斯道也，非天地之不與聖人同憂、普萬物而无心，聖人之恭己無爲、聽物之自成而不求近功者，未足以與於斯焉。不動心之道，惟能知天下之言以通天下之志，則雖恒，而亨也而可无咎；不然，則自持堅者必忤於物，而憂疑生矣。惟持大正，而不恤不足慮始之人情，義之與比而陰益乎物，罔違道以干譽而與物以大正，則雖恒，而利有攸往；不然，則剛愎自用以遠於人情，而行焉皆窒矣。故必「亨」而後「无咎」，必「利貞」而後「利有攸往」。

咸以易感而難乎貞，恒以難遷而難乎利，非謂消否之道不在感，保泰之道不須久也。視所以用之者何如耳。德合於天地，道至於聖人，則感而遂通，悠久無疆，皆至德矣。然而非希天之聖，終未易言也。易不言二卦之失，而但言其所以得，蓋物无可絶之情，而人不可以无恒，不容遽斥其所不足，以啟拒物喪耦、徇物失己之弊[一]，故但示以釋回增美之道與不可輕用之意。[二]聖人之修辭[三]所以盡誠，而爲化工之筆也夫！

象曰：恒，久也。

執所安居以爲可久之道。

剛上而柔下，雷風相與，巽而動，剛柔皆應，恒。上，時掌反。下，胡嫁反。

陽自初往四曰「上」，陰自四來初曰「下」。雷動風興，氣以時至，各行其化，而自然相與。陰入陽以求合，陽出乎上以動陰，此天地所固有之常理而非其變，若此者，固將以爲可恒久之道也。

「恒亨无咎利貞」，久於其道也。

[一] 「弊」，嶽麓本作「敝」。
[二] 禮記禮器：「禮，釋回，增美質，措則正，施則行。」正義：「回，邪也。用禮爲器，能除去人之邪惡也。禮非唯去邪而已，人有美性者，禮又能益之也。置禮在身，則身正也。以禮用事，事皆行也。」本句「與」字，嶽麓本作「而」。
[三] 「辭」，嶽麓本作「詞」。

要豈無道而可以恒哉？陰陽之相襲，以時而應，勢之恒也。安而不遷[一]，順以動而用其正，道也。无道而持久不移，咎之所積，據爲利而害隨之矣。

天地之道，恒久而不已也。「利有攸往」，終則有始也。

天地之道所以恒久者，以其不已也。寒暑生殺，隨時合義，而各以其正，則「利有攸往」。非以是始，即以是終，終而不可更始。據位於退藏之地，恃爲不易之主，而能利攸往邪？

日月得天而能久照，四時變化而能久成，聖人久于其道而天下化成。觀其所恒，而天地萬物之情可見矣。

「得天」，合天運行之常度也。「變化而能久成」，因時而變，而不爽也。聖人之道，所存諸中者大正，則天下之風俗萬變而卒成其化，未嘗不以潛運於内者爲可久之理，而要未有不循物之義以爲大正者也。若以密藏執滯爲恒，貞淫未審，而皆據之，是天地以疾風迅

[一]「安而不遷」，嶽麓本作「安而必遷」。其校記：「『安而必遷』：守遺經書屋本、金陵作『安而不遷』疑誤。按下句『順以動而用其正，道也』，即『安而必遷』之意。」今按：嶽麓本校記是也，禮記曲禮「安安而能遷」、繫辭傳「居其所而遷」可證。

雷爲常，非天地之情矣；萬物以發而不斂、枯而不榮爲恒，非萬物之情矣。以其執而易毁者，知其貞而常存，君子之不諒而貞，知此而已矣。

象曰：雷風，恒。君子以立不易方。

雷動而不可遏，風行而不可反，惟其立於内者定也。君子之行于世也，因時順應而不執，惟其所以自立者持其志而不遷，故行一不義、殺一不辜得天下而不爲，物豈能移之哉！

初六，浚恒，貞凶，无攸利。

「浚」，深入也。以泰之變言之，初以陰自外來，入於二陽之下，而欲持根深固以爲恒，故曰「浚恒」。初與四，恒之主，〔一〕而初尤其求恒之始志，僻尤甚焉。雖上承乎剛，有貞順之象，而凶德以之而成，行焉未有能利者也。

〔一〕此所謂成卦之主。内傳發例謂：「二爻相往來，而以所往來者爲主。」

象曰：浚恒之凶，始求深也。

恒者，非一旦而可恒也。深者，非一旦而可深也。求之有序，則深造有漸。治道、學術，未有不然者。陰陽之交方泰，而於立卦之始，怙其巽入之巧，即求入陽之下，以據爲安，人情不宜，天理不順，自謂得深，以譏人之淺，而執以爲恒。陋儒涉獵詩、書，即欲試之行事，以立不易之法，而亂天下；[一]異端以頓悟爲宗，持爲密印而牿人心，皆此爻之象。

九二，悔亡。

初以浚爲恒，二與之比，聽其入而與之相保[二]，悔道也。然居得其中，雖不當位，能守其素，不求恒而未變，是以「悔亡」。泰、否、咸、恒、損、益、既濟、未濟，自然相應之卦。應所不論，故爻以相比取義。[三]

[一] 所見者淺，所執者堅，責世者深，雖謂之儒，小人儒而已。
[二] 「保」，嶽麓本作「比」。
[三] 應，謂初、四，二、五，三、上之陰陽相應也。

象曰：「九二悔亡」，能久中也。

「能久」者中也，異于求深於始者也。

九三，不恒其德，或承之羞，貞吝。

卦惟三與上爲當位，而其占「凶」「吝」者：恒者，變而能常者也；三與上恃其位之正，見一時之可安而不久以其道，則不能恒必矣。初方入以求恒，三剛而求進，不憂其相迫，適以召初之恥辱耳。「或」者，倘至之辭。初與三非相應之爻，不期而受其辱，故曰「或」。自下來曰「承」。得位故「貞」，承羞故「吝」。

象曰：「不恒其德」，无所容也。

在變，而變即其常。天時人事，皆已異志，不隨時以盡大常，而恃位爲安，物不能容之矣。

九四，田无禽。

剛自下來而處於四，非所安而安焉，欲以動而有功，所謂守株待兔者也。

象曰：久非其位，安得禽也？

陽往交陰，進不得天位，退失其本基，以隱伏相機爲可久之術，隗囂、公孫瓚之所以亡也。

六五，恒其德貞，婦人吉，夫子凶。

六五與四相比，聽九四之動，不與俱動，任陽之動而静以相保，婦人之恒，婦人之貞也。四亦以其柔而易親，相與爲保，遂見爲可恒而退聽〔一〕焉，失丈夫之義矣。吉在五，凶在四也。

象曰：婦人貞吉，從一而終也。夫子制義，從婦凶也。

「一」謂九四。五得中而從乎四，無易志，故吉。「從婦」者，匿於其下以求安。四雖

〔一〕「聽」，嶽麓本作「静」。

爲震主，而失位浮寄，其剛不正[一]，近比乎陰，故有「從婦」之象。凡從婦者，始未嘗不暴，而終屈也。

上六，振恒，凶。

「振」如「玉振之」之振，收也。上柔得位，陰陽方相入相動，己恃其居高得位，欲苟且柔和，以收拾爲可久，凶之來，無以禦之矣。

象曰：振恒在上，大无功也。

上之於初、四，遠矣。以柔道收已變之局，不足以立功，則害且及之矣。天道久而不已，惟終而有始也。據其恒以爲恒，凶必乘之。恒卦六爻皆不吉，久不以道也。二、五差能自安，而非變化以久成；三、上則無而爲有，虛而爲盈者也。[二]天地風雷之變而不失其常，豈人事之易及哉！德非聖人，怙中藏之密用以終身，凶其免乎？

[一]「正」，嶽麓本作「振」。
[二]論語述而：「子曰：『善人，吾不得而見之矣。得見有恒者，斯可矣。亡而爲有，虛而爲盈，約而爲泰，難乎有恒矣。』」

䷠ 遯 艮下乾上

遯。亨，小利貞。

尊者出而在外曰「遯」。書曰「遯於荒野」，〔一〕猶春秋君奔稱「孫」也。〔二〕立卦之體，下二爻爲地位。地位者，陽之所以藏於深，而植根以起用者也。陰長而居二，陽退於虛矣。雖下卦之三陽猶在焉，而三爲進爻，且進而與三陽連類以往，故曰「遯」。

「遯亨」者，君子進則立功，退則明道，明哲保身，樂在疏水，於己無不亨；而息玄黄之戰，以勿激亂，且立風教於天下，而百世興焉，於天下亦亨矣。

「小」，陰也。陰未失其居下之義，故「利」。陽遯而與相應，故「貞」。遯，陰長矣，而初、二无凶咎者，二得下之中也。位莫美於中。臨，陽已得乎下之中，故陰爻皆蒙之而

〔一〕「遯於荒野」，見書説命。

〔二〕春秋經莊公元年：「夫人孫于齊。」公羊傳：「孫者何？孫猶孫也。」何休注：「孫，猶遯也。」徐疏：「凡言孫者，孫遯自去之辭。今此言孫，與尚書序云『將孫於位，讓於虞舜』義同，故言孫猶孫也。注云『孫，猶遁也』者，欲解彼此之孫皆爲孫遁自去之義。」

吉。遯，未踰乎下之中，故陰爻無傷陽之慝。觀，猶得乎上之中，故爻多美辭。大壯，未得乎上之中，故辭多危。以三畫之重爲三才之位言之，則二出乎地上，爲人用之大美；五居天位而近於人，爲人承天而天祐人。以内外貞悔言之，初、四者退爻也，三、上者進爻也，進則過，退則不及，剛柔皆有過不及之失；二、五酌其宜以立爲定位，而居之安，故位莫美於中也。[一]陰利貞而無逼陽之過，陽之遯所以益亨。陽亨，則陰過亦泯，而不喪其利貞矣。

彖曰：「遯亨」，遯而亨也。

四陽合志，上无陰以爲之揜沮，志得而道亦伸矣。

剛當位而應，與時行也。

「當位」謂九五。剛當位，則道无所屈。「應」，二應五也。陰無拒之之情，而有挽留之志，禮意未衰，從容以去，遯之美莫尚焉，故曰「好」，曰「嘉」。

[一] 二五爲中爻，初四爲退爻，三上爲進爻，這是船山比較重要的易例之一。

「小利貞」，浸而長也。 長，上聲。〔一〕

「浸」，漸也。陰雖長而以漸，得中而止，未失乎正，而於義亦合。

遯之時義大矣哉！

遯非其時，則巢、許之逃堯、舜，嚴光、周黨〔二〕之亢光武也；非其義，則君臣道廢，而徒以全軀保妻子爲幸，孟子所謂小丈夫也。非精義乘時者，無繇以亨。

象曰：天下有山，遯。君子以遠小人，不惡而嚴。 遠、惡，皆去聲。〔三〕

山自以爲高，而欲逼近於天；天覆幬之，而終不可踰，惟絶遠之而不與相狎也。「不惡」者，不屑與之争。「嚴」者，雖求合而必不受，惟超然遯於其外，小人自伏處於下。君子之遯以自潔也，非若漢末黨錮諸賢，處艸野而與小人相觸者也。〔四〕

〔一〕嶽麓本音注作「長，知兩反」。
〔二〕嚴光、周黨，又見大有卦初九下船山傳文。
〔三〕嶽麓本音注作「遠，於願反。惡，烏路反。」
〔四〕謂漢末黨錮諸賢不知遯避小人以自潔，反以艸野之位而與小人争鬥。

初六，遯尾，厲，勿用有攸往。

「遯尾」，爲遯之尾也。尾者，繫於後而可曳者也。初與四應，陽欲遯，而初以眇小之才，欲以柔道牽曳之，必蒙其嚴厲斥絶矣。「勿用有攸往」者，戒其聽陽之遯，而勿强往曳止之。

象曰：遯尾之厲，不往何災也？

柔而在下，本无逼陽之嫌，而位卑力弱，不能作留行之客，但安處而勿與其事，自不見絶于君子。

六二，執之用黄牛之革，莫之勝説。勝，平聲。説，吐活反。〔二〕

「黄」，中色；「牛」，順物，陰道之正也。「革」，堅韌之物。「勝」，能也。六二柔得

〔二〕嶽麓本音注作「勝，書烝反。説，吐活反。」

中而當位，其情順矣。比近乎陽，而與五應，見陽之遯，堅欲留之，故陽欲去而情不能忘。〔二〕乃陽决遯而不可挽，不能吉，而其志可嘉，則遠於凶咎矣。

象曰：執用黃牛，固志也。

非其志之固，則虚拘君子，所謂「執我仇仇，亦不我力」〔三〕者矣。六二順應於五，故其志可深信。

九三，繫遯，有疾厲。畜臣妾，吉。

三與二陰合爲艮體。艮有止道，二執之固，而三爲其所繫，進退不能自决，心戰而疾危矣。斯道也，惟以之畜臣妾則可耳。臣妾情順乎己，與之近而撫之而不失其剛，則既无不孫之憂，而能容以使無怨。「畜」者，止而養之，艮道也。

〔二〕船山訓「勝」爲「能」，讀「説」爲「脱」；則「莫之勝説」，似謂九五莫能脱六二之繫也。但其下文又謂「陽决遯而不可挽」，則陽終遯矣；然則「莫之能脱」者，謂五之情猶不能脱於六二也。

〔三〕詩小雅節南山：「執我仇仇，亦不我力。」鄭箋云：「王既得我，執留我，其禮待我警警然，亦不問我在位之功力，言其有貪賢之名，無用賢之實。」仇仇、警警，孔疏引郭璞曰：「皆傲慢賢者。」

象曰：繫遯之厲，有疾憊也。「畜臣妾吉」，不可大事也。

「憊」，謂志衰而氣亦餒。進退者，君子之大節，故曰「大事」。

九四，好遯，君子吉，小人否。好，去聲。否，如字。〔一〕

九四有初六之正應，故得全其交好以去，而不出惡聲。君子引身而退之，吉道也。小人恃不見惡于君子，而冒昧依附以有爲，凶矣。初六之所以災也。

象曰：君子好遯，小人否也。

君子雖好而遯矣，豈小人之可徼以求福！

九五，嘉遯，貞吉。

二固志以執五，五得雍容成禮而退，〔二〕遯之嘉者也。然其吉也，以其貞也，非以其嘉

〔一〕嶽麓本音注作「好，呼報反。否，如字，方九反。下並同。」

〔二〕以禮解「嘉」者，文言「嘉會足以合禮」。退，遯也。

也。五豈邀[一]二之執以爲榮者哉！

象曰：「嘉遯貞吉」，以正志也。

嘉則嫌於不正，而剛中得正，道固不屈，所以吉。

上九，肥遯，无不利。

上九去陰遠，而无應於下，則其遯也，超然自遂，心廣而體胖矣。夫往者所以來也，屈者所以伸也。或屈于暗而伸于明，太公辟紂而終以開周；或屈於一時而伸於萬世，孟子去齊而爲百世師，[二]无不利也。

象曰：「肥遯无不利」，无所疑也。

四、五皆有應，則進退未免疑，而上獨否。

[一]「邀」，嶽麓本作「徼」。

[二]船山屈於明清之際，而伸於今矣。

䷡ 大壯 乾下震上

大壯。利貞。

「大」謂陽也。「壯」者，極其盛之辭。陽道充實而嚮於動，志盈氣盛而未得天位，則爲彊壯有餘而未乘乎時之象，故僅言其壯，若有勉之惜之之辭焉。乾之四德，大壯所可有，不言元亨者，以未得天位，尚不足以統天，而達其雲行雨施之大用也。「利貞者性情也」，性情則已足矣。美利足於己，可以美利天下，而純陽無雜，則正而固也。陰尚據其上，疑於相應，而貞則必利，其利以貞也。

彖曰：大壯，大者壯也。

嫌於言壯之太甚，故釋。〔一〕

〔一〕船山謂：彖傳所以言「大者壯也」者，「大」指陽而言，防訓「大」爲「太」之歧解也。

剛以動，故壯。

陽德剛健而動，爲天地之大用。乾德已成，因時震起，以感二陰而動之；陰雖據尊位，莫能禦也。直爲壯，曲爲老。積剛以擯[一]陰，理直而壯，非但陽盛之謂也

「大壯利貞」，大者正也。

純剛則盡自彊之道，無陰私之累，而震陰以使知退。剛以養成，動以時興，皆正也；正則無不合義而利矣。

正大，而天地之情可見矣。

「正大」，正其大也。此言人能正其大者，則可以見天地之情，而不爲陰陽之變所惑也。天地之化，陰有時而乘權，陽有時而退聽。而生者，天地之仁也；殺者，物之量窮而自槁也。大體者，天地之靈也；小體者，物欲之交也。君子者，受命而以佑小人者也；小人者，違命以干君子者也。人惟不先立乎其大者，以奮興而有爲，則玩生殺之機，以食色爲性，以一治一亂爲數之自然，則陰干陽，欲戕理，濁溷清，而天地

[一]「擯」，嶽麓本作「賓」。

之情晦蒙而不著。惟君子積剛以固其德，而不懈於動，正其生理以止殺，正其大體以治小體，正君子之位以遠小人，則二氣絪緼不已，以陽動陰，生萬物而正其性者，深體其至大至剛不容已之仁，而灼見之矣。故大壯之壯，惟其利貞，而二陰據上，不足爲之累也。

象曰：雷在天上，大壯。君子以非禮弗履。

地以上皆天也，故有雷在天上之象。雷本陽氣之動，親乎天，非但震物。君子之壯，壯於己，非壯於人也。積自彊之道以動〔二〕而不餒者，惟禮而已，孟子謂之集義。禮者，義之顯於事物者也。道義充而節文具，浩然之氣自塞乎兩間，如雷上於天，陰不能遏。若助長以淩人，其壯必槁，非大壯也。〔三〕

〔二〕嶽麓本無「以動」二字。
〔三〕自彊，則是孟子之集義；助長，則是義襲而取之。

初九，壯于趾，征凶，有孚。

大壯，大自壯也。剛德已固，而以動則壯。初以四與己同道，遂感之而與俱動，壯以趾而已。妄動必折，故凶，惟其恃四之孚也。

象曰：「壯于趾」，其孚窮也。

二、三皆與陰應，初獨與陽孚，宜其吉；而反凶者，德薄位卑，九四奮興以往泣于陰，而不恃初以爲援，則所孚者志不相通也。

九二，貞吉。

陽剛得中，爲乾之主。大之正，正以此也。故直言其吉而辭簡。辭有險易，此易辭也。〔一〕陽不當位，而不言「悔亡」「无咎」者，乾道渾成，凡位皆其位。故凡卦有乾體者，九二皆无悔咎之戒。

〔一〕繫辭下「卦有小大，辭有險易」，内傳謂：「卦純則辭易，如『潛龍勿用』『直方大』之類；卦雜則辭險，如『荷校』『噬膚』『載鬼』『張弧』之類。」

象曰：「九二貞吉」，以中也。

中則正也。所謂中者，對外而言。九二以庸德爲健行，内修之盡，非施健於外，以淩物爲壯也。

九三，小人用壯，君子用罔，貞厲。羝羊觸藩，羸其角。

「罔」與網通。「羝羊」，牡羊也。九三與上六相應。小人見君子之壯而欲用之，而九三因欲網羅之以爲己應〔一〕，雖不自失，亦危矣。羝羊本剛，以求牝故，急於前進，而九四以震動之才當其前，限之而困其角，乃反而不前，幸得保其貞耳。

象曰：「小人用壯」，君子罔也。

因其有見用之情，遂欲網〔二〕之，亦過矣。楊龜山之于蔡京、唐應德之于嚴嵩是已。〔三〕

〔一〕「應」，嶽麓本作「用」。

〔二〕「網」，嶽麓本作「罔」。

〔三〕宋史卷四百二十八楊時傳：「時天下多故，有言於蔡京者，以爲事至此必敗，宜引舊德老成，置諸左右，庶幾猶可及，時宰是之。會有使高麗者，國主問龜山安在，使回以聞，召爲秘書郎，遷著作郎。」應得，唐順之字。唐順之晚年由嚴嵩與趙文華舉荐復出，抗倭。

九四，貞吉悔亡。藩决不羸，壯於大輿之輹。

九四爲震動之主，前臨二陰，無所繫應。陽實陰虛，以至實馳騁乎至虛，無所阻蔽，爲「藩决不羸」之象。「輹」，車箱也。三陽在下，積實已盈，故壯莫盛焉。震之壯，乾壯之也。大正而吉，雖不當位，固无悔也。

象曰：「藩决不羸」，尚往也。

陰尚據天位，貴於往以治之。

六五，喪羊于易，无悔。[一]

此立乎卦外以説卦之全象也。四陽類進，至此忽變而陰，「喪羊」之象。「易」，本義云「或作疆場之場」，是也，兩相交界之地也。春秋傳云：「疆場之事，一彼一此。」[三]「无

[一] 嶽麓本有音注作「喪，息浪反，下同。」
[三] 左傳昭公元年：「疆場之邑，一彼一此」；又桓公十七年：「疆場之事，慎守其一」。船山引文稍有出入。

悔」者，言既壯以其貞，則雖未得天位而陰據之，亦可无悔也。不以六五之得失爲占者，爲陽慰，不爲陰危，君子辭也。屢言羊者，朱子謂大壯似兑[一]，亦一義例，筮者偶用爲占亦可。

象曰：「喪羊于易」，位不當也。

此位非陰所宜居，故爲羊[二]歎其喪。

上六，羝羊觸藩，不能退，不能遂，无攸利，艱則吉。

陽長，陰將退矣。上六恃六五之得尊位，而已思[三]藉之以安，有不欲去之象，而下望九三之應己。乃三既爲觸藩之羊矣，上係戀觀望而不能退，陽已壯，而四方尚往，固不能遂其固位之志，无攸利矣。惟其柔而不争，知艱難以决於退，則可吉。

[一]「朱子謂大壯似兑」，嶽麓本作「虞翻大象謂大壯似兑」。今按：語見朱子周易本義。卦體似兑者，以二爻合一爻（初二陽、三四陽、五上陰），則大壯爲兑也。周易大全引諸家或以三至五互體兑解朱子此説，非。

[二]「羊」，嶽麓本作「陽」。其校記云：「守遺經書屋本、金陵本作『羊』。按：五爲尊位，而陰居之，故爲陽歎其喪也。作『羊』似誤。」

[三]「思」，嶽麓本無。

象曰：「不能退，不能遂」，不詳也。「艱則吉」，咎不長也。

「不詳」，謂不審時度德。[一]「咎不長」者，退而不犯難也。

䷢ 晋 坤下離上

晋，康侯用錫馬蕃庶，晝日三接。

「晋」，延而進之也。需與晋同道而德異。需三陽欲進，爲陰所閡，而九五居尊以待其來，陰不能蔽之。晋三陰欲進，爲陽所限，而六五居尊以延之上，陽不能止之。剛之相需，以道相俟也；柔之相進[二]，以恩相接也。「康」，安撫之也。三陰分土而爲主於下，有諸侯之象焉。六五柔以撫之，使安其位。其所「用錫」之者，馬之「蕃庶」，馬以行地而坤主利也。「晝日三接」者，既錫之，又屈體以下延之。「晝日」，離明之象。「三接」者，

[一] 詳，審也。此常訓。
[二] 「進」，嶽麓本作「晋」。

天揖同姓，時揖異姓，土揖庶姓，偏晋三陰也。〔一〕易之爲教，扶陽抑陰，而於觀、於晋、於鼎，無惡陰之辭，於晋尤若與之者，陰陽剛柔皆天地之大用，有時而柔道貴焉，則亦不廢其用。然象辭類有四德，而觀、晋無之，則陰之不足於德，亦可見矣。〔二〕不言吉者，王者之待諸侯，恩威並用而天下寧。有大明之君，有至順之臣，則可厚錫車馬，隆禮延接以懷柔之。不然，則錫以富而尾大不掉，謙以接而且有下堂見諸侯之漸，固不如屯〔三〕與豫之「利建」也。

彖曰：晋，進也。明出地上，順而麗乎大明，柔進而上行，是以「康侯用錫馬蕃庶，晝

〔一〕船山以禮之「三揖」解此「三接」也。周禮秋官司儀：「詔王儀南鄉見諸侯，土揖庶姓，時揖異姓，天揖同姓。」鄭注：「庶姓，無親者也。土揖，推手小下之也。異姓，昏姻也。時揖，平推手也。天揖，推手小舉之。」稗疏：「三接者，三陰皆接也。王接諸侯之禮凡三等：在殷則爵三等，公也侯也子也；在周則同姓異姓庶姓也。」

〔二〕此反對程傳之説：「卦有有德者，有无德者，隨其宜也。乾坤之外云『元亨』者，固有也；云『利貞』者，所不足而可以有功也。有不同者，革漸是也。隨卦可見。晋之盛而无德者，无用有也。晋之明盛，故更不言亨；順乎大明，无用戒正也。」

〔三〕「屯」，底本作「遯」，從嶽麓本改。其校記云：「句中『屯』，守遺經書屋本、金陵本作『遯』。王孝魚金陵本點校稿引屯與豫之卦辭而加以校正云：『「屯，元亨利貞，勿用有攸往，利建侯。」「豫，利建侯行師。」遯卦并無「利建侯」之辭，船山偶誤屯爲遯耳，當改正。』然鈔本字正作屯，則誤者非船山也。」

日三接」也。

「明出地上」，天子臨諸侯之象。「順而麗乎大明」，諸侯承事天子之象。「柔進而上行」，陰離四而進乎五，爲柔之主，以延三陰。本義謂自觀變者，亦通。〔一〕

象曰：明出地上，晋。君子以自昭明德。

「明德」者，無私無欲，可大白於天下之德也。日出地而物皆照，非欲人之見之，明盛則自不可揜耳。君子之明德，曉然使天下共喻而無所隱，取象於此。「自明」對「泣衆」而言。卦與明夷相綜，自待重以周〔二〕，待人輕以恕，明晦異用之道如此。

初六，晋如摧如，貞吉。罔孚，裕无咎。

〔一〕本義於卦辭下注曰：「又其變自觀而來，爲六四之柔進而上行，以至于五。」
〔二〕忠信爲周。

初居下而不能即進，有「摧如」之象。然柔静[一]以安下位，其進不迫，是以「貞吉」。陰自應陰，陽自應陽，道同相信之謂孚。初與四應，以柔遇剛，「罔孚」也。四罔與孚，將止其進，而初无急於求進之心，處之裕如，則雖見摧而无咎。

象曰：「晋如摧如」，獨行正也。「裕无咎」，未受命也。行，去聲。[二]

「獨行」，幽獨之行。見摧而不失其柔静之操，故「正」。「未受命」者，進陰者五也。居尊制命，而應在二，初未受其登進之命，故當隱居自適以待時，所謂「碩人之寬」也。[三]

六二，晋如愁如，貞吉。受兹介福，于其王母。愁字，古無音鋤侯反者。禮鄉飲酒義：「秋之爲言

[一]「静」，底本原作「進」，今從嶽麓本改。其校記云：「『静』：守遺經書屋本、金陵本作『進』。馬宗霍校記云：『鈔本「進」作「静」是。』」

[二] 嶽麓本音注作「行，下孟反。」

[三] 衛風考槃：「考槃在澗，碩人之寬。」鄭箋云：「碩，大也。有窮處成，樂在於此。大人而寬然有虚之色。」集傳：「詩人美賢者隱處澗谷之間，而碩大寬廣，無戚戚之意。」

愁也。」音揫。[一]此當同之。「愁」，固也。「介」，大也。「王母」謂六五。陰居尊位，乃王母之象[二]。六二正應六五[三]，堅固其柔順之節以承上，故能受錫馬三接之大福。

象曰：「受兹介福」，以中正也。

居中以守侯度，當位而得順正。

六三，衆允，悔亡。

「衆」謂初、二二陰。三當進爻，連類以進，衆所信從，首受六五之延接，故雖以柔居剛，上礙於九四，而協心效順，故「悔亡」。

[一] 船山周易稗疏：「愁音鋤侯反、釋作憂者，乃六朝以後之字義。古音子油反。鄉飲酒義：『秋之爲言愁也。』愁，堅固也。二與五正應，晋之尤篤者，故曰愁如。王母，舊以爲天子之母，古無此稱。王之爲言大也。王母，大母也。生謂之王父母，没謂之祖妣。陰居尊位，大母之象。」按鄉飲酒義鄭注：「秋讀爲揫。揫，斂也。」説文：「揫，束也。」廣雅釋詁「固也」，爲引申義。

[二] 「王母」，嶽麓本作「母后」。今按：既云「母后」，則以此六五爲天子之母。此與早年稗疏以王母爲大母不同（詳上引稗疏）。按程傳以王母爲祖母、大母，本義曰「享先妣」，則以王母爲天子之母。

[三] 「六五」，底本作「九五」，今據嶽麓本改。晋卦第五爻爲陰爻，當作「六五」。

象曰：衆允之句，**志上行也。**

衆志皆欲進而受五之三接，故六三進而衆從之。

九四，晋如鼫鼠，貞厲。

「鼫」與碩通，大鼠也。鼠之行，且前且却，所謂首鼠兩端也。三陰志在上行，五方延而晋之，四以陽處退位，横亘其間，使三陰之行疑忌前却，不得速進，如鼫鼠然。雖以陽止陰，爲得其貞，而亦危矣。

象曰：「鼫鼠貞厲」，位不當也。

居非其位，徒以增人之疑，故危。

六五，悔亡，失得勿恤。往吉，无不利。

以陰居尊，一於柔以待下，宜有悔也。然麗于二陽之間，而以虚明照下，下皆順之，率此以往，延三陰而進之，雖有九四之沮，使欲進者首鼠兩端，其失其得爲未可知；而一意懷柔，勞來不倦，則安其位而吉，宜於物而无不利矣。

象曰：「失得勿恤」，往有慶也。

懷柔得其道，物自順之。

上九，晋其角，維用伐邑，厲吉无咎，貞吝。

「角」者，在上而觸物者也。「晋其角」，物方進而此爲角，觸而禦之，不使其進之已過焉。晋以柔進柔，柔過則上下无章而失制。上九以剛居上，節[一]柔之過；三陰方順，无可用威，惟取私邑之不率者伐之，以建威銷萌。能如是，則吉而无咎。若守其柔道之常爲正，則法令不行而吝矣。離以麗乎剛而得明，故可厲而吉；而上爲柔爻，又下奉六五之陰爲主，故有「貞吝」之戒。

象曰：「維用伐邑」道未光也。

柔道方行，陽施未能光大，故僅可伐邑以示威。

[一]「節」，嶽麓本作「而」。今按：作「節」是。

䷣ 明夷 離下坤上

明夷。利艱貞。

「夷」，傷也。離爲大明，豈有能傷之者哉？惟時處乎地下，爲積陰幽暗之所揜，光暉不得及物，則其志傷矣。君子之所謂傷者，非傷其身之謂；德不施於物，則視民之傷如己之傷也。文王當紂之時，蓋如此。「利艱貞」者，二以柔居中得位，而養其明，以上事暗主，所合之義，在艱難而不失其貞，蓋文王之志也。文王於明夷而言「貞」，周公於明夷而言「拯」、言「狩」，各以其時，可以見易之爲道，變動不居，然而文王之德至矣。〔一〕

彖曰：明入地中，明夷。內文明而外柔順，以蒙大難，文王以之。難，乃旦反。〔二〕

〔一〕文王，謂卦辭；周公，謂爻辭。船山以爲四聖一揆，彖爻一致；然其因德之高下，時之不同，亦不能無別。
〔二〕嶽麓本音注作「難，奴案反。下同。」

「明」謂日也。非地之能加於日上，日未升而入於地中也。日固出於地以照天下，而時方在夜，則入地中，安以受其傷。「内」謂自修其德也。「外」，出而事上也。或以爲中藏智而外示柔，則王莽之姦，豈文王之德哉！明夷本以明而受傷，象大明爲地所揜；而夫子即象以推德，則坤不爲幽暗而爲「柔順」。若與卦義不相通；然兩間之啟閉有其象，則天下有其時，而君子即可體之以爲德。夷者，時之變也，而君子之常也。故死生禍福皆天之道，即皆聖人之德，非窮神達化者，其孰能知之！

「利艱貞」，晦其明也。内難而能正其志，箕子以之。

「晦其明」，安於下而受晦也。「内難」，居於晦而不得出，以受暗主之辱也。「正其志」，不失其柔順中正之德也。夫子兩取文王、箕子之德，以言能體明夷之道者，惟文王、箕子足以當之，與周公備言殷、周興喪之事異，蓋亦有「武未盡善」之意與？〔一〕

〔一〕象傳爲孔子作，此稱文王與箕子之德；爻辭爲周公作，而明夷爻辭屢言殷周之際鼎革之事（詳下文）。此蓋孔子以文王三分天下有其二而尤有臣德，盡善盡美，與武王不同，故盛贊之也。

象曰：明入地中，明夷。君子以莅[一]衆，用晦而明。

有夜之晦以息，乃有旦之明以作。君子自昭之德，無物不徹，无時或息；而其「莅衆」，則有所不察察於幽曖，而小人之情僞自无不昭徹于君子之心。「用晦」者，所以明也。坤爲衆，蓋統貴賤賢不肖之雜處而言也。

初九，明夷于飛，垂其翼。君子于行，三日不食，有攸往，主人有言。

周公於明夷之後，極其變而著之於爻，以爲明之有晦，晦之復明，乃理數之自然，以見文王艱貞之德，必終之以變伐之事，而周之革商爲順天之舉。爻動而變，變而情生事起。故爻與象，或道同而事不嫌於異焉。初九，則太公之象也。二陽爲明所麗，周公自當九三，太公當初九，以夾輔清明之運也。初去三陰也遠，疏遠在外，故宜避地遠去。「飛」，去之速也。「垂其翼」，困窮之象。「君子于行」，言其懷君子之道，往之海濱也。「三日不食」，窮已至矣。「有攸往」，往而麗乎六二，

[一]「莅」，嶽麓本作「涖」。下傳文中「莅衆」嶽麓本作「涖衆」。

以昭明德，歸周之象也。「主人有言」者，殷之餘民，固譏其異志，所勿恤也。陽剛之才，既可以大有爲，而分位不親，去暗即明，出困而興，義士雖曰薄德，〔一〕而志得道行矣。

象曰：「君子于行」，義不食也。

非其親暱之臣，避無道而去，不食其禄，義也。夫子但釋此爲義者，蓋亦不取其「攸往」而「有言」，惟伯夷能終其「于飛」之義耳。〔二〕

六二，明夷，夷于左股。用拯馬壯，吉。

此象文王之事也。傷于左股，不能大行也。言左股者，手足尚右，傷其左，尚未大傷，象羑里之得釋。馬行地，坤象也。「馬壯」，陰盛，象紂惡盈也。「拯」馬之「壯」，救殷

〔一〕義士，謂伯夷、叔齊也，見史記伯夷列傳。伯夷、叔齊、太公皆以西伯善養老而往歸，太公助武王伐紂，而夷、齊叩馬諫阻，然則夷、齊或以太公爲薄德也。

〔二〕于飛，避暗主而遯世也；有攸往，轉就明君以成大業也；有言，謂舊主人有責讓。太公不終於隱遯，而起以成大業，故「攸往」而「有言」；夷、齊則終於「于飛」之遯。孔子取於夷、齊，不取太公也。

民以冀全殷祀，所謂「雖則如燬，父母孔邇」[一]也。終以受命於天而吉。

象曰：六二之吉，順以則也。

柔則順，中正則道明於天下而可爲則。有其德，故能救民之傷而吉。

九三，明夷于南狩，得其大首，不可疾，貞。

此象周公相武王伐紂之事。「南狩」，以明治暗。「得其大首」，象誅紂。「疾」，速也。「不可疾」者，養晦待時，必天命既固、人心既順之後，則事雖非常而固正。九三與上六相應，以明之盛，進而克柔暗之將消，其時矣。言貞而不言吉，期於合道之正，非謀利計功也。

象曰：南狩之志，乃大得也。

「乃」云者，時至而功乃就也。

[一] 語見詩周南汝墳。

六四，入于左腹，獲明夷之心，于出門庭。

此象商容、膠鬲之事。[一]左腹者，肝居左而主謀，預聞其甚周之謀也。「明夷之心」，乃殷民被傷而望周之心。「于出」，猶言爰出；[二]出門庭，輸于周而勸其伐也。六四與坤爲體，蓋居於暗邦[三]者；四爲退爻，下就内卦之明，故有此象。不言吉利者，非人臣之常道，不輕奬其功。

象曰：「入于左腹」，獲心意也。

苟暗極矣，則肘腋之臣，且窺短長以外交矣。可不懼哉！

六五，箕子之明夷，利貞。

[一] 商容，見於尚書，注以爲殷賢人，其事未詳言。而韓詩外傳卷二載：「商容嘗執羽籥，馮於馬徒，欲以伐紂，而不能，遂去，伏於太行。及武王克殷，立爲天子，欲以爲三公。商容辭曰：『吾常馮於馬徒，欲以伐紂，而不能，愚也；不争而隱，無勇也。愚且無勇，不足以備乎三公。』遂固辭不受命。君子聞之曰：『商容可謂内省而不誣。能矣，君子哉！去素餐遠矣。詩曰「彼君子兮，不素餐兮」，商先生之謂也。』」膠鬲，殷賢臣，後歸周。吕氏春秋慎大覽及帝王世紀嘗載武王伐紂，紂王使膠鬲候周師，武王告膠鬲以甲子進至殷郊，膠鬲還。武王急行軍，以防失期而膠鬲被紂王殺。

[二] 爾雅釋詁：「粤、于、爰，曰也。」此皆語氣詞。

[三] 「邦」，嶽麓本作「邪」。今按：似當作「邦」。

上爲暗主，而五近之，相比於同昏之廷，不顯其明以自晦，故爲箕子之象。然必如箕子之貞而後合於義。不然，則其去飛廉、惡來也無幾矣。

象曰：箕子之貞，明不可息也。

箕子以宗臣而抑，非如微子之處嫌疑；既无去國之道，欲繼比干以死，而君側無親臣，故佯狂爲奴，而晦已甚。然於艱難備極之日，彝倫攸叙之道未嘗一日忘之，則迹自晦而道自明，是以利貞。然則箕子懷道以待武王之訪乎？非也。箕子无待武王之心，而訪不訪，存乎人者不可期也。君子雖際大難，可辱可死，而學道自其本務，一日未死，則不可息於一日，爲己非爲人也。懷道以待訪，則訪不可必，而道息矣。志節之與學問，道〔二〕合於一而事分爲二。遇難而恣情曠廢，无明道之心，志節雖立，獨行之士耳，非君子之所謂貞也。

〔二〕底本無「道」字，今從嶽麓本補。其校記云：「『道』：守遺經書屋本、金陵本均脱此字。馬宗霍校記云：『鈔本「問」下有「道」字是，當據增。』」

上六，不明晦，初登于天，後入于地。

此則紂之象也。「不明晦」者，君昏而天下皆爲之暗也。「初登於天」，謂先王之克配上帝。「後入于地」，殷後王之喪師也。[一]五，君位，而上爲明夷之主者，天位已去，寄居天位之上，將消亡之象。

象曰：「初登于天」，照四國也。「後入于地」，失則也。

「四國」，四方之國。「照」，明德被之也。昏暗喪亡，僅云「失則」者，道二，仁與不仁而已矣。[二]失堯、舜之則，則爲桀、紂也。爻辭[三]專象商、周興喪之事，蓋周公因文王艱貞之行而推言之，以見周之革商，乃陰陽理數之自然，而非武王之弋命[四]，且以垂戒後世，爲意深切。玩其辭以謹其動，而天命人事昭然矣。易興神物以前民用，而若此之類，專指興亡得失之大故，若不切於民用者。以義類

〔一〕詩大雅文王：「殷之未喪師，克配上帝，宜鑒於殷，駿命不易。」
〔二〕語見孟子離婁上。
〔三〕「辭」，嶽麓本作「詞」。今按：作「辭」是。
〔四〕尚書多士：「肆爾多士，非我小國敢弋殷命。」孔傳：「天佑我，故汝衆士臣服我。弋，取也。」

求之，則身之榮辱，家之成毀，初无異理，筮者皆可理推以利用。而先王卜筮之設，原以國有大事，乃决于神，君子以占世道之汙隆，進退之大節，故一可以商、周興亡爲鑒。初非若火珠林之類，爲市井屠販之人謀錙銖之利、挾策干進之夫求詭遇之名也。

䷤ 家人 離下巽上

家人，利女貞。

家人、睽、蹇、解四卦，互相錯綜，而卦之名義見矣。中四爻者，卦之定體也。初、上者，卦之所始終，御體以行，而成乎象以起用者也。[一]家人中四爻皆得其位，而初、上以剛閑之，陽之爲德充足而无間，禦其浮游而閑之之象也，故化行於近，而可及於遠。蹇中四爻亦得其位，而初、上以柔載之，柔者不健於行，而滯於其方，足弱之象

〔一〕此船山「中四爻爲體」説，見睽卦「用爻」注，亦可見朱伯崑易學哲學史論述船山相關部分。

也，故外見陰而止不往。睽中四爻皆失其位，既失位而乖矣[一]；初、上又以陽束之於外而數動，故愈束之合而愈離，貌相應而情相猜。解中四爻亦失其位，乃初、上以柔調和之，无所閑束，則静以居動，故危疑不安之意漸以解散，而陰陽之搏擊以平。家人閑各正之人情以聚。睽束不正之意志則離。蹇可行而養以柔，泉之育於山也；解非所安而柔以緩之，雷之已出而釋以雨也。觀其畫，體其象，審其錯綜之異，而四卦之德與其爻之險易可見矣。

家人者，一家之人聚順之象也。各正其位以盡其道，而以剛嚴統之，无不利矣。陰陽各得，而獨言「利女貞」，歸美二、四者[二]，聖人曙[三]於人情世變，而知齊家之道，惟女貞之爲切也。陽之德本和而健於行，初无不貞之憂；所以不貞者，陰雜其間，干陽之位，而反御陽以行，是以陽因失其固有之貞而隨之以邪。豈特二女之嬪虞，太姒之興周，妹喜、妲己、褒姒之亡三代，爲興衰之原哉！即士庶之家，父子兄弟天性之合，自孩提稍長而

[一]「矣」，嶽麓本作「戾」。
[二]家人二、四爲陰爻，又當位，故曰「女貞」。
[三]説文：「曙，曉也。」

已知愛敬，其乖戾悖逆，因乎氣質之凶頑者，百不得一也。婦人一入而亂之，始之以媚惑，終之以悍鷙，受其惑而制於其悍，則迷喪其天良，成乎凶悖，而若不能自已。人倫斁，天理滅，天[一]下淪胥於禽獸，而不知其造端於女禍。聖人於此懼之甚，戒之甚，而曰「利女貞」，言「女貞」之不易得也。女德未易貞，而繇不貞以使之貞，惟如家人之嚴君[二]以閑之，絶其媚而蚤止其悍，使雖爲哲婦豔妻，而有所制而不得逞；則言物行恒之君子，正己而崇威，其道尚矣。然則「利女貞」者，初、上之功大矣哉！

彖曰：家人，女正位乎内，男正位乎外。男女正，天地之大義也。

此就中四爻而言之也。先言女者，二陰之卦，以陰爲主，亦彖辭[三]「利女貞」之意。「正位」，剛柔各循其道，内外各安其職也。女與梱外之事以妄動，固家之索；[四]男子而問

[一]「天」，底本無，從嶽麓本補。其校記云：「『天』：守遺經書屋本、金陵本無此『天』字。馬宗霍校記云：『鈔本是，當據增。』」

[二]嶽麓本「君」後多「剛」字。

[三]「辭」，嶽麓本作「詞」。

[四]與，讀去聲，參與。尚書牧誓：「牝雞之晨，惟家之索。」孔傳：「索，盡也。喻婦人知外事，雌代雄鳴，則家盡；婦奪夫政，則國亡。」

及酒漿瓜果絲枲雞豚之事，以廢人道之大，家亦自此衰矣。天包地外，以運化理；地在天中，以待天施。内外正位，天地之大義固然，人不得而違，故惟貞乃利。

家人有嚴君焉，父母之謂也。

此言初、上二爻也。「嚴」者，剛之德。「君」者，爲之綱而治之也。上爲父，初爲母，天尊地卑、父尊母親之道也。母道慈，而亦云嚴者，父之嚴，言物行恒，以示德威而已，故上九但言「反身」而威自孚。家人之道始於纖細，而放乎淫辟惰窳，起居飲食、衣裳容止之節，皆貞妄之原，父道不瀆，閑而正之者母也。故凡子婦之不類，兄弟之不若，皆母不嚴而縱之於父所不及知之地，習氣已溺，父雖欲施教而反相夷。故閑家亡悔之道，責之於初九，母尤不可不嚴也。

父父，子子，兄兄，弟弟，夫夫，婦婦，而家道正，正家而天下定矣。

「父父」，不言母者，統母於父也。初、上之剛嚴，「父父」也。中四爻之得位，「子子」也。三、四相追隨，兄弟也。兄以慈愛爲友，故柔；弟以莊敬爲恭，故剛。「夫夫」，五正位於外也；「婦婦」，二正位於内也。原本其功，父道之嚴爲本，故家人之德，成於初、上。「天下定」者，風化自近而及遠也。

象曰：風自火出，家人。君子以言有物而行有恒。行，去聲。〔一〕

「風自火出」，和煦而不務遠及。「有物」者，切於事理。「有恒」者，修其常度。君子取法于風火，言行平易近情，無速於致遠之心，而自足以致遠，家修之道然也。

初九，閑有家，悔亡。

「閑」者，禦其邪而護之使正也。家人本無不正，尤必從而閑之。謹之於微，母教也。雖若過於剛嚴，而後悔必亡。

象曰：「閑有家」，志未變也。

中四爻本各得其正，未有變也。及其未變而防之，養蒙於早，以定其志，母教之功大矣哉！

〔一〕嶽麓本音注作「行，下孟反。」

六二，无攸遂，在中饋，貞吉。

「无攸遂」者，不遂其志欲。婦人之志不可遂，甚於欲也。「饋」者，祭禮，主婦親饋敦黍。[一]「在中」者，自房中入室設之；敬慎從夫以奉祀事，修婦職也。六二柔順得中而當位，得婦道之正而吉。

象曰：六二之吉，順以巽也。

「順」，故无攸遂。巽者，入也，而有撰具之意。在中饋以求歆於寢廟，其宜家必矣。

九三，家人嗃嗃，悔厲吉。婦子嘻嘻，終吝。

「嗃嗃」「嘻嘻」皆火聲。詩「多將嗃嗃」，春秋傳「譆譆出出」[二]。「嗃嗃」，火之

[一] 三禮無「祭禮」之篇，嶽麓本加書名號，非是。儀禮特牲饋食禮：「主婦設兩敦黍稷于俎南西上，及兩鉶芼設于豆南，南陳。」

[二] 「譆譆出出」，嶽麓本作「赫赫譆譆」。

烈；「嘻嘻」，火餘燄之聲也。〔一〕九三以剛居剛而不中，故爲嚴厲太過之象。未能和洽，故悔，然終正家而吉。乃三爲離火之餘，其炎且殫。嚴太甚者威且窮，則悔其嚴而不終其厲，是以有「終吝」之戒。

象曰：「家人嗃嗃」，未失也。「婦子嘻嘻」，失家節也。

雖「嗃嗃」而固未失正家之道。悔而弛其嚴，則失節矣。

六四，富家，大吉。

陰主利，六四以陰爻居陰位，故「富」。富非大吉之道，惟柔順靜退而不驕，可以長保其富而大吉。

〔一〕周易稗疏「嗃嗃嘻嘻」條：「嘻嘻，舊以爲嬉笑之嬉。嘻乃歎聲，本無嬉義，而九三以剛居剛，亦無戲渝柔諧之象。按：『嗃嗃』『嘻嘻』皆取喻於火聲。詩『多將熇熇』，猛烈之狀，火始然之聲也。春秋傳『赫赫譆譆』，譆譆乘赫赫之餘火，將息之聲也。九三以剛處剛，離道方成，故曰嗃嗃；而上承六四，風將散之，故曰嘻嘻。所以失與不失兼有其象。」今按：詩大雅板：「匪我言耄，爾用憂謔，多將熇熇，不可救藥。」毛傳：「熇熇，然熾盛也。」鄭箋云：「將，行也。今我言非老耄有失誤，乃告女用可憂之事，而女反如戲謔，多行熇熇慘毒之惡，誰能止其禍？」左傳襄公三十年：「或叫于宋大廟，曰：『譆譆出出，如曰譆譆。』甲午，宋大災，宋伯姬卒，待姆也。」杜注：「譆譆，熱也。出出，戒伯姬。」不知船山所據春秋爲何本，不但經文不合，其訓於文義亦無所當。

象曰：「富家大吉」，順在位也。

居柔退之位，不貪進而溢於非分。

九五，王假有家，勿恤吉。假，古伯反。

「假」，至也，猶詩「至于兄弟」之至，[一]德足以及之也。九五剛中得位，與二正應，以德相感，格正其家，而家正矣；則化未及遠，不足爲憂，而風教所被，邦國天下自化。言「王」者，惟聖王之德足以當之。

象曰：「王假有家」，交相愛也。

剛正嫌於失歡，乃德自足以相感，而有六二之配，樂而不淫，則家自宜。

上九，有孚威如，終吉。

「有孚」，謂與初九之剛德合也。初九以剛嚴閑之於内，上九復剛正以莅其上，威不瀆

[一] 詩大雅思齊：「刑于寡妻，至于兄弟，以御于家邦。」

而家自正。「終吉」者，非謂初不吉而後乃吉，言永保其吉也。

象曰：威如之吉，反身之謂也。

父道尊而不瀆，身正而威自立。家人男女各正其位，又有初九之閑，則所謂威者，不在[一]撻責，「反身」盡道而教自行矣。

䷥ 睽 兌下離上

睽。小事吉。

「睽」，乖異也。中四爻皆失其位，而初、上以剛彊束合之，而固不親，故成乎睽。此卦與噬嗑相似，而九二以剛居中，尤爲難合。故雖應而應不以理，下交[二]而上疑，是以其爻多險異之辭焉。夫人居不安之位，而欲相與交，其志之不固，所必然也。柔静以俟其定

〔一〕「在」，嶽麓本作「待」。
〔二〕「交」，嶽麓本作「驕」。

則自釋，剛動以制其争則愈離，此睽與解之所繇異，道在初、上也。〔一〕睽之於吉，難矣。「小事」者，陰事也，周禮所謂「陰禮」，宮中婦人之治也。〔二〕前朝後市，後市爲陰。近利之事，亦陰事也。宮中合諸國之媵、群姓之女，本不相親；市雜五方失居之民，亦不相信；而剛以束之，合其不合者，則吉。柔道方行，應剛而得制，故能吉焉，外此者無吉矣。

象曰：睽，火動而上，澤動而下。二女同居，其志不同行。

睽、蹇、解三卦，象傳釋卦皆以化迹之象言之，不詳其六爻之畫，爻辭〔三〕抑又不取於

〔一〕睽與解中四爻皆相同，惟初上兩爻陰陽相反。

〔二〕周禮天官内宰：「以陰禮教六宮，以陰禮教九嬪。」鄭注：「鄭司農云：『陰禮，婦人之禮。六宮後五前一，王之妃百二十人，后一人，夫人三人，嬪九人，世婦二十七人，女御八十一人。』玄謂：六宮，謂后也。婦人稱寢曰宮。宮，隱蔽之言，后象。」内宰又載：「凡建國，佐后立市，設其次，置其叙，正其肆，陳其貨賄，出其度量淳制。祭之以陰禮。」鄭注曰：「市朝者，君所以建國也。建國者必面朝後市。王立朝而后立市，陰陽相成之義。鄭司農云：『佐后立市者，始立市，后立之也。祭之以陰禮者，市中之社，先后所立社也。』玄謂：……陰禮，婦人之祭禮。」

〔三〕「辭」，嶽麓本作「詞」。

此。[一]此夫子引伸觀物，而見陰陽之有其變者，必徵於兩間物化人情已然之迹，補文王、周公之所未言，而理固一致也。「動」亦以初、上二爻之陽言。二女之志不同者，二陰以居皆非位，不循其分，則志趣乖異。兑陰競進，而離安於所麗以自尊也。

説而麗乎明，柔進而上行，得中而應乎剛，是以小事吉。[二]

「説」非君子之道，而「麗乎明」，則亦察於事情矣。「柔進上行」者，與「家人」皆二陰用事之卦，而陰自二上三，自四上五，[三]雖不當位，而漸以升，且五陰居中而志以得，故可吉。

天地睽而其事同也，男女睽而其志通也，萬物睽而其事類也。睽之時用大矣哉！

推言睽之爲道，若乖而不適於用[四]；而善用之，則天地之化、人物之情理，皆可因異而得同。因其時善其用，亦大矣哉，固非特小事之吉；而初、上之合異爲同者，未爲不

[一] 彖傳解六爻之畫者，如坎卦「維心亨，乃以剛中也」，家人卦「女正位乎內，男正位乎外」（船山以爲此釋家人中四爻）等是也。船山以爲彖傳於睽、蹇、解三卦釋爻較少，而特言「時用」「時」，此「皆以化迹之象言之」也。「爻詞抑又不取於此」，爻辭亦不據彖傳發揮之義爲説也。
[二] 嶽麓本有音注作「説，弋雪反」。
[三] 謂由家人六二、六四之陰各進一位，而至於三、五，則成睽卦。
[四] 「用」，嶽麓本作「明」。今按：作「用」是。

允，故爻辭多得「无咎」，本非有咎也。「天地睽」，清濁異也。「男女睽」，剛柔異也。「萬物睽」，情形異也。「事同」謂變化生成之事。「事類」謂相聚[二]以成一類之用，如水土合而成坯、筋漆合而成弓之類。

象曰：上火下澤，睽。君子以同而異。

火炎上，澤流下，火不熯澤，澤不息火，不相害也，而各成其用。君子之與人也，同爲君子，則以異相切磋，而不雷同以相襲，故異而不傷其和；若非其類，而與之立異以明高，則水火交争，孤立无與而危矣。善用睽者，用之於[三]所同，不黨也；不用之於所異，則不争也。

初九，悔亡，喪馬勿逐自復。見惡人，无咎。喪，息浪反。

〔二〕「聚」，嶽麓本作「濟」。
〔三〕「於」，底本無，從嶽麓本補。

睽之所以爲乖異者，陰亢乘剛，居尊位，處進爻，而終不自安；陽抑而承陰，志在求陽以自輔，而不順乎陰，故貌雖相應，而情固離。初之與四不相應，疑有悔，而有「喪馬」不能行之象。然此卦惟此爻爲當位，上不爲柔所乘，而四以同德相感，閑勒在手，不憂物之難制，故勿逐自復〔二〕而悔亡。且初豈徒恃四之同志而得所御哉？凡中四不正之爻，雖皆惡人，而剛果自任，出而見之以遏其亂，矯志裁物而自處無過，固可以閑人之邪。如狄仁傑孤立於淫穢之廷，其用大矣。睽以初九爲功，解以上六爲得，以剛禦乖違者，當堅立而制之於早；以柔解紛亂者，當待時而救之於終。睽初、解上，爻〔三〕皆得位，故睽初賢于上，解上貴于初。

象曰：「見惡人」，以辟咎也。辟，必益反。

「辟」，除也。中四爻，咎之徒也。見之，爲辟除之。

〔二〕「復」，底本作「得」，從嶽麓本改。其校記云：「『得』：各本均同。王孝魚金陵本點校稿註云：『「得」當爲「復」之誤。』」今按：王説是。此蓋涉他處「勿逐七日得」而誤。

〔三〕「爻」，底本作「又」，今從嶽麓本改。

九二，遇主於巷，无咎。

「巷」，宫中甬道。六五以柔居尊，下臨九二之剛中，心有嫌焉，不能自安於斧扆[一]之間以接二。二雖剛，而得中不亢，就巷以見而遇之，與之相應，此如晋文召王見之于温，春秋原情而許之，故无咎。[二]

象曰：「遇主於巷」，未失道也。

當危疑之際，不失臣節。

六三，見輿曳，其牛掣。其人天且劓，无初有終。

[一] 斧扆，亦作「黼扆」。尚書顧命孔疏：「釋宫云『牖户之間謂之扆』，李巡曰『謂牖之東、户之西爲扆』。郭璞曰：『窗東户西也。禮云：斧扆者，以其所在處名之。』郭璞又云：『禮有斧扆，形如屏風，畫爲斧文，置于扆地，因名爲扆。』是先儒相傳黼扆者，屏風畫爲斧文，在于户牖之間。」

[二] 春秋經僖公二十八年：「冬，公會晋侯、齊侯、宋公、蔡侯、鄭伯、陳子、莒子、邾子、秦人于温。」左傳：「冬，會于温，討不服也。是會也，晋侯召王，以諸侯見，且使王狩。仲尼曰：『以臣召君，不可以訓，故書曰「天王狩于河陽」，言非其地也，且明德也。』」杜注：「晋侯大合諸侯而欲尊事天子以爲名義，自嫌强大，不敢朝周，喻王出狩，因得盡群臣之禮，皆譎而不正之事……隱其召君之闕，欲以明晋之功德。」

睽之用爻，[二]皆失其位；而三以柔居剛，志在躁進，其乖異尤甚。方急於行；下二陽，其所乘之輿也，不與之同心，則見輿之被曳，而欲急鞭其牛；乃柔不堪任，而牛又掣矣。上九見其乖躁，張弧而欲射之，三乃順而與應，於是施以髡劓之薄刑，懲其不悋，而三乃知懲，則是能改過以服善，故「无初有終」。

象曰：「見輿曳」，位不當也。「无初有終」，遇剛也。

位皆不當，而獨於三言之者，陽之不當位，惟陰亢而乘其上，故被抑而屈于陰之下，以失其所。卦以陰爲主，其責在陰。家人所以獨言「女貞」，得失不繫乎[三]陽也。五亦不當位，而免責者，居中也。「遇剛」者，上九以剛臨之，三不敢不順應。家人以下四卦，得

[二] 所謂「用爻」，即居中之四爻也。下繫「若夫雜物撰德，辨是與非，則非其中爻不備」，船山注曰：「中四爻者，出乎地、盡乎人而應乎天，卦之成德備於此矣。」中四爻可施用，而初上无位不可用，故中四爻又曰用爻。是以船山注坤卦上九曰：「坤卦純陰，其道均也，而中四爻皆君子之辭，惟初、上以世運之陰幽爭亂言之。蓋乾坤者，本太極固有之實，各有其德，而不可相無。體道以學易者，法其所可用而不能極其數。二、五得中而不過；三、四人位，乃君子調燮之大用所自施，故以其德言之，美者極其盛，而次亦可以寡過。初則沈處地下，上則高翔天際，而無所施其調燮。」船山注雜卦曰：「解四用爻皆失位，而初、上以柔處之，以緩其爭，而乖戾平矣。蹇四用爻皆得位而可以有爲，初、上猶以柔道處之，其難其慎之至也。」其「四用爻」亦中四爻也。

[三] 「乎」，嶽麓本作「於」。

失皆成乎初、上，亦[一]可見矣。

九四，睽孤，遇元夫。交孚，厲无咎。

四以失位之陽，三與五乘權得中，或迫進相干，或據尊相乘，睽而孤矣。「元夫」，剛之長也。[二]四與初相應而道合，恃之以自輔而交孚，處勢雖危，能與剛正者合志，故无咎。

象曰：交孚无咎，志行也。

四有不平於五之志，得初陽而志行矣。

六五，悔亡，厥宗噬膚，往何咎。

「厥」者，在彼之辭。「厥宗」，彼所依以爲主者，謂二以初爲依也。「膚」，易噬者。卦與噬嗑相類，故言「噬膚」，亦有齧合之象焉。六五柔居尊而非其位，遇[三]九二之剛，疑

[一]「亦」，嶽麓本作「益」。
[二] 爻自下生，故初爲長（長，上聲），初九則爲剛之長。
[三]「遇」，嶽麓本作「逼」。今按：作遇是。

其傷己，而不欲下往以交，故二有不能廷見而在巷之象。乃二所依以輔其剛者，初也，則固以剛束異以爲同者也。〔一〕既與二志合而相入，必噬二與五使〔二〕相應以不終乖，〔三〕則五往而應二，抑何患焉，故无咎。

象曰：「厥宗噬膚」，往有慶也。

非所期而得合，慶自外來也。

上九，睽孤。見豕負塗，載鬼一車。先張之弧，後説之弧。匪寇婚媾，往遇雨則吉。 説，吐活反。

六五方以陰居尊，而上九以失位之陽寄處其上，孤矣。乃上九之志欲治〔四〕睽，與初同道者也，故任剛而欲懲其乖異以使安。而所正應者，失位陰濁躁突之三，若豕

〔一〕中四爻或陰或陽，異也；初、上則以陽剛之才束其中四爻以使之合同。九二依附於初九，初九本然即欲束合二五也。
〔二〕「使」，嶽麓本無。
〔三〕五、二志合相入，初九嚮之。
〔四〕「治」，嶽麓本無。

之溷於泥塗，徧而視在下之爻，陰陽錯亂，盈車皆鬼也。於是憤其不戢，張弧而欲射之。三乃畏服，不敢爲寇而求婚，因説弧以與之相應。三無異志，則陽可不争，而陰志亦斂，若晴霾不定之宇，而得雨以解，可以吉矣。言「遇雨則吉」者，遇不遇，未可定之辭。治雜亂之道，終不如解之上六，以柔待其自散而射之，爲无不利也。

象曰：遇雨之吉，群疑亡也。

雨則陰之氣泄，而陽亦舒矣。

䷦ 蹇 艮下坎上

蹇。利西南，不利東北。利見大人，貞吉。

不速[一]於行之謂「蹇」。爲卦中四爻皆得其位，道可以行矣，而初、上皆柔，有始終畏

[一]「速」，嶽麓本作「達」。今按：據下文「不欲遽行之象」，作「速」爲是。

慎、不欲遽行之象，故爲蹇。柔居下而爲艮止，不然，則既濟之涉也。柔在上而知天下之險，不然，則漸之進也。[1]家人既正，而猶閑之以剛，行於近者，暱而弛則懈。蹇得正，而猶需之以柔，將有爲於天下以消其險，健而迫則危。故彼爲閑家之象，而此爲蹇於行之道，各有所宜，存乎學易者善用之爾。

蹇者非不行也，行而後見其蹇焉；擇利而蹈，在平而若陂，惟恐其顛越也。「西南」，高山危灘之鄉，行者必畏慎；若蹇以此道行之，則利。「東北」，青兖衍博之地，可以快行，將忘其蹇，故不利。「大人」謂九五。陽剛得中，以居天位，而有柔以相輔，以敬慎柔和之道，使各正者不忘險阻之戒，見之則沐其德教而利，故爲天下所利見也。「貞吉」又統一卦而言，當位得正，雖无急見之功，自有譽問而充碩，蔑不吉也。

彖曰：蹇，難也。 難如字，舊讀乃旦反者非是。

「難」與論語「先難後獲」之難同。不恃其道之正，行而且止，其難，其慎也。

[1] 蹇之初爻若爲陽爻，則變爲既濟；上爻若爲陽爻，則變爲漸。既濟，則已涉水矣；漸，象傳云「漸之進也」。

險在前也。見險而能止，知矣哉！知，去聲。[一]

此贊卦德之美也。以艮、坎二象釋卦名義，補彖之未及，而意亦相通。「險在前」者，以上之柔，故陽遂陷於陰中，欲暢遂坦行而不得也。險者天下之必有，以剛果之氣臨之，則雖有險而不見其險；以柔慎之心處之，則集木臨淵，常存乎心目之間，於是始終於柔，止而不迫，則天下之情理无不得，大知之所以善用其止[二]也。抑惟當位而貞，則本无乖異危疑紛亂之境須急於拯救，故可以見險而遂止。爲漢文帝之撫南粵，而不爲唐太宗之征高麗；[三]爲竇融之束身歸漢，而不爲馬援之據鞍上馬；[四]斯以爲知。若時在陰陽交戰傾危之

[一]　嶽麓本音注作「知，珍義反。」
[二]　「止」，底本作「正」，今從嶽麓本改。
[三]　趙佗自立爲南粵武王，高祖、吕后所不能討，及至文帝初即位，遣陸賈出使南粵，趙佗恐懼而稱臣。詳漢書西南夷兩粵朝鮮傳。太宗晚年征高麗事，見新唐書卷二百一十六高麗傳。
[四]　竇融爲東漢開國功臣，從光武破隗囂，然嚴於束己。後漢書卷二十三其本傳載：「融自以非舊臣，一旦入朝，在功臣之右，每召會進見，容貌辭氣卑恭已甚，帝以此愈親厚之。融小心久不自安，數辭讓爵位。」馬援則老猶自告奮勇徵五陵，船山以其爲「老而無厭」，事詳離卦下注。

際，畏難而不敢進，則爲宋高宗之稱臣於女直，與持禄全身保妻子之張禹、胡廣；〔二〕又其下者，閉户藏頭，禍將自至，下愚不肖之尤者，何稱知哉！

「蹇利西南」，往得中也。「不利東北」，其道窮也。

「往得中」者，未嘗不行，而自中其節，不失其剛中之正。「其道窮」者，恃正而忘險，道必有所窮矣。

「利見大人」，往有功也。當位「貞吉」，以正邦也。

「柔嘉維則」〔三〕，大人之所以爲天下利見，而見之者可與圖功矣。位皆當，可施之邦國而咸正。邦國之治，惟正己而徐待民之自化，與齊家之尚剛嚴，其正同，而道不可同也。

蹇之時用大矣哉！

當其欲行未行之際，以熟審天下之機宜，斟酌百年之治忽，君子之大用，正於此而

〔二〕漢書卷八十一張禹傳載，張禹於西漢末爲帝師，與王鳳共輔政。吏民多有上書言災異，譏刺王氏專政者，成帝以問張禹。張禹畏王氏，又爲子孫計，乃以孔子不語怪力亂神應之。後漢書卷四十四胡廣傳載，胡廣「性温柔謹素，常遜言恭色，達練事體，明解朝章。雖無謇直之風，屢有補闕之益。故京師諺曰：『萬事不理問伯始，天下中庸有胡公。』」胡廣歷仕東漢自安帝至靈帝凡六帝，中有外戚、宦官專權，皆不能有所作爲，故船山非之。

〔三〕語出詩大雅烝民。

定也。

象曰：山上有水，蹇。君子以反身修德。

山上之水，幽細渟[一]凝，旋[二]以潤山，而不急於流行。君子之修德，取法於此。爲之難，言之訒，闕疑而慎言其餘，闕殆而慎行其餘，欿然若不足，意誠而身自潤矣。[三]

初六，往蹇來譽。

出而行於天下曰「往」，退而自正曰「來」。初、上之柔不欲行，蹇之所以爲道也。三、四、初、上之出，蹇之而始出者也，故皆曰往。[四]舊説以爲往則入於險中者，未是。如

〔一〕渟，廣雅釋詁「止也」。

〔二〕「旋」，嶽麓本作「還」。

〔三〕論語顔淵：「仁者其言也訒」。論語爲政：「多聞闕疑，慎言其餘，則寡尤；多見闕殆，慎行其餘，則寡悔」。孟子盡心上：「附之以韓魏之家，如其自視欿然，則過人遠矣。」朱子集注：「欿然，不自滿之意。」

〔四〕「三、四、初、上」一句，嶽麓本作：「三、四、初、上之柔，蹇之而使來者也，故皆曰往來」。今按：鈔本非，當從金陵本。三爻爲陽剛，不可云「初、四、上之柔」。此承上句而來。船山以蹇猶論語「先難後獲」之難，有「慎」義，非訓爲險。上句謂「出而行於天下曰往」，是往蹇者，謂己能蹇慎乃往也，故船山云「蹇之而始出者也」。初、三、四、上皆曰「往蹇」，往即出，故曰「三、四、初、上之出」。

上六已出乎險，何亦云「往蹇」乎？「往蹇來譽」者，能蹇於往，則來自得譽也。初六柔靜而退居下，无行之意，以靜俟其正，則中四爻之美皆歸之，不期譽而譽自至矣。

象曰：「往蹇來譽」，宜待也。

人之亟於行者，欲以邀譽[一]，而不知靜以居正，不邀譽而譽自可待也。

六二，王臣蹇蹇，匪躬之故。

「蹇蹇」，蹇而又蹇，慎之至也。六二遇九五剛健中正之君，可以大有爲，而猶有謙讓不違之德；若恃當位得中，而急於自試，則愛君之誠皆虚矣。柔静以與初六合德，靖共詳密，其難其慎，思補過而無徼功求名之志，斯以爲蹇道之純也。

象曰：「王臣蹇蹇」，終无尤也。

時已正而欲速於行，則成乎過。李沆以不用梅詢、曾致堯爲報國，蓋得此意。

〔一〕本句兩處「邀譽」嶽麓本均作「徼譽」。

九三，往蹇來反。

九三以剛居剛，而爲進爻，非無志於往者；乃與上六相應，上以柔道撫之，則反而與二陰相合，以成乎艮止。故其往也，亦能蹇也。

象曰：「往蹇來反」，内喜之也。

初、二二陰，志在柔静，三剛而能止，故喜其反，而相與慎持。

六四，往蹇來連。

六四柔當位，而以静退爲德。能蹇於往，則安於其位，與二陽相協而不自失也。

象曰：「往蹇來連」，當位實也。

自二以上皆當位，而獨贊四之當位，四以柔居柔，安於蹇之至者也。「實」謂養育其德，令篤實也。

九五，大蹇朋來。

「大」謂陽〔二〕也。九五以剛健之德，居中正之位，陽道之盛者也。德與位皆可以大有爲矣，而居二陰之中，蹇而不速於行，審之愈固，居之愈謙，智、名、勇、功，皆所不尚，以深體天下之險阻，而凜匹夫勝予之懼，是賢人君子所樂就以相益者也。蓋人君位居人上，已爲下之所憚，而况才美道正，則天下之欲效忠也愈難。恃强智多聞，以敏速剛斷自用，則讒諂面諛之人至，而善者退。君无爲而善與人同，相无技而實〔三〕能容，惟「大蹇」而後「朋來」，朋來而道愈盛矣。

象曰：「大蹇朋來」，以中節也。

居中得位，而資于初、上以節其剛，故大而能蹇，以致「朋來」之盛。

上六，往蹇來碩，吉，利見大人。

上六當陰陽各正之餘，尤以柔道慎其終，斟酌飽滿，以釋回增美，其道充實而博大，

〔二〕「陽」，嶽麓本作「朋」。據船山易例，當作「陽」。

〔三〕「實」，嶽麓本作「蹇」。據大學「寔能容之」，作「蹇」非，當作「實」。「相」即宰相。

无不吉。以是而見九五之大人，凡以[一]經綸天下者，皆取諸懷而行之裕，无不利也。

象曰：「往蹇來碩」，志在内也。「利見大人」，以從貴也。

「志在内」者，中四爻各得其正，而相與彌縫其美也。「從貴」，謂上六之德已純乎吉，而資九五之尊以行之，往无不蹇，則行无不利，推之天下國家，施之後世而皆正，故曰：「蹇之時[二]用大矣哉！」

䷧ 解 坎下震上

解。利西南，无所往，其來復吉。有攸往，夙吉。

「解」者，解散其紛亂也。中四爻陰陽各失其位，而交相間以雜處，於是而成乎疑悖。解之之道，使陰陽各從其類以相孚，而君子小人各適其所欲，則雖雜處而不爭。如雷動而

[一] 「凡以」，嶽麓本作「凡可以」。

[二] 「時」，底本無，今從嶽麓本補。其校記云：「『時』：鈔本及各印本皆無此字。王孝魚金陵本點校稿註云：『「用」上當有「時」字。』按此句係引經文，當據補。」

興，陽雖在下而升，陰雖上凝而降，則陰陽交戰之患息矣。以剛治之，則愈睽。睽雖治，而陰有「喪馬」之憂，陽有「張弧」之戰。解以柔撫之，加意拊循，矜其不正之過，而小人樂得其欲，君子樂得其道，則陽不忿而陰不疑，待其自相解散，而治之也有餘。故上六可以「射隼」，而夫子曰「待時而動」也。

「利西南」者，西南山川砢磊不平之地，以解道行之，則利也。不言不利東北者，蹇有平坦之道，故以爲防，而解无之也。「无所往」，以柔道安之，則止而不争，而自求其類以相孚，初之所以无〔一〕咎而吉也。「有攸往」，則解之而已豫，〔二〕待其自散而因治之，上之所以「射隼」，獲之而吉也，賢於睽之迫於治而望「遇雨之吉」遠矣。〔三〕

夫上下陰陽各失其道，固宜剛以治之，以清流品而定名分。解以柔道静聽其自釋，近

〔一〕「无」，嶽麓本作「免」。

〔二〕「而」，底本作「四」，從嶽麓本改。其校記云：「本句『而』字：守遺經書屋本、金陵本作『四』。王孝魚金陵本點校稿因以本句連下讀爲：『則解之四已豫待其自散而因治之』。然鈔本原有圈點，係於『豫』字下斷句。」今按：此未特言解四之事，當從鈔本作「而」。

〔三〕前文船山解釋睽卦說：「睽，乖異也。中四爻皆失其位，而初、上以剛彊束合之，而固不親，故成乎睽……柔静以俟其定則自釋，剛動以制其争則愈離，此睽與解之所繇異，道在初、上也。睽之於吉，難矣。」睽卦、解卦都是中間四爻失位而有矛盾，但解卦上下兩爻以柔道對待，故能解紛；睽卦上下兩爻以剛道强合，反而乖離。睽卦上九爻辭説：「往遇雨則吉。」可見這個吉是有條件的。

於茸闒〔二〕而莫能理。然而解之往來皆吉者，陰陽雖失，而猶相爲應，則上下猶和，而君子小人不相争競。故闞止、陳恒皆小人，而争於國，則齊亂不已；〔三〕雒、蜀之党皆君子，而争於廷，則宋亂乃生。歛驕氣以從容，俟其以類相從，而後徐施其治，賢於迫束以激乖離者，不亦遠乎！以六三之不與上應，而孤立必罹於災，上亦以柔道制之，而隼爲我獲，况其他乎！此解之所以利而夙吉也。

彖曰：解，險以動。動而免乎險，解。

此以震、坎之象言之。然惟初之柔，故知其險而不敢以易心臨之；惟上之柔，則動而無所窒以相競，故能免乎險；則與卦畫之義亦相通也。

「解利西南」，往得衆也。

以解之道而行乎人情險陂之中，衆自悦而從之。

〔二〕漢書載報任安書：「今已虧形爲埽除之隸，在闒茸之中。」師古注曰：「闒茸，猥賤也。闒，下也；茸，細毛也。言非豪桀也。」

〔三〕齊簡公即位後，同時任闞止（字子我）與田恒爲相，二人相争。而後田氏殺闞止，遂弑簡公。詳左傳哀公十四年。

「其來復吉」，乃得中也。

以柔待之而不激，故二、五各安其位。

「有攸往夙吉」，往有功也。

上之欲治其紛亂也夙矣，而柔以俟時，則收功易。

天地解而雷雨作，雷雨作而百果草木皆甲坼。解之時大矣哉！

陰亢而乘剛，故難結而不解。其在天地之化，則陰凝於上，而陽伏不興，結爲寒凍曀霾，而草木不足以生。乃柔和之氣動于上下，雷乃以升，雨乃以降，晦蒙之氣消，陰陽各從其類，則百果草木之函錮者皆啟，解之功大矣，惟其時也。不言「義」「用」者，〔一〕解以无用爲用，而不執乎義也，待其時而自解焉。惟聖人爲能因時。

象曰：雷雨作，解。君子以赦過宥罪。

「赦」，縱釋之。「宥」，寬之，薄其刑。「過」，誤犯。「罪」，故犯也。雷雨之作，以

〔一〕他卦彖傳歎美之辭則曰「時義」「時用」，此獨言「時」。

釋蘊結凝滯之氣而蘇物。然疾雷間作而不恒；君子非常之恩，間一用而已。五陰乘陽而居中，未至於邪，有過之象；三陰乘剛而陷陽，則其罪也。

初六，无咎。

解之爲道，以近相解。如解結者，先於其緒；先其近而後其遠，先其易而後其難，則以漸而解矣。故初以解二，上以解五。初應四，而解之者必待朋至之孚；上與三同道，而解之者必有乘高之射。初六柔以承〔一〕剛，静以待動，則二可安於中而不疑，雖未有功，自无咎矣。占此者，自省无過，順以受物，則吉。道在无咎，故其辭〔二〕簡。

象曰：剛柔之際，義无咎也。

「際」，交也，遇也。以柔遇非正之剛，自静處以寡過，義當然也。

〔一〕「承」，嶽麓本作「乘」。今按：依文義，顯當作「承」。
〔二〕「辭」，嶽麓本作「詞」。

九二，田獲三狐，得黄矢，貞吉。

狐之爲獸，邪而善疑。自三以上三爻，皆失位而不安，其象也。九二剛中自任，因險立功，有田而獲之之象。得狐則且委其矢[一]；乃初以柔解之，故不急於殺，而矢不失。「黄」，中色也。有獲狐之才，而能聽解以不自喪，則不失其貞而吉。睽、解中四爻之失位，陰之僭以成乎陽之不平，故於陽无過責之辭。

象曰：九二貞吉，得中道也。

獲之而又不窮其殺，居中之道得矣。

六三，負且乘，致寇至，貞吝。

睽、解失位之爻，惟三爲尤妄。上承九四之剛，本屈居卑賤；而下乘九二之剛，躁進憑陵，是擔負之役人而乘軒矣。兵自外至曰「寇」。居非所得，寇必奪之。道宜凶，而僅曰「貞吝」者，有上六「高墉」之射解其悖，故可悔過以保，然而已吝矣。

[一] 委，屬也，付也，委矢于狐，射殺之也。以矢殺狐，則矢失去也；不殺則不失。

象曰：「負且乘」，亦可醜也。自我致戎，又誰咎也！

承上六之解，將不咎人而自咎，猶得爲貞。

九四，解而拇，朋至斯孚。

「拇」，足大指，謂初也。四與初爲正應；四剛失其位，有逼五之嫌，初以柔解之，而卑柔居下，力弱而情殊，固未能解，如解結者不以手指而以足拇矣。但二近初而[一]聽解于初；二本與四同道爲朋而相待者也，兩陽交孚，二解而四亦漸解，勢不容以終自怙也。

象曰：「解而拇」，未當位也。

「未當位」之文與「位不當」異，言解之者之未當位，故如拇也。解之不當位者五，獨言初未當位者，惜其解之情得而權不足也。[二]如上六則當位而有高墉之勢矣。

[一]「而」，底本作「二」，今從嶽麓本改。

[二]上文謂「拇謂初也」，故獨言初未當位。權，謂權勢，非權變之權。

六五，君子維有解，吉。有孚于小人。

「君子」「小人」以位言。五居尊爲君子，三則負且乘之小人也。五以柔居尊，道不足，而二以婞直自用，則其憂疑不釋，將激而與小人黨，以犯上醜正。幸上之柔和不迫，從容而解之；維其有解，是以吉。君子既得解，則且以道感乎小人，而小人亦化矣。五孚於三，四孚于二，陽不畸而陰不戾，初、上之爲功大矣。蕭望之惟不知此，恃其剛以與柔懦之元帝爭得失，而弘恭、石顯之忿娼愈烈。[一]郭子儀之處程、魚，庶幾得之。

象曰：君子有解，小人退也。

「有解」，有解之者也。「退」，退聽命也。

上六，公用射隼于高墉之上，獲之无不利。[二]

「公」，三公；坐而論道，師保之尊，臨君之上，以解君子之眩惑者也。「隼」，鷙戾

[一] 漢書卷七十八蕭望之傳。

[二] 嶽麓本有音注：「射，食亦反，下同。」

之鳥。「高墉」，居上之辭。上以柔解紛，而豈忘情于去陰慝以安善類乎！就密勿之地，解君子之惑；君子聽其解，而以治小人也易矣。以剛治者，始於剛而後且柔，睽上之所以「説弧」也；以柔治者，藏用於柔而乘時以行斷，解上之所以「射」而「獲」也。六三飛揚攫擊之志戢，則陰陽之争不興，无不利矣。

象曰：「公用射隼」，以解悖也。

射之，但以解其悖耳。小人乎，則不射可也。

周易内傳卷三上終

周易内傳卷三下

䷨ 損 兑下艮上

損。有孚元吉，无咎可貞，利有攸往。曷之用？二簋可用享。

損、益亦以泰、否之變而立名義者也。泰三之陽進而往上，上之陰退而來三，爲損；否四之陽退而來初，初之陰進而往四，爲益。不言進退往來，而謂之損益者，卦畫一而函三，三復函三而爲九。陽全用之，故其數一而九；陰缺其中之一，故二而六。陽實而陰虚，陽用有餘，陰用不足，理數之固然也。泰[一]之外卦本陰也，陽以三中之實，補上之中虚，而陽之數損矣；否之内卦本陰也，陽損其四中之實，以與陰于初，而陰益矣。損者，陽之損也；益者，陰之益也。陽本至足，以損爲惜。陰本不足，以益爲幸。故損歸陽，而益歸陰。内卦立本以定體，外卦趨時以起用者也。損陽之體，益陰之用，而陽損矣。損陽之用，益陰之體，而陰益矣。陽損陰益者，皆自其立本者言之也。[二]起用者往而且消，立本者來而且長者也。内卦在下爲民，外卦在上爲君。内卦筮得在始爲質，外卦後生爲文。内卦在中爲情，外卦在外爲事。内卦方生爲德，外卦立制爲刑。損民以養君，損質以尚文，損情以適事，損德以用刑，皆損道也。而益反是。損、益者，陰陽交錯以成化，自然之理，人心自[三]有之幾，損不必凶，而益不必吉也。

〔一〕「泰」：底本原作「損」，從嶽麓本改。其校記云：「『泰』：守遺經書屋本、金陵本均作『損』，誤。按鈔本于此亦先作『損』字，勾去，復寫一『泰』字於其側。」今按：「損」字蓋原稿誤寫，而嘉愷抄寫時則就爲訂正。

〔二〕這是在解釋損、益二卦得名的由來。損、益分别自否泰來，但都是損陽益陰，但爲什麽損卦以損陽爲名，而益卦以益陰爲名呢？以爲内卦是立本的，或者説，明明的立場在内卦。損卦是損了内卦之陽，益卦是益了内卦之陰。所以前者名損，後者名益。

〔三〕「自」，嶽麓本作「必」。

恒不謂之損者，損必損於已定〔一〕之餘，而恒損之于初，則不知變通之用，故恒多凶。咸不謂之益者，益必益於實，而咸以其餘相益，則偶然之感，而固非相益也。〔二〕損、益，天地之大用，非密審於立本趨時之道者，不足以與於斯。故二卦之象辭極贊其道之盛焉。

「有孚」者，初與二剛相孚，四與五柔相孚。〔三〕陰陽交足於內，自相信以爲无憂，而後以其有餘者損下而益上，損剛而益柔。陽固充實，未喪其中位；而陰已足以利其用，非内不足而徇乎外者。惟其有孚，則「元吉」矣。陽雖損，而中道自得，根本自固也。以君民言之，仰事俯畜〔四〕之有餘，而貢賦將焉，上亦虛以待之，而置之有餘之地，未嘗恃之以自養而迫於求。以性情、學術、事功言之，質已實，情已至，德已洽，而不欲其太過，乃損其餘以補之，使文外著，事有節，刑有章，而非虧本而侈其末也，故「元吉」也。

以其損體而從用，疑有咎也，故又申言其「无咎」；以其舍同類而趨於異，疑於不可

〔一〕「定」，嶽麓本作「足」。

〔二〕恒、損皆自泰來，恒卦是泰卦損初益四，是先動的損，而損卦是後動的。咸、益皆自否來，咸是否卦損上益三，益卦是否卦損四益初，相對於第四爻，上就是末尾、剩餘，所以「咸以其餘相益」。

〔三〕船山之易例，凡陰陽異類相應稱爲「應」；同類（陽與陽、陰與陰）相感、同德稱作「孚」。後仿此。

〔四〕「畜」，嶽麓本作「育」。

貞也，故又申言其「可貞」。如是，則三之陽往而上，和義而利物，允矣。聖人恐占者當損之時損以爲道，而有疑於非吉利之事，慮其爲咎而不可貞，則无以應天地自然之理、人心節宣之妙，故備言其道之无不宜，以使安於損焉。觀於象傳，而舊説之拘於一端，其亡當多矣。

既以備言損道之美，而更發明其用之善，見損而非有傷也。「曷」者，勸其用之辭。「二簋」，特牲之饋，祭饗之薄者也。言當損而何弗損哉？二簋可矣。陽之居三者，陽之餘也，損之而不傷其實者。陽之數，三其九而二十有七，所損者三耳。君足而民自餘，文生而質自存，事適而情自固，刑用而德不衰也。

象曰：損，損下益上，其道上行。

「上行」，上者行也。三爲陽之上，上爲陰之上。上者處有餘之勢，而道在進，所宜行者也。

損而有孚元吉，无咎可貞，利有攸往。

惟其上行，而不損其中之實，故備此數美。

「曷之用？二簋可用享」，二簋應有時。

陽道方盛，損其餘而不憂；陰道欲消，益之以一陽而得固。故二簋雖薄，而人神賓主之情自應，惟其時而已。

損剛益柔有時。

乾剛，坤柔，損乾益坤也。乾道上行，行者以時行而損；坤道下行，益之以陽而情順也。乾、坤之交方泰，以變通而益利其用，乘其至足而用其所餘，則損剛益柔，非以傷陽而褻交于陰，乃因可損之時而損也。

損益盈虛，與時偕行。

此極言損之密用，而推必動之幾，一皆自然之理也。陽已盈則損，陰極乎虛則益；損則盈者虛，益則虛者盈矣。「與時偕行」，行於時之中，變化不測，而時以不滯也。蓋嘗觀於四時之行矣：春夏爲陽，秋冬爲陰，而非必有截然分界之期而不相爲通。陰、晴、寒、暑，於至盛之中早有互動之幾，密運推移，以損此之有餘，益彼之不足。薺麥冬榮，靡艸夏死，幾用其微，一如二簋之享，而陰陽之成質不虧，生殺之功能自定，則有孚而可貞者固然。時行其正，損益行其權。乃既損既益，而時因以變遷，則損益行，而時因與偕行也。一元之開闔，一歲之啟閉，乃至一日之旦暮，一刻之推移，皆有損益存乎其間，而人特未之覺耳。愚者見其虛而以爲損，而不知未嘗損也；見其盈而以爲不可損，而不知其固損也。苟明乎此，則節宣順其理勢，調燮因其性情，質文、刑德、哀樂、取舍無容執滯，而節有餘以相不足，无一念之可廢其幾矣，庶幾得「與時偕行」之大用與！

凡言時者，皆在占易者之審身世而知通，而學易者不可躐等而强合。惟聖人德盛化神，自无不偕乎時；其立教以示天下，則使人知其理之固然，而勿〔一〕容過爲憂疑以悖道爾。

象曰：山下有澤，損。君子以懲忿窒欲。

陽已過，則亢而成「忿」；陰已極，則靡而成「欲」。損陽之外發者以虚，而悦，則忿息；益陰之將衰者以剛，而止，則欲遏。欲窒，則志行高而如山之峙；忿懲，則惠澤

〔一〕「勿」，嶽麓本作「無」。

行而如澤之潤。山澤者，自修之德；風雷者，爲學之功。老子曰：「爲學日益，爲道日損」，亦窺見此意與？

初九，已事，遄往，无咎，酌損之。

損者三也，受益者上也。然盈虚之變，非驟然而遽成，必以漸爲推移，而未變者已早變其故。三損而乾剛已成兑説，上益而坤柔已從艮止，非徒三、上之損益已也。初、二之情已移，而後三之行乃決，故曰「三人行」，明非三獨有損之志，特所用者三爾。初九以剛居剛，而潛處於下，未有必損之情，故於占此爻者戒之曰：能輟其陽道潛藏之事，〔一〕而「遄往」以益上，則可「无咎」。且申釋之曰：非欲初之損也，乃往而「酌」所宜損者「損之」也。損、益，自然之理，於德本无得失，故但戒占者，當其時位，則思所以善處之焉。與他卦之義例不同。

象曰：「已事，遄往」，尚合志也。

〔一〕此訓「已事」。已，輟止。

「尚」，庶幾也。能「已事」而「遄往」，則與三合志，而不以損爲歉也。

九二，利貞，征凶，弗損益之。

二居中而爲陽剛之主，尸損之事者。以剛居柔，情不能自固，則有急於損之心矣。損者必有餘而後可損，立本固而後可以趨時，是以有孚乃吉。故戒之以守正則利，往損則凶。二但固守其剛，使充足於内，則不待損而自有以益上矣，亦戒辭也。初退而二進，初剛而二柔，故一則勸其往，一則止其征，裁成之道也。〔一〕

象曰：「九二利貞」，中以爲志也。

位既中，則當固守其中而不妄動，以聽三之損。

六三，三人行，則損一人；一人行，則得其友。

「則」者，自然之辭，言理數之必爾也。卦之畫成於三，三則盈矣。「三人行」，而數

〔一〕此論語「求也退，故進之；由也兼人，故退之」之意。

已盈，氣已足，而必損其一；无俱損之理，亦無不損之道也。「損一人」，則一人行矣；而其行之一人，則必得其友者，而後損之而安也。內卦本乾，變爲兑者，損其三中之一也。三處有餘之地，而既損爲陰，與四、五同道而相友，坤道成焉，〔一〕損三而交得矣。象既成，而有天包地外之象；陽運乎外，陰處乎中，天地之化機於此而著。占者得此，則當斟酌彼己之宜，利用其損，情遂而事宜，斯雖損而固无傷矣。

象曰：一人行，三則疑也。

所以六三之獨損以往者，以无三人俱損之理，而所損者必其所宜損，則損之而各得其情之所安。初吝於損，二志於損，皆失理而疑；六三行，則亡疑，所謂「二簋應有時」也。

六四，損其疾，使遄有喜，无咎。

內卦本乾體而三損，使其不損，則陽擯陰而陰乘陽，四受其衝，病矣。三之損，損四

〔一〕泰卦上三爲坤，然其末易流；惟九三之陽往上而於外止之，坤道乃成。

之「疾」也。不待上之受益，而早喜其居位之得安，因[一]相與相得而爲友。夫利彼之損，而以柔相暱，疑有咎也；而四當位之柔，静正无求益之心，故无咎。

象曰：「損其疾」，亦可喜也。

喜而友之可也。

六五，或益之十朋之龜，弗克違，元吉。

言「或」者，三非五之正應，五之所不望其益者也。兩貝爲「朋」。「龜」，守國之寶也。三本損以益上，非益五也。乃卦本坤體，三陰居外而欲消，得上之益以止，而安於尊位，是五之寶也。「弗克違」者，理數之自致。「元吉」，无所待而自吉也。

象曰：六五元吉，自上祐也。

「上」謂上九。「祐」者，保其尊，上受益，而五承其祐矣。

[一]「因」，嶽麓本作「固」。

上九，弗損益之，无咎，貞吉。利有攸往，得臣无家。

易之文簡，故多詞同而意異。此言「弗損益之」，與九二之義異，謂无所損而受益也。上於下，宜損己以益之，而陰數止六，有可益而无可損，則於義无咎，而守正以受益爲吉矣。既益，則「利有攸往」矣。上爲君，下爲臣，内卦損陽以益上，忘家憂國之臣也。而上與三正應而得之，固分義之可受者也。

象曰：「弗損益之」，大得志也。

得忘家之臣，而安止以受益，得志而利於行矣。

䷩ 益 震下巽上

益。利有攸往，利涉大川。

益亦[一]損乾之剛，益坤之柔。而謂之益，不謂之損者，剛雖損於四以益陰於初，而爲

[一]「亦」，底本作「以」，從嶽麓本改。其校記云：「『亦』：守遺經書屋本、金陵本作『以』。馬宗霍校記云：『鈔本「以」作「亦」，是。』」

方生之爻，陽道且立本而日長，則陰益而陽亦益，非若損之損三以居上，爲已往之爻，寄居於天位之上，實自損以益彼也。華歸根而成實，君自節以裕民，文返樸而厚質，志抑亢而善動，「利有攸往」，允矣。「利涉大川」之義，彖傳詳之。

彖曰：益，損上益下，民説无疆。自上下下，其道大光。「利有攸往」，中正有慶。「下下」，上「下」字户嫁反。説，弋雪反。[一]

此通釋「利有攸往」之義。益民而民説，一義也；陽自上而下，返於初以消否，正其志於内，而光昭上行，一義也；陰居二，陽居五，各得中而正，而四之益初，二受其益，外來之慶，以贊其行，一義也。略言三義，而益之利於往者可推矣。

「利涉大川」，木道乃行。益動而巽，日進无疆。

此通釋「利涉大川」之義。「木」謂巽也。京房謂震、巽皆屬木，屈八卦以就五行，

[一] 嶽麓本音注作「説，弋雪反。『上下』之下，户嫁反。」

其說不通。〔二〕「行」，動之使行也。動之而巽以行，行以漸進而不遽，爲舟行之象。循涯日進，而无遠不届，行舟之利所以不可禦也。

天施地生，其益无方。凡益之道，與時偕行。

此推言益道之大，爲乾、坤合德之大用也。陽之益初，天之交於地以施也。陰之進而居四，載陽以發生也。凡天地之間，流峙動植，靈蠢華實，利用於萬物者，皆此氣機自然之感爲之。盈於兩間，備其蕃變，「益无方」矣。而其无方者，惟以時行而與偕行，自晝徂夜，自春徂冬，自來今以泝往古，無時不施，則无時不生。故一芽之發，漸爲千章之木；一卵之化，積爲呑舟之魚。其日長而充周洋溢者，自不能知，人不能見其增長之形，而與寒暑晦明默爲運動，消於此者長於彼，屈於往者伸於來。學易者而知此，則天下皆取善之資，而吾心无可弛之念，其於益也，不亦大乎！

〔二〕周易大全於此下附録朱子說曰：「某見一朋友說：有八卦之金木水火土，有五行之金木水火土。如乾爲金，易卦之金也；兑之金，五行之金也。巽爲木，是卦中取象；震爲木乃東方屬木，五行之木也。五方取四維故也。」船山之說蓋對此而發。船山以此爲京房之說，故不明斥大全而僅駁京房。船山則據說卦傳，但以巽爲木，不據五行也。

象曰：風雷，益。君子以見善則遷，有過則改。

陰凝於下而不上交，陽來初以動之而改其過：雷以震懦之象。陽安於上而不下交，陰往四以順之而成其美；風以導和之象。「則」者，速辭。風雷，至速者也。改過遷善，以速而益。四之損、初之益，皆在卦下，[一]速也。益者，學以益性之正；損者，修以損情之偏。君子之善用損、益也。

初九，利用爲大作，元吉，无咎。

初既受益，乾道下施而爲長子，可以大有爲矣。乃陽之下施以惠初，非徒利其生，而實以成其能，非體乾元之德以承天之祐，則不足以勝其任，故必「元吉」而後无咎。

象曰：「元吉无咎」，下不厚事也。

其位在下，力固不厚，慮其奮興一時，而不足以繼，故戒而勉之。此亦爲占得者言也。

〔一〕各在外卦、内卦之下。

六二，或益之十朋之龜，弗克違，永貞吉。王用享于帝，吉。

陽益於初，以輔二而消其否，二之得益大矣，故與損五同其象。而六二柔中得位，樂受陽施，以保其正，則其吉永固，較損五爲尤吉焉。有其德，受其福，而柔順不敢自居爲功，乃以禋祀於上帝。所謂天子有善讓於天，神斯享之，尤其吉矣。二上應五，故有此象。

象曰：「或益之」，自外來也。

外謂外卦，乾也，天所益也。

六三，益之用凶事，无咎。有孚中行，告公用圭。

「益之用」，資益以爲用也。「凶事」，水火、兵戎，死喪之事。「孚」，三與二、四合德也。「中行」，卦三陰而三當其中，行以告而請益也。「公」謂四。四近九五尊位，爲三公。「圭」，諸侯[一]之聘圭，以昭信也。三比外卦而爲進爻，陰欲求益于陽，而三行以請於

〔一〕「侯」，嶽麓本作「矦」，誤。

四。請而求益，非君子之道。惟水火有分災之禮，兵戎有救患之典，死喪有賻襚之儀，[二]則與者非濫，求者非貪，可无咎也。三望益，而二陰與之同心，乃行以告而抒其誠信，有大夫承命訴訃之象。憂患在己，既爲禮所宜請，則上下同心而輸忱以往，宜矣。天王之求車求金，貪也；陳災而不告火，慢也；[三]皆咎也。

象曰：益用凶事，固有之也。

固有其情，固有其禮，則可固有其事。諸侯之禮，凶必告訃，而鄰益之。通諸士大夫之於知交，亦此禮也。故士待外姻至而後葬。

六四，中行告公從，利用爲依遷國。

「中行告公從」者，三來告而四從之，因以其陽之固足者益初也。「遷國」者，陽下益

[二] 左傳僖公元年：「邢遷于夷儀，諸侯城之，救患也。凡侯伯救患、分災、討罪，禮也。」孔疏：「有災害者，分之財物。」

[三] 左傳桓公十五年：「天王使家父來求車，非禮也。諸侯不貢車服，天子不私求財。」左傳昭公十八年：「宋、衛、陳、鄭皆火……（鄭）使行人告於諸侯，宋、衛皆如是。陳不救火，許不弔災，君子是以知陳、許之先亡也。」杜注：「不義，所以亡。」杜預春秋釋例：「天子崩，諸侯遣卿供弔葬之，經傳葬贈之幣，車馬曰賵，貨財曰賻，衣服曰襚，珠玉曰含。然而總謂之贈。」

初，則陰遷居於此也。「依」，本義謂如「晉、鄭焉依」之依，[一]是已。四既損陽以益初，從三之告，則與三同其柔德，相比以奠其位而得所居，所謂「因不失其親」也。與損三得友之義同。

象曰：「告公從」，以益志也。

本有往益之志，故告而必從。蓋陽无不施之理，惟陰亢而不求，則陽有所不能强施，如瘠土之不受膏雨，亦无如之何矣。陰能仰承，陽必下應，施之而陽不爲損，陽豈有吝情哉！

九五，有孚惠心勿問，元吉。有孚惠我德。

五位天德，其施惠於下以益陰之生者，心固然也。四本乾體，與五同德，相孚而惠心一也。告而即從，不待五之問焉，默承其意，以資始之益益下，吉莫尚矣。「惠」者，四

[一] 本義：「傳曰：『周之東遷，晉鄭焉依。』蓋古者遷國以益下，必有所依，然後能立。」

往益初之德也，而功歸於五，則何待五之損己而後益於物哉！天之施萬物以生者，四時五行之氣施之也，而推其德者曰天施，王用享焉。然則大臣承主意以惠天下，而德歸天子；君子資聖訓以惠後學，而德歸聖人。德之至者不勞而惠行焉，益之所爲有益而未嘗損也，惟視其所孚者而已矣。

象曰：「有孚惠心」，勿問之矣。「惠我德」，大得志也。

四既合德以行惠，可勿問矣。「大」謂陽。益行而不勞，得志可知。

上九，莫益之，或擊之，立心勿恒，凶。

四損己以益下，故有爲依之利。五有惠心以孚四，故歸德而獲享帝之報。上九陽亢在上，驕吝而无益物之心。無益於物，物亦莫有益之者，而或且擊之矣。吝生於驕，而驕吝者之心，當其求益而畏擊，則不能无望於人；及其終不得益，而未必有擊之者，則又亢而自恃，自以爲善揣人情，而可以術御；而不知无恒者，人之所厭惡，而自絶於天也。益上與損初，皆吝於損而无益者。損初位下而上承二，故可勸勉之以往[一]；益上已亢，故決言其凶。驕以成吝，禍尤不可解也。勿、无通。

象曰：「莫益之」，偏辭也。「或擊之」，自外來也。不言上不益物，但言物「莫益之」者，從一偏言之，以該其全理。「自外來」者，卦中无相擊之爻，而天下禍生不測，則莫爲之益；親戚且叛，而兵戎自至，發於其所不及防也。

䷪ 夬 乾下兌上

夬。揚于王庭，孚號有厲。告自邑，不利即戎，利有攸往。號，胡刀反[二]。

夬之爲決者[三]，絶而擯之於外，如決水者不停貯之，決而任其所往，求其无相淹濡，

[一]「往」，底本無，今從嶽麓本補。其校記云：「『往』：守遺經書屋本、金陵本均脱。馬宗霍校記云：『鈔本「以」下有「往」字，是，當據增。』」

[二] 嶽麓本音注最後多「下同」二字。

[三]「爲決者」，嶽麓本作「爲言決也」。

而不復問所以處之也。爲卦，陽盛已極，上居天位，下協衆志，一陰尚留，而處之於外。陽已席乎安富尊榮，而絶陰於无實之地，以是爲剛斷之已至矣。乃陰終乘其上而睥睨之，陰固不能忘情乎陽，陽亦豈能泰然處之而不憂？故爻辭多憂，而彖辭亦危。

陰之爲德，在人爲小人，爲女子，爲夷狄；在心則爲利，爲欲。處女子、小人者，置之於中而閑之；處夷狄者，抑之使下而撫之；若使亢焉化外，而徒擯之以重其怨〔一〕，則其爲憂危之府，必矣。以義制利、以理制欲者，天理即寓於人情之中。天理流行，而聲色貨利皆從之而正。若恃其性情之剛，遂割棄人情以杜塞之，使不足以行，則處心危，而利欲之乘之也，終因間而復發。二者皆危道也。故統帥群陽以擯一陰，而且進且退，終窒礙而不得坦然以自信焉。

嗚乎！天下豈有五陽同力，而不能勝一陰者哉！惟恃其盛而擯之，以爲不足治，乃不知彼之方逸居於局外，以下窺我之得失也。故三代以下，爲王者不治夷狄之説，自以爲道勝

〔一〕「怨」，嶽麓本作「怒」。

无憂；而永嘉、靖康，憑陵禍發；垂至於祥興〔一〕，海上之慘，千古同悲。野火之燎，一熸未滅，乘風而嬉，豈在大乎！〔二〕五王誅武氏，而三思猶蒙王爵；要典焚，而馮銓猶以故相優遊輦下，皆此象也。〔三〕其在學者，則三月不違之仁，尤當謹非禮於視聽言動之著見。伯禹戒舜，罔若丹朱；召公陳旅獒，擬之商紂；〔四〕一私未淨，戰戰慄栗，尤在慎終，可不戒夫！是以知夬者，憂危之府也。日之朔，月之望，有薄蝕焉；盛夏之榮，有靡艸焉。〔五〕天

〔一〕祥興，南宋末帝赵昺年號。

〔二〕底本「故三代以下」至「豈在大乎」一段，空缺甚多，從嶽麓本補。又「千古」嶽麓本作「今古」。其校記云：「『故三代以下』至『豈在大乎』一段，守遺經書屋本、金陵本作：『故三代以下，爲王者□□□□說，自以爲道勝無憂，而永嘉、靖康，□□□□，垂至於祥興，海上之慘，千古同悲。□火之□，一□未□，乘風而□，□在大乎！』太平洋書店本亦然。守、金本字白框及改『今』爲『千』，蓋皆因諱而然。」今按：底本「豈在大乎」之「乎」亦作白框，餘皆同上引文。

〔三〕神龍元年（705年），張柬之、桓彦范、崔玄暐、敬暉、袁恕己政變，逼武則天退位，迎中宗復辟。是年五月，中宗爲五人進爵：敬暉封平陽郡王，桓彦范封扶陽郡王，袁恕己封南陽郡王，張柬之封漢陽王，崔玄暐封海陵郡王。然此時大權獨爲武三思把持，五王終爲其迫害致死。其後右羽林大將軍李多祚殺死武三思，而中宗猶追封其爲梁王。詳各人唐史本傳。馮銓本附於魏忠賢閹黨，主持纂修三朝要典，閹黨覆滅，被黜；而後滿清入關，馮銓復從多爾衮，見明史貳臣傳。

〔四〕書益稷：「無若丹朱傲，惟慢游是好，罔水行舟，朋淫于家，用殄厥世。」召公訓戒成王，作旅獒，以慎德、勿玩物喪志爲旨，船山以爲玩物喪志者商紂也。

〔五〕漢書天文志「日月薄食」，注：「孟康曰：『日月無光曰薄。京房易傳曰『日月赤黄爲薄』，或曰不交而食曰薄。』韋昭曰：『氣往迫之爲薄，虧毁曰食也。』」漢書劉向傳「當是之時，日月薄蝕而無光」，師古曰：「薄，迫也，謂被掩迫也。」日食必於朔日，月食必於望日，故小雅十月之交曰「朔月辛卯，日有食之」。禮記月令：「季夏之月，腐艸为螢。」

地且然，而况於人乎？「揚」者，栩栩〔二〕自安之貌。宫中曰「庭」。「王庭」，王之後宫也。陰居五之上而當位，雖擯絶之，猶安其所，而乘其後以俯窺也。如是，則群陽相與交孚，以號呼不寧，而自見其危矣。危則自治不可不飾〔三〕，故必「告自邑」，亟内治；則〔三〕憂群陽之不相下，而必申命以有合也。内治修，則徐而制之，專任能者以建威銷萌，可矣。若恃衆盛而以即戎，九節度之所以潰於相州也。〔四〕「利有攸往」，内治得，則率道以行，陰自无號而消沮矣。慎終之道，憂危之吉也。

彖曰：夬，决也，剛决柔也。健而説，决而和。説，弋雪反。

健故决，説故和。决之不盡，陰得以相説而遂與之和。

〔二〕「栩栩」，嶽麓本作「相詡」。今按：當作「栩栩」，謂上六栩栩然自安也。上六獨自安，如何「相詡」？下文云「揚揚自得」，正可與此相發明。莊子「栩栩然胡蝶也，自喻適志與」，注曰「自快得意，悦豫而行」，是「栩栩」即有自得之義。
〔三〕「飾」，嶽麓本作「飭」。
〔三〕「則」，嶽麓本作「且」。
〔四〕郭子儀有相州之敗。相州即鄴城。詳資治通鑒唐紀三十七。

「揚于王庭」，柔乘五剛也。

乘剛，故揚揚而自得。陽既盛，五已據天位，柔復乘於其上，憂若在外，實在内也。

「孚號有厲」〔一〕**，其危乃光也。**

知其危乃光大，而不與陰爲緣。

「告自邑，不利即戎」，所尚乃窮也。

以剛之盛爲尚，而恃之以戰陰，則窮。

「利有攸往」，剛長乃終也。長，上聲。〔二〕

進〔三〕修其德而不已，道勝於己，陰乃終凶。

象曰：澤上於天，夬。君子以施禄及下，居德則忌。

「澤上於天」，勢必下降，決之象也。君子在上，以禄待天下之賢者，无所吝留。取法

〔一〕「厲」，底本作「利」，當爲「厲」，今改。

〔二〕嶽麓本音注作「長，知兩反。」

〔三〕「進」，底本作「追」，從嶽麓本改。

於此，所繇異于項籍之印刓不與也。[一]然澤者天之澤，禄者天之禄，非君子以市恩而可居之爲德者也。有居德之心則驕士[二]，而士且不以爲德，故忌而戒之。

初九，壯於前趾，往不勝爲咎。

初居下位，恃積剛之勢，以剛居剛，遽欲前以逼陰，力弱而不相及，不勝必矣。不勝，則陽之鋭折，而陰益安據於上，所謂「與於不仁之甚者」也。位未高，道未盛，而欲攻小人，則一不勝而且折入于邪，賈捐之是也。[三]德未充，義未精，而欲遏制人欲，必且激而成乎妄，佛、老是也。皆以壯爲咎者也。

〔一〕漢書韓信傳載韓信評項羽曰：「至使人有功，當封爵，刻印刓，忍不能予。」顔師古注引蘇林曰：「刓音刓角之刓，刓與摶同，手弄角訛不忍授也。」漢書酈食其傳：「爲人刻印，玩而不能授。」顔注：「孟康曰：『刻斷無復廉鍔也。』臣瓚曰：『項羽吝於爵賞，玩惜侯印，不能以封人。』」

〔二〕「士」，嶽麓本無。

〔三〕賈捐之短石顯被禍事，見漢書卷六十四下賈捐之傳。元帝時，賈捐之（君房）數短石顯，故不得官。後長安令楊興得幸，與捐之相善。楊興以石顯鼎貴，欲進用之，必當諂顯。故二人共荐石顯，賈捐之又荐楊興。石顯聞之，白之元帝，帝乃下興、捐之獄。顯等奏「興、捐之懷詐僞以上語相風，更相荐譽，欲得大位，漏泄省中語，罔上不道」。捐之棄市。

象曰：不勝而往，咎也。

量其不勝，惟益自彊於善則可矣。

九二，惕號，莫夜有戎，勿恤。莫，漠故反。

九二剛中而居柔位，彊於自治而不暇與物競者也。「惕」者，心之憂也。「號」者，戒群陽使自治也。上六非二之應，又相去疏遠，其有戎心，出於非意，「莫夜」之寇也。害不及己，勿恤焉可矣。卦惟此爻爲得，然謹慎自持，而不能恤陰之未去，故夬之爲卦，決而實不能決也。

象曰：「有戎勿恤」，得中道也。

以剛居柔，中而得其道矣。道得，則戎不能爲之傷，故可勿恤。

九三，壯於頄，有凶。君子夬夬，獨行遇雨。若濡，有慍，无咎。

三與上應，有比匪之嫌；既與爲正應，情固不可絕，而外必示之以不屈，則小人且怨，而難及之。周顗之所以殺身，[二]「壯頄」之凶也。以剛居剛，志非合污，則决然於夬，而以與諸陽並進。己獨遇上六，有相霑濡之迹，心愠結而不容不形於色，則雖凶而「无咎」。稱「君子」者，諒其志之終正而爲君子。

象曰：「君子夬夬」，終无咎也。

事雖凶而義自正，惟其决於夬也。

九四，臀無膚，其行次且。牽羊悔亡，聞言不信。次，七私反。且，七餘反。[三]

九四以剛居柔，而爲退爻，不能敏於夬者也，故爲羸弱不能行之象。然使隨九五之後，而獎九五以前進，如牽羊者之從其後而鞭之，則陰可消而悔亡。乃與兑爲體，聞上六之甘

[二] 晋書周顗傳：「敦之舉兵也，劉隗勸帝盡除諸王，司空導率群從詣闕請罪，值顗將入，導呼顗謂曰：『伯仁，以百口累卿！』顗直入不顧。既見帝，言導忠誠，申救甚至，帝納其言。顗喜飲酒，致醉而出。導猶在門，又呼顗。顗不與言，顧左右曰：『今年殺諸賊奴，取金印如斗大繫肘。』既出，又上表明導，言甚切至。導不知救己，而甚銜之。敦既得志，問導曰：『周顗、戴若思南北之望，當登三司，無所疑也。』導不答。又曰：『若不三司，便應令僕邪？』又不答。敦曰：『若不爾，正當誅爾。』導又無言。導後料檢中書故事，見顗表救己，殷勤款至。導執表流涕，悲不自勝，告其諸子曰：『吾雖不殺伯仁，伯仁由我而死。幽冥之中，負此良友！』」

[三] 嶽麓本音注最後多「下並同」三字。

言，將[二]不信諸陽之同德，則亦安能亡悔哉？以其與陽爲類也，故可有「牽羊」之得[三]；以其弱而易悦也，故終於「不信」。

象曰：「其行次且」，位不當也。「聞言不信」，聰不明也。

聽之能明，辨其貞邪而已。與邪合體，則甘言得進而惑之。

九五，莧陸夬夬，中行无咎。 莧，胡官反，從丱，與從艸者異。[三]

[二]「將」，嶽麓本作「而」。

[三]「得」，嶽麓本作「德」。

[三]「莧」及下段傳文中「莧」，嶽麓本均作「莧」，誤。稗疏：「馬、鄭、王肅皆以陸爲商陸。陸德明、邱光庭以莧爲今之莧菜、陸爲商陸。乃商陸小艸，他不經見，尤不可獨謂之陸。且此二艸，於『夬夬』之義無當。按莧字當從廾而不從艸，音胡官反，山羊細角者也。陸，平原也。兑之象羊，夬卦五陽上戴一陰，其陰纖弱，而爻象分歧，故爲細角羊，行於高平之陸，得艸而自恣。欲行不決爲『夬夬』。夬夬者，遲疑舒緩之詞。九四從下，不速其行，如牽羊之鞭其後，然至於平原，則地散而愈不速矣。即所牽之羊也。五到位而安，故曰陸。莧字形相近，故傳注相承而誤。」今按：船山所謂象羊角之字當爲「丱」，説文「丱，羊角也。象形。凡丱之屬皆从丱。讀若乖。」此字音工瓦切（今音 guǎi）而此經字若爲細角羊，字當作莧。説文：「莧，山羊細角者。从兔足，苜聲。凡莧之屬皆从莧。讀若丸。」音胡官切（今音 huán）。船山之説，亦非獨創，蓋本於趙汝楳周易輯聞：「莧陸，先儒或以爲一物，馬鄭云商陸，或名當陸，爾雅謂之遂薚，廣雅謂之馬尾蔏陸，伊川以爲馬齒。莧，或以爲二物，宋衷、朱漢上謂：莧，蕢；陸，當陸。董遇云：前人以莧陸、當陸爲二草。陸之爲葉差堅於莧，莧根小，陸根大。考亭謂：莧陸是兩物，陸一名商陸，即章柳。其目雖不一，皆感陰之多，爲柔脆之草。且柔脆易決，則不應繫之以『夬夬中行』之辭。案説文『莧，閑旦反，菜也』；又以欽避嫌諱户寒反者，上從點，象羊角；中從見，象羊身。舊釋山羊細角，與此莧字類，惟多一點。四云羊，五云莧，山羊而在高陸，頗有義類。夬夬，重剛也。中行五爲上卦之中，无咎，善補過也。」又，清人王樹枏費氏古易訂文曰：「羅泌路史後紀注五引孟喜云：『莧陸，獸名。夬有兑，兑爲羊也。』案説文『莧，山羊細角者，从兔足，苜聲，讀若丸』，『莧，菜也，从艸見聲』，字體不同，不得以莧爲莧，此三家之今文與古文異者。元明諸儒多從孟説。」

「莧」，細角羊，不能觸者。「陸」，平原之地，羊所樂處也。兑本羊體，而行於平原，得其所安，故有此象。九五雖迫近上六，有決於驅除之責，而安居自得，與之鄰而无戒心，夬夬而實未决也。以其得位居中，而非暱于陰柔，故亦可以无咎。

象曰：「中行无咎」，中未光也。

與上比而共爲兑體，心繫於悦[一]，僅以免咎而已。夬之九五與剥之六五同，故剥五承寵而利，夬五夬夬而未光。

上六，无號，終有凶。

陰慝僭上，雖有與之應而相比以説者，時至則瓦解。徐達師至通州而元主北去[二]，不能望救於人也。以群陽相牽，故必待其運之已窮，而終乃凶。本義謂「占者有君子之德，

[一]「悦」，嶽麓本作「説」。

[二]「元主北去」，嶽麓本作「妥懽宵遁」。其校記云：「『妥懽宵遁』：守遺經書屋本作『□□□□』。金陵本作『元主北去』。馬宗霍校記云：『此蓋刻本有所避諱而改。當從鈔本。』」

則其敵當之，不然反是」。易不爲[一]小人謀，義固然也。

象曰：无號之凶，終不可長也。

爲君子者可以慰矣，勿疑其乘人之上而不易拔也。

䷫ 姤 巽下乾上

姤。女壯，勿用取女。取，七句反。

不期而會曰「遇」，姤之象也。「遇」本艸次不以禮相見之辭，而「姤」乃女子邂逅，與男相遇之謂，其爲不貞明矣。陰之忽生於群陽之下，本欲干陽，而力尚不能敵，故巽以相入，求以得陽之心，而逞其不軌之志，其貌弱，其情壯矣。卦本一陰爲主，而卦之名義，象、爻皆爲陽戒，小人之幸，君子之不幸也。若恤其孤弱卑下而容其遇，則抑豈知其志之壯也？目中已无君子，將入其腹心而爲之蟊賊哉！故一陰而遇五陽，志无適從，與

[一]「不爲」，嶽麓本作「不能爲」。

己悦者，因而入之。不幸而與之遇，視其令色如戈矛，聞其甘言如咒詛〔二〕，得其厚賂如鴆毒，堅剛不爲之動，則无如我何。女雖淫悍，豈能傷不取之人乎？乃在不期而會之際，陽方盛而二、五皆未喪其中，則忽之以爲不足憂而乍然相喜者多矣。戒之於早，猶可不亂，而非中人以下所能无惑也。

彖曰：姤，遇也，柔遇剛也。「勿用取女」，不可與長也。

乍然相得，終必相亢，豈可長哉！宋與女直遇，而欲恃之亡遼，高麗主知，而宋不知，乃終以亡。唐高宗納武氏之日，豈知其滅唐之宗社哉！

天地相遇，品物咸章也。剛遇中正，天下大行也。

姤之爲時，已極乎陽道之憂危，而夫子推言天地之化，以通大人正己格物之道，抑豈必不相遇而始亨哉！苟有其德，則且與天地同其化機，夷狄可使懷柔，小人可使效命，女子可使承順，則雖姤而何傷于盛德！如天之遇地而品物榮，天不失其剛健中正之德，

〔二〕「咒詛」，嶽麓本作「詛咒」。

則化无不行。君子以剛健中正、率禮无違而遇之，則小人順而天下无不服從。然則越禮以取女者，自貽[一]不終，非必不與陰遇而始得行其志。即食色而禮在，即兵刑而仁行。苗格於舞干，暬御、奄尹正於冢宰，[二]皆遇之以其道者也。

姤之時義大矣哉！

本義曰：「幾微之際，聖人所謹。」當其時，制其義，非聖人不能。然亦豈有他道哉？以義制利，以禮制欲，以敬制怠，則无不可遇之陰矣。

象曰：天下有風，姤。后以施命誥四方。

天之所以資始萬物者，非但風也；而下施於物，則暄風至而物皆生，涼風至而物皆成，物乃得以遇天之施矣。王者之積德以爲天下父母，而民或不喻其志，則假誥命以詔之，而天下喻焉，取象於此。顧其發爲王言，必深切出於至誠，以巽入於人之隱微。非飾

[一]「貽」，嶽麓本作「始」。
[二]詩小雅雨無正：「曾我暬御，憯憯日瘁。」毛傳：「暬御，侍御也。」禮記月令：「是月（仲冬之月）也，命奄尹，申宮令。」鄭玄注：「奄尹，主領奄豎之官也，於周則爲内宰，掌治王之内政。」

詞〔一〕，而人遂動也；道配天，而後化如風也。然惟君道宜然，以其所及者遠，故必誥而後喻。降此以下，惟務躬行，以言感人，則抑〔二〕末矣。姤本不貞之卦，而大象專取天風之義，與象全別。聖人不主故常，觀陰陽之變，而即變以取正。故讀易者不可以大象例彖也，類如此。

初六，繫于金柅，貞吉。有攸往，見凶。羸豕孚蹢躅。

「柅」，所以止車者。「見凶」，天下遇其凶也。初六孤陰卑下，故曰「羸豕」。牝豕之淫走也必羸。「孚」，如期而不爽。「蹢躅」，行而不止也。〔三〕「繫于金柅貞吉」，以戒陰而喻之以吉道也。一陰而遇一陽，與二相守，則不失其貞吉矣。若不繫而逞，遇所宜從者而前進，則將干亂群陽，而天下遇其毒矣，以戒陽之宜爲防也。又從而申之曰：金柅之繫，豈可必哉！其爲羸豕矣，則必將蹢躅而不爽矣，而可不早制之乎！

〔一〕「詞」，嶽麓本作「辭」。
〔二〕「抑」，嶽麓本作「亦」。
〔三〕説文：「蹢，住足也。从足，適省聲。或曰蹢躅。賈侍中説：足垢也。」釋文：「蹢躅，不静也。」程傳：「蹢躅，跳躑也。」

象曰：「繫于金柅」，柔道牽也。

柔之道，以制於剛爲正。小人順於君子，夷狄賓於中國，女子制於丈夫，皆道之固然，故以繫而止之爲貞。

九二，包有魚，无咎，不利賓。

「魚」，陰物。「包」，受而懷之也。初六出而求與陽遇，邂逅即欲適願，得受之者，則有所繫而止其淫邪；二雖非正應，而以剛居中，直任天下之咎於己，則固无咎矣。若不任其責，而委之於他人，使浸淫及上，則害无所止。「賓」之不利，二亦不利也。「賓」謂三以上諸陽。

象曰：「包有魚」，義不及賓也。

陰之遇陽，卒然而起，介然而合，本無擇於應之正與不正，得所附而有道以止之，則其害猶可止息。二不幸而正與之遇，則慨然以身任撫馭之責，二之義也。爲名教受過，爲義命受責，譏非不避，而害不蔓延矣。若遷延避咎，推不美之名，使人分任之，則禍自己延，雖欲沽清剛中正之名，豈可得乎？推此義之盡，則孔子謂昭公爲知禮，亦此而已矣。

九三，臀无膚，其行次且。厲，无大咎。次且，音同夬卦。

三與巽爲體，未嘗不沾濡〔一〕而聽陰之入，故與夬四同象。然以剛居剛，則能嚴厲自持，而可免于陰之汙染，故无大咎。

象曰：「其行次且」，行未牽也。

雖次且而固行矣，則不爲陰所牽矣，故无大咎。

九四，包无魚，起凶。

四與初爲應，欲包初爲己有，而二已受陰之遇。四能與陽同升，而不以初爲志，則得静正之道。乃以剛居柔，而爲退爻以就下，有强合于陰而不能之象。无魚矣，又從而包

〔一〕沾濡：史記樂書「宫爲君，商爲臣，角爲民，徵爲事，羽爲物，五者不亂，則無沾濡之音矣」，裴駰集解引鄭玄曰「沾濡，弊敗不和之貌也」。

之，本可不凶，而挑起禍端，凶道也。

象曰：無魚之凶，遠民也。

陰爲民，民不懷己，而欲强應之，不得則必争。民心愈離，生起禍端，无寧日矣。

九五，以杞包瓜，含章，有隕自天。

「杞」，柜柳，其條可編爲器以貯物。「瓜」，易潰之物，包之密則不潰。九五剛健中正，盡道自己，而不憂陰慝之作，以具曲成萬物之德，包妄起妄遇之陰，輯〔一〕其潰亂而使化爲章美，惟含容之道盛，則陰交陽以成品物之章，始於不正而終於正矣。是豈陰之德足以致之哉？容畜裁成之功，自天隕而得之意想之外。瓜之不潰，杞護之，固非瓜之能爾也。

象曰：九五含章，中正也。「有隕自天」，志不舍命也。舍，如字，書夜反。

「舍」，置也。陰消極而必生，理數之自然，命也。九五以含章爲志，不委之於命，而

〔一〕「輯」下嶽麓本多一「陰」字，作「包妄起妄遇之陰，陰輯其潰亂」。輯，斂也。

必欲護之以止潰亂，乃大人立命之德。惟剛健中正足以當之，人而天矣。

上九，姤其角，吝无咎。

「姤其角」者，陰陽方遇，而上爲其角，既非其應，又與絶遠，則吝於遇矣。吝不足以章品物，而能自守不渝，則无咎。

象曰：「姤其角」，上窮吝也。

上處於窮極之地，陽道將衰，不容不亢，則吝而非咎。

䷬ 萃 坤下兑上

萃。亨。王假有廟，利見大人，亨利貞。用大牲吉，利有攸往。假，古白反。〔一〕

艸之叢生曰「萃」。澤地者，艸叢生之藪也，而叢生必各以其類；此卦三陰聚於下，

〔一〕嶽麓本音注最後多「下同」二字。

二陽聚於上，各依其類以相保，故謂之萃。然陽之能聚於上者，惟陰聚於下，不散處以相間；陽既在下，嫌於將往而消，而上六復覆其上，保陽而使不往，以萃於其位，則陽之得萃，陰之順而說者成之。陰雖群處致用之地，高居最上之位，而皆以保陽，故六爻皆言「无咎」。

「萃亨」，程子以「亨」爲羨文。〔一〕然上言「亨」者，通萃之德而言之；下言「利見大人亨」者，則就見大人而言其亨之繇也。陽聚於其位，陰順於下而奉之，嘉之會也。「王假有廟」者，群陰聚順於下，四贊九五而以承事乎上六；上爲宗廟，王者聚群心以致孝享，而神可格，所謂合萬國之歡心，萃之盛者也。「利見大人亨」，言三陰聚以從六二而應九五，見之而上下各安其位，志无不通也。應以正，合義而永貞，故曰「利貞」。「大牲」，特牲，牛也。「用大牲吉，利有攸往」者，言聚順以事天則受福，而行焉皆利也。

蓋太極之有兩儀也，在天則有陽而必有陰，在地則有剛而必有柔，在人則有君子而必

〔一〕程傳：「萃下有『亨』字，羨文也。『亨』字自在下，與渙不同。渙則先言卦才，萃乃先言卦義。彖辭甚明。」按渙卦辭：「渙，亨，王假有廟，利有攸往，利貞。」大全引平庵項氏曰：「卦名下元无亨字，獨王肅本有，王弼遂用其説，孔子彖辭初不及此。」

有小人、有中國而必有夷狄，惟凌雜而相干，斯爲大咎。乃陰以養陽，柔以保剛，小人以摲戴君子，夷狄以藩衛中國，陰能安於其類聚，而陽自聚於其所當居之正位，交應而不雜，則陰雖盛而不爲陽病。鬼神以是不亂於人，而祐人以福；愚賤以是自安其類，而貴貴尊賢[一]得以彙升：此萃之所以集衆美也。故彖歷言其亨利貞吉焉。陽雜乎陰，而小人始疑；陰雜乎陽，而君子始危。免此而綏人神、利行藏，何弗宜哉！

彖曰：萃，聚也。順以説，剛中而應，故聚也。説，弋雪反。

陰安聚於下，則成乎坤順。陽得位於上，而陰衛其外以不消，則説。五得位而二應，雖類聚群分，而志不相違，斯以成乎聚而致亨也。

「王假有廟」，致孝亨也。

「孝」者順德，合群心之順以致於上，廟中之象也。順者陰也，致享者九五之陽也。然能聚下之順，而後順乎親者大也。

[一]「尊賢」，嶽麓本作「賢賢」。

「利見大人亨」，聚以正也。

二五〔一〕各當位，得剛柔之正，而四從五聚，初、三從二聚。惟其正，是以群心附之。

「用大牲吉，利有攸往」，順天命也。

五居天位，天所命也。下群聚以順之，則可升中以享帝。

觀其所聚，而天地萬物之情可見矣。

陽必聚于上，陰必聚于下，陰保陽以不散，陽正位而陰不離，理氣之必然，天地萬物莫能違也。非是，則雖聚而非其情之所安。

象曰：澤上於地，萃。君子以除戎器，戒不虞。

水本流於地中，而浚地爲澤，瀦水以防水旱，而不使旁流散漫，時雖未需水，而畜之无用以待用，蓋積以待匱也。君子不居无用之貨，惟戎器則除治之于安寧之日，以待不測之用，則聚而不嫌於不散。

〔一〕「二五」，嶽麓本作「二位」，誤。

初六，有孚不終，乃亂乃萃。若號，一握爲笑。勿恤，往无咎。號，胡[一]刀反。

初六與二、三二陰本相孚同志；而與九四爲正應，則又有舍其所萃以就所應之心。乃兩端交戰，不能自決，而究爲二陰所暱。若將號呼固黨，相握爲一，以爲歡笑；則溺於私而失順陽之義。惟勿以此爲恤而往奉四以聚於五，庶幾无咎。以其卑弱處下而无定志，故有此象；而不失其應，則可獎之以无私繫，而免於咎也。

象曰：「乃亂乃萃」，其志亂也。

物雖不齊以相感，而豈能亂貞人之志哉！志先亂，則苟且懷安而失正耳。

六二，引吉无咎，孚乃利用禴。

六二爲坤順之主，柔中得位，初、三二陰之所恃以聚也。能引之以應乎剛，而陰陽上

[一] 「胡」，嶽麓本作「乎」。

下各以類相從而安，則无咎。乃初與三皆懷自固其黨之心，二必誠意相應，使初、三〔一〕深信其相引之爲吉，乃克同寅協恭，以戴陽於上，然後上下各得而利。蓋非信友則不能獲上，與聚順以事祖考之理同，頌奏假者所以貴乎靡争也。六二之道，豈易盡哉！「引吉」而後「无咎」，「孚」乃「用禴」而「利」，有其難其慎之戒焉。〔二〕「禴」，夏祀，特而不祫。〔三〕二專應九五，故言禴。

象曰：「引吉无咎」，中未變也。

三陰聚而二爲之主，勢足以背上而自固，自非大順之貞，其心易變。能引之以用禴，則心可諒於天下。言「未變」者，危辭也。陰聚於内，非上六則成否，故其辭危。

六三，萃如嗟如，无攸利。往无咎，小吝。

〔一〕「三」，底本作「二」，今從嶽麓本改。

〔二〕尚書咸有一德：「其難其慎，惟和惟一。德無常師，主善爲師。善無常主，協於克一。」

〔三〕禴，釋文「殷春祭名，馬、王肅同，鄭云夏祭名」。禮記王制：「天子犆礿、祫禘」，船山章句曰：「犆，特也。各於其廟，止用特牲，牢禮不備……祫，合也。三昭三穆合食太廟，百禮洽，樂舞備也。」

六三與二陰聚處，不當位而有躁進之情，不自安於下，小人所以長戚戚也。以其承剛而爲進爻，能往戴二陽使聚於上，可得无咎。陰之情本鄙固，而怙其黨，吝也，未可必其往也，故爲兩設之辭，使占者各自擇焉。「小吝」，小者吝也，「小」謂陰。

象曰：「往无咎」，上巽也。

「上」謂外卦二陽。「巽」，順而入也。謂上承剛以相得也。先儒互體〔一〕以三上合四、五爲巽卦，說亦可通，然不可爲典要以施之他卦。

九四，大吉，无咎。

九四本非吉也，以上與剛中之君相保，下有聚順之民相戴，則藉之以得「大吉」；非其德之能然，所處之時爲之也。因而與五相聚以安，亦得无咎，如宋張俊之保其禄位

〔一〕「先儒互體」，嶽麓本作「虞翻互卦」。今按：集解引虞翻曰：「動之四，故上巽。」虞翻意謂：自三至五互體巽卦；三陰爻，四陽爻，三須上於四而後得正；體巽而上，故上巽。船山所述與仲翔本義稍别。

是已。〔一〕

象曰：「大吉无咎」，位不當也。

使非遇大吉之時，其能免於咎乎？

九五，萃有位，无咎。匪孚，元永貞，悔亡。

五雖與四萃聚於上，爲四陰所保，然陽亦孤矣。且輔之者，非其才之能堪，尤危道也。但以居尊而不失其尊，故可无咎。且二之應己，雖各自爲聚，不與陽同德，而非其所孚。然當位之柔，本體坤順之貞以效順，則无所疑而「悔亡」。「永貞」與坤「用六」文同，言坤德也。「元」，謂其本然。

象曰：「萃有位」，志未光也。

群陰方盛，擁尊位，則有危心，不能光大以施德教，所賴以亡悔者，陰之永貞耳。

〔一〕張俊事見宋史卷一百二十八其本傳。張俊與韓世忠、岳飛等並爲南渡名將，然參與陷害岳飛，却終能保有禄位。

上六，齎咨涕洟，无咎。齎，與嗟同。

三陰萃於下，二陽萃於中，上獨孤處而无與萃，能勿[一]憂乎？然上之在外，所以奠陽於五而不使之消，則身危而主安，義无咎也。

象曰：「齎咨涕洟」，未安上也。

居上而孤處不安，其情必戚。處當憂之時，[二]亦何能遽望其安乎！身不安而義自正。

䷭ 升 巽下坤上

升。元亨。用見大人勿恤，南征吉。

自庭徂堂，歷階而上曰「升」。[三]賓嘉之禮，主賓交相揖，迭相讓，互相升，於是乎情洽而禮成。以卦二陽讓陰以登於上，初六之陰讓陽以登於二、三，更迭相延，從容而進，

[一]「勿」，嶽麓本作「無」。
[二]「其情必戚。處當憂之時」，嶽麓本作「其情必戚戚。當憂之時」。
[三]凡禮，由階而上曰升。階，所以由庭而至於堂上者也。

陰升陽，陽升陰，賓賓[一]乎從容不迫，巽順而相應，故謂之升。

「元亨」者，陽爲初陰所升，得中而爲主於内；陰爲陽所升，居尊而爲賓于外。陽爲主而道行，故不失其德之元，而自成乎嘉之會也。「用見大人勿恤」者，陰爲賓，而下應乎九二，用是以見大人，可不以陰亢陽卑爲嫌也。「南」者，向明之方，陰既爲陽所升，則志協于陽，而柔順之道，以近光而行，其吉宜矣。

升之爲卦，本泰之初變陽而成，上下既交，而又得初六之陰以巽乎陽，則不以法擯陰於外，而與陰迭相讓以進，道之尤美者也。故三陰不終爲小人，以初之能承陽於下，而上六雖陰之窮，猶忘軀命以進於善，則惟陽之進之也以禮，而无不順也。卦亦陰爲主，而陰道之得，於斯盛矣。

象曰：柔以時升。

待有升己者而後升焉，則升以其時矣，所謂進以禮也。

〔一〕莊子德充符「彼何賓賓以學子爲」，釋文引司馬曰「賓賓，恭貌」。

巽而順，剛中而應，是以大亨。

初陰升陽而成乎巽入，外卦受命於陽以升而成乎坤順，九二剛中不喪其主道，而五下應之，故大善而亨通。

「用見大人勿恤」，有慶也，

陰雖非位，而陽志與之應，則所遇者榮也。

「南征吉」，志行也。

陰受陽升，主賓道合，志无不行矣。

象曰：地中生木，升。君子以順德，積小以高大。

變風言「木」者，風生於空，无在地下之理。聖人取象，必物理之所有，非若京房之流，强合八卦五行而違其實也。「順德」，順其序也。謹於微而王事備，慎於獨而天德全，皆木生地中，日積而爲喬林之象。

蓋嘗論之：君子之於德也，期至於高明廣大之域，一也。而言學者，或從而分爲二道。皆成德之功，而倚於一偏，則各有所失。或以爲道本高大，而局之近小，則徇末而忘本；或以爲道在卑邇，而頓希乎高大，則志廣而事疏。游、夏俱承聖教，而互相非，況後世之言德性、言問學者，相争不息乎！〔一〕夫聖人之學易，垂訓以詔後學者，非一卦之足以該全學。各有所取而並行不悖，聖學之所以大中至正而盡乎人性之良能也。守卑邇以求漸至，是欲變彀率以使企及也；務高大而忽於微，是不待盈科而求盈溝澮也。夫君子於易也，取法各有其時。〔二〕時者，莫能違者也。當志學之始，而致知以適道，必規恢乎極至之域。故大學之始，即求知止乎至善，而天之命人之性、聖之所以達天而知化，雖未至焉，必期以爲準繩，而不畏〔三〕登天之難，姑孳孳於近小。及其志之已定，學之已正，然後優而柔之，馴而習之，小節必謹，細行必矜，造天地之道於夫婦之知能，立萬物之命于宮庭之嚬笑，以克副乎大无外，小无間之大德。故顔子之心「三月不違仁」，而後夫子使即視聽

〔一〕子游、子夏之相非，見論語子張。二人皆孔子弟子，屬孔門四科的文學科。然其性之所近不同，故學問氣象、進路亦有差别。子游指責子夏門人僅僅可以從事一些細枝末節的學問，没有立大本；子夏則認爲子游過於躐等，不切實際。二人的分歧，演變到宋代，就有尊德性與道問學的争論。

〔二〕船山用「時」來解决尊德性和道問學的矛盾，可謂别開生面。

〔三〕「畏」，嶽麓本作「謂」。

言動以審於幾微，此非可與仲弓以下所亟言也。觀象於升，而「積小以高大」者，順德之事也。德豈易順者哉！有成德於心而後察於其序，序已察而後可順焉。然則子游之舍小以求大，君子憂其德之不純；而子夏後倦於高大，固非中道而俟能者之方。故曰：君子于易各有取，於學各有時。「積小以高大」者，成德以後之功也；順也，豈初學之以自畫者所得託哉！

初六，允升，大吉。

「允」，誠也。初六自處於卑柔。以承陽而升之，使爲主於内，讓賢能，進君子，出於至誠。故升德之吉，莫吉于初，群陰方升〔一〕而獨屈於〔二〕巽也。

象曰：「允升大吉」，上合志也。

「上」謂外卦三陰，居上而順應乎剛，虚中以待陽之升。本有其志，而必藉初之屈於

〔一〕「升」，嶽麓本作「伸」。
〔二〕「於」，底本作「以」，從嶽麓本改。

下以承進之。初與合德，而志行焉，是以大吉。

九二，孚乃利用禴，无咎。

象與萃二同而意異。延陰以升者，三也。二處三之下，位遠于陰，雖受初之升，而不當位，无能爲主，惟「孚」合乎三，乃以升陰而「利」。有孚，則位雖不當而无咎。

象曰：九二之孚，有喜也。

喜得三以成相升之美。

九三，升虚邑。

凡升之道，主賓相得以成禮，君臣相獎以成治，故升人者必自升也。九三剛得位而爲進爻，以推陰而升之。陰既升，則三亦升矣。陽實陰虚，坤爲國土。陰既升，則虚中以待陽之進，而與爲治，故有「升虚邑」之象。不言其利，而固无不利矣。

象曰：「升虚邑」，无所疑也。

初允之，二孚之，三陰闢門以待之，豈復有所疑沮哉！

六四，王用亨於岐山，吉无咎。亨與享同。

四非天位，而謂之「王」者，爲群賢所推進，文王之象也，周公於追王後尊稱之。〔一〕岐山，文王封内之山。四升而上賓於神祇；臨其上者陰也，故爲地祇。登山而修祀事，雖未受命而郊，神享〔二〕其德矣。於事既吉，於義亦不失諸侯祀境内山川之禮〔三〕。柔順而當位，升亦其宜，固无咎也。〔四〕

象曰：「王用亨於岐山」，順事也。

以時升而安於侯度，其事順矣。柔當位而爲退爻，讓不遽升天位，文王之道也。

〔一〕中庸：「武王末受命，周公成文、武之德，追王大王、王季，上祀先公以天子之禮。」朱子章句曰：「追王，蓋推文、武之意以及乎王迹之所起也。」船山禮記章句從之，是追王者乃周公。而禮記大傳又曰：「牧之野，武王之大事也。既事而退，柴於上帝，祈於社，設奠於牧室……追王大王亶父、王季歷、文王昌，不以卑臨尊也。」則似追王者乃武王。船山禮記章句曰：「追王之禮周公成之，而此云武王者，周公因武王之受命而終其事，故功歸於武王也。」

〔二〕「享」，嶽麓本作「饗」。

〔三〕禮記王制：「天子祭天地，諸侯祭社稷，大夫祭五祀。天子祭天下名山大川：五岳視三公，四瀆視諸侯。諸侯祭名山大川之在其地者。」

〔四〕「升亦其宜，固无咎也」，嶽麓本作「升以其宜，故无咎也」。

六五，貞吉，升階。

升者至階而止，升之位也。六五爲坤順之主，非有自尊之意，以貞而爲陽所樂推，二與應而延之上升。先言「吉」、後言「升階」者，六五柔順爲志，不自以升爲吉也。

象曰：「貞吉升階」，大得志也。

「大」謂陽也。陽本樂推五而升之；五雖貞順，而時至必升，升之者之心愜矣。

上六，冥升，利於不息之貞。

升者至階而止，上六尤進而往，則且即乎欲消之位，而返入幽冥，昧於升矣。然上之進處於高危，所以延陽而安之於内，則雖瀕於消謝，而貞志不移。此貞臣正[一]士不以險阻危亡易其志者也。貞不息，而允合於義矣。

象曰：冥升在上，消不富也。

[一]「正」，嶽麓本作「志」。

「不富」，陰也。「消不富」，言陰之且消，「冥升」之不利也。然君子以合義爲利，當危亡之世，出身以求濟難，受高位而不辭，死亡非其所恤，文文山〔一〕以之。

䷮ 困 坎下兑上

困。亨句。**貞大人吉，无咎，有言不信。**

卦象有天化，有人事，有兼天化人事而立名者。若困之類，則專取象於人事，非天道之有困也。陰陽之迭相進退，人物之情見險阻焉，各因乎其時會與其情才，而非必以困乎〔二〕人，特當之者志道不與時位相值而見困耳。陰揜陽而謂之困，賁陽遏陰而不謂之困者，陽道本伸而屈則困。共、驩自雠〔三〕其姦，非必困舜、禹，而舜、禹困；王驩、淳於髡自逞其佞，非必困孟子，而孟子困。剛不可揜，揜之而道窮，故惟柔揜剛而曰困也。若君子遏

〔一〕文天祥號文山。
〔二〕「乎」，嶽麓本作「於」。
〔三〕「雠」，嶽麓本作「售」。

惡以抑小人，使安其分而不逞，非困之也。以學者言之，曰生知，曰學知，曰困學。所謂困者，非魯鈍不敏之謂也；天性之良欲見，而利欲揜之，力争其勝，交持而艱危之謂也。若使无求達其良知良能之心，而一用其情才於利欲，則固輕安便利而捷得。然則清剛者困，而柔濁者无困，審矣。故陽遏陰不言困，而陰揜陽言困也。

困爲君子憤悱求達之情，則其道之亨，不待事之遂而早已遠乎吝，故曰「困亨」。「貞大人」者，言大人之處困，亦惟以貞爲道；而貞固大人之貞，非小貞也。大人者，言不必信，行不必果，化裁通變，順應而不窮於用。乃當其處困，則静正以居，居處恭，執事敬，與人忠，之夷狄而不棄。此大人之惟以貞爲道，退守乎君子之塞，智有不施，勇有不用，惟貞而後全其爲大人也。然其貞爲大人之貞者，不尚介然之操，以與陰争勝負榮辱，而成乎硜硜之小節也。貞大人而必「吉」者，時當其困，陰邪挾其智力，乘勢而相揜，始而億我之沮喪，已而疑我之别有機權以相勝；乃本无可勝之機，而權有所不用，雖小人之忮害，亦豈復有求勝之心哉！惟退守乎君子之貞，初无心於御變，而小人遂已莫窺其際；然而時俄頃而已遷，事不期而自至，静以待之，旁通而厄解。此理數之必然，特躁於求通者不能待耳，待之而自无不吉。故紂不能殺文王，匡人終不能害孔子。凡若此者，持之以志，守之以約，退藏於密，而行法以俟命，豈容言哉！豈暇言哉！言出而群情益疑矣。知其言之必不信也，故无言也。非大人其能无不平之鳴乎！以兑有口説之象，故終戒之。

彖曰：困，剛揜也。

剛爲柔所揜也。上揜五、四，三揜二，初復從下揜之，進不能，退不可，而困於中。揜者，或以勢揜，而其志不伸；或以情揜，而其道且枉。「劓刖」「酒食」皆掩也。井亦剛揜而不爲揜者，井九三進而濟險，困九四退而入險，是以異也。

險以説，困而不失其所句，**亨**句。**其惟君子乎！**説，弋雪反。

知命則樂天，「險」而「説」矣。剛中正位，則「不失其所」，惟君子能困困[一]而善用

[一]「困困」，嶽麓本作「因困」。其校記云：「『因』：守遺經書屋本、金陵本作『困』。王孝魚金陵本點校稿因而斷句曰：『惟君子能困，困而善用之，故亨。』雖似可通，然終疑『困』係誤字。」

之，故亨。

「貞大人吉」，以剛中也。

二、五皆剛，大人之純乎健也。剛則莊敬日彊，中則不競不絿〔一〕。大人以此，不期於吉而自吉。

「有言不信」，尚口乃窮也。

言既不爲人所信，而猶尚之，能无窮乎！凝神定志，内省而信以天，困乃不窮。

象曰：澤无水，困。君子以致命遂志。

水在澤下〔二〕，「澤无水」矣。澤不停水，〔三〕乃自窮也。君子非无君可事，无民可使，而不欲爲陰所揜，於是安於阨窮，困其身而必不辱，困其志而必不降，去其膏潤，安其枯槁，推致於命之極屯，而皆受之以遂其志，必无求通之心，以困爲道者也。

〔一〕詩商頌「不競不絿」，毛傳：「絿，急也。」
〔二〕「澤下」，嶽麓本作「坎中」。
〔三〕莊子德充符：「平者，水停之盛也。」說文：「停，止也。」

初六，臀困於株木，入于幽谷，三歲不覿。

困，柔困剛也。然困人者未有不自困者也。其始也，處心積慮，所以窘辱正直者，夢寢不寧，萬棘叢於胸臆。乃剛正之士，方且處困而不失其所，而困之之術又窮。及其後，直道終伸，則欲避譏非而終不可挽，欲全利禄而法紀不可逃。故困卦三陽雖受困，而「有慶」「有終」「有説」〔一〕，皆免於咎，惟三陰之凶咎徒深。困人者，人不困而先自困，此理數之必然。而聖人因象示占，以獎君子之亨，而以凶咎警小人，情見乎辭矣。「株木」，木被伐，徒莖而无枝葉者。初六居下，无剛之可揜，而柔方乘剛，使不得進，初復以柔阻〔二〕之於下，使不得退。乃剛志在進，初无欲退之心，徒自勞困，坐於株木以守之，縮項鼠伏，懷邪而暗處，未能困剛，秖以自困；至於三歲，剛終不屈，而慙伏自匿，姦而愚矣。占者遇此，雖有小人懷暗害之心，不足爲慮，聽其自爲消沮〔三〕閉藏而已。

〔一〕九二象傳「中有慶也」，九四爻辭「吝有終」，九五爻辭「乃徐有説」。
〔二〕「阻」，嶽麓本作「沮」。
〔三〕「沮」，嶽麓本作「阻」。

象曰：「入于幽谷」，幽不明也。

不明於理，則亦不明於勢，守株自困，可坐待其斃也。

九二，困于酒食，朱紱方來。利用亨祀；征凶，无咎。食，祥吏反。亨與享同。[一]

柔之困剛，非能與剛亢而抑之也，有富人貴人之權，餌而陷之也。九二，下則初六承之，以酒食縻之而不使退；上則六三乘其上，而將以爵禄羈之。於斯時也，欲峻拒之而禮有所不可却，欲受之而固非剛中者直道必伸之志。君子所遇之困，困此者也。彼之猶有禮也，以禮接之；其敬而不與之瀆也，以鬼神之道待之。如孔子之於陽貨，尚矣。抑不然，而必欲自伸以求往，則觸其惡怒而凶，雖非待小人之道，而於義固无咎。祭祀者，大人之道；「征凶」者，貞士之守。兩設之，使占者自擇焉。

象曰：「困於酒食」，中有慶也。

以剛得中，故小人不敢即加害，而慶之以酒食朱紱。不言朱紱者，略舉以該之。象傳

[一] 嶽麓本音注作「食，祥吏反，下同。亨與享同。」

之有偏釋，皆準此。

六三，困于石，據於蒺藜，入于其宫，不見其妻，凶。

九二剛介如石，奠位於中，三欲困之，力竭而莫能動，先自困也。以柔居剛，所處不安，還以自傷。欲望上六之應己，與爲匹耦，而上六已困于葛藟鶂卼之中，不能相助。小人之自困且如此，何足懼哉！三位剛，上位柔，故有夫妻之象。

象曰：「據於蒺藜」，乘剛也。「入于其宫不見其妻」，不祥也。

六之居三、乘九二者不一卦，[一]而此獨爲「蒺藜」者，以其據之以困陽也。「不祥」者，犯天下之不祥，凶必及之。

九四，來徐徐，困于金車，吝，有終。

「金」剛。「車」，所以行者，謂五也。九四以剛居柔，而爲退爻，不急於求伸，故與

[一] 第二爻爲陽、第三爻爲陰者，凡十六卦。

上六遠，而不即爲其所揜。所困者，五欲進而困；五不能行，則亦與之俱止，而所行「吝」也。然承五以待時而動，柔豈能終揜之哉？必有終亨之道矣。

象曰："「來徐徐」，志在下也。雖不當位，有與也。

内難未靖，不可圖外。志在靖六三之難，待其定而後足以進，處困之善術也。在困者，惟寡與之足憂。有九五之「金車」足恃，雖與之俱困，固必「有終」。居位不安，自足以无患。卦惟此爻之受困也輕，遠小人而近君子也。處困而不與正人君子交，未有能免於凶咎者也。

九五，劓刖，困於赤紱，乃徐有説，利用祭祀。説，吐活反。〔一〕

上六從上而「劓」之，六三從下而「刖」之，處困而受傷，不足爲君子之困。所困者，柔不明加以劓刖，以「赤紱」相縻繫耳。欲説此者，未可遽也。敬以自持，而以神道感格之，理極勢窮，小人且悔罪而相釋矣。象與九二略同，而居尊當位，説於困則大行，

〔一〕嶽麓本音注最後多「下同」二字。

故无征凶之戒。「赤紱」「朱紱」，文偶變而義同。詩「朱芾斯皇」「赤芾金舄」，皆諸侯之命服。〔一〕

象曰：「劓刖」，志未得也。「乃徐有説」，以中直也。「利用祭祀」，受福也。

剛健當位，中道本直，豈憂終困哉？受福者，行法俟命，鬼神自祐，小人自解。貞大人之亨，若出於意外，而固不爽。

上六，困于葛藟，于臲卼，曰動悔有悔。征吉。

「葛藟」，皆柔靭纏延之蔓艸。「臲卼」，高峻崎嶇之地。〔二〕「曰」，爰也，于也。陽道之伸，亦何損于陰哉？而必欲揜之，勞心苦形，以縈罥不已，是自入於葛藟之中也。且其所居者又高危不安之地，於是而陰亦可以悔矣。於其動而止自困也，乃有悔之心焉，因釋剛

〔一〕詩小雅采芑「朱芾斯皇」，集傳「芾，黄朱之芾也」，小雅斯干「朱芾斯皇」，集傳「芾，天子純朱，諸侯黄朱」；詩小雅車攻「赤芾金舄」，集傳「赤芾，諸侯之服」。是朱芾、赤芾並諸侯之服。

〔二〕説文「鼿」字下曰：「槷鼿，不安也，从出臬聲。易曰『槷鼿』。」船山周易考異具列。釋文載説文引作「劓鼿」。孔疏曰「動揺不安」，程傳曰「危動之狀」。船山亦取危義，而協於上下文，則釋爲峻險之地。

不撓，而自遠以行，則君子之難解，而已亦吉矣。上六柔居柔位，居上欲消，故賢于初、三，而諒其能悔，許之以吉。

象曰：「困于葛藟」，未當也；「動悔有悔」，吉行也。

以其柔[一]當位，而未有傷陽之志，故僅言「未當」。「吉行」者，行則吉也。上六行將何往哉？退處於卦外無用之地而已。楊惲惟不知此，是以與息夫躬同禍。[二]

䷯ 井 巽下坎上

井。改邑不改井，无喪无得，往來井井。汔至亦未繘井，羸其瓶，凶。 喪，息浪反。

井、革、鼎三卦，皆取物象以肖卦畫。卦名立，而義因以起。繫傳曰：「以制器者尚其象。」象所有而器制，器成而用行，用之有得失，而義存其中矣。井之爲井也，有數

[一]「柔」，嶽麓本作「不」。揣摩語氣，是作「不」是，然上六當位。或乘撓九五即是不當位也。

[二] 楊惲，宣帝時大臣，司馬遷外孫。息夫躬，哀帝時光禄大夫。二人皆以被謗而廢於家，猶危言高論。楊惲作報孫會宗書，息夫躬作絶命辭，抒發抑鬱不平之氣，楊惲由此而被腰斬。

義焉：

木之在水必浮，而水上木下，木入水中而載水以上，以罌汲水之象。汲水之瓶，或用木，或用瓦，而瓦虚以浮，有木道焉。引而上之，以致養於人，此一義也。

水者五行之初氣。[二]内剛而體陽，陽爲水；陰爻中虚而爲空，水待空而流。[三]凡水皆附於空之下而依地，惟井則水方旁流，穴空而使之聚，其下則黄泉之位焉。此卦上四爻一陰一陽相迭，空而又空，水盈其中；初、二水上而空下，黄泉之區域也。故自三以上，人之所汲，而初、二水下灌於泥滓之竅，人不可用：其清濁用舍，於此分焉，此又一義也。

自黄帝始制井田，三代因之，井之爲字，象其形。井九百畝，中爲公田，廬舍在焉，而中有井，汲者溉者取給於此，而遠近均。井井分而畝首異嚮。四井爲邑，四邑爲邱，四邱爲甸，甸方八里，旁加一里爲成，出長轂一乘。公私之田畝、貢助之制，以井爲經界，而兵賦車乘之出，以四井之邑爲準式。井井既各有塍埒，四井之邑，又殊其塍埒，以合於

[二] 洪範五行之序，以水爲第一。
[三] 坎之中爻爲陽爲主，上下二爻爲陰。

邱甸嚮背之殊，步卒七十二人之迭賦在焉，與九百畝之井疆又異。〔二〕此卦之象，陽象塍埒，陰象田畝。上四爻一陽一陰，分明界畫以外嚮；下二爻一陰一陽，又殊畫以内嚮；各成

〔二〕此井田之法也。按井田及其相關之説，聚訟千古，總而論之，則有國、野之別，田制、賦制之異。周禮地官小司徒：「乃經土地而井牧其田野，九夫爲井，四井爲邑，四邑爲丘，四丘爲甸，四甸爲縣，四縣爲都，以任地事而令貢賦，凡税斂之事。」鄭玄注曰：「九夫爲井者，方一里，九夫所治之田也。此制小司徒經之，匠人爲之溝洫，相包乃成耳。邑丘之屬相連比，以出田税。溝洫爲除水害。四井爲邑，方二里。四邑爲丘，方四里。四丘爲甸……甸方八里，旁加一里則方十里，爲一成。積百井，九百夫。其中六十四井，五百七十六夫，出田税；三十六井，三百二十四夫，治洫。四甸爲縣，方二十里。四縣爲都，方四十里。四都方八十里，旁加十里乃得方百里，爲一同也。積萬井，九萬夫。其四千九十六井，三萬六千八百六十四夫，出田税；二千三百四井，二萬七百三十六夫，治洫；三千六百井，三萬二千四百夫，治澮。井田之法，備於一同……司馬法曰：『六尺爲步，步百爲畝，畝百爲夫，夫三爲屋，屋三爲井，井十爲通。通爲匹馬，三十家，士一人，徒二人。通十爲成，成百井，三百家，革車一乘，士十人，徒二十人。十成爲終，終千井，三千家，革車十乘，士百人，徒二百人。十終爲同，同方百里，萬井，三萬家，革車百乘，士千人，徒二千人。』」孔疏曰：「鄭注論語『道千乘之國』亦引司馬法，彼是畿外邦國法。」周禮考工記匠人：「九夫爲井，井間廣四尺、深四尺，謂之溝。方十里爲成，成間廣八尺、深八尺，謂之洫。方百里爲同，同間廣二尋、深二仞，謂之澮。」鄭玄注：「此畿内采地之制。九夫爲井，井者方一里，九夫所治之田也。采地制井田，異於鄉遂及公邑。三夫爲屋，屋，具也。一井之中，三屋九夫，三三相具，以出賦税，共治溝也。方十里爲成，成中容一甸，甸方八里出田税，緣邊一里治洫。方八里爲同，同中容四都，六十四成，方八十里出田税，緣邊十里治澮。采地者，在三百里、四百里、五百里之中。載師職曰『園廛二十而一，近郊什一，遠郊二十而三，甸稍縣都皆無過十二』，謂田税也，皆就夫税之輕近重遠耳。」滕文公問爲國於孟子，孟子曰：『夏后氏五十而貢，殷人七十而助，周人百畝而徹，其實皆什一。徹者，徹也。助者，藉也。龍子曰：「治地莫善於助，莫不善於貢。」貢者，校數歲之中以爲常。』文公又問井田，孟子曰：『請野九一而助，國中什一使自賦。卿以下必有圭田，圭田五十畝，餘夫二十五畝……方里而井，井九百畝，其中爲公田，八家皆私百畝，同養公田。公事畢，然後治私事，所以別野人也。』……春秋宣十五年秋，初税畝，傳曰：『非禮也。穀出不過藉，以豐財也。』此數者，世人謂之錯而疑焉。以載師職及司馬法論之，周制，畿内用夏之貢法，税夫無公田；以詩、春秋、論語、孟子論之，周制，邦國用殷之助法，制公田，不税夫。貢者，自治其所受田，貢其税穀。助者，借民之力以治公田，又使收斂焉。畿内用貢法者，鄉遂及公邑之吏，旦夕從民事，爲其促之以公，使不得恤其私。邦國用助法者，諸侯專一國之政，爲其貪暴，税民無藝。周之畿内，税有輕重。諸侯謂之徹者，通其率以什一爲正。孟子云：『野九夫而税一，國中什一。』是邦國亦異外内之法耳。」

乎經界，分田出賦，不一其疆理，有井邑之象焉。邑雖殊，而井在其中者不遷，此又一義也。

彖與爻辭雜取其義，故釋者未易通焉。約而言之：木汲水而出以利人用，所以養人；而能汲其上之渟凝者，不能窮其泉之所自來，欲窮之則水濁而瓶傷。明清而利物者爲宜登進，沈濁而敗物者爲不可用；故田有井以交足於上下而致養，九州攸同、古今利賴之大法，宜爲人所利用，而非如黄泉之暗流，不爲功於人物。則數義相通，象皆有焉，而協於一，勿疑於三聖之所取不同，而曰文王有文王之易，周公有周公之易，孔子有孔子之易也。周流六虚，神而明之，存乎其人爾。

「改邑不改井，无喪无得，往來井井」，以井田言也。民有登耗，賦有升降，户有遷徙，出賦之經制圖籍或改，而井居公田廬舍之中，爲八家之標準，九百畝相拱而形埒定；田之不改，井定之也，其畫有準而无能堙塞也。自黄帝以至周，未之有改。六代興而不與俱興，五代革而不與俱喪。自三以上，形埒嚮外而往；二與初，形埒嚮内而來。井井鱗次，易知易辨。故曰：「井，德之辨也。」此贊井之德，而言有定位者有定分，剛柔自成其理，而但在用之者得其宜也。

「汔至」，至其底也。「未繘井」，太深入則繩不及引而未登其用也。「羸」，敗也。井之爲功，至三而止，往以利物者也。深入其下，則綆短而瓶觸於所礙以毁。蓋嚮背之理殊，則取舍之事宜異。初、二不爲功，而止〔一〕以取敗；用之不宜，則凶矣。剛柔之升降有定體，陰陽之浮沈有異情，清濁之得失有殊效，用舍之利害有明徵；立德立功，用賢養民，污隆治亂，大辨昭然矣。

象曰：巽乎水而上水，井。井，養而不窮也。上，時掌反。〔二〕

此贊卦德，而言用之之道也。「巽」，入也。「上」，引而出之也。其入也有定所，其出也必其所用，則可以養而不窮矣。天下豈乏賢才足以裕國安民於无窮哉！側陋旁求，汲引之若將不及，而君子小人各有界畫，類聚群分，古今不易；期於得賢，而非期於求異。

〔一〕「止」，嶽麓本作「祗」。
〔二〕嶽麓本無音注。

若不辨於其清濁之分，則公孫彊以野人而亡曹，主父偃以倒行而亂漢，〔二〕害且至而不足以興利久矣。

「改邑不改井」，乃以剛中也。

水，陽也，而中以定井疆之經界，不可改也。五居中而上行，二居中而下行；大辨立，不可易矣。

「汔至亦未繘井」，未有功也。

舍其清者不汲，而求之愈下，徒勞而无功。

「羸其瓶」，是以凶也。

非徒无功，而抑足以致敗。不明於往來清濁之定分，則以敗國亡家而有餘。

〔二〕左傳哀公七年：「初，曹人或夢衆君子立於社宮，而謀亡曹，曹叔振鐸請待公孫彊，許之。旦而求之曹，無之。戒其子曰：『我死，爾聞公孫彊爲政，必去之。』及曹伯陽即位，好田弋。曹鄙人公孫彊好弋，獲白雁，獻之，且言田弋之説，説之。因訪政事，大説之。有寵，使爲司城以聽政。夢者之子乃行。彊言霸説於曹伯，曹伯從之，乃背晋而奸宋。宋人伐之，晋人不救。」史記主父偃列傳：「大臣皆畏其口，賂遺累千金。人或説偃曰：『太横矣。』主父曰：『臣結髮遊學四十餘年，身不得遂，親不以爲子，昆弟不收，賓客棄我，我戹日久矣。且丈夫生不五鼎食，死即五鼎烹耳。吾日暮途遠，故倒行暴施之。』」

象曰：木上有水，井。君子以勞民勸相。相，如字，息良反。

「相」，助也。坎，勞卦。巽爲命令，所以勸民而助其勤，蓋言農事也。木以上水，用力勞而得水少，然而以養則不窮。稼穡之事，勞於畋漁，匪勤弗獲，積日月而僅飽終歲。君子申警之於「于耜」「舉趾」之日，〔一〕而以田畯之官，豳、雅之吹，勸而相之，使不逸不諺，生於此養，俗於此淳也。然爲民則然，非君子自勞自勸之道，故學稼學圃，則爲小人。

初六，井泥不食，舊井無禽。泥，乃計反。〔二〕

「禽」，獲也，謂得水也。陰空在下，二漏而入，浚治之所不及，泥滓不堪食矣。「舊井」謂舊所嘗鑿者；井水下漏，則其上无水，雖汲而必不可得。小人濁亂於下，君子道廢，民不興行，天下无可用之材，不言凶而凶固可知，朱子所謂「占在象中」也。

〔一〕詩豳風七月：「三之日于耜，四之日舉趾。」集傳：「于耜，言往修田器也。舉趾，舉足而耕也。」
〔二〕嶽麓本音注最後多「下同」二字。

象曰：「井泥不食」，下也；「舊井无禽」，時舍也。〔一〕

「下」謂下漏而濁也。「時舍」者，時所不尚也。古者士之子恒爲士。世禄之家以禮傳世，修其訓典，而又登進之於學校，則賢才足用。迨嬖佞之小人用，而相習於下流，詩、書弦誦之風，時所不尚，則華胄之子弟皆移志於耕商，詭隨於嚚訟，雖欲用之，而无可用之才〔二〕矣。學士之家，父兄不戒，使子弟狎小人遠君子，習焉而相安於猥下，故家大族，夷爲野人，浸〔三〕以衰絶，皆可傷也。

九二，井谷射鮒，甕敝漏。射，食亦反。〔四〕

〔一〕嶽麓本有音注作「舍，上聲。」按此處讀爲「舍棄」之「舍」。
〔二〕「才」，嶽麓本作「材」。
〔三〕「浸」，嶽麓本作「侵」，誤也。
〔四〕嶽麓本音注最後多「下同」二字。

水旁出曰「井谷」。「射」，注也。「鮒」，鯽[一]也，得少水即活。[二]井底堅實，則水上涌而給於用；下空而漏入谷中，旁出涓涓，僅堪注潤鮒魚而已。此言小人下達，雖有小慧，不足用也。「甕敝漏」，亦水下洩也。汲之者非其器，則不得水。此言用人者无引掖賢才之實，則雖有君子，亦不爲其用也。九二下空而陽泄，故象如此，凶可知已。

象曰：「井谷射鮒」，无與也。

「與」猶助也。无爲塞其下流之防，而汲之以上，則必竭。不釋「甕敝漏」者，言「无與」，則咎在汲者可知。若節之初九[三]，「不出户庭」，則上不失臣，臣不失身矣。

九三，井渫不食，為我心惻，可用汲。王明，並受其福。

[一]「鯽」，嶽麓本作「鰂」。

[二] 鮒，釋文引子夏傳以爲蝦蟇，釋文引虞翻則以爲小鮮。程傳從子夏傳，曰「或以爲蝦，或以爲蟇」。船山稗疏曰：「鮒，鰂也，今謂之鯽。凡魚待積水深廣而後可活，惟鯽魚得少水霑濡而足。或以濕紙裹之，可行數十里，復畜之池。從旁注之曰射。井谷者，井一面崩塌若谷，水不能渟，涓涓細流旁出，惟可以注射鮒魚而已。」按今鯽魚之鯽即説文「鰿」字，而鰂於説文爲烏賊，鯽爲鰂之或體。船山則以鰂爲今之鯽魚也。

[三]「九」，底本作「六」，今據嶽麓本改。其校記曰：「按節初爻爲陽爻，故惟初九而無初六，其爻辭曰：『初九，不出户庭，无咎。』兹據改。」

九三陽剛當位，本有可用之才，下陽實而不漏，上空甃而不泥，徒以深隱而不易汲耳。「不食」者，設辭，言使其不爲人所汲用，則憐才者心傷之矣。言我者，周公自言其求賢之情也。可用，急之之辭。王明，謂上六之「勿幕」而與相應也。賢者榮而國亦昌，上下並受福矣。

象曰：「井渫不食」，行惻也。求王明，受福也。

賢而不用，豈徒明君哲相之心惻哉！行道之人皆所深惜矣。曰「可用汲」，士亦有待時求沽之意焉。自求福，所以使王受福也。

六四，井甃，无咎。

四居井中，而陰虚函水，井旁之甃也；柔當其位，退而砌治之象。不即汲用，嫌於有咎，而養才者務老其才，使潔清而慎密，作人之所以需壽考也。[一]

象曰：「井甃无咎」，修井也。

[一] 詩大雅棫樸「周王壽考，遐不作人」，朱子集傳：「文王九十七乃終，故言壽考。遐，與何同。作人，謂變化鼓舞之也。」

三物六行，[一]所以教士之修而大用之，雖不即食，所造就者多矣。

九五，井洌，寒泉食。

水以清洌而寒爲美；推之於人，則潔己而有德威者。「泉」，其有本者也，[二]是人所待養而澤被生民者也。九五剛中而上出，故其德如此。夫君子之德施能溥者，豈有他哉！有一介不取非義之操，則能周知小民之艱難而濟其飢渴。无私之心，人所共凜，則除苛暴而無所撓屈。諸葛孔明曰「澹泊可以明志」，洌寒之謂也。杜子美稱其伯仲伊吕，[三]有見於此與！

象曰：寒泉之食，中正也。

無倚無邪，德威自立矣。

[一] 周禮大司徒「以鄉三物教萬民而賓興之。一曰六德：知、仁、聖、義、忠、和；二曰六行：孝、友、睦、姻、任、恤；三曰六藝：禮、樂、射、御、書、數。」

[二] 孟子「源泉混混，不舍晝夜」。

[三] 杜甫詠懷古迹之五：「諸葛大名垂宇宙，宗臣遺像肅清高。三分割據紆籌策，萬古雲霄一羽毛。伯仲之間見伊吕，指揮若定失蕭曹。福移漢祚難恢復，志决身殲軍務勞。」

上六，井收勿幕，有孚元吉。收，詩救反。

「收」，架轆轤之兩柱也。勿、无通。古者井不汲，則幕其上，以避禽穢。上六柔得位，而虚己以屢汲；四既甃治之，上乃汲之，相孚而求洌寒之賢以大用，善之長而吉大矣。

象曰：元吉在上，大成也。

井之用，至此乃登。下成其德，上成其治，謂之「大成」。井之君位不在五而在上，亦所謂「周流六虚，不可爲典要」也。

周易内傳卷三下終